A MISSÃO EM QUESTÃO

Dados Internacionais de Catalogação na Publicação (CIP)
(Câmara Brasileira do Livro, SP, Brasil)

Raschietti, Estêvão
  A missão em questão : a emergência de um paradigma missionário em perspectiva decolonial / Estêvão Raschietti. – Petrópolis, RJ : Vozes, 2022.

Bibliografia.
ISBN 978-65-5713-547-1

1. Colonização – História 2. Evangelização 3. Missão cristã 4. Missão da Igreja 5. Missiologia 6. Missionários I. Título.

22-105781 CDD-266

Índices para catálogo sistemático:
1. Decolonialidade : Missão da Igreja : Cristianismo 266

Cibele Maria Dias – Bibliotecária – CRB-8/9427

Estêvão Raschietti

A MISSÃO EM QUESTÃO

A emergência de um
paradigma missionário
em perspectiva decolonial

Petrópolis

© 2022, Editora Vozes Ltda.
Rua Frei Luís, 100
25689-900 Petrópolis, RJ
www.vozes.com.br
Brasil

Todos os direitos reservados. Nenhuma parte desta obra poderá ser reproduzida ou transmitida por qualquer forma e/ou quaisquer meios (eletrônico ou mecânico, incluindo fotocópia e gravação) ou arquivada em qualquer sistema ou banco de dados sem permissão escrita da editora.

CONSELHO EDITORIAL

Diretor
Gilberto Gonçalves Garcia

Editores
Aline dos Santos Carneiro
Edrian Josué Pasini
Marilac Loraine Oleniki
Welder Lancieri Marchini

Conselheiros
Francisco Morás
Ludovico Garmus
Teobaldo Heidemann
Volney J. Berkenbrock

Secretário executivo
Leonardo A.R.T. dos Santos

Editoração: Maria da Conceição B. de Sousa
Diagramação: Raquel Nascimento
Revisão gráfica: Nilton Braz da Rocha | Fernando Sergio Olivetti da Rocha
Capa: Ygor Moretti

ISBN 978-65-5713-547-1

Este livro foi composto e impresso pela Editora Vozes Ltda.

ÍNDICE

Prefácio, 9

Lista de abreviaturas e siglas, 15

Introdução, 19

1 Missão e colonização – A missão cristã nas idades do colonialismo e do imperialismo, 25

   1.1 A missão na Idade da Conquista – A primeira estação missionária moderna (séculos XVI-XVIII), 28

      1.1.1 Descoberta de novas terras e redescoberta da missão, 29

      1.1.2 O espírito da conquista e a conquista espiritual, 32

      1.1.3 A evangelização entre coação, persuasão, redução e encarnação, 36

      1.1.4 A ambivalência da "acomodação" na Ásia, 50

      1.1.5 Balanço da primeira estação missionária moderna, 56

   1.2 A missão na Idade das Luzes – A segunda estação missionária moderna (séculos XIX-XX), 64

      1.2.1 O Iluminismo e seu influxo sobre o cristianismo, 65

      1.2.2 O imperialismo dos estados nacionais e a missão cristã, 68

      1.2.3 O protagonismo missionário protestante, 72

      1.2.4 A evolução missionária católica, 77

      1.2.5 Colonização e evangelização da África, 81

      1.2.6 Neocolonialismo e romanização na América Latina, 87

      1.2.7 Balanço da segunda estação missionária moderna, 92

2 Modernidade/colonialidade/decolonialidade – Crítica à razão moderna na idade do capitalismo global, 107

    2.1 As teses do pensamento decolonial – Eixos, fontes e genealogia do programa de investigação modernidade/colonialidade, 110

        2.1.1 Os eixos constitutivos, 113

        2.1.2 Antecedentes e fontes latino-americanas e caribenhas, 124

        2.1.3 Elementos para uma genealogia, 139

            2.1.3.1 O programa M/C, herdeiro do pensamento crítico latino--americano, 139

            2.1.3.2 Os aportes das escolas anglo-saxônicas contemporâneas, 142

            2.1.3.3 Os estudos subalternos latino-americanos e a diferenciação do programa M/C, 145

    2.2 O tratado sobre a colonialidade – Proposições, perspectivas e aportes críticos ao programa de investigação modernidade/colonialidade, 151

        2.2.1 A colonialidade do poder, 152

        2.2.2 A colonialidade do saber, 159

        2.2.3 A colonialidade do ser, 168

        2.2.4 Perspectivas decoloniais, 175

        2.2.5 Aportes críticos em torno do "giro decolonial", 183

        2.2.6 Sinopse para um discurso crítico sobre a missão cristã, 192

3 A descolonização da razão missionária – Evolução dos motivos e das perspectivas da Igreja Católica em relação às missões no século XX, 207

    3.1 A missão antes do Vaticano II – Posicionamentos do magistério e aportes das escolas missiológicas, 210

        3.1.1 A evolução do conceito de missão nos documentos do magistério pontifício, 211

        3.1.2 A evolução do conceito de missão na reflexão missiológica, 220

    3.2 A missão no Vaticano II – Reforma da Igreja no diálogo com o mundo (moderno), 233

        3.2.1 O Concílio Vaticano II como evento universal e missionário, 234

        3.2.2 A missão no *corpus* documental do Concílio Vaticano II, 241

        3.2.3 A missão no Decreto *Ad Gentes*, 244

        3.2.4 A missão na Constituição Pastoral *Gaudium et Spes*, 252

3.3 A missão após o Vaticano II – Crises, emergências e debates pós-conciliares, 261

    3.3.1 Crise pós-colonialista da missão e emergência das teologias contextuais, 263

    3.3.2 Evangelho e culturas, 275

    3.3.3 Repensar a salvação e suas mediações, 286

    3.3.4 Descolonização da razão missionária no século XX, 298

4 Da conquista à conversão eclesial – A caminhada missionária da Igreja Católica na América Latina após o Vaticano II, 310

    4.1 Missão como anúncio da libertação – A questão missionária em Medellín, 312

        4.1.1 O Documento de Melgar preparando Medellín, 313

        4.1.2 A questão missionária em Medellín, 317

        4.1.3 A relevância missiológica das conclusões de Medellín, 320

        4.1.4 Luzes e sombras (des)coloniais, 326

    4.2 Missão como comunhão e participação – A questão missionária em Puebla, 331

        4.2.1 O contexto socioeclesial e a questão missionária de Medellín a Puebla, 332

        4.2.2 Panorama missionário em preparação a Puebla, 336

        4.2.3 O evento e o documento de Puebla, 341

    4.3 Missão como evangelização inculturada – A questão missionária em Santo Domingo, 354

        4.3.1 O contexto socioeclesial e os debates sobre Nova Evangelização, inculturação e descolonização, 355

        4.3.2 A questão missionária *ad gentes* e *ad extra* a partir da América Latina, 361

        4.3.3 O vai e vem (de)colonial da Conferência de Santo Domingo, 365

    4.4 Missão como serviço ao reino da vida – A questão missionária em Aparecida, 375

        4.4.1 Ensaios (des)coloniais de Santo Domingo a Aparecida, 377

        4.4.2 A missão como paradigma-síntese da Conferência de Aparecida, 385

4.4.3 A missão como paradigma-síntese da caminhada libertadora latino-americana, 395

4.5 Missão como conversão integral – A questão missionária no Sínodo para a Amazônia, 406

4.5.1 Impulsos e embates de um evento sinodal, 407

4.5.2 Novos caminhos em perspectiva decolonial, 419

5 Rumo a uma missão em perspectiva decolonial – Uma abordagem teológica, pastoral e espiritual, 435

5.1 "Giro decolonial", teologia e missão – Interpelações para a reflexão teológica contemporânea, 437

5.1.1 Missiologia como fronteira da teologia, 439

5.1.2 Missão como *missio Dei*, 448

5.1.3 Missão como *mater Ecclesiae*, 457

5.1.4 Contraponto: a parábola de um parto sofrido, 465

5.1.5 Missão como história, 469

5.2 Elementos para um paradigma missionário em perspectiva decolonial – Para uma reconfiguração da ação missionária, 482

5.2.1 Missão como participação pluriversal, 485

5.2.2 Missão como aprendizagem, 494

5.2.3 Missão como habitar as fronteiras, 504

5.2.4 Missão como projetualidade decolonial global, 515

5.3 Espiritualidade e missão – A relevância da espiritualidade para uma ação e uma razão missionária em chave decolonial, 530

5.3.1 Espiritualidade como vida no Espírito: uma abordagem antropológica, 532

5.3.2 Espiritualidade como ação do Espírito: uma abordagem teológica, 536

5.3.3 Espiritualidade e missão, 540

5.3.4 Elementos para uma espiritualidade missionária em chave decolonial, 543

5.3.5 Polaridades geradoras de um paradigma missionário integral e integrado, 559

Conclusão, 571

Referências, 577

Prefácio

A Igreja é essencialmente missionária. Mas, não basta ser missionária. A obra de Estêvão Raschietti põe a missão em questão. Cabe antes perguntar-se de que tipo de missão a Igreja é depositária. Como aborda o autor, historicamente, missão já foi sinônimo de proselitismo, de implantação da Igreja e até de expansão da cristandade medieval, na esteira de projetos colonizadores. Tudo com muito zelo, a ponto de inúmeros missionários darem a própria vida. Mas, a Igreja nem sempre teve a devida consciência, seja da gravidade de certas alianças, seja dos limites da adoção de determinados paradigmas de missão.

No itinerário missionário da Igreja, ao lado das obras e da dedicação diuturna à "salvação das almas", muitas vezes faltou autocrítica, reflexão teológica, abertura às contribuições que vêm do mundo em sua autonomia e, sobretudo, faltou acolhida dos diferentes e das diferenças, que sempre enriquecem. Por conta disso, muitos equívocos não foram evitados. É verdade que certos limites são frutos da consciência possível na época, mas outros também aconteceram por não se ter dado ouvido à denúncia profética de muitos missionários, santos visionários, para além de seu tempo, que nos inspiram ainda hoje. Em meio à ambiguidade de seu tempo, eles perceberam a missão atrelada a motivações pouco evangélicas, redirecionaram rumos e levantaram sua voz, tanto diante do império como da própria Igreja. Infelizmente, houve dificuldades em acolher suas formas inovadoras de evangelizar, mais consonantes com o espírito e a proposta da Mensagem revelada. Seja na Ásia, nas Américas ou na África, somente com o Concílio Vaticano II, em sua volta às fontes bíblicas e patrísticas, haveria uma mudança profunda, tanto na compreensão da missão como em sua pedagogia e método. De fato, a renovação conciliar, ao re-situar a Igreja no mundo em uma perspectiva de diálogo e serviço, superou a mentalidade de cristandade, com consequências concretas para a missão.

Dentre as múltiplas mudanças culturais, sociais e teológicas que contribuíram para se repensar e reprojetar a missão, pelo menos algumas delas cabe mencionar aqui, tal como é colocado em relevo por Estêvão Raschietti nesta obra. Uma delas foi o descobrimento das culturas, segundo Mircea Eliade, o maior descobrimento do século XX. Toma-se consciência de que não existe povo não civilizado; existem civilizações diferentes. Que não há "cultura" no singular, mas "culturas" no plural, pois diversos são os povos com sua própria identidade, valores, universo simbólico e referenciais de sentido. Consequentemente, não há cultura superior, mas culturas em uma relação simétrica de fundo. Como também não há cultura sem religião e, mais que isso, que as culturas têm a religião como sua alma, o que implica na missão, além de um diálogo intercultural, também um diálogo inter-religioso. A consequência direta para a missão foi a exigência da inculturação, de uma missão entendida como evangelização inculturada, cujo sujeito não é quem leva o evangelho, mas quem o recebe, pois cada povo tem o direito de encarnar, a seu modo, a Mensagem em sua própria cultura. Tardiamente se reconheceria em suas palavras e ações, entre tantos outros, Matteo Ricci (1552-1610) e F. Vincent Lebbe (1877-1940), pioneiros da evangelização inculturada na China.

Junto do descobrimento das culturas, outra mudança que contribuiu para se repensar e reprojetar a missão foi a tomada de consciência da necessidade do rompimento com toda e qualquer postura ou mentalidade colonizadora. Aliás, uma missão em perspectiva decolonial é a peculiaridade e a proposta de Estêvão Raschietti nesta obra. A consciência do direito à autodeterminação dos povos tinha levado à independência dos países colonizados na periferia de um centro colonizador, apoiado em um sistema escravocrata, tanto nas Américas como na Ásia e na África. Mas, percebe-se que não foi suficiente. Embora tivesse sido um passo importante, constata-se que não tinha havido verdadeira independência, pois o projeto colonizador havia sido substituído por mecanismos sutis de neocolonialismo. Foi quando surgiu, e hoje é re-potenciado e ampliado, um empoderado pensamento decolonial, protagonizando um movimento de decolonização do ser (nível ontológico), do saber (nível epistemológico) e do poder (nível socioeconômico). Trata-se da irrupção do "outro", não como prolongamento do eu colonizador ou colonizado, mas do "outro" enquanto sabedorias outras, portadoras de uma racionalidade outra e de povos conscientes do direito à sua autodeterminação, em uma relação simétrica de países no seio da comunidade das nações. É a emergência de uma consciência planetária e global, a partir das singularidades locais, com o cuidado de não se volatizar o real. Trazendo esta postura para o seio da Igreja, tal como aborda esta obra, descobre-se que o pensamento decolonial e os projetos históricos dele derivados levam a um novo paradigma de missão. Trata-se de um paradigma que a Igreja na América Latina e Caribe já o pratica há décadas, e que tem suas raízes em missionários da envergadura de Padre Vieira, Bartolomeu de las Casas, Toríbio de Mongrovejo, Antônio Montesinos ou Antônio de Valdivieso, mas com a necessidade de ser aprimorado e aprofundado na nova conjuntura do tempo presente, tal como o fez o Sínodo para a Amazônia.

    O descobrimento das culturas e uma postura decolonial desaguaram em outra manifestação desde o reverso da história, com consequências concretas para a missão. Trata-se da "irrupção dos pobres" ou dos vencidos. Ainda na década de 1950, fez-se ouvir voz do então denominado *Terceiro Mundo*, fruto da *Guerra Fria*. Os países do Hemisfério Sul tomam consciência de que sua dependência de um centro hegemônico de um sistema comandado pelos países do Hemisfério Norte era uma ordem injusta, pois quanto mais desenvolvimento no Norte, mais dependência no Sul. O Papa Paulo VI, na *Populorum Progressio*, iria caracterizar o subdesenvolvimento dos países subdesenvolvidos como o subproduto do desenvolvimento dos países desenvolvidos. Tal situação faz emergir uma consciência libertadora, base de iniciativas e projetos históricos de libertação de tudo o que oprime, subjuga e explora, numa sociedade marcada pela "injustiça institucionalizada", como a caracterizou a Conferência de Medellín. A partir da irrupção dos pobres, a Igreja na América iria plasmar a "opção pelos pobres", com a consciência de que ela radica na fé cristológica. Em consequência, superando espiritualismos e toda forma de dualismo, se passa a entender a salvação como libertação integral, que implica uma evangelização integral.

Evangelizar, à luz do mistério da encarnação do Verbo, é humanizar. E consequente com a opção pelos pobres, a Igreja vai assumir, além do pobre enquanto sujeito, também seu lugar social, situando-se no reverso da história, na periferia, fazendo dela o centro da Igreja. As implicações para a missão são diretas, mudando-a de lugar e de horizonte: a missão precisa ser levada a cabo "na" e "desde" a periferia, com a função de contribuir para tornar presente o Reino de Deus no mundo, que consiste numa fraternidade universal.

Mas isso não é tudo. Em mundo globalizado, pluralista e confrontado com os diferentes e suas diferenças, colocar-se na periferia é, sobretudo, situar-se na fronteira. Esta é outra característica importante do novo paradigma de missão tematizado por Estêvão Raschietti. No contexto atual, a Igreja precisa colocar-se na fronteira e levar com ela a missão. A fronteira é o lugar do espaço dos outros; é estar na margem, que deixa atrás o próprio e se depara com o alheio. Como frisa o autor, situar-se na fronteira é ser hóspede na casa dos outros. A fronteira não é simplesmente um lugar de passagem. Em um mundo globalizado, como o diferente e as diferenças nos rodeiam, trata-se de habitar as fronteiras e sem a tentação de domesticá-las, como diz o Papa Francisco, em nossa comumente mentalidade colonizadora. É muito incômodo ser missionário na fronteira, pois a missão só pode dar-se no diálogo, que implica receber e aprender. Na fronteira, a missão só pode ser uma proposição. Na fronteira, a missão só pode dar-se no respeito à liberdade de consciência, um sacrário que ninguém tem o direito de profanar, como alerta o Papa João Paulo II. Para isso, como frisa o Sínodo da Amazônia, para uma missão na perspectiva do evangelho, é preciso aprender a desaprender modos de missionar, fruto de equívocos históricos ou mesmo de pecados da Igreja, apoiados no testemunho dos que aprenderam a habitar as fronteiras. É na fronteira que se aprende caminhar com todos os caminhantes, como companheiros de caminho, como Jesus e os discípulos de Emaús.

Não é nada ocasional uma obra como a que temos em mãos chegar a tal grau de sintonia com as exigências do evangelho no contexto de nosso tempo. É fruto de muita pesquisa, da leitura de vasta e atualizada bibliografia, do processamento das informações recolhidas, para enfim plasmar este rico texto. E muito mais do que isso. Esta obra só foi possível graças à larga trajetória e à experiência missionária de seu autor. Estêvão Raschietti, por um lado, tem a ventura de pertencer a dois mundos. Como italiano, tem a esmerada formação europeia, a convivência com culturas outras e uma visão ampla e abrangente do caminhar da Igreja através dos tempos. E, por outro lado, como missionário *ad gentes* e *inter gentes* na periferia há décadas, tem também a visão do mundo desde o reverso da história, seja embrenhado diretamente em processos de evangelização na Amazônia, seja por anos e anos na coordenação da formação de missionários estrangeiros junto à CNBB, que chegam para missionar no Brasil. Estêvão Raschietti é um missiólogo, mas antes de tudo é um missionário que sabe conjugar a rigorosa reflexão com a ação missionária, o lugar desde onde se faz uma missiologia com a pertinência do evangelho e a relevância para nosso contexto. Esta obra é um tratado de missiologia, que precisa estar nos programas de formação dos agentes de pastoral nas comunidades eclesiais, nas escolas de teologia dos diferentes âmbitos da Igreja, assim como nos cursos de teologia da graduação à pós-graduação.

Agenor Brighenti

Lista de abreviaturas e siglas

AA – *Apostolicam Actuositatem*. Decreto do Concílio Vaticano II sobre o apostolado dos leigos. Roma, 18 de novembro de 1965.

AEC – *Ad Ecclesiam Christi*. Carta Apostólica de Pio XII. Roma, 29 de junio de 1955.

AG – *Ad Gentes*. Decreto do Concílio Vaticano II sobre a atividade missionária. Roma, 7 de dezembro de 1965.

Assunción – Consulta Missionária de Assunção da UNELAM (1972).

Barbados – Barbados I: Declaração pela libertação dos indígenas (1971).

CAM – Congressos Missionários Americanos.

CDC – Código de Direito Canônico.

CE – *Catholicae Ecclesiae*. Encíclica de Leão XIII. Roma, 20 de novembro de 1890.

CELAM – Conselho Episcopal Latino-Americano.

ChL – *Christifideles Laici*. Exortação Apostólica Pós-Sinodal de João Paulo II. Roma, 30 de dezembro de 1988.

CIC – Catecismo da Igreja Católica (1992).

CIMI – Conselho Indigenista Missionário.

CNBB – Conferência Nacional dos Bispos do Brasil.

COMLA – Congressos Missionários Latino-Americanos.

CT – *Catechesi Tradendae*. Exortação Apostólica de João Paulo II. Roma, 16 de outubro de 1979.

DA – Diálogo e anúncio. Documento do Pontifício Conselho para o Diálogo Inter-religioso e da Congregação para a Evangelização dos Povos. Roma, 19 de maio de 1991.

DAp – Conclusões de Aparecida. V Conferência Geral do Episcopado Latino-Americano e do Caribe (2007).

DCE – *Deus Caritas Est*. Carta Encíclica de Bento XVI sobre o amor cristão. Roma, 25 de dezembro de 2005.

DEV – *Dominum et Vivificantem*. Carta Encíclica de João Paulo II. Roma, 18 de maio de 1986.

DH – *Dignitatis Humanae*. Declaração do Concílio Vaticano II sobre a liberdade religiosa. Roma, 7 de dezembro de 1965.

DI – *Dominus Iesus*. Declaração da Congregação para a Doutrina da Fé sobre a unicidade e a universalidade salvífica de Jesus Cristo e da Igreja. Roma, 6 de agosto de 2000.

DM – Documento de Medellín. II Conferência Geral do Episcopado Latino-Americano (1968).

DP – Documento de Puebla. III Conferência Geral do Episcopado Latino-Americano (1979).

DPSA – Documento Preparatório do Sínodo para a Amazônia (2018).

DS – *Denzinger*. Compêndio dos símbolos, definições e declarações de fé e moral da Igreja Católica. São Paulo: Paulinas/Loyola, 2006.

DSA – Documento Final do Sínodo para a Amazônia (2019).

DSD – Documento de Santo Domingo. IV Conferência Geral do Episcopado Latino--Americano (1992).

DR – Documento do Rio de Janeiro. I Conferência Geral do Episcopado Latino-Americano (1955).

DV – *Dei Verbum*. Constituição Dogmática do Concílio Vaticano II. Roma, 18 de novembro de 1965.

EAm – *Ecclesia in America*. Exortação Apostólica Pós-Sinodal de João Paulo II. Roma, 22 de janeiro de 1999.

EC – *Episcopalis communio*. Constituição Apostólica de Francisco sobre o Sínodo dos Bispos. Roma, 15 de setembro de 2018.

ECM – *Enchiridion della Chiesa Missionaria*, 1997.

EG – *Evangelii Gaudium*. Exortação Apostólica de Francisco. Roma, 24 de novembro de 2013.

EN – *Evangelii Nuntiandi*. Exortação Apostólica de Paulo VI. Roma, 8 de dezembro de 1975.

ES – *Ecclesiam Suam*. Carta Encíclica de Paulo VI. Roma, 6 de agosto de 1964.

EV1 – *Enchiridion Vaticanum 1*. Documenti ufficiali del Concilio Vaticano II, 1962-1965.

EV6 – *Enchiridion Vaticanum 6*. Documenti ufficiali della Santa Sede 1977-1979.

FABC – *Federation of Asian Bishops' Conferences* – Federação das Conferências Episcopais da Ásia.

FT – *Fratelli tutti*. Carta Encíclica de Francisco sobre a fraternidade e a amizade social. Roma, 3 de outubro de 2020.

GE – *Gaudete et Exsultate*. Exortação Apostólica sobre o chamado à santidade no mundo atual. Roma, 19 de março de 2018.

GS – *Gaudium et Spes*. Constituição Pastoral do Concílio Vaticano II. Roma, 7 de dezembro de 1965.

ILSA – *Instrumentum Laboris* para o Sínodo para a Amazônia (2019).

IM – *Incarnationis Mysterium*. Bula de Proclamação do Grande Jubileu do Ano 2000 de João Paulo II. Roma, 29 de novembro de 1998.

IP – *In Plurimis*. Carta Encíclica de Leão XIII. Roma, 5 de maio de 1888.

Iquitos – I Encontro de Pastoral das Missões no Alto Amazonas, convocado pelo Departamento de Missões do CELAM, 1971.

LG – *Lumen Gentium*. Constituição Dogmática do Concílio Vaticano II sobre a Igreja. Roma, 21 de novembro de 1964.

LS – *Laudato Si'*. Carta Encíclica de Francisco sobre o cuidado da Casa Comum. Roma, 24 de maio de 2015.

MC – *Mysticis Corporis*. Carta Encíclica de Pio XII. Roma, 29 de junho de 1943.

Melgar – Encontro sobre a pastoral nas missões da América Latina convocado pelo Departamento de Missões do CELAM, 1968.

MI – *Maximum Illud*. Carta Apostólica de Bento XV. Roma, 30 de novembro de 1919.

MV – *Misericordiae Vultus*. Bula de Proclamação do Jubileu Extraordinário da Misericórdia. Roma, 11 de abril de 2015.

NA – *Nostra Aetate*. Declaração do Concílio Vaticano II sobre a Igreja e as religiões não cristãs. Roma, 28 de outubro de 1965.

NMI – *Novo Millennio Ineunte*. Carta Apostólica de João Paulo II. Roma, 6 de janeiro de 2001.

OA – *Octogesima Adveniens*. Carta Apostólica de Paulo VI. Roma, 14 de maio de 1971.

Panorama – Panorama Missionário da América Latina. Departamento de Missões do CELAM (1978).

PO – *Presbyterorum Ordinis*. Decreto do Concílio Vaticano II sobre o ministério e a vida dos sacerdotes. Roma, 7 de dezembro de 1965.

PP – *Populorum Progressio*. Carta Encíclica de Paulo VI. Roma, 26 de março de 1967.

PT – *Pacem in Terris*. Carta Encíclica de João XXIII. Roma, 11 de abril de 1963.

QAm – *Querida Amazônia*. Exortação Apostólica Pós-Sinodal de Francisco. Roma, 2 de fevereiro de 2020.

QC – *Quanta Cura*. Encíclica de Pio IX. Roma, 8 de dezembro de 1864.

RE – *Rerum Ecclesiae*. Carta Encíclica de Pio XI. Roma, 28 de fevereiro de 1926.

RMi – *Redemptoris Missio*. Carta Encíclica de João Paulo II. Roma, 7 de dezembro de 1990.

RN – *Rerum Novarum*. Carta Encíclica de Leão XIII. Roma, 15 de maio de 1891.

RP – *Reconciliatio et Paenitentia*. Exortação Apostólica Pós-sinodal de João Paulo II. Roma, 2 de dezembro de 1984.

SA – *Slavorum Apostoli*. Carta Encíclica de João Paulo II. Roma, 2 de junho de 1985.

SC – *Sacrosanctum Concilium*. Constituição do Concílio Vaticano II. Roma, 4 de dezembro de 1963.

SRS – *Sollicitudo Rei Socialis*. Carta Encíclica de João Paulo II. Roma, 30 de dezembro de 1987.

SS – *Spes Salvi*. Carta Encíclica de Bento XVI. Roma, 30 de novembro de 2007.

ST – Suma Teológica de Santo Tomás de Aquino.

TMA – *Tertio Millennio Adveniente*. Carta Apostólica de João Paulo II. Roma, 10 de novembro de 1994.

UR – *Unitatis Redintegratio*. Decreto do Concílio Vaticano II sobre o Ecumenismo. Roma, 21 de novembro de 1964.

VD – *Verbum Domini*. Exortação Apostólica Pós-Sinodal sobre a Palavra de Deus na vida e na missão da Igreja. Roma, 30 de setembro de 2010.

Introdução

"Missão" é um termo que começou a ser usado somente a partir do século XVI, especificamente relacionado a uma atividade de primeira evangelização entre os povos das terras descobertas pelo Ocidente com a travessia do Atlântico. Com efeito, uma estação moderna do anúncio da Boa-nova surgiu estreitamente vinculada à epopeia colonial das nações europeias.

Claramente a colonização entendida como invasão de territórios, dominação e estabelecimento de colônias, submissão e cristianização dos habitantes nativos, já era uma prática imperial consolidada desde o primeiro milênio. Contudo, aqui há algo de diferente das campanhas de Carlos Magno contra os povos germânicos, vizinhos incômodos, ou das Cruzadas para a reconquista de Jerusalém, confiscada pelo Islã. No momento em que inicia a era moderna com a descoberta da América, militares, mercadores e missionários embarcam juntos para a conquista de territórios e de povos que antes não se pensava que existissem, que não representavam ameaça alguma aos reinados europeus e em relação aos quais nenhuma retaliação podia ser cogitada. No século XVI, o Ocidente se propôs a conquistar o mundo pura e simplesmente legitimado pela perspectiva messiânica – com todas as suas implicações – da missão cristã: conquista que se estende ao longo dos séculos até os dias atuais.

É nesse preciso contexto que surge a palavra "missão" na acepção de como a entendemos hoje. De maneira que quando falamos de "missão" dizemos ao mesmo tempo "colonização", "conquista", "submissão".

Esta correspondência não é tão exagerada como num primeiro momento poderíamos pensar. A colonização não foi somente feita de brutalidades e de pilhagem. Também manifestou sua terrível face humanitária: uma colonização do amor, do bem, do dom, da verdade, sempre numa relação do superior branco-cristão-civilizado-senhor para o inferior índio/negro-pagão-selvagem-submisso. Os missionários subiram no mesmo barco dos colonizadores como braço espiritual de um único projeto dominador. Dirigiam-se a pessoas desconhecidas considerando-as, em sua dignidade fundamental, portadoras de alma e razão, mas de não as saber utilizar. Portanto, era indispensável sujeitá-las, educá-las, convertê-las, para elas se tornarem "iguais a nós", a serviço dos interesses imperiais.

Esse motivo era tão óbvio e natural que a missão colonizadora era aceita como uma obra de bem, uma intervenção nobre, uma atividade heroica que, afinal das contas, tinha como objetivo "ajudar" as pessoas. Diante das causas humanitárias socialmente reconhecidas pelas metrópoles, amparadas pelo zelo e pela entrega de seus agentes, toda e qualquer resistência ou crítica ressoava descabida ante aos inegáveis benefícios que essas ações traziam às populações necessitadas, segundo suas finalidades. Mas eram exatamente as finalidades e os pressupostos das assim chamadas "missões" a necessitar de um amplo debate e de uma profunda revisão.

Aceitar a tese de que Deus escreve certo por linhas tortas, e que Ele, afinal, olha para a intenções e não para os feitos malfeitos, não nos exime de qualquer responsabilidade ao nos colocar a serviço de projetos espúrios que não condizem com as exigências do evangelho e com a dignidade de vida dos povos. Entretanto, cabe até certo ponto o julgamento histórico a partir da atualidade. Cabe, no entanto, uma análise crítica do fenômeno em vista da atualidade, particularmente, se consideramos a colonização não um episódio restrito a uma época da história mundial, mas ao contrário uma ideologia moderna que se instalou nas fibras mais íntimas das subjetividades, das cosmovisões e dos sistemas sociais contemporâneos, e que penetra as estruturas hierárquicas das populações através dos dispositivos da raça e da classe social.

Desta constatação surge o compromisso ético e político de "descolonizar" a missão como um dos principais problemas da reflexão e da prática contemporânea das Igrejas. Essa operação não resulta apenas em alguns acertos sobre o cumprimento de uma tarefa específica, ou na deslegitimação desta mesma tarefa diante da sensibilidade e da consciência pós-colonial contemporânea. O que está em jogo é muito mais do que isso, e diz respeito à própria razão de ser da Igreja "por sua natureza missionária" (AG 2): ela seria "por sua natureza colonial"? Suas pretensões, por vezes dissimuladas, negociadas e suavizadas, não seriam em qualquer caso impreterivelmente imperialistas? E esse fato não denunciaria um sério problema estrutural de sua ação evangelizadora no mundo? Em outras palavras: é realmente possível "descolonizar" a missão cristã sem atingir a essência da Igreja, e projetar essa mesma missão numa perspectiva decolonial?

Precisamos ter presente que essas perguntas são dirigidas à missão cristã em sua versão "moderna", assim como nós a conhecemos. Da mesma forma como está vinculada à colonização, essa missão está intimamente conexa à modernidade ocidental, âmbito de onde surge pela primeira vez o uso do termo relacionado a uma atividade específica de evangelização. Já essa informação sugere, em primeiro lugar, uma busca nas fontes do movimento cristão acerca da singela "natureza missionária" da Igreja e sua relação com a expressão "moderna" dessa missionariedade.

Em segundo lugar, a preocupação com a conexão intrínseca entre missão e colonização não é nova para as confissões cristãs: é desde o começo do século XX que há uma certa evolução da razão missionária uma vez que esta percebeu a colonização como problema fundamental para a evangelização. A crise do imperialismo europeu, as duas guerras mundiais, as independências das colônias foram eventos que contribuíram a rachar as presunções de superioridade ocidental e a engendrar a emergência de uma época pós-colonial.

O Vaticano II e a caminhada missionária da Igreja latino-americana contribuíram decididamente para uma "virada" da noção de missão numa direção que poderíamos definir "anticolonialista". Ainda assim, necessitava encarar os desafios que emergiam de uma "colonialidade" persistente, distinta do colonialismo histórico, mas intrínseca à modernidade ocidental, que continuava a subsistir na dominação cultural, na produção de conhecimento e na configuração de identidades subalternas.

Procuramos com esse trabalho, portanto, oferecer uma contribuição para continuar a busca por uma decidida descolonização da missão, seguindo as pegadas de especialistas autores de obras referenciais, assim como de uma tradição libertadora e inculturada latino-americana: acreditamos que uma perspectiva decolonial ainda constitui um problema central para a pesquisa missiológica e para a prática missionária.

Organizamos um percurso de cinco capítulos, a começar por: (1) uma aproximação histórica da relação entre missão e colonização; (2) uma abordagem teórica de como o colonialismo e o imperialismo ocidental se reproduzem hoje sob as vestes de uma colonialidade intrínseca à modernidade; a partir deste ponto, apresentamos (3) a evolução da razão missionária cristã uma vez que esta percebeu a colonização como problema estrutural para a evangelização; em seguida, (4) analisamos o tipo de recepção e elaboração que teve esse debate missiológico na América Latina, através da preparação, realização e conclusão das cinco Conferências Gerais do Episcopado, mais o Sínodo da Amazônia; terminamos (5) com algumas considerações de ordem teológica, pastoral e espiritual, com o intuito de levantar elementos em vista da construção de um possível paradigma missionário em perspectiva decolonial, a partir das periferias geopolíticas e existenciais.

Temos a convicção que poderemos efetuar passos nesta direção, tanto na prática pastoral como na reflexão teológica, na medida em que iremos interiorizar determinadas perspectivas e encarar efetivamente o encontro/desencontro com os outros na fronteira colonial. É preciso adquirir uma sensibilidade de que a "colonialidade" existe, é real, extensa, profunda, está encarnada no nosso ser, na estrutura do nosso pensamento e dos nossos projetos de vida: somos *entranhamente* coloniais, e nos descolonizaremos somente depois de um demorado processo de desaprendizagem e reaprendizagem.

Não queremos esconder limites e relações de poder das quais somos parte. Ainda nesse ensaio usaremos termos tremendamente coloniais, como *missio ad gentes*, porque não possuímos ainda outras ferramentas compartilhadas que possam substituí-los. Também o problema não é mudando os termos que se muda os conteúdos (como também não é mudando os conteúdos que se muda os termos, ou seja, as regras do jogo assimétricas que impomos unilateralmente aos possíveis interlocutores). No momento em que a Igreja Católica trocou o substantivo "missão", por causa de sua herança histórica negativa, por "evangelização", trocou 'seis por meia dúzia' (e ainda com certo prejuízo), por não revisitar suficientemente os pressupostos e as finalidades doutrinais que sustentavam uma tal ação.

Contudo, nos consola o fato de redescobrir que a missão, a princípio, não nasceu colonial e nem no centro do poder: ao contrário, surgiu com o primeiro movimento cristão como expressão característica de abertura e de encontro, de derrubada de preconceitos e de construção artesanal de pontes interculturais desde as periferias. Portanto, retomar uma prática jesuana despretensiosa e desarmada, rememorar a luta apostólica de inclusão dos outros, redescobrir as tradições pós-apostólicas eclipsadas de cunho encarnacional e pastoral, resgatar a dimensão trinitária dos Padres da Igreja determinante para configurar uma natureza "em saída" da Igreja, são todos recursos históricos e teológicos que nos inspiram a tornar efetivo um autêntico "giro decolonial" da prática e da teologia da missão.

Enveredar por este caminho, como afirmam Steve Bevans e Roger Schroeder (2016, p. 41), implica uma radical mudança de orientação e motivação: de uma concepção de missão como *expansão*, para uma compreensão de missão como um genuíno e profundo *encontro* com os outros. Ao contrário de visualizar as pessoas a serem catequizadas como *objetos* ou *alvos* de conversão, agora o desafio é "travar uma luta" por reconhecê-las dignamente como o "outro" em sua genuína acepção.

1
MISSÃO E COLONIZAÇÃO

A missão cristã nas idades do colonialismo e do imperialismo

Sobre a histórica relação entre missão cristã e colonização europeia, mesmo que nem sempre pacífica, não há muito o que comprovar: estamos diante de um fenômeno atestado por inúmeras fontes documentais e implicações político-culturais. No entanto, diversas e divergentes são as considerações entre historiadores e teólogos da missão sobre a importância dessa conexão, sua extensão e seu significado.

Nas avaliações dos primeiros missiólogos, como também nas posições oficiais das Igrejas nas primeiras décadas do século XX, não se enxergavam ainda tensões particularmente problemáticas, apesar de assinalar alguns importantes entraves para a evangelização. O historiador e teólogo protestante Carl Mirbt (1860-1929), fundador da Sociedade Alemã de Missiologia, escrevia que "missão e colonialismo andam de mãos dadas, e temos razões para crer que algo de positivo venha a resultar dessa aliança para nossas colônias". Por sua vez, Joseph Schmidlin (1876-1944), pai da missiologia católica, afirmava que assim como "colonizar é missionar", também "missionar é colonizar" (BOSCH, 2007, p. 370).

Já mais tarde, posturas bastante críticas amadureceram à luz dos movimentos pós-coloniais. Para Seumois (1993, p. 228) o vínculo entre missão e colonização era substancialmente conjuntural e revisitado com o tempo, diante das dissonâncias com os *indebitus modus* dos colonizadores. Xeres (2008, p. 242) reconhece que entre conquista e evangelização há uma constitutiva ligação para as concepções das épocas; contudo, essa trama é complexa e diversificada, varia segundo os métodos missionários utilizados e não é correto forjar generalizações. Para Bosch (2007, p. 376) a cumplicidade entre missão e expansão colonial foi uma realidade ambígua, onde uma destemida minoria, embora de forma limitada, resistiu à política de dominação do Ocidente sobre o resto do mundo. Dussel (2013, p. 20), no entanto, afirma que o ocorrido trágico da colonização foi produto de uma cristandade triunfante surgida da inversão do cristianismo messiânico das origens. Enfim, Paulo Suess (2007a, p. 100) entende que a violência da conquista colonial não seria imputável ao caráter nacional de espanhóis e portugueses, mas à ambivalência do próprio cristianismo em relação ao encontro com o outro.

Considerando que a crítica histórica e teológica é necessária para entender a essência e a abordagem do tema da missão para a atualidade, o julgamento retrospectivo acreditamos não ter legitimidade e nem tanta utilidade. O que é de interesse da nossa indagação é entrever o surgimento, as motivações, os dinamismos e os legados de uma ação evangelizadora que veio a ser originada a partir de uma relação assimétrica com seus interlocutores.

O fenômeno associado à missão do qual estamos falando foi chamado de "colonização", "colonialismo", "imperialismo". Esses termos são usados muitas vezes de maneira intercambiável, indicando, porém, conceitos semânticos diferentes, além de serem relacionados a determinados períodos históricos. A noção de "colonização" está vinculada, na sua origem, à ocupação de uma terra estrangeira, à sua exploração agrícola e à instalação de "colonos". Por sua vez, o termo "colonialismo" foi usado para referir-se ao período histórico da conquista da América, no século XVI, por parte de Espanha e Portugal. De outra maneira, a expressão "expansão colonial" diz respeito à conquista e ocupação de territórios contíguos por parte de nações constituídas, como foi o caso da Rússia com a Sibéria e dos Estados Unidos com o Oeste. Enfim, o "imperialismo" data do final do século XIX até a Primeira Guerra Mundial – ou Segunda Guerra Mundial, segundo alguns autores –, com o controle e a tomada de posse por parte das nações europeias, principalmente Inglaterra e França, de quase todo continente africano, boa parte da Ásia e da Oceania, como processo planetário alavancado pela Revolução Industrial e pela consolidação do capitalismo.

Nas diversas épocas da história, até os nossos dias, a colonização assumiu diversas formas que também se justapuseram umas às outras. Hoje assistimos a um imperialismo sem colonização, assim como os processos de independência e de descolonização não acabaram com a dominação ocidental, chamada de *neocolonização* ou de imperialismo sem colonos e sem bandeiras (FERRO, 1996, p. 38).

A missão cristã moderna, com caraterísticas únicas e peculiares a tudo o que tinha acontecido anteriormente em termos de primeira evangelização, se situa e se desenvolve pontualmente a partir do contexto colonial do século XVI e, sucessivamente, com o imperialismo capitalista e iluminista dos séculos XIX e XX. Trata-se de um único processo de ocidentalização do mundo em suas diferentes etapas, com suas constantes, suas metamorfoses, suas evoluções. Portanto, neste capítulo adotaremos o termo genérico de "colonização" para nos referir às duas épocas, sem nos adentrar no debate das distinções históricas e conceituais[1].

Antes disso, não era fato inédito que a ação evangelizadora da Igreja fosse aliada a dominações, colonizações e impérios, pelo menos desde a época constantiniana. As guerras missionárias fomentadas pelas Cruzadas na Idade Média foram processos que criaram até pressupostos jurídicos e teológicos para a conquista espiritual e o exclusivismo eclesiológico por parte do Ocidente cristão.

No entanto, a partir do século XVI surge um elemento novo: a perspectiva da conquista ultramarina de populações e territórios até então totalmente desconhecidos e alheios à mensagem evangélica. Associado a uma nova visão de mundo, nasce aqui o conceito de "missão" como atividade de primeiro anúncio do evangelho aos não cristãos, prática que se acreditava terminada pouco depois da época apostólica.

---

1. A cientista política Luciana Ballestrin (2017, p. 506) observa que "a atualização teórica e conceitual de ambos os fenômenos [colonialismo e imperialismo] é constante na tentativa de acompanhar a própria expansão concreta, contínua e em curso do sistema capitalista".

Abordaremos, portanto, a relação histórica, política e espiritual entre missão e colonização na Idade da Conquista, primeira estação missionária moderna, e em seguida missão e colonização na Idade das Luzes, segunda estação missionária moderna.

1.1 A missão na Idade da Conquista – A primeira estação missionária moderna (séculos XVI-XVIII)

A palavra "missão", enquanto termo técnico aplicado a uma atividade de difusão da fé, surge somente no século XVI. Ela não consta nas Escrituras, nem nos Santos Padres e se encontra apenas na teologia medieval da Trindade (ST I, q. 43), a respeito do envio (*missio*) do Filho por parte do Pai, e do Espírito por parte do Pai e do Filho.

Os jesuítas foram os primeiros a utilizá-la num sentido operativo. Inácio de Loyola (1491-1556), em 1540, estabelecia para os membros de sua Companhia, além dos três votos usuais, um quarto voto *circa missiones* (a respeito das missões), que era um voto peculiar de obediência ao Sumo Pontífice, de ir prontamente a todo lugar aonde fossem enviados, entre os pagãos, os hereges ou os próprios católicos[2]. O contexto e o espírito da Reforma e da Contrarreforma fez despontar diversos novos movimentos de renovação religiosa, com o intento de aproximar as massas cristãs às exigências de uma vida mais evangélica. Durante esse período, entre os séculos XVI e XVII, o termo "missão" começou a ser amplamente empregado em múltiplas formas de ação apostólica: paroquial, itinerante, extraordinária, primeira evangelização.

Entretanto, o impacto que tiveram as novas descobertas geográficas e a consequente expansão das nações europeias direcionaram rapidamente a sua evolução semântica para o envio entre os povos pagãos extra europeus (*missiones exterae*).

---

2. "Sem nenhuma tergiversação nem desculpa, nos tenhamos por obrigados a cumprir, sem delongas, e na medida de nossas forças, quanto nos ordenar o atual romano pontífice e os que pelo tempo adiante lhe sucederem, para proveito das almas e propagação da fé, sejam quais forem as províncias a que nos enviar, quer nos mande para os turcos, quer para as terras de outros infiéis, ainda para as partes que chamam da Índia, como também para os países de hereges ou cismáticos ou quaisquer nações de fiéis" (LEITE, 1938, p. 7).

Particularmente, com a criação da Congregação de *Propaganda Fide* (1622), por meio da qual os papas advogaram a si a responsabilidade da evangelização universal, desvinculando-a do sistema de padroado, a definição de missão ficou oficialmente e juridicamente relacionada a una tarefa específica designada pelo magistério pontifício (aspecto hierárquico) e a um território não cristão de primeiro anúncio onde exercer tal ofício (aspecto geográfico) (WOLANIN, 1989, p. 23-26). No século XVII, seus agentes começaram a ser chamados de *missionarii*, expressão técnica de produção tipicamente eclesiástica para indicar os *ministri Christi in gentibus* (SEUMOIS, 1993, p. 21).

> O termo [missão] pressupõe uma Igreja estabelecida na Europa que enviava delegados para converter os povos além-mar; expressa, assim, um fenômeno anexo à expansão europeia. Entendia-se a Igreja como uma instituição jurídica que tinha o direito de confiar sua "missão" a poderes seculares e a um corpo de "especialistas" – sacerdotes ou religiosos. "Missão" designava as atividades pelas quais o sistema eclesiástico ocidental se propagava para o resto do mundo. O "missionário" estava irrevogavelmente conectado a uma instituição na Europa, da qual ele ou ela derivava o mandato e o poder de conferir salvação às pessoas que aceitavam certos princípios da fé (BOSCH, 2007, p. 281).

1.1.1 Descoberta de novas terras e redescoberta da missão

O contexto e o pretexto da missão cristã moderna foi, portanto, de forma inequívoca e preponderante, a descoberta de um Novo Mundo que desencadeava o surgimento de um novo imaginário, de uma nova cosmovisão, de uma nova noção de totalidade e de uma nova concepção de si diante da "questão do outro" (TODOROV, 2010). Para Enrique Dussel, a Idade Moderna começa aqui, com a morte do Mediterrâneo e o nascimento do Atlântico: "a Europa se des-enclaustra, se abre ao 'amplo mundo' a partir de um novo centro geopolítico da navegação e do comércio [...]. Sem perceber a cristandade latino-germânica começa a construir esse novo mundo" (DUSSEL, 2013, p. 23).

> A virada missionária dos séculos XV e XVI é de importância fundamental precisamente porque constituiu a primeira vasta afirma-

ção do cristianismo fora do ambiente tradicional do Mediterrâneo, em primeiro lugar, para começar a ser verdadeiramente "universal" (i. é, "católico"). Anteriormente, na verdade, houve incursões para o leste, para a China, e, no entanto, sempre foram iniciativas isoladas e limitadas. Embora fossem territórios e povos desconhecidos e misteriosos, eles pareciam à consciência do cristianismo apenas como uma espécie de extensão oriental, do lado dos povos bárbaros que constituíam a mesma Europa, e do outro lado do grande bloco muçulmano, por sua vez visto como a forma "herética" do cristianismo (XERES, 2008, p. 168).

Com efeito, durante toda a Idade Média, a Europa foi praticamente uma ilha fechada em si, salvo algumas exceções. A *christianitas*, constituída numa única *civitas*, era encurralada por todos os lados e afastada do resto do mundo pelo Islã, em pleno e alarmante crescimento com a assombrosa conquista, em 1453, de Constantinopla, centro espiritual do cristianismo oriental.

As saídas desta situação de premente inquietude foram encontradas por via marítima graças às evoluções técnicas e tecnológicas de navegação, como também à arrojada e experiente tradição náutica dos portugueses. Em 1487, aventureiros lusitanos conseguiram abrir caminhos contornando o continente africano. Dez anos depois, chegaram até a Índia com Vasco da Gama (1469-1524).

Por sua vez, no embalo da *reconquista* há pouco terminada com a capitulação do Reino de Granada (1492), a Espanha também quis engajar-se em expedições que pudessem vislumbrar possíveis rotas de expansão e de conquista. Os Reis Católicos, Isabel I de Castela (1451-1504) e Fernando II de Aragão (1452-1516), apostaram, então, no projeto temerário do explorador genovês Cristóvão Colombo (1451-1506), inspirado pelo geógrafo florentino Paolo dal Pozzo Toscanelli (1397-1482), que visava não mais a circum-navegação da África, e sim a temerária volta do globo, chegando ao Oriente pelo caminho do Atlântico.

O celebre mapa de Juan de la Costa (1460-1510), considerado a mais antiga representação do Novo Mundo, ilustrava Colombo carregando um menino Jesus nos ombros, no limiar em que se alude à descoberta de novas terras. Cristóvão, *Christophorus, Christo-ferens*, "portador de Cristo": a imagem de Colombo ligada à propagação da fé e à conquista das almas a Cristo não corresponde apenas às motivações místicas e missionárias do personagem histórico (TODOROV, 2010, p. 12-13), mas também a toda uma epopeia na qual interesses de ordem político-econômica entrelaçaram-se profundamente com projetos de ordem religiosa (PIAZZA, 1992, p. 9-10). Considerada a configuração da sociedade europeia do século XV, isso correspondia a algo totalmente natural e consequente.

Ao mesmo tempo, porém, o evento da descoberta não colocava em xeque apenas a concepção medieval do mundo, mas também a convicção amplamente difundida da "missão cumprida" (DIANICH, 1985, p. 81-90), ou seja, do fim da estação missionária em razão do anúncio do evangelho ter alcançado todos os rincões da terra até então conhecida e, portanto, ter atingido seu objetivo. Com efeito, desde Agostinho (354-430) a questão soteriológica estava encerrada: acreditava-se que não existia mais salvação para quem estava fora da Igreja, e que a conversão se tornava um assunto de exclusiva responsabilidade do indivíduo, uma vez que o Reino de Cristo tinha sido propagado por toda parte e a Igreja instituída em qualquer nação (DUPUIS, 1998, p. 123-124).

Agora, com a constatação da existência de novos e desconhecidos povos que tinham ficado de fora da cristandade (*fideles*), não por renegarem a fé (*per-fidi*) como os judeus, e nem por heresia (*in-fideles*) como os muçulmanos, mas por pura ignorância (XERES, 2008, p. 174), abria-se uma nova e promissora era evangelizadora exatamente no momento em que judeus e muçulmanos eram expulsos da Espanha. O alvorecer de um mundo novo sinalizava, por muitos aspectos, o entardecer do antigo, apontando para a realização da profecia que associava o fim dos tempos com o término da obra missionária, motivo do adiamento da *parusia*: "este evangelho do Reino será proclamado no mundo inteiro, como testamento para todas as nações. E então chegará o fim" (Mt 24,14). Assim, o Frei Toríbio de Benavente o Motolinía (1482-1568), um dos *Doze Frades* que chegaram para implantar o cristianismo no México em 1524, anotava:

> Portanto, observem quem viver e veremos como a cristandade veio da Ásia, que está no Oriente, até o fim da Europa, que é a nossa Espanha, e de lá vem para esta terra, que está no mais extremo Ocidente. Bem, porventura, o mar atrapalha? Não por sinal [...]. E como a

Igreja no Oriente, que é o começo do mundo, floresceu no princípio, agora no final dos séculos ela tem que florescer no Ocidente, que é o fim do mundo (MOTOLINÍA, 2014 [1541], p. 207).

No entusiasmo dos fermentos reformadores do século XVI e no otimismo escatológico ocasionado pelo retorno de perspectivas milenaristas inspiradas em Joaquim de Fiore († 1202), foram enviados nas novas terras religiosos altamente motivados, capazes e bem-formados, graças à reforma humanista. Somente nos primeiros cem anos depois da descoberta, 5 mil missionários partiram para a América, particularmente, dominicanos e franciscanos. Esses, já na segunda metade de 1500, fundaram 250 conventos. Nos séculos sucessivos, o efetivo permaneceu alto, chegando no século XVIII a 16 mil membros fornecidos pelas ordens religiosas, cuja metade eram franciscanos, seguidos por 3.500 jesuítas (SIEVERNICH, 2012, p. 103).

1.1.2 O espírito da conquista e a conquista espiritual

Esses dedicados e despojados homens e suas instituições deram vida a uma intensa e eficaz ação missionária que ficará conhecida como *conquista espiritual*, expressão concebida nos ambientes franciscanos (MOTOLINÍA, 2014 [1541], p. 299) e depois adotada também por outros (MONTOYA, 1985 [1639]). O estreito vínculo entre Igreja e Estado, perpetrado desde a época constantiniana, e chegado à maturidade na Idade Média, fez com que a missão objetivasse não só a conversão dos povos indígenas ao cristianismo, mas também sua submissão e exploração. A difusão da fé, as políticas coloniais e as conquistas militares tornaram-se instâncias tão implicadas entre si, que ficou impossível desassociar umas das outras, até porque todas elas dependiam das mesmas autoridades: as coroas de Espanha e Portugal.

Com efeito, o direito de conquista era fundamentado na teoria medieval da *plenitudo potestatis* (pleno poder) atribuída ao papa, pois Cristo, Senhor do mundo, tinha confiado a Pedro e a seus sucessores a gestão de seu poder universal. Para a Bula *Unam Sanctam*, de Bonifácio VIII (1302), a submissão a esse poder era necessária para a salvação (DS 870). Por sua vez, a autoridade do Sumo Pontífice podia delegar o domínio político e eclesiástico sobre terras pagãs a príncipes cristãos, criando assim uma estreita interdependência entre colonialismo e missão religiosa, autorizando até uma guerra justa contra as populações que não reconhecessem tal ordenamento. Aqui tem origem o direito de padroado concedido aos reis de Espanha e Portugal por Alexandre VI, com a bula *Inter Coetera* (1493), conferindo a eles plena autoridade sobre os territórios já descobertos e sobre aqueles ainda a descobrir, inclusive o direito-dever de evangelizar, assim como o governo sobre as novas Igrejas fundadas.

A ideia de guerra justa na tradição cristã remonta a Santo Agostinho († 430) e, mais uma vez, ao conúbio entre Igreja e Estado pela defesa da cristandade. Para o bispo de Hipona, a guerra é sempre um mal, mas pode ser necessária para combater as injustiças, restaurar a ordem moral e buscar a paz. Somente as autoridades políticas, enquanto mandatárias divinas, podem declarar uma guerra justa (GOLDSTEIN, 2017, p. 54-60). Mais tarde, Tomás de Aquino († 1274) definirá os critérios clássicos para a legalidade deste tipo de ação: declarada por uma autoridade (*legittima auctoritas*), por uma causa justa (*iuxta causa*) e conduzida nas formas legítimas (*debitus modus*).

Todavia, qual a real relevância e quem determina a validade desses critérios? As autoridades seriam legítimas só se fossem empossadas pelo papa; nenhuma Igreja cristã, até hoje, condenou solenemente e publicamente nenhum governo pela maneira como conduziu uma guerra; finalmente, "a triste realidade, que devemos reconhecer honestamente, é que uma justa causa pode significar *qualquer causa*" (CHIAVACCI, 1990, p. 71-74; grifo do autor), inclusive uma causa religiosa.

Foi exatamente a partir destas deduções que Carlos Magno († 814) entrou em campanha durante mais de 30 anos (772-804) contra os saxões, decapitou 4.500 deles num só dia e impôs uma conversão em massa, começando pelo seu líder Widukind (730-807). Em seguida, chegaram centenas de monges para apresentar o evangelho a populações forçosamente batizadas: a sujeição ao Deus do mais forte resultava como algo absolutamente consequente – uma causa justa – à submissão do vencedor.

Da mesma natureza foram as Cruzadas, entre os séculos XI e XIII, realizadas num clima de profunda renovação evangélica, motivadas por amor aos cristãos do Oriente, assistidas pela vontade e pela providência divina (XERES, 2008, p. 145-49). Essas iniciativas tentaram confrontar os infiéis muçulmanos pela via militar, com o objetivo de assimilar Jerusalém, como também Constantinopla ainda cristã, ao Ocidente[3].

A conquista espiritual da América, a princípio, não foi outra coisa a não ser a continuação moderna das Cruzadas (BOSCH, 2007, p. 279), antes de tudo, a partir do conceito e da prática da guerra justa. Já em 1452, a bula de Nicolau V dirigida ao rei de Portugal, Afonso V, legitimava as incursões portuguesas nos territórios pagãos com essas palavras:

> Outorgamos por estes documentos presentes, com a nossa Autoridade Apostólica, permissão plena e livre para invadir, buscar, capturar e subjugar sarracenos e pagãos e outros infiéis e inimigos de Cristo onde quer que se encontrem, assim como os seus reinos, ducados, condados, principados, e outros bens [...] e para reduzir as suas pessoas à escravidão perpétua (SUESS, 1992, Doc. 29, p. 227).

Pelo lado da Espanha, o processo de conquista do Novo Mundo esteve profundamente interligado ao processo de *reconquista* da Península Ibérica (COLZANI, 1996, p. 15). A figura e o culto do apóstolo São Tiago Maior, símbolo da resistência contra os muçulmanos e protetor da cristandade universal, de *mata-moros* passa a ser agora *mata-índios*. Assim como apareceu imponente e impávido, com espada na mão, armadura e cavalo branco na batalha de Clavijo contra os mouros (882?), aparece também na batalha de Centla contra os índios em 1518, bem como em muitas outras guerras em todo continente, até a Revolução Mexicana em 1916 (GARCÍA, 2015).

Na perspectiva da *plenitudo potestatis* e da guerra justa se fundava, particularmente, o procedimento jurídico do *Requerimiento*, idealizado em 1513 por um jurista da corte espanhola, Juan López de Palacios Rubios, por ocasião da expedição de Pedrarias Dávila para Darien. Essa declaração ritualizada de guerra

---

3. De acordo com Saverio Xeres (2008), cruzada e missão não devem ser radicalmente contrapostas: "seja porque a cruzada foi considerada – pelo menos inicialmente – uma forma de missão, ainda que por meio da espada; seja porque a missão, em muitos contemporâneos, flanqueava, ao invés de substituir, a cruzada. Enfim, foi a cruzada que de fato reconduziu o Ocidente a retomar os contatos com o Oriente. E não somente com o Oriente cristão, e sim também além com alguns povos da Ásia, ainda pagãos" (p. 157).

justa pretendia explicar a razão da conquista por parte dos cristãos espanhóis aos índios da América Central (1524), de Yucatán (1527), da Guatemala (1530), do Peru (1532), da Venezuela (1534), do Panamá (1535), de Nova Granada (1537) e do Rio da Prata (1540).

> Portanto, como melhor posso vos rogo e requeiro que entendais bem isso que vos disse, e para entender e deliberar sobre isso useis o tempo que for justo, e reconheçais a Igreja como senhora e superiora do mundo universo e o Sumo Pontífice chamado papa, em seu nome, e o rei e a rainha nossos senhores, em seu lugar como superiores, senhores e reis dessas ilhas e terra firme [...] não vos compelirão a vos tornardes cristãos, salvo se vós, informados da verdade, vos quiserdes converter à nossa santa fé católica, como fizeram quase todos os habitantes das outras ilhas e, além disto, Sua Alteza vos dará muitos privilégios e isenções, e vos fará muitas mercês. Se não fizerdes isso, ou maliciosamente vos demorardes, certifico-vos que com a ajuda de Deus eu entrarei com poder contra vós e vos farei guerra por todas as partes [...] e tomarei vossas pessoas e as de vossas mulheres e filhos e os farei escravos [...] e tomarei vossos bens e vos farei todos os males e danos que puder (SUESS, 1992, Doc. 85, p. 674).

Essa declaração anunciava a inevitável submissão das populações nativas ao rei da Espanha e ao papa, mas não imediatamente a conversão forçada, enquanto havia a clara consciência, desde Agostinho, da necessária liberdade para aderir à fé. Todavia, como argumentava Tomás de Aquino, devia-se eliminar todos os obstáculos que pudessem impedir de abraçá-la livremente. Portanto, os indígenas não podiam dificultar a pregação dos missionários, nem recusar de recebê-los, como também opor-se à luta contra a idolatria e à promoção dos bons costumes (GUTIÉRREZ, 1995, p. 175-178, 182-186). Mesmo o *Requerimento* não sendo mantido como base jurídica da conquista por muito tempo, expressava sem dúvida o espírito geral desse empreendimento, entre manifestações mais insensatas e as mais ponderadas, mas sempre e igualmente coloniais.

Seja como for, a conquista do Novo Mundo, fundamentada na autoridade da Igreja, produziu um dos maiores genocídios da história. As estimativas são muito incertas: o extermínio pode ter atingido, só na primeira metade do século XVI, 90% da população das Américas, ou seja, 70 milhões de pessoas (TO-

DOROV, 2010, p. 191). As causas reconhecidas foram essencialmente quatro: a desnutrição e a mudança de regime alimentar; as epidemias que não encontravam populações imunizadas; os assassinatos, por causa da guerra ou fora dela; o trabalho escravo (GUTIÉRREZ, 1995, p. 560). As violações e as atrocidades sofridas pelos indígenas foram testemunhadas pelo dominicano Bartolomeu de Las Casas (1484-1566), bispo de Chiapas, em sua "Brevíssima relação da destruição das Índias" (1552). No entanto, o Frei Motolinía, no primeiro capítulo de sua obra, interpretará esses flagelos como as dez pragas enviadas por Deus para punir aquelas terras, em referência às célebres do Egito bíblico (MOTOLINÍA, 2014 [1541], p. 17-25).

As empresas coloniais, também em suas crueldades, não eram novas para as nações cristãs. Contudo, eram promovidas por povos europeus contra outros europeus, e os derrotados eram aos poucos absorvidos pela cultura dominante. Agora, cristãos europeus se depararam com povos que eram, não somente fisicamente, mas também culturalmente e linguisticamente, extremamente diferentes deles (BOSCH, 2007, p. 280). Uma das consequências mais desumanas da conquista foi a imposição da escravidão às populações indígenas: se no Império Romano e na sociedade medieval o cativeiro tinha pouco a ver com a raça e com pressupostos de ordem ontológica, agora a submissão começa a assumir decididamente uma dimensão essencialista, marcada pela sensação de superioridade da raça branca sobre as outras consideradas inferiores por natureza, privadas do uso da razão, necessariamente subjugadas pelo seu próprio bem (COLZANI, 1996, p. 25).

1.1.3 A evangelização entre coação, persuasão, redução e encarnação

O bem supremo em questão era a própria fé a ser promovida com qualquer meio, sem, porém, jamais ser imposta. Entre a exigência da liberdade religiosa e os objetivos da conquista espiritual, os missionários e suas instituições travaram uma disputa permanente por uma evangelização pela força ou pela persuasão, dando vida a modelos e projetos distintos que procuravam uma tensão harmoniosa entre esses dois polos, ora enfatizando um, ora enfatizando outro, às vezes radicalizando por um dos lados, reconhecendo contudo certa validade da argumentação oposta, em busca de uma síntese coerente com a proposta cristã na concepção da época. No entanto, tudo foi processado numa relação assimétrica de dominação colonial entre os missionários e seus interlocutores.

a) A primeira e mais difusa abordagem foi a da *tabula rasa* (tábua de cera rasa, na qual o escritor podia imprimir suas palavras) defendida por um dos melhores teólogos espanhóis da época, Juan Ginés de Sepúlveda (1489-1573). A teoria considerava as eventuais práticas religiosas, que por sua vez fossem encontradas no Novo Mundo, perniciosas, demoníacas e prejudiciais à evangelização. Uma vez eliminada toda idolatria, a obra de conversão tinha que partir da estaca zero, da *tabula rasa*, do nada, porque não havia propriamente uma cultura, uma religião ou costumes saudáveis com os quais os missionários pudessem contar (HOORNAERT, 1991, p. 158). Com efeito, José de Anchieta (1534-1597) acreditava que "estes índios parecem não ter religião, nem adorar Deus algum" (ANCHIETA, 1988 [1584], p. 339) e só "depois de cristãos têm algumas cousas notáveis e a primeira é que são *tanquam tabula rasa* para imprimir-se-lhes todo o bem" (ANCHIETA, 1988 [1584], p. 442; grifo do autor).

À base dessa concepção estava a crença da animalidade do índio, um ser privado da racionalidade e da liberdade, "servos por natureza", segundo a tese aristotélica da desigualdade entre os seres humanos, para a qual uns nasceram senhores e outros escravos (COLZANI, 1996, p. 25). Sepúlveda achava que a hierarquia, e não a igualdade, era o estado natural da sociedade humana:

> em prudência, engenhosidade, virtude e humanidade, eles são tão inferiores aos espanhóis quanto as crianças aos adultos e as mulheres aos homens, havendo tanta diferença entre eles quanto de pessoas ferozes e cruéis para pessoas clementíssimas, dos prodigiosamente intemperantes para os continentes e temperados, e até diria dos macacos para os homens (SEPÚLVEDA, 1892 [1550], p. 305).

Consequentemente os índios não tinham condições naturais de aderir à fé. A sujeição se fazia, de alguma maneira, imprescindível para levar esses seres sub-humanos a um mínimo de predisposição para tornar-se cristãos: a idolatria deles – contra a natureza – devia ser extirpada e jamais tolerada; os malfeitores e os rebeldes deviam ser punidos; os bons costumes e a fé cristã deviam ser impostos.

O uso da força tornava-se um *dever* indispensável por uma questão de caridade evangélica e de direito natural, enquanto:

> sendo ademais coisa justa, que a matéria obedeça à forma, o corpo à alma, o apetite à razão, os brutos ao homem, a esposa ao marido, os filhos ao pai, o imperfeito ao perfeito, o pior ao melhor, para o bem universal de todas as coisas. Esta é a ordem natural que a lei divina e eterna manda sempre observar (SEPÚLVEDA, 1892 [1550], p. 349).

Mesmo quando essas teses forem confutadas e rechaçadas, continuarão a sobreviver muito pouco dissimuladas na consciência colonial, na ideia ocidental de mundo e na prática missionária. O jesuíta Manoel da Nóbrega (1517-1570), formado nas escolas de Salamanca[4] e de Coimbra, provincial da Companhia e pioneiro da evangelização planejada no Brasil, expõe abertamente uma crise profunda da missão em seu *Diálago da conversão dos gentios* (2016 [1557]), depois de o primeiro anúncio ter sido proposto pela persuasão. Esse caminho não deu fruto e o mal-estar entre os missionários era difuso. A opinião sobre os índios, depois dos primeiros encantos sobre sua propensão em abraçar a fé cristã, é a mais pessimista possível, pois "não são homens como nós" e "têm a porta serrada para a fé naturalmente" (NÓBREGA, 1954 [1557], p. 6), chegando a colocar em dúvida toda a labuta missionária realizada até então.

Nóbrega, no entanto, aponta dois caminhos para sair desse impasse: as virtudes do apóstolo e a sujeição dos indígenas (BEOZZO, 1993, p. 582-583), pois "para este gênero de gente não há melhor pregação do que a espada e vara de ferro,

---

[4]. A escola tomista de Salamanca exerceu uma grande influência sobre o pensamento e a jurisdição em relação às novas terras descobertas. Seu principal expoente, o dominicano Francisco de Vitoria (1480-1546), em sua *Relectio de Indis* (1539), tira as consequências da distinção entre a ordem sobrenatural e a ordem natural: o direito divino não suprime o direito humano. Portanto, os indígenas são legítimos possuidores das terras que ocupam, o papa não é o senhor temporal do mundo e não se deve usar a força sob o pretexto da pregação da fé. Contudo, existem sim algumas razões para, hipoteticamente, justificar a guerra justa. Entre as oito que Vitoria elenca, a última chama particularmente à atenção, evocando mais uma vez a distinção aristotélica entre seres humanos servos e senhores: "[esses bárbaros] parece que não são idôneos para constituir ou administrar uma República legítima mesmo em termos humanos e civis [...] nem sequer estão suficientemente capacitados para administrar o que diz respeito à família [...] para o bem deles próprios, os príncipes espanhóis poderiam encarregar-se de sua administração e nomear-lhes, em suas cidades, prefeitos e governadores [...] isso seria não apenas lícito, como também apropriadíssimo [...] isso se pode fundamentar no preceito da caridade [...] [pois] alguns são por natureza servos" (VITORIA, 2016 [1539], p. 157-158).

na qual mais do que em nenhuma outra é necessário que se cumpra o *compele eos intrare*"[5] (ANCHIETA, 1988 [1563], p. 196). Se isso não der fruto na primeira geração de cristãos, por esses se sentirem obrigados a aceitar a fé, dará fruto nas gerações posteriores:

> assi que por experiencia vemos que por amor é mui difficultosa a sua conversão, mas como é gente servil, por medo fazem tudo, e posto que nos grandes por não concorrer sua livre vontade, presumimos que não terão fé no coração, os filhos creados nisto, ficarão firmes christãos, porque é gente que por costume e criação, com sujeição, farão d'ella o que quizerem, o que não será possível com razões nem argumentos[6].

Esse modelo de prática missionária estará intrinsecamente vinculado aos objetivos, aos interesses e aos métodos da conquista, à estreita aliança entre Deus e o ouro como meio de salvação das gentes (GUTIÉRREZ, 1995, p. 521-523), uma vez que os homens do Rei "vão buscar ouro e ele [o missionário] vai buscar tesouro de almas, que naqueles partes ha mui copioso" (ANCHIETA, 1988 [1554], p. 79), e dessa maneira "Nosso Senhor ganhará muitas almas e Sua Alteza terá muita renda nesta terra" (LEITE, 1938 [1558], p. 117).

b) Esse esquema, porém, não podia não revelar a face violenta e irracional da colonização branca perpetrada pelas autoridades ibéricas e seus capatazes contra os nativos. Os próprios jesuítas no Brasil foram testemunhas disso e reagiram com inúmeras cartas às autoridades civis e eclesiásticas (BEOZZO, 1993, p. 572-573) ao constatar que os maiores impedimentos à sua missão evangelizadora eram os portugueses que não davam bom exemplo de vida cristã, induziam os índios a transgredir os preceitos morais, saqueavam suas aldeias, estupravam suas mulheres, massacravam, enganavam e levavam seus filhos como escravos.

Bem mais tarde, no século XVII, Padre Antônio Vieira (1608-1697) confessava, em seu "Sermão da Epifania" (1661), que

---

5. *Compelle intrare* (obriga-os a entrar) passagem de Lc 14,23, tomada da tradução latina de São Jerônimo, que Jesus teria dito na parábola em que transeuntes eram convidados (obrigados) a participar do banquete nupcial.
6. Carta atribuída a Nóbrega (LEITE II, 1954 [1556], p. 271).

nós não só consentimos que aqueles gentios percam a soberania natural, com que nasceram e vivem isentos de toda a sujeição, mas somos os que, sujeitando-os ao jugo espiritual da Igreja, os obrigamos também ao temporal da coroa, fazendo-os jurar vassalagem (1907 [1661], p. 42).

Vozes decididas em defesa dos indígenas começaram a se levantar já em 1511, com os dominicanos da Ilha Hispaniola. Era o quarto domingo de advento, quando Frei Antônio de Montesinos (1475-1540) e companheiros, na presença do vice-rei Diego Colombo (1479-1526), filho de Cristóvão, e de outros notáveis, acusaram as autoridades de estar em pecado mortal por causa da crueldade e da tirania contra gente inocente: "dizei com que direito e com que justiça tendes em tão cruel e horrível servidão estes índios?" (SUESS, 1992, Doc. 57, p. 407).

Deflagrou um alvoroço que chegou à corte do Rei em Madri. Montesinos, então, foi convocado a debater a questão com o franciscano Alonso del Espinar (1470-1513), representantes dos *encomenderos*. Em seguida, foi constituído um grupo de trabalho de juristas e teólogos que redigiram sete proposições que serviram de fundamento para a elaboração das *Leis de Burgos* (1512) (SUESS, 1992, Doc. 105, p. 657-672), primeira legislação das Índias contra os maltratos aos índios, mas também a favor do sistema de trabalho forçado das *encomiendas*[7]. Os dominicanos da Hispaniola foram condenados a um silêncio obsequioso pelo provincial Alfonso de Loaysa (SUESS, 1992, Doc. 60, p. 414-415).

Testemunha do sermão de Montesinos, Bartolomeu de Las Casas (1484-1566) tornou-se a figura mais expressiva de um movimento de denúncia da tirania da conquista, e de promoção de um modelo missionário voltado radicalmente pela atração. Esse modelo toma o nome de seu tratado, *De unico vocationis modo* (1537), que será fonte doutrinal de muitos outros de seus trabalhos. A tese central dessa obra, que chegou até nós de forma fragmentária ficando desaparecida até

---

7. Sistema de arrendamento de mão de obra indígena confiada a um *encomendero* espanhol para o desenvolvimento de atividades agrícolas ou de mineração. Em troca, este assegurava a educação religiosa cristã dos índios.

1942, afirma que há uma só maneira de evangelizar: pelos meios pacíficos, pela persuasão e pelo diálogo.

> O modo estabelecido pela divina Providência para ensinar aos homens a verdadeira religião foi único, exclusivo e idêntico para todo o mundo e todos os tempos, a saber: com razões persuadir o entendimento (*intelectos rationibus persuasivus*) e com suavidade atrair e exortar a vontade (*voluntatis suaviter allectivus vel exhortativus*). E deve ser comum a todos os habitantes da terra sem discriminação alguma em razão de seitas erros ou costumes depravados (2005 [1537], v. 1, p. 57).

Toda a atividade ensaística de Las Casas foi devotada a afirmar os direitos dos indígenas e a motivar uma missão pacífica com a exclusão de qualquer tipo de coação e de uso da força, também desmascarando e confutando práticas dissimuladas de condescendência contrária à fé:

> Sem dúvida, o modo contrário a este (pacífico) seria se aqueles a quem incumbe pregar ou fazer pregar o evangelho aos infiéis considerassem mais adequado que, primeiramente, tais infiéis fossem submetidos, querendo ou não, ao domínio temporário do povo cristão; e uma vez submetidos, a pregação continuaria de modo metódico [...]. Mas, como nenhum infiel, por vontade própria, quer se submeter ao domínio do povo cristão ou de alguns de seus príncipes, a isso se opondo principalmente os reis dos infiéis, a guerra seria necessária sem dúvida alguma (2005 [1537], v. 1, p. 221-222).

As argumentações de Las Casas, expostas na famosa controvérsia de Valladolid (1550) com Sepúlveda, se baseavam em três asserções: a fundamental racionalidade e igualdade entre todas as pessoas do mundo, índios incluídos, princípios a ser tutelados e acolhidos como faculdades e direitos; profundo respeito e reconhecimento das culturas indígenas, mesmo diante das práticas de antropofagia e de sacrifícios humanos, as quais "ainda que não possam ser desculpadas diante de Deus, podem ser desculpadas diante dos homens" (apud GUTIÉRREZ, 1995, p. 215); a evangelização pacífica, dialógica e atenciosa com os interlocutores, não é o *melhor modo*, mas é o *único modo* de proclamar a Boa-nova a todos os povos, porque é o modo de Jesus.

Havia a convicção que os missionários do século XVI não tivessem recebido os mesmos dons dos apóstolos da Igreja primitiva – fé profunda, capacidade de fazer milagres, falar em línguas – e, portanto, tivessem que recorrer ao uso da força para obter alguns resultados. Afinal, o que contava era o *compelle intrare* (obriga-os a entrar), passagem de Lc 14,23, tomada da Vulgata, que Jesus teria dito na parábola em que transeuntes eram convidados (obrigados) a participar do banquete nupcial. Agostinho teria lançado esse grito de guerra contra os donatistas, mas não contra os pagãos (BOSCH, 2007, p. 271). Sepúlveda desafiou Las Casas a interpretar essa frase do evangelho para fundamentar seus métodos de aproximação um tanto complacentes com os bárbaros. A resposta do dominicano apelou mais uma vez à persuasão, no sentido de que os índios deviam ser compelidos a abraçar a fé pela força da Palavra e não das armas (GUTIÉRREZ, 1995, p. 202).

A inspiração decididamente evangélica de Las Casas chega a questionar, de maneira eloquente, os fundamentos filosóficos de seu antagonista, contrapondo à concepção hierárquica aristotélica entre os seres humanos, a noção de *igualdade* proveniente dos ensinamentos de Cristo:

> Adeus, Aristóteles! O Cristo, que é a verdade eterna, deixou-nos este mandamento: "amarás ao próximo como a ti mesmo" [...]. Apesar de ter sido um filósofo profundo, Aristóteles não era digno de ser salvo e de chegar a Deus pelo conhecimento da verdadeira fé (apud TODOROV, 2010, p. 234).

O veredicto de Valladolid, por parte dos teólogos convocados por Carlos V (1500-1588), foi favorável a Las Casas. Graças também as suas destemidas contribuições, uma nova sensibilidade andava assim amadurecendo na consciência eclesial e civil da época. Já o Papa Paulo III em 1537, tendo ouvido as denúncias dos dominicanos, declarava na bula *Sublimis Deus* que

> os ditos índios e todos os demais povos que no futuro vierem ao conhecimento dos cristãos, embora vivam fora da fé em Cristo, não são nem deverão ser privados de liberdade e de propriedade de bens [...] não poderão ser reduzidos à escravidão [...] deverão ser atraídos à fé de Cristo pela pregação da palavra de Deus e pelo exemplo de uma vida correta (SUESS, 1992, Doc. 40, p. 273-275).

No entanto, a divulgação desta bula pontifícia foi obstaculizada pela Espanha, não aprovada pelo Conselho das Índias e proibida na América portuguesa. Outros missionários no Novo Mundo foram ferrenhos opositores de Las Casas, como o já citado Frei Motolinía, defensor de Cortéz, e o dominicano García de Toledo, vice-rei do Peru, provável autor do *Parecer de Yucay* (1571; GUTIÉRREZ, 1995, p. 477).

Contudo, Las Casas continuou até o fim da vida a clamar por justiça, chegando até a propor a extinção da *encomienda* e a restituição de toda a riqueza roubada pelos colonizadores às populações nativas, sem, evidentemente, conseguir obter grandes resultados nesse sentido (SUESS, 1992, Doc. 79, p. 553-555).

c) Um dos avanços práticos que ocorreram em decorrência do debate teológico e jurídico entre evangelização e conquista foi, sem dúvida, o surgimento do modelo missionário das reduções jesuíticas do Paraguai.

As assim chamadas "reduções" eram povoados onde os índios eram congregados (reduzidos) para melhor evangelizá-los e civilizá-los, protegendo-os da escravidão e preservando suas culturas, pois viviam dispersos pelos interiores sem organização política e administrativa comum. Por trás deste projeto, a redução era destinada a integrar os nativos ao sistema colonial, colocar sua estrutura tribal sob o controle do Estado, concentrar a mão de obra a serviço da *encomienda* e garantir um meio adequado para a evangelização.

As reduções começaram logo com a conquista (BEVANS; SCHROEDER, 2010, p. 294) e seguiram caminhos muito distintos entre si, tendo, porém, como disposição básica comum a substituição dos *encomenderos* pelos missionários. O próprio Las Casas, junto aos dominicanos, tinha dado vida a um projeto neste sentido na Guatemala, numa região antes chamada "Terra da Guerra" e agora denominada de Verapaz (1537). Segundo o contrato com o Governador Alonso Maldonado, as terras foram "entregues" exclusivamente aos missionários, proibindo a presença dos colonos (SUESS, 1992, Doc. 67, p. 499-500).

Todavia, no século XVII, foram os jesuítas da recém-criada Província do Paraguai (1607) a adotar e desenvolver sistematicamente este modelo, dando-lhe uma configuração peculiar, uma vez que as missões itinerantes não ofereciam grandes resultados, e os aldeamentos próximos dos centros metropolitanos subiam constantemente as interferências coloniais. Começaram, então, a organizar espaços afastados, separados e protegidos onde reunir os nativos, sem, porém, deixar de ser uma forma de penetração do Estado colonial além de suas fronteiras.

O padre Antonio Ruiz de Montoya (1585-1652) foi um dos principais promotores das reduções jesuíticas no Paraguai. Em sua obra *Conquista espiritual* (1639) nos ofereceu uma descrição clássica deste projeto e de todo seu desenvolvimento, bem distinto do trabalho anterior dos jesuítas do Brasil (MONTOYA, 1985 [1639], p. 36, nota 3). Com efeito, essas missões se diferenciaram graças às seguintes conjunturas favoráveis: (a) o clima de desânimo e cansaço entre os colonizadores espanhóis por não terem encontrado ouro naquelas terras; (b) os povos guaranis que apresentavam uma série de caraterísticas culturais determinantes para o sucesso das reduções (organização social, intercâmbios econômicos, inclinação religiosa); (c) os jesuítas, animados por um profundo ardor missionário, uma ampla formação cultural e uma visão crítica diante da exploração colonial (MELIÀ, 1989, p. 23).

As reduções entre os guaranis foram fundações desarmadas, sem a presença, mesmo preventiva, de soldados espanhóis. Seu objetivo era cristianizar humanizando, que consistia em *corrigir* alguns costumes indígenas e promover um jeito mais "civilizado" de ser: os nativos precisavam deixar sua nudez e suas pinturas para se vestir, deixar seus cantos e danças para adotar cantos e balés ao estilo europeu, deixar suas superstições e feitiçarias para abraçar finalmente a verdadeira religião católica, com suas expressões artísticas e arquitetônicas barrocas do século XVII.

No entanto, nem tudo foi considerado negativo: a língua guarani foi assumida, admirada, conservada e estudada com fervor e entusiasmo, elemento que fez a diferença na evangelização apesar de tudo[8]; a economia de sustentação e de reciprocidade, o trabalho em comum (dois dias por semana) e a distribuição igualitária dos

---

8. "A missão jesuíta não realizou uma conversão da religião guarani, mas uma substituição. Essa compulsão poderia ter sido fatal e levar a resultados desculturais irrecuperáveis e processos regressivos se ao mesmo tempo não houvesse uma recuperação dos indígenas em outro nível: o linguístico. Todo o desconhecimento e desconfiança do missionário diante da religião indígena se transformou em estudo e admiração no que diz respeito ao idioma" (MELIÀ, 1997, p. 126).

produtos, foram práticas mantidas e incrementadas, administradas pelos próprios indígenas; os excedentes da produção (erva-mate, couro, tecidos, artesanato) foram colocados na economia de mercado regional gerando certa prosperidade; a lavoura particular de cada família foi preservada (quatro dias por semana).

As reduções garantiram aos guaranis a não submissão ao regime das *encomiendas* e uma respeitável autonomia econômica e política dentro do sistema colonial. Era de se esperar que isso causaria atrito com os colonos espanhóis, por causa da mão de obra concentrada nas missões e pela comercialização dos produtos indígenas que prejudicava os negócios empresariais. Tantos nativos agrupados num só lugar tornava-se também uma caça fácil e tentadora para os "bandeirantes de apresamento", que tinham como objetivo principal capturar índios para um ganancioso mercado de escravos. Fautores desta iniciativa foram, particularmente, as bandeiras paulistas, com Antônio Raposo Tavares (1598-1658) entre outros, que arrasaram as treze reduções da região do Guairá, atual Paraná, deportando milhares de indígenas, ainda nas primeiras décadas do século XVII. Os remanescentes viram-se obrigados a migrar, junto aos jesuítas, para o outro lado do rio Uruguai.

A epopeia das reduções jesuíticas do Paraguai durou 150 anos e deixou um legado invejável de uma "civilização" pacífica e próspera, um "cristianismo feliz", como definiu o humanista italiano Ludovico Muratori (1752), ou um "triunfo da humanidade", como afirmou Voltaire em seu *Essai sur le moeurs* (1829 [1756], v. III, p. 351), vendo nelas a inspiração para um socialismo utópico às vésperas da Revolução Francesa.

A imaginação encanta-se ainda hoje ao ver os vestígios destes povoados numa disposição ordenada no sul do Brasil e no Paraguai, com suas igrejas barrocas, seus adornos, suas esculturas, suas casas, suas praças, seus armazéns. Todavia, nas reduções tudo foi *reduzido* para ser ambiguamente *transformado*: os guaranis demonstraram sua capacidade de alcançar e assimilar a vida cristã e a civilização europeia, e com isso deixar seus costumes e seu projeto de vida:

> a missão por redução [...] propunha e impunha a entrada desta sociedade [indígena] em um Estado, cujo sistema contradizia radicalmente o essencial da vida indígena: a reciprocidade e a solidariedade. Tarde ou cedo, os guaranis das reduções sucumbiram à máquina

do Estado, um Estado como o espanhol e o português, essencialmente mercantil (MELIÀ, 1989, p. 32).

Pensar de ser integrados num Estado colonial e manter seus princípios éticos era uma "u-topia", um não lugar, assim como Thomas Moore (1477-1535) havia imaginado. O golpe contra as reduções veio exatamente de onde era de se esperar: do Estado colonial com a expulsão dos jesuítas no século XVIII.

As missões jesuíticas no Paraguai remeteram-se, de alguma forma, ao modelo missionário e civilizacional do movimento monástico do primeiro milênio, que evangelizou o norte da Europa (BOSCH, 2007, p. 283-290). Ofereceram também um padrão de instituição e organização de "povoado cristão" que foi reproduzido sucessivamente em diversas circunstâncias na história da missão (BEVANS; SCHROEDER, 2010, p. 297).

Particularmente, manifestaram o problema de fundo da evangelização no Novo Mundo: esse não consistia apenas no abuso da violência, mas numa dificuldade mais profunda vinculada à própria ideia de missão, de recorrer a cosmovisões, convicções e perspectivas essencialmente etnocêntricas ocidentais na compreensão dos outros e de suas culturas (XERES, 2008, p. 187).

d) Por último, temos finalmente um modelo missionário relevante que nasce a partir de baixo, que não encontra igual nas Américas: o evento guadalupano (1531), as aparições de Nossa Senhora no Tepeyac, México, importante local de devoção asteca à deusa *Tonantzin*, "nossa (*to*) mãe (*nan*) veneranda (*tzin*)". As narrações dos acontecimentos, relatados num documento cujo original nunca foi encontrado, têm como protagonistas a Virgem Maria, um índio de nome Juan Diego Cuauhtlatoatzin (1474-1548) e Dom Juan de Zumárraga (1468-1548), primeiro bispo no México. A mensagem da história é constituída por elementos da cultura náhuatl num nível profundo: a língua e a linguagem, o estilo narrativo, os símbolos da comunicação divina "flor e canto" (*in xóchitl in cuícatl*), as crenças religiosas astecas.

Todo o enredo foi inteligível e cheio de sentido para o povo nativo, mas não para os estrangeiros que acusavam os índios de idolatria e sincretismo. Os conquistadores reagiram rejeitando o relato de Juan Diego. Os missionários eram os que supostamente deviam receber as mensagens divinas e não os pagãos. Porém, a Senhora do Tepeyac confirmou sua eleição pelos oprimidos e pelos outros, da mesma forma com que o Espírito Santo agiu fora da oficialidade da Igreja junto aos gentios (At 10,44-45), abrindo novos caminhos.

Reza a lenda de um simples indígena que testemunha a aparição de Nossa Senhora no morro do Tepeyac. Ela lhe confia a missão de construir um templo em seu nome – *"mi casita sagrada"* – e de comunicar ao bispo esse seu desejo. Logo o bispo não acredita e pede a Juan Diego um sinal. Esse sinal vem de maneira surpreendente, quando o índio, ao ser recebido, abre seu poncho cheio de flores e, misteriosamente, aparece a imagem de Nossa Senhora: uma imagem vislumbrante com rosto índio, "uma mulher vestida de sol, com a lua debaixo de seus pés [...] [que] estava grávida" (Ap 12,1-2).

> Isso se deduz do cinto e do laço preto que usa na cintura, do grifo *ollín*, uma representação gráfica e um conceito muito denso dos astecas para expressar o início da vida e do movimento no universo: é o jasmim de quatro pétalas pintado em seu ventre. O sol a envolve porque ela é a Mãe de *Tonatiuh*, o Sol, outro nome de Deus, das estrelas que pontuam seu manto, a cor vermelha de seu vestido, a cor do Deus Sol, do manto azul. A pintura inteira é um texto pictográfico que na mentalidade índia está proclamando que Maria é a Mãe de Deus sob os vários títulos que deram a *Ometeotl* ou o Deus supremo (GARCÍA, Javier, 2002, p. 199).

O evento acontece dez anos depois da queda de *Tenochtitlán* e do grande império asteca, e com ele, de todo um mundo religioso, cultural e social. O povo asteca se sente prostrado, como manifestam os *"Colóquios"* dos anciãos com os Doze Frades (SUESS, 1992, Doc. 64), politicamente destruído e moralmente quebrado. A esse povo, na pessoa de Juan Diego, aparece a Virgem Maria e diz que Ela é "a Mãe do verdadeiro Deus por quem se vive", numa clara referência à deusa *Tonantzin*.

O relato guadalupano quase não é mencionado nas crônicas coloniais da época. Existe um silêncio mesmo entre os franciscanos que teriam presenciado os fatos, incluso o próprio bispo. Poucos autores abordaram o tema nos séculos XVI e início do XVII. No entanto, há fontes que tratam Nossa Senhora de Guadalupe como um ídolo indígena que deve ser suprimido. Bernardino de Sahagún (1499-1590), na segunda metade do século XVI, alude a falsas deusas a quem os índios atribuem características marianas.

> Agora que está ali construída a Igreja de Nossa Senhora de Guadalupe também a chamam de *Tonantzin*. Onde a fundação desta *Tonantzin* nasceu não se sabe ao certo; mas o que realmente sabemos é que a palavra significa sua primeira imposição, aquela antiga *Tonantzin*, que é algo que deve ser remediado, porque o próprio nome da Mãe de Deus, nossa senhora, não é *Tonantzin*, mas *Deus, e nantzin*. Parece uma invenção satânica para encobrir a idolatria sob o engano deste nome *Tonantzin* e agora eles vêm visitar esta *Tonantzin* de longe, tanto quanto antes; essa devoção também é suspeita, porque em todos os lugares há muitas igrejas de Nossa Senhora, e eles não as frequentam, e vêm de terras distantes para esta *Tonantzin*, como nos velhos tempos (SAHAGÚN, 1830 [1576], Livro XI, p. 321-322).

Exatamente, é a partir da importante devoção popular que surge em torno dos supostos acontecimentos, que o fenômeno adquire relevância: "o que importa não são tanto os dados positivos quanto sua significação religiosa" (BOFF, C., 2009, p. 251)[9]. A mais antiga narrativa das aparições da Virgem de Guadalupe foi o *Nican Mopohua*, que significa: "aqui se relata". Esse texto foi escrito pelo sábio asteca Antonio Valeriano (1520-1605) em língua náhuatl clássica, antes da morte de Juan Diego, em 1548. O original nunca foi encontrado. Uma cópia foi publicada pelo capelão do santuário de Guadalupe, Luis Lasso de la Vega, em 1649.

O nome *Tonantzin* nunca aparece no *Nican Mopohua*. A contrário, aparece o nome de "Guadalupe". Mesmo remetendo à devoção à Virgem de Guadalupe da Estremadura, Espanha (século XIV), acredita-se mais provável que seja uma assonância da palavra náhuatl *Tlequauhtlacupeuh*, que significa "aquela que vem voando da luz como uma águia de fogo", uma combinação de elementos da mitologia asteca (GARCÍA, 2002, p. 192). E isso porque o nome de Nossa Senhora vem acompanhado de uma série de títulos da tradição religiosa pré-hispânica:

---

9. Sobre a historicidade das aparições cf. GARCÍA, J., 2002, p. 173-177.

> eu sou a sempre donzela em tudo, Santa Maria, a mãezinha dele, o verdadeiro Deus, Doador da vida, *Ipalnemohuani*, Inventor do povo, *Teyocoyani*, dono do próximo e do junto, *Tloque Nauaque*, Dono dos céus, *Ilhuicahua*, Dono da superfície terrestre, *Tlalticpaque* (SÁNCHEZ, 2011, v. 26).

É muito provável que, como afirma Ena Campbell, "a população indígena aceitou Guadalupe como a milagrosa encarnação de *Tonantzin*, deusa asteca da terra e da fertilidade, nossa Senhora Mãe" (1982, p. 7).

Há uma comunicação transcendente caraterizada não pela justaposição de duas culturas, nem pela absorção de uma na outra, nem pela mutilação, purificação ou redução. O que brilha no fundo é o próprio mistério da encarnação: assunção da cultura e da sabedoria indígena a partir de suas raízes; comunicação do evangelho em seu dinamismo vivo mais do que em sua formulação abstrata; o protagonismo do oprimido segundo a mais genuína tradição bíblica:

> O acontecimento guadalupano transforma o índio em evangelizador do bispo e da Igreja porque conduz o pastor ao lugar do pobre, para escolhê-lo, acompanhá-lo em seu processo de libertação das doenças coloniais, para construir com ele um futuro não de medo e angústia, mas de flores e vida sem limites (LÓPEZ, H., 2000, p. 181).

Com esse rosto *"un poco moreno"* da Virgem Maria (VEGA, 2004 [1649], p. 297), inconveniente para o padrão de beleza dos colonizadores, o Deus dos missionários se manifesta como o *Téotl* dos astecas: "como houve uma helenização do cristianismo, depois uma romanização, em seguida uma germanização e uma eslavização, aqui temos uma mexicanização da fé cristã" (BOFF, C., 2009, p. 264).

No discurso de abertura da IV Conferência Geral do Episcopado Latino-Americano em Santo Domingo (1992), João Paulo II apresentou a Virgem de Guadalupe como exemplo perfeito de inculturação:

> A América Latina, em Santa Maria de Guadalupe, oferece um grande exemplo de evangelização perfeitamente inculturada. De fato, na figura de Maria – desde os começos da cristianização do Novo Mundo, e à luz do evangelho de Jesus – encarnaram-se autênticos valores culturais indígenas. No rosto mestiço da Virgem de Tepeyac se resume o grande princípio da inculturação: a íntima transformação dos autênticos va-

lores culturais, mediante a integração no cristianismo e o enraizamento do cristianismo nas várias culturas (JOÃO PAULO II, 1992, n. 24).

Entretanto, José Comblin observa com perspicácia:

> A evangelização é obra humana, obra dos evangelizadores. Nossa Senhora de Guadalupe seria exemplo de evangelização inculturada se tivesse sido criação dos evangelizadores, criando a figura da Guadalupana para melhor inculturar o seu evangelho. Porém, segundo a tradição local, Nossa Senhora de Guadalupe não foi uma invenção dos missionários espanhóis com o afã de inculturação, foi milagre de Deus. E os missionários ficaram longe de seguir o exemplo do milagre divino (2000, p. 123).

1.1.4 A ambivalência da "acomodação" na Ásia

Os modelos de evangelização que surgiram com a conquista do Novo Mundo foram, porém, sensivelmente distintos dos caminhos trilhados pelos missionários no Extremo Oriente, apesar da colonização ter sido um processo unitário, de caráter eminentemente mundial nos seus objetivos e na sua articulação.

O caso dos jesuítas é emblemático e singular. A atuação da Companhia entre a América e a Ásia foi marcada por estratégias profundamente diferentes. De um lado, a sujeição dos indígenas, pela coação ou pela persuasão, era colocada como condição necessária para sua conversão; do outro, a respeitosa, simpática e subordinada inserção na cultura local era o caminho imprescindível para anunciar o evangelho. Essas antagônicas abordagens foram possíveis também graças, mas não somente, ao excesso de poder político-militar a favor dos missionários no Novo Mundo, e a uma carência deste suporte diante dos impérios orientais.

No século XVI, a China era, sem dúvida, o maior império no mundo por causa de sua população elevada[10] e sua força econômica, política e militar. A Dinastia Ming (1368-1644), na sua origem, havia expulsado os mongóis e unificado, expandido e organizado o império, dirigido por imperadores guerreiros e hábeis na

---

10. Segundo Chaunu (1984, p. 397), a população da China oscilava nos séculos XIV e XVII entre 70 e 150 milhões, o que correspondia à população de toda a Europa.

legislação e administração. O reinado dos Ming foi herdeiro de uma tradição e de uma cultura milenar que reclamava para si o ápice de toda evolução civilizatória. Em idioma local o país chama-se *Zhongguo* que quer dizer "país" (*guo*) "central" (*zhong*), ou "reino" que está no "meio" do mundo. Os chineses consideravam-se praticamente como os únicos habitantes da terra, os únicos dignos deste título. Os outros eram poucos, bárbaros e viviam nas extremidades da terra. Desde a Dinastia Shang (1766-1123 a.C.) a escrita era conhecida, como comprovam inscrições em ossos e couraças de tartarugas usados para oráculos. Os europeus, por sua vez, eram grandes admiradores da civilização e da cultura chinesas, de alguma forma já velhas conhecidas, mas nunca compenetradas: "somente na questão fundamental da religião revelada, os chineses ficavam atrás das mais elevadas realizações do Ocidente; mas esse defeito Deus certamente se incumbiria de corrigir no tempo oportuno" (BOXER, 2007, p. 71).

Percorrendo a rota comercial da seda, a primeira missão cristã na China, da qual temos comprovação, é a do sírio-oriental Alopen (600-650?), que chegou na capital Chang'an no ano de 635, durante o domínio da Dinastia T'ang (618-907), uma época de liberdade e tolerância religiosa, de prosperidade econômica e de florescimento cultural. Nesse período, o cristianismo conheceu um desenvolvimento e uma influência razoável, particularmente, através de uma atuação erudita de seus missionários, tanto em nível cultural como em nível inter-religioso (BEVANS; SCHROEDER, 2010, p. 190). Mas tudo acabou com o fim da Dinastia T'ang e com o início das perseguições religiosas contra os estrangeiros, inclusive os budistas.

Considerada impenetrável, a China voltou a tornar-se objetivo de uma evangelização planejada somente com os jesuítas no século XVI, depois de algumas tentativas das ordens mendicantes junto aos mongóis nos séculos XIII e XIV. Francisco Xavier (1506-1552), chegando ao Japão e experimentando uma imersão respeitosa na cultura e nos costumes locais, percebeu a importância estratégica da China para o Extremo Oriente: os japoneses alegavam que seus professores e mestres chineses não sabiam nada sobre o cristianismo, e fizeram deste fato o ponto principal de sua argumentação contra a nova doutrina (XAVIER, 2006 [1552], Doc. 96,19).

Na tentativa de entrar na China, Xavier não teve sucesso, por causa de sua morte prematura na ilha de Shang-Ch'uan. Cinquenta missionários jesuítas depois dele também não conseguiram nesta empresa. Por causa disto, tinha-se difundida a convicção de que a China fosse uma terra destinada a ficar hermeticamente fechada à evangelização, e melhor teria sido renunciar definitivamente a tal missão.

Foi Alessandro Valignano (1539-1606) a entender que a causa do mau êxito estava no emprego de métodos errados. Chegando a Goa em 1574 como visitador da Companhia para toda a Ásia, começou a insistir com os missionários para que estudassem a fundo a língua chinesa e adotassem a cultura, os comportamentos e os costumes chineses. Valignano planejava para a China uma missão especial: libertar a missão do padroado e da mentalidade de conquista, adotando um estilo fundamentado no diálogo, na admiração, no conhecimento da cultura e numa aproximação "suave" ao povo.

Esse método chegou a ser chamado de *accommodatio*, "acomodação" ou "adaptação" cultural. O término parece ter suas raízes teológicas na exegese bíblica da tradição escolástica e no pensamento de Erasmo (1466-1536)[11]. Foi usado pelos missionários como "dispositivo hermenêutico para estudar as religiões locais e encontrar nelas figuras da revelação cristã", e também para indicar uma atitude fundamental de abertura "no estudo das línguas nativas e na adoção de modos, regras de convivência, vestimentas, hábitos alimentares típicos da classe letrada na China" (CORSI, 2008, p. 40).

Um dos maiores e mais bem-sucedidos intérpretes deste método missionário foi sem dúvida o jesuíta italiano Matteo Ricci (1552-1610), considerado até hoje pelo povo chinês "o sábio do Ocidente". Ricci chegou à China em 1583, viveu como

---

11. Na *Summa Theologiae*, I, q. 1, art. 10, Tomás de Aquino explica que *"auctor sacrae Scripturae est Deus, in cuius potestate est ut non solum voces ad significandum accommodet (quod etiam homo facere potest), sed etiam res ipsas"* ("o autor da Sagrada Escritura é Deus, o qual pode não apenas adaptar a palavra ao seu significado, algo que também o homem pode fazer, mas também adaptar o mesmo conteúdo"). Por sua vez, Erasmo na sua *Ratio Verae Theologiae* (1518) introduziu o conceito da *accommodatio Christi* para ilustrar sua *philosophia Christi*: Cristo adaptou a si mesmo a cada pessoa e a cada situação, aos judeus e aos gentios (CRIVELLER, 2012, p. 177). Neste sentido a *accommodatio* se configura como uma *imitatio Christi* (imitação de Cristo), adquirindo assim um sentido muito especial dentro do carisma da Companhia de Jesus (CORSI, 2008, p. 39).

um chinês, vestiu como um mandarim, em tudo adotou os costumes chineses. Conseguiu expressar a filosofia cristã por meio de uma literatura erudita, estudando e traduzindo os clássicos confucionistas, partindo da preocupação de seus interlocutores. Pressupostos de sua extraordinária jornada foram o intercâmbio e a amizade com intelectuais chineses e um esmerado domínio da língua falada e escrita. Quem quisesse ser reconhecido como mestre precisava conseguir títulos acadêmicos, inserir-se nos areópagos dos letrados, expressar-se num alto nível de linguagem e publicar livros. A tipografia chinesa surgiu muito antes da europeia desde o século VIII. O próprio Ricci (1949 [1610], II, V, p. 283) relata: "são poucos os que não entendem nada de livros, e todas as suas seitas foram semeadas e divulgadas mais por livros feitos do que por pregações ou discursos feitos ao povo".

Além disso, esse missionário dissertou sobre uma inúmera variedade de temas de cunho religioso, ético, filosófico, geográfico, histórico, linguístico, matemático, astronômico e até diplomático. Em todos estes trabalhos, o objetivo era apresentar o "aprendizado do Céu", um sistema global de conhecimentos capaz de restaurar um reino de harmonia e prosperidade segundo a cosmovisão chinesa (SEBES, 1988, p. 40).

Os jesuítas que se sucederam depois de Ricci seguiram o mesmo caminho: foram astrônomos, como Johann Adam Schall von Bell (1592-1666); historiadores e geógrafos, como Martino Martini (1614-1661); engenheiros mecânicos, como Ferdinand Verbiest (1623-1688) – que construiu um carro a vapor para o Imperador e fundiu canhões para o exército chinês; grandes artistas e pintores de corte, como Jean-Denis Attiret († 1768) e Giuseppe Castiglione († 1766).

Em suma, pelo método da adaptação cultural, os jesuítas se apresentaram na China como expertos mediadores e ilustres precursores de um diálogo intercultural entre dois universos civilizacionais (SIEVERNICH, 2012, p. 121).

Todavia, esse tipo de aproximação não era para toda a Ásia e não era para todo tipo de gente da Ásia. Valignano dividia administrativamente sua província jesuítica com uma linha imaginaria sinalizada pelo Rio Ganges: aquém do rio, o litoral da Índia entre Damão e São Tomé; e além do rio, Malaca, Ilhas Molucas e, principalmente, China e Japão. Os missionários que trabalhavam na África

Oriental dependiam de Goa. Mas essas regiões nem eram tomadas em consideração, pois a condição de seus habitantes era exatamente a dos "servos por natureza" de Aristóteles, povo desprezível, totalmente desprovido do uso da razão, inferior até aos pagãos (ARANHA, 2008).

Quanto aos indianos, os que estavam imediatamente aquém do Rio Ganges, Valignano os julgava parcialmente cultos, educados, civilizados, mas não no nível dos europeus, e menos ainda dos chineses e dos japoneses. Xavier, por sua vez, descrevia os habitantes das Ilhas Molucas, pertencentes hoje à Indonésia, "gente muito bárbara e cheia de traição [...] ingrata em grande extremo [...] [que] se comem uns aos outros" (2006 [1546], Doc. 55,11). Enquanto os japoneses são "a melhor [gente] que até agora está descoberta [...] não se encontrará outra que ganhe aos japoneses [...] de muito bom trato [...] sabem ler e escrever [...] há poucos ladrões, e isso pela muita justiça" (2006 [1549], Doc. 90, p. 12-14).

Uma diferente apreciação de chineses e japoneses em relação ao resto dos povos asiáticos implicava necessariamente uma diferente estratégia missionária. Valignano nunca propôs a *acomodação* para a Índia. No entanto, no mesmo ano em que Valignano faleceu, Roberto de Nobili (1577-1656) aplicou tal método aos tâmil do sul da Índia; somente, porém, à casta superior, considerada, numa avaliação mais atenta, ao nível dos chineses e japoneses e, portanto, digna de receber o cristianismo sem perder a própria especificidade cultural.

Paolo Aranha pondera:

> longe de ser uma conciliação irenista e ecumênica do cristianismo com todas as culturas do mundo, a *accommodatio* era a cristianização de hierarquias tradicionais e o sacrifício da radicalidade evangélica em prol da exigência de salvaguardar a autoridade, sempre implementada, em última análise, em formas de violência. A discriminação racial e a legitimação de diversas formas de exploração eram, portanto, elementos constitutivos da *accommodatio* assim como se manifestou nas missões asiáticas da Companhia de Jesus na primeira idade moderna. Qualquer projeção desta forma de adaptação cultural na constelação contemporânea do cristianismo pós-colonial e pós-europeu, por exemplos em termos de prefiguração da inculturação, resulta muito problemática (2008, p. 96).

A relação entre classificação (racial) dos bárbaros e métodos missionários era uma abordagem amplamente partilhada entre os membros da Companhia de Jesus, tanto é que as considerações de Valignano coincidem de alguma forma com as argumentações de José de Acosta (1540-1600), jesuíta do Peru colonial, provincial da Companhia e secretário do Terceiro Concílio de Lima (1582-1583). No proêmio de sua obra programática *De procuranda indorum salute* (1588), Acosta subdividia os bárbaros não europeus em três classes. Pertenciam à terceira classe os índios que eram canibais, nômades e andavam nus. Eles careciam de razão, rei e lei e deviam ser submetidos à força para ser evangelizados. Pertenciam à segunda classe os povos asteca, inca e maia. Eles tinham escrita parcial, estado parcial e parcial uso da razão, e deviam ser evangelizados com força controlada, "sob a autoridade de príncipes e magistrados cristãos"; porém, "permitindo-lhes o livre-uso de seus bens e fortunas e das leis que não sejam contrárias à natureza e ao evangelho" (1984 [1588], p. 67).

> A primeira classe é a daqueles que não se desviam muito da justa razão e da prática do gênero humano. Estes são, antes de tudo, aqueles que têm um regime estável de governo, leis públicas, cidades fortificadas, magistrados de notável prestígio, comércio próspero e bem organizado e, o que é mais importante, uso bem reconhecido das letras. [...] Esses povos, embora na realidade sejam bárbaros e discordem em múltiplas questões da justa razão e da lei natural, devem ser chamados à salvação do evangelho quase da mesma forma que o foram em outros tempos gregos e romanos pelos apóstolos [...]. Se nos esforçarmos para submetê-los a Cristo pela força e poder não conseguiremos nada mais do que separá-los totalmente da lei cristã (1984 [1588], p. 63).

A esta classe pertenciam exatamente os chineses e os japoneses. Na realidade, por não ser o braço religioso do poder imperial chinês ou japonês, e não podendo contar com o apoio logístico-militar de qualquer outra nação, a Igreja via-se forçada a adaptar-se às condições socioculturais impostas pelo novo estranho contexto. Assim aconteceu a apreciação e a sua adaptação às culturas chinesas e japonesas (HELM, 1997).

1.1.5 Balanço da primeira estação missionária moderna

Apesar do termo "missão" e da reflexão em torno de seu significado comparecer somente em época moderna, o anúncio do evangelho a todos os povos sempre representou um elemento constitutivo e fundamental do ser da Igreja. A comunidade dos discípulos de Jesus desde o começo foi impulsionada e desafiada a sair de seu nicho para se abrir a outras pessoas, povos, culturas, num ousado movimento de aproximação, como povo de Deus messiânico, inclusivo e participativo. Por sua natureza, essa abertura nunca teve limites e exclusividades de gêneros, raças, culturas, classes sociais, fronteiras. Seu alcance até os confins da terra e até o fim dos tempos convidava a romper com toda barreira e preconceito em relação a qualquer situação humana e a reconhecer a presença de Deus em qualquer circunstância.

a) Essa vocação universal foi amadurecendo num processo bastante conflitivo e atribulado, entre tendências fortemente identitárias centrípetas por parte da comunidade originária judaica e de seus líderes, e propostas de caminhos mais centrífugos e abrangentes por parte de alguns visionários. A inclusão dos outros e de todos numa perspectiva de Reino de Deus que se ampliava sempre mais a partir da ótica restauracionista do povo de Israel, levava também a Igreja a repensar a si mesma e à sua própria mensagem de salvação, na tentativa de expressá-la com linguagens e metáforas cônsonas à receptividade de seus interlocutores.

A boa-nova do Ressuscitado espalhou-se de maneira impressionante em poucas décadas pela bacia do Mediterrâneo graças à diáspora judaica, ao processo de helenização que proporcionava o uso de uma língua e de uma cultura comum, e à unidade político-administrativa do Império Romano, que contava com uma imponente rede de estradas (XERES, 2008, p. 22-24). O evangelho seguiu os caminhos do comércio e das migrações, alcançando terras ainda mais longínquas como a Índia e, poucos séculos mais tarde, a China. Na África, o cristianismo estava presente e permaneceu desde a época apostólica em países como Egito, Sudão e Etiópia, pela ação de pessoas influentes (At 8,27) e pela evolução do movimento monástico.

Essa primeira missão cristã foi realizada por apóstolos itinerantes e pelo testemunho informal, entusiasta e quotidiano de pessoas comuns que encontravam seus pares nos lugares públicos das cidades, nos mercados e, principalmente, nas casas de família que reuniam familiares, escravos, funcionários, vizinhos.

A vida nas cidades era particularmente difícil, precária, marcada por epidemias, misérias, violência, conflitos sociais de todo tipo. As comunidades cristãs davam um testemunho de forte pertença, fraternidade e igualdade entre seus membros. Organizavam serviços à sociedade na cura aos doentes, no abrigo aos órfãos, no socorro aos pobres, sem discriminações e sem exclusões, acolhendo a todos. Era uma nova comunidade que anunciava um novo tipo de sociedade, uma nova ética e uma nova fé, ganhando adeptos não por proselitismo, mas pela admiração.

b) Todavia, a partir do fim século II, o movimento cristão começou a se aproximar das classes eruditas para "dar razão de sua esperança" (1Pd 3,15) e defender sua vida de fé, debatendo com os filósofos pagãos e suas argumentações. Aos poucos, os teólogos cristãos adotaram o típico sentimento helenístico de superioridade, especialmente em relação aos *barbaroi*.

> Mesmo antes que cessassem as perseguições e se declarasse o cristianismo a única religião legítima do Império Romano, a Igreja começara a ser portadora da cultura e uma presença civilizadora na sociedade. O advento de Constantino selou esse processo. Doravante os cristãos e somente eles seriam cultos e teriam condições de ascender socialmente. Eles dominavam a vida urbana. Os não cristãos agora eram menosprezados como não esclarecidos; eles eram "pagãos", *pagani*, "aqueles que vivem em áreas rurais" [...]. A missão tornou-se um movimento de cima para baixo. As crenças não cristãs eram inferiores ao cristianismo, não – primordialmente – por motivos teológicos, mas por razões socioculturais (BOSCH, 2007, p. 241-242).

A filosofia grega proveu a Igreja das ferramentas para analisar e debater questões epistemológicas relacionadas a uma explicação racional do conhecimento de Deus, desenvolvendo uma abordagem crítica e sistemática com rigor intelectual e profundo compromisso de fé. Com o andar do tempo essa postura tornou-se sempre mais inflexível, identificando-se com "a" verdade no mesmo nível da revelação bíblica, e com "a" civilização, no sentido do avanço mais atualizado da espécie humana. É o triunfo da ortodoxia sobre a ortopraxia.

Essa convicção vai junto a uma outra, que também com o tempo vai amadurecendo, que se resume na sentença exclusivista: "fora da Igreja não há salvação". Um sentido não só de superioridade, mas também de totalidade toma conta da Igreja, particularmente após o cristianismo tornar-se religião do Império com a progressiva e decidida virada constantiniana. O sonho de um Reino de Cristo finalmente concretizado tornava-se aos poucos realidade com seu impacto econômico (os benefícios que a Igreja ia desfrutar), político (os cargos administrativos e jurídicos que os eclesiásticos iam ocupar) e social (as festividades cristãs que começaram a ser celebradas publicamente com a instituição do domingo). Tudo estava prestes a ser dominado pelo triunfo de uma Igreja que, depois de muitos sofrimentos e de embates com o mundo pagão, tinha alcançado o vértice do Império e, portanto, tinha cumprido com a missão universal confiada por Cristo aos seus discípulos. O transcendente tornava-se finalmente imanente. De agora em diante tratava-se de administrar e melhorar essa situação.

Estima-se que na época desta mudança 10% da população do Império haviam se tornado cristãs: um crescimento fora do comum. Contudo, o restante 90%, de agora em diante, era cristão por decreto. É o surgimento histórico da *cristandade*, uma sociedade orgânica assentada em uma profunda e radical conformidade entre o âmbito religioso e o âmbito político.

O axioma *extra ecclesiam nulla salus* (fora da Igreja não há salvação), que até então era dirigido a hereges e cismáticos, agora é estendido a judeus e pagãos. Se os Padres da Igreja, desde Inácio de Antioquia (século I), queriam denunciar com esse aforismo o perigo das divisões dentro da Igreja e fortalecer o vínculo de amor e de fraternidade entre seus membros (MEULENBERG, 1994, p. 70), agora o mesmo argumento é usado para encontrar uma culpabilidade em quem se recusava a aderir à fé cristã, uma vez que o evangelho tinha sido anunciado e a Igreja implantada em todos os cantos da terra.

Significativo é este trecho de João Crisóstomo (347-407):

> Portanto, não dizer: "Como é que Deus esqueceu-se daquele pagão sincero e honesto?" Pois [...] se tivesse tido boa vontade entorno às coisas espirituais, não teria sido negligenciado: as coisas com respeito à verdade estão, de fato, mais claras que nem o sol [...]. De que maneira, portanto, conseguirão o perdão aqueles que, vendo explicitada a doutrina da verdade, não se aplicam e não se interessam em aprendê-la? [...] Agora, de fato, o nome de Deus é proclamado junto a todos, o que os profetas disseram aconteceu, e a religião dos gentios foi confutada [...]. Em nenhuma maneira pode acontecer que quem vigia seja condenado (CRISÓSTOMO, 2010, Hom. 26, p. 260-261).

c) Uma das consequências mais inquietantes de toda essa situação foi a intolerância em relação às outras tradições religiosas e à violência perpetrada contra seus seguidores, atitude em gritante oposição ao conteúdo do evangelho, mas absolutamente coerente com as exigências hegemônicas do Império, que não podia permitir dissensos, inclusive dentro da própria Igreja, que pudessem manifestar fraqueza e incerteza no governo da sociedade. Por outro lado, investida de sacralidade conferida pelo cristianismo, a autoridade imperial se apresentava como a incipiente realização do Reino de Deus, assumindo assim um caráter absoluto e interventor contra qualquer ameaça à unidade.

Como afirma Dupuis (1998, p. 133), precisa sempre ter presente o contexto histórico de ferozes confrontos entre as religiões do Império e a Igreja. Tendo agora esmagado o paganismo, desde sempre o grande inimigo da fé, e criminalizado as heresias numa luta em que prevalecia mais a assimetria sociopolítica do que a verdade da revelação, ou a busca da própria verdade, restava para a Igreja responder como era possível transmitir a fé num contexto de implacável coação. Era sabido que a liberdade no ato de fé era fundamentada na Palavra de Deus e constantemente sustentada pelos Padres da Igreja. Agostinho alegava que "a alma é dotada de livre-arbítrio de sua vontade; julgou Deus que assim seriam melhores os seus servidores, se livremente o servissem" (AGOSTINHO, 1987, p. 59). Em virtude desta doutrina, o Papa Nicolau I, em sua *"Responsa ad consulta Bulgarorum"* (866), ponderava que

> não se devia proceder de maneira violenta [com aqueles que se recusavam a acolher a fé], pois tudo o que não procede de uma livre

promessa não pode ser bom [...]. Deus pede naturalmente que a livre-obediência seja propiciada somente por homens livres (apud SIEVERNICH, 2012, p. 325).

Então se não há liberdade não há conversão, e se não há conversão não há fé. Acontece, porém, que não há verdadeira liberdade sem uso da razão e sem conhecimento da verdade: "só quando a razão domina a todos os movimentos da alma o homem deve se dizer perfeitamente ordenado. Porque não se pode falar de ordem justa, sequer simplesmente de ordem, onde as coisas melhores estão subordinadas às menos boas" (AGOSTINHO, 1995, p. 47). Portanto, a questão muda de foco quando falamos de seres humanos que não têm um correto uso da razão natural, ou não têm uma maturidade suficiente no uso dessa razão, como as crianças, por essas não serem iluminadas pela luz da verdade.

Consequentemente, a perspectiva da sujeição mesmo suave e dócil se faz necessária como "medida educativa" e como direito de tutela das pessoas imaturas e de minoridade. O problema está aqui: segundo o grande humanista e jurista Francisco de Vitoria, é lícito intervir quando as pessoas, os indígenas no caso, "em nada são capazes de governar a si próprios, ou pouco mais que os dementes ou, até mesmo, as feras e bestas", e sua estupidez "é muito maior do que o que há nas crianças e dementes nas demais nações" (2016 [1539], p. 157-158).

d) Paulo Suess (2007a, p. 100) sustenta que há uma congênita ambivalência no próprio cristianismo. Essa ambivalência consistiria no desprezo dos outros e na defesa dos pobres, pois, juntamente a um rigorismo salvífico, os Padres da Igreja e a sucessiva tradição cristã sempre mostraram uma grande sensibilidade social em defesa dos pobres cristianizados.

Para a Igreja no primeiro milênio, os outros eram principalmente os hereges, incluindo judeus e muçulmanos, e os adeptos às religiões tradicionais do Império, com os quais os cristãos travaram uma batalha ímpar durante dois séculos, e sucessivamente foram alvos de conversão de massa.

No entanto, no caso da conquista espiritual o problema estava mais a fundo: o indígena, tido como selvagem, nunca foi reconhecido como "outro", mas simplesmente como "inferior" ou, em outras palavras, como "pobre":

> se o Oriente é para o Ocidente um espaço de alteridade, o selvagem é o espaço de inferioridade. O selvagem é a diferença incapaz de se constituir na alteridade. Ele não é o outro porque nem mesmo é totalmente humano. A diferença deles é a medida de sua inferioridade (SOUSA SANTOS, 2009, p. 218).

As populações da América não foram "descobertas", mas "encobertas" e negadas em sua própria existência (MELIÀ, 1992, p. 68), entretanto na Ásia teve certo reconhecimento (inevitável) da alteridade.

Se houve uma louvável compaixão com as vítimas das barbáries dos colonizadores, essa remetia à condição de *miseráveis*, à qual os indígenas eram submetidos. Essa noção tem uma própria história e tradição na Europa pré-moderna, encarnando o conceito de ajuda, defesa e proteção das pessoas particularmente frágeis e indefesas. Mas os indígenas deviam se defender do que, afinal, senão da exploração e da submissão ao trabalho forçado necessário para sustentar a razão da colônia? A *miserabilidade* dos índios, sistêmica à colonização, tornava-se assim, de alguma forma e por inércia, ontológica em ordem à sua própria redenção (PIAZZA, 1992, p. 31-32). A salvação dos índios da *inferioridade* e *miserabilidade* foi o motivo que fez deslocar da Europa milhares de religiosos humanistas e bem-formados nas melhores academias. Não foi uma missão ocasional, superficial e improvisada: foi algo portentoso e, na maioria dos casos, planejado.

Dentro da compreensão, ou da incompreensão, do Novo Mundo, os missionários empreenderam uma ação de *humanização* em seus diversos matizes. Na melhor das hipóteses, suas intervenções colocavam em discussão até certo ponto a invasão dos territórios, a exploração da mão de obra indígena, os maus tratos, mas nunca a superioridade europeia e a exclusividade do cristianismo. Pelo contrário, *humanizar* significava *tornar o outro igual a nós*:

> De fato, Las Casas só pode pensar nos seus iguais em termos de uniformidade. Os ameríndios são semelhantes aos europeus em natureza apenas na medida em que estes são potencialmente europeus, ou, na verdade, potencialmente cristãos: "A natureza do homem é a mesma, e todos são chamados por Cristo da mesma maneira". Las Casas não pode enxergar além da visão eurocêntrica da América, na qual o ponto mais alto da generosidade e da caridade seria colo-

car os ameríndios sob controle e tutela da verdadeira religião e de sua cultura. Os nativos são europeus subdesenvolvidos em potencial (HARDT; NEGRI, 2001, p. 133).

A única salvação para o índio era torná-lo europeu, civilizado e cristão: eis o ponto fulcral da conquista espiritual. Com efeito, o postulado de *igualdade* acarreta a afirmação de *identidade*:

> se é incontestável que o preconceito da superioridade é um obstáculo na via do conhecimento, é necessário também admitir que o preconceito de igualdade é um obstáculo ainda maior, pois consiste em identificar, pura e simplesmente, o outro a seu próprio "ideal do eu" (ou a seu eu) (TODOROV, 2010, p. 240).

e) Na história da evangelização, praticamente, nunca houve uma cristianização de massa sem a conquista militar ou sem a plena participação de um poder político dominante. No caso da conquista da América, a missão foi peça-chave da empresa imperialista ocidental com seus três "C" – cristianismo, comércio, civilização – e o protagonismo de seus três "M" – missionários, mercadores, militares (LATOUCHE, 1996, p. 17-18). Onde isso não foi possível realizar, porque faltaram as condições básicas para uma invasão e uma exploração do território alheio, os resultados foram muito exíguos em termo de conversões e de estruturação eclesial.

O mais relevante exemplo de inculturação explícita do evangelho na América foi o evento de Guadalupe, fenômeno inaugurado pelos indígenas, à margem da obra dos missionários e dos colonizadores.

Pelo resto, poderíamos afirmar que a conquista espiritual representou a continuação moderna de práticas colonialistas anteriores, nas quais antes se derrotava e se subjugava os nativos e em seguida se enviava missionários para catequizá-los. O desejo compulsivo de domínio, de *poder* sobre a humanidade, de *saber* sobre a natureza e de *ser* único e totalitário sobre o cosmo deu vida a essa "máquina infernal do Ocidente que esmagou homens e culturas para fins insensatos": nela "é difícil dissociar uma vertente emancipadora, a dos direitos humanos, da vertente espoliadora, da luta pelo lucro" (LATOUCHE, 1996, p. 43).

Mesmo assim, em sua dramática ambivalência, seria injusto não apontar as ousadas posturas proféticas de Montesinos e Las Casas, como também, num certo sentido, dos jesuítas do Paraguai e de muitos outros missionários. Tendo presente que o método de evangelização largamente adotado era o da *tabula rasa*, não faltaram esses corajosos e destemidos testemunhos que abriram fendas no sistema totalitário da conquista em nome da fidelidade ao Senhor e do profundo amor por seus interlocutores. Nas entrelinhas da colonização, eles abriram caminhos contra-hegemônicos, muitas vezes pagando um preço pessoal e institucional muito alto, deixando um legado original, marcante e determinante.

Também as atrevidas experiências da acomodação por parte dos jesuítas na Ásia não eram nada óbvias somente porque não era possível um confronto militar. Outras ordens religiosas foram à China empregando a *tabula rasa*, influenciadas não mais pelo humanismo renascentista dos membros da Companhia de Jesus, e sim pela teologia jansenista francesa, que tinha um posicionamento decididamente negativo sobre a natureza e a cultura humana. As duas abordagens entraram em choque, particularmente sobre a questão dos ritos chineses, o culto aos antepassados considerado plausível para uns e demoníaco para outros. O método da acomodação de Valignano e Ricci foi condenado por Roma e a evangelização na Ásia entrou em colapso, também por causa de outros fatores de natureza política e eclesiástica. O cristianismo foi banido pelo imperador da China em 1717, os religiosos exiliados, as igrejas confiscadas.

A Companhia de Jesus foi dissolvida em 1773, depois de ter sido expulsa dos territórios americanos portugueses (1759) e espanhóis (1767) em razão de fortes pressões políticas por causa de sua ação em defesa dos indígenas (GREISING, 1992, p. 125-127). Juntamente com ela também a primeira estação missionária moderna entrou em declínio, cúmplices a degeneração do padroado, a decadência de Espanha e Portugal como potências mundiais e a crise religiosa e confessional enfrentada pela Europa (XERES, 2008, p. 229). Segundo Bevans e Schroeder (2010, p. 315), no final do século XVIII os missionários católicos ativos no mundo não passavam de trezentos.

O sistema do padroado que tinha patrocinado a missão no Novo Mundo foi o mesmo que acabou com ela, quando o conflito entre interesses comerciais e exigências evangélicas se tornou insustentável. No entanto, do lado asiático, a derrocada da inserção do cristianismo nas civilizações orientais partiu, praticamente, da própria insensata iniciativa eclesiástica.

1.2 A missão na Idade das Luzes – A segunda estação missionária moderna (séculos XIX-XX)

Com a crise da primeira estação missionária moderna no final do século XVIII, uma nova época estava prestes a despontar com novas motivações, novas visões, novos sujeitos e também novas áreas geográficas preferenciais.

O avanço das perspectivas iluministas, concebidas desde o berço e na contestação da tradição cristã, anunciavam o triunfo da razão e do pensamento científico como fundamento epistemológico para a organização de uma nova sociedade, não mais assentada na autoridade teocrática, e sim na força transformadora da própria natureza humana. Deste princípio desdobraram-se profundas revoluções que foram configurando de maneira irreversível a modernidade ocidental, pelo viés econômico-industrial na Inglaterra e pelo viés sociopolítico na França, as duas novas potências no panorama mundial que foram se afirmando ao longo dos séculos XVII e XVIII.

A agenda iluminista procedeu a largos e determinados passos na separação entre Estado e Igreja, na passagem da monarquia absoluta para o surgimento dos estados-nação, no despontar da burguesia como uma nova classe dominante, no desenvolvimento científico e tecnológico industrial, na expansão dos mercados, na definição filosófico-jurídica da propriedade privada como valor em si na evolução do capitalismo liberal (CHIAVACCI, 1990, p. 177-178).

Finalmente, instalou-se um novo processo colonizador mundial, conhecido com o nome de imperialismo, herdando do anterior o sentido de superioridade, de totalidade e de universalidade. A característica secular é o que distingue esta segunda empresa da primeira. A colonização da África continental é o novo campo de conquista e exploração. Os cristãos protestantes são o novo sujeito da missão evangelizadora.

Em virtude do princípio da liberdade individual, do direito à igualdade e do dever da fraternidade, o indivíduo, antes de se sentir como um filho deste ou daquele país, se sente um cidadão do mundo, viaja além das próprias fronteiras, aprende as línguas de outros povos. A missão cristã absorve esse espírito da era das Luzes, antes com o protestantismo e um pouco mais tarde, apesar das fortes e prolongadas resistências, também no catolicismo.

1.2.1 O Iluminismo e seu influxo sobre o cristianismo

O Iluminismo tem sua evolução na Inglaterra no final do século XVII e suas raízes na cosmovisão moderna introduzida pela Revolução Copernicana. A convicção essencial de que a razão humana e a abordagem empírica do conhecimento tivessem algum grau de autonomia foi elaborada por René Descartes (1596-1650), com seu *cogito ergo sum*, e Francis Bacon (1561-1626), pai do método indutivo da ciência moderna. Apesar dos dois filósofos não enxergarem nenhum perigo para a mensagem cristã ao expor suas teorias, desenvolveu-se com o tempo a consciência da contraposição entre razão e fé.

O que antes era determinado pela religião – o ordenamento jurídico, a ordem social, o *ethos* privado e público, o pensamento filosófico, o conhecimento científico, a arte etc. – agora passa a ser regido pela autonomia da natureza humana. Daqui a célebre asserção de Kant de que "Iluminismo (*Aufklärung*) é a saída do homem da sua menoridade de que ele próprio é culpado" (KANT, 2013 [1784], p. 11).

Portanto, essa época representou, em primeiro lugar, a idade da razão natural do homem, que opera numa relação de sujeito-objeto (*res cogitans – res extensa*) na indagação da realidade, sem postular uma teleologia nos fenômenos e remetendo apenas a uma causalidade mecanicista. A própria cosmovisão desta época comparava o universo a um relógio, composto por vários pequenos objetos que funcionavam como partes integrantes de uma máquina, de forma determinada e previsível, segundo leis imutáveis e matematicamente estáveis, perfeitamente mensuráveis. O conhecimento estava baseado em fatos verificáveis, objetivos, que tinham vida própria independentemente do observador: "o conhecimento no sentido objetivo é conhecimento sem conhecedor" (POPPER, 1975, p. 111). O resto eram valores, opiniões, crenças que pertenciam à esfera privada do sujeito, separada do mundo real.

Essa visão influenciou radicalmente o pensamento e o método não apenas das ciências assim chamadas "exatas", mas também de áreas de conhecimento recém-criadas como a sociologia, a psicologia, a antropologia, durante todo o século XIX (NOLAN, 2009, p. 68).

O Iluminismo infundiu certo otimismo na possibilidade de realização humana, na confiança no progresso, na presunção que todos os problemas fossem, em linha de princípio, resolvíveis: tudo era uma questão de tempo, e nada teria resistido à emancipação e à indagação da razão. A ciência era considerada cumulativa e onicompreensiva, conceito do qual surgia a primeira enciclopédia moderna, editada por Jean le Rond d'Alembert e Denis Diderot em 1772, tendo como colaboradores Rousseau, Voltaire e Montesquieu.

Enfim, as pessoas, enquanto emancipadas e autônomas em virtude do uso da razão, eram naturalmente livres, totalmente soberanas, independentes de qualquer instituição e capazes de se autodeterminar. Essa liberdade natural devia ser regulada por um "contrato social" (Hobbes, Locke, Rousseau), capaz de garantir a convivência entre indivíduos, a segurança e o bem-estar da vida social e os direitos inalienáveis das pessoas. Ao considerar que todos os homens nasciam livres e iguais, o Estado representava a configuração desse contrato no qual os indivíduos não renunciavam a seus direitos naturais; mas, ao contrário, entravam num acordo para a proteção desses mesmos direitos. O indivíduo não existia em função do Estado, e sim o contrário: o Estado estava em função da liberdade dos indivíduos.

O Iluminismo cultivava, portanto, um antropocentrismo absoluto, uma visão otimista, positiva e idealista da humanidade, destituída de qualquer transcendência e totalmente imanente, absolutamente livre de seguir seu curso natural de aperfeiçoamento pelos caminhos por ela própria determinados. O ser humano e sua liberdade deixavam de ser relacionados a alguma coisa – comunidade, sociedade, Deus – para tornar-se uma mônada, um valor autolegitimador em si e por si.

> A Idade Moderna tem-se também esforçado consequentemente por afastar o homem do centro do Ser. Para ela, o homem deixa de estar debaixo do olhar de Deus, que envolve o mundo, o homem é autônomo, faz o que quer e vai onde entende – também já não é o centro da criação, mas uma parte qualquer do mundo. Por um lado, eleva-se a concepção do homem na Idade Moderna, à custa de Deus e até contra Deus; por outro, há uma vontade destrutiva de fazer dele um pedaço de natureza que não se distingue fundamentalmente da planta e do animal (GUARDINI, 2000, p. 45).

Desta maneira, o Iluminismo relativizou de maneira radical as pretensões exclusivistas do cristianismo, e também teve uma influência decisiva sobre ele. A tese de David Bosch (2007, p. 327) é que mesmo onde as Igrejas exerceram uma firme resistência à mentalidade iluminista, como no caso da Igreja Católica no século XIX, o influxo de seus princípios foi inevitável, sutil e determinante: "o cristianismo, depois do advento do Iluminismo, foi diferente do que havia sido antes".

Em primeiro lugar, começou a impor-se outra forma de racionalidade na teologia cristã, onde a razão suplantou a fé como ponto de partida. A sensação que agora as pessoas haviam amadurecido, que se entrevia os alvores de uma nova humanidade livre de preconceitos, superstições e autoridades arbitrárias, era algo de irresistível: no final das contas, não se precisava de Deus tanto assim, o conhecimento desvendava qualquer coisa, não restava muito espaço para o mistério. O cálculo toma o lugar da surpresa, a exatidão da possibilidade, o planejamento da providência.

A teologia, configurando-se agora como ciência, aplicava para si a separação de *sujeito-objeto*. Um dos exemplos clássicos aconteceu com a hermenêutica bíblica: a revelação se tornava objeto de estudo, a partir do pressuposto da distância entre o tempo atual e o contexto histórico dos textos bíblicos. O risco implícito era de tornar a Palavra de Deus um *objeto*: "o estudioso examinava o texto, mas não era necessariamente examinado por ele" (BOSCH, 2007, p. 330).

Também a distinção entre *fato* e *valor* teve um grande impacto na teologia cristã: duas *verdades* sobre um *fato* não podiam coexistir, entretanto que dois *valores*, opiniões ou interpretações sim. A religião era relegada assim ao reino dos valores. Portanto, em nenhuma circunstância a religião podia colocar em discussão a visão do mundo dominante. Daqui nasce, como resposta, de um lado, o fundamentalismo, que afirma que as verdades bíblicas pertencem ao âmbito dos *fatos*, e de outro, uma teologia "genuinamente platônica", extramundana, supranatural, na qual nem a ciência e nem a história podiam ter algo a dizer (BOSCH, 2007, p. 332). A dificuldade de relacionar os *fatos* com os *valores*, e acentuar, ao contrário, a dicotomia entre eles, deram origem a diversas abordagens de entender a fé: (a) relegada ao âmbito privado da experiência religiosa; (b) confrontada em contraposição às teses iluministas (dogmatismo); (c) ajustada a uma aliança com a sociedade secularizada, quase como uma atualização do deísmo do século XVII.

Hoje é consenso geral não menosprezar a importância dessa época e seus fundamentais aportes culturais, sociais e epistemológicos. Das conquistas iluministas não é possível voltar atrás: "a 'luz' do Iluminismo era real e não se deveria simplesmente descartá-la". Mas ao mesmo tempo é preciso manter uma postura crítica diante dos limites que ela apresenta: "o Iluminismo não resolveu todos os nossos problemas [...] criou problemas novos, sem precedentes, e só nos conscientizamos da maioria deles nas últimas duas décadas, aproximadamente" (BOSCH, 2007, p. 333).

1.2.2 O imperialismo dos estados nacionais e a missão cristã

Uma das consequências mais relevantes do Iluminismo para a missão cristã foi a separação entre Estado e Igreja. Já com a instituição de *Propaganda Fide*, o papado quis começar a se reapropriar diretamente do direito e dever da evangelização, dissociando-a do controle dos impérios seculares, vistas as incongruências entre os interesses político-comerciais e a obra missionária. Todavia, a América espanhola e portuguesa continuou sob o regime de padroado até pelo menos a definitiva expulsão dos jesuítas em 1767[12]. Nestes contextos era difícil distinguir

---

12. Na realidade, um certo regime de padroado continuará também depois nas décadas a seguir na América Latina. No Brasil, especificamente, nunca deixou de existir na época do Império, e também de certa

elementos e ações de caráter político, cultural e religioso, porque fundiam-se numa única realidade. Colonização e evangelização eram os dois lados da mesma moeda: colonizando, os reis se empenhavam numa obra evangelizadora.

Do ponto de vista político, o fim da autoridade monárquica e o engendramento da participação popular nos incipientes estados-nação levaram ao progressivo enfraquecimento do regime de cristandade, antes na Inglaterra, graças a um termo de compromisso entre o Parlamento e o rei Guilherme III (1689), e um século depois, de maneira abrupta, na França, com a Revolução Francesa (1789). Este último evento, junto às campanhas napolcônicas, levou à supressão violenta das instituições eclesiásticas até à detenção, deportação e morte em exilio do Papa Pio VI (1717-1799). O embate frontal entre a Igreja Católica e os governos liberais da Europa e das Américas durou todo o curso do século XIX.

Nesse contexto, a colonização assumiu um caráter não mais religioso, mas puramente cultural. Os estados-nação desenvolveram um sentido nacionalista que desembocou na ideologia da superioridade racial. Até o século XVIII, as sociedades europeias encontravam sua coesão particularmente na religião e no rei. Com a Revolução Francesa se afirmava pela primeira vez a autodeterminação nacional como ordenamento político: o princípio de soberania residia essencialmente no conceito de *nação* (o romantismo alemão, por sua vez, utilizou o termo *Volk*, "povo"). Esta nação chegou a revestir-se de certa sacralidade, substituindo o papel da Igreja e das coroas, sentindo-se chamada para uma missão civilizadora no mundo junto aos povos mais atrasados. Se houve um retorno a uma autoridade de caráter teocrático com Napoleão, e uma reabilitação da dimensão religiosa na Inglaterra vitoriana, foram fenômenos marcadamente seculares, vinculados ao patriotismo, mais que a uma proposta de tipo confessional.

Entretanto, uma mescla de motivos religiosos e nacionalistas foi implementada nas colônias britânicas da América do Norte graças à influência do puritanismo nos séculos XVII e XVIII. De origem calvinista e com forte espírito mis-

---

forma com a República depois de 1889, pois os governos que se sucederam jamais aceitaram a interferência de *Propaganda Fide* em assuntos internos como o das missões na Amazônia: até hoje não há no Brasil circunscrições eclesiásticas sob o cuidado da Congregação para a Evangelização dos Povos. Em outras palavras, não há juridicamente "territórios de missão".

sionário[13], o puritanismo pregava expectativas milenaristas que se tornaram, aos poucos, patrimônio comum para boa parte dos evangélicos americanos. A partir da independência em 1776, o ideal teocrático que sustentava a visão escatológica puritana – Deus ia governar a humanidade – foi substituído com a noção de *Manifest Destiny* (Destino manifesto): a América era chamada a conduzir a humanidade à plena realização de si por meio da expansão de sua civilização.

Inicialmente, esse esforço se concentrou no território norte-americano com a expansão colonial para oeste, a criação de novos estados e a compactação da nova nação, graças à doutrina de Monroe (1823) que pregava "a América aos americanos". No final do século XIX, com o incremento do imperialismo por parte das nações europeias, a projeção americana extracontinental teve um aumento exponencial.

O impulso colonialista das nações ocidentais no século XIX tomou prevalentemente o rumo da África e da Ásia. Por sua vez, a Rússia tomava o caminho do Oriente rumo à Sibéria. Os progressos no conhecimento do globo terrestre e o desenvolvimento dos transportes (motores a vapor, eletricidade, ferrovias) foram elementos-chave que possibilitaram a retomada de um novo entusiasmo conquistador. Ao mesmo tempo, a Revolução Industrial na Europa imprimia uma forte demanda de novas matérias-primas vindas dos outros continentes.

A Grã-Bretanha saiu avantajada nesse processo pelas guerras napoleônicas no continente europeu, que empenharam o resto das nações e, consequentemente, permitiram o livre-trânsito comercial pelos mares do mundo. A batalha de Trafalgar (1805) contra Espanha e França tinha garantido aos ingleses o domínio marítimo mundial que já vinha sendo alicerçado desde o século XVIII, com consequente e definitivo declínio das nações ibéricas.

---

13. João Calvino (1509-1564) tinha postulado uma progressão em três etapas do tempo da Igreja: o primeiro período teria sido o dos apóstolos, quando o Evangelho foi anunciado a todos os povos; o segundo é o tempo do Anticristo, no qual o próprio Calvino estava vivendo e que, por isso, teria elaborado uma teologia para a Igreja debaixo da cruz; o terceiro, será o tempo final no qual se assistirá a uma grande expansão da Igreja. Os puritanos estavam convencidos de viver o fim do segundo período e o começo do terceiro, no qual a derrocada do Anticristo teria partido exatamente da América do Norte. Eles teriam exercido um papel-chave nessa história.

No começo, a colonização inglesa era eminentemente comercial. De fato, na maioria dos casos, não era o governo e sim as companhias de comércio que tomavam a iniciativa de partir e adquirir propriedades nas colônias. Com o tempo, começaram a aparecer motivações propriamente imperialistas de ocupações de territórios, na medida em que entravam na corrida colonial outras nações.

Em 1884 foi convocada em Berlim uma conferência internacional para regulamentar o livre-comércio e a repartição territorial da África entre Alemanha, Inglaterra, Bélgica, Espanha, Franca, Portugal e outros, em conexão com a descoberta da bacia do Congo e do Níger. Os critérios pela delimitação das fronteiras foram estabelecidos de maneira artificial, sem respeitar alianças e hostilidades entre os povos originários

Nesse panorama, os missionários eram vistos num primeiro tempo como ameaças aos interesses das companhias comerciais. Entretanto, com o avanço das pretensões imperialistas, se reconheceu a importância desses agentes como aliados ideais para os governos metropolitanos, pois era propósito deles viver inseridos nas populações locais, falar o idioma, conhecer a cultura, ser estimados ou, pelo menos, tolerados pelas pessoas. Quem melhor do que os missionários podiam persuadir os nativos à sujeição dos colonizadores?

Foi assim que os missionários ingleses começaram atuar em colônias inglesas, os franceses em colônias francesas, os alemães em colônias alemãs, sendo considerados vanguarda pioneira das potências imperialistas. O cardeal católico e primaz da África, Charles-Martial Allemand-Lavigerie (1825-1892), fundador da Sociedade dos Missionários da África, lembrava a seus padres que eles trabalhavam também para a França, bem como para o Reino de Deus (NEILL, 1966, p. 414). O primeiro titular da cátedra de missiologia de Münster, o também católico Joseph Schmidlin (1876-1944), escrevia em 1913:

> É a missão que conquista culturalmente as nossas colônias e as assimila interiormente [...]. O Estado pode certamente anexar e incorporar exteriormente alguns protetorados; a missão deve ajudá-lo a atingir o objetivo mais profundo da política colonial, a colonização interior. Com as penas e com as leis, o Estado pode obter a obediência física, mas somente a missão está apta a induzir os

indígenas a sujeitar-se e a ser psiquicamente fiéis (apud COLLET, 2004, p. 146).

Uma nova estação missionária era inaugurada junto a uma nova colonização por parte do Ocidente. Interesses políticos e geográficos entrelaçavam-se com interesses econômicos e com uma missão civilizadora instigada pelos progressos científicos e tecnológicos que prometiam resolver os problemas da humanidade. Se nas metrópoles europeias Igreja e Estado começaram a andar por caminhos separados e conflitantes, nas colônias, política e religião aliaram-se novamente em vista da promoção de interesses recíprocos e comuns. A célebre expressão do primeiro-ministro francês León Gambetta (1838-1882), segundo o qual "l'anticléricalisme n'est pas un article d'exportation" (o anticlericalismo não é um produto de exportação), tornava-se uma orientação-mestra para uma empresa colonial, em nome do pragmatismo em benefício de todas as partes e, acima de tudo, em nome da propagação da incontestável superioridade da civilização ocidental e de seus ideais, mesmo matizados de maneira diferente. É claro que nesta negociação a Igreja também tinha que abrir mão de seu integralismo em relação à modernidade[14]. Começava desta maneira a se traçar uma linha divisória entre a situação de uma *Igreja constituída*, de antiga ou nova tradição, que conservava sua postura ultramontana, e a situação de uma *Igreja missionária* em processo de implantação entre os povos não cristãos, que precisava encontrar caminhos de integração com o mundo e de mediação com suas exigências.

1.2.3 O protagonismo missionário protestante

O século XIX foi apelidado de "século missionário" por Gustav Warneck (1834-1910). E não era por menos: "nunca na história bimilenária da missão fo-

---

14. Um exemplo curioso é a proibição do uso da bicicleta ao clero no começo do século XX. O motivo era o decoro da figura do sacerdote. Duríssima é a carta que Pio X envia ao cardeal de Ferrara, Giulio Boschi, em maio de 1912, ao lembrar e impor esta obrigação a todas as dioceses da Região Emília-Romagna (POGGI, 2003, p. 575). Nesta mesma região, o bispo de Parma, Guido Maria Conforti, proibia expressamente ao clero o uso desse meio (TEODORI, 1996, p. 437); no entanto, não somente permitia, como também presenteava com uma bicicleta os padres de seu recém-criado instituto missionário que partiam para a China (CONFORTI, 1977, p. 50).

ram enviados tantos missionários e missionárias profissionais como nesta época" (SIEVERNICH, p. 146), no embalo da curiosidade pela descoberta de mundos exóticos pouco explorados, e por uma vontade de revanche das Igrejas cristãs diante do tsunami do movimento iluminista que ostentava suas pretensões universais e exclusivistas.

No novo cenário internacional, fizeram irrupção e tiveram um grande impacto na fé, na teologia e na vida cristã as Igrejas protestantes como novos agentes missionários. O declínio da influência do papado e a laicização dos estados modernos deve ter estimulado de maneira determinante o entusiasmo expansionista particularmente dos reformados. Sem embargo, enquanto a Igreja Católica resistiu ao influxo do Iluminismo, pelo menos em sua postura oficial até o Vaticano II, os evangélicos foram profundamente influenciados pela idade moderna desde seu nascimento, mesmo se assistiram ao surgimento de diversos movimentos religiosos contrários ao espírito da época.

Até então o protestantismo não teve grandes expressões missionárias, a não ser algumas raras incursões, como a dos huguenotes da França Antártica no Rio de Janeiro em 1555. O fato de ter como prioridade reformar a Igreja de seu tempo, e não fundar novas Igrejas, de ter poucos contatos com povos não cristãos, de lutar pela própria sobrevivência até a paz de Westfalia (1648), de não contar com organizações como as ordens religiosas, de lidar com as próprias controvérsias internas, eram motivos que podiam explicar certa ausência de esforços missionários principalmente luteranos no século XVI ao XVIII (BOSCH, 2007, p. 300).

Contudo, o calvinismo holandês e inglês manteve um espírito evangelizador bem mais vivo e ativo, graças à Segunda Reforma e ao puritanismo, com a cumplicidade fundamental da expansão colonial das duas respectivas potências comerciais. Com efeito, Calvino, em relação a Lutero, tinha a peito a situação do mundo. Concebia uma pneumatologia como obra interior e como ação renovadora da face da terra, e sustentava também uma escatologia em processo de cumprimento: um Reino de Cristo em devir pela ação da Igreja.

Essas abordagens tiveram sua evolução no Primeiro Grande Despertar (*First Great Awakening*) nas colônias americanas, no século XVIII, e no Reavivamento

Evangélico (*Evangelical Revival*) na Inglaterra, do qual surgiu o metodismo com John Wesley (1739). Esses movimentos combinavam a ênfase sobre a objetividade das Escrituras, típica da ortodoxia protestante, com a subjetividade da experiência espiritual dos pietistas, a salvação das almas com a necessária transformação do mundo, renovando a natureza humana corrompida.

Destes pressupostos, repletos de confiança milenarista, surgiu um Segundo Grande Despertar (*Second Great Awakening*), com o começo do século XIX, nos recém-criados Estados Unidos. Esse fenômeno se caracterizou por um extraordinário entusiasmo missionário movido por uma teologia pós-milenarista, que entendia o Reino de Deus como uma realidade a ser edificada aos poucos, de maneira orgânica, pela ação dos cristãos. Essa visão, que dará origem com o tempo ao evangelho social (*Social Gospel*), tendia a abandonar gradualmente a dimensão sobrenatural para se tornar intramundana: "as ideias centrais do novo estado de ânimo eram *continuidade* natural e *progresso* social" (BOSCH, 2007, p. 388; grifos do autor). O princípio reformado do ministério comum dos crentes, aliado à visão otimista do mundo, acabou confirmando os fiéis como colaboradores de Deus na inauguração de seu Reino: as pessoas podiam finalmente fazer alguma coisa não somente para si, mas também para os outros. O que antes com os puritanos se restringia à América do Norte, pois a missão era erguer uma terra prometida no deserto, agora o horizonte se ampliava: da missão no deserto se passou à missão ao mundo. No final do século XIX tinha mais missionários dos Estados Unidos do que de qualquer outra nação europeia (BEVANS; SCHROEDER, 2010, p. 336):

> De números relativamente modestos antes de 1880, a força missionária americana no exterior cresceu de 2.716, em 1890, para 4.159, em 1900, para 7.219, em 1910, e para mais de 9 mil, em 1915 (ANDERSON, 1988, p. 102). O interesse por missões era singularmente acentuado entre estudantes norte-americanos. Em 1886, formou-se o Movimento Voluntário Estudantil (MVE); após dois anos, ele recrutara quase 3 mil estudantes para missões no exterior (cf. FORMAN 1982, p. 54; ANDERSON, 1988, p. 99). O entusiasmo missionário atingiu seu ponto mais alto com a concorrida Conferência Missionária Ecumênica de Nova York, em 1900. Ela foi, em todos os sentidos, "a maior conferência missionária já realizada" (HOGG,

W.R., apud ANDERSON, 1988, p. 102); dela participaram 200 sociedades missionárias, e quase 200 mil pessoas assistiram às diversas sessões! (BOSCH, 2007, p. 365).

Entretanto, a partir de 1830, a frente evangélica teve também suas dissidências com uma ala que optou para uma teologia pré-milenarista, segundo a qual o retorno iminente de Cristo teria acontecido diante da inevitável e gradual deterioração do mundo. Mais uma vez o texto de Mt 24,14 teria sido usado como base para justificar a obra de conversão para apressar esse retorno. Essa tendência pessimista irá inevitavelmente desaguar no fundamentalismo e, no começo do século XX, no pentecostalismo. Todos os movimentos que enveredaram por esse caminho tornaram-se extremamente ativos em projetos missionários de âmbito mundial. Contudo, o que continuava a unir os evangélicos pré e pós-milenaristas era a ideia da substancial superioridade da civilização ocidental e de seu almejado triunfo: "ambas as correntes eram, em vários aspectos, mais ocidentais do que cristãs; elas expressavam, de maneiras opostas, o triunfo do Iluminismo no cristianismo ocidental" (BOSCH, 2007, p. 392).

A maneira pela qual o protestantismo operacionalizou sua missão no mundo foi através da fundação de sociedades dedicadas especificamente a essa finalidade. A palavra-chave era "voluntarismo". No lugar de atender a um chamado de alguma Igreja oficial, eram os próprios cristãos de diversas Igrejas a se articularem entre si e a constituir associações missionárias interdenominacionais. Foi um fenômeno de proporções gigantescas que envolveu quase todos os países de tradição evangélica com o surgimento de centenas de organizações, caraterizadas por adesões em massa por parte de ministros e de leigos, que se sentiam responsáveis pelo destino da humanidade.

Sem dúvida, o espírito empresarial liberal deve ter influído na gestação dessas entidades que eram organizadas no esquema das companhias comerciais. Elas representavam uma novidade absoluta dentro do protestantismo, visto que toda e qualquer iniciativa devia proceder das instâncias institucionais, de suas hierarquias ou dos sínodos das Igrejas locais. Partindo, porém, do direito à interpretação pessoal da Escritura, era possível passar à ação quando indivíduos sentiam o apelo extasiante de promover alguma coisa para a causa do Reino (BOSCH, 2007, p. 396). A ideia básica, mais uma vez, associava a doutrina do sacerdócio comum com a igualdade social e política promovida pelas democracias emergentes, que inclusive chegou a propiciar a igualdade de gênero. Muitas mulheres engajaram-se ativamente, de uma forma ou outra, nos projetos missionários. Em 1890, elas representaram 60% dos missionários protestantes enviados dos Estados Unidos (BEVANS; SCHROEDER, 2010, p. 349). Em sua pátria, as organizações missionárias femininas também sustentavam o movimento missionário com a oração, o estudo, a ajuda financeira e a difusão das informações.

O ardor, a confiança e o pragmatismo missionário dos adeptos a essas iniciativas ultrapassavam de muito a fé de seus antepassados puritanos na capacidade de renovar o mundo. A palavra de ordem que revelava o espírito missionário da época era: "a evangelização do mundo nesta geração". John Raleigh Mott (1865-1955), missionário metodista, idealizador e realizador da famosa Conferência Internacional de Missão em Edimburgo (1910), presidente do Conselho Missionário Internacional (1921), Prêmio Nobel da Paz (1946) e presidente do Conselho Mundial de Igrejas (1954), escrevia em 1902:

> A Providência e a revelação se associam para conclamar a Igreja a se pôr novamente a caminho e tomar posse do mundo para Cristo. Vapor e eletricidade tornaram o mundo pequeno. A Igreja de Deus está em ascendência e tem, sob seu controle, o poder, a riqueza e o saber do mundo. Ela se assemelha a um forte e bem equipado exército na presença do inimigo [...]. A vitória pode não ser fácil, mas está assegurada (apud BOSCH, 2007, p. 407).

Naturalmente, essa vitória implicava um movimento de mão única do Ocidente para o Oriente e do Ocidente para o Sul: um lado devia oferecer tudo e o outro limitar-se a receber; um grupo devia se sentir privilegiado e o outro, claramente, necessitado. E, acima de tudo, nessa empresa missionária triunfal da tradição reformada, possibilitada pelo Iluminismo, assistimos a uma paradoxal, sutil e fundamental deslocação: da graça para as obras.

1.2.4 A evolução missionária católica

Depois da grande depressão por causa da Revolução Francesa e, particularmente, da prepotência napoleônica, houve uma retomada geral e decidida da Igreja Católica encabeçada pelo magistério pontifício, uma vez que Pio VII (1742-1823) fez retorno a Roma do exílio em Fontainebleau (1814). Este papa restabeleceu a Companhia de Jesus e reconheceu a teoria heliocêntrica de Copérnico e Galileu pela primeira vez, claros sinais de recomposição das forças perdidas no duríssimo embate com o Iluminismo liberal, de um lado, e de abertura às conquistas científicas da modernidade, do outro.

Entretanto, a relação da Igreja Católica com a nova realidade dos estados-nação tornou-se sempre mais combativa, até chegar à publicação do *Syllabus* de Pio IX (1864), no qual se declarava anátema a possibilidade sequer do Romano Pontífice chegar a um acordo com o progresso, com o liberalismo e com a civilização moderna (QC LXXX)[15].

O confronto se dava principalmente em duas frentes: racionalismo iluminista *versus* autoridade divina, atingindo de maneira direta a questão do poder secular da Igreja[16]; ciência *versus* dogma, que criava embaraços éticos difíceis de se resolver através dos procedimentos rígidos da escolástica[17].

No entanto, no protestantismo o impacto e a reação aos ideais modernos foram bastante heterogêneos por causa da variedade de denominações independentes e do surgimento de novos movimentos, no caso da Igreja Católica a resistência institucional foi cerrada, centralizada e marcante, por causa de sua natureza eclesiológica monolítica e de sua influência nas camadas populares. As jornadas re-

---

15. "O Sílabo de Erros (*Syllabus*), anexo à Encíclica *Quanta Cura* (1864) do Papa Pio IX, condenava, na sua relação de oitenta erros modernos, os abusos do liberalismo econômico em matéria social, a concepção liberal de religião e sociedade, a reivindicação do monopólio estatal da educação, a hostilidade às ordens religiosas, a afirmação de que todas as religiões se equivalem, de que a sociedade moderna deve prescindir da religião, a reivindicação da laicização das instituições, a separação entre Igreja e Estado e a total liberdade de culto e imprensa" (MENDONÇA, 1990, p. 64).
16. É considerado grave erro afirmar que "a Igreja não tem poder para usar a força, nem qualquer poder temporal direto ou indireto" (QC XXIV).
17. É considerado grave erro afirmar que "a ciência das coisas filosóficas e costumes, e até mesmo as leis civis, podem e devem ser independentes da autoridade divina e eclesiástica" (QC LVII).

volucionárias carbonárias e anticlericais de 1948 e a unificação da Itália em 1861, com anexação dos estados pontifícios por parte do Reino de Sardenha, tinham induzido Pio IX na alocução *Iamdudum Cernimus* (1861), a uma apreciação cada vez mais pessimista, ressentida e hostil da modernidade:

> O Pontífice Romano poderia estender sua legítima amizade a essa civilização e, com ela, estreitar cordialmente pactos e alianças? Devolvam-se às coisas seus nomes, e esta Santa Sé sempre será consentânea a si mesma. De fato, foi sempre promotora e defensora da verdadeira civilização: e os monumentos da história atestam e eloquentemente testemunham que em todos os tempos esta Santa Sé sempre e em toda parte levou, mesmo entre os povos mais remotos e bárbaros, a verdadeira e sincera humanidade dos costumes, a sabedoria e a disciplina. Mas querendo definir com o nome de civilização um sistema construído especificamente para enfraquecer e talvez até destruir a Igreja de Cristo, certamente essa Santa Sé e o Pontífice Romano nunca podem se adaptar a essa civilização.

Com a tomada definitiva de Roma em 1870, em plena realização do Concílio Vaticano I, terminava definitivamente a soberania temporal do papa, coisa que Pio IX nunca aceitou, declarando-se prisioneiro político durante todo seu longo pontificado. Todavia, ele ganhou muita simpatia popular pelo papel de perseguido das potências anticristãs, apesar de sua escassa formação teológica e cultural. O vínculo dos católicos com o papa consolidava-se sentimentalmente sempre mais, graças à personalidade forte e juvenil de Pio IX e à sua capacidade de contato humano, junto com a normalização das audiências papais e das peregrinações de massa em Roma, até criar um clima propício à aceitação dogmática do poder primacial e da infalibilidade do bispo de Roma, proclamada pelo Vaticano I (KÜNG, 1970, p. 103).

Essa conjuntura que mesclava razões de Estado com rancores, motivos de desconfianças com a defesa natural – e em alguns pontos até oportuna[18] – da

---

18. A Encíclica *Quanta cura* (1864) denuncia com certa energia o espírito do capitalismo emergente: "quem não vê e não sente plenamente que uma sociedade de homens libertados dos laços da religião e da verdadeira justiça não pode ter outro propósito além de adquirir e acumular riqueza, e não pode seguir em suas operações qualquer outra lei a não ser a indomável ganância para servir o seu próprio prazer e conforto?"

Igreja e de sua mensagem, gerou um bloco intransigente e implacável contra toda tentativa de modernização nos círculos mais esclarecidos da Igreja Católica, até resolver a questão política com o Tratado de Latrão em 1929, e enfrentar a questão teológica com o Vaticano II (1962-1965). O mal-estar entre os católicos, também entre membros da hierarquia e do clero, era bastante difundido.

Curiosamente, tudo isso não impediu uma estreita colaboração entre Igreja e estados liberais nas colônias e nos novos territórios a serem conquistados. Afinal, os ásperos conflitos internos nas metrópoles influenciaram até certo ponto a aliança comercial, civilizadora, cristianizadora (as três "C") das nações europeias com o resto do mundo: todos sentiam-se parte da mesma empreitada, cultivando e compartilhando de maneira impelente uma vocação paterna, expansionista e universalista até os extremos da terra. Diante dos outros povos eram muito mais importantes a identidade e os interesses que uniam do que as rixas que dividiam, com a confiança do legado das épocas anteriores em que as potências brancas se apresentaram às outras raças com todo seu arsenal superior e sedutor, sem desperdiçar um só recurso.

Essa situação, de um lado paradoxal e, por outro, não apenas oportunista, fez surgir um extraordinário despertar missionário capitaneado pelos próprios pontífices, tanto do ponto de vista doutrinal como organizacional, a começar por Pio VII que reorganizou *Propaganda Fide*, e Gregório XVI (1765-1846) que criou 70 novas dioceses, desdenhando o padroado português e promovendo o clero indígena[19].

Essa expressão era um sinal da vontade de independência da Igreja dos poderes seculares, mas também de compactação ao redor do Pontífice, que retomava com seu protagonismo as rédeas da evangelização universal, enfrentando o expansionismo das nações protestantes e a instrumentalização da obra missionária por parte das novas potências. Com efeito, Napoleão já tinha reestabelecido três congregações missionárias francesas – as Missões Estrangeiras de Paris, a Congre-

---

19. Pelo breve *Multa praeclare* (1838), Gregório XVI reduzia o padroado português praticamente à Arquidiocese de Goa e à Diocese de Macau; pela Encíclica *Neminem profecto*, afirmava a necessidade de um clero autóctone (BARBOSA, 1995).

gação da Missão e a Congregação do Espírito Santo – com a intenção de colocá-las às estreitas dependências do Estado (XERES, 2008, p. 238).

Sob o impulso das novas possibilidades de mobilidade, do incremento da Revolução Industrial moderna, com suas transformações socioculturais, da depressão na qual se encontrava a velha Europa, e da consequente necessidade de encontrar outros espaços vitais, e da enorme influência de obras literárias românticas como a de François-René de Chateaubriand, *Le génie du christianisme* (1802), o século XIX deu vida a um impulso missionário católico jamais visto antes. Nesta época surgiram centenas de congregações religiosas masculinas e femininas implícita ou explicitamente dedicadas à ação missionária, na esteira do voluntarismo e do associacionismo evangélico, particularmente na França, nação católica emergente que competia com o domínio inglês, predominantemente protestante. No começo do século XX, somente a França podia contar com 8.500 religiosas e 7.400 religiosos de 38 congregações missionárias masculinas, enviados pelo mundo afora.

Estes institutos ofereciam nas colônias uma grande variedade de serviços às populações nativas através de obras sociais. Seus membros, movidos pelo anseio de uma promoção holística e humanística no âmbito da educação, da saúde e da economia, eram animados por um profundo zelo e abnegação, que juntava espírito de fé e sacrifício com aventura e utilidade civilizadora. A edificação de amplas e variadas instalações garantia visibilidade à missão e às virtudes "progressistas" do catolicismo, tornando assim a figura do missionário amplamente admirada pela opinião pública europeia, graças à publicação de periódicos especializados de enorme impacto, que retratavam as epopeias desses heróis em terras estrangeiras. Desta maneira, Igreja e missionários se beneficiavam de um capital positivo diante dos conflitos ideológicos e religiosos contra as frentes liberais (PRUDHOMME, 2009).

Diferentemente das organizações protestantes, o modelo católico embasava-se numa eclesiologia centralizadora e numa articulação fortemente dirigida por Roma. Não havia muito espaço para o envolvimento de pessoas não ordenadas e casadas: os missionários católicos eram constituídos por consagradas e consagrados celibatários "especializados", membros de ordens e congregações de direito pontifício, sujeitos a *Propaganda Fide*. Ao povo de Deus restava o apoio espiritual, propagandístico e financeiro às iniciativas missionárias, tarefa que foi desempenhada de maneira destemida e desprendida por muitos leigos e leigas, como Pauline-Marie Jaricot (1799-1862), ao articular capilarmente a obra da propagação da fé (1822), com o objetivo de sustentar as missões com orações e contribuições.

Neste mutirão eclesial, a vida contemplativa também não ficou de fora: Teresa de Lisieux, monja carmelita canonizada em 1925, foi proclamada padroeira das missões em 1927, pelo seu profundo comprometimento espiritual com a causa missionária, mas também como sinal de reconhecimento do papel fundamental da França, laica e republicana, na cristianização do mundo (PRUDHOMME, 2009).

1.2.5 Colonização e evangelização da África

O despertar missionário do século XIX, marcado pelo impacto do Iluminismo, lançou-se em todas as direções do globo a partir da Europa. Entretanto, uma expressão caraterística desta época foi a descoberta e a evangelização da África, o único continente cujos interiores não haviam sido explorados no decurso da história colonial europeia. Como na primeira estação missionária moderna, aqui também encontramos elementos que não foram unicamente no rumo de uma missão de conquista e de civilização, apesar do quadro geral ser fortemente determinado por esses fatores, e sim de testemunho evangélico tanto nos conteúdos como nos métodos (XERES, 2008, p. 245).

A evangelização da África começou, na verdade, já com a era apostólica (At 8,26-40). O Império Romano antes, e os movimentos monásticos africanos depois, asseguraram uma presença missionária constante por um longo período, até a instalação do domínio muçulmano no norte do continente. Com a época moderna, algumas tentativas de evangelização foram iniciadas pelos portugueses desde o século XV nas Ilhas Canárias e no Cabo Verde, prosseguindo para a Serra Leoa, Congo, Angola, Moçambique e Madagascar, percorrendo a rota de circum--navegação para chegar à Ásia. O trabalho superficial dos poucos missionários, o número exíguo de convertidos e o escasso de interesse pelas colônias africanas, ocasionaram a temporização destas iniciativas.

Uma vasta série de razões fizeram da África subsaariana um continente misterioso, desconhecido e dificilmente accessível. A costa setentrional era interditada pelos corsários turcos; nas costas ocidentais e orientais de Cabo Verde a Zanzibar, o comércio dos escravos colocava muitos europeus em contatos com as tribos locais, mas eram contatos bastante reticentes, quando meramente comerciais. Os rios africanos eram esbarrados por corredeiras que obstaculizavam o caminho dos exploradores. Enfim, o clima infernal, insetos e doenças desencorajavam qualquer homem branco a ficar por muito tempo nessas terras (MONDIN, 2001, p. 28).

Assim falava da África G.W.F. Hegel (1770-1831) em suas *"Lições sobre a Filosofia da História"*:

> A própria África permaneceu fechada ao contato com o resto do mundo, pelo menos desde onde remete a história; é o país do ouro, concentrado em si mesmo, é o país da infância, envolto na cor negra da noite aquém do dia, aquém da história consciente de si [...]. O negro encarna o homem no estado da natureza em toda a sua selvageria e devassidão. Se quisermos ter uma ideia correta, temos que abstrair de qualquer noção de respeito, de moralidade, de tudo o que se passa sob o nome de sentimento: nesse caráter não podemos encontrar nada que contenha apenas um eco da humanidade. As relações circunstanciais dos missionários confirmam em cheio a nossa asserção [...] (2003 [1837], p. 80, 82).

A visão de Hegel é algo que perdura de maneira persistente na modernidade ocidental. Esta concepção está convencida de que, para lá das fronteiras europeias, reina o estado da natureza, um estado sem fé nem lei. Tudo o que se passa além das muralhas situa-se diretamente "fora de critérios jurídicos, morais e políticos reconhecidos aquém da linha" (MBEMBE, 2017, p. 119).

A partir desta compreensão, o Ocidente aprimora o princípio da diferença racial, que se torna grande nervo do projeto nacionalista-imperial. A raça se torna uma tentativa de explicar a existência de seres humanos que ficavam à margem de um paradigma epistemológico (ARENDT, 1989, p. 215). Começa-se, essencialmente, do princípio segundo o qual a relação com o outro é uma relação de não reciprocidade. E essa não reciprocidade justifica-se pela diferença de qualidade entre as raças (MBEMBE, 2017, p. 114).

Desta maneira, o conceito de raça vem acompanhando o conceito de nação na medida em que não se atribui maior importância aos vínculos de sangue. Esses vínculos, um tempo utilizados para assegurar os privilégios da nobreza, são "democratizados" como imunidade a todos os cidadãos (brancos) de um país: "na colônia o funcionário público ou o colono proclamam-se, acima de tudo, franceses – ou ingleses – e nem de esquerda e nem de direita; era realmente a raça que os definia" (FERRO, 1996, p. 42).

Os preconceitos em relação à África e seus habitantes eram antigos, biblicamente baseados na maldição de Cam, filho de Noé, considerado fundador dos povos africanos: "Maldito seja Canaã [filho de Cam]! Que ele seja para seus irmãos o último dos escravos" (Gn 9,25). Agora, o imperialismo dá às teorias raciais vida e substância através de uma elaboração racional sociobiológica dessa diferença, segundo a qual a humanidade está dividida em espécies e subespécie, que podemos diferenciar, separar e classificar hierarquicamente:

> À primeira vista, as razões avançadas para justificar o colonialismo eram de ordem econômica, política, militar, ideológica ou humanitária: conquistar novas terras, a fim de instalar nelas o excedente da nossa população; encontrar novas saídas para os produtos das nossas fábricas e das nossas minas e as matérias-primas para as nossas indústrias; plantar o estandarte da "civilização" entre as raças inferiores e selvagens e atravessar as trevas que as envolvem; com o nosso domínio, assegurar a paz, a segurança e a riqueza a tantos desafortunados que antes não conheciam estes benfeitores; estabelecer em terras ainda infiéis uma população laboriosa, moral e cristã propagando o *evangelho* aos camponeses ou, ainda, pôr fim, através do comércio, ao isolamento que o paganismo engendra. Mas todas essas razões mobilizaram ao mesmo tempo o significante racial que, no entanto, nunca foi considerado um fator subsidiário. No argumentário colonial, a raça aparecerá simultaneamente enquanto matriz material, instituição simbólica e componente física da política e da consciência do império. Na defesa e ilustração da colonização, nenhuma justificação escapa *a priori* ao discurso geral acerca do que na época se designava por *qualidade da raça* (MBEMBE, 2017, p. 118; grifos do autor).

Com efeito, o processo de evangelização não escapou, claramente, desse pressuposto, apesar de assumir logo tintas humanistas e românticas, ao condenar com ousadia a escravidão, promover Igrejas locais e implantar obras sociais.

Como aconteceu em épocas anteriores, também na África os missionários seguiram os passos de exploradores, comerciantes e aventureiros ou, às vezes, assumindo todas essas tarefas juntos, como foi o caso do celebérrimo desbravador escocês David Livingstone (1813-1873), médico e missionário da Igreja Independente Congregacionalista, enviado pela Sociedade Missionária de Londres em 1841. Livingstone encarnou globalmente como ninguém o espírito das três "C", qual destemido sonhador que chegou a ser um ícone nacional para o Império Britânico, envolto de idealidade e idealismo até o extremo.

Pelas dramáticas dificuldades do ambiente africano, os missionários se tornaram vítimas fáceis de doenças tropicais, de exaustão pelas viagens, de má nutrição etc. Muitos não resistiam mais do que poucos meses. Mesmo assim, dezenas de cristãos católicos, encabeçados pela França, e protestantes, chefiados pela Inglaterra e Alemanha, foram enviados ininterruptamente por suas agências de maneira bastante despreparada, sustentada, porém, por um excepcional espírito voluntarista, como testemunha o bordão do bispo de Cartum, Daniele Comboni (1831-1881): "Nigrícia ou morte!"[20] Principalmente, por estes motivos, diante das centenas de jovens vidas humanas ceifadas, essa época foi apelidada de "fase heroica" da missão (XERES, 2008, p. 247), por causa também da notável atuação da propaganda missionária[21]. Com o tempo, o próprio Comboni chegou à conclusão

---

20. O termo "nigrícia" vem do latim *nigritia*, em inglês *nigriland*: terra dos negros.
21. Na mensagem radiofônica para o Dia Mundial das Missões de 1932, o prefeito de *Propaganda Fide*, Cardeal Carlo Salotti, exaltava a figura do missionário com essas palavras que bem refletiam o espírito da época: "Na realização cotidiana destes ideais, a figura do missionário irradia-se dos fúlgidos esplendores do heroísmo. Herói do cotidiano e enervante trabalho que na Igreja, na escola, na creche, nos campos, no leito dos doentes, sustenta incansavelmente e sem nunca se queixar. Herói na solidão triste, onde, sentinela avançada do dever, aguarda com confiança a hora na qual a sua palavra de mensagem celestial encontre ecos e consentimentos de tribos até então relutantes e indiferentes. Herói nos lazaretos e nos leprosários, onde, desdenhoso de si, desdobra-se para aliviar as dores e os tormentos dos desventurados, sem perguntar seu nome e sua fé. Herói nas perseguições das quais não tem medo, porque sabe que quanto mais é perseguido o nome cristão, mais ainda se revigoram as almas dos bons e se apressam as vitórias imortais da Igreja militante. Herói na morte, que, ardorosamente encontrada no solo estrangeiro, se não for consolada pelo beijo da mãe distante, é, porém, embelezada do sorriso do Pai celestial que abre seus braços ao herói para entregar-lhe a coroa merecida aos valorosos combatentes" (ECM, II, n. 3051).

de que os missionários europeus não podiam se adaptar ao ambiente africano, e por isso propôs de preparar missionários africanos na própria África. Foi assim que em 1864 apresentou a Pio IX um plano para a regeneração da África, do qual surgiu um segundo famoso lema programático: "salvar a África com a África".

Outro grande protagonista desta estação foi o já citado Cardeal Lavigerie, arcebispo de Argel (Argélia), promotor de uma campanha internacional contra a escravidão e fundador da Sociedade dos Missionários da África e das Missionárias de Nossa Senhora da África. O método missionário dele baseava-se: (1) na distinção, apesar de tudo, entre ação missionária e ação política nas colônias; (2) na inserção profunda no meio do povo, por meio da aprendizagem da língua local e da convivência despojada; (3) na formação de um clero indígena dentro do próprio ambiente sociocultural; (4) na gradualidade do anúncio do evangelho, evitando até de falar de religião, particularmente entre os muçulmanos, limitando-se somente às obras de caridade.

Comboni e Lavigerie, junto com outras figuras memoráveis, entre as quais François-Marie Libermann (1804-1852) e Anne-Marie Javouhey (1779-1851) por parte católica, o nigeriano Samuel Ajayi Crowther (1807-1891) e o secretário-geral da Sociedade Missionária da Igreja Anglicana (CMS) Henry Venn (1796-1873) por parte protestante, deram vida a modelos missionários que se aproximaram ao método da acomodação jesuíta do século XVII, sem contudo igualar o nível de Valignano e Ricci, por serem fortemente condicionados pela concepção etnocêntrica epocal e ser respaldados pelas potências coloniais.

Entretanto, todos esses homens e essas mulheres conseguiram colocar elementos críticos dentro do quadro epistemológico da *weltanschauung* colonial iluminista, como também do exclusivismo soteriológico e eclesiológico de suas respectivas Igrejas, longe, todavia, de chegar a uma ruptura com suas matrizes e com a reedição pós-patronal da aliança entre Igreja e Estado.

Principalmente, o que dá para reconhecer nestes esforços missionários audaciosos e voluntaristas é o surgimento de uma concepção integral da missão, à qual faz parte a promoção humana, o desenvolvimento social, a instituição de serviços de saúde, educação, produção, planejamento, ações ambivalentes sem dúvida, condicionadas e sustentadas por sentimentos paternalistas, mas que foram também precursoras de práticas libertadoras contemporâneas.

> Não poucos governantes africanos, que com a descolonização chegaram a ocupar cargos de responsabilidade, frequentaram antes instituições cristãs de ensino. Na oitava assembleia geral do Conselho Ecumênico das Igrejas em Harare (Zimbábue) em 1998, tomou a palavra também o ex-presidente da África do Sul, Nelson Mandela [...]. Segundo quanto referiram testemunhas presenciais, Mandela agradeceu, sem se reportar ao texto oficial do discurso, também os missionários que trabalharam no passado na África, porque com suas escolas colocaram as bases para a libertação da África do colonialismo (SIEVERNICH, 2012, p. 141).

Sem embargo, mais decididamente na contramão da missão colonial do século XIX e XX, encontramos a experiência original de Charles de Foucauld (1858-1916), como sinal de um novo conceito de presença cristã que estava começando a vingar. Ex-oficial do exército da França na Argélia e explorador no Marrocos, Foucauld converteu-se a uma vida cristã mais autêntica tornando-se monge e regressando à África em 1901 como presbítero católico. Vivendo no meio dos *tuaregues* (povo *berbere* muçulmano), procurando levar o evangelho não tanto na base da pregação e sim do testemunho de vida simples, escondido, silencioso, inspirado na vida de Jesus em Nazaré, fundou uma fraternidade com um pequeno grupo de seguidores. Seu método missionário retomava uma tradição muito antiga do movimento monástico, com o elemento fundante e inovador da vida cotidiana de Jesus antes do seu ministério público. Ao escrever as regras para os Eremitas do Sagrado Coração de Jesus, contemplou somente duas atividades: a imitação de Cristo e a adoração perpétua. Desta maneira, uma vida missionária eminentemente anti-heroica, baseada na aparente inutilidade e na vida partilhada com os outros, chegava como atitude profética de entrega a Deus, diante do ativismo desbravador típico desta época. Essa abordagem *ad gentes* será assumida, com diversos matizes, por diversas expressões missionárias, até encontrar um firme respaldo teológico na virada conciliar da segunda metade do século XX.

1.2.6 Neocolonialismo e romanização na América Latina

Os vínculos entre Iluminismo, imperialismo e missão cristã até aqui analisados tiveram suas profundas repercussões também no contexto latino-americano. As grandes transformações que ocorreram na sociedade mundial entre os séculos XVIII e XIX viabilizaram a emancipação nacional dos estados no Novo Mundo (1810-1822). Esse processo não representou uma independência das colônias e não foi encabeçado pelos nativos: foi apenas uma transação de poder das metrópoles europeias para as elites locais, numa espécie de "colonialismo interno", alinhado aos impérios econômicos das novas potências, Estados Unidos e Grã-Bretanha (FERRO, 1996, p. 258).

Com efeito, neste período se assiste à passagem a um novo tipo de hegemonia comercial, política e cultural acompanhada por um novo ordenamento jurídico. Já a expulsão dos jesuítas do continente foi uma consequência brutal das reformas políticas promovidas pelas nações ibéricas para tentar evitar a dissolução colonial, diante da mudança de conjuntura internacional em ato. A perseguição afetou também setores da hierarquia eclesiástica e do clero, conformados com o sistema do padroado e com a sólida aliança com a monarquia. Em 1760 foi deportado para Portugal o arcebispo de Salvador e primaz do Brasil, Dom José Botelho de Matos (1678-1767), por causa de sua oposição à política anticlerical do Marquês de Pombal. Em 1764, foi a vez dos bispos do Pará e do Maranhão. Religiosos agostinianos, franciscanos e carmelitas tiveram a mesma sorte (GREISING, 1992, p. 126).

Motivos de fundo que se delineavam na origem e no horizonte dessas intervenções eram assentados na indispensável separação entre Estado e Igreja, na implementação do mercado capitalista e nos ideais iluministas burgueses, que porém não podiam ser estendidos a todos[22]. A hierarquia eclesiástica, ao defender

---

22. "A Revolução Francesa, que reconhece toda uma parte de igualdade, fraternidade e solidariedade, sem a mínima dúvida, foi percebida com um extraordinário interesse pela elite *criolla* [...]. O dilema era o seguinte: uma coisa era pedir igualdade em relação à Espanha, mas, para serem consequentes, tinham que, ao mesmo tempo, reconhecer que eram iguais aos índios e deviam permitir a liberdade da população subordinada no México, Argentina, Peru e Bolívia. Este não era um dilema especulativo e teórico depois que a Revolução do Haiti em 1803-1804 demonstrou profundamente o quanto era perigoso a simples vigência da Revolução Francesa quando aplicada ao contexto colonial" (BONILLA, 1990, p. 152).

seu vínculo teocrático com os católicos reis de Espanha e Portugal, repugnava também a improvável possibilidade de estreitar qualquer tipo de laço com ideais liberais protestantes de origem inglesa. O conflito ideológico estava inevitavelmente associado a um conflito de ordem institucional.

No entanto, as reformas bourbônicas e pombalinas surtiram certo efeito, não evitando, porém, a crise do sistema colonial ibérico. A partir da segunda metade do século XVIII, a América Latina começou a desfrutar de uma época de prosperidade capitalista e de crescimento populacional (GREISING, 1992, p. 138). Os mercados coloniais desempenhavam um papel primordial na primeira fase da Revolução Industrial europeia, com a exportação de matérias-primas agrícolas, pecuárias, florestais e minerais (BEOZZO, 1992, p. 181). Os intercâmbios dependiam estreitamente do predomínio naval, da rede financeira e comercial controlada pelos ingleses. As nações ibéricas, porém, tornavam-se intermediárias sempre mais dispendiosas e dispensáveis, ao passo que as relações com as metrópoles industriais adquiriam preferência e intensidade tanto do ponto de vista econômico, como também do ponto de vista cultural.

Instigados pelos fermentos revolucionários europeus, proliferaram em toda América Latina movimentos de independência com ampla participação de uma parte do clero (GREISING, 1992, p. 146). Ao levar a cabo os processos de emancipação, os novos estados latino-americanos procuraram submeter a Igreja às suas administrações, reduzindo o poder eclesiástico na esfera política, econômica, social e ideológica, promovendo a educação laica e campanhas anticlericais pela imprensa. As guerras de libertação continentais fecharam seminários, incendiaram bibliotecas, desorganizaram conventos, expropriaram patrimônios, impediram a vinda de novos missionários da Europa e romperam as relações com a Santa Sé. Havia apenas uma nunciatura na América Latina, no Rio de Janeiro, onde havia se instalado o rei de Portugal.

Neste embate, que se acirrava com as posições intransigentes e antiliberais de Pio IX, a Igreja na América Latina saiu desarticulada e pobre (DUSSEL, 1992, p. 164), mantendo uma postura ultramontana, sem, porém, perder sua influência nas classes populares, mesmo com um quadro de ministros ordenados muito reduzido. Com efeito, a mobilização iluminista na América Latina foi algo restrito aos varões da elite economicamente privilegiada que tinham acesso à literatura europeia e concorriam às universidades onde as doutrinas liberais circulavam. A adesão à Igreja Católica, as devoções e as práticas de piedade, em sua variante barroca, continuavam em grande parte da população à margem das conquistas da modernidade.

Essa aliança Igreja-povo era expressão de uma resistência integrista diante da ambivalência da nova ordem político-cultural burguesa, que abrira caminho para um sentido de tutela das hierarquias latino-americanas para com os pobres. Por outro lado, não tardará instaurar-se também entre povo e Igreja institucional uma discrepância, que vai sob o nome de "romanização", e que engendrou o confronto entre catolicismo popular latino-americano e catolicismo ortodoxo ultramontano a ser implementado por Roma[23]. Com o regime de padroado, os vínculos entre os missionários e Roma eram muito tênues. Agora, com a nova conjuntura internacional, o papado quis retomar a centralização da evangelização universal e submeter as Igrejas nacionais às suas próprias ordens, no que diz respeito à doutrina, à moral, à disciplina e à organização eclesiástica.

Assim como na África, a missão da Igreja na América Latina tomou a peito a formação do clero local, mas o fez de forma desencarnada do contexto do continente, fundando em 1858 o Colégio Pio Latino-Americano, de onde sairia boa parte da hierarquia afinada com as diretrizes da Santa Sé e reticente com as políticas religiosas dos estados nacionais.

Para as ex-colônias espanholas e portuguesas não se tratará mais propriamente de uma primeira evangelização, mas de uma *purificação* e de uma europeização do catolicismo latino-americano. O processo de romanização insistirá muito na prática sacramental, na figura central do padre, no valor da família e na apropriação pessoal e racional da fé. Será crucial a instituição do catecismo nas paróquias

---

23. Para uma disquisição historiográfica sobre o conceito de "romanização do catolicismo" brasileiro, neste caso, conferir o artigo de Mauricio de Aquino: "Conceito de romanização do catolicismo brasileiro e a abordagem histórica da Teologia da Libertação" (AQUINO, 2013).

e a implantação das escolas católicas em todo país, por meio da chegada de numerosas ordens e congregações religiosas vindas ou expulsas da Europa.

Apesar do divórcio entre Igreja e Estado e a proclamação dos estados laicos, os novos governos liberais, na maioria dos casos, viam com bons olhos estas chegadas estrangeiras e seus empreendimentos, particularmente os colégios, entendidos dentro do quadro da iniciativa privada e da liberdade de ensino, mas mais ainda como oportunidade das elites de ter acesso a uma educação europeia de qualidade sem enviar seus filhos ao velho continente, e de suprir, de alguma maneira, ao grave déficit escolar de sua população como um todo (ALVES, 2009, p. 74). As duras investidas anticlericais contra as escolas católicas que insurgiam, de vez em quando, por iniciativa da imprensa ou dos próprios governos, não chegaram a ameaçar definitivamente a proliferação e o êxito dessas obras, que imprimiram ao mesmo tempo um rosto moderno liberal e uma romanização conservadora do catolicismo latino-americano: moderno por ser europeu, romano por ser católico.

Muitos bispos exigiam das congregações que assumissem o encargo de uma ou mais paróquias. Padres e religiosos bem formados vindos da França, Alemanha, Bélgica, Itália etc., representavam uma garantia para o processo de alinhamento com o papa e uma saída operacional para as dioceses que precisavam de agentes qualificados, causando uma rápida substituição do clero local pelo estrangeiro (BEOZZO, 1992, p. 201). Os missionários destas congregações serão também protagonistas de um grande fervor evangelizador junto aos povos indígenas em regiões ainda pouco exploradas, como a Amazônia, os Andes e a Patagônia.

Outro grande campo de atuação foram as obras sociais com o intenso esforço de acudir às vítimas do progresso capitalista – órfãos, imigrantes, desempregados, mães solteiras, viúvas, doentes etc. – até chegar a fomentar lutas operárias e camponesas, suscitando organizações, sindicatos e projetos de partidos políticos, sob o impulso da encíclica de Leão XIII, *Rerum Novarum* (1891). O motivo de fundo era conjugar a civilização e o progresso numa perspectiva de fé, motivando assim a passagem de um catolicismo praticante para um catolicismo militante. A perspectiva do catolicismo social, centrada no ideal da cristandade como civilização, dará passos significativos rumo a um debate entre uma postura intransigente e uma postura liberal em relação à modernidade. Embora ainda pouco atuante na América Latina neste período, esse movimento foi o principal ator do desencadeamento do processo de reconciliação da Igreja com o mundo moderno, principalmente na França, Alemanha, Itália e Bélgica, a ponto de contribuir com a formulação da Doutrina Social da Igreja, à criação da Ação Católica e da Democracia Cristã (BRIGHENTI, 1995, p. 197).

No entanto, a conjuntura latino-americana sobre a questão religiosa entre Igreja e Estado abriu brechas também para a ação protestante, que até então tinha sido ocasional. Por causa do influxo iluminista, as elites crioulas voltavam-se com admiração para os modelos anglo-saxões de civilização e progresso. Consequentemente, a atrativa pelos ideais liberais significava uma abertura para o universo reformado o qual, diferentemente do catolicismo, não representava risco político algum.

Foram as sociedades e as denominações norte-americanas a tomar a iniciativa missionária na América Latina a partir da segunda metade do século XIX, animadas pelas perspectivas do "destino manifesto". Suas empresas enveredaram por dois caminhos: a educação a serviço das elites e a evangelização dos segmentos populares. Isso se deu por um acerto de cálculo sobre a estratégia missionária: as missões tinham como alvo a formação das classes dirigentes capazes de mudar a configuração sociocultural do país. Mas diante de imunidade religiosa destas elites, a alternativa foi oferecer a mensagem evangélica às classes populares:

> Não se tratava, ao menos por parte das elites, de aceitar uma "nova religião", mas de receber e injetar na sociedade brasileira o sangue novo do liberalismo e do progressismo. Daí terem as elites privilegiado as escolas protestantes, que se estabeleceram em relativa profusão a partir de 1870. A mensagem religiosa achou lugar no estabelecimento pobre e rural da população, pouco alcançado pela Igreja Católica (MENDONÇA, 1990, p. 79).

A presença evangélica se consolidará, portanto, através da cultura, da pregação e, também, como pelo lado católico, pelas obras sociais. De um lado, os colégios protestantes pretenderam ser o transplante cultural da sociedade americana liberal e democrática, muito próxima a uma almejada realização do Reino de Deus; por outro, tendências pré-milenaristas de cansaço histórico começaram a tomar conta da mensagem dos missionários já no final do século XIX, abrindo o caminho para o germinar de movimentos fundamentalistas e pentecostais no começo do século XX.

Em suma, a situação da missão cristã na América Latina a partir da emancipação dos estados nacionais e do novo contexto político-cultural criado pela virada iluminista revela uma dupla coincidência:

> A coincidência entre *dependência do Estado* e da oligarquia liberal em relação aos centros do capitalismo monopolista e a *dependência da Igreja* [Católica] em relação ao seu centro romano, durante este período; por outro lado, a *expansão imperialista* do capitalismo monopolista após 1880, que coincide com a *expansão das ordens religiosas* da Europa na América Latina, durante este mesmo período. Duas coincidências notáveis que não podemos, de maneira simplista, pôr em relação de causa e efeito, mas que, sem dúvida, participam uma e outra de uma mesma racionalidade histórica (RICHARD, 1982, p. 92).

A racionalidade histórica em questão procede da configuração de uma nova hegemonia substancialmente igual à anterior, mas com atores, meios e modalidades diferentes, traços ideológico-culturais mais afinados, uma rede econômico-comercial mundial mais estruturada e uma administração político-militar garantida pelas oligarquias locais. A emancipação dos estados nacionais latino-americanos nunca foi uma verdadeira autonomia. No que diz respeito à missão universal da Igreja e à sua dissociação do sistema do padroado, tornou-se mais um conflito de poder com as novas instituições republicanas do que uma postura propriamente evangélica. Uma vez que os interesses entre Estado e Igreja se alinhavam novamente, novas alianças surgiam em nome de uma única, superior e redentora civilização: o que unia era mais importante do que separava.

1.2.7 Balanço da segunda estação missionária moderna

O imponente desdobramento de pessoas, agências e recursos missionários efetuado pelas Igrejas cristãs da Europa e da América do Norte, protestantes e católicas, desde a Revolução Francesa até a Segunda Guerra, foi um fenômeno inédito na história da evangelização, não somente pela envergadura, como também pela modalidade "profissional" dos agentes envolvidos. Esses homens e mulheres, e suas instituições, não eram primeiramente comerciantes, empresários ou migrantes: eram pessoas especificamente consagradas à obra de evangelização, com tudo o que esta entrega podia abarcar e significar.

O espírito da época teve um papel fundamental em suscitar motivações e iniciativas, em nome da mais absoluta certeza da urgência de uma civilização definitiva, panaceia de todos os males, a ser propagada e implementada. Fé e civilização andavam intimamente associadas, apesar dos conflitos que ocorreram nos berços de suas matrizes societárias: o não cristão era identificado com o não civilizado, o pagão com o pobre. Se o proselitismo religioso devia conduzir à civilização emancipada, ou se o progresso civilizatório devia levar à religião verdadeira, parecia só uma questão de abordagem mais do que de princípio. Particularmente, aos olhos dos não ocidentais, "o sistema branco é percebido como um todo, a visão científica do mundo, a engenharia técnica e o ritual religioso participando do mesmo conjunto" (LATOUCHE, 1996, p. 28). Apesar das rupturas ideológicas no seu interior, era implícita a continuidade e a unidade do projeto colonizador do Ocidente. Para os católicos continuava mais do que nunca vigorar o dogma "fora da Igreja não há salvação". Mas o que se impõe com força nesta época, muito mais do que nas épocas passadas, é a convicção que "fora da racionalidade moderna ocidental não há salvação".

A missão cristã mundial respirou profundamente deste novo ar, participou e contribuiu o bastante para divulgar este culto secular. As motivações de fé impregnaram-se de elementos imanentes, a ação da graça foi eclipsada pela ação das obras, a compaixão deu lugar ao paternalismo, o desejo de salvar as pessoas, de redimi-las, de *fazer alguma coisa para elas*, foi tão premente que levou multidões de adeptas e adeptos de diversas denominações a uma entrega total de si.

a) A visão etnocêntrica. O movimento missionário surgido nesta época apresentava, em diversas formas, as caraterísticas do *ethos* iluminista com sua fé na razão, no progresso e na superioridade dos povos europeus em relação aos demais.

Os progressos científicos e tecnológicos colocavam o Ocidente numa posição de vantagem em relação ao resto do mundo. Isso que já era evidente na primeira colonização moderna, agora se torna o elemento essencial: "o direito à dominação não é mais a escravidão do fraco por aquele que se torna forte pela técnica, e sim o atributo imediato da técnica resultante da evidência de sua superioridade" (LATOUCHE, 1996, p. 28).

Ciências e tecnologia eram apenas meios que possibilitavam a quem os possuíssem uma afirmação de si diante dos outros, dos povos, da natureza, do espaço e do tempo. Da mesma maneira com a qual, em 1582, foi promulgado o Calendário Gregoriano por Gregório XIII, em 1884, foi estabelecida a hora GMT (Greenwinch Mean Time) para o mundo inteiro, graças a um acordo internacional através do qual a Inglaterra conseguiu impor sua influência sobre a concorrência da França, Espanha e Portugal. Tudo começou a ser visto e medido rigorosamente e cientificamente a partir do centro, pelas exigências pragmáticas de um sistema capitalista de mercado. Outras maneiras de celebrar e medir o tempo foram consideradas simplesmente folclóricas. Consequência disso foi a uniformização dos modos de vida e de pensamento que refletiam ingenuamente a ideia de uma fraternidade universal. Como sentencia Latouche, "não é o triunfo *da* humanidade, mas é o triunfo *sobre* a humanidade" (LATOUCHE, 1996, p. 33; grifos do autor), na qual os "irmãos" são antes de tudo inferiores e súditos.

A missão cristã embarcou mais uma vez na caravela dos colonizadores, cheia de boas intenções, mas cega diante do etnocentrismo que a preconcebia:

> O problema residia no fato de os advogados da missão se mostrarem cegos a seu próprio etnocentrismo. Confundiram seus ideais e valores de classe média com os princípios do cristianismo. Seus pontos de vista sobre moralidade, respeitabilidade, ordem, eficiência, individualismo, profissionalismo, trabalho e progresso tecnológico, tendo sido batizados muito antes, foram exportados, sem escrúpulos, aos confins da terra. Estavam, logo, predispostos a não apreciar as culturas das pessoas com quem conviviam – a unidade de vida e aprendizagem; a interdependência de indivíduo, comunidade, cultura e produção; a profundidade da sabedoria popular; as convenções das sociedades tradicionais – tudo isso foi preterido por

uma mentalidade forjada pelo iluminismo que tendia a transformar pessoas em objetos, remodelando o mundo todo à imagem do Ocidente, separando os seres humanos da natureza e uns dos outros e "desenvolvendo-os" de acordo com os padrões e premissas ocidentais (BOSCH, 2007, p. 357).

Os missionários não tinham dúvida alguma sobre sua superioridade em relação aos outros povos. Hegel já tinha sustentado que a história do mundo procedia do Oriente para o Ocidente, começando pela "infância" chinesa, para alcançar, através da Índia, Pérsia, Grécia e Roma, a "maturidade" da Europa Ocidental. E concluía que "a Europa é sem dúvida o fim da história, a Ásia o seu começo" (HEGEL, 2003, p. 90). A ideia bíblica e medieval da sucessão dos impérios (*translatio imperii* – Dn 7,1-14) encontrava seu cumprimento no povo alemão, o lugar onde terminava a trajetória civilizatória da humanidade. Isso era visto como absolutamente comprovado, ao ponto que parecia totalmente normal o fato de levar aos outros as conquistas do Ocidente, sem consultar os respectivos interlocutores. Os missionários deviam ser os propagadores conscientes desta convicção.

Consequentemente, essa maneira de conceber a história e a humanidade tinha produzido uma classificação hierárquica dos níveis de civilização, que desaguou na construção ideológica da diferença racial, matriz da qual surgiu a segregação e a subordinação. A teoria da raça, concebida no século XIX como diferença ontológica baseada na biologia, com o tempo passou a ser entendida mais humanística e contingencialmente como diferença cultural, particularmente, pelos movimentos abolicionistas e antirracistas. Com isso, a cultura assumiu o papel essencialista da biologia, na medida em que a hierarquia entre as raças era estabelecida não mais *a priori*, mas *a posteriori* com base no desempenho das respetivas culturas em alcançar os níveis civilizacionais europeus. O racismo era determinado pelo grau de desvio em relação ao homem branco, que tentava incluir as várias dissidências dentro de sua soberana compreensão de mundo. "A supremacia branca funciona, de preferência, primeiro atraindo a alteridade e depois subordinando as diferenças de acordo com o grau de desvio da brancura" (HARDT; Negri, 2001, p. 213).

Desta maneira, os missionários, arautos desta civilização, não se sentiam somente superiores aos seus destinatários, mas amoravelmente responsáveis e apreensivos por eles, pois o "bom selvagem" de Rousseau era fundamentalmente uma *tabula rasa* intacta e inocente à espera de ser cristianizado e europeizado. David Bosch lembra um motivo bíblico que retorna bastante nesta época na propaganda missionária: a figura do macedônio que aparece a Paulo e que lhe súplica "venha à Macedônia e ajude-nos!" (At 16,9). "O homem da Macedônia se tornou o arquétipo dos não cristãos implorando aos mensageiros de Cristo que fossem ajudá-los" (BOSCH, 2007, p. 351).

Contudo, podemos apostar que os missionários desta estação foram movidos por singelas convicções de fé e um evangélico amor ao próximo. Os inúmeros testemunhos despojados e destemidos falam por si e ainda têm muito a nos dizer hoje. Em relação a seu etnocentrismo, nunca é demais recordar que o anúncio do evangelho chega sempre revestido de um traje cultural em todas as suas motivações, expressões e limites. A fé cristã, por ser intrinsecamente histórica, não existe no estado puro: o evangelho foi anunciado assim como foi compreendido. Além disso, como na primeira estação missionária moderna, nunca faltaram vozes proféticas e autocríticas em relação aos empreendimentos missionários, apontando algo de errado, realizando algo de alternativo, contestando a maneira de impor aos outros as próprias formas culturais[24].

Tudo isso, porém, não eliminou um ponto obscuro nas práticas concretas implementadas nesta época: os missionários, geralmente, permaneciam imperturbáveis em relação aos vícios pagãos presentes em sua própria cultura e em sua própria maneira de postular, de viver e de transmitir a fé.

---

24. O Padre Paolo Manna (1872-1952), do Pontifício Instituto Missões Estrangeiras de Milão, levantava toda uma série de problemáticas críticas sobre as missões em seu manuscrito *Osservazioni sul método moderno di evangelizzazione*: "Fundamos as assim chamadas missões estrangeiras. O nome diz o erro: são de fato, no meio dos países infiéis, verdadeiros organismos estrangeiros, conduzidos por pessoal estrangeiro, sustentados com dinheiro estrangeiro, apoiados demasiadamente por governos estrangeiros. Confiamos estas missões a ordens e institutos religiosos, para propagar a fé e estabelecer a Santa Igreja Católica no mundo infiel. Mas, examinando bem, de maneira desapaixonada, vemos que a fé é propagada pouco; no lugar de estabelecer a Igreja, estas ordens e institutos missionários acabaram estabelecendo a si mesmos" (MANNA, 1998, p. 88).

b) O encobrimento dos ideais iluministas. Assim como o catolicismo social passara de uma primeira fase intransigente e antiliberal para um maior diálogo com as transformações em curso na sociedade da época, sobretudo depois da *Rerum Novarum* (BRIGHENTI, 1995), também os missionários dos séculos XIX e XX foram assumindo aos poucos, e entusiasticamente, os conceitos fundamentais iluministas de liberdade, igualdade, fraternidade. Apesar de ter sido veementemente condenados por Gregório XVI na Encíclica *Mirari Vos* (1832), por vinculá-los à revolta jacobina contra toda a tradição cristã, esses princípios foram reconhecidos mais tarde, como valores claramente evangélicos[25].

Contudo,

> os valores da modernidade tinham sido gestados em meio a contradições. A Revolução Francesa havia proclamado a liberdade de pensamento, mas perseguirá as consciências em nome desta mesma liberdade. Tinha afirmado a universalidade de seus princípios e declarava a paz ao mundo, mas para se defender e para levar a liberdade a outros povos se lançará numa guerra de conquista, que não encontrará seu termo que a Waterloo. Cosmopolita em suas aspirações filosóficas, mas individualista em suas concepções, desencadeará uma exasperação nacionalista que ensanguentará a Europa durante o século XIX até a primeira parte do século XX (BRIGHENTI, 1995, p. 219).

Efetivamente, a primeira Declaração dos Direitos dos Homens e do Cidadão, grande legado da Revolução Francesa, proclamava direitos naturais e universais a liberdade e a igualdade entre os seres humanos. Na década anterior, a Revolução Americana também defendia a igualdade dos homens e o direito de ser livres e alcançar a felicidade (FERRO, 1996, p. 250). Ambos os acontecimentos e suas cartilhas causaram muita excitação e expectativa nos povos das Américas. No entanto, o que se viu foram outras agressões, ocupações, repressões e conquistas, tanto por

---

25. Leão XIII escreveu a Encíclica *In Plurimis* (1888), dirigida aos bispos brasileiros para congratular-se pela abolição da escravidão definida como "monstruosa perversidade". Nesse documento o papa reivindica para a Igreja essa conquista: "não se atribuirão elogios suficientes e nem jamais seremos gratos o bastante à Igreja Católica que, pela suma graça de Cristo Redentor, aboliu a escravidão, introduzindo entre os homens a verdadeira liberdade, a fraternidade, a igualdade, e por isso se fez benemérita da prosperidade dos povos".

parte daquelas nações que emanaram esses mesmos princípios como também das elites ilustradas crioulas que se apropriaram deles.

Na verdade, as declarações de liberdade e igualdade tinham seus antecedentes baseados na filosofia moderna. Descartes, em seu *Discurso sobre o método* (1979 [1637], p. 37), afirmava que o que havia de igual entre os homens era a razão ou o bom-senso: o princípio de igualdade, portanto, estava alicerçado na razão. Todavia, "não basta ter espírito bom, o principal é aplicá-lo bem": ou seja, proclama-se a essencial igualdade de todos os homens pela razão, mas há uma diferença na capacidade de fazer um bom uso da mesma. Esse vai ser o ponto de partida de uma nova forma de discriminação: não são mais os vínculos teocráticos, sacramentais ou consanguíneos a diferenciar as pessoas e as classes sociais, mas a capacidade ou incapacidade de fazer um bom uso da razão.

Portanto, o princípio universal de igualdade é confutado pela concretude na qual se aplica:

> O homem, todo homem, possui um corpo, um sexo, um lugar social e uma cultura dos quais poderá depender o bom ou o mau uso da razão e, com isto, sua relação legal com outros homens. Existem homens aptos para fazer bom uso da razão e homens que, por diversas circunstâncias ou acidentes, não mostraram sua capacidade para tanto [...]. O mau uso da razão pode ter sua origem na contextura física do próprio indivíduo, em sua etnia, ou ainda, seus costumes que são, por sua vez, expressão desta etnia. Ter uma cor da pele, um tipo de crânio, e não outros, pode ser a explicação do atraso que se encontram esses homens em relação ao homem branco. A razão se encontra de maneira igual em todos os homens, mas é o lugar, a sua receptividade, o que distingue uns homens dos outros. São iguais pela razão, mas distintos por algo que parecia ser acidental, mas que termina por ser essencial (ZEA, 1990, p. 161).

Outro aspecto que causou um impacto ambivalente nas colônias em relação ao caráter universalizante dos princípios iluministas foi a sua diversa interpretação positiva. Com efeito, as declarações que davam voz à abolição da escravidão, ao fim da discriminação racial e social, à extinção de privilégios consolidados, à soberania popular, à igualdade jurídica, à liberdade de expressão, não eram entendidas da mesma maneira por grandes proprietários, classes médias e massas pauperizadas.

Bem distantes de suas origens anticlericais e antiaristocratas, assim como de suas filiações filosóficas, os ideais da Revolução Francesa impulsionaram na América espanhola e portuguesa um sentido antimetropolitano, inicialmente, para depois inspirar inúmeras revoltas populares regionais, duramente reprimidas pelas elites, as quais assimilaram os valores da Ilustração segundo os seus próprios objetivos: "o gosto pela liberdade de poucos sufocou o grito pela condição de igualdade de muitos: liberdade associou-se à modernização e progresso; democracia, a anarquia" (ADORNO, 1990, p. 191). Por sua vez, a classe média também, no caso específico do Brasil, conseguiu canalizar a abolição da escravidão na luta pela legitimação efetiva do contrato de trabalho, com o intento de intensificar o fluxo migratório, fundamental para a industrialização e a implementação do Estado burguês (SAES, 1990, p. 267). No entanto, aquela revolução burguesa da França, que se fez acompanhar de um processo de democratização de acesso à terra, não aconteceu nas colônias da América do Sul.

Diante dessa e de outras frustrações, e do embargo das bandeiras iluministas pelas elites coloniais e burguesas, as massas populares desconfiaram das fórmulas universalizantes e abstratas consagradas nas constituições liberais, e preferiram os nichos da religiosidade popular messiânica como lugar de resistência, projeção e também de insurreição, como foi no caso das guerras de Canudos (1896) e do Contestado (1912) no Brasil, e da Revolução Cristera no México (1926-1929). Não é por acaso que em "todos os levantes camponeses e indígenas, com exceção da Revolução Mexicana, a hierarquia da Igreja foi sempre chamada a exercer um papel de mediadora" (BEOZZO, 1992, p. 189).

De forma similar, em outros continentes, o ceticismo diante das promessas do homem branco e cristão se expressou no agarramento determinado, em diversos graus, às próprias tradições culturais e religiosas: os povos colonizados encontraram assim, à margem da modernidade, seu lugar de insubordinação e de resiliência, imune a qualquer tipo de sedução, desafiando, às vezes de maneira irreverente e dissimulada, as boas intenções e a benevolência dos missionários.

O grande mandato de Jesus "fazer discípulos todas as nações" (Mt 28,19-20), retomado com vigor nesta época heroica e destemida da missão (BOSCH, 2007, p. 410), incluía em sua interpretação a instauração de um reino de fraternidade universal, pois a palavra "discípulo" é praticamente um sinônimo de "irmão" (RASCHIETTI, 2007b, p. 942). Não se percebeu, porém, o quanto esse projeto utópico estava comprometido em seus pressupostos históricos.

c) **A postura ascética e humanista.** Contudo, o movimento missionário dos séculos XIX e XX teve um desempenho admirável associado a um elevado grau de comprometimento e dedicação: contribuiu decididamente com a abolição da escravidão; colaborou com a autossustentação das populações implementando técnicas agrícolas; fundou e sustentou escolas e obras sociais; proporcionou assistência médica a milhões de pessoas; lutou pelo reconhecimento da mulher e pela reconciliação entre os povos; semeou a Palavra e criou Igrejas locais no meio das culturas. Para isso os missionários e as missionárias literalmente procuraram doar a própria vida.

Não há dúvida que um dos elementos que sobressai como preponderante nesta época é o sacrifício de si por amor daquele que morreu por cada um e pela salvação de todos. Esse elemento ascético da negação de si era vinculado ainda à necessidade do batismo e da pertença à Igreja para a salvação, mesclando-se, porém, com uma profunda e sincera compaixão pelos pagãos, objeto do amor de Deus e dignos também de ser salvos.

Todavia, não era implícito que os "bons selvagens" estivessem no mesmo nível dos ocidentais. Tal assimetria alimentava sentimentos mais de condescendência do que de reconhecimento. Ao otimismo para com a natureza e a vocação humana universal, replicava um pessimismo de fundo sobre as culturas e aos projetos de vida dos povos, vítimas das trevas, mergulhados na mais absoluta miséria física e espiritual, retrato manifesto da humanidade decaída.

Em respostas a estes desafios, os missionários criaram estruturas para emancipar seus destinatários na base de um sistema socioeconômico próprio de suas Igrejas de origem, capazes de ser sustentadas somente pelos recursos da Europa. A dependência das Igrejas mais jovens se revelava sobretudo em relação ao dinheiro, sem o qual não podiam alcançar a maturidade, a não ser recorrendo às Igrejas-mães. Por sua vez, as organizações missionárias europeias estabeleciam um vínculo benfeitor que legitimava a oportunidade de sua obra e motivava cristãos e cristãs a entregar sua própria vida a essa causa. Mesmo quando se reclamava uma desejada autonomia dos projetos locais, pleiteava-se um grau de europeização satisfatório para suprir às próprias necessidades.

Remetendo-nos a uma intuição de Serge Latouche, segundo a qual o Ocidente invadiu culturalmente o Terceiro Mundo com fluxos de informações e propaganda de mão única, esta época desenvolveu uma forma de colonialismo original, não somente pelo domínio territorial e pela pilhagem, mas também, e em grande escala, pela doação:

> O neocolonialismo fez muito mais pela desculturação com a assistência técnica e a doação humanitária do que a colonização brutal [...]. A dedicação sem limites dos construtores de império, a abnegação sem fronteiras dos médicos, a solicitude dos irmãos dos homens, o amor ao próximo dos missionários, a competência solidária dos técnicos, e até mesmo o ardor internacionalista e a abnegação dos revolucionários profissionais, são verdadeiros autores do drama da desculturação (1996, p. 67).

Diante do poder sedutor da doação a resistência dos interlocutores se desarma: como negar um dom? Como recusar um remédio? Como rejeitar uma ajuda? Desta maneira, o Ocidente se acha investido por um poder extraordinário. O colonialismo humanitário é bem mais sutil e extremamente mais perigoso do que o colonialismo político-comercial, não só porque agrega consensos na fonte, mas porque acoberta e legitima um sistema em que é difícil e perturbador detectar sua face perversa.

Na contabilização dos efeitos históricos da missão universal propagada pelos cristãos ao longo dos séculos não aparece somente o desencontro trágico com os outros, mas também a desestruturação de identidades, mitos e cosmovisões, a consequente degeneração em vícios, depressões e alcoolismo das populações nativas, a amorosa negação da alteridade e a produção de *mimeses* europeias como única possibilidade de sobrevivência. O recente fenômeno das migrações em massa dos países da África e do Oriente Médio para a Europa, ou dos povos latinos para os Estados Unidos, se enquadra dramaticamente nestes processos de "colonização do bem", denunciando o projeto catastrófico da ocidentalização do mundo, para o qual a simples desculturação hoje não garante mais nada: somente resta o desespero da travessia.

Pelo seu lado místico, humanitário e religioso, a missão cristã-civilizadora era animada por bordões bíblicos que se revelaram bastante ambivalentes em sua utilização (BOSCH, 2007, p. 348). Uma dessas passagens foi a 2Cor 5,14: "o amor de Cristo nos impulsiona". A urgência obrigante deste amor, que para Paulo brotava do encontro vivo e pessoal com o Senhor, reduziu-se a uma inquietante caridade paternalista, na medida em que o outro era visto em seu estado deplorável, ansioso por esperar o socorro oferecido.

d) A fé no progresso e o espírito triunfante de conquista. Esse último aspecto exerceu um influxo não indiferente sobre a atividade missionária moderna e suas motivações. Os missionários alimentavam uma confiança indestrutível no progressivo avanço da civilização ocidental e do cristianismo dos quais eram portadores, quase a identificá-los com o Reino de Deus. Tanto os protestantes quanto os católicos eram convencidos que melhores condições sociais teriam garantido uma complacente acolhida do evangelho, ou, em maneira alternativa, a efetiva evangelização teria levado automaticamente a uma melhoria das condições sociais. Desta forma, os missionários adotaram uma abordagem pragmática, impregnada de ativismo, otimismo e planejamento, sem perceber sua ambiguidade.

Os protestantes do século XIX traçaram mapas e planos de batalha para a conquista final do mundo. A Conferência Internacional de Missão de Edimburgo, em 1910, tornou-se o ápice desse entusiasmo e desse pragmatismo. Era crença comum que os cristãos poderiam converter toda a humanidade em uma só geração graça às suas iniciativas, espalhando no movimento missionário uma forte dose de pelagianismo (BOSCH, 2007, p. 408). O evangelho era visto como um instrumento que, junto às outras grandes forças da modernidade (ciência, tecnologia e industrialização), podia levar a face da terra a uma transformação vital. Nunca como neste período teve-se a impressão de que o Reino de Deus era algo a ser edificado pela missão.

> O que houve na realidade foi uma secularização da esperança escatológica e uma utópica abertura do horizonte de expectativa a partir do conceito de progresso. Mas é preciso deixar claro que esta secularização da esperança escatológica não é uma simples secularização de um conceito religioso, mas uma profunda alteração do conteúdo da esperança. Na escatologia cristã, a plena realização da esperança se dá no para além da história; enquanto na esperança da modernidade o "fim da história" se dá na imanência, no aquém, da história (SUNG, 1994, p. 165).

Os católicos, por sua vez, enxergavam na Igreja a potência moral da verdadeira civilização, e na missão a vanguarda programada para implantá-la. A linguagem que acompanhava a propaganda missionária era repleta de impressionantes tintas militaristas e triunfalistas[26]. Na mensagem do Dia Mundial das Missões de 1935 encontramos um retrato da figura do missionário bastante significativa:

> [O missionário] agrega na sua pessoa diversos ofícios; sendo sacerdote, mestre, colonizador, ordenador de tribos, fundador de vilarejos e cidades; é apóstolo que faz de cada selvagem um homem, de cada homem um cristão, de cada cristão um cidadão, de cada cidadão um instrumento que coopera ao bem da coletividade; é o primeiro e o mais benéfico dos civilizadores que eleva os costumes dos indígenas, proporciona a eles as noções de seus deveres e direitos, concilia atritos e contendas, os conduz a uma convivência tranquila e honesta, e estreita entre eles aquele pacto de fraternidade que, amparado pela sombra da cruz, é fundamento de real e sadio progresso. Numa palavra, o missionário católico é o verdadeiro criador da civilização (ECM, II, n. 3105).

A missão universal católica procedia de uma noção tipicamente eclesiocêntrica, reforçada pelo espírito antimodernista, que compreendia a Igreja como "a"

---

26. Na mensagem para o Dia Mundial das Missões de 1933 relevamos, entre outras, esta passagem: "[...] o exército dos combatentes necessita de armas e de meios adequados para penetrar nas terras pagãs ou infectadas pelos erros, e para estabelecer a religião de Cristo. Estes meios são capelas e igrejas [...] escolas [...] obras sociais [...]" (ECM, II, n. 3084). Também entre os protestantes, "missionários eram chamados de 'soldados', 'forças' cristãs. Faziam-se referências a estratégias e planos táticos missionários. Repetiam-se, com muita frequência, metáforas militares como 'exército', 'cruzada', 'conselho de guerra', 'conquista', 'avanço', 'recursos' e 'ordens de marcha'" (BOSCH, 2007, p. 408).

instituição chamada a presidir e determinar os caminhos da humanidade sob a égide da realeza de Cristo. Esta concepção em perspectiva de conquista integrava em si certa racionalidade moderna ocidental em sua essência, assim como em suas linhas de ação, através de planejamentos estratégicos, operativos e organizativos, tabelando resultados estatísticos (batismos, presbíteros, igrejas, obras etc.) e elaborando projeções a médio-longo prazo[27].

Organismos oficiais católicos continuam com essa visão até os dias de hoje. Em 2016, Papa Francisco chamou a atenção dos Diretores Nacionais das Pontifícias Obras Missionárias sobre o caráter empresarial desses organismos: "Eu tenho medo – confesso – de que a obra de vocês permaneça muito organizacional, perfeitamente organizativa, mas sem paixão. Isso até uma ONG pode fazer, mas vocês não são uma ONG!" (FRANCISCO, 2016).

A inabalável fé na civilização cristã, que se manifestava também pelo viés do progresso e de seus corolários – emancipação, desenvolvimento, libertação etc. – era uma crença baseada, mais uma vez, no princípio da razão que prometia a superação de todas as dependências rumo à realização perfeita do ser humano. Mas o progresso em si é ambivalente: "não há dúvida que este oferece novas potencialidades para o bem, mas abre também possibilidades abissais de mal" (SS 22). Também a autonomia em si permanece algo de indefinido, cujos desfechos podem levar a uma sombria introspecção, quando equacionada com independência e autossuficiência.

As catástrofes do século XX se encarregaram de reduzir a certeza sobre o bem intrínseco do progresso. Quanto ao mito da liberdade, o individualismo narcisista hodierno demonstra sempre mais sua face "psicológica, social, política, econômica, espiritual e ecologicamente *destrutiva*" (NOLAN, 2008, p. 42; grifo do autor). O desencanto com qualquer projeto civilizacional parece ter tomado conta também da comunidade cristã que tanto abraçou a causa da promoção humana e da libertação, numa compreensão integral de sua missão "para que todos tenham

---

27. Com a instituição da cátedra de missiologia católica (1910), por obra de Joseph Schmidlin, nasce também uma disciplina, ou seção, chamada *missiografia*, que trata da "exposição científica do estado atual das missões católicas" (NEMBRO, 1961, p. 222).

vida, e a tenham em abundância" (Jo 10,10). Até se perguntar mais profundamente: de que vida estamos falando? O que entendemos por "vida"?

* * *

Analisando as profundas implicações entre missão e colonização, nesta primeira parte da nossa indagação, deparamo-nos com algumas aporias perceptíveis claramente dentro dos próprios processos históricos.

Sem dúvida, o cristianismo não somente legitimou e colaborou com o surgimento da colonização e do imperialismo ocidental, e sim forjou seus fundamentos. A ocidentalização do mundo nunca deixou de ser uma cristianização e uma grande cruzada, revestida de significados e modalidades diferentes, mas sempre dominada pelo instinto prometeico da expansão e da conquista. Mosteiros e missões, ao longo dos séculos, indicaram pequenas bandeiras, assinalando os avanços da hegemonia europeia. A emancipação do indivíduo, a afirmação de sua liberdade e a confiança em suas capacidades, junto a um sentido de transcendência que convidava a humanidade a dominar e ultrapassar seus limites conjunturais, foram molas propulsoras de uma arrancada que não teve fim e que produziu uma metacultura universal, rompendo de maneira irreversível com o solipsismo cultural dos povos da terra.

Com Serge Latouche nos perguntamos:

> Se o Ocidente surgiu diante de nós como essa máquina infernal que esmaga os homens e as culturas para fins insensatos que ninguém conhece e cujo desfecho parece ser a morte, ele não se resume nisso. Existe no projeto helênico-judaico-cristão a aspiração a uma humanidade fraterna. Paralelamente à desculturação do planeta e ao imperialismo, em todas suas formas, o Ocidente produziu e elaborou o sonho de uma comunidade emancipada, onde todos os homens teriam seu lugar e onde cada um seria um cidadão livre. Este projeto seria desejável, seria possível e em que condições? (1996, p. 128).

Pelo fato que esse sonho se transformou em pesadelo, particularmente pelas vítimas que sacrificou, é preciso renunciar a suas promessas? O projeto cristão-ocidental seria intrinsecamente diabólico ao ponto de ser definitivamente abandonado? A pretensão missionária universal das Igrejas seria algo constitutivo de sua própria identidade, ou se trata de um fenômeno espúrio, culturalmente determinado pela aliança com os sucessivos impérios, a ser entregue quanto antes aos arquivos da história? É possível e viável expurgar radicalmente o cristianismo ocidental de todo exclusivismo, etnocentrismo e triunfalismo do qual foi protagonista?

O caminho que propõe entre linhas Boaventura de Sousa Santos (2009) pode indicar talvez uma saída: voltar aonde tudo começou e repensar o descobrimento como *redescobrimento* em forma de inconformismo e autoquestionamento. O autor identifica três grandes descobrimentos matriciais do segundo milênio: o Oriente como lugar da alteridade, o selvagem como lugar da inferioridade e a natureza como lugar da exterioridade.

> O descobrimento imperial não reconhece igualdade, direitos ou dignidade naquilo que descobre. O Oriente é o inimigo, o selvagem é inferior e a natureza é um recurso à mercê dos humanos. Como relação de poder, a descoberta imperial é uma relação desigual e conflituosa, mas também dinâmica. Por quanto tempo o local descoberto mantém o *status* de descoberto? Quanto tempo o local descoberto permanece no local da descoberta? Qual é o impacto da descoberta no descobridor? O descobridor pode ser descoberto? As redescobertas são possíveis? [...] É possível substituir o Oriente pela coexistência multicultural? É possível substituir o selvagem pela igualdade na diferença e pela autodeterminação? É possível substituir a natureza por uma humanidade que a inclui? (p. 223).

Estas são as perguntas e os desafios que a missão no terceiro milênio precisará redirecionar às suas Igrejas e, de alguma forma, responder.

2
MODERNIDADE/COLONIALIDADE/ DECOLONIALIDADE
Crítica à razão moderna na idade do capitalismo global

Para Enrique Dussel (2000), o colonialismo como fenômeno histórico está associado a uma "primeira modernidade" que teve início com a conquista da América por parte dos reinados de Espanha e Portugal, e terminou com a emancipação política das colônias do Novo Mundo. Seu processo de declínio foi ocasionado entre outros elementos pelo surgimento dos estados-nação, da Revolução Industrial e da Ilustração. Por sua vez, o imperialismo se firmou como uma nova forma de colonização nos séculos XIX e XX, na "segunda modernidade", com a consolidação de um sistema mundo capitalista, liderado pela Inglaterra e pela França, e orientado para os continentes da África e da Ásia.

Nesta passagem do colonialismo ao imperialismo, marcada pela extrema competição entre as metrópoles, aconteceram diversas e radicais mudanças nos âmbitos da produção, da divisão do trabalho, do capital, dos intercâmbios, das comunicações, da tecnologia, dos agentes envolvidos etc. No entanto, a violenta submissão dos povos extraeuropeus seguiu seu caminho com a mesma impiedade. Também a América Latina, que se integrou a esse processo incipiente de globalização não como potência industrial, mas como fornecedora de matérias-

-primas agrícolas e minerais, foi palco de muitos sanguinolentos conflitos com populações indígenas e camponesas pela posse da terra.

Não havia nenhuma aparente motivação de ordem ideológica ou religiosa para o imperialismo, e sim somente a ampliação dos investimentos para um poderoso mercado mundial num momento em que a produção capitalista dava sinais de estagnação e saturação no continente europeu. Todavia, o capitalismo não pode ser compreendido somente em sua dimensão econômica: ele manifestou também uma dimensão simbólica, moral e cultural, com seu pano de fundo religioso, jurídico e filosófico, e com sua dedicação a cooptar não apenas a natureza a seu favor, e sim as mentes das pessoas e a articulação das relações sociais (SOUZA, J., 2018, p. 50).

Desta maneira, o colonialismo da primeira época tinha em seus objetivos a conversão e a salvação das almas, enquanto a colonização imperial tinha como missão a de civilizar os povos não europeus e assim assimilá-los dentro de um sistema-mundo capitalista. Os missionários cristãos, antes católicos e depois também protestantes, se prestaram como aliados ideais destas empresas, como vimos no capítulo anterior.

A deflagração das duas guerras mundiais na primeira metade do século XX pôs um fim ao imperialismo clássico ocidental e à *Pax Britannica* que dominou o planeta durante um século. Os próprios impérios europeus entraram em rota de colisão entre si, no momento em que os estados-nação foram tomados pela convulsão e pela demagogia dos nacionalismos integristas, despidos do caráter democrático da autodeterminação, com o semblante triunfalista e assustador da superioridade racial, amplamente ensaiada nas colônias.

A intervenção dos Estados Unidos na Primeira Guerra Mundial em 1917 e a implosão da Revolução de Outubro na Rússia no mesmo ano foram fatores decisivos para os alvores de uma nova época que viu surgir dois novos grandes atores no cenário internacional: o capitalismo de mercado americano e o capitalismo de Estado da União Soviética se consolidaram como dois polos político-econômicos que desencadearam a Guerra Fria na segunda metade do século XX.

A Inglaterra já tinha perdido o passo em relação à Segunda Revolução Industrial e suas novas formas de divisão do trabalho, com a introdução do fordismo e do taylorismo e o surgimento da empresa múltipla de negócios. Também o sistema financeiro se desenvolveu de maneira semelhante, assim que Londres foi destituída por Nova York no cenário da economia mundial como centro financeiro dos países devedores.

Com uma Europa destruída, deprimida e desmoralizada após a Segunda Guerra Mundial, abriu-se uma estação de emancipação política das colônias da África e da Ásia, mais ou menos como aconteceu com a América Latina no início do século XIX por causa das campanhas napoleônicas. Foi desta forma que tomaram seu lugar na mesa das nações os países do Terceiro Mundo, numa época em que foram criados na Conferência de Bretton Woods (1944) a Organização das Nações Unidas (ONU), o Fundo Monetário Internacional (FMI) e o Banco Internacional de Reconstrução e Desenvolvimento (BIRD – ou Banco Mundial).

Contudo, como replica Ramón Grosfoguel (2006), essas mudanças não significaram o fim da colonização do Ocidente com o resto do mundo[28], e sim uma atualização mais profunda e aprimorada:

> Um dos mitos mais fortes do século XX era a noção de que a eliminação das administrações coloniais significava a descolonização do mundo. Isso levou ao mito de um mundo "pós-colonial". As múltiplas e heterogêneas estruturas globais estabelecidas ao longo de um período de 450 anos não se evaporaram com a descolonização político-jurídica da periferia nos últimos 50 anos. Continuamos a viver sob o mesmo "padrão de poder colonial". Com a descolonização jurídico-política passamos de um período de "colonialismo global" para o período atual de "colonialidade global" (p. 28).

---

28. Tecnicamente, a política oficial das Nações Unidas reconhece a existência ainda de dezesseis territórios não autônomos e coloniais na atualidade, e persegue o objetivo da extinção total do colonialismo através da criação do Comitê Especial para a Descolonização, criado em 1962 para supervisionar a Declaração sobre a Concessão da Independência dos Países e Povos Coloniais (1960). Os territórios não autônomos são: Polinésia Francesa, Gibraltar, Nova Caledônia, Saara Ocidental, Samoa Americana, Anguilha, Bermuda, Ilhas Virgens Britânicas, Ilhas Caimã, Guam, Montserrat, Ilhas Picárnia, Santa Helena, Ilhas Turks e Caicos, Ilhas Virgens Americanas, Toquelau e Malvinas. A grande maioria destes territórios é de caráter insular, sendo que dez territórios estão sob a administração do Reino Unido e três dos Estados Unidos. Todavia, esse reconhecimento não acompanhou e não tomou em exame a eliminação de outras formas de colonialismo e imperialismo existentes entre as nações (BALLESTRIN, 2017).

O mesmo "padrão colonial de poder" se propõe agora não mais sobre as feições de um colonialismo histórico, brutal e genocida, nem sob a forma de um imperialismo formal igualmente violento e opressor, mas sob a condição de uma *colonialidade* mais sutil e sedutora que desdobra, reproduz e mantém a mesma estrutura hierárquica de classificação, submissão e exploração da população mundial, promovida e gerenciada não somente em nível internacional e transnacional, mas também em nível intranacional (GONZÁLEZ CASANOVA, 2006). Não há mais uma dominação explícita por parte de um reino ou de um Estado-nação, mas por um capitalismo financeiro estrutural e progressivamente desregulamentado, liderado pelos Estados Unidos, que se expressa na maioria das vezes de maneira informal, imperceptível e nebulosa (BALLESTRIN, 2017).

A análise dessa noção de *colonialidade*, suas implicações e perspectivas será objeto desse segundo capítulo. Sua concepção e elaboração se deve a teóricos latino-americanos que nas últimas décadas articularam um programa interdisciplinar de investigação chamado modernidade/colonialidade. Para esses autores radicalmente em questão está o projeto da modernidade enquanto tal: a colonialidade se apresenta intrinsecamente associada aos propósitos emancipadores do Ocidente cristão. É possível apontar horizontes "decoloniais" que libertem a humanidade e, particularmente, os povos subalternos, da insistente dominação colonial eurocêntrica? Em que termos e por quais caminhos?

2.1 As teses do pensamento decolonial – Eixos, fontes e genealogia do programa de investigação modernidade/colonialidade

No final dos anos de 1990, alguns intelectuais latino-americanos de diversas universidades do continente e dos Estados Unidos formaram um grupo de trabalho interdisciplinar que se autodenominou grupo modernidade/colonialidade (M/C). O programa de pesquisa deste coletivo gravitou em torno da categoria central da *colonialidade* como modelo hegemônico cognitivo que sobrevive ao colonialismo e ao imperialismo constituindo-se e retroalimentando-se como "lado obscuro" da modernidade:

Unificou esses autores, portanto, a ideia de que a modernidade não é um fenômeno intraeuropeu, mas uma construção simbólica e histórica nascida da violência colonizadora ou da subalternização dos povos "originários" da América Latina e de outras regiões colonizadas do mundo (MOTA NETO, 2015, p. 64).

Consequentemente, a *decolonialidade*[29] configura um processo que busca transcender historicamente a colonialidade, com o intento de subverter o poder colonial atual que domina no mundo, mesmo o colonialismo tendo sido extinto como evento histórico.

> A primeira descolonização (iniciada no século XIX pelas colônias espanholas e seguida no século XX pelas colônias inglesas e francesas) foi incompleta, pois se limitou à independência jurídico-política das periferias. Em vez disso, a segunda descolonização – à qual nos referimos com a categoria *decolonialidade* – terá que abordar a heterarquia das múltiplas relações raciais, étnicas, sexuais, epistêmicas, econômicas e de gênero que a primeira descolonização deixou intacta. Como resultado, o mundo do começo do século XXI precisa de uma *decolonialidade para complementar a descolonização* realizada nos séculos XIX e XX. Ao contrário dessa descolonização, a descolonização é um processo de ressignificação de longo prazo, que não pode ser reduzido a um evento jurídico-político (CASTRO-GÓMEZ; GROSFOGUEL, 2007, p. 17; grifos dos autores).

O programa do Grupo M/C foi se estruturando ao longo de vários seminários, eventos, debates e publicações, partilhando noções, raciocínios, vocábulos, conceitos complexos que lhe conferiram uma identidade e uma terminologia própria, definindo uma série de problemáticas e de pautas de trabalho que adquiri-

---

29. Adotamos o termo "decolonialidade" e seu adjetivo "decolonial" no lugar de "descolonialidade" e "descolonial". Com efeito, com ou sem "s", trata-se de vocábulos intercambiáveis que se diferenciam apenas de "descolonização", por esta remeter a um processo de emancipação política das colônias. Segundo Restrepo e Rojas (2010, p. 37), o conceito *decoloniality*, em inglês, é consenso entre os diversos autores. Entretanto, em relação ao seu correspondente castelhano – por tabela, português – não há uma posição unânime. Consideramos interessante a argumentação de Catherine Walsh ao optar pela expressão "decolonial": "Suprimir o 's' e nomear 'decolonial' não é promover um anglicismo. Pelo contrário, é marcar uma distinção com o significado em espanhol [português] de 'des'. Não pretendemos simplesmente desarmar, desfazer ou reverter o colonial [...]. A intenção, antes, é apontar e provocar uma posição – uma postura e atitude contínuas – de transgredir, intervir, emergir e influenciar. O decolonial denota, então, um caminho de luta contínua em que podemos identificar, tornar visíveis e favorecer 'lugares' de exterioridade e construções alternativas" (WALSH, 2009, p. 14-15).

ram certa visibilidade em diversos cenários, configurando um projeto intelectual como também político que foi chamado de *projeto decolonial*.

Um ponto de partida foi o congresso mundial de sociologia realizado em Montreal (Canadá) entre 24 de julho e 2 de agosto de 1998, no qual o sociólogo venezuelano Edgardo Lander organizou um simpósio intitulado: *Alternativas al eurocentrismo y colonialismo en el pensamento social latino-americano contemporâneo*. Junto com Lander reuniram-se os antropólogos Arturo Escobar, colombiano, e Fernando Coronil (1944-2011), venezuelano. Com parte das colocações que foram apresentadas nesta ocasião, e com outras contribuições posteriores – entre as quais as do filósofo argentino-mexicano Enrique Dussel, do sociólogo peruano Anibal Quijano (1930-1918), do filósofo colombiano Santiago Castro-Gómez e do semiólogo argentino Walter Mignolo – foi publicada aquela que pode ser considerada a primeira obra referencial do coletivo M/C: *La colonialidad del saber: eurocentrismo y ciencias sociales – Perspectivas latino-americanas* (2000).

Outro ponto de partida remonta a um grupo de trabalho e a uma série de eventos realizados na Universidade do Estado de Nova York (SUNY), em Binghamton, onde Ramón Grosfoguel organizou, em dezembro de 1998, um congresso internacional: Transmodernity, historical capitalism, and coloniality: a post-disciplinary dialogue. Neste evento, se encontraram pela primeira vez Enrique Dussel, Anibal Quijano (1928-2018), Walter Mignolo e o sociólogo americano Immanuel Wallerstein (1930-2019), para discutir sobre o enfoque das heranças coloniais na América Latina em diálogo com a teoria do "sistema-mundo" do próprio Wallerstein. Essa ocasião constituiu um dos momentos mais importantes e produtivos do Grupo M/C, também por ter colocado em evidência as diferenças dos pensadores latino-americanos em relação às origens da modernidade no sistema-mundo.

Em outubro de 1999, ocorreu na Pontifícia Universidad Javeriana de Bogotá (Colômbia) um simpósio internacional sobre *"La reestructuración de las ciencias sociales en los países andinos"*, organizado por Santiago Castro-Gómez e Oscar Guardiola do Instituto de Estudios Sociales y Culturales Pensar. Neste evento encontraram-se novamente Mignolo, Lander, Coronil, Quijano, aos quais se juntaram a semióloga argentina Zulma Palermo e a romanista alemã Freya Schiwy.

Desse evento foram publicados dois livros que, junto com o de Lander, constituíram as primeiras publicações do Grupo M/C: *Pensar (en) los intersticios – Teoría y práctica de la crítica poscolonial* (1999) e *La reestructuración de las ciencias sociales en América Latina* (2000), ambos editados pelo Instituto Pensar. Foi a partir deste momento que se selou a cooperação acadêmica em torno aos temas das geopolíticas do conhecimento e da *colonidalidade do poder* entre a Universidad Javeriana de Bogotá, a Duke University, a University of North Carolina e a Universidad Andina Simón Bolívar de Quito.

A partir do ano 2000 até 2006 foram realizados sete encontros do Grupo M/C – dois no Equador e cinco nos Estados Unidos – nos quais foram incorporados outros membros, como o teórico cultural boliviano Javier Sanjinés, a linguista norte-americana Catherine Walsh (da Universidade Andina de Quito), o filósofo porto-riquenho Nelson Maldonado-Torres, o filósofo afro-caribenho Lewis Gordon e o sociólogo português Boaventura de Sousa Santos, um dos organizadores e dos teóricos do Fórum Social Mundial. Diversas obras e estudos coletivos foram publicadas como resultado desses eventos.

Os membros do programa mantiveram intercâmbio acadêmico ao longo dos anos, reuniões periódicas e ensaios partilhados, ao mesmo tempo que a divulgação de seus trabalhos inspiravam várias outras iniciativas em diversos países da América Latina e dos Estados Unidos.

2.1.1 Os eixos constitutivos

Apesar da heterogeneidade de seus participantes e de suas trajetórias acadêmicas, há alguns elementos que configuram uma especificidade conceitual do programa de investigação M/C, como um "giro"[30], "virada" (MIGNOLO, 2010), "inflexão" (RESTREPO; ROJAS, 2010), uma epistemologia emergente que questiona a subalternização dos conhecimentos dos povos latino-americanos e que

---

30. Termo cunhado originalmente por Nelson Maldonado-Torres em 2005 por ocasião da sexta reunião do programa de investigação M/C, em Berkeley (Estados Unidos), que teve como tema *Mapping the Decolonial Turn*.

propõe uma nova visão, um novo modo de pensar com o objetivo de superar os limites constitutivos da modernidade eurocêntrica:

> Assim como houve giros copernicanos, pragmáticos, linguísticos e pós-modernos, de maneira semelhante se pode identificar um giro descolonial ou giros descoloniais, conceitos que se referem a mudanças fundamentais nas coordenadas básicas do pensamento (MALDONADO-TORRES, 2009, p. 683).

Trata-se aqui de delinear os eixos principais e de detectar, de maneira geral, os caminhos que nos permitem adentrar o *mare magnum* das produções do projeto decolonial, colhendo seus principais contornos e especificidades.

a) A colonialidade distinta do colonialismo e intrínseca à modernidade. A noção de *colonialidade* foi introduzida por Aníbal Quijano num artigo enxuto e denso de 1992, com o título "Colonialidad y modernidad-racionalidad". Nesse ensaio, o sociólogo peruano afirmava que, "apesar da eliminação do colonialismo político, a relação entre a cultura europeia, também chamada de "Ocidental", e as outras, continua a ser de dominação colonial". Não se trataria, portanto, de uma simples subordinação das outras culturas à cultura europeia, mas de uma autêntica colonização do imaginário dos dominados: "ou seja, atua na interioridade desse imaginário, em certa medida, é parte dele" (1992, p. 12).

> A colonialidade, consequentemente, ainda é o modo de dominação mais geral no mundo hoje, uma vez que o colonialismo como uma ordem política explícita foi destruído. Obviamente, não esgota as condições ou as formas de exploração e dominação que existem entre as pessoas. Mas não deixou de ser, há 500 anos, seu marco principal. As relações coloniais de períodos anteriores provavelmente não produziram as mesmas consequências e, acima de tudo, não foram a pedra angular de qualquer poder global (1992, p. 14).

A partir destas asserções, o conceito de "colonialismo" se refere a um determinado período histórico de domínio político-militar, que se caracterizou pela tomada de posse de territórios ultramarinos, pela exploração forçada de suas populações e pela pilhagem de suas riquezas agrícolas e minerais. Já o termo "colonialidade" aponta para um fenômeno muito mais complexo:

refere-se a um padrão de poder que opera por meio da naturalização de hierarquias territoriais, raciais, culturais e epistêmicas, possibilitando a reprodução de relações de dominação; este padrão de poder não só garante a exploração pelo capital de alguns seres humanos por outros em escala mundial, mas também a subalternização e obliteração do conhecimento, experiências e formas de vida daqueles que são assim dominados e explorados (RESTREPO; ROJAS, 2010, p. 15).

A *colonialidade* consiste em uma estrutura complexa de relações de poder centro-periferia em escala mundial, que tocam não apenas a ordem econômica, mas também a política, a natureza, o gênero, a sexualidade, a subjetividade e o conhecimento (MIGNOLO, 2010, p. 12). Para os teóricos decoloniais, principalmente a categoria da *raça* se torna o princípio organizador da colonialidade em função da lógica de acumulação de capital, da economia política e da divisão internacional do trabalho do sistema capitalista mundial (GROSFOGUEL, 2013, p. 43).

Desta maneira, entre colonialismo e colonialidade há também uma relação, no sentido que essas estruturas, geradas a partir do século XVI, continuam exercendo um papel fundamental no presente do capitalismo global: "a globalização em curso é, antes de mais nada, o culminar de um processo que começou com a constituição da América e do capitalismo colonial/moderno e eurocentrado como um novo padrão de poder mundial" (QUIJANO, 2000a, p. 201).

Neste sentido, a colonialidade figura como inerente e imanente à modernidade, não como simples contingência histórica e menos ainda como desvio do projeto emancipador moderno. Pelo contrário, a colonialidade é a exterioridade constitutiva e não derivada da modernidade:

> À primeira vista, parece existir uma dissonância entre o tema da modernidade e a relação imperial/colonial. Um dos conceitos tem a ver com o tempo (o moderno), enquanto o outro faz referência ao espaço (expansionismo e controle das terras). Dir-se-ia que a modernidade implica a colonização do tempo pelo europeu, isto é, a criação de estádios históricos que conduziram ao advento da modernidade em solo europeu. Todavia, os próprios laços que ligam a modernidade à Europa nos discursos dominantes da modernidade não conseguem deixar de fazer referência à localização geopolítica. O que o conceito de modernidade faz é esconder, de forma enge-

nhosa, a importância que a espacialidade tem para a produção deste discurso (MALDONADO-TORRES, 2010, p. 410-411).

Não há modernidade (colonização do tempo) sem colonialidade (colonização do espaço). Não há o moderno sem o colonial: não pode existir uma dimensão sem a outra. Estamos diante de uma totalidade espaçotemporal segundo a qual todas as civilizações não europeias são geograficamente *periferia* em relação a um *centro* da história mundial. Ao definir um tempo e um espaço com seus nomes, ao traçar umas metas na história e uns contornos nos mapas, se define quem está dentro e quem está fora, quem é civilizado e quem é selvagem, quem somos nós e quem são os outros.

b) Crítica aos discursos eurocentrados e intramoderno sobre a modernidade. Do profundo e fundamental vínculo entre modernidade e colonialidade, surge o questionamento sobre a *natureza* da própria modernidade, bem como a perspectiva filosófica e sociológica a partir da qual se enxerga o mundo moderno e seu processo de globalização.

Com efeito, as narrativas que circulam sobre a origem da modernidade são resultado de enfoques autorreferenciais e eurocentrados que evocam fatores de ordem histórica (Revolução Francesa e Revolução Industrial), sociológica (surgimento dos estados-nação), cultural (racionalização) e filosófica (emancipação do indivíduo), intrínsecos à Europa, sem contar que todo esse processo foi determinado por um sistema geopolítico de relações de conquista e de domínio extraeuropeu. Sem os aportes vitais das *commodities* coloniais, como o açúcar, o chá, a batata, o cacau, o tabaco etc., a modernidade sequer teria existido. Destarte, com a introdução desses recursos, houve uma mudança de hábitos alimentares da população europeia que possibilitou e alavancou o desenvolvimento moderno[31].

---

31. Muito interessante é a obra de Sidney W. Mintz que analisa o papel da introdução do açúcar na história ocidental, considerado uma rara especiaria durante milênios, até se tornar um produto básico, barato e necessário com o advento do capitalismo: "Substâncias como chá, açúcar, rum e fumo, eram utilizadas pelos trabalhadores de acordo com o ritmo de vida da classe trabalhadora. Os séculos durante os quais a Inglaterra deixou de ser, embora irregular e desigualmente, uma sociedade predominantemente rural, agrária e pré-capitalista, foram séculos de novidade no consumo. O açúcar foi adotado

Da mesma forma a produção, distribuição e comercialização em grande escala implementada a partir dos territórios coloniais constituiu uma forma precursora de organização capitalista.

Para Enrique Dussel (1993, p. 53), o *ego cogito* cartesiano do século XVII é antecipado e vinculado ao *ego conquiro* do conquistador do século XVI: o mito da modernidade não traz origem de um processo endógeno, mas de um rito sacrifical. A submissão violenta do outro seria o pressuposto constitutivo da modernidade ocidental. Com efeito, se por um lado a modernidade se autodefine como emancipação pela razão, por outro, exibe uma agressão irracional contra a outra cultura rotulada como não moderna, inferior, rude, bárbara, sempre sujeita a uma imaturidade culpável (HINKELAMMERT, 2006). Ao atribuir uma culpa à pretensa bestialidade dos nativos das colônias, a modernidade justifica sua investida muitas vezes como um *a priori* para criar as condições para um diálogo: a guerra, então, seria justa e necessária para iniciar uma argumentação e um processo civilizatório com essas populações "atrasadas" (DUSSEL, 1993).

> A imposição do cristianismo para converter os ditos selvagens e bárbaros no século XVI, seguida da imposição do "dever do homem branco" e da "missão civilizadora" nos séculos XVIII e XIX, a imposição do "projeto desenvolvimentista" no século XX e, mais recentemente, o projeto imperial de intervenções militares sob a retórica da "democracia" e dos "direitos humanos" no século XXI, todos foram impostos através do militarismo e da violência sob a retórica da modernidade que fala de salvar o outro de suas próprias barbáries (GROSFOGUEL, 2006, p. 38).

Tanto Dussel como Grosfoguel rejeitam um discurso binário meramente antitético em relação à modernidade, típico dos fundamentalismos terceiro- -mundistas, que poderia oferecer "soluções eurocêntricas a um problema euro-

---

no momento em que a jornada de trabalho se acelerava, quando o movimento do campo para a cidade ganhava velocidade e o sistema das fábricas se delineava e se espalhava. Essas mudanças afetaram cada vez mais os padrões alimentares. É aqui onde se tocam as ideias do significado e do poder. Certamente, nenhum dos promotores do açúcar no século XVII previu a nação de consumidores de sacarose que sua Inglaterra se tornaria; no entanto, eles, e as classes que apoiavam, garantiam o crescimento constante de uma sociedade cada vez mais rica em açúcar e enriquecida pelo tráfico de escravos, pelas plantações, pela própria escravidão e, muito em breve, pela disseminação do sistema de fábricas na metrópole" (MINTZ, 1996 [1985], p. 224).

cêntrico global" e responder "à retórica de um 'espaço exterior puro' essencialista ou de uma 'exterioridade absoluta' à modernidade" (GROSFOGUEL, 2006, p. 39). A maioria desses autores não se posicionam *contra* a modernidade, a favor de um discurso pré ou antimoderno, mesmo se há rastros aqui ou acolá de certo "populismo epistêmico" (GROSFOGUEL, 2013, p. 42). Dussel irá propor uma "trans-modernidade" como interpelação e superação de uma modernidade eurocentrada, resgatando histórias negadas e cosmovisões encobertas a partir da ótica do pluralismo epistêmico, procurando ao mesmo tempo questionar a altivez sacrifical da (ir)racionalidade moderna que transformou vítimas inocentes em culpadas:

> Contra o racionalismo universalista não negaremos seu núcleo racional e sim seu momento irracional do mito sacrifical. Não negaremos então a razão, mas a irracionalidade da violência do mito moderno; [...] afirmamos a "razão do Outro" rumo a uma mundialidade transmoderna (DUSSEL, 1993, p. 24).

Portanto, no programa de investigação M/C não há, a princípio, um rechaço radical da modernidade enquanto tal, como se fosse possível pleitear uma recuperação das sabedorias, dos projetos de vida ancestrais, das organizações comunitárias tradicionais, com o intento de confrontar a hegemonia moderna ocidental. Procura-se, ao invés, problematizar as narrativas apoteóticas da modernidade desde o paradigma crítico da colonialidade e de seus desdobramentos éticos, com o objetivo de questionar sua exclusividade universalista, sem descartar seus melhores aportes (RESTREPO; ROJAS, 2010, p. 192).

c) Pensar em termos de sistema-mundo. A partir destas considerações, a perspectiva analítica e geopolítica adotada pelo programa de investigação M/C não é a nação, o país ou o continente, e sim o conceito do "sistema-mundo moderno" cunhado por Immanuel Wallerstein para descrever a configuração da modernidade como uma "economia-mundo capitalista". Em seu primeiro e seminal volume da obra monumental, esse sociólogo norte-americano afirma que esse sistema-mundo nasceu no século XVI com a *descoberta* de um "Novo Mundo":

> A tese deste livro será que três coisas foram essenciais para o estabelecimento de uma tal economia-mundo capitalista: uma expansão com a dimensão geográfica do mundo em questão, o desenvolvimento de métodos diferenciados de controle do trabalho para diferentes produtos e diferentes zonas da economia-mundo e a criação de aparelhos de Estado relativamente fortes naqueles que viriam a tornar-se os estados centrais desta economia-mundo capitalista. O segundo e o terceiro aspectos estavam largamente dependentes do sucesso do primeiro (1990 [1974], p. 45-46).

Para Wallerstein, o sistema-mundo moderno é não consequência de uma história linear que se desenvolveu de forma natural, mas do resultado de múltiplas e complexas interações de um conjunto de fenômenos relacionados entre si, particularmente: o surgimento do capitalismo como sistema econômico; a evolução da ciência e da tecnologia, fruto do intercâmbio com outras civilizações; a secularização da vida social, pela importância que a racionalização adquiriu nas diversas esferas da vida; a formação dos estados-nação, inclusive de estados dependentes das metrópoles (as colônias); o universalismo, como princípio de partilha de visões, conhecimentos e valores entre povos e pessoas, mas que historicamente tomou a forma de imposição por parte da modernidade e de sua retórica salvacionista (MIGNOLO, 2009, p. 43).

Desta maneira, a articulação desse sistema mundial não gerou apenas um processo de acumulação original, mas também a formação de uma cultura ou estrutura simbólica mundial que sancionava a classificação da população com base em um critério étnico-racial e a hegemonia de uma racionalidade que afirmava a superioridade do homem europeu. Com efeito, o sistema-mundo moderno criava uma hierarquia de poder em escala global, conectando pela primeira vez todos os diferentes continentes da terra, e produzindo desigualdades estruturais entre regiões de *centro* e de *periferia*: "desde então, as experiências locais de qualquer região do planeta tornaram-se impensáveis fora de sua interconexão no marco deste sistema mundial" (RESTREPO; ROJAS, 2010, p. 19).

Influenciada pela teoria da dependência latino-americana, associada aos trabalhos de Raúl Prebisch (1901-1986), Enzo Faletto (1935-2003), André Gunder

Frank (1929-2005), Fernando Henrique Cardoso, entre outros, a obra de Wallerstein (2003, p. 85) negava aos estados nacionais o estatuto de sociedades relativamente autônomas, "pois eles foram e são de fato, em primeiro lugar, estruturas criadas por processos em escala mundial e moldadas em reação a eles".

Contemporaneamente, essas teses recorriam à perspectiva da "longa duração" (*longue durée*) de Fernand Braudel (1902-1985)[32] para buscar "o correlativo temporal da qualidade espacial do 'sistema mundo'" (WALLERSTEIN, 2003, p. 289). Segundo esse recurso conceitual, todo sistema-mundo é um sistema histórico com começo, meio e fim: as estruturas não são inamovíveis, não se conformam a uma espécie de "lei natural", e existem sim transições de um sistema para outro, mesmo que muito lentas. A partir desta combinação, entre o *espaço* de um mundo e o *tempo* de uma "longa duração", se configura um sistema-mundo histórico particular: o atual sistema-mundo em que vivemos é a economia-mundo capitalista, que começou a se formar no final do século XV e início do século XVI. Wallerstein limitava assim a centralidade da Europa somente aos últimos cinco séculos, tirando dela a áurea de centro eterno da humanidade ou de "fim da história", ao mesmo tempo que situava a América e sua colonialidade, diferenciada do colonialismo, como elemento constitutivo desse sistema-mundo (QUIJANO; WALLERSTEIN, 1992, p. 584).

d) Consolidar um projeto decolonial. A crítica epistêmica do programa de investigação M/C não somente busca problematizar a modernidade, suas narra-

---

32. No artigo "História e Ciências Sociais: a longa duração" (1958), Braudel (1965 [1958], p. 263) expôs a tese da história e suas durações distinguindo uma curta, uma média e uma longa duração. A "curta duração" refere-se "ao tempo breve, ao indivíduo, ao evento", típico da historiografia tradicional, que se ocupa dos simples acontecimentos cronológicos do percurso de uma sociedade. A "média duração" diz respeito à conjuntura, expressa em uma ou algumas décadas: "a curva dos preços, uma progressão demográfica, o movimento dos salários, as variações da taxa de juro, o estudo (mais imaginado do que realizado) da produção, uma análise precisa da circulação, reclamam medidas muito mais largas" (1965 [1958], p. 266). Enfim, a "longa duração" só é compreensível quando visualizada em séculos: "para nós, historiadores, uma estrutura é, sem dúvida, articulação, arquitetura, porém, mais ainda, uma realidade que o tempo utiliza mal e veicula demoradamente. Certas estruturas [...] tornam-se elementos estáveis de uma infinidade de gerações" (1965 [1958], p. 268). Nela, a velocidade das mudanças é quase imperceptível para o indivíduo comum e, simultaneamente, indispensável para o tipo de historiografia que Braudel sugere: "é em relação a essas extensões de história lenta que a totalidade da história pode se repensar, como a partir de uma infraestrutura" (1965 [1958], p. 271).

tivas e suas estruturas de poder, mas aponta também a um projeto ético e político decolonial, que tende a visibilizar a multiplicidade de conhecimentos, formas de ser e aspirações dos povos: uma *pluriversalidade* no lugar de uma *universalidade*.

Esse deslocamento na maneira de compreender a modernidade procura resgatar não apenas as diversidades culturais, mas também as *diferenças coloniais* negadas pela colonialidade do poder a partir do século XVI (MIGNOLO, 2003b, p. 27):

> O imaginário do mundo moderno/colonial surgiu da complexa articulação de forças, vozes ouvidas ou abafadas, memórias compactas ou fraturadas, histórias contadas de um único lado que suprimiam outras memórias e histórias que foram contadas e se contam a partir da *dupla consciência* que gera o colonial diferença (MIGNOLO, 2000, p. 63; grifo nosso).

Daí que não somente a colonialidade, mas também a *decolonialidade* é constitutiva da modernidade:

> se a colonialidade é constitutiva da modernidade, visto que a retórica salvacionista da modernidade já pressupõe a lógica opressora e condenatória da colonialidade (daí os *damnés* de Fanon), essa lógica opressora produz uma energia de descontentamento, desconfiança, distanciamento entre aqueles que reagem à violência imperial. Essa energia se traduz *em projetos descoloniais que, em última instância, também são constitutivos da modernidade* (MIGNOLO, 2007a, p. 26; grifos do autor).

Essa energia da qual Mignolo fala começa a aparecer desde o momento da fundação da modernidade/colonialidade como prática epistêmica produzida pelos sujeitos à margem do regime estabelecido, na obra do cronista inca Guaman Poma de Ayala (1534-1615), *Nueva corónica y buen gobierno*, e na publicação do escravo liberto Quobna Ottobah Cugoano (1751-1791): *Thoughts and sentiments on the evil and wicked traffic of the slavery*. A primeira foi escrita no primeiro período colonial a partir da cosmovisão indígena; a segunda, nos albores do imperialismo e da Idade das Luzes, a partir da experiência e da memória da escravidão negra. O que acomuna os dois autores são suas críticas ao projeto colonial tendo como referência os princípios éticos cristãos. Se de um lado Poma de Ayala e Cugoano não podiam ainda dispor de uma crítica secular ilustrada como instrumento de análise, por outro, é curioso como o cristianismo sirva de instrumento analítico para uma tentativa de "giro decolonial", também porque, sendo uma das quatro ideologias da modernidade segundo os teóricos decoloniais (junto ao liberalismo, ao conservadorismo e ao socialismo), possui uma cara dupla: uma genocida e uma libertadora (MIGNOLO, 2003b, p. 30). Entretanto,

> O colonialismo foi uma ideologia diferente, na medida em que a sua implementação significou "integrar" diferentes povos às ideologias da modernidade europeia [...]. Mas o colonialismo deu origem a "histórias outras" e não apenas a "outras histórias" [...] isto é, histórias que emergiram de rupturas e descontinuidades, que saíram da tirania linear do progresso e da "evolução". Essas "histórias outras" foram as rupturas produzidas com os processos de descolonização. [...] Um projeto era político (independência e construção de estados nacionais). O outro projeto era epistêmico, e esse projeto é o que está sendo construído com mais força e clareza na segunda metade do século XX (MIGNOLO, 2003b, p. 30-31).

Seguindo nesta linha, o pensamento decolonial não se compreende como um "novo paradigma" na temporalidade linear de Thomas Kuhn (1922-1996)[33], mas como um "paradigma outro", situado e encarnado desde a *periferia* a partir de uma "ferida colonial"[34], que coexiste em conflito com os demais paradigmas da modernidade.

> O que esses autores buscam não é se consolidar como um novo paradigma teórico dentro da academia (como os casos do pós-estruturalismo, da pós-colonialidade etc.), mas questionar os critérios

---

33. A proposta de Kuhn é que o conhecimento científico não cresce cumulativamente, mas mediante "revoluções" com o surgir de novos modelos interpretativos, novas estruturas teóricas, novos "paradigmas" que vêm substituir os antigos. Ao passo que o paradigma vigente se desfaz e não consegue encontrar respostas aos problemas emergentes, o novo começa a atrair um número crescente de estudiosos, até que, finalmente, abandona-se o paradigma original. Um câmbio de paradigma foi a Revolução Copernicana em relação às categorias ptolemaicas; por sua vez, a física copernicana foi gradualmente substituída pela newtoniana e, de novo, esta deu lugar à einsteiniana. Essas mudanças se dão, para Kuhn, por superação ou rupturas com os conhecimentos anteriores (KUHN, 1998 [1962]). Hoje se aceita amplamente em todas as ciências que a objetividade completa é uma ilusão, e que os referenciais teóricos utilizados pelas pesquisas são sempre relativos e provisórios, cultural e historicamente determinados.

34. O conceito de "ferida colonial" vem da escritora americana de origem mexicana Gloria Anzaldúa (1987), em uma de suas frases mais famosas: "A fronteira entre os Estados Unidos e o México é uma *ferida aberta* onde o Terceiro Mundo se arranha contra o primeiro e sangra" (ANZALDÚA, 2016, p. 42; grifo da autora). Essa expressão tem claramente um valor intercambiável junto a muitas outras situações em que foi infligida uma violência colonial.

epistêmicos para a produção de conhecimento acadêmico articulado ao eurocentrismo e à modernidade. Assim, busca-se consolidar um saber não eurocêntrico e a partir da *ferida colonial*, ou seja, um *paradigma outro* emergente da diferença colonial (RESTREPO; ROJAS, 2010, p. 20; grifos dos autores).

Trata-se de um pensamento crítico plural assentado sobre as histórias marcadas pela violência colonial, que resgata o potencial epistêmico negado e que aponta para a *diversidade* como projeto universal. O "paradigma outro" não quer fazer da diferença colonial um "objeto de estudo", e sim *pensar* a partir da dor da diferença colonial, revelando uma descontinuidade na história da modernidade e introduzindo uma perspectiva oposta por parte de quem acredita que "a colonialidade deu origem a olhares de raiva, de necessidade de libertação, de reação à arrogância e à cegueira, tanto da crueldade de alguns como da bondade de outros" (MIGNOLO, 2003b, p. 32).

Um dos pontos de articulação do "paradigma outro" é o "pensamento fronteiriço" (*border thinking*) que pode se desenvolver em duas frentes, aquém e além da fronteira: uma a partir da colonialidade, a outra a partir da periferia da modernidade. Mignolo, retomando uma distinção introduzida pelo pensamento crítico feminista, afirma que há dois elementos a serem considerados: o "lugar de enunciação" (*standpoint epistemology*) e a *perspectiva* que se assume em relação à subalternidade colonial. Onde há uma correspondência entre o lugar de enunciação e a perspectiva assumida em favor das vítimas da diferença colonial, temos um "pensamento fronteiriço forte". Onde o lugar de enunciação não é a diferença colonial, por parte de quem não é, por si, vítima dessa diferença, mas há uma atitude política solidária com essa perspectiva, temos um "pensamento fronteiriço fraco". "Ambos são necessários para alcançar transformações sociais efetivas. Um sem o outro é, em última análise, politicamente fraco" (MIGNOLO, 2003b, p. 28).

Por sua vez, o pensamento fronteiriço se desdobra em duas atitudes fundamentais de "desprendimento e abertura", abandonando as formas de conhecimento universalizantes de um lado e de abertura a pensamentos subalternizados por uma epistemologia dominante. Desprendimento significa denunciar a pretensão de universalidade de uma etnicidade particular, enquanto abertura remete à passagem pelas portas de um "pensamento outro":

> Já não se trata das portas que conduzem à "verdade" (*aletheia*), mas a outros lugares: aos lugares da memória colonial; aos vestígios da ferida colonial a partir da qual se tece o pensamento descolonial. Portas que conduzem a outro tipo de verdade cujo fundamento não é o Ser, mas sim a *colonialidade do Ser*, a ferida colonial. O pensamento descolonial pressupõe sempre a diferença colonial (e em certos casos, que não vou analisar aqui, a diferença imperial). Ou seja, exterioridade no sentido preciso do exterior (bárbaro, colonial) construído pelo interior (civilizado, imperial); um interior a partir do que Santiago Castro-Gómez chamou de "*hybris* do ponto zero", na suposta totalidade (totalização) da gnose do Ocidente, fundada, recordemos mais uma vez, no grego e latim e nas seis línguas moderno imperiais europeias. A virada descolonial é a abertura e liberdade de pensamento e de formas de vida-outras (economias-outras, teorias políticas-outras); a limpeza da colonialidade do ser e do saber; o distanciamento da retórica da modernidade e de seu imaginário imperial articulado na retórica da democracia (MIGNOLO, 2007a, p. 29).

Em síntese, podemos afirmar que o projeto decolonial é caracterizado por uma série de deslocamentos e problematizações na maneira de entender a modernidade: a modernidade é o seu assunto essencial; o questionamento da modernidade a partir da colonialidade é o problema central; as propostas estão focadas numa compreensão outra que invoca uma epistemologia, um sujeito e um projeto político que questionam os modelos eurocêntricos da modernidade (RESTREPO; ROJAS, 2010, p. 22). Por consequência, a decolonialidade se torna caminho e horizonte de transformação da modernidade para um outro mundo possível, no qual possam caber muitos outros mundos.

2.1.2 Antecedentes e fontes latino-americanas e caribenhas

O pensamento decolonial encontra, sem dúvida, seus antecedentes históricos na rica tradição latino-americana e caribenha repleta de acontecimentos, sofrimentos, aspirações, resistências, lutas, ao longo dos últimos quinhentos anos.

Estas são suas fontes subjetivas, existenciais e históricas. Contribuíram para consolidar esse impulso os processos de descolonização e emancipação das colônias americanas no século XIX, com o término do despotismo monárquico, da abolição da escravidão e a conquista da independência.

Contudo, no que diz estritamente à perspectiva decolonial no sentido de crítica fundamental da modernidade e reflexão sobre a subjetividade colonizada, é preciso, segundo Maldonado-Torres (2009), delimitar três grandes momentos: o primeiro, desde a Revolução Haitiana (1791-1804) até a Segunda Guerra Mundial (1945); o segundo, o período da Guerra Fria (1945-1989); o terceiro, a partir do fim do império soviético (1989). Esse último momento pertence à produção do programa de investigação M/C junto a outras correntes contemporâneas de pensamento pós--colonial e pós-moderno que veremos em seguida. Entretanto, os primeiros dois estágios foram essenciais ao apresentar elementos, eventos e obras que deram vida a um eixo de pensamento e uma genealogia de um "projeto outro". Sucintamente, apontamos aqui algumas pedras de toque significativas desse percurso.

a) **Eventos e movimentos precursores.** Começamos pela Revolução Haitiana que foi um evento particularmente relevante por ter sido promovido, em sua maioria, por negros escravizados, considerados mercadoria, objeto, um "não ser", em conflito com uma metrópole que exaltava o discurso de "liberdade, igualdade, fraternidade". Característica dessa epopeia antinômica foi a de representar uma revolução ontológica e epistemológica que resgatava o negro para a categoria do "ser":

> Com restaurar o "ser" quero dizer aqui tanto a noção de que os sujeitos concebidos como negras e negros, como outros, em grande medida privados de seu peso ontológico, afirmam sua existência plena no tempo e no espaço. [...] A Revolução Haitiana também representou um desafio aos princípios do Iluminismo europeu e, acima de tudo, ao ideal de igualdade humana que surgiu na Europa (MALDONADO-TORRES, 2009, p. 688).

Foi assim que em 1885 o intelectual haitiano Antenór Firmin (1850-1911), membro da Sociedade de Antropologia de Paris, publicou o tratado sistemático *De l'Égalité des races humaines* (Da igualdade das raças humanas), ao contrastar a obra em quatro volumes de Arthur de Gobineau (1816-1882), *Essai sur l'inégalité des races humaines* (Ensaio sobre a desigualdade das raças humanas). Firmin, em mais de quatrocentas páginas, analisa criticamente as posturas filosóficas e a falta de rigor científico que sustentavam a superioridade dos brancos europeus, considerando a Revolução Haitiana um ponto de partida para formular um projeto intelectual e político para a igualdade racial.

Junto a esta perspectiva, Walter Mignolo afirma que há também outro importante aspecto que se destaca na Revolução Haitiana, já presente na insurreição de Tupac Amaru (1781):

> Ao contrário das independências hispânica e anglo-americana, que eram todas independências dentro do sistema (e, portanto, emancipações), Tupac Amaru e a Revolução Haitiana introduziram outras cosmologias com respeito à cristã/liberal (o socialista ainda não era uma opção) e à hegemonia das variações cosmológicas ocidentais internas à mesma retórica da modernidade e à lógica da colonialidade (2010, p. 25).

Desta forma, a Revolução Haitiana trouxe também umas primeiras sementes da noção de "desprendimento decolonial" (QUIJANO, 1992), elemento fundamental que distingue "descolonização" (política) da "decolonialidade" (epistêmica), e que aponta para um projeto global de libertação integral.

Um segundo conjunto de eventos decisivos para o processo decolonial foi a convocação dos Congressos Pan-africanos. Os movimentos e as manifestações contra a colonização, a escravidão e o racismo no século XIX já haviam levado à realização da Primeira Conferência Pan-africana (1900), organizada pelo advogado caribenho de Trinidad e Tobago Sylvester Williams (1869-1911), à qual participaram os intelectuais afro-estadunidenses Anna Julia Cooper (1858-1964) e William Edward Burghardt Du Bois (1868-1963), pilares da filosofia afro-americana. Cooper foi autora do livro *A Voice from the South* (1892) e Du Bois foi internacionalmente reconhecido pela sua obra *The Souls of Black Folk* (1903), na qual esboçou o importante conceito de "consciência dupla" (*double consciousness*) do negro, ou seja, que sua identidade se formatava contemporaneamente segundo os parâmetros de duas culturas em conflito entre si, a "negra" e a "americana":

"duas almas, dois pensamentos, dois esforços não reconciliados; dois ideais pelejando em um corpo sombrio, cuja força obstinada somente impede que se destroce" (DU BOIS, 2007, p. 8)[35].

O Primeiro Congresso Pan-africano, convocado em Paris em 1919, colocou em contato proeminentes intelectuais dos povos negros da África com a diáspora africana das Américas. O objetivo desse congresso e dos seguintes[36] foi conferir um caráter internacional aos movimentos nacionalistas e anticoloniais africanos, mas também importava chamar a atenção das potências metropolitanas para os dramas que se passavam em suas colônias. Apesar dos seus resultados ambivalentes do ponto de vista colonial, essas iniciativas alcançaram sem dúvida algumas de suas metas mais significativas[37].

Outra importante iniciativa de crítica à modernidade e ao colonialismo foi o movimento literário *Negritude*. Surge em Paris nos anos de 1930, por iniciativa de intelectuais e escritores negros de países colonizados pela França, entre os quais o martiniquense Aimé Césaire (1913-2008)[38] e o senegalês Léopold Sédar Senghor (1906-2001)[39], com o intento de reivindicar a identidade e sua cultura negra pe-

---

35. "A história do negro americano é a história deste conflito, esse desejo de atingir a dignidade autoconsciente, de fundir seu eu duplo em um eu melhor e mais verdadeiro. Nesta fusão, ele deseja que nenhum dos eus mais antigos se perca. Ele não quer africanizar a América, pois a América tem muito a ensinar ao mundo e à África. Ele não quer alvejar sua alma negra em um dilúvio de americanismo branco, pois ele sabe que o sangue negro tem uma mensagem para o mundo. Ele simplesmente deseja tornar possível que um homem seja negro e americano sem ser amaldiçoado e cuspido por seus companheiros, sem ter as portas da oportunidade fechadas na sua cara de maneira grosseira" (DU BOIS, 2007, p. 9).
36. Os outros seis Congressos Pan-africanos foram celebrados em Londres (1921), Lisboa (1923), Nova York (1927), Manchester (1945), Dar es Salaam (1974) e Kampala (1994).
37. Apesar de os nativos africanos ampliarem seus horizontes políticos, ideológicos, culturais no contato com os negros norte-americanos e antilhanos, esses últimos não conseguiram evitar totalmente a tentação de construir uma imagem colonialmente deformada da África e de seus habitantes, oferecendo às vezes um testemunho nem sempre edificante (RALSTON, 2010, p. 916).
38. O poeta, ensaísta e político Aimé Césaire foi um dos mais célebres representantes do surrealismo francês. Realizou seus estudos superiores na França, regressando a Martinica em 1939. Foi prefeito de Fort-de-France e deputado de 1945 a 2001. Sua trajetória intelectual foi atravessada por três grandes enfoques: o colonialismo, contra o qual ele combateu durante toda sua vida; o comunismo, ao qual aderiu durante um tempo; a negritude, como projeto alternativo ao colonialismo.
39. Léopold Sédar Senghor, escritor e político senegalês, filho de pai católico e de mãe muçulmana, foi o primeiro africano a completar uma licenciatura na Sorbonne em Paris. Durante a Segunda Guerra Mundial esteve preso num campo de concentração nazista. De 1948 a 1958 foi deputado na Assembleia Nacional Francesa e, com a independência do seu país, foi eleito presidente, cargo que exerceu de 1960 até 1980. Em 1983 foi eleito membro da Academia Francesa de Letras.

rante a sociedade francesa. Como aconteceu com os Congressos Pan-africanos, parte importante do pensamento decolonial nasceu na diáspora, ou a partir de viagens e estadias em diversos lugares, onde os vários atores colonizados começaram a enxergar de outras perspectivas as relações sociais de seu contexto natal.

> Assim, a população negra caribenha conhece todo o peso de sua racialização, principalmente quando se encontra em um contexto branco que a coloca em seu lugar como negra, antes de se preocupar em discernir se é de origem caribenha ou africana. Mudanças de consciência também ocorrem ao se estabelecer uma relação direta com o africano e outros sujeitos também colonizados e racializados na metrópole (MALDONADO-TORRES, 2009, p. 691).

Enfim, o maior impacto significativo e decisivo da metade do século XX foi sem dúvida a deflagração da Segunda Guerra Mundial, que não somente fragilizou economicamente, politicamente e militarmente a Europa, mas também abalou moralmente, culturalmente e simbolicamente toda civilização ocidental e seu vínculo com o submundo colonial. O mito de uma Europa superior, fonte de valores e de conhecimento supremo, acabava deslegitimado, deixando totalmente a si mesmo o resto do mundo fragmentado e desorientado em busca de seu futuro.

Serão ainda intelectuais da *Negritude* Césaire e Senghor, junto com o também martiniquense Frantz Fanon (1925-1961)[40], o francês-tunisino Albert Memmi[41] e, por caminhos distintos, o indiano Mohandas Karamchand Gandhi (1869-1948), a exercerem um papel central no debate pós-colonial.

b) As obras de Césaire e Fanon. Uma vez aberto o caminho para uma reflexão sobre a crise da civilização ocidental e seu imperialismo, algumas produções se destacaram no imediato pós-guerra, inaugurando uma década de

---

40. Frantz Fanon, psiquiatra e intelectual militante, foi aluno de Césaire e saiu de sua terra natal aos 18 anos. Sua vida e obra está ligada à luta pela independência da Argélia do colonialismo francês. Admirador de Jean Paul Sartre, que lhe escreveu o prefácio de sua obra mais famosa *Les damnés de la terre* (1961), Fanon, ainda hoje, é um nome central nos estudos culturais, pós-coloniais e africano-americanos.

41. Nascido em 1920 na Tunísia, o judeu Albert Memmi foi preso e fugiu de um campo de concentração nazista durante a Segunda Guerra Mundial. De tríplice cultura (arabe, judia e francesa), tomou parte das lutas de independência do Magreb. Escritor e ensaísta, denunciou a opressão econômico-cultural da colonização e os mecanismos do racismo nas relações de interdependência entre colonizado e colonizador.

efervescência pós-colonial e pontuando alguns elementos seminais para elaborações posteriores.

Uma exposição sugestiva sobre essa conjuntura a encontramos em *Discours sur le colonialisme* (1950) de Aimé Césaire. Nesta pequena obra, que pode ser considerada um primeiro manifesto do pensamento decolonial, o escritor afro-caribenho desconstrói todas as supostas boas intenções civilizatórias do colonialismo, denunciando sua desumanidade, cujos efeitos brutais não investem apenas os colonizados, mas também os colonizadores:

> seria preciso estudar, primeiro, como a colonização se esmera em *descivilizar* o colonizador, em *embrutecê-lo*, na verdadeira acepção da palavra, em degradá-lo, em despertá-lo para os instintos mais ocultos, para a cobiça, para a violência, para o ódio racial, para o relativismo moral (1978 [1955], p. 17; grifos do autor).

Ao oprimir o colonizado, a bestialidade do colonizador transforma a própria civilização europeia num ato de barbárie, ao ponto que se retorce contra si no fenômeno do nazismo:

> o que não se perdoa a Hitler não é o *crime* em si, o *crime contra o homem*, não é a *humilhação do homem em si*, é o crime contra o homem branco, a humilhação do homem branco e o ter aplicado à Europa processos colonialistas a que até aqui só os árabes da Argélia, os "coolies" da Índia e os negros da África estavam subordinados (1978 [1955], p. 18; grifos do autor).

No que diz respeito ao colonizado, a colonização equivale a "coisificação", esvaziamento de suas sociedades, implosão de suas instituições, confisco de suas terras, assassinato de suas religiões, aniquilamento de suas culturas: "falo de milhões de homens a quem inculcaram sabiamente o medo, o complexo de inferioridade, o tremor, a genuflexão, o desespero, o servilismo" (1978 [1955], p. 25-26). Portanto, colonizado e colonizador são produtos do mesmo processo colonial como experiência profundamente estruturante da sociedade ocidental e de seu progresso.

Nessa experiência emerge o racismo como elemento fundante. Frantz Fanon foi o autor que mais radicalizou esse vínculo, ao ponto de argumentar que não tem colonização sem racismo e não tem racismo sem colonização. Para ele, o racismo não é um fenômeno de desvio moral, mas é constitutivo de um tipo de relações societárias: "o hábito de considerar o racismo como uma disposição do espírito, como uma tara psicológica, deve ser abandonado" (1980 [1964], p. 42).

> Quando se observa em sua imediatidade o contexto colonial, verifica-se que o que retalha o mundo é antes de mais nada o fato de pertencer ou não a tal espécie, a tal raça. Nas colônias a infraestrutura econômica é igualmente uma superestrutura. A causa é consequência: o indivíduo é rico porque é branco, é branco porquê é rico. É por isso que as análises marxistas devem ser sempre ligeiramente distendidas cada vez que abordamos o problema colonial (1968 [1961], p. 29).

Toda sociedade colonialista é intrinsecamente racista, apesar de condená-lo em suas formas mais brutais: "um país que vive, que tira sua substância, da exploração de povos diferentes, inferioriza estes povos" (1980 [1964], p. 45). Consequentemente, "o racismo vulgar, primitivo, simplista, [que] pretendia encontrar no biológico a base material [...] transforma-se em racismo cultural" (1980 [1964], p. 36). O regime colonial não aniquila a cultura autóctone, não lhe convém. Simplesmente a subjuga, a enquadra, a estuda e a rende inerte: "frases como 'eu os conheço', 'eles são assim', traduzem esta objetivação levada ao máximo".

> O ocupante instala a sua dominação [...]. Exploração, torturas, razias, racismo, liquidações coletivas, opressão racional revezam-se a níveis diferentes para fazerem literalmente do autóctone um objeto nas mãos da nação ocupante [...]. Este homem objeto, sem meios de existir, sem razão de ser, é destruído no mais profundo de sua existência [...]. É neste estádio que aparece o famoso complexo de culpabilidade (1980 [1964], p. 39).

Junto à obra de Memmi, *Portrait du colonisé, précédé du portrait du colonisateur* (1957), caçada pela polícia colonial por denunciar a relação entre colonialismo e fascismo, *Les damnés de la terre* (1961) de Fanon foi o texto mais influente do segundo momento decolonial delineado por Maldonado-Torres (2009, p. 692). Apesar da obra deste intelectual martiniquense inspirar de maneira determinante o pensamento de autores latino-americanos como Paulo Freire (1921-1997), sua história conectou-se mais com a Argélia africana e com a França colonizadora.

Sua formação e atuação psicanalítica e psiquiátrica, associada ao seu espírito revolucionário anticolonial e marxista, o levou a adentrar na psique do colonizado, destruída pelo colonialismo, e a definir, de certo qual modo, a noção de *damné*: "mesmo expondo-me ao ressentimento de meus irmãos de cor, direi que o negro não é um homem" (FANON, 2008 [1952], p. 26).

c) Terceiro Mundo entre desenvolvimento e dependência. Os aportes críticos desses autores sobre o colonialismo e suas implicações foram decisivos para impulsionar a reflexão e o debate sobre a condição de sujeição dos países colonizados que acabavam de conquistar sua independência política. A América Latina, que apesar de ser um continente de Estados independentes desde o século XIX, continuava identificando-se com as aspirações desses povos, diante das pressões diplomáticas, das interferências econômico-comerciais e das intervenções político-militares de Inglaterra e Estados Unidos nos seus territórios.

Do cenário da Guerra Fria que foi se instalando nos anos de 1950, nasceu a concepção de *Terceiro Mundo*[42] que encontrou sua expressão política na Conferência de Bandung, Indonésia (1955), primeira reunião internacional de nações não europeias, na qual participaram 29 países da Ásia e da África, com o objetivo de favorecer a cooperação entre eles e reivindicar sua firme oposição ao colonialismo. A iniciativa destes países "não alinhados"[43] representou a tentativa de inverter a lógica da Guerra Fria, ao propor um debate Norte-Sul ao invés do Leste-Oeste, constituindo assim a primeira macroarticulação da periferia do mundo para uma estratégia de atuação coletiva no cenário global. Bandung promoveu o surgimento de uma cultura do Sul e uma agenda do Terceiro Mundo, com suas prioridades vinculadas ao desenvolvimento socioeconômico, condição essencial para participar do sistema mundial em condições de igualdade (PEREIRA; MEDEIROS, 2015).

---

42. A origem do nome é do economista, demógrafo e sociólogo francês Alfred Sauvy (1898-1990), que utilizou pela primeira vez essa expressão no artigo "Trois mondes, une planète", para a revista *L´Observateur*, em 14 de outubro de 1952. Sauvy propunha a ideia de um "Terceiro Mundo" inspirado na proposição do terceiro Estado usada na Revolução Francesa.

43. O termo "não alinhados" remete ao movimento correspondente que chegou a reunir 120 nações "em desenvolvimento", e que teve sua primeira conferência em Belgrado (ex-Iugoslávia) em 1961, com a participação de vários países latino-americanos e até europeus, somando forças com asiáticos e africanos.

Nesse novo clima conjuntural, uma vasta literatura científica mundial se debruçou sobre a elaboração de uma "teoria do desenvolvimento econômico", que pudesse propor políticas coerentes e eficazes para elevar toda a população do planeta aos níveis dos países desenvolvidos. Segundo os autores dessas argumentações, o subdesenvolvimento era uma etapa temporária a ser superada num processo gradual de transição do *tradicional* para o *moderno*. O modelo a ser seguido era o da Europa e dos Estados Unidos. O crescimento econômico procedente da industrialização, dos recursos estrangeiros, da integração econômica global, da ação empresarial, da coordenação das forças sociais e políticas, da redistribuição de renda, devia erradicar o *atraso* das sociedades periféricas rumo a uma sociedade capitalista.

O otimismo e a confiança que se depositou nestas perspectivas e medidas "desenvolvimentistas", consideradas em teoria milagrosas, deu lugar ao pessimismo e ao desencanto na década de 1960. As dispendiosas tentativas de decolagem do desenvolvimento deixavam graves consequências nas diversas realidades dos países do Terceiro Mundo: marginalização crescente e excludente da maioria da população; geração de progresso e riqueza para uma minoria dominante; invasão maciça de capital estrangeiro; desestruturação da produção agrícola tradicional; criação de uma indústria dependente; desnacionalização de setores estratégicos da economia; implantação de aparatos repressivos por parte dos governos etc. Nesse período, o mundo em via de desenvolvimento cresceu apenas 4%, ao passo que a riqueza das nações norte-americanas e europeias no pós-guerra aumentou de 50% (SANTOS, T., 2017 [1969], p. 137).

Dessa profunda crise socioeconômica emergia claramente a consciência do caráter ideológico-político do desenvolvimento e a necessidade de reformas estruturais radicais. Surgia assim na América Latina, por obra de cientistas sociais, políticos e econômicos de uma forma ou de outra associados à CEPAL[44], uma nova maneira de pensar o subdesenvolvimento a partir da categoria socioanalítica da *dependência*, segundo a qual o subdesenvolvimento sustentava sistemicamente

---

44. A CEPAL (Comissão Econômica para a América Latina) é uma das cinco comissões regionais das Nações Unidas e sua sede está em Santiago do Chile. Foi fundada em 1948 para contribuir ao desenvolvimento econômico da América Latina, coordenar as ações encaminhadas à sua promoção e reforçar as relações econômicas dos países entre si e com as outras nações do mundo.

o desenvolvimento do Primeiro Mundo[45]. Não havia desenvolvimento nenhum para o Terceiro Mundo, muito pelo contrário: a situação de pobreza, gerada e sustentada pelas elites ricas, era estrutural e permitia de fato crescimento e desenvolvimento só para uma parte do mundo, e retrocesso para a outra.

O conceito de dependência, que junto a toda trajetória cepalina tinha seus vínculos com a correlação prebischeana "centro-periferia"[46], se transformou rapidamente em elemento-chave para a interpretação da realidade latino-americana e para a crítica fundamental da teoria do desenvolvimento[47]. Todavia, não se há de confundir a noção de dependência com a *teoria do imperialismo*, mesmo sendo de origem marxista[48]. A interpretação da dependência enfatiza a exploração das classes, muito mais do que a exploração das nações. Não negava a exploração da periferia pelo centro desenvolvido, mas acentuava que essa exploração não podia ser atribuída apenas aos países dominadores: as elites dos países dominados, revelando sua dependência ou sua subordinação em relação às elites centrais, associavam-se a elas.

---

45. Entre os principais autores e obras clássicas sobre a dependência assinalamos: Theotônio dos Santos (1936-2018), *El nuevo caracter de la dependencia* (1967); André Gunder Frank (1929-2005), *Capitalism and Underdevelopment in Latin America* (1967); Fernando Henrique Cardoso e Enzo Faletto (1935-2003), *Dependência e desenvolvimento na América Latina* (1969); Osvaldo Sunkel, *El subdesarrollo latinoamericano y la Teoría del Desarrollo* (1970); Vânia Bambirra (1940-2015), *El capitalismo dependiente latino-americano* (1972); Ruy Mauro Marini (1932-1997), *Dialética da dependência* (1973); Celso Furtado (1920-2004), *O mito do desenvolvimento econômico* (1973).

46. Raúl Prebisch (1901-1986), economista argentino, fundador e primeiro secretário-geral da CEPAL, criou as noções de "centro" e "periferia" para falar das relações econômicas internacionais entre países desenvolvidos e subdesenvolvidos. A expressão, utilizada por esse autor desde os anos de 1920, começou a ser sistematizada a partir do texto *"O desenvolvimento econômico da América Latina e alguns de seus principais problemas"*, apresentado na segunda Conferência da CEPAL em Havana, em maio de 1949. As ideias básicas do pensamento estruturalista latino-americano provêm dessa concepção de Prebisch que influenciou toda uma geração de estudiosos e analistas (COUTO, 2017).

47. É importante notar, como afirma Bresser-Pereira, que a assim chamada *teoria da dependência* não foi uma "teoria" do ponto de vista epistemológico, "mas uma interpretação sociológica e política da América Latina que competiu com sucesso contra a interpretação nacional-burguesa" (2010, p. 31). Da mesma forma o filósofo argentino Horacio Cerutti-Guldberg: "Do ponto de vista epistemológico, é falso afirmar que se trata de uma 'teoria'. Existem *situações* de dependência, mas não uma 'teoria' da dependência. Não é uma 'explicação' de forma alguma, mas uma *situação* para explicar" (CERUTTI-GULDBERG, 2006, p. 185; grifos do autor).

48. A *teoria do imperialismo* foi inicialmente desenvolvida por John A. Hobson em seu *Imperialism, a study* (1902), que não era marxista. Foi mais tarde adotada por Lênin. Já a teoria da dependência tem clara origem marxista. "Cardoso é enfático nesse ponto: 'A ideia da dependência se define no campo teórico da teoria marxista do capitalismo'" (BRESSER-PEREIRA, 2005, p. 218).

Na verdade, a teoria da dependência só existe, só constituiu uma novidade, porque se opôs à teoria do imperialismo de duas maneiras. Primeiro, afirmando que a causa do atraso dos países subdesenvolvidos não está apenas na exploração do centro imperial, mas também, senão principalmente, na incapacidade das elites locais, especificamente da burguesia, de serem nacionais, ou seja, de pensarem e agirem em termos dos interesses nacionais [...]. Em segundo lugar, a teoria da dependência, [...] afirmava que a teoria do imperialismo equivocava-se ao afirmar que o centro seria contrário à industrialização (BRESSER-PEREIRA, 2005, p. 217).

Contudo, o conceito de dependência, em todo seu leque de interpretações, modelos e problematizações (CERUTTI-GULDBERG, 2006, p. 146), assumiu um caráter de elemento estrutural simbólico, histórico e analítico de participação *desigual* da América Latina e do Terceiro Mundo em geral, na formação do sistema capitalista mundial.

d) Emergência de uma consciência libertadora. A dependência, como instrumento de análise da realidade, não oferecia nenhuma solução concreta ou política econômica viável para sair da situação de dominação e de neocolonialismo; porém, abria o caminho para o discurso libertador. Nesta operação, a noção de "libertação" se torna correlata a de dependência, "no sentido que uma análise da situação de dependência leva à aquisição de um conhecimento mais científico de seus mecanismos à busca das mediações para dela se libertar" (SILVA, M.B, 1998, p. 51).

João Batista Libânio (1932-2014) lembra que nas primeiras décadas de pós-guerra mundial havia todo um clima sociopolítico e ideológico de libertação, alimentado por diversos fatores (1987, p. 65-81).

Terreno propício para o nascimento de uma consciência de libertação foi paradoxalmente a intensificação da dominação e a opressão. A crise econômico-social nos diversos países da América Latina andava se aprofundando com o avanço do capitalismo selvagem, a progressiva concentração de renda e a exclusão das maiorias do processo de desenvolvimento. Quando não se conseguiu mais reter a insatisfação, recorreu-se à implantação de regimes autoritários, apoiados pelos Estados Unidos, baseados na ideologia da Segurança Nacional: no Paraguai em 1954; na Argentina em 1955, 1962, 1966; na Bolívia em 1964; no Brasil em 1964; no Equador em 1972; no Chile e no Uruguai em 1973; no Peru em 1968, 1975.

Na esteira do fracasso das promessas nacional-populistas em vários países da América Latina, as décadas de 1950 e 1960 viram o florescer de uma ampla movimentação popular em torno da reforma agrária, da educação, da organização popular, da classe operária, dos direitos humanos. Animados pelo clima libertário internacional, que teve seu clímax em maio de 1968, também os movimentos estudantis participaram ativamente das lutas pela emancipação e pela democracia. Enfim, os movimentos revolucionários armados MIR (*Movimiento Izquierda Revolucionaria*) no Chile, ERP (*Ejército Revolucionario del Pueblo*) na Argentina, Tupamaros MLN (*Movimiento de Liberación Nacional*) no Uruguai, o impacto da Revolução Cubana em 1959, os símbolos guerrilheiros de Camilo Torres e Ernesto Che-Guevara, acabavam por configurar um grande contexto sócio-político-cultural que clamava por libertação.

O termo "libertação" vingou e prosperou porque todo o continente latino-americano vivia nessa tensão. Não foi difícil para as diversas áreas de conhecimento integrar esta perspectiva em suas pesquisas e perspectivas, ainda mais tendo presente o possível caráter multidimensional que o paradigma da dependência podia oferecer, ou seja, não apenas econômico, mas também político, social, cultural e também subjetivo. Esse paradigma foi fundamental, junto com todo o contexto histórico, para inaugurar uma nova linha epistemológica no conjunto do pensamento, das reflexões e dos estudos das ciências sociais e humanas latino-americanas.

A teologia foi uma das primeiras, senão a primeira[49], a adotar o termo "libertação" em sua vertente latino-americana. Sem dúvida, foi a disciplina que mais

---

49. Gustavo Gutiérrez oferece um testemunho interessante de como nasceu o intuito de falar de uma "teologia da libertação" por ocasião do II Encontro de Sacerdotes e Leigos em Chimbote, Peru, realizado de 21 a 25 de julho de 1968, poucas semanas antes da Conferência de Medellín: "Para nós, que tínhamos uma responsabilidade pastoral, eram anos em que nos interrogávamos sobre a presença do evangelho e da Igreja nessa ebulição de ideias de experiências, de correntes, e procurávamos critérios de discernimento. Foi nessa situação que aconteceu em Chimbote uma reunião de padres e leigos para procurar entender o que se passava em nosso país. A mim foi confiada uma exposição teológica sobre um tema que na ocasião

repercutiu internacionalmente, angariando consensos e dissensos pelo seu caráter inovador e revolucionário. Nascida do berço da guinada antropológica conciliar, a perspectiva e a linguagem libertadora foram assumidas principalmente pela II Conferência Episcopal Latino-Americana em Medellín (1968) como chave interpretativa e perspectiva pastoral do próprio Vaticano II para o continente:

> O Episcopado Latino-americano não pode ficar indiferente ante as tremendas injustiças sociais existentes na América Latina, que mantêm a maioria de nossos povos numa dolorosa pobreza, que em muitos casos chega a ser miséria desumana [...]. Um surdo clamor nasce de milhões de homens, pedindo a seus pastores uma libertação que não lhes chega de nenhuma parte (DM, XIV, 1-2).

Ao mesmo tempo em que deslanchava essa mobilização da Igreja Católica, o educador e pedagogo Paulo Freire publicava *Pedagogia do oprimido* (1968), com base nas suas experiências de alfabetização de adultos, desde os primeiros anos da década de 1960, no Rio Grande do Norte e em Pernambuco, através de um método inovador que partia do universo semântico do interlocutor, para chegar a promover uma conscientização em torno de seus problemas cotidianos, compreensão do mundo e conhecimento da realidade.

Freire articulou seu pensamento em torno da figura-chave do *oprimido* envolvido na relação dialética da opressão, chamado a lutar não somente contra o opressor, mas também a libertar-se da mesma lógica da opressão na qual estava envolvido junto com o opressor. Por isso, a libertação é "um parto doloroso": "o homem que nasce deste parto é um homem novo que só é viável na e pela superação da contradição opressores-oprimidos, que é a libertação de todos" (FREIRE, 1987, p. 35).

Outra figura emblemática para as ciências e os movimentos sociais na América Latina foi o sociólogo colombiano Orlando Fals Borda (1925-2008), companheiro e amigo de Camilo Torres, junto ao qual fundou o primeiro programa latino-ame-

---

era muito debatido: a teologia do desenvolvimento. Ao prepará-la compreendi que seria mais bíblico e mais teológico falar em teologia da libertação, ao invés de uma teologia do desenvolvimento. Ou seja: teologia da libertação como teologia da salvação nas concretas situações históricas nas quais o Senhor nos oferece a graça da salvação. O tema carregava uma certa dose de polemismo, não tanto em relação ao desenvolvimento, mas à política à qual ele dava cobertura" (GIBELLINI, 1987, p. 103-104).

ricano de sociologia na Universidad Nacional de Colombia. Fals Borda amava se definir um intelectual *sentipensante*, com um vínculo participativo e afetivo junto às comunidades populares. Essa postura o levou não somente a promover uma sociologia da libertação, desapegada de um eurocentrismo dominante, como também a propor e protagonizar um projeto ético-político de sociedade participativa.

Em sua obra *Ciencia propia y colonialismo intelectual* (1970), marco de referência para o futuro projeto decolonial, Fals Borda (1985) elaborou e implantou o método *Investigação Ação Participativa* (IAP)[50], com o objetivo de proporcionar uma ferramenta de pedagogia política para contribuir na superação do colonialismo epistemológico em defesa das identidades culturais. Este intelectual estava convencido que o conhecimento e a sabedoria popular tinham uma racionalidade *própria* e uma estrutura de causalidade *própria*, que permaneciam de fora da estrutura científica formal dominante, politicamente direcionada: era preciso resgatar essa ciência emergente e subversiva para promover uma autêntica autodeterminação cultural e política da América Latina.

Deste esforço e compromisso, sempre no final da década de 1960, surgiu também a exigência de elaborar uma *filosofia da libertação*, como testemunha Enrique Dussel:

> já em 1968, mais em 1969, se começou a falar da doutrina da dependência. Em reuniões interdisciplinares com sociólogos e economistas, começamos a descobrir a necessidade de tornar a filosofia independente na América Latina. Em 1969, ao discutir com sociólogos em Buenos Aires, vi minhas opções filosóficas básicas profundamente criticadas. Aí surgiu a ideia: por que não uma filosofia da libertação? Um Fals Borda não fala em "sociologia da libertação"? Quais seriam os pressupostos de uma tal filosofia? (2010, p. 25).

A questão não era totalmente nova. Em 1968, o filósofo peruano Augusto Salazar Bondy (1925-1974) publicava o ensaio *¿Existe una filosofía de nuestra*

---

50. O sociólogo colombiano dedicou praticamente boa parte de sua vida a esse método que conjugava investigação da realidade, educação popular e ação política, defendendo a combinação do vivencial com o racional nos processos de transformação da sociedade. Para uma explanação da vida e da obra de Freire e Fals Borda em relação ao pensamento decolonial, cf. a tese de doutorado de João Colares da Mota Neto, 2015.

América?, sustentando a tese negativa de que não existia ainda um pensamento filosófico original e autêntico no continente, por causa da dependência econômica e cultural à qual era sujeita. Por sua vez, ele retomava uma ideia forjada no século XIX pelo intelectual argentino Juan Bautista Alberdi (1810-1884) sobre a necessidade de uma filosofia contextual que pudesse oferecer uma resposta aos problemas enfrentados pelos povos latino-americanos[51].

A tese de Salazar Bondy, sobre a inautenticidade da filosofia latino-americana, provocou a reação do pensador mexicano Leopoldo Zea (1912-2004), na obra *La filosofía americana como filosofía sin más* (1969), para o qual a filosofia não havia de ser necessariamente latino-americana, porque a filosofía era *sin más* na medida em que respondia aos problemas *del hombre sin más*, independentemente de sua origem (2010 [1969], p. 22). Entretanto, nesse debate, havia uma convergência entre esses dois autores em conceber um pensamento praxiológico, comprometido com a realidade latino-americana, pedra de toque que caracterizara toda a trajetória das ciências humanas e sociais do continente[52].

Contudo, a personalidade que mais se destacou na elaboração de uma filosofia da libertação latino-americana foi, sem dúvida, Enrique Dussel. Para esse filósofo e historiador argentino, exilado no México, a possibilidade de uma configuração de um pensamento com esse matiz só é possível no diálogo e na escuta dos excluídos, do "outro radical", do "sujeito" convertido em "objeto" pela colonização, que representa uma "exterioridade" a uma "totalidade". Para Dussel não é só possível filosofar na periferia, mas a autêntica filosofia somente é possível desde a periferia colonizada, como discurso crítico em relação à hegemonia do centro colonizador, gerador do mito da modernidade. Nesse sentido, o "outro negado", resultante de uma relação de dominação e de violência que constituiu

---

51. O argentino Juan Bautista Alberdi (1810-1884) foi um dos intelectuais mais influentes do século XIX na América Latina. Político, diplomata e escritor, pronunciou um célebre discurso em Montevideo, *Ideas para un curso de filosofía contemporánea* (1842), inaugurando o debate sobre a necessidade de uma "filosofia americana", em referência à realidade histórica latino-americana.
52. Para um aprofundamento deste interessante debate, cf. o ensaio de Leonardo Tovar González (2009), reportado nas referências bibliográficas.

opressores e oprimidos, se coloca num lugar epistêmico e político privilegiado a partir do qual a libertação se torna possível.

2.1.3 Elementos para uma genealogia

Uma vez resgatadas as fontes e os antecedentes históricos do pensamento decolonial, tentamos agora identificar alguns elementos para reconstruir as trajetórias e as articulações do programa de investigação M/C a partir das correspondências e das divergências com a tradição crítica continental, passando pelos aportes dos estudos culturais, pós-coloniais e subalternos das escolas anglo-saxônicas contemporâneas, terminando com o surgimento dos estudos subalternos latino-americanos, que confluíram na constituição do grupo de investigação cuja produção estamos examinando.

2.1.3.1 O programa M/C, herdeiro do pensamento crítico latino-americano

A configuração de uma genealogia coerente e rigorosa do programa de investigação M/C encontra ainda diversos entraves e controvérsias:

> Como não há consenso em relação às diferentes correntes e figuras intelectuais que compõem a genealogia do pensamento descolonial, esta não deve ser entendida como uma "tradição" historicamente bem definida, monolítica, livre de ambiguidades e contradições. Em vez disso, deve ser vista como um conjunto diverso e conflitante de manifestações culturais, desenvolvimentos intelectuais e formulações teóricas que mostram as maneiras pelas quais as críticas aos legados coloniais e desobediência epistêmica eclodiram em diferentes momentos históricos com vários graus de complexidade e radicalidade (ALBAN, 2013).

Contudo, como afirma Arturo Escobar, o projeto decolonial emerge como herdeiro de uma linha de pensamento, proposta e perspectiva, mesmo com todas as ressalvas que podem ser levantadas:

> Sua principal força orientadora, entretanto, é uma reflexão continuada sobre a realidade cultural e política latino-americana, incluindo o conhecimento subalternizado dos grupos explorados e

oprimidos. Se se pode dizer que a teoria da dependência, a teologia da libertação e a investigação-ação participativa foram as contribuições mais originais da América Latina ao pensamento crítico do século XX – com todos os condicionais que podem ser aplicados a tal originalidade –, o programa de pesquisa MC emerge como o herdeiro desta tradição (2003, p. 53).

Sem dúvida, as produções dos teóricos decoloniais apresentam elementos de continuidade e descontinuidade com as narrativas críticas anticoloniais que as antecederam.

Em relação às obras de Césaire e Fanon, o programa de investigação M/C conflui e amplia a reflexão sobre o vínculo vital entre colonialismo e racismo. Todavia, segundo Restrepo e Rojas, a maneira como estes autores entendem as relações de poder entre colonizado e colonizador poderia ter sido mais explorada e apropriada em toda sua riqueza. Não se pode reduzir os efeitos da violência colonizadora somente à ação de dominação e opressão, deixando de lado a multiplicidade, a complexidade e a contraditoriedade dessas relações de poder: "como pode ser visto na obra de Césaire e Fanon, a relação colonial transforma tanto o colonizador quanto o colonizado; o colonizador não fica ileso e o colonizado não é apenas oprimido nem apenas resistência" (RESTREPO; ROJAS, 2010, p. 48).

No que diz respeito ao paradigma da dependência, o projeto decolonial se voltará muito mais para a perspectiva do sistema-mundo de Wallerstein, superando a dicotomia entre fatores externos e internos, centro e periferia, adotando uma análise sistêmica de interdependência múltipla e complexa entre os elementos. Segundo esta ótica, não há nenhum estado nacional com poder para fazer uma centralização política e estabelecer um império-mundo, mesmo se houverem nações influentes na organização da economia mundial. A concepção de Wallerstein é de fato uma evolução da noção de dependência, que não nega as relações coloniais envolvidas na geopolítica mundial, mas as situa num quadro bem mais articulado e interdependente. A teoria da dependência permanece, contudo, a matriz conceitual de todo um desenvolvimento analítico e de suas implicações estruturais sociopolíticas.

Quanto ao conjunto dos pensamentos e das atuações libertadoras, o projeto decolonial colhe, antes de tudo, o legado do papel transformador do oprimido. Para Dussel, o oprimido encarna a condição de exterioridade necessária para uma filosofia e uma práxis transformadora. Por sua vez, Freire enxerga nesse sujeito o protagonista da superação e da ruptura do sistema de dominação que acorrenta tanto colonizados como colonizadores. O oprimido, por ser o produto dessa relação de dominação, se situa num lugar epistêmico e político privilegiado a partir do qual a libertação se torna possível. O programa de investigação M/C chamará esse lugar de *diferença colonial*.

Outro elemento herdado das narrativas libertadoras é a intuição de que a dimensão política antecede a dimensão epistemológica, como pressuposto à geração de conhecimento:

> Esse ponto nos remete à concepção de conhecimento como conhecimento geo-historicamente situado, ou seja, produzido em um lugar e história concreta, não apenas do lado dos oprimidos ou da diferença colonial, mas também do lado dos opressores ou daqueles que são constituídos como a mesmidade da modernidade/colonialidade (RESTREPO; ROJAS, 2010, p. 59).

Nesse sentido a eliminação da relação de colonialidade e a libertação do domínio é a condição necessária que torna possível a elaboração de uma "ciência própria", na acepção de Fals Borda, possibilitando o centro compreender não somente as realidades da periferia, além de suas fronteiras, como também sua própria realidade.

No entanto, uma diferença substancial entre as vertentes libertadoras e o projeto decolonial está na identificação do oprimido, que para as primeiras é o "pobre", pensado em termos de classe social, enquanto que para os teóricos do programa M/C a ênfase recai muito mais no "outro", reconhecido principalmente nas populações indígenas e afro-americanas: "para a inflexão descolonial, a exterioridade à modernidade é antes de tudo uma diferença racializada, uma alteridade, que encarna por excelência índios e negros" (RESTREPO; ROJAS, 2010, p. 58).

Por mudar apenas os *conteúdos* do discurso e não os *termos*, como é o caso da teologia e do marxismo, segundo Mignolo (2010, p. 33), o conceito de libertação remete ainda para uma descolonização tanto política como epistêmica (2010, p. 20), mas não para um projeto mais amplo e radical de uma *decolonialidade* que *desprende* o próprio pensamento de uma cosmovisão hegemônica ocidental (2010, p. 43).

Outros autores, no entanto, se mostraram mais abertos a acolher esforços teóricos libertadores em conexão com a perspectiva decolonial:

> Cada movimento, cada rebelião, cada pensamento que tentou restaurar a humanidade dos desumanizados, sem tomar a humanidade do colonizador moderno como norma, e promovendo a generosidade e a ação conjunta entre os próprios desumanizados e seus aliados, pertencem ao pensamento descolonizador e representam diversas práticas do giro descolonial (MALDONADO-TORRES, 2009, p. 687).

Precisaremos, portanto, transitar entre uma *maneira ampla* e uma *maneira restrita* de abordar e interpretar o tema decolonial, assim como a originalidade dos aportes do programa de investigação M/C, para não correr o risco de generalizações inconsequentes, de um lado, ou de afunilamentos crípticos, de outro.

2.1.3.2 Os aportes das escolas anglo-saxônicas contemporâneas

Além de se retroalimentar de uma vasta tradição continental, o "giro decolonial" se abastece também de diversas obras, pensamentos e pesquisas de autores e correntes contemporâneos. É muito fácil confundir o programa M/C com projetos investigativos que o precederam diretamente e que constituíram seus interlocutores principais, como os estudos culturais, os estudos pós-coloniais e os estudos subalternos. Entre essas escolas, prevalentemente da área anglo-saxônica, e os teóricos decoloniais há um ar de familiaridade, entre pontos em comum e uma série de distinções que ajudam a delinear a originalidade de cada um, bem como as correlações com uma narrativa mais abrangente.

a) *Cultural studies.* Os estudos culturais da Escola de Birgminham têm como figura referencial o jamaicano Stuart Hall (1932-2014) e como fundadores Richard Hoggart (1918-2014), com seu ensaio *The uses of Literacy* (1957), Raymond Williams (1921-1988), com a obra *Culture and Society* (1958) e Edward P. Thompson (1924-1993), com o texto seminal *Making Of The English Working Class* (1963). Objeto de pesquisa destes autores foi a cultura popular de massa da classe operária inglesa, influenciada pelos meios de comunicação, na realidade da periferia metropolitana. Uma das principais intuições desta escola foi abordar a temática da cultura popular como categoria fundamental de análise da sociedade, sem reduzi-la a uma compreensão dicotômica (alta ou baixa cultura), a um enfoque etnológico (práticas e costumes exóticos ou religiosos) ou a uma superestrutura submetida à dimensão econômica, segundo os pressupostos teóricos marxistas. A cultura, para esses teóricos, se constituía em base às "ideias", valores e significados elaborados por cada sociedade para expressar o sentido da existência, junto às "práticas" sociais que apontavam para "um modo total de vida [*a whole way of life*]" (HALL, 1980). Desta maneira, a dimensão simbólica e a dimensão material configuravam "formas de vida específicas" que não podiam ser reduzidas a qualquer interpretação essencialista.

Os estudos culturais, com o tempo, integraram perspectivas estruturalistas (a assim chamada "virada linguística"), pós-estruturalistas e semióticas (sobretudo no que diz em relação ao conceito de "diferença"), como também as instâncias críticas da Escola de Frankfurt, distanciando-se assim do marxismo ortodoxo, questionando a realidade social como discursivamente constituída, e problematizando a distinção ontológica entre o real e a representação. Também os objetos de estudos foram se diversificando, e com eles também o caráter heterogêneo das questões e das investigações: junto à classe operária e à cultura de massa, os estudos culturais se debruçaram sobre os movimentos feministas e as questões raciais (BLANCO, 2009, p. 15).

b) *Postcolonial studies.* Filhos dos estudos culturais, os estudos pós-coloniais se concentraram em torno da crítica do domínio colonial estabelecido nos países do Terceiro Mundo, principalmente da África e da Ásia. Essas abordagens foram elaboradas por intelectuais de antigas colônias inglesas, sediados em universidades europeias e norte-americanas, como o palestino Edward Said (1935-2003) e o indiano Homi K. Bhabha, a partir da consciência da situação subalterna, econômica, política e cultural, de seus respectivos países.

Influenciados pelo pós-estruturalismo francês de Gilles Deleuze (1925-1995) e Michel Foucault (1926-1984), estes estudos colocaram em primeiro plano a análise da relação entre formas de conhecimento e exercício do poder, concentrando-se sobre o que chamaram de "políticas do conhecimento", através das quais se mantinha os arcabouços coloniais com as epistemes eurocêntricas e o totalitarismo da cosmovisão ocidental (MELLA, 2016, p. 444-445).

A obra de Edward Said, *Orientalismo – O Oriente como invenção do Ocidente* (1990 [1978]), constitui uma referência fundamental desta perspectiva crítica ao denunciar a disciplina acadêmica do orientalismo como uma "domesticação" da alteridade, e ao desconstruir as ficções narrativas através das quais o Ocidente representa geralmente a si mesmo em relação aos outros. Juan Blanco salienta essa importante observação a respeito da herança deixada por Said:

> Essa denúncia às formas de construção do conhecimento será fundamental para a elaboração da crítica de todas aquelas teorias que, embora se apresentem como libertadoras, não são críticas aos estatutos epistemológicos a partir dos quais sustentam suas perspectivas de análise e suas propostas de mudança. Por esta razão, um distanciamento se desenvolverá por parte da teoria pós-colonial e dos estudos subalternos da ocidentalizante teoria anticolonialista (2009, p. 23).

c) Estudos subalternos. Como uma expressão radical dos estudos pós-coloniais, apareceram no final dos anos de 1970 os estudos subalternos. Estes foram se configurando em torno de um grupo de historiadores do sul da Ásia, reunidos na Universidade de Sussex (Reino Unido), cujo principal projeto foi analisar criticamente a historiografia eurocêntrica e nacionalista da Índia e a evolução das sociedades pós-coloniais em nível mundial. Seu fundador e principal mentor foi o marxista indiano Ranajit Guha, e entre os seus expoentes de maior relevo está a feminista Gayatri Chakravorty Spivak.

O termo "subalterno" é emprestado do historiador e político neomarxista italiano Antonio Gramsci (1891-1937), e se refere aos grupos socialmente subordinados às classes dominantes. "Subalterno" é oposto de "hegemônico". A noção gramsciana de hegemonia diz respeito ao controle social que as elites introjetam na consciência cotidiana dos setores oprimidos através da cultura de massa. Com isso Gramsci tomava distância da convicção clássica da hermenêutica marxista que entendia o proletariado como sujeito revolucionário.

O Grupo de Estudos Subalternos encontrou nessa categoria um instrumento heurístico apropriado para os seus objetivos, recriando-o ao estendê-lo a todos os grupos excluídos pelos processos de expansão colonial europeia, não apenas em termos de classe operária, mas também em termos de raça, etnia, classe social, gênero, orientação sexual, religião (MELLA, 2016, p. 446).

Em 1985, Gayatri Spivak publica o ensaio seminal *Pode o subalterno falar?* (2010), no qual levanta uma das maiores críticas dos teóricos subalternos à tradição acadêmica, a saber, a presunção de "falar pelo subalterno", de querer "libertá-lo", de conhecer suas necessidades e seus interesses por meio de perspectivas abstratas e universalistas. Transitando do marxismo para o pós-estruturalismo e, decididamente, para o desconstrutivismo de Jacques Derrida (1930-2004), Spivak conclui que "o subalterno não pode falar" (2010, p. 126), pois não tem nenhuma autoridade para ser ouvido, nem pertence a qualquer instituição que apoie seu discurso. No entanto, ao ressaltar a ausência de diálogo com o subalterno, a autora indiana afirma que é possível trabalhar contra a subalternidade, torná-la visível, mostrar que ela está lá, e desta maneira criar espaços e condições por meio dos quais o subalterno possa se articular e falar (ALMEIDA, 2010, p. 14).

2.1.3.3 Os estudos subalternos latino-americanos e a diferenciação do programa M/C

Segundo o semiólogo e antropólogo colombiano Jesús Martín Barbero, pioneiro dos estudos culturais na América Latina, junto com o antropólogo argentino Néstor García Canclini e o intelectual chileno José Joaquín Brunner, os aportes dessas escolas anglo-saxônicas começaram a influenciar os teóricos latino-americanos a partir de um primeiro encontro convocado pelo Conselho Latino-americano de Ciências Sociais (CLACSO) em outubro de 1983 (BLANCO,

2009, p. 59). O clima sociocultural da segunda metade da década de 1980 testemunhava uma mudança paradigmática intelectual no continente, que Alfonso de Toro chamou de "pós-modernidade periférica pós-colonial" (TORO, 1999, p. 66). Aquelas propostas anticolonialistas dos anos de 1960 e 1970, que pretendiam reivindicar identidades nacionais binárias como formas diferenciadoras do neocolonialismo do Primeiro Mundo, deixavam lugar à compreensão de novas identidades mestiças (hibridez) que se configuravam em relação ao fenômeno da globalização mundial.

A partir destas primeiras abordagens surgia na década de 1990 o Grupo Latino-Americano de Estudos Subalternos, formado por intelectuais que atuavam no continente e nos Estados Unidos. A importância desse grupo começou a ser relevante a partir da publicação do seu *founding statement*, publicado em 1993 pela revista Boundary 2, editada pela Duke University Press.

Inspirados declaradamente pelo Grupo de Estudos Subalternos asiático, com o qual se instaurou um interessantíssimo diálogo (e influência) Sul-Sul[53], o manifesto inaugural desse coletivo relevava, antes de tudo, a mudança de conjuntura com

> o atual desmantelamento dos regimes autoritários na América Latina, o fim do comunismo e o consequente deslocamento dos projetos revolucionários, os processos de redemocratização, as novas dinâmicas criadas pelo efeito dos meios de comunicação e a nova ordem econômica transnacional (1998, p. 85).

---

53. A esse respeito é importante lembrar uma introdução aos estudos subalternos publicada na Bolívia e organizada pela socióloga Silvia Rivera Cusicanqui e pela historiadora Rossana Barragán (1997). Esse volume contém traduções de uma dúzia de artigos nucleares do Grupo de Estudos Subalternos do Sul da Ásia, além de uma introdução feita pelas organizadoras, as quais, vários anos antes da publicação, tinham participado de uma oficina na Índia, ao mesmo tempo em que especialistas indianos visitaram a Bolívia. Nessa introdução, as duas autoras e tradutoras assim comentam: "Acreditamos que o conjunto de ensaios que apresentamos ao público boliviano e latino-americano ajuda a repensar uma série de temas-problema relevantes, não só para as ciências sociais, mas para os debates sobre o destino político dos camponeses e outros grupos subalternos, que na área andina preenchem as páginas da historiografia da insurgência antiestatal nos últimos cinco séculos. Pensamos que a reflexão e o debate lançados pelos colegas da Índia nos permitirão conectar muitas dessas questões com a nossa própria reflexão [...]. Nesta perspectiva, esperamos que esta seja uma ocasião para iniciar um diálogo mais horizontal entre historiadores do Sul., bem como entre nós" (RIVERA CUSICANQUI; BARRAGÁN, 1997, p. 19). Todavia, essa operação não esteve isenta de certa ambivalência em termos de colonialidade do poder, uma vez que, como observa Mignolo (2003a), não houve uma tradução ao inglês dos trabalhos dos intelectuais bolivianos (p. 254).

Nesse contexto, conceitos como pluralismo, democracia, consenso, subalternidade, nova ordem mundial, substituíram noções como modernização, ditadura, revolução, independência, desenvolvimento, libertação nacional.

O foco desta pesquisa era o subalterno considerado "sujeito mutante e migrante" envolvido dentro dos múltiplos interstícios nacionais de língua, raça, etnia, gênero, classe, entre assimilação e resistência em relação ao discurso dominante "sob o impacto da nova permeabilidade das fronteiras e do fluxo do capital-trabalho [que] simplesmente repete os processos genéticos de implantação das economias coloniais na América Latina durante os séculos XVI e XVII" (1998, p. 95).

Tratava-se, portanto, de encontrar o *locus* de onde o subalterno falava como sujeito político e social por meio de uma indagação à margem do estado-nacional. Contudo,

> não se trata, portanto, de desenvolver novos métodos de estudo do subordinado, novas e mais eficazes formas de obter informações, mas de construir novas relações entre nós e os seres humanos que tomamos como objeto de estudo (1998, p. 98).

Entretanto, aos poucos emergiram importantes divergências teóricas em relação aos estudos culturais, pós-coloniais e subalternos anglo-saxônicos, assim como aos relativos referenciais teóricos pós-estruturalistas, deconstrutivistas e frankfurtianos. Devido a certo dissenso em seu próprio interno, o grupo latino-americano se desagregou em 1998, ano em que ocorreram as primeiras reuniões entre os membros do programa de investigação M/C. Esse último coletivo deu continuidade, de alguma forma, ao projeto subalterno, configurando-se como parte dos estudos culturais latino-americanos, procurando adotar abordagens interdisciplinares com o propósito de questionar cânones epistemológicos predominantes no mundo acadêmico (MELLA, 2016, p. 447).

O principal entrave consistia exatamente no *locus* de enunciação. O *lugar* e a *perspectiva* de referência para a América Latina e o Caribe era a colonização por parte da Espanha e Portugal, entre os séculos XVI e XIX, entretanto que para os estudos pós-coloniais era a colonização da Ásia e da África do século XVIII ao XX por parte da França, Inglaterra e Alemanha. As nações latino-americanas e caribenhas conquistaram sua independência no início do século XIX, e não depois da Segunda Guerra Mundial. A Índia é um país com 1 bilhão e 350 milhões de habitantes, conta com uma impressionante diversidade étnica, cultural e linguística (21 línguas nacionais oficiais além do hindi e do inglês), enquanto a América Latina é um subcontinente que agrega 20 nações, cerca de 600 milhões de habitantes, uma significativa fragmentação étnica de povos nativos, mas poucas línguas nacionais faladas além do espanhol e do português. Esses elementos não são circunstanciais: focam a atenção sobre experiências e trajetórias históricas, intelectuais e políticas distintas[54].

Por exemplo, o pensamento latino-americano libertador dos anos de 1960 e 1970 revelava um conjunto de críticas ao eurocentrismo que Eduardo Mendieta chamou de "pós-ocidentalismo", termo correlato ao "pós-orientalismo" de Edward Said e dos estudos pós-coloniais, referente à investigação que desconstruía a ideia de Oriente como elaboração folclórica ocidental. Ambos os enfoques compartilhavam a ideia-chave de que a Europa se constituiu por meio de um processo de subordinação das alteridades. No entanto, o "pós-ocidentalismo" latino-americano não apontava somente para uma construção distorcida do outro, e sim desmascarava a negação dele (MENDIETA, 2005, p. 196): essa era a peculiaridade da análise latino-americana. Para Aníbal Quijano, "a América Latina é, sem dúvida, o caso extremo da colonização cultural da Europa" (1992, p. 439), enquanto para a Ásia e para a África não se apresentou tamanha destruição, as culturas locais sobreviveram e, portanto, podíamos falar mais apropriadamente de "subalternidade".

---

54. Walter Mignolo, citando um artigo do antropólogo Jorge Klor de Alva (1992), manifestava sua concordância/discordância sobre a tese deste último de que os termos "colonial" e "colonialismo" não seriam adequados para caracterizar o período colonial na América Latina, enquanto ingressaram no vocabulário das línguas ocidentais somente no final do século XVIII, concomitantemente ao imperialismo britânico e francês. Klor de Alva assegurava que a América Latina não é a Argélia, nem a Índia e nem a Indochina. Mignolo, por sua vez, replicou que o antropólogo mexicano tinha razão, mas em termos. Em primeiro lugar, porque a América não foi reconhecida na sua alteridade pelo mapa cristão, e foi englobada nos territórios de Jafet como Extremo Ocidente; consequentemente, "ocidentalismo" mais que colonialismo foi o argumento construído desde a experiência colonial nas América, que ficou assim colonizada duas vezes: pelo colonialismo hispânico e pela inscrição ocidental das Américas (MIGNOLO, 2003a, p. 148-149).

Uma segunda distinção entre as teorias culturais e o programa M/C se configurou em torno das influências dos pensadores pós-estruturalistas sobre os pós-coloniais e os subalternos. Os teóricos decoloniais, de acordo com suas postulações, olharam com desconfiança para essas "dependências" que reproduziam, inevitavelmente, uma colonialidade do conhecimento e uma pertença epistemológica a uma perspectiva da modernidade (GROSFOGUEL, 2006). O "giro decolonial" se autocompreendia, a princípio,

> como uma forma diferente de pensar, ao contrário das grandes narrativas modernistas – cristianismo, liberalismo e marxismo –, situando seu próprio questionamento nas bordas dos sistemas de pensamento e de pesquisa em direção à possibilidade de modos de pensamento não eurocêntricos (ESCOBAR, 2003, p. 54).

Todavia, nem sempre essa originalidade emergia com clareza: "nossa impressão é que alguns deles são mais influenciados pela virada discursiva [pós-estruturalista] do que gostariam de reconhecer ou vislumbrar" (RESTREPO; ROJAS, 2010, p. 26). E talvez seja realmente mais cônsono admitir certa vinculação com essas correntes de pensamento, afastando-se sem dúvida de uma possível pretensão hegemônica delas, assim como evitando também uma resistência radical. Afinal,

> nada do que é humano me é estranho, deveria ser nosso lema, pois o que emerge numa região de modo contingente num dado momento, e assim ocorreu com a modernidade, pode ser apropriado autenticamente por qualquer indivíduo ou coletividade, desde que responda às suas necessidades e expectativas concretas (DOMINGUES, 2011, p. 13).

Enfim, um terceiro elemento que levou a distinguir o programa M/C dos estudos anglo-saxões, é o propósito de superar a ênfase cultural *versus* ênfase econômica. As teorias culturais e pós-coloniais marcavam fortemente o papel cultural dos sujeitos, no entanto que o sistema-mundo de Wallerstein privilegiava a importância das estruturas econômicas. A perspectiva decolonial do grupo M/C propõe decididamente de entrelaçar estas duas ênfases para evitar qualquer reducionismo:

> Devemos entender que o capitalismo não é apenas um sistema econômico (paradigma da economia política) e não é apenas um sistema cultural (paradigma dos estudos culturais/pós-coloniais em seu aspecto "anglo"), mas que é uma rede global de poder, formada por processos econômicos, políticos e culturais, cuja soma mantém todo o sistema. Portanto, precisamos encontrar novos conceitos e uma nova linguagem que dê conta da complexidade das hierarquias de gênero, raça, classe, sexualidade, conhecimento e espiritualidade dentro dos processos geopolíticos, geoculturais e geoeconômicos do sistema-mundo. Para encontrar uma nova linguagem para essa complexidade, precisamos olhar "para fora" de nossos paradigmas, abordagens, disciplinas e campos do conhecimento. Precisamos dialogar com as formas de conhecimento não ocidentais que veem o mundo como uma totalidade em que tudo se relaciona com tudo, mas também com as novas teorias da complexidade (CASTRO-GÓMEZ; GROSFOGUEL, 2007, p. 18).

O "giro decolonial" aponta, portanto, para a busca de um "pensamento heterárquico" alternativo a um conhecimento hierárquico centralizador, que não dá mais conta de mapear a complexidade atual. As heterarquias são redes integradas por vários elementos econômicos, políticos, culturais etc., em que cada elemento exerce um grau de influência sobre os outros numa plataforma intencionalmente simétrica. O pensamento heterárquico fornece uma linguagem para superar qualquer oposição binária e promover uma abordagem interdisciplinar que implica múltiplos processos enredados em diferentes níveis estruturais (GROSFOGUEL, 2006).

Neste sentido, o programa de investigação M/C propõe elaborar uma descolonização epistemológica que procura contribuir para a descolonização de muitos outros aspectos da realidade social em seu sentido mais amplo, promovendo o diálogo com outros projetos subalternos e outras perspectivas decoloniais. Trata-se de um processo que visa romper com a hegemonia de um pensamento único, fomentando o surgimento de um cosmopolitismo crítico sobre a ideia de uma diversidade epistemológica do mundo, e sobre o reconhecimento de uma pluralidade de conhecimentos mais além de uma racionalidade moderna dominada pelo conceito de unidade.

É por isso que para os teóricos decoloniais não existe um "pós-colonial", não tem um *depois* do colonialismo, não há uma verdadeira autonomia e libertação por parte das colônias em relação às metrópoles. O conceito de colonialidade torna-se fundamental para entender que a colonização continua tal e qual e em diferentes níveis, apesar e em razão das independências: "a colonialidade não precisa de colônias para se manter; no entanto, ela precisa manter a dependência histórico-estrutural, e é isso que o 'imperialismo pós-colonial' fez com sucesso: reformular a retórica da modernidade para controlar as mudanças na lógica da colonialidade" (MIGNOLO, 2015, p. 171 172).

2.2 O tratado sobre a colonialidade – Proposições, perspectivas e aportes críticos ao programa de investigação modernidade/colonialidade

Uma vez analisado o surgimento do programa de investigação M/C, seus eixos, suas fontes e sua genealogia, debruçamo-nos agora sobre as proposições e as problemáticas centrais do pensamento decolonial, concebido em termos de um "giro", exatamente para indicar o salto paradigmático que entende propor. Estamos diante de uma obra coletiva em construção e não de um tratado sistemático, um canteiro aberto a novas e diversas contribuições, que afunda suas raízes na tradição crítica e anticolonial latino-americana, e que agrupa produções heterogêneas de diversos autores num âmbito interdisciplinar.

Contudo, elemento de gravitação e de agregação de todo o programa é a categoria da colonialidade, que se constitui antes de tudo como *colonialidade do poder*, e se desdobra em seguida em *colonialidade do saber e colonialidade do ser*, formando assim uma "estrutura triangular" (CASTRO-GÓMES, 2007, p. 79), a expressar principalmente a dimensão política, epistemológica e ontológica do objeto em questão. Desta análise se desprendem caminhos de *decolonialidade* como perspectivas e horizontes utópicos de superação e de libertação de todo poder estruturado em torno da desigualdade, da discriminação, da exploração e da dominação (QUIJANO, 1992).

Apresentamos, portanto, de maneira sintética estas temáticas geradoras a partir dos ensaios de seus principais expoentes, com o objetivo de elaborar uma visão global deste vasto trabalho analítico, detectando seus pontos focais e aportando alguns elementos críticos para a teologia e a prática da missão, em torno do conjunto da obra.

2.2.1 A colonialidade do poder

Um dos temas fundamentais amplamente utilizado pelo Grupo M/C, quase como uma referência obrigatória, é o conceito de *colonialidade do poder*, elaborado por Aníbal Quijano a partir do artigo já citado "Colonialidad y modernidad-racionalidad" (1992). Como lembramos, esse ensaio representa o próprio ato fundador da noção de colonialidade distinta do colonialismo. Neste texto, o sociólogo peruano relaciona a dominação colonial política e econômica com a colonização do conhecimento e do imaginário: o controle da economia e da autoridade dependem das bases nas quais se assenta não apenas o conhecimento, mas a própria maneira de produzir conhecimento. Portanto, se o conhecimento é um instrumento imperial de colonização, uma das tarefas urgentes que temos pela frente é descolonizar o conhecimento, assim como a maneira de conhecer.

Quijano chama esse processo de "colonialidade cultural" que implica, em primeiro lugar, a repressão dos padrões de significação das culturas locais, para impor outros padrões de maneira mistificada, seletiva e sedutora, para que os dominados, por sua vez, possam ter acesso às respectivas esferas de poder. Desta maneira, a europeização cultural se converte numa aspiração política de participar do poder colonial, e mais do que isso, numa "interioridade estruturante" da própria subjetividade (RESTREPO; ROJAS, 2010, p. 95).

Ao mesmo tempo que se avançava a largos passos na dominação colonial europeia, andava se constituindo um sistema cultural que Quijano denomina de "modernidade-racionalidade". Essa contemporaneidade não foi acidental: o paradigma moderno-racional foi se formando vinculado ao desenvolvimento capitalista, que começou a surgir com a *descoberta* da América no século XVI.

A modernidade-racionalidade tem por elementos básicos o sujeito cartesiano como indivíduo isolado produtor de conhecimento, o *objeto* do conhecimento distinto do *sujeito* e a exterioridade absoluta da relação entre sujeito e objeto. Não há intersubjetividade neste processo, nem a pertença a uma totalidade social, mas a total ausência do outro numa concepção atomista da existência:

> O surgimento da ideia de "Ocidente" ou "Europa" é uma admissão de identidade, isto é, de relações com outras experiências culturais, de diferenças com outras culturas. Mas para essa percepção "europeia" e "ocidental" em plena formação, essas diferenças eram admitidas antes de tudo como desigualdades, no sentido hierárquico. E tais desigualdades são percebidas como naturais: só a cultura europeia é racional, pode conter "sujeitos". Os outros não são racionais. Eles não podem ser ou cobiçar "sujeitos". Consequentemente, outras culturas são diferentes no sentido de serem desiguais, na verdade inferiores, por natureza. Eles só podem ser "objetos" de conhecimento ou de práticas de dominação. Nessa perspectiva, a relação entre a cultura europeia e outras culturas se estabeleceu e desde então se manteve como uma relação entre "sujeito" e "objeto" (QUIJANO, 1992, p. 16).

Neste sentido, o paradigma moderno-racional europeu não foi elaborado somente num determinado contexto, e sim como parte de uma *estrutura de poder* que implicava a dominação colonial sobre o resto do mundo.

Num artigo posterior, "Colonialidad del poder, cultura y conocimiento en América Latina", publicado em 1998, Aníbal Quijano avançou outra argumentação sobre a colonialidade do poder, passando da dominação através da hierarquização natural das culturas à dominação mediante a hierarquização natural das raças. O elemento "raça" tornava-se a base sobre a qual se estabelecia o padrão de dominação entre colonizadores e colonizados[55]. Desta perspectiva se definiam novas identidades homologatórias e negativas, chamando todos os povos originários de "índios", os africanos escravizados de diversas origens de "negros", os eu-

---

55. Quijano foi um profundo conhecedor e pesquisador do marxista peruano José Carlos Mariátegui (1894-1930), que por primeiro construiu analiticamente relações entre raça, terra e colonialismo na América Latina. Ele viu neste pensador o inspirador de uma "racionalidade alternativa" como uma nova maneira de conhecer, capaz de detectar nas relações de poder entre brancos, índios, negros e mestiços, não somente vínculos de exploração, e sim a implicação mais fundamental da ideia da raça (QUIJANO, 2014). O legado mariateguiano perpassa toda a obra de Quijano, inclusive seu marxismo heterodoxo que se distanciava da matriz europeia, para uma aproximação mais genuína à realidade heterógena latino-americana.

ropeus de diferentes nacionalidades de "brancos" e os descendentes das relações genéticas dessas novas identidades de "mestiços"[56].

A partir desta classificação sumária e hierarquização das populações da América, foi imposto um *padrão de poder* para o resto do mundo com a expansão do capitalismo mundial, a serviço de seus interesses. Desta maneira a diversidade era essencializada e reduzida, assim como as categorias colonizadas foram subjugadas a ser camponesas e analfabetas, privadas de suas expressões simbólicas e artísticas, levada a rechaçar – ou a simular de rechaçar – seu próprio imaginário e sua própria cosmovisão.

No artigo "Colonialidad del poder, eurocentrismo y América Latina" (2000a), Quijano retoma esta ligação entre colonialidade do poder e a questão racial, e acrescenta outro eixo constitutivo do novo padrão de poder: a articulação de todas as formas históricas de controle do trabalho, seus recursos e seus produtos, em torno do capital e do mercado mundial. De maneira que:

> As novas identidades históricas produzidas com base na ideia de raça foram associadas à natureza dos papéis e lugares na nova estrutura global de controle do trabalho. Assim, ambos os elementos, raça e divisão do trabalho, estavam estruturalmente associados e se reforçavam mutuamente, embora nenhum dos dois fosse necessariamente dependente um do outro para existir ou mudar (p. 204).

Consequentemente, com uma sistemática divisão racial do trabalho, se quis impor o controle de uma forma específica de trabalho não assalariado, juntamente ao controle de um grupo específico de pessoas dominadas: "uma nova tecnologia de dominação/exploração, neste caso raça/trabalho, foi articulada de forma a aparecer naturalmente associada" (p. 205).

---

56. A ideia de raça para Quijano, mas também para outros teóricos decoloniais, não é decorrente simplesmente das diferenças fenotípicas dos povos (cor da pele, olhos, cabelos etc.), mas do suposto desenvolvimento biológico dos seres humanos numa escala que vai do animal ao europeu, que inclui a genealogia sanguínea, a cultura, a memória, a religião, o idioma etc. A questão racial fundamenta a superioridade etnocêntrica, constitui uma linha divisória entre humanidade e desumanidade, incute uma espécie de suspeita e de ceticismo sobre a alteridade, se torna princípio organizador da divisão internacional do trabalho e elemento constitutivo do sistema mundo capitalista (RESTREPO; ROJAS, 2010).

Isso configurou uma "intersubjetividade mundial" estritamente associada ao surgimento e à consolidação da identidade eurocêntrica branca-assalariada como perspectiva hegemônica baseada em dois mitos fundantes:

> um, a ideia-imagem da história da civilização humana como uma trajetória que parte de um estado de natureza e culmina na Europa. E dois, outorgar sentido às diferenças entre a Europa e a não Europa como diferenças de natureza (racial) e não da história do poder. Ambos os mitos podem ser reconhecidos, inequivocamente, na fundação do evolucionismo e do dualismo, dois dos elementos nucleares do eurocentrismo (2000a, p. 211).

Desse ponto de vista, as relações intersubjetivas culturais entre a Europa e o resto do mundo foram codificadas em um conjunto de novas categorias binárias: Leste-Oeste, primitivo-civilizado, mágico/mítico-científico, irracional-racional, tradicional-moderno. Em suma, Europa e não Europa. Mesmo assim, a única categoria com a devida honra de ser reconhecida como o *outro* foi o Oriente. Os "índios" da América e os "negros" da África eram simplesmente *primitivos*. Segundo essa codificação das relações europeias/não europeias, a raça foi, sem dúvida, a categoria básica.

No ensaio *Colonialidad del poder y clasificación social* (2000), Quijano expõe com mais precisão a noção e a dinâmica da colonialidade do poder em sua estrutura e em sua articulação, especificando que

> se funda na imposição de uma classificação racial/étnica da população mundial como a pedra angular do dito padrão de poder [capitalista] e opera em cada um dos planos, âmbitos e dimensões, materiais e subjetivas, da existência social cotidiana e da escala social (2000b, p. 342).

Em primeiro lugar, há uma interessante nota de rodapé que explica mais uma vez a distinção entre colonialismo e colonialidade em relação à questão racial. Desta nota podemos deduzir que a colonialidade é mais profunda e duradoura do que o colonialismo, porque esse último não implica necessariamente relações raciais de poder, entretanto que a colonialidade as postula. Poderia haver, e houve, portanto, um colonialismo sem colonialidade e sem racialidade, enquanto não há colonialidade sem o propósito de uma classificação racial[57].

---

57. Essas considerações de Quijano mereceriam um aprofundamento maior para caracterizar melhor o conceito de colonialidade, enquanto mais parece uma intuição errante apenas acenada.

Esta classificação se origina e se mundializa a partir da "invenção" da América, ao mesmo tempo e no mesmo movimento histórico em que emerge e se desenvolve o capitalismo eurocentrado. Colonialidade e modernidade foram se instalando como eixos constitutivos desse específico padrão de poder e de suas necessidades cognitivas, configurando novas identidades sociais e geoculturais, produzindo uma racionalidade racial que se estabelece como única, válida, universal e superior a todas as outras.

Para o sociólogo peruano, essa estrutura do poder se articula como uma rede de relações que disputam o controle de cinco âmbitos da existência social:

> Assim como o conhecemos historicamente, em uma escala social, o poder é um espaço e uma rede de relações sociais de exploração/dominação/conflito basicamente articuladas em função e em torno da disputa pelo controle dos seguintes âmbitos da existência social: (1) o trabalho e seus produtos; (2) dependendo da anterior, a "natureza" e seus recursos de produção; (3) o sexo, seus produtos e a reprodução da espécie; (4) a subjetividade e seus produtos, materiais e intersubjetivos, incluindo o conhecimento; (5) a autoridade e seus instrumentos, de coerção em particular, para garantir a reprodução desse padrão de relações sociais e regular suas mudanças (2000b, p. 345).

Na concepção eurocêntrica do poder, nas suas vertentes liberal e materialista, somente o âmbito da autoridade, no caso do liberalismo, ou o âmbito das relações de produção, no caso do marxismo, exercem um papel preestabelecido sobre os outros âmbitos da vida social, pretendendo configurar uma totalidade sistêmica, orgânica ou mecânica, constituída por elementos historicamente homogêneos que mantêm entre si relações contínuas, lineares e unidirecionais.

Essa visão remete a lógicas estruturalistas e funcionalistas incapazes de compreender as inter-relações complexas entre todos os diversos âmbitos em que a colonialidade do poder opera. Para Quijano, um padrão de poder é sempre composto por uma articulação de elementos heterogêneos que têm "descontinuidade, incoerência e conflitualidade entre si". Reconhecendo a existência de um âmbito social primário na vida das pessoas, o sociólogo peruano não rechaça a ideia de totalidade, mas não se trata de uma totalidade absoluta em que as partes e o todo correspondem a uma mesma lógica, e sim, retomando uma intuição mariateguiana (QUIJANO, 2014, p. 154), uma totalidade multidimensional composta por elementos "heterogêneos históricos-estruturais":

> ou seja, provêm de histórias específicas e de espaços-tempos distintos e distantes entre si, que assim têm formas e aspectos não apenas diferentes, mas descontínuos, incoerentes e até conflitantes entre si, a cada momento e ao longo do tempo (2000b, p. 347).
>
> Uma totalidade histórico-social acontece em um campo de relações sociais estruturado pela articulação heterogênea e descontínua de diversos âmbitos da existência social, cada um deles estruturado por sua vez com elementos historicamente heterogêneos, descontínuos no tempo, conflitantes. *Isso significa que as partes em um campo de relações de poder societário não são apenas partes*. São assim respeito ao conjunto do campo, à totalidade que ele constitui. Consequentemente, se movem em geral dentro da orientação geral do conjunto. Mas não o são na sua relação separada com cada uma das outras. E, acima de tudo, cada uma delas é uma unidade total em sua própria configuração porque também tem uma constituição historicamente heterogênea. *Cada elemento de uma totalidade histórica é uma particularidade e, ao mesmo tempo, uma especificidade, incluso, eventualmente, uma singularidade*. Todos eles se movem dentro da tendência geral do conjunto, mas têm ou podem ter uma autonomia relativa e que pode ser, ou chegar a ser, eventualmente, conflitiva com a do conjunto. Nisso também reside a noção de mudança histórico-social (2000b, p. 354-355; grifos do autor).

A totalidade, portanto, não é um ente maior que determina as partes, mas um enredo de relações articuladas por um "eixo comum", ou seja, por um ou mais elementos da vida social que dominam — "mas não como determinante ou base de determinações no sentido do materialismo histórico, e sim estritamente como eixo(s) de articulação do conjunto" – que no caso do sistema-mundo capitalista é o controle combinado do trabalho e da autoridade:

> Mas tal totalidade histórico-social, como articulação de elementos heterogêneos, descontínuos e conflitivos, não pode ser fechada de forma alguma, não pode ser um organismo, nem pode ser, como uma máquina, consistente de forma sistêmica e constituir uma entidade em que a lógica de cada um dos elementos corresponde à

de cada um dos outros. Seus movimentos como um todo não podem, portanto, ser unilineares ou unidirecionais, como seria necessariamente o caso de entidades orgânicas, sistêmicas ou mecânicas (2000b, p. 351).

Algo de equivalente ao conceito de totalidade heterógena acontece também com a noção de classificação social. No capitalismo mundial moderno/colonial as pessoas são classificadas em base ao trabalho, ao gênero e à raça, e em torno de dois grandes eixos: o controle da produção de recursos para a sobrevivência social (a propriedade) e o controle da reprodução biológica da espécie (em função da propriedade). A raça foi incorporada pela colonialidade do poder em função desses dois eixos. O controle da autoridade, enfim, se articula para tentar garantir as relações de poder assim configuradas. Nesta perspectiva, as classes sociais, como todos os elementos que constituem um padrão de poder, são também heterogêneas, descontínuas e conflitivas no espaço e no tempo. Por isso, segundo Quijano, não existem as classes sociais como algo de orgânico, estático, metafísico, chamadas de *sujeito histórico*. Esse debate é fruto de uma análise estruturada sob o enfoque de um único e direcional âmbito de poder, o controle do trabalho/relações de produção, ocultando a existência dos outros âmbitos. Desta maneira se silencia formas de exploração do trabalho vinculadas à escravidão, ao gênero, à raça, à idade, às formas pré-industriais de produção, e tudo se reduz à classe assalariada da Revolução Industrial e à dualidade histórica Europa e não Europa. A teoria das classes sociais, para Quijano, é uma construção artificial que obedece a uma classificação relativa a uma concepção sistêmica, orgânica ou mecânica do poder.

Por outro lado, negar a subjetivação de um conjunto de pessoas, de sua constituição como *sujeito coletivo* sob certas condições e por certo tempo, vai diretamente contra a experiência histórica. Entretanto, se tratará sempre de um sujeito constituído por elementos heterogêneos e descontínuos, articulados por um eixo específico, sob condições concretas, em relação a necessidades específicas e de forma transitória. E também nem todos os processos de identificação social podem ser reconhecidos como processos de subjetivação social: "apenas os processos de subjetivação cujo sentido é o conflito em torno da exploração/dominação constituem um processo de classificação social" (2000b, p. 371).

Portanto, o interesse de classe requer ser repensado em termos de heterogeneidade histórico-estrutural, pois precisa sempre determinar

> as condições históricas específicas a respeito das quais é possível perceber os modos, os níveis e os limites da associação das pessoas envolvidas nessas três instâncias (trabalho, gênero e raça), em um determinado período e em um contexto específico (2000b, p. 372).

Desta maneira, todas as instâncias, os elementos, as categorizações de uma heterogeneidade histórico-estrutural, bem como suas recíprocas implicações e as múltiplas articulações entre pessoas, espaços e conhecimentos, não devem ser reduzidas sob uma ótica sistêmica e essencialista: não há um poder absoluto, unidirecional e totalitário que age verticalmente sobre as partes, mas algo heterogêneo muito mais complexo, descontínuo e diversificado. O que está em jogo aqui é entender *como* a colonialidade do poder se estrutura, atuando de maneira dissimulada nas relações concretas de uma formação social, através de elementos que exercem o papel de articuladores do conjunto, que se impõem sobre os outros e dispõem sob o seu controle os diversos âmbitos da existência social. Sendo assim, as estruturas de poder não representam uma totalidade em si, mas se identificam com a particularidade dos sujeitos dominantes e sua suposta naturalização está desmascarada, enquanto a heterogeneidade histórico-estrutural postula sempre a possibilidade de uma transformação social a partir do conflito que pode surgir de cada uma das partes em relação ao conjunto.

2.2.2 A colonialidade do saber

A noção de colonialidade do poder é a pedra angular do pensamento decolonial. Proposta por Aníbal Quijano, é entendida como um padrão de poder global de relações de dominação/exploração/conflito em torno ao trabalho, à natureza, ao sexo, à subjetividade e à autoridade. Estas relações são concebidas a partir de uma perspectiva de "heterogeneidade histórico-estrutural" em cada um destes âmbitos:

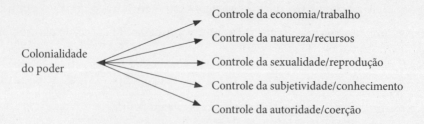

Mignolo (2010, p. 12) enxerga, nestes níveis interdependentes, atividades e controles específicos como a *colonialidade do saber*, a *colonialidade do ser*, a *colonialidade do ver*, a *colonialidade do fazer* e do *pensar*, a *colonialidade do ouvir*:

> Em suma, colonialidade de poder refere-se à complexa matriz ou padrão de poder sustentado por dois pilares: o conhecer (epistemologia), entender ou compreender (hermenêutica) e o sentir (*aesthesis*). O controle da economia e da autoridade (a teoria política e econômica) depende das bases sobre as quais se fundamentam o conhecer, o compreender e o sentir. A matriz colonial de poder é, em última análise, *uma rede de crenças* sobre a qual se atua e se racionaliza a ação, se tira vantagem disso ou se sofre suas consequências (grifos nossos).

A noção de *colonialidade do saber* pretende ressaltar a dimensão epistêmica da colonialidade do poder. Apesar de não ter sido objeto de uma elaboração cuidadosa, esse conceito apresenta uma série de elementos que remetem à subalternização de uma multiplicidade de conhecimentos que não respondem às modalidades de produção do conhecimento ocidental, associadas à racionalidade moderna e à ciência convencional.

A referência poderia ser a obra organizada por Edgardo Lander *La colonialidad del saber: eurocentrismo e ciencias sociales – Perspectivas latino-americanas* (2000). Mas os artigos que compõem o livro não apresentam uma definição precisa do tema proposto. Praticamente, podemos deduzir que a "colonialidade do saber" é sinônimo de "eurocentrismo", que Aníbal Quijano explicita desta forma:

> Eurocentrismo é, aqui, o nome de uma perspectiva de conhecimento cuja elaboração sistemática começou na Europa Ocidental antes de meados do século XVII, embora algumas de suas raízes sejam indubitavelmente mais remotas, incluso antigas, e que nos

séculos seguintes se tornaram mundialmente hegemônicas à esteira do domínio da Europa burguesa. [...] Não é uma categoria que envolve toda a história cognitiva de toda a Europa, nem da Europa Ocidental em particular. Em outras palavras, não se refere a todas as formas de saber de todos os europeus e em todos os tempos, mas a uma racionalidade específica ou perspectiva de conhecimento que se torna mundialmente hegemônica ao colonizar e ao se sobrepor a todas as outras, anteriores ou diferentes, e a seus respectivos saberes concretos, tanto na Europa como no resto do mundo (2000a, p. 218-219).

Para Dussel, "o 'eurocentrismo' da modernidade é exatamente o ter confundido a universalidade abstrata com a mundialidade concreta hegemonizada pela Europa como 'centro'" (DUSSEL, 2000, p. 48). Com efeito, a perspectiva eurocêntrica considera certa tradição teológica, filosófica e científica não somente como superior, mas como a única válida. Esse exclusivismo tem sido estreitamente ligado à dominação europeia de suas sociedades e do mundo, de maneira que foi elaborada uma série de dinâmicas e estratégias de sujeição e exploração em nome da verdade produzida e dos interesses das elites dominantes.

Em termos mundiais, todos os povos do planeta foram considerados inferiores aos europeus, ou pelo menos com algumas importantes carências. Mignolo distingue mais dois processos de diferenciação: a "diferença colonial" e a "diferença imperial". A primeira, como já vimos, consiste em classificar grupos de pessoas e populações e identificá-los por suas faltas ou excessos, que marcam uma *diferença* e uma *inferioridade* em relação a quem os classifica. Essa diferença foi mascarada e vendida como *diversidade cultural*, ocultando desta maneira a colonialidade do poder que estava por detrás desta classificação. A segunda diferença serviu para afirmar a *mesmidade* com outros impérios: os cristãos eram diferentes, mas não superiores aos turcos, aos chineses, aos japoneses etc. Essas civilizações eram apenas (des)classificadas como não cristãs: a única *superioridade* que se reclamava era a religiosa. A diferença imperial, a princípio, era uma diferença da cristandade, enquanto a diferença colonial foi necessária para justificar o projeto de expansão da cristandade (MIGNOLO, 2003b, p. 39).

Mignolo insiste nas diferenças coloniais e imperiais traçadas no conjunto da criação do *território* da cristandade, que foi a expressão primordial e geradora da colonialidade do poder, enquanto lugar epistêmico de enunciação em que se descreveu e se legitimou o poder colonial. A classificação dos quatro tipos de bárbaros, na carta enviada ao Rei Carlos I por Bartolomeu de Las Casas em defesa dos povos indígenas (1548), deixava claro que o objetivo da evangelização era a conversão, com métodos suaves ou diferenciados por cada tipo de bárbaro, mas finalizados sempre à conversão à verdadeira religião (MIGNOLO, 2003b, p. 38). A palavra "religião" deu aos poucos lugar ao termo "cultura" no imaginário dessacralizado da Ilustração, permanecendo imutadas as pretensões de superioridade do conhecimento ocidental, caraterizadas pela universalidade, objetividade e neutralidade de sua cosmovisão.

A objetividade e a neutralidade pressupunham um conhecimento sem sujeito, ou melhor, um conhecimento onde o sujeito tomava distância de si para não contaminar o objeto com sua subjetividade. Esse distanciamento era necessário para gerar um conhecimento válido e universal. Esse *não se situar* neutro, para produzir um conhecimento universal, foi chamado por Castro-Gómez de "*hybris* do ponto zero":

> Poderíamos caracterizar esse modelo, usando a metáfora teológica do *Deus Absconditus*. Como Deus, o observador observa o mundo a partir de uma plataforma de observação não observada, a fim de gerar uma observação verdadeira sem qualquer dúvida. Como o Deus da metáfora, a ciência ocidental moderna se coloca fora do mundo (no ponto zero) para observar o mundo, mas ao contrário de Deus, ela não obtém uma visão orgânica do mundo, mas apenas uma visão analítica. A ciência moderna pretende estar no ponto zero de observação para ser como Deus, mas não pode observar como Deus. É por isso que falamos da *hybris*, do pecado do excesso. Quando os mortais querem ser como os deuses, mas sem ter a capacidade de sê-lo, eles incorrem no pecado da *hybris*, e isso é, mais ou menos, o que acontece com a ciência ocidental moderna. Na verdade, a *hybris* é o grande pecado do Ocidente: pretender ter um ponto de vista sobre todos os outros pontos de vista, porém sem que desse ponto de vista se possa ter um ponto de vista (2007, p. 83; grifos do autor).

Com essa noção Castro-Gómez questiona a pretensão do conhecimento não situado, de-historicizado, de-corporalizado do paradigma epistêmico ocidental constitutivo da colonialidade. A ideia que pode existir a produção e a apropriação de um conhecimento deste tipo é o que Grosfoguel denomina de "egopolítica do conhecimento":

> A "egopolítica do conhecimento" da filosofia ocidental sempre privilegiou o mito do "Ego" não situado. A localização epistêmica étnica/racial/de gênero/sexual e o sujeito falante estão sempre desconectados. Ao desvincular a localização epistêmica étnica/racial/de gênero/sexual do sujeito falante, a filosofia e as ciências ocidentais podem produzir um mito sobre um conhecimento universal confiável que cobre, isto é, disfarça o falante, bem como sua localização epistêmica geopolítica e corpo-política nas estruturas de poder/conhecimento [sem?] tomar a sério as perspectivas/cosmologias/intuições epistêmicas de pensadores críticos do Sul global que refletem a partir de e com espaços e corpos raciais/étnicos/sexuais subalternizados (2007, p. 20-21).

Para Grosfoguel, sempre falamos desde um lugar particular das estruturas de poder que envolvem classe, sexo, idioma, geografia, hierarquia raciais etc. O conhecimento sempre se encarna em corpos concretos e em lugares específicos no marco do sistema-mundo: há em jogo, portanto, uma *corpo-política* e uma *geopolítica* do conhecimento. Todos os conhecimentos estão situados, de maneira que a neutralidade e a objetividade descorporalizadas e deslocalizadas constituem um mito ocidental.

Os teóricos decoloniais deixam claro que não querem promover uma cruzada contra o Ocidente, nem um fundamentalismo antimodernista e antieuropeísta, ou um obscurantismo epistêmico em nome de algum tipo de culturalismos etnocêntricos:

> Quando dizemos que é preciso ir "além" das categorias de análise e das disciplinas modernas, não é porque devam ser negadas, nem porque devam ser "superadas" por algo "melhor". Em vez disso, trata-se de uma ampliação do campo de visibilidade aberto pela ciência ocidental moderna, uma vez que ela não foi capaz de se abrir a domínios proibidos, como emoções, intimidade, bom-senso, sabe-

res ancestrais e corporeidade. Não é, então, a disjunção, mas a conjunção epistêmica que estamos proclamando (CASTRO-GÓMEZ, 2007, p. 90).

Um dos exemplos que permitem abordar a geo-corpo-política do conhecimento, sem cair em simplificações maniqueístas pouco convincentes, são as noções de "orientalismo" e "ocidentalismo". A primeira, como lembramos, remete à obra clássica de Edward Said (1990 [1978]) que questiona a ideia de Oriente como uma criação que não corresponde à realidade, mas a um produto/objeto histórico da imaginação ocidental e de suas práticas de dominação:

> ele é, em vez de expressar uma certa vontade ou intenção de entender, e em alguns casos controlar, manipular e até incorporar aquilo que é um mundo manifestamente diferente (ou alternativo e novo); [...] é – e não apenas representa – uma considerável dimensão da moderna cultura político-intelectual, e como tal tem menos a ver com o Oriente do que com o "nosso" mundo (p. 24).

A segunda noção, o "ocidentalismo", se refere à análise crítica de Fernando Coronil sobre a obra de Said, não como contraposição ao "orientalismo", mas como a condição que possibilita seu entendimento, seu lado oculto: não podia haver um Oriente como "outro", sem um Ocidente como "o mesmo". Todas as culturas e civilizações formularam representações estereotipadas dos mundos dos outros. Mas no caso do Ocidente não se trata de um etnocentrismo banal de horizontes limitados: trata-se de algo imbricado indissoluvelmente com as práticas de dominação mundial e com a hegemonia capitalista. O ocidentalismo estabelece laços específicos entre saber e poder: "o ocidentalismo é, portanto, a expressão constitutiva entre as representações ocidentais das diferenças culturais e a dominação mundial do Ocidente" (CORONIL, 1998, p. 131).

> A partir de 1500, otomanos, incas, russos, chineses etc. começaram a enfrentar um processo de *inversão de reconhecimento*: eles começaram a *reconhecer* que as línguas e as categorias de pensamento ocidentais e, portanto, a filosofia política e a economia política se expandiram sem *reconhecê-los* como iguais no jogo. O orientalismo, magistralmente analisado por Edward Said, é apenas o segundo momento neste processo. Anterior a ele, o que o torna possível, foi construído o ocidentalismo: a construção das Índias Ocidentais, en-

> cobertas pela expressão triunfalista ao invés de colonialista da *descoberta da América* (MIGNOLO, 2010, p. 13; grifos do autor).

Portanto, essa representação de si e dos outros por parte do Ocidente não investe apenas o Oriente, mas também outras regiões do globo, e em primeiro lugar a América, que é concebida, essencialmente, como extensão da Europa ou como diferença dentro do mesmo. Com efeito, o conceito histórico e geográfico de "América" emerge no imaginário europeu anos depois que Colombo desembarcou pela primeira vez no Caribe em 1492, quando os europeus começaram dar-se conta que estavam diante de um "Novo Mundo". Essa descoberta na realidade foi uma "invenção", como sustentou o historiador mexicano Edmundo O'Gorman (1906-1995) em seu clássico *La invención de América*: "a chave para resolver o problema do surgimento histórico da América era considerar este evento como fruto de uma invenção do pensamento ocidental e não mais como uma descoberta meramente física, também feita por acaso" (1995 [1958], p. 9).

> "Descoberta" e "invenção" não são apenas duas interpretações diferentes do mesmo evento: elas fazem parte de dois paradigmas diferentes. A linha que separa esses dois paradigmas é a da transformação da geopolítica do conhecimento; não é apenas uma diferença terminológica, mas também o conteúdo do discurso (MIGNOLO, 2007a, p. 29).

Além de ser uma construção semântica criada pelos europeus, a América foi assimilada aos poucos como extensão para o oeste do domínio de Jafé, não alterando de muito a cosmologia cristã dos três continentes, e gerando de fato o conceito de Ocidente a partir de sua epopeia transatlântica. Com este processo, a Europa começou a perceber-se não como *um* dos continentes, e sim como *o* continente, como o *centro* que tinha um poder de denominação sobre os outros. A ideia da América não é somente referência a um lugar, mas funciona sobretudo a partir de um *locus* de enunciação que transforma uma ideia em realidade, instalando relações de poder e de assimilação por trás da nomenclatura. Aqui, como afirma Mignolo, entra em ação a colonialidade do conhecimento, que se apropria do significado, da mesma maneira como a colonialidade do poder se apropria da autoridade (2007b, p. 171).

Esta colonialidade do conhecimento se expressou, não por último, na produção dos mapas mundiais que surgiram justamente a partir das "descobertas geográficas" do século XVI. Os cristãos ocidentais foram os primeiros a ter uma ideia global de mundo, porque eram os únicos que sabiam que os chineses estavam na China e que os índios estavam na América: criaram ilustrações exatamente para localizar onde se encontravam os bárbaros a ser denominados, dominados e convertidos. O mapa em si foi a própria representação gráfica da colonização (MIGNOLO, 2007b).

O mais famoso cartógrafo da época da primeira colonização foi o flamengo Gerhard Kremer (latinizado em *Gerardus Mercator*, 1512-1594). Ele confeccionou um mapa retangular do globo terrestre que permaneceu como referência básica até os nossos dias, tanto para o uso marítimo (navegação) como para o uso didático (escolas). Se nós traçarmos duas diagonais no retângulo desse mapa, descobrimos que elas cruzam exatamente sobre a Europa, o centro do mundo desta representação. Consequentemente, a proporção da superfície de outras regiões do globo, enxergadas desta perspectiva, fica escandalosamente desvirtuada[58].

Evidentemente, antes de ser estritamente uma questão de geografia, o eurocentrismo permanece essencialmente uma questão epistemológica. Essa cosmovisão com pretensões universalistas anda também de mãos dadas com a questão linguística, na maneira de privilegiar determinados idiomas na comunicação e na produção do conhecimento teórico, subalternizando outros como apenas produtores de folclore, mas não de pensamento. A hierarquia linguística, ou "linguocentrismo", na qual o eurocentrismo foi fundamentado, controla o conhecimento não somente pelo domínio das próprias línguas, mas também pelas categorias nas quais é ba-

---

[58]. A Europa resulta mais extensa do que a América Latina, quando na realidade é a metade de seu território (9,7 milhões contra 17,8 milhões de km^2). A Índia parece menor do que a Escandinávia, quando na realidade é três vezes maior. A África é do mesmo tamanho da Groenlândia, quando na realidade é 10 vezes maior. Os países da Europa, América do Norte e Rússia figuram bem maiores, quando na realidade sua superfície cobre apenas a metade do restante dos territórios do planeta. Tudo é uma questão de perspectiva: o globo terrestre observado a partir de um ponto de vista determinado. Em 1973, o historiador alemão Arno Peters (1916-2002) concebeu um mapa que pudesse respeitar as devidas proporções das diversas regiões da terra, de maneira a oferecer uma visão do mundo que não fosse tão eurocêntrica. O resultado foi surpreendente (NANNI; SURIAN, 1995).

seada a estrutura do pensamento[59]. De modo que todas as cosmologias e conhecimentos do mundo, em suas diferentes linguagens e epistemologias, tiveram que se rearticular em relação aos modos ocidentais de conhecer, de ser e de se expressar.

Walter Mignolo dedica a essa questão toda terceira parte de sua obra *Histórias locais/projetos globais* (2003a). Sua tese é que a racionalidade moderna foi construída em torno de duas línguas e pensamentos clássicos, grego e latim, e de seis línguas e pensamentos europeus e imperiais: italiano, castelhano, português, francês, alemão e inglês. Dessas seis línguas modernas, as três primeiras correspondem à primeira modernidade (Renascimento) e as outras três correspondem à segunda modernidade (Ilustração). A hegemonia do uso destas línguas já é por si uma confirmação da colonialidade do saber: a produção de conhecimento veio dos lugares por onde a civilização se espalhou, no momento em que certos idiomas começaram a ser falados além de seus territórios de origem, diferenciando-se entre expressões genuínas metropolitanas e expressões espúrias, coloniais, crioulas, carregadas de sotaques e léxicos mestiços que conferiam um caráter vulgar de subalternidade.

O poder hegemônico desses idiomas nunca se configurou pelo número de falantes, e sim pelo domínio do saber, pela produção intelectual e pelas culturas do conhecimento acadêmico, expressão de um saber universal e superior com pleno direito de ser exportado para todos os cantos do planeta porque respaldado por potências imperialistas. Afinal, como apontava o historiador bengali Dipesh Chakrabarty (2004, p. 65), "uma língua nada mais é do que um dialeto apoiado por um exército". Desta maneira, o potencial epistêmico de outros saberes foi silenciado ou, no melhor dos casos, foi reputado como conhecimento local, objeto somente de curiosidade e de pesquisa. De fato, as línguas faladas nas periferias colonizadas nunca conseguiram um grau de legitimidade suficiente para expressar um conhecimento objetivo, porque isso só poderia ser transmitido pelas línguas

---

[59]. Mignolo esclarece: "A 'ciência' (conhecimento e sabedoria) não pode ser separada da língua; as línguas não são meros fenômenos 'culturais' em que os povos encontram a sua 'identidade'; são também o lugar em que o conhecimento está inscrito. E, uma vez que as línguas não são algo que os seres humanos têm, mas algo que os seres humanos são, a colonialidade do poder e do saber veio a gerar a colonialidade do ser" (2004, p. 669).

hegemônicas. Em seu *Discours sur le colonialisme*, Aimé Césaire (1978, p. 58) sentenciou com certo sarcasmo: "só o Ocidente sabe pensar".

2.2.3 A colonialidade do ser

A *colonialidade do ser* diz respeito à dimensão ontológica da colonialidade do poder, ou seja, às consequências sobre a experiência vivida pelos seres humanos na relação colonial, seu impacto na linguagem e na existência tanto do dominado como do dominador. De fato, os efeitos inferiorizantes e desumanizantes da colonialidade atravessam a constituição ontológica dos seus atores em jogo, colonizado e colonizador. Baseado em Heidegger, Lévinas, Dussel e Fanon, esse conceito da colonialidade do ser foi particularmente desenvolvido por Nelson Maldonado--Torres a partir de algumas intuições iniciais de Walter Mignolo (2004). Sua exposição começa com uma análise da ontologia fundamental de Heidegger, passando pela crítica de Lévinas, a complementação de Dussel e, enfim, os aportes de Fanon.

Antes de tudo, o filósofo porto-riquenho retoma o conceito de colonialidade do poder de Aníbal Quijano conectado à ideia de raça, com a consequente subalternização e a desumanização dos povos não europeus. Por detrás desses conceitos e de suas implicações surge uma atitude de suspeita permanente, sutil e profunda: a subjetividade moderna fundamenta sua epistemologia no ceticismo metodológico cartesiano, o qual tinha como regra primeira "jamais acolher alguma coisa como verdadeira que eu não conhecesse evidentemente como tal, isto é, evitar cuidadosamente a precipitação e a prevenção" (DESCARTES, 1979 [1637], p. 45). Este ceticismo tinha como pressuposto o dualismo da *res cogitans* (o pensante) e *res extensa* (o objeto), por sua vez derivado da autoconsciência do *cogito ergo sum*.

Segundo Enrique Dussel (1993, p. 53), como já falamos, esse *ego cogito* do pensador do século XVII é antecipado e vinculado ao *ego conquiro* do conquistador do século XVI. Aliás, o primeiro é a expressão ontológica do segundo. A certeza do sujeito prático em sua tarefa de apropriação de territórios precedeu a certeza do sujeito pensante na apropriação do ser e do conhecimento, assim como a diferença colonial entre o *ego* conquistador e o *ego* conquistado não somente se antepôs, e sim inspirou o maniqueísmo da *res cogitans* (mente) e *res extensa* (corpo). O "bárbaro" era o contexto originário e obrigatório de toda a reflexão sobre a subjetividade, a razão e o conhecimento.

Sob esta ótica, ao perguntar se o outro "é realmente humano", se "é realmente racional", se "tem alma", se "tem direitos", o ceticismo metodológico cartesiano se torna fundamentalmente misantrópico e revela, inequivocavelmente, o fundamento da racionalidade instrumental moderna do *ego conquiro*. Junto à constatação que o "descobrimento" e a conquista da América foi um evento histórico com implicações metafísicas, ontológicas e epistêmicas (MALDONADO-TORRES, 2007, p. 137), abre-se também o caminho para naturalização da violência, da violação e da não ética da guerra a partir da negação do outro por parte de um ego que se apresenta como origem absoluta de um discurso solipsista.

Sumariamente, Maldonado-Torres chega às mesmas conclusões quando passa a se debruçar sobre a ontologia fundamental e anticartesiana de Heidegger, que representa já uma evolução em direção ao discurso crítico da colonialidade do ser. O filosofo alemão, que inaugurou um novo modo de pensar o sujeito, a linguagem e a historicidade, resgatou a importância do *ser* sobre o conhecimento como ponto de partida. Para ele o *ser* foi confundido com um *ente* (objeto) ao longo de toda a tradição metafísica ocidental. Mas na realidade entre *ser* e *entes* há uma diferença ontológica: "o *ser* é sempre *ser* de um *ente*" (HEIDEGGER, 2005 [1927], v. I, p. 35; grifos do autor). Exatamente por isso, é possível pensar no *ser* somente a partir de sua manifestação nos *entes*, propriamente no ser humano, que Heidegger chama de *Dasein*, o "ser-ai": a manifestação do *ser* enquanto "ente que existe". A existência é a essência do *Dasein*, permanentemente em construção, projetado ao futuro, sujeito ao contexto e ao tempo como "ser-no-mundo".

Todavia, a filosofia heideggeriana se apresentava como uma filosofia totalizante pelo fato do *ser*, manifestado no *Dasein*, ser reduzido ao *Mesmo*, segundo a crítica levinasiana: "afirmar a prioridade do *ser* em relação ao *ente* é já pronunciar-se sobre a essência da filosofia, subordinar a relação com *alguém* que é um ente (a relação ética) a uma relação do *ser do ente* que, impessoal como é, permite o sequestro, a dominação do ente" (LÉVINAS, 1988, p. 32; grifos do autor). Para

Lévinas o problema da filosofia não era o esquecimento do *ser*, mas do *Outro*. Na ontologia não há espaço para se pensar o *Outro* enquanto *Outro*, não há espaço para pensar o diferente. Afinal, a ontologia fundamental de Heidegger é uma filosofia do poder, cumplice da violência, da desumanização e do sofrimento, que não questiona o *Mesmo* por colocar o *ser* antes do *ente* (1988, p. 34). Por isso que para Lévinas o ponto de partida da filosofia não deve ser a ontologia e sim a ética, que se assenta no reconhecimento da relação entre *eu* e o *Outro*, preservando tanto a unicidade do *eu* como o respeito pela alteridade de outrem.

Concretamente, na relação colonial o *Dasein* de Heidegger se transformava no *damné* de Fanon. Se Descartes, no seu "penso, logo existo", enfatizava subjetiva e epistemologicamente o *penso*, por seu lado Heidegger evidenciava ontologicamente o *existo* (2005 [1927], v. I, p. 53). No entanto, à luz do *ego conquiro*, o "penso, logo existo" cartesiano apresentava pelo menos duas dimensões que não apareciam nem em Descartes e nem em Heidegger:

> Por baixo do "eu penso" poderíamos ler "os outros não pensam" e em "eu existo" podemos colocar a justificação filosófica para a ideia de que "os outros não existem" ou são desprovidos de ser. Descobrimos assim uma complexidade não reconhecida da formulação cartesiana: de "penso, logo existo" somos levados à noção mais complexa, porém ao mesmo tempo mais precisa, histórica e filosoficamente: "penso (outros não pensar ou não pensar bem), logo existo (os outros não são, são destituídos de ser, não deveriam existir ou são dispensáveis)" (MALDONADO-TORRES, 2007, p. 144).

Tanto a epistemologia cartesiana como a ontologia heideggeriana pressupunham em seus fundamentos a *colonialidade do saber* e a *colonialidade do ser* articuladas entre si, enquanto a ausência da racionalidade na modernidade estava vinculada com a ideia da ausência do *ser* nos sujeitos racializados. O *damné* é para o *Dasein* (o *ser-aí*) europeu um ser que *não está aí*. Portanto, a partir da colonialidade do ser, Maldonado-Torres desdobra a diferença ontológica em três diferenças:

a) a diferença trans-ontológica: a diferença entre o *ser* e o que está *além do ser*;

b) a diferença ontológica: a diferença entre *ser* e os *entes*;

c) a diferença subontológica ou a diferença ontológica colonial: a diferença entre o *ser* e o que está *abaixo do ser*.

Esta última é produto da colonialidade do ser:

> A colonialidade do ser indica aqueles aspectos que produzem uma exceção à ordem do ser: é como se este fosse o produto do excesso do ser que, em sua busca de continuar a ser e para evitar a interrupção do que reside além do ser, produz aquilo que o manterá sendo, o não ser humano e um mundo desumano. A colonialidade do ser não se refere, portanto, apenas à redução do particular à generalidade do conceito ou a um horizonte de sentido específico, mas à violação do sentido da alteridade humana, a ponto de *o alter ego* transformar-se em um *subalter* (MALDONADO-TORRES, 2007, p. 150).

Se para Heidegger a consciência e a atitude (antecipação) frente à morte (ser-para-a-morte) libertavam o *Dasein* do "impessoal" do cotidiano e lhe permitiam de assumir sua própria autenticidade (2005 [1927], v. II, p. 43-51), no caso do *damné* de Fanon, a morte não era um evento extraordinário, mas parte de sua existência cotidiana. A aventura única e exclusiva de enfrentar a mortalidade se converte aqui num incidente ordinário: a libertação não emerge do encontro com a própria morte, mas do desejo de livrar-se dela como elemento constitutivo da própria experiência vivida. A *essência* do *damné* é *ser morto/a* e *ser violado/a*:

> Ameaçado na sua afetividade, ameaçado em sua atividade social, ameaçado em sua cidadania, o Norte-Africano reúne todas as condições que tornam um homem doente. Sem família, sem amor, sem relações humanas, sem comunhão com a coletividade, o primeiro encontro consigo próprio far-se-á de um modo neurótico, de um modo patológico, sentir-se-á esgotado, sem vida, em corpo a corpo com a morte, uma morte aquém da morte, uma morte na vida, e que haverá de mais patético do que este homem de músculos robustos que nos diz com sua voz verdadeiramente quebrada: "Doutor, vou morrer?" [...] Uma morte quotidiana. Uma morte no elétrico, uma morte na consulta, uma morte com as prostitutas, uma morte no estaleiro, uma morte no cinema, uma morte múltipla nos jornais, uma morte no medo que as pessoas de bem têm de sair depois da meia-noite. Uma morte, sim, uma morte (FANON, 1980, p. 17).

Segundo Maldonado-Torres, as mesmas ideias que inspiram atos inumanos na guerra, são legitimados na modernidade através da ideia de raça e gradativamente vistos como naturais. A diferença subontológica é o resultado desta naturalização da não ética da guerra que transformava o *damné* não somente num não sujeito concreto, mas também num conceito transcendental. Se o termo *damné* está relacionado etimologicamente ao verbo *donner* (dar), é preciso constatar que o *damné* não está em condições de *dar*, porque tudo o que tinha foi tirado dele, e nem poderia *dar* porque nunca seria reconhecido como doador e sim, no caso, como beneficiário da doação.

Para Lévinas a subjetividade se caracterizava por esse *dar*. Mas o fato de estar nas condições de não poder dar nada e não ser reconhecido como potencial doador tirava ao *damné* a possibilidade de ser autenticamente um sujeito. Esta ideia da subjetividade fundamentalmente generosa, receptiva e responsável, foi elaborada pelo filósofo lituano como ato metafísico na comunicação entre *eu* e o *Outro*: é no encontro face a face com o Outro que eu me sinto imediatamente responsável por ele; o Outro permanece sempre o outro metafísico; o Outro é absolutamente outro; o Outro não é minha representação, ele é antes de tudo aquele por quem eu sou responsável; o Outro permanece infinitamente transcendente e na epifania do seu rosto ele interpela e chama. Neste sentido, a alteridade absoluta do Outro me interpela como vítima.

Na leitura que Maldonado-Torres faz de *Totalité et infini* (1961), a dimensão ontológica do ser deve sua existência e seu sentido a partir da necessidade de justiça na ordem trans-ontológica, metafísica, transcendente, que consiste num "movimento que parte [...] de uma 'nossa casa' que habitamos para um fora de si estrangeiro, para um além" (LÉVINAS, 1988, p. 21), e que "processa-se originalmente como discurso em que o Mesmo, recolhido em sua ipseidade de 'eu' – de ente particular único e autóctone – sai de si" (1988, p. 27). Para Lévinas, a metafísica é "morrer pelo invisível" (1988, p. 23):

> Assim, pode-se dizer, a partir de Lévinas, que se a emergência do ser se baseia na transformação da subjetividade em *alter ego*, a colonialidade do ser surge com a traição radical da subjetividade em *damné*, condenado ou subalter. Se a justiça é responsável pela primeira

transformação, a colonialidade do ser é responsável pela segunda (MALDONADO-TORRES, 2007, p. 152).

Em Lévinas, portanto, encontramos um vínculo entre *ser* e *poder* ao afirmar que a ontologia fundamental é uma filosofia do poder, enquanto dá prioridade a um ser anônimo sobre a relação entre subjetividade e alteridade, levando à renúncia da justiça e da responsabilidade radical com o outro. Além disso, a obra desse pensador é fundamental para deixar claro que a aparição da alteridade enquanto vítima não tem somente uma relevância sociopolítica, mas também ontológica e metafísica: "indica a emergência de um mundo estruturado a partir do não reconhecimento da maioria da humanidade como sujeito doador, o que legitima dinâmicas de posse, e não de intercâmbio generoso" (2007, p. 154).

Por sua vez, a aspiração fundamental do processo descolonizador consiste na restauração da ordem humana fazendo desaparecer a lógica da sub-alteridade e dando mais importância aos traços da diferença trans-ontológica na sociedade. Maldonado-Torres aponta para um amor e a uma justiça descoloniais que abrem espaço para uma opção preferencial pelo *damné*, e buscam resgatar uma relação de dar e receber, através de uma política de receptividade generosa, inspirada pelos imperativos da descolonização do imaginário e do mundo social e geopolítico, construídos a partir da naturalização da não ética da guerra. Trata-se de promover uma ética que orienta uma política radical de oposição à colonialidade em todas as suas formas (2007, p. 156).

Todavia, é dever lembrar que o *Outro* de Lévinas não é o *damné* de Fanon, e sim o judeu do Holocausto. Lévinas se aproximou da perspectiva da colonialidade do ser. Questionou o "germanocentrismo" e o racismo epistêmico de Heidegger, que se assentava na ontologia nacional da pátria contra a ameaça da fútil americanização da Europa[60], e parou por aí. Às raízes gregas reivindicadas pelo filósofo alemão, respondeu com o legado bíblico, que não podia ficar de fora da Europa e

---

60. Heidegger via na América (Estados Unidos) uma terra sem história, uma cultura sem raízes, um povo sem identidade autóctone, uma ameaça à identidade europeia. Além do mais precisava proteger a Alemanha do Iluminismo francês e da latinidade da Igreja Católica. A localização de uma *arché* na Grécia devia inspirar a buscar uma nova *arché* na Europa, a partir da relação íntima entre a língua alemã e a língua e o pensamento grego (MALDONADO-TORRES, 2010, p. 402-403).

do Ocidente: Atenas, a raiz genuína do pensamento, precisava ser conjugada com Jerusalém, de onde emanavam as fontes judaicas. A filosofia, para ele, tinha origem da fusão criativa entre o pensamento grego e o pensamento judeu.

Essas duas cidades se destacavam como lugares simbólicos do conhecimento. Contestando em parte o discurso de Heidegger, e continuando a alimentar a busca das raízes identitárias do Ocidente, Lévinas produziu sua crítica a partir de uma geopolítica limitada e fortemente autocentrada. Seu comprometimento com a causa judaica impediu uma análise histórico-crítica mais abrangente, e sua luta não o levou a se associar, de uma forma significativa, com a luta de outros sujeitos racializados pela modernidade/colonialidade.

Assim é o caso de outros filósofos contemporâneos como Michael Hardt, Antonio Negri e Slavoj Žižeck[61], que também se tornaram incapazes de reconhecer o imperativo da *pluriversalidade* ética e epistêmica do mundo. Seus pressupostos veladamente ou expressamente religiosos contribuíram com uma certa cegueira diante do lado mais escuro da modernidade. Entretanto, uma busca das raízes do Ocidente deveria, segundo Maldonado-Torres, estar subordinada ao projeto de crítica dessas mesmas raízes, que mantêm vivo o discurso dominante sobre o *ser* e a geopolítica racista do conhecimento (2010, p. 437).

"Vamos, camaradas, o jogo europeu está definitivamente terminado, é necessário encontrar outra coisa", clamava Fanon na conclusão de sua mais famosa obra (1968, p. 272). O martiniquense que lutou contra os alemães na Segunda Guerra Mundial, contra os franceses na Argélia, que tinha à mente não apenas o extermínio dos judeus, mas também o de muitas outras vítimas do *ethos* imperialista e racista europeu em outras partes do mundo, amadureceu um cosmopolitismo decolonial. Esse cosmopolitismo não sacrificou o comprometimento com a luta local, antes implicou a criação de uma nova ordem que levava em conta um espectro mais amplo da história humana. De alguma forma, Fanon estabeleceu um marco, abaixo do qual teóricos e intelectuais deveria evitar de descer.

---

61. Hardt e Negri são autores da trilogia *Império* (2000), *Multidão* (2004) e *Comum* (2009), sobre as transformações econômicas, sociais e políticas do capitalismo e as possíveis perspectivas para a humanidade. O esloveno Žižeck, marxista lacaniano, é autor de numerosas obras por meio das quais tenta dar voz a uma angústia pela ausência de uma esquerda radical capaz de contrastar o liberalismo progressista dominante.

Por isso, para Maldonado-Torres, uma linha de pesquisa sobre a *colonialidade do ser* terá que se referir não apenas a um acontecimento de violência originário, como o Holocausto no caso de Lévinas, mas também ao desenrolar da história moderna em termos de uma lógica da colonialidade, transgredindo fronteiras e perspectivas eurocêntricas, para enfim poder investigar as raízes essenciais da persistência da colonialidade a partir de suas diversas expressões (2010, p. 423).

2.2.4 Perspectivas decoloniais

A articulação do discurso crítico sobre a colonialidade do poder, do saber e do ser leva os pesquisadores do programa de investigação M/C a lançar perspectivas decoloniais, que basicamente se referem a movimentos de resistência teóricos e práticos, políticos e epistemológicos, à lógica da modernidade/colonialidade (BALLESTRIN, 2013, p. 105). Para Walter Mignolo, a conceptualização da colonialidade já é um pensamento decolonial que vai se constituindo. Retomamos aqui uma citação já reportada anteriormente:

> O argumento básico (quase um silogismo) é o seguinte: se a colonialidade é constitutiva da modernidade e a retórica salvacionista da modernidade pressupõe a lógica opressora e condenatória da colonialidade (daí os *damnés* de Fanon), essa lógica opressora produz uma energia de descontentamento, desconfiança, desprendimento entre aqueles que reagem à violência imperial. Essa energia se traduz *em projetos de descolonialidade que, em última instância, também são constitutivos da modernidade* [...] o pensamento descolonial é, então, o pensamento que se desprende e se abre para possibilidades en-cobertas (colonizadas e desacreditadas como tradicionais, bárbaras, primitivas, místicas etc.) pela racionalidade moderna montada e encerrada nas categorias do grego e do latim e das seis línguas imperiais europeias modernas (italiano, espanhol, português, inglês, francês e alemão) (MIGNOLO, 2007a, p. 26; grifos do autor).

Todavia, para o pesquisador argentino não basta denunciar o conteúdo da retórica da modernidade e sua cumplicidade com a lógica da colonialidade. Para que a teoria crítica se torne teoria decolonial é preciso antes de tudo "aprender a desaprender, a fim de poder reaprender" (MIGNOLO, 2010, p. 98).

Neste sentido, ele retoma uma perspectiva já proposta por Quijano em seu artigo primeiro gerador:

> A crítica ao paradigma europeu de racionalidade/modernidade é indispensável. Ainda mais urgente. Mas é duvidoso que o caminho consista na simples negação de todas as suas categorias; na dissolução da realidade no discurso; na pura negação da ideia e na perspectiva da totalidade do conhecimento. Longe disso, é preciso livrar-se dos vínculos da racionalidade-modernidade com a colonialidade, em primeiro lugar, e em última instância com todo o poder não constituído na livre-decisão de gente livre (1992, p. 19).

O *desprendimento* é o primeiro passo para uma virada decolonial, que consiste em criar um processo para uma nova comunicação intercultural, um intercâmbio de experiências e de significações com base a uma outra racionalidade que possa pretender alguma universalidade, visto que não há nada mais irracional que a pretensão de uma específica cosmovisão de uma etnia particular, a europeia ocidental, de se impor como racionalidade universal. Seria como pretender para um provincialismo o título de universal[62].

Mais uma vez, Quijano não recusa a ideia de totalidade para viabilizar esse desprendimento. Para isso, porém, é preciso reconhecer a "heterogeneidade histórico-estrutural" da realidade, que implica copresença e articulação de diversas lógicas históricas, *algumas delas hegemônicas, mas nenhuma delas exclusiva*. Essa heterogeneidade não nega, ao contrário necessita da ideia do outro, do diverso, do diferente. E essa diferença não implica necessariamente desigualdade hierárquica ou inferioridade social, porque as diferenças não são necessariamente fundamento da dominação.

Ora, *desprender-se* dos vínculos da racionalidade-modernidade com a colonialidade leva para uma *abertura* junto às possibilidades encobertas por essa mesma racionalidade e, afinal, para a utopia da *pluriversalidade* como projeto uni-

---

[62]. A esse propósito, é dever sinalizar a obra provocadora do historiador indiano Dipesh Chakrabarty *Provincializing Europe – Postcolonial Thought and Historical Difference* (2000), na qual expõe seu projeto de "provincializar a Europa", que consiste, basicamente, na denúncia da apropriação pela Europa do adjetivo "moderno", quando na realidade a modernidade é um produto da história global na qual todos os povos tiveram parte.

versal. Não se trata, porém, de promover uma *diversalidade* a partir de qualquer subjetividade, e sim das subjetividades e dos projetos marcados pela diferença colonial – e não simplesmente cultural – dirigidos a revelar a "cara oculta" da modernidade:

> Esses projetos constituem um *paradigma outro* porque têm em comum a perspectiva e a crítica da modernidade desde a colonialidade; ou seja, não apenas a modernidade refletida no espelho, preocupada com os horrores do colonialismo, mas vista pela colonialidade que a vê se refletir si mesma no espelho. E porque questionam a própria lógica pela qual a modernidade foi pensada e continua a ser pensada como modernidade e pós-modernidade. O *paradigma outro* não está, não pode estar, reduzido à hegemonia da pós-modernidade ou do projeto pós-moderno, pois em ambos os casos o paradigma outro é reduzido ao silêncio, como o foram outras formas de pensamento durante quinhentos anos de colonialidade/modernidade (MIGNOLO, 2003b, p. 27; grifos do autor).

Desta forma, esse "paradigma outro" é distinto de qualquer outra transição paradigmática pelo seu lugar de enunciação. A colonialidade lhe confere um caráter de "disrupção", mais de que de "transição", pelo fato da modernidade de ter reduzido ao silêncio os povos conquistados, impossibilitando junto a estes o diálogo de pensamentos e, portanto, passando somente a ser pensados.

Esta noção do *lugar de onde se pensa* dá origem ao "pensamento fronteiriço", do qual já falamos na primeira parte deste capítulo, e que retorna como clamor da outra metade da modernidade. Este tipo de pensamento pode também ser elaborado em forma de *perspectiva* ("pensamento fronteiriço fraco"), por quem não se encontra num estado de subalternidade, mas se identifica com a causa. As convergências entre os *damnés* e seus possíveis aliados da hegemonia atenta, consciente e aberta à colonialidade são pressupostos necessários para conseguir algumas transformações sociais efetivas e para dar vida a um cosmopolitismo crítico, alternativo à globalização neoliberal, que está sendo construído não mais dentro do Império ou dentro das nações ou dentro das religiões, mas nas fronteiras onde emerge o pensamento fronteiriço:

Uma das possibilidades que oferece o pensamento fronteiriço é a de deixar de ser o que os universais abstratos foram e ainda continuam sendo: o espaço necessário a ser defendido à custa de vidas humanas; o uso da violência para defender a liberdade; o recurso a meios não democráticos para defender a democracia; colocar-se fora da lei para defender a própria lei. Finalmente, vamos lembrar que o pensamento fronteiriço não é um híbrido no qual partes de diferentes todos se misturam alegremente. O pensamento fronteiriço surge do diferencial colonial de poder e contra este se erige [...]. O pensamento fronteiriço é um dos caminhos possíveis para o cosmopolitismo crítico e para uma utopística que nos ajuda a construir um mundo onde caibam muitos mundos (MIGNOLO, 2003b, p. 55).

A proposta de Mignolo é muito similar ao "pensamento pós-abissal" de Boaventura de Sousa Santos (2010) e ao seu correlativo "cosmopolitismo subalterno". Para o sociólogo português esse cosmopolitismo tem um caráter ainda embrionário. Para captá-lo é necessário recorrer a umas "sociologias das emergências", que consiste numa amplificação simbólica de sinais, pistas e tendências latentes que apontam para novas constelações de sentido[63]. Esse cosmopolitismo se manifesta através de um conjunto de redes, iniciativas, organizações e movimentos que lutam contra uma globalização econômica, social, política e cultural. Essas lutas e movimentos são animados por um *ethos* redistributivo, baseado no princípio da igualdade e no princípio do reconhecimento da diferença, e pela convicção de que a justiça social global não é possível sem uma justiça cognitiva global.

Sousa Santos afirma que a configuração do cosmopolitismo subalterno é por sua natureza aberta e incompleta, visto que a diversidade do mundo é inesgotável e que essa diversidade continua desprovida de uma epistemologia adequada. A

---

63. As "sociologias das emergências" podem ser de três tipos: ruínas-sementes, apropriações contra-hegemônicas e zonas libertadas. As primeiras dizem respeito aos resquícios de culturas originárias que se tornam motivos para um resgate e para a configuração de um projeto decolonial. As segundas, as "apropriações contra-hegemônicas", já operam com a ressignificação e a subversão de conceitos da modernidade, para transformá-los em instrumento de lutas contra a dominação. Enfim, as "zonas libertadas" indicam espaços de participação organizados com regras e princípios radicalmente opostos aos da sociedades capitalistas, colonialistas e patriarcais (SOUSA SANTOS, 2019, p. 55-58). Essas tipologias denotam a possibilidade do caráter de hibridação dos projetos decoloniais, não necessariamente nativistas, ou puramente alternativos, mas sempre e de alguma forma numa relação dialética-ou melhor, "analética" – com a modernidade.

obra desse autor pode ser entendida como uma expressão de um "pensamento fronteiriço fraco", na tentativa de se projetar para além da "linha abissal" invisível que divide as sociedades metropolitanas dos territórios coloniais[64], e aprender com o Sul[65] usando uma epistemologia do Sul[66]. Essa epistemologia, ao mesmo tempo em que denuncia o "episteminicídio", oferece instrumentos analíticos que permitem não somente resgatar conhecimentos suprimidos ou marginalizados, como também identificar condições que possibilitam construir novos conhecimentos de resistência e de produção de alternativas ao capitalismo e ao colonialismo global. Nisso consiste, para Sousa Santos, a proposta de uma "ecologia dos saberes" que se articula num "interconhecimento" a partir das seguintes condições:

1) copresença radical, que compreende práticas e agentes de ambos os lados da linha como contemporâneos em termos igualitários;

2) renunciar a qualquer epistemologia geral, reconhecendo a existência de uma diversidade e de uma pluralidade epistemológica do mundo;

3) aprender outros conhecimentos sem esquecer ou abdicar dos próprios, reconhecendo a diferença entre ciência como conhecimento monopolista e ciência como parte de uma ecologia dos saberes;

---

64. A noção de "linha abissal" é o equivalente da diferença colonial, ou da colonialidade/modernidade. Para Sousa Santos, o conhecimento e o direito representam as manifestações mais visíveis da linha abissal. De um lado há a hegemonia da ciência ocidental *versus* crenças, magias, superstições do resto do mundo; do outro, o Estado de Direito da civilização *versus* estado de natureza sem lei da barbárie. Uma realidade é coexistente com a outra e constitutiva da outra: não há humanidade de um lado da linha abissal, sem a sub-humanidade do outro lado da mesma linha.

65. O "Sul" é aqui entendido como um campo de desafios epistêmicos, metáfora do sofrimento humano sistematicamente causado pelo colonialismo e pelo capitalismo. De certa forma, esta noção vai ao encontro ao Sul geográfico, ou seja, daqueles lugares do mundo que foram colonizados pelas potências do Norte global. Mas não se identifica somente com esta circunscrição e sim com todas as situações que estão "do outro lado da linha".

66. Interessante a este propósito, a proposta pedagógica do grupo de pesquisa SULear, surgido nos primeiros anos de 1990 e coordenado pelo físico e antropólogo brasileiro Márcio D'Olne Campos. Esse coletivo, que reúne estudiosos do Brasil e do México, tem como um dos seus objetivos principais contextualizar criticamente o hemisfério Sul, debatendo sobre as noções e as práticas de orientação espacial socialmente adotadas (daqui o neologismo SULear no lugar de NORTEar). Em geral, as técnicas tradicionais que usamos para nos situar no espaço são importadas do Norte, e isso transcende a simples cartografia implicando consequências ideológicas e geopolíticas das escolhas de orientação. A partir dessa intuição, os autores procuram desenvolver hábitos de observar e *escavar* criticamente alguns fenômenos, modos de pensar, fazer e agir, muitas vezes originários de outros contextos naturais e sociais, que foram impostos como visões de mundo exógenas. Artigos, publicações e eventos deste grupo estão disponíveis no site www.sulear.com.br (acesso: 1 dez. 2020).

4) não descreditar o conhecimento científico, na busca de credibilidade dos conhecimentos não científicos e na sua utilização contra-hegemônica;

5) ser pragmáticos e centrar-se na hierarquia dos saberes, porque não há conhecimento que não seja vinculado a alguns objetivos concretos (esta hierarquia não é estabelecida de antemão, mas dependentemente do contexto e à luz de resultados úteis);

6) ter consciência da incomensurabilidade dos saberes e da necessidade da tradução intercultural, pois estão em jogo não somente linguagens diferentes, como também distintas categorias e diferentes universos simbólicos;

7) promover e criar condições para ações criativas e desestabilizadoras, que perturbam a relação entre causa e efeito, que insurgem contra a ação conformista e que abrem o possível à novidade.

Na mesma direção da "ecologia dos saberes" de Sousa Santos vai também a proposta política e epistêmica da "interculturalidade" da americana Catherine Walsh, coordenadora do doutorado em Estudos Culturais da América Latina na Universidade Andina Simón Bolívar (Quito, Equador). O conceito de *interculturalidade*, amplamente empregado hoje em dia com diferentes sentidos, está relacionado a debates sobre comunicação, cidadania, filosofia e, sobretudo, educação. Foi neste campo que Walsh realizou suas primeiras elaborações do conceito, centrando seu interesse nas dimensões pedagógicas da interculturalidade a partir da perspectiva da colonialidade, para, num segundo momento, integrar em suas análises as políticas de estado e as políticas transnacionais de organismos multilaterais. Neste processo, essa autora ressaltou o uso que cada um destes atores fazia de noções como pluralismo, multiculturalismo e interculturalidade.

Walsh relevou a existência de uma política ambígua que promovia respeito, tolerância e valorização da diversidade cultural (multiculturalismo), mas não questionava as regras do jogo, e não enfrentava os problemas estruturais vinculados à colonialidade do poder:

> Ao contrário do multiculturalismo, em que a diversidade se expressa em sua forma mais radical, pelo separatismo e etnocentrismo e,

em sua forma liberal, por atitudes de aceitação e tolerância – que Tubino (2005) chama de "interculturalismo funcional" – a interculturalidade, como a entendemos aqui, é a que busca intervir nas estruturas, instituições, relações e mentalidades que reproduzem a diferença como desigualdade e, ao mesmo tempo, constroem pontes de articulação e relação. Tal articulação e relação não pretendem supervalorizar ou erradicar as diferenças culturais ou formar novas identidades mistas ou mestiças, mas sim promover uma interação dialógica entre pertença e diferença, passado e presente, inclusão e exclusão, e controle e resistência, sempre reconhecendo também as próprias formas de identificação que o povo tem, a hegemonia, o poder e a autoridade colonial-cultural que tenta se impor social e politicamente (2009, p. 46).

Tomando distância das concepções de interculturalidade como engajamento pessoal e não como problema enraizado em relações de poder, Walsh também julga insuficiente o recurso ao pensamento fronteiriço de Mignolo para a construção de um projeto alternativo, porque esse considera somente a relação entre pensamentos subalternos e pensamento moderno/colonial hegemônico, e não avalia as possibilidades de relação e conhecimento *entre* projetos subalternos (WALSH, 2005). No lugar de assumir como principal objetivo a implosão do pensamento hegemônico, é preferível mais construtivamente colocar em diálogo os diversos saberes e cosmovisões marcados pela diferença colonial com o propósito de criar um novo tipo de sociedade. Ao invés de um pensamento fronteiriço seria melhor falar de um *posicionamento crítico liminar,* capaz de construir vínculos estratégicos entre grupos e conhecimentos subalternizados, entre povos indígenas e negros, por exemplo, entre povos originários dos Andes e da Amazônia. Desta perspectiva, a interculturalidade firma-se como projeto político e epistêmico de transformação social, que implica a participação interativa dos setores colonizados, incluso os movimentos sociais latino-americanos.

Junto ao cosmopolitismo subalterno de Mignolo, a ecologia dos saberes de Boaventura de Sousa Santos e a interculturalidade de Catherine Walsh, é dever lembrar também a perspectiva da *transmodernidade* de Enrique Dussel. As propostas de Mignolo e Walsh estão mais focadas num confronto crítico com a modernidade, enquanto as de Sousa Santos e Dussel parecem buscar uma integração entre modernidade e subalternidade, sempre do ponto de vista da diferença colonial ou da linha abissal.

Para Dussel há culturas vivas e fecundas na exterioridade negada e excluída pela expansão da Europa moderna: culturas diferentes, criativas e desenvolvidas em um horizonte "transmoderno", como um além de toda possibilidade interna da modernidade. Neste sentido o "trans" indica todos os aspectos que se situam "além" das estruturas universais da cultura moderna:

> Esse "além" (trans) indica o ponto de partida desde a exterioridade [...] da modernidade, daquilo que a modernidade excluiu, negou, ignorou como insignificante, sem sentido, bárbaro, não cultura, alteridade opaca pelo desconhecido; avaliado como selvagem, incivilizado, subdesenvolvido, inferior, mero despotismo oriental, modo de produção asiático etc. Vários nomes dados ao não humano, ao irrecuperável, ao que não tem história, ao que se extinguirá antes do avanço avassalador da "civilização" ocidental globalizante (2004, p. 222).

O filósofo argentino elabora esse conceito como superação explícita do conceito de pós-modernidade, que é a etapa final da cultura moderna, e como projeto para o futuro da humanidade, no momento que é chamada a assumir os aspectos mais positivos da modernidade (avaliados com critérios desde a diferença colonial), agregando uma rica pluriversalidade, fruto de um autêntico diálogo intercultural que reconhece as assimetrias existentes (2015, p. 283).

Dussel admite que há uma globalidade positiva *versus* uma globalização excludente, que permite construir uma relação fraternal entre os povos, e que precisa ser utilizada para o desenvolvimento diferenciado das culturas tradicionais não ocidentais (2004, p. 223). Para viabilizar esse processo é preciso: (1) afirmar os valores dos momentos culturais negados que se encontram na exterioridade desprezada; (2) colocar esses valores tradicionais como ponto de partida para uma crítica interna das próprias culturas; (3) o agente crítico deve ser alguém localizado *entre* as duas culturas (que pode ser entre duas culturas subalternas, ou entre uma subalterna e a moderna); (4) esse processo supõe um período longo de resistência, de amadurecimento e de acumulação de forças (2015).

Desta maneira, a superação da modernidade na transmodernidade não implica a negação da razão, mas uma retomada da razão negada num diálogo entre críticos de sua própria cultura, desprendidos e abertos a reaprender e a criar alianças transformadoras.

2.2.5 Aportes críticos em torno do "giro decolonial"

A reflexão decolonial, em particular referente ao labor do programa de investigação M/C e de seus integrantes, se encontra numa fase de longa gestação e construção, talvez de certo assentamento, depois de um período de intensa produção teórica. Suas originais e inegáveis contribuições, particularmente em torno do conceito de colonialidade, se inserem na rica tradição crítica latino-americana de um lado, e no pensamento cultural, pós-colonial e subalterno do outro. Suas raízes marxistas e neomarxistas, assim como estruturalistas e pós-estruturalistas, são evidentes, apesar de ser submetidas a uma premente revisão.

Essas teorizações, de extrema importância também pela elaboração teológica, levantam elementos e heranças históricas, culturais, sociais e epistemológicas muito concretas, findadas no processo de formação identitária do continente latino-americano e do próprio sistema-mundo capitalista moderno. Todavia, apresentam por vezes questões problemáticas e passagens pouco convincentes, além de um pensamento emaranhado, terminologias herméticas e debates excessivamente academicistas, seguindo os caminhos dos quais não se entrevê sempre um desaguamento propositivo. O sociólogo brasileiro José Maurício Domingues (2013, p. 10), referindo-se mais em geral às reivindicações pós-coloniais e afins, sugere que "muitas de suas intuições, quer política ou teoricamente, são válidas; porém, suas soluções são problemáticas".

Os antropólogos colombianos Eduardo Restrepo e Axel Rojas dedicam um capítulo de ampla crítica ao "giro decolonial", em sua obra *Inflexión decolonial: fuentes, conceptos e cuestionamentos* (2010), abordando questões transversais que interpelam a argumentação no seu conjunto. Mais pontual é o sociólogo porto-riquenho Ramón Grosfoguel, um dos principais organizadores do programa de investigação M/C, que enfatiza as divergências, as incongruências e os entraves entre os participantes do coletivo, revisitando os caminhos que foram percorridos. Temos também as contribuições de vários estudiosos alinhados com a proposta do programa M/C como Boaventura de Sousa Santos, a intelectual boliviana Silvia Rivera Cusicanqui, a antropóloga libanesa Elena Yehia, e outros, que intervieram aportando elementos e questionamentos que ajudam a delinear melhor a proposta, evidenciando pontos fracos e ambivalentes.

Seguimos e integramos o esquema de Restrepo e Rojas que aponta tergiversações, inconsistências, limitações conceituais, anacronismos e omissões no amplo leque da produção M/C.

a) Tergiversações. Os textos dos autores decoloniais podem originar certo mal-estar ou impressão negativa numa primeira abordagem. Com efeito podemos ter a impressão de: um latente essencialismo maniqueísta na relação opressão-oprimido; um fundamentalismo terço-mundista concentrado num nativismo indígena e afrodescendente; uma antimodernidade pura e vacinada contra qualquer colonialidade do poder; uma defesa irrestrita das políticas identitárias confundidas com a identificação com um projeto político; um improvável privilégio epistêmico por parte dos subalternos que não podem falar; umas políticas de representação questionáveis, pelo fato, por exemplo, de um indígena falar em nome de todos os indígenas etc.

As obras e os ensaios teóricos decoloniais abordam em várias passagens essas questões, mas não ao ponto, provavelmente, de esclarecê-las satisfatoriamente, como confirma Grosfoguel numa entrevista publicada em 2013. Por outro lado, são debates de longa data que acompanham o pensamento crítico latino-americano, assim como a própria evolução da teologia da libertação. O ponto central a elucidar, a meu modo de ver, é a essencialização e a romantização do sujeito pobre, oprimido, excluído, subalterno, marcado pela diferença colonial, e o dualismo simplista que o acompanha *versus* alternâncias como modernidade, desenvolvimento, civilização, totalidade, Primeiro Mundo etc. Superar essas dicotomias não significa, como afirma Dussel (2015, p. 44), que não existam e que sejam epistemicamente inúteis. Pelo contrário, essas categorias devem ser situadas em níveis concretos de maior complexidade e articuladas com outras categorias que sirvam de mediação em cada contexto.

Uma leitura mais atenta de Cesáire e Fanon, no aspecto da relação colonizado-colonizador, e de Paulo Freire, sobre o vínculo opressor-oprimido, poderia ajudar a definir melhor essa questão, assim como os fundamentos antropológicos e sociológicos na qual se baseia: afinal, um sistema opressivo e violento de colonização não tende a transmitir valores construtivos às suas vítimas. E, portanto, teremos muitas vezes, como ponto de partida, sujeitos fragmentados, socialmente localizados no lado dominado da relação de poder, assumindo uma postura epistêmica do lado dominador desta relação:

> Se você não entender a diferença entre "localização social" e "localização epistêmica" e não fazer essa distinção e, pior ainda, reduzir "localização social" a "localização geográfica" – como Mignolo faz – então você cai em um essencialismo bruto e uma simplificação onde você acaba celebrando o pensamento do outro de uma forma romântica, ingênua e colonial (GROSFOGUEL, 2013, p. 44).

É claro que é de fundamental importância o lugar desde onde se pensa e se constrói conhecimento. Todavia, isso não significa nem automatismo e nem exclusivismo em termos epistêmicos e políticos no âmbito de um possível pensamento fronteiriço. O risco de um populismo epistêmico, como também do reducionismo geográfico, paira no ar como um novo fundamentalismo colonial imbricado pelas mesmas categorias eurocêntricas que propõe desmascarar.

b) Inconsistências. A esse respeito, a socióloga de origem aimará Silvia Rivera Cusicanqui, em sua obra *Ch'ixinakax utxiwa – Una reflexión sobre prácticas y discursos descolonizadores* (2010a, p. 19), ataca passionalmente o "giro decolonial" como expressão de um "colonialismo interno"[67] no qual "as palavras não desig-

---

67. A categoria do "colonialismo interno" é central em todo trabalho e percurso acadêmico de Silvia Rivera Cusicanqui. Aborda a intervenção penetrante da nação e do Estado (boliviano), de suas narrativas e imaginários, na produção de subjetividades, de processos complexos de dominação e de estratificação social, reproduzindo assim processos globais dentro de um âmbito nacional através da mestiçagem. Nesse contexto persistem contemporaneamente as relações de poder do ciclo colonial, reeditadas nos

nam, mas encobrem [...] tornaram-se um registro ficcional, crivado de eufemismos que velam a realidade em vez de designá-la".

> Dotada de capital cultural e simbólico graças ao reconhecimento e certificação dos centros acadêmicos dos Estados Unidos, essa nova estrutura de poder acadêmico se concretiza na prática por meio de uma rede de professores convidados e visitantes entre universidades e pelo fluxo – de sul a norte – de estudantes indígenas ou afrodescendentes da Bolívia, Peru e Equador, que se encarregam de apoiar o multiculturalismo teórico, racializado e exotizante das academias (2010a, p. 65).

Rivera Cusicanqui insiste que "não pode haver um discurso da descolonização, uma teoria da descolonização, sem uma prática descolonizadora", sobretudo se o âmbito acadêmico onde se elabora uma teoria decolonial são os Estados Unidos, incorrendo em incoerências simbólicas, beneficiando-se de vantagens econômicas:

> é preciso sair da esfera das superestruturas e quebrar as estratégias econômicas e os mecanismos materiais que operam por trás dos discursos. O discurso pós-colonial na América do Norte não é apenas uma economia de ideias, é também uma economia de salários, confortos e privilégios, além de um certificador de valores, por meio da concessão de diplomas, bolsas, mestrados, convites para lecionar (2010a, p. 65).

A socióloga boliviana ainda acusa os integrantes do programa M/C de certo plágio quando diz que "acabamos tendo que comer, regurgitar, o pensamento descolonizador que os povos indígenas e intelectuais da Bolívia, Peru e Equador produzimos de forma independente" (2010a, p. 67). Desta maneira se forma o pen-

---

ciclos liberal (século XIX) e populista (a partir de 1952). Esses três horizontes históricos, que constituem sucessivas invasões e agressões contra as formas de organização social, econômica e cultural dos povos andinos, continuam atuar na superfície do tempo presente (RIVERA, 2010b, p. 39). Desta maneira, a nação não é somente um "lugar de enunciação", mas participa ativamente e especificamente da construção de estruturas ambivalentes de hábitos, expressões verbais e não verbais, de identidades mestiças mediante estratégias, comportamentos, discursos, artefatos culturas etc.: "Porém essa matriz de comportamentos culturais não afeta apenas os 'indígenas', mas também os diversos estratos de miscigenação e *'cholaje'*, e até mesmo os próprios *q'aras* [burgueses] que reproduzem, em suas viagens ao norte, o comportamento dual do imigrante provincial andino. Poncho e *zampoña* enquanto habitam o espaço 'civilizado' da metrópole; língua estrangeira e diplomas de Harvard ou Lovaina para exercer o comando sobre este 'país de índios'" (p. 117).

samento decolonial como cânon de uma nova área das ciências sociais. Por isso, Rivera Cusicanqui acredita que o discurso "de Mignolo e companhia é um neutralizador das práticas de descolonização, ao entronizar na academia o reino limitado e ilusório da discussão sobre modernidade e descolonização" (2010a, p. 68).

A autora talvez misture críticas com rancores em suas considerações (afinal, se as ideias viajam de uma forma ou de outra, deveria ser motivo de satisfação, desprendendo-se um pouco de ambições pessoais ou coletivas). Contudo, isso não significa que essas observações não sejam procedentes, sobretudo quando se refere ao lugar de enunciação e à assimetria dos recursos financeiros entre os estabelecimentos dos Estados Unidos e da América Latina. Em outras palavras, também os teóricos decoloniais caem na rede da geopolítica do conhecimento colonial que indaga sobre quem produz conhecimento, em que contexto o produz e para quem o produz, além de todas as boas intenções[68].

---

68. Não vamos nos demorar mais sobre essa crítica contundente desta notável intelectual aimará, cuja obra e percurso acadêmico é um dos mais significativos na América Latina, em termos de estudos decoloniais. Evidentemente, como sustenta Maximiliano Salatino (2014), "os esforços sustentados por Silvia Rivera, assim como por outros intelectuais indígenas ou afrodescendentes, baseiam-se em raízes materiais de dominação que claramente não estão presentes nas discussões culturalistas dos estudos da descolonialidade" (p. 81). Para uma abordagem mais elaborada seria preciso nos deter sobre o contexto e a história da região andina boliviana, em particular do movimento katarista-indianista, sobre a qual Rivera se debruça inteiramente, junto ao apoderamento dos povos originários. Por outro lado, parece-nos que o pensamento decolonial elaborado pelo coletivo M/C continua mantendo sua relevância analítica e conceitual, assim como as epistemologias do Sul de Boaventura de Sousa Santos, mesmo diante dos limites, das contradições e das inconsistências relevadas. Essas talvez possam contribuir para um ulterior aprofundamento e superação do que uma desqualificação teórica irremediável. Como já dissemos, entre os aportes mais originais do programa de pesquisa que examinamos está o diálogo interdisciplinar entre autores latino-americanos indiscutivelmente referenciais, em torno da categoria quijaniana da colonialidade. O fato de boa parte destes acadêmicos se encontrarem na América do Norte não deve fazer esquecer que também ilustres autores como Firmin, Césaire, Senghor, Memmi, Fanon fizeram seus estudos e publicaram suas obras em Paris. Fals Borda fez seu mestrado e doutorado nos Estados Unidos, sem falar de Paulo Freire que teve passagens também pelos Estados Unidos e pela Suíça, e que viu a sua *Pedagogia do oprimido* publicada pela primeira vez em Nova York (1970). Os membros do Grupo de Estudos Subalternos asiático, aos quais a Rivera se inspira, são todos acadêmicos nos Estados Unidos e na Grã-Bretanha. Podemos até arriscar em afirmar que a jornada desses intelectuais na diáspora metropolitana impulsionou criativamente suas produções, como sustentamos no caso movimento literário Negritude. Claramente, isso não se compara a uma reflexão contextual latino-americana. Contudo, se complementa em vista de possíveis alianças construtivas, convergências de horizontes e transformações sociais efetivas, as quais, se não eliminam as assimetrias entre academia e subalternidade, como afirma Leyva Solano (2018), pelo menos contribuem "para romper as relações de poder e de iniquidade das quais fazíamos parte" (Tomo I, p. 472).

c) **Limitações conceituais.** Restrepo e Rojas assinalam dois pontos seriamente problemáticos que atravessam grande parte dos trabalhos do coletivo M/C: a noção de modernidade hiperreal e o conceito de cultura junto à noção de relações de poder entendidas como dominação.

A primeira questão, amplamente enfatizada no vínculo constitutivo entre modernidade e colonialidade como seu lado escuro, é uma das premissas fundantes de todo o discurso decolonial. Todavia, modernidade é entendida aqui como uma entidade histórica monolítica, essencialmente una, apesar de Dussel diferenciar entre uma primeira e uma segunda modernidade (SOTO, 2012). Restrepo e Rojas chamam essa caraterização de "modernidade hiper-real" com certo potencial de abstração. Com efeito, nos trabalhos do programa de investigação M/C emerge o tempo todo a modernidade no singular e não no plural. Inclusive as diversas ideologias que, segundo alguns teóricos da M/C, intercorrem no discurso moderno – cristianismo, conservadorismo, liberalismo, socialismo – vêm num pacote só, numa continuidade paradigmática de uma proposta substancialmente análoga (MIGNOLO, 2004, p. 672).

Existe de fato uma essência da modernidade que possa caber num esquema dialético com uma colonialidade? Para os antropólogos colombianos parece mais acertado proceder histórica e etnograficamente, antes de operar em abstrato:

> como em determinados momentos e em diferentes escalas se articulam certos projetos civilizatórios, com maior ou menor êxito, em nome da modernidade como uma problematização cujos conteúdos e termos não se definem de antemão nem são sempre os mesmos, mas a partir da qual se elaboram tecnologias de governo de populações, se estabelecem formações discursivas e se geram as condições de possibilidade da produção de certas posições de sujeito e de configuração de subjetividades (RESTREPO; ROJAS, 2010, p. 208).

Isso não significa desconhecer que há uma inter-relação entre os diversos projetos, e nem que não exista uma interioridade considerada superior diante de uma exterioridade classificada inferior que perpassa os diferentes momentos e conjunturas. Mas não podemos considerar tudo como se fosse a mesma coisa. Para a antropóloga libanesa Elena Yehia é preciso ponderar a possibilidade de recolocar o projeto M/C no domínio da modernidade, para trabalhar com mais profundidade e desvelar os verdadeiros mecanismos com os quais o mito da modernidade cumpre suas pretensões de universalidade. Ao propor a colonialidade como ruptura epistêmica para desqualificar a modernidade, este "paradigma outro" permanece preso dentro da própria lógica da modernidade.

> Existe o perigo real de cair na armadilha de postular uma alteridade fundacional e um sujeito transcendental que constituiria uma alternativa radical em relação a um Outro moderno/europeu/norte-americano igualmente homogeneizado. Isso reinscreveria a diferença como um projeto limitado a teorizar uma modernidade alternativa, em vez de trabalhar para estimular alternativas à modernidade (2007, p. 208).

Portanto, faz-se necessário repensar como se está considerando o conceito de modernidade no projeto decolonial.

A segunda limitação conceitual do programa M/C é a noção de cultura. Junto ao deslize em direção a um ingênuo nativismo, a tendência aqui é considerar a cultura como um sistema de significado e forma de vida essencialmente autônoma, ou, quando se pensa na relação modernidade/colonialidade, como resultado de uma resistência imanente à imposição da cultural ocidental. Este conceito foi fortemente questionado pela antropologia e pelos estudos culturais nas últimas décadas.

Para Restrepo e Rojas, muitas elaborações do giro decolonial em torno das culturas indígenas e afrodescendentes parecem estruturadas numa tradicionalidade própria oposta, circunscrita e irredutível à modernidade, localizável em determinados espaços geográficos. Essa equivalência analítica que remete a uma necessária correspondência entre lugar, povo e cultura vai sob o nome de "isomorfismo", modelo que não considera adequadamente a importância das relações de intercâmbio, dos processos de desterritorialização, de mobilidade e de hibridações culturais, os quais, todavia, são sempre ambivalentes e nunca isentos de certa colonialidade. Com efeito, a "mestiçagem", por exemplo, constituiria também um dispositivo-chave estratégico de racialização que perpetua a colonialidade do poder, ou o "colonialismo interno", desconfigurando o sistema binário colonizador/colonizado, sustentando ao mesmo tempo as tramas conflitivas da relação colonial, originando novas e complexas subjetividades que colocam em questão a estabilidade de categorias como a etnia, a classe, a nação, o povo (OTO, 2018, p. 250). Rivera Cusicanqui (2010b) afirma que, no caso boliviano,

> a celebração da mestiçagem como fusão de raças e culturas continua sendo, em nosso país, uma camisa de força para a compreensão do fenômeno, já que o terceiro resultante dos dois elementos amalgamados [índios e espanhóis] é visto como algo totalmente novo: somatório e superação das características que se opõem às outras duas, o que equivale a uma espécie de "ficha limpa" com a história (p. 68).

Neste sentido, a análise da colonialidade vai bem mais além do confronto *sic et simpliciter* com a modernidade, branco-negro, norte-sul, metrópole-colônia, para mergulhar em profundidade nas múltiplas formas históricas que assume em sua evolução, reprodução e hibridação.

d) Anacronismos e omissões. Arturo Escobar (2003) admite que os esforços do grupo M/C se mantiveram principalmente no âmbito acadêmico e no plano do discurso abstrato, pelo menos em sua fase inicial – mas também depois –, e que, portanto, faltavam de "carne e sangue". A abstração não configura por si um problema, a menos que não se torne o contexto principal no qual se opera, faltando ponto de partida (ver) e lugar de aterrissagem (agir).

Esse tipo de afastamento da realidade histórica levou os intelectuais decoloniais a assumir uns *a priori* analíticos generalizantes e anacrônicos em relação à complexidade das sociedades latino-americanas. Um exemplo é a digressão sobre a raça, elemento fundante da colonialidade associado à divisão do trabalho e à inferiorização das populações na consolidação do sistema mundo capitalista. Desta perspectiva, houve o surgimento do pensamento racial e a expansão do colonialismo europeu como processos inter-relacionados. A pergunta é se a raça foi o único e determinante elemento de diferenciação e hierarquização, visto que profundas distinções raciais existem também no interno dos contextos culturais marcados pela diferença colonial.

A obra *Formaciones de indianidad – Articulaciones raciales, mestizaje y nación en América Latina* (2007), editada pela antropóloga peruana Marisol de la

Cadena (2007, p. 16), é bastante esclarecedora sobre este ponto, defendendo a tese que "embora agora seja naturalmente muito aceito que a raça é "uma construção social", a discussão sobre como essa construção ocorre e sobre as diferenças entre as construções locais (centrais e periféricas) continua". Se de um lado não podemos negar a continuidade que existe entre práticas raciais contemporâneas e anteriores, por outro não podemos impor noções contemporâneas de raça para interpretar formas de dominação e de inferiorização colonial, chegando a não compreender exatamente os processos de diferenciação que ocorreram ao longo da história da modernidade. Por exemplo, a conversão ao cristianismo poderia ter sido – e foi – um elemento bem mais influente e eficaz de colonialidade do poder, do saber e do ser, do que uma taxonomia racial.

Junto à maximização de certos conceitos por um lado, temos, por outro, importantes omissões, algumas lembradas por Escobar, como a questão de gênero, de meio ambiente e de novos imaginários econômicos capazes de apontar lutas concretas contra o neoliberalismo (2003, p. 71). Mas o que salta mais aos olhos lendo obras e ensaios do grupo M/C é a quase absoluta ausência da categoria de classe social. Para Restrepo e Rojas este desaparecimento se deve ao remanescente culturalismo dos membros do programa, à sua opção pela noção de raça e a um certo rechaço com o eurocentrismo marxista e de esquerda: quase uma ansiedade por se desfazer de tudo o que remete ao europeu ou associado à modernidade (2010, p. 220). Mesmo que para Quijano e Grosfoguel ainda a classe social conserve um importante valor analítico, para o resto dos participantes a indigeneidade e africanidade encarnam por antonomásia o lugar da diferença colonial (inclusive os *damnés* de Fanon são interpretados sob a ótica praticamente exclusiva destas categorias).

Se o marxismo de fato operou um reducionismo de classe, os decoloniais ainda correm o risco de cair num reducionismo racial e culturalista, apesar dos esforços de alguns dos membros do coletivo de promover uma abordagem interdisciplinar. Recentes trabalhos de análise sociológica manifestam, ainda se fosse necessário, o quão importante é a classificação social para uma compreensão da realidade político-econômica latino-americana. Estas investigações não se expressam exatamente em termos de colonialidade, mas ainda em termos de colonialismo[69], chave analítica essencial para interpretar a conjuntura atual que continua sob outras vestes tal e qual como antes, com sua exterioridade escravocrata, hierarquicamente constituída e estabilizada na escala social (SOUZA, J., 2018, p. 69).

2.2.6 Sinopse para um discurso crítico sobre a missão cristã

O pensamento decolonial, em certo sentido, é um projeto ainda em construção. Com certeza, representa uma chave de leitura interessante e intrigante sobre a modernidade em todas suas dimensões. Sem dúvida, expressa também uma crítica peculiar que merece muita atenção, particularmente, pelos velhos e concretos problemas coloniais que aborda, e pela maneira como os aborda.

Todavia, como esclarece Alejandro de Oto (2018), as posições do programa de investigação M/C privilegiam uma dimensão de cunho ético, chamada de "opção decolonial", que determina uma disposição de noções, conceitos e categorias sobre qualquer ferramenta de tipo analítico, deixando em aberto o desafio de regular o registro ético com as ambivalências dos processos históricos (p. 251).

No entanto, a nós aqui interessa colher e enfatizar a provocação ética, certamente, com uma atenção constante à dimensão analítica, sem a qual corremos o risco de passar por cima de uma realidade modelada de antemão por um domínio teórico. Os teóricos decoloniais queriam demostrar – e não há como negar – que a supremacia ocidental foi forjada principalmente através de uma violência epistêmica capilar, profunda e sistemática, com o objetivo de aniquilar discursos e imaginários outros, e de construir subjetividades e mentalidades dependentes. Neste sentido, os autores que contribuíram a configurar essa reflexão seguiram os caminhos já desbravados por uma destemida tradição anticolonial e pós-colonial latino-americana e mundial.

O projeto decolonial se desdobrou em torno da articulação modernidade-colonialidade-decolonialidade: três palavras distintas, um só conceito, um só conjunto complexo de relações de poder. A colonialidade se esconde atrás da retórica

---

69. Boaventura de Sousa Santos não vê a necessidade de inventar novos termos para destacar as mutações históricas do colonialismo e os horizontes possíveis da descolonização (SOUSA SANTOS, 2019, p. 165).

salvacionista da modernidade, que tem como dinamismo interno a promessa de um progresso sem fim. A decolonialidade é a resposta necessária à falácia desta promessa, como também à violência implícita (MIGNOLO, 2014, p. 23-24). A origem histórica desse projeto se deu quando desmoronou definitivamente o sistema imperial europeu, e se celebrou o advento de uma nova ordem mundial. Apareceram assim novos sujeitos, chamados inicialmente de Terceiro Mundo, com suas diversas histórias locais, suas cosmovisões, suas organizações sociais, que não se enquadravam nas dicotomias universais ocidentais (nessa exata conjuntura, as dicotomias da Guerra Fria) e optavam por desvincular-se de qualquer interferência dominadora externa, fosse ela de natureza política, social ou cultural (libertação).

A caixa de Pandora aberta na América nos limiares do século XVI, que resultou na gênese do sistema-mundo moderno e na instalação de um imaginário dominador determinado geopoliticamente, encontrava agora um movimento de ruptura com a dependência cultural e a submissão aos horizontes coloniais, caracterizado por um requisito não apenas político, mas também, e sobretudo, epistêmico e ontológico. Portanto, noções como lei natural, civilização, progresso, desenvolvimento, salvação ou evolução, entre muitas outras, eram desconstruídas de um ponto de vista crítico, analítico e libertador, uma vez que o local de enunciação passava a ser a diferença colonial (ANDRADE, 2011, p. 143).

É sempre bastante útil ressaltar e relembrar que o vínculo estrutural modernidade-colonialidade-decolonialidade, mesmo tendo uma matriz geopolítica identificável com a Europa, de fato se configura e se reproduz hoje no interior de todas as sociedades e nações em termos de raça, gênero e classe social, particularmente, com a consolidação da globalização neoliberal que gerou, entre outros fenômenos, ondas migratórias de proporções bíblicas do Sul para o Norte. Mignolo (2014, p. 27) afirma que "a origem da descolonialidade do Terceiro Mundo está conectada com a atual 'consciência do imigrante' na Europa Ocidental e nos Estados Unidos. A 'consciência do imigrante' está situada nas rotas de dispersão do pensamento descolonial e fronteiriço".

Uma vez apresentadas as linhas constitutivas do pensamento decolonial e seus desdobramentos temáticos na colonialidade do poder, do saber, do ser e da decolonialidade, passamos agora a analisar que tipo de impacto tiveram essas perspectivas para a atuação e a teologia das Igrejas cristãs e, em particular, para a prática e a teologia da missão tão intimamente entrelaçadas com o projeto colonial das potências europeias.

Claramente, os ensaios decoloniais remetem a sistematizações das últimas décadas; todavia essas abordagens afundam suas raízes em tradições de lutas e resistências que remontam aos primórdios da colonização e, mais recentemente, às obras notáveis de autores contemporâneos como Frantz Fanon, Albert Memmi, Paulo Freire, Edward Said, Gayatri Spivak e outros. Portanto, em suas teses fundamentais, um movimento de crítica anti e pós-colonial já era amplamente conhecido e debatido também no âmbito missionário cristão[70]. O que o coletivo M/C ofereceu foi, em substância, um aprofundamento de uma perspectiva com forte enfoque ético e um aprimoramento de uma análise sobre pressupostos narrativos e teóricos já existentes.

Cabe, então, formular as perguntas:

• Qual foi a recepção dos anseios pós-coloniais nas manifestações oficiais, nos documentos magisteriais e nas obras de expoentes referenciais da Igreja Católica?

• De que maneira o processo de descolonização levou a Igreja a refletir sobre a relevância e a legitimidade de sua missão de "fazer discípulos todos os povos"? (Mt 28,19).

• Como a práxis e a teologia da missão de fato responderam aos desafios, às provocações e às perspectivas lançadas pelos movimentos, pelas reivindicações e pelos autores pós-coloniais e decoloniais?

A partir do tratado decolonial do programa de investigação M/C, podemos levantar quatro teses para uma análise da missão cristã sob esse enfoque[71].

---

70. Não há dúvida também que a configuração do mapa global das nações surgido após a Segunda Guerra Mundial, com a emancipação e a independência das colônias da África e da Ásia, foi um dos "sinais dos tempos" celebrados por João XXIII na Encíclica *Pacem in Terris* (1963), e um dos motivos principais da convocação do Concílio Ecumênico Vaticano II.

71. A teologia jamais constrói um saber totalizante: ela é chamada a dialogar constantemente com outras disciplinas, respeitando a autonomia de cada uma, não apenas pelo esforço de elaborar um dis-

a) **A irrupção do outro como sujeito.** A perspectiva política da colonialidade do poder leva a missão e a teologia cristã a considerar a irrupção do outro, subalterno, não mais como destinatário de uma ação evangelizadora, mas como interlocutor e, sobretudo, sujeito da própria história.

Por si, o "outro", como categoria, é uma invenção eurocêntrica, uma entidade criada pelo "Mesmo" num processo de construção de si mesmo (MIGNOLO, 2015, p. 30). Não existe ontologicamente o "Outro": esse é simplesmente o resultado de um enunciado, o mesmo enunciado que apelidou de "índios" os nativos das terras recém-conquistadas:

> o "ser-asiático" – e nada mais – é uma invenção que só existiu no imaginário, na fantasia estética e contemplativa dos grandes navegantes do Mediterrâneo. É o modo como "desapareceu" o Outro, o "índio", não foi descoberto como Outro, mas como o "si-mesmo" já conhecido (o asiático) e só re-conhecido (negado então como Outro): "en-coberto" (DUSSEL, 1993, p. 32)[72].

A geração de subjetividades e alteridades por parte da modernidade se deu por um dispositivo de poder que, em nome da razão e do humanismo, construía o "outro" mediante uma lógica binária que reprimia as diferenças (CASTRO-GÓMEZ, 2000a, p. 145). O "outro", então, era tudo o que não era "eu":

---

curso significativo, e sim para avaliar o sentido de seu próprio discurso. Particularmente, a mediação socioanalítica foi um expediente bastante empregado na América Latina por uma teologia voltada à praxe eclesial, com o objetivo de entender em profundidade a conjuntura histórica e a condição humana junto à qual poder interagir: "A teologia apropria-se dos resultados teóricos interpretativos das ciências sociais em relação à realidade humana histórica. Chama-se *mediação* porque mediatiza, isto é, faz a função de ponte teórica entre a realidade humana histórica e o conhecimento propriamente teológico, proporcionando a este uma elaboração científica da realidade humana histórica. É uma mediação *analítica* porque apreende os dados, não de maneira intuitiva e experiencial, mas pela via da análise, da distinção entre os elementos constitutivos do real e suas relações. Diz-se *socioanalítica* porque o real é estudado na sua condição de estrutura social, situado dentro da sociedade e sujeito às leis que regem o universo das formações sociais, quer sejam econômicas, políticas ou culturais" (LIBÂNIO, 1987, p. 178; grifos do autor).

72. Da mesma forma, pode se dizer do negro: "O que devemos entender por 'Negro'? É vulgarmente aceite que, de origem ibérica, este termo só vai aparecer num texto escrito em língua francesa no início do século XVI. Será, portanto, apenas no século XVIII, isto é, no zênite do tráfico de escravos, que se trona, definitivamente, de uso corrente. Num plano fenomenológico, o termo designa, numa primeira abordagem, não determinada realidade significante, mas um jazigo ou, melhor, uma ganga de disparates e de alucinações que o Ocidente (e outras partes do mundo) urdiu, e com a qual revestiu as pessoas de origem africana [...] o Negro é antes de tudo um corpo – gigantesco e fantástico –, um membro, órgãos, uma cor, um odor, carne humana e carne animal, um conjunto inaudito de sensações" (MBEMBE, 2017, p. 76).

inventou-se um externo (exterioridade) no processo de criar um interno, com o objetivo de salvaguardar o espaço seguro onde pudesse viver o enunciante (MIGNOLO, 2015, p. 43). A diferença colonial da qual falamos não é que o produto do estabelecimento desta exterioridade. Mignolo chama os polos desta criação de *humanitas* (o sujeito moderno) e de *anthropos* (a alteridade colonial):

> O antropólogo haitiano Michel-Rolph Trouillot (1995) apresentou um argumento semelhante baseado no fato de que, quando ocorreu, a Revolução Haitiana era "impensável" até mesmo para os filósofos mais esclarecidos que defendiam a emancipação. Era impensável simplesmente porque os negros não deveriam estar em posição de tomar a "libertação" em suas próprias mãos. Suponha-se que eles deveriam esperar que o homem branco os "emancipasse". O branco é uma pessoa, o negro não. O branco faz parte da *humanitas*, o negro do *anthropos* (2015, p. 166).

A irrupção dos outros acontece quando o *anthropos*, essa exterioridade imaginária da *humanitas*, desobedece aos padrões de poder construídos artificialmente, denuncia a suposta ontologia de tais categorias, se recusa a reivindicar cidadania na *humanitas*, reconstrói a própria dignidade a partir do *anthropos*, ou seja, do bárbaro, do pobre, do oprimido, afirmando a própria identidade fronteiriça e esvaziando a pretensão de totalidade da *humanitas*[73]. Desta maneira, o outro, continuando habitar na fronteira onde se encontra e onde foi colocado, nela insiste em permanecer e dela questiona a razão moderna se mantendo em diálogo/confronto com a modernidade através da afirmação da própria diferença:

> de modo que aceitar o ser bárbaro não é me aceitar ontologicamente como bárbaro, mas aceitar que a partir das categorias éticas e políticas imperiais fui classificado como bárbaro. Fausto Reinaga, pensador radical aimará, costumava dizer: "Eu não sou índio, caralho.

---

73. Silvia Rivera Cusicanqui (2010b) observa que "em Bolívia, o que se conhece como cidadania tem sido um pacote cultural eminentemente civilizador e ocidental, que implica o abandono de todos os traços de identidade diferenciada – o traje, a língua, o gesto, os rituais – em prol de uma sociedade uniformemente criolla, mestiça, cristã, consumidora, proprietária, individuada e carente de qualquer forma de solidariedade comunitária, gremial ou grupal" (p. 196).

Eu sou aimará. Mas eles fizeram de mim um índio e como índio vou lutar" (2015, p. 379)[74].

Essa colonialidade da irrupção dos outros parte de cotidianos de sofrimentos, de injustiças, de desumanização, de negação, de experiência encarnada, histórica, contextual, carregada de vozes vivas, de memórias vividas. Na classificação *humanitas/anthropos*, a modernidade/cristandade aparece claramente como a negação da relacionalidade ao impor uma representação unívoca do real, circunscrita no tempo e no espaço[75]. O pensamento decolonial, ao contrário, tende a promover uma ampla, profunda e plural relacionalidade temporal e espacial (MELKEN, 2014), escutando vozes, ouvindo histórias, resgatando dignidade e esperança, promovendo re-existências, desmascarando o mito sacrificial da modernidade (DUSSEL, 1993), ressuscitando a diferença colonial como elemento essencial para um mundo onde possam caber muitos mundos. Nenhum excluído.

b) O processo de desprendimento e abertura. A perspectiva epistêmica da colonialidade do saber convida a Igreja missionária a um despojamento radical de si e a uma revisão de seus pressupostos culturalmente determinados, até "perder o evangelho" (BEVANS; SCHROEDER, 2016, p. 145-146)[76].

Para que a diferença colonial possa emergir para o debate epistêmico, o desprendimento é o primeiro passo rumo a um pensamento decolonial (MIGNOLO, 2015, p. 26). Consiste em *desaprender*, abandonar as formas de conhecer que con-

---

74. "A categoria de índio, com efeito, é uma categoria supraétnica que não denota nenhum conteúdo específico dos grupos que abarca, mas sim uma relação particular entre eles e outros setores do sistema social global do qual os índios fazem parte. A categoria de índio denota a condição de colonizado e faz referência necessária à relação colonial" (BATALLA, 1972, p. 110).

75. O que vale para a modernidade é o *cronos* do presente, unidade de medida para classificar o "avançado" e o "atrasado", desqualificando esse último ao reino do passado. Da mesma forma com a qual se corre atrás do tempo, se domina o espaço por meio de uma mobilidade e de uma omnipresença garantida por tecnologias de comunicação e de transportes sempre mais sofisticadas. "Presença e presente, espaço e tempo se combinam na modernidade para estabelecer seu monopólio sobre a realidade" (MELKEN, 2014, p. 181).

76. Retomaremos essa interessante implicação da inculturação no último capítulo, uma perspectiva que remete a uma compreensão cultural do Evangelho, sempre aquém da verdade última e sempre aberta a outras hermenêuticas: neste sentido, "perder o evangelho", segundo os autores citados, significa "perder a própria compreensão do Evangelho" para uma nova compreensão.

figuram subjetividades nos moldes da retórica da superioridade ocidental, desapegar das ficções de verdade e de estética naturalizadas pela matriz colonial do poder. O segundo passo é a abertura a um *pensamento-outro*, "sentar-se em círculo para aprender" (*Upanishad*) a partir de outras racionalidades, de outras cosmovisões e de outras maneiras de ser, de saber e de fazer. Portanto, a opção teórica decolonial propõe uma dupla operação: por um lado, *despir-se* das arrogâncias ocidentais que colonizaram o conhecimento[77]; por outro, *dispor-se* a uma nova maneira de pensar a partir de uma pluralidade de pontos de enunciação geo-historicamente situados. Desta forma, teremos uma descolonização epistemológica como reação ao pensamento ocidental e sua reivindicação universal, através de uma valorização de conhecimentos rechaçados pela hegemonia eurocêntrica. Em suma, trata-se de *aprender a desaprender* (desprendimento) para *reaprender de outra maneira* (abertura).

Quando alguém pede aos teóricos decoloniais uma melhor definição desta estratégia epistêmica, a resposta pode ser do tipo que "a definição é uma das formas normativas de controle do conhecimento científico [...] pressupõe a determinação de algo, de um objeto, e o controle da definição pelo enunciante" (MIGNOLO, 2015, p. 253). Destarte, a opção decolonial se desprende da convicção que o conhecimento válido é aquele que está sujeito a determinadas normas disciplinares, isto é, o conhecimento formulado mediante regras impostas por um determinado grupo de seres humanos.

Esse tipo de postura não ajuda, com certeza, de um lado, a esclarecer o caminho proposto, pois para se tornar significativo a um qualquer interlocutor precisa ser de alguma forma delineado, traduzido, decodificado. Caso contrário, se não

---

[77]. O escritor judeu canadense-americano Saul Bellow (1915-2005), Prêmio Nobel de Literatura de 1976, numa entrevista realizada em 1988 e relembrada pelo amigo Alfred Kazin (1915-1998) num artigo da revista *The New Yorker* de 7 de março de 1994, teria afirmado o seguinte: "Quem é o Tolstoi dos Zulus? Quem é o Proust dos Papuenses? Eu ficaria feliz em conhecê-los". A sarcástica comparação custou a Bellow o rótulo de misógino e imperialista. Às veementes críticas, Bellow respondeu imediatamente com um artigo no *The New York Times* de 10 de março de 1994, no qual tentou se retratar, ou, melhor, se explicar, mas também colhendo a ocasião para denunciar certa hipersensibilidade culturalista na sociedade hodierna americana. Apesar de todas as alegações, Bellow jamais conseguiu tirar essa excrescência de sua carreira. Temos aqui, portanto, um famoso exemplo de soberba eurocêntrica "politicamente incorreta", que exteriorizou na época, assim como hoje em dia, a sincera e honesta convicção de muitos intelectuais.

se abrir ao diálogo – também acadêmico – corre o risco de ficar isolado em seu improvável nicho de expressão (LÓPEZ, 2013, p. 327). Por outro lado, trata-se de uma disposição perfeitamente coerente com o propósito do pensamento decolonial, pois provoca a sair de uma maneira de conceitualizar típica da razão moderna, que sempre tenta seduzir, sequestrar, dominar o pensamento-outro para podê-lo assimilar e, consequentemente, integrar.

O que exatamente se pretende com esta manifestação não é promover uma nova abstração ou uma nova formulação de um conhecimento teórico, um falar *sobre* o outro, mas a um *sentipensar*[78], um *corazonar*[79], um tocar com as mãos "os vestígios da ferida colonial a partir da qual se tece o pensamento descolonial", um experienciar vivencialmente caminhos passando por "portas que conduzem a outros tipos de verdades, cujo fundamento não é o ser, mas a colonialidade do ser" (MIGNOLO, 2007a, p. 29).

Também, da mesma forma, esse desprendimento-abertura vai na contramão de um possível conhecimento dedutivo-instrumental, propriamente colonial, a ser aplicado:

> O pensar e o fazer descolonial, base do desprendimento, não é também um pensamento para "aplicar" (subsidiário da distinção teoria e práxis), mas é o próprio ato de pensar fazendo-nos, de forma dialógica e comunitária. Não é um método, mas uma via, um caminho para refazermos na busca de modos de viver e governar(nos) nos quais não vivamos para trabalhar/produzir/ consumir, mas sim que trabalhemos para conviver (MIGNOLO, 2014, p. 9).

Enfim, o nosso marco epistêmico tem como finalidade "mudar os termos da conversa e não apenas os conteúdos", o que significa adotar outra gramática, mudar as regras do jogo, para não cair na armadilha de considerar o não conhecimento somente se for compreendido entre as coordenadas científico-humanistas ocidentais, tidas como universalmente válidas. Em prática, com essa perspecti-

---

78. Conceito central na obra de Orlando Fals Borda.
79. Proposta espiritual e política do povo indígena Kitu Kara do Equador, que manifesta a íntima relação entre emoções e razões ao experienciar o sofrimento dos outros, ao ponto de gerar motivações, inconformismo e engajamento na luta contra as injustiças (SOUSA SANTOS, 2019, p. 154).

va se aponta para a necessidade de colocar em discussão a nossa *forma mentis* para abrir espaço a outros saberes e a outras maneiras de pensar, segundo seus próprios referenciais semânticos e teóricos. Não se trata de valorar um tipo de conhecimento em prejuízo de um outro, e sim, considerando as implicações da colonialidade do poder, trata-se de resgatar a cosmovisão negada da "consciência dupla"[80] das subjetividades marcadas pela diferença colonial (LÓPEZ, P.G., 2013), segundo a noção aimará de *ch'ixi*, que corresponde à ideia de "abigarrado", uma realidade onde coexistem em paralelo muitas facetas que não se fundem, mas que se complementam ou que conflitam entre si, e que, contudo, não aspiram à fusão ou à mescla[81].

c) **Habitar o contexto geopolítico da fronteira.** A dimensão ontológica da colonialidade do ser remete ao desafio da relação/comunicação com esse ser "situado do outro lado", na periferia existencial colonial, motivo que convoca a missão cristã também a situar-se e a definir seu "ser histórico", não abstrato, a partir de um contexto geopolítico colonial que permite o contato com o outro.

O processo de transitar da modernidade para a colonialidade, e vice-versa, gera o que chamamos de pensamento fronteiriço, ou de fronteira. O motivo da barra na expressão modernidade/colonialidade é exatamente o marco gráfico dessa fronteira (MIGNOLO, 2015, p. 385). Trata-se de um pensar desde a alteridade, uma subversão epistêmica e política que só é possível se nos situamos na margem, ou na exterioridade, da hegemonia de um pensamento eurocentrado. Com efeito, "a importância das fronteiras não é apenas política e econômica, e sim também epistêmica" (MIGNOLO, 2015, p. 12).

---

80. O conceito de "consciência dupla" (*double consciousness*) foi forjado pelo intelectual afro-americano W.E.B. Du Bois em sua obra *The Souls of Black Folk* (1903). Cf. nota 35.

81. "A palavra *ch'ixi* tem conotações diferentes: é uma cor produto da justaposição, em pequenos pontos ou manchas, de duas cores opostas ou contrastantes: branco e preto, vermelho e verde etc. É aquele cinza manchado resultante da mistura imperceptível de preto e branco, que se confundem para a percepção sem nunca se misturar completamente. A noção de *ch'ixi*, como muitas outras (*allqa, ayni*), obedece à ideia aimará de algo que é e não é ao mesmo tempo, ou seja, à lógica do terceiro incluído. Um cinza *ch'ixi* é branco e não branco ao mesmo tempo, é branco e também preto, seu oposto. [...] Assim como o *allqamari* combina preto e branco em perfeição simétrica, o *ch'ixi* combina o mundo indiano com seu oposto, sem nunca se misturar com ele" (RIVERA CUSICANQUI, 2010a, p. 69-70).

A fronteira, como anota Carlos Alberto Motta Cunha (2018), é um campo semântico interessante e também, por sua natureza, ambivalente. É feita ao mesmo tempo para separar e juntar, confrontar e encontrar, dividir e unificar, marginalizar e resgatar, delimitar e transgredir, identificar e diferenciar: "é nas fronteiras que se mede toda a terrível inquietude que atravessa a história da humanidade" (CASSANO, 1996, p. 53).

A palavra "fronteira" vem do latim *frons, frontis*, "frente". "Estar de frente" pode significar olhar para o outro, perscrutá-lo, reconhecê-lo como um interlocutor, um competidor ou um opositor: o outro precisa ser encarado. Damos as costas somente a quem nós confiamos e que não precisa ser monitorado. "Estar na frente" pode significar estar na "linha de frente", o posto mais avançado onde se *enfrenta* o inimigo, onde ocorre um choque frontal, onde acontece o confronto violento com o outro. As fronteiras são lugares de contraposição, de vigilância e de conflito. São também lugares onde termina cada um de nós e onde começa o outro, o limite pelo qual somos de-terminados, adquirimos uma forma, o con-fim que nos de-fine. O confim é sagrado porque guarda a relação entre identidade e diferença.

Mas a fronteira unifica ao mesmo tempo em que separa. Trata-se do sulco, da linha, do *entre-lugar* que temos em comum e que compartilhamos. "Con-fim" é o lugar do con-tato, do trânsito, da trans-missão, da trans-gressão (CASSANO, 1996, p. 56). Rivera Cusincanqui (2018) recorre à imagem de um tecido intermédio que permite criar uma zona de contato e de entrelaçamento entre identidades distintas:

> Habitar o mundo-de-em-meio tecendo as *wak'as* [tiras de tela ou tecido que envolvem o corpo na cintura] como alegoria da batalha cósmica entre forças opostas transforma a violência em um princípio de outra natureza: o selvagem revivifica o civilizado, o feminino se opõe e complementa o masculino; o tecido incorpora a guerra. Essa alegoria nos leva à ideia de um mundo *ch'ixi* como um possível horizonte de transformação emancipatória. Por viver em meio de mandatos opostos, criando vínculos com o cosmos por meio de alegorias, o equilíbrio *ch'ixi*, contraditório e ao mesmo tempo entrelaçado, das diferenças irredutíveis entre homens e mulheres (ou entre índios e mestiços etc.) tornaria outro mundo possível (p. 56).

A fronteira se torna assim um *lugar* estratégico que costura e cria vínculos, lugar da possibilidade, da oportunidade, do inesperado, um lugar epistêmico por excelência porque problematiza o adquirido, a estabilidade, a segurança, a verdade hegemônica configurada a partir da colonialidade do poder. O contexto da fronteira é um ambiente contestador, "às margens das culturas, das religiões, dos conhecimentos e de todos os âmbitos da vida são habitadas por minorias que foram subalternizadas, empobrecidas e silenciadas por políticas hegemônicas no empreendimento perverso da colonização" (CUNHA, 2018, p. 324).

A fronteira é o lugar da diferença colonial marcada pelo sofrimento e pela negação, onde a humanidade é despedaçada e exterminada como num campo de batalha, que se situa, geralmente, nas divisas entre um território e outro. Na fronteira, neste caso, a resistência de outros mundos, outros saberes, outras maneiras de ser, colide com a modernidade invasora e a retórica de suas promessas.

É necessário habitar a fronteira, e não simplesmente cruzá-la como turista, para se alimentar do diálogo com os outros, tocando com mão o sofrimento e o desencanto, as divisões, os conflitos e as lacerações produzidas pela diáspora fronteiriça, enraizada na história, no corpo e no cotidiano das mulheres violentadas, dos povos indígenas, dos negros das periferias, dos migrantes desapossados, dos trabalhadores condenados à precariedade, dos excluídos por razões de gênero, dos bilhões de deserdados que vivem na carne a opressão da colonialidade e seu controle da economia, do meio ambiente, da autoridade, do gênero e da subjetividade. Por isso, a fronteira não é um lugar cômodo para se viver (MEZZADRA; BRETT, 2017, p. 25).

Fazer da fronteira um lugar onde morar propicia, portanto, uma desobediência epistêmica e política graças à valorização da "consciência dupla" dos sujeitos marcados pela ferida colonial. Gloria Anzaldúa (1942-2004) define a fronteira como uma "ferida aberta", uma lesão que não tem cura, um corte que não dá para costurar, um tecido vivo dilacerado do qual jorra o sangue da vida: sabedorias, misturas religiosas e multiculturais, novas subjetividades, novas relações, novas cosmovisões. Deixar sangrar é perpetuar a multiplicidade do ser. A imagem da fronteira como ferida aberta diz sobre a impossibilidade de ocultá-la: é como a pele negra, todas as tentativas de escondê-la são vãs (SILVA, F.S., 2017).

Habitar a fronteira, enfim, é uma opção ética e uma práxis histórica concreta que permite de transpor os limites da totalidade propondo uma superação e uma abertura para uma novidade subversiva. Essas são as condições sugeridas pela perspectiva *analética* de Enrique Dussel[82], segundo a qual o fato real humano se situa sempre "além" (*ana-*) do horizonte de uma totalidade dialética:

> O momento analético é a afirmação da exterioridade: não é somente negação da negação do sistema desde a afirmação da totalidade. É superação da totalidade, mas não só como atualidade do que está em potência no sistema. É superação da totalidade desde a transcendentalidade interna ou da exterioridade, o que nunca esteve dentro. Afirmar a exterioridade é realizar o impossível para o sistema (não havia potência para isso), é realizar o novo, o imprevisível para a totalidade, o que surge a partir da liberdade incondicionada, revolucionária, inovadora (1982a, p. 164-165).

O pensamento fronteiriço que surge das margens do sistema moderno/colonial convida, portanto, não a lamentar introspectivamente suas dores e nem a lutar por um mundo mais humanizado, mas a *avançar, ir na frente, ir além* rumo a um outro mundo onde possam caber muitos mundos: "dito isto, o pensamento fronteiriço e o ser habitando as fronteiras constituem a espinha dorsal da opção descolonial" (MIGNOLO, 2015, p. 379).

d) Os projetos em perspectiva decolonial global. A prática missionária é chamada a se redefinir não a partir de projetos próprios, nem a partir de um projeto de mundo preestabelecido e hegemônico, mas a partir de perspectivas decoloniais que surgem das memórias, das feridas e das vidas dos povos negados, que apontam para uma humanidade outra, pluriversal e intercultural.

---

82. O termo foi utilizado em 1955 por Bernhard Lakebrink (1904-1991), na obra *Hegel dialekitsche Ontologie und die thomistische Analektik*, como uma alternativa metafísica. Dussel utiliza o termo em um outro sentido, como alternativa globalmente antropológica e especificamente ética à dialética hegeliana (DUSSEL, 1982b, p. 106).

Os caminhos abertos pela irrupção do outro, pelo desprendimento, pela desobediência política e epistêmica, pelo habitar a fronteira, apontam para um "ter que viver em um mundo que é do jeito que é e trabalhar não para mudar este mundo, mas para construir outro a partir das ruínas do mundo em que estamos vivendo" (MIGNOLO, 2015, p. 393). O horizonte descrito pelos projetos decoloniais é sensivelmente diferente da otimística perspectiva do progresso e do desenvolvimento, como também dos bons propósitos voluntaristas eurocentrados de um mundo melhor.

O termo apocalíptico "ruínas" não quer indicar o aniquilamento de uma civilização, ou o desejo de seu malogrado fim, mas a redução crítica da glória do Ocidente, o desmantelamento da soberba dos arcos do triunfo, a "provincialização" da Europa (CHAKRABARTY, 2004), mesmo que certas categorias, idiomas, ferramentas conceituais e semânticas possam servir ainda, de alguma forma, como mediação (eis as ruínas).

Em segundo lugar, fala-se aqui de "projetos" no plural, porque na realidade não há apenas um. Por serem necessariamente situados, existem muitos projetos decoloniais que resgatam histórias locais numa perspectiva global pluriversal. Para Walter Mignolo, o programa de investigação M/C é um deles, e surgiu da memória e do pensamento mestiço e imigrante da América do Sul (MIGNOLO, 2015, p. 305). Outros projetos estão ancorados às memórias e ao pensar decolonial dos indígenas, dos afrodescendentes, dos chicanos etc., e têm em comum a experiência colonial e a emergência do pensamento decolonial, mesmo que em escala diferente em cada história local.

Contudo, todos estes projetos apontam para um futuro global, que não é o de uma *reocidentalização*, uma continuidade do projeto da modernidade com alguns ajustes reparadores e integradores, e nem o de uma *desocidentalização*, correspondente à apropriação do capitalismo por parte das economias emergentes não europeias. A perspectiva decolonial aponta para um desprendimento tanto político-econômico como também epistêmico-cultural, denunciando a complementaridade da acumulação de dinheiro e a acumulação de significado:

Enquanto a colonialidade é a consequência inevitável do "projeto inacabado de modernidade" (como diria Jürgen Habermas) – já que a colonialidade é constitutiva da modernidade – a descolonialidade (no sentido de projetos descoloniais globais) torna-se a opção global e o horizonte da libertação. O horizonte dessa libertação é um mundo não capitalista e transmoderno que não está mais configurado pelo "pensamento único" (MIGNOLO, 2015, p. 45).

Os projetos em perspectiva decolonial identificam-se com as "sociologias das emergências" de Boaventura de Sousa Santos, as lutas populares e subalternas que buscam potencialidades e possibilidades para uma transformação social anticapitalista, anticolonialista e antipatriarcal, entretanto que as "sociologias das ausências" têm a tarefa de tornar possível a passagem da vitimização à resistência como momento de denúncia da realidade de exclusão (2019, p. 53). A epistemologia zulu do *ubuntu* ("eu sou porque tu és"), os conceitos quéchua de *kawsay* ("bem-viver") e de *Pachamama* ("Mãe Terra"), as noções hindu e gandhianas de *swaraj* ("autodeterminação") e de *ahimsa* ("não violência") são exemplos que "devem ser vistos como um contributo para a renovação e para a diversificação das narrativas e dos repertórios das utopias concretas de um outro mundo possível" (p. 33): histórias locais com vocação necessariamente global, uma vez que a colonialidade do poder atinge dimensões planetárias, articuladas pela ecologia dos saberes e pela tradução intercultural num movimento cosmopolita (p. 59), pluriverso e subversivo[83], decolonizado epistemologicamente e desmercantilizado politicamente.

* * *

Em resumo, a reflexão sobre os aportes do pensamento decolonial oferecem para uma teologia da missão intuições e elementos analíticos críticos extremamente interessantes, que delineiam quatro âmbitos de indagação interligados entre eles: sujeitos, processos, contextos, projetos. Trata-se de dimensões fundamen-

---

83. Boaventura de Sousa Santos utiliza esses dois conceitos quando trata da descolonização das universidades como instituições acadêmicas (2019, p. 386-398): acreditamos que essas duas perspectivas possam servir para os projetos decoloniais em geral.

tais que determinam a natureza da missão cristã, sua razão de ser, seu *sentipensar* junto ao outro, a relevância de sua ação no mundo e o mérito de seus propósitos.

Enveredar por este caminho decolonial implica para a prática e a teologia da missão uma radical mudança de orientação e motivação. No entanto, é preciso de antemão afirmar que temos impasses a serem resolvidos nesta perspectiva que não são poucos, não são simples e não são dispensáveis. De fato, até que ponto seria teologicamente possível mudar os termos da única salvação em Jesus Cristo e da necessidade da Igreja para esta salvação (RMi 9), promovendo um caminho de reciprocidade dialógica e de descolonização junto às diversas culturas, religiões e lutas sociais? Qual o sentido do evangelho e da própria Igreja se colocarmos em discussão sua pretensão (imperial?) de ser "luz dos povos" (LG 1) e "sacramento universal de salvação" (LG 48), convicções (de superioridade?) muitas vezes camufladas por uma dissimulada postura serviçal e condescendente? Seria possível propor um caminho decolonial para a missão cristã sem abdicar de sua proposta fundamental (e proselitista?) de "fazer discípulas todas as nações" (Mt 28,19): em que sentido, em que condições, com quais implicações e por quais caminhos?

Para essas questões não existe ainda uma solução pacífica e definitiva. Emblemática a justaposição do documento da Sessão I da 10º Conferência Internacional de Missão e Evangelização de San Antonio (Texas, EUA), realizada em 1989 pelo Conselho Mundial de Igrejas, ao tentar resolver o problema: "não podemos indicar outro caminho de salvação a não ser em Jesus Cristo; ao mesmo tempo, não podemos fixar limites ao poder salvífico de Deus" (THE SAN ANTONIO CONFERENCE, 1989, I.26). E ainda: "tomamos conhecimento dessa tensão e não tentamos resolvê-la" (I.29).

Talvez caiba revisitar os pressupostos epistêmicos da própria teologia cristã para buscar uma saída do imbróglio. Isso implica, com certeza, aprimorar uma atitude crítica com relação aos condicionamentos históricos e socioculturais para identificar os contornos da colonialidade no discurso teológico, bem como suas possíveis e eventuais perspectivas decoloniais, reconhecendo a precariedade e a incerteza de certos elementos da autoconsciência eclesial, e elaborando novas hermenêuticas da prática missionária.

3
A DESCOLONIZAÇÃO DA RAZÃO MISSIONÁRIA
Evolução dos motivos e das perspectivas da Igreja Católica em relação às missões no século XX

Para alguns teóricos decoloniais o pensamento único ocidental está intrinsicamente impregnado de cristianismo. Refém dessa matriz, não há qualquer possibilidade de desprender-se da colonialidade e instalar-se numa epistemologia fronteiriça alternativa para promover um processo de descolonização, em vista de um mundo transmoderno, global e pluriversal. Em outras palavras, a missão cristã seria capaz apenas de mudar "o conteúdo do discurso, mas não os termos", como no caso de deslocar a salvação das almas para a emancipação burguesa ou para a libertação das massas populares (teologia da libertação).

A descolonização epistêmica, essência dos projetos decoloniais, seria um desprendimento do conjunto de crenças e horizontes de vida (éticos, políticos, econômicos, subjetivos) herdados da teologia cristã e da secularização da filosofia e da ciência, filhas desta teologia, pois o cristianismo não desapareceu com a secularização; ao contrário, ele se rearticulou de maneira praticamente linear, no momento em que a ciência se tornou a teologia da segunda modernidade (MIGNOLO, 2004, p. 672).

Não há muita perspectiva de saída:

> desde o século XVI, modernidade e colonialidade andam juntas; não há modernidade sem colonialidade, embora os discursos sempre proferidos na perspectiva da modernidade [...] apresentem a co-

lonialidade não como um fenômeno constitutivo, mas um derivado: a grande mentira (ou talvez o grande erro e a grande ignorância, se preferir) é fazer acreditar (ou acreditar) que a modernidade irá superar a colonialidade quando, na verdade, a modernidade precisa da colonialidade para se estabelecer, construir-se e sobreviver. Não houve, não existe e não haverá modernidade sem colonialidade (MIGNOLO, 2003b, p. 24).

No entanto, a modernidade é ambivalente: há um lado hegemônico e genocida, e outro lado libertador[84]. A razão moderna é transcendida (transmodernidade) quando se denuncia o eurocentrismo da razão ilustrada, quando eticamente se descobre a dignidade do outro, quando se declaram inocentes as vítimas negadas pela modernidade (DUSSEL, 1993, p. 187). Desta maneira não se nega a razão enquanto tal, e sim seu lado violento pela inclusão da alteridade[85].

Da mesma forma, também o cristianismo é um fenômeno histórico ambivalente: com efeito, há um cristianismo triunfante e há um cristianismo messiânico (DUSSEL, 2013). O primeiro se identifica com o regime de cristandade que teve seu início no século IV com a aliança constantiniana e seu desenvolvimento mais consistente com a expansão atlântica. Este inaugurou a Idade Moderna e construiu um Novo Mundo, crucificando os indígenas em nome do Crucificado, e impondo seus deuses, sua doutrina, sua cosmovisão, sua cultura, sua noção simbólica de pessoa, de sociedade, de natureza, de tempo e de espaço. No entanto, o cristianismo messiânico é o cristianismo das origens que anunciava a Boa-nova

---

84. Domingues também observa: "A condenação moral dos empreendimentos coloniais e imperialistas do Ocidente é igualmente legítima. Isso não nos deveria levar, todavia, a perder de vista as promessas e elementos emancipatórios da modernidade e a reverência sem sentido daquelas outras civilizações, que não eram de modo algum desprovidas de sua própria brutalidade, amortecendo assim o impacto da crítica, que é mister sempre manter. Tampouco convém simplesmente desconsiderar os poderosos avanços cognitivos que as ciências sociais ocidentais significaram" (2013, p. 38).

85. Pelo mesmo caminho, Luciana Ballestrin (2017), argumentando sobre a falta da noção de "imperialidade" nos teóricos decoloniais, afirma que "a descolonização implica estratégias que têm mais a ver com uma desimperialização do que com a rejeição da modernidade" (p. 529). A imperialidade, segundo a cientista política brasileira, é um espírito que impulsiona a colonialidade, uma força ativa e propulsora típica do capitalismo moderno, um *ethos* profundo de conquista e de dominação, um vírus que penetra e invade multidimensionalmente as esferas política, cultural e psicológica. Por sua vez, a modernidade possui vários lados além de seu lado obscuro: "a resistência à imperialidade depende de um imaginário decolonial capaz de processar a modernidade a partir de suas ferramentas disponíveis" (p. 533). Trata-se, portanto, de encontrar o caminho nas possibilidades de rupturas, resistências, alternativas e contra-hegemonias que a própria modernidade oferece.

aos pobres, o Reino de Deus aos aflitos, generosamente aberto aos não judeus, terrivelmente contra os guardiões da religião constituída e essencialmente crítico com a dominação do Império, pelo qual foi perseguido.

Para Dussel (2013, p. 28), a teologia da cristandade constituiu "talvez a quintessência, a coluna vertebral do eurocentrismo (mais que a própria filosofia, embora as duas disputem quem ocupa um lugar pior nesta ideologia)". Essa teologia apresentou o cristianismo como a religião por excelência, única verdadeiramente válida, confundindo a eleição e a revelação como privilégio, e desqualificando a pretensao da verdade das outras religiões.

O processo de saída de uma cristandade colonial, portanto, poderia constituir a essência e o primeiro passo para uma descolonização da missão, como reconhecimento penitencial e purificação de uma intrínseca herança. Mas, uma vez admitido de ter efetivado esse passo – ou ao efetivar esse passo –, qual seria, de agora em diante o verdadeiro propósito de uma atividade missionária das Igrejas? Não reeditaríamos de outra forma uma colonialidade proselitista, universalista, com pretensões hegemônicas, mais uma vez mudando o "conteúdo do discurso, mas não os termos"? Ou não deveríamos definitivamente renunciar a missão como forma ultrapassada e colonialista de presença cristã no mundo?

Uma certa crítica decolonial à missão cristã, que denunciava direta ou indiretamente o triunfalismo das missões, sua aliança com o domínio colonial, sua pretensão hegemônica sobre a vida dos povos, seu sentido de superioridade em relação aos nativos, começou a ser esboçada na virada entre os séculos XIX e XX com o surgir dos debates missiológicos e com os pronunciamentos oficiais das Igrejas, às vésperas da emancipação política das antigas colônias. Assim como elementos geradores do pensamento decolonial já se encontravam no pensamento crítico indígena, africano e asiático, pelo menos, uns cem anos antes (GROSFOGUEL, 2013, p. 43), da mesma forma aspectos da colonialidade missionária foram levantados no (des)encontro entre Igrejas, missionários e seus interlocutores, nos primeiros presságios do entardecer da era imperial, com a progressiva crise/qualificação/reformulação da obra evangelizadora.

De que maneira esse processo avançou e até onde chegou é assunto deste capítulo que será de cunho teológico, e não meramente histórico. Examinaremos a evolução do conceito de missão nas principais declarações do magistério da Igreja Católica e nas escolas teológicas que impulsionaram a reflexão crítica subjacente. Esses documentos, sistematizações e aprofundamentos deram voz aos desafios e aos anseios que surgiram das frentes missionárias, elaborando orientações e linhas de ação que marcaram toda uma mudança gradual de paradigma.

Evento central de uma transição epocal foi a realização do Concílio Ecumênico Vaticano II, que se tornou divisor das águas, particularmente, em relação à ruptura substancial com o regime de cristandade. Esse ensejo não começou abruptamente e também não terminou com uma palavra final sobre várias questões. Há, portanto, um antes, um durante e um depois a ser analisado com o intuito de colher os elementos significativos dos avanços, das hesitações, das resistências, em ordem a uma recepção, reflexão e resposta ao anseio de descolonizar a missão.

3.1 A missão antes do Vaticano II – Posicionamentos do magistério e aportes das escolas missiológicas

Conquista espiritual e colonização sempre estiveram intrinsicamente implicadas, mas também tiveram seus conflitos, no confronto entre perspectivas humanitárias de um lado e interesses econômicos do outro. Desde a época da descoberta da América não raramente esses embates se reproduziram antes entre os dominicanos e os *encomenderos*, depois entre os jesuítas e os bandeirantes, os evangélicos e as companhias comerciais, a cristandade e a modernidade, os missionários e os estados-nacionais etc. Apesar das recíprocas e pragmáticas alianças entre as "duas cidades", a temporal e a espiritual, *el oro y Dios*, os objetivos eram diferentes o bastante para ocasionar severas divergências.

Todavia, não podemos afirmar que as práticas missionárias tiveram alguma expressão decolonial pelo fato de se opor visceralmente à violência física perpetrada pelos colonizadores. A violência epistêmica, cometida com métodos "suaves" pelo exclusivismo salvífico, pela superioridade cultural e pela diferença colonial, tornava-se manifesta numa linha de continuidade e sem rupturas significativas, também nos mais abnegados e dedicados exemplos de apóstolos que mais defenderam apaixonadamente os povos originários de qualquer parte do mundo[86].

Esta ambivalência que acompanhou a epopeia missionária moderna desde o século XVI, chega ao século XX em forma de pronunciamentos do magistério pontifício e de uma incipiente reflexão missiológica. Junto com uma progressiva percepção, às vezes ainda nebulosa, de a colonização constituir de fato um problema estrutural para evangelização, avançava a convicção que o rumo poderia ser "corrigido" por meio de uma proposta humanista e de uma perspectiva de uma civilização cristã impulsionada pela obra missionária. Ao mesmo tempo, porém, mudava aos poucos, e quase por inércia, o próprio conceito de missão na autoconsciência eclesial.

3.1.1 A evolução do conceito de missão nos documentos do magistério pontifício

Os pronunciamentos de caráter magisterial dos sumos pontífices sobre a questão missionária tiveram início no século XVIII com a Encíclica *Allatae sunt* de Bento XIV (1755), sobre a conservação dos ritos orientais. Depois, já em 1841, com Gregório XVI, temos a breve *Probe nostis*, sobre a propagação da fé. Leão XIII, por sua vez, publica as encíclicas *Sancta Dei Civitas* (1880), *Catholicae Ecclesiae* (1890) e *Christi Nomen* (1894) sobre o sustento das missões e a importância daquelas que serão chamadas mais tarde Pontifícias Obras Missionárias.

Somente no século XX esse tipo de documento adquire uma certa relevância para a vida da Igreja, cúmplices o fervor do movimento missionário do século XIX, a gigantesca concorrência evangélica e as grandes questões que começaram a surgir das missões às vésperas da Primeira Guerra Mundial.

---

86. Mais uma vez esse texto de Josef Schmidlin, trazido de um ensaio da revista *Zeitschrift für Missionswissenschaft* (n. 5, 2015), possa esclarecer o que queremos dizer com "violência epistêmica": "A luta incruenta entre cristianismo e paganismo pode ser efetivamente considerada como um caso paralelo e um correlato das guerras cruentas, somente que no seu caso não se trata de aniquilar ou pisar no adversário, mas de submetê-lo e de mantê-lo submisso ao *suave* jugo do evangelho, para seu próprio bem temporal e eterno" (apud COLLET, 2004, p. 57; grifo nosso).

a) *Lacrimabili statu* (1912). Pio X (1835-1914), com esta encíclica, resgata a memória da Carta *Immensa Pastorum* de Bento XIV (1741) em defesa dos povos indígenas da América do Sul contra as brutalidades da escravidão à qual eram submetidos. A missão da Igreja para este pontífice é "libertar os índios da escravidão de satanás e daquela de homens perversos [...] a fim de que brote uma grande messe e ótimos frutos de civilização cristã" (ECM, I, 95). O que torna os ânimos tão ferozes e dissolutos, segundo esse documento, são a cobiça pelo lucro e o clima tórrido de certas regiões "que inoculam uma certa languidez nas veias", de maneira que "pessoas de costumes não pervertidos" quando forem para lá, "encontrando-se longe de qualquer prática religiosa, da supervisão do Estado, e quase da mesma convivência civil [...] em um curto espaço de tempo começam a se depravar e gradualmente, quebradas todas as restrições de dever e das leis, precipitam em todos os excessos do vício" (ECM, I, 91).

Temos aqui a clara percepção da prática irracional do homem civilizado europeu quando se encontra diante do outro (DUSSEL, 1993), da existência de uma "linha abissal" onde de um lado estão as sociedades metropolitanas, civilizadas, reguladas e emancipadas, e do outro, os territórios coloniais marcados pela apropriação, pela violência e pelo estado da natureza[87].

O papa não justifica com isso as atrocidades cometidas – aliás, as condena – ao mesmo tempo em que estimula a ação apostólica da Igreja e "o ardor de difundir o evangelho junto aos bárbaros" (ECM, I, 95).

---

87. Contudo, os papas desta época nunca estarão bem cientes do vínculo profundo e perverso entre colonialismo e evangelização. A esse respeito podemos destacar uma passagem da Encíclica *Catholicae Ecclesiae* de Leão XIII, que enfatizava a necessidade de os missionários lutarem contra a escravidão. Ao mesmo tempo, porém, afirmava a indiscutível positividade da cristianização para as populações infiéis: "Além do cuidado de defender a liberdade, uma outra cura mais grave, que mais estreitamente diz respeito ao nosso ministério apostólico, isto é, aquela que nos impõe que trabalhemos para que a doutrina do Evangelho se propague nas regiões da África, que com a luz da verdade divina ilumine aquelas populações que jazem nas trevas e oprimidas pela superstição cega, para que possam compartilhar conosco a herança do Reino de Deus. Este compromisso, então, tratamos com maior zelo, pois esses povos, tendo recebido a luz evangélica, tirarão por si o jugo da escravidão humana. De fato, onde os costumes e as leis cristãs estão em vigor; onde a religião ensina os homens a respeitar a justiça e a honrar a dignidade humana; onde esse espírito de caridade fraternal se espalha amplamente, que Cristo nos ensinou, não pode haver escravidão, nem ferocidade, nem barbarismo; ao contrário, florescem a gentileza dos costumes e a liberdade cristã acompanhada pela civilização" (LEÃO XIII, 1890).

b) *Maximum Illud* (1919). Justamente esse último tema da evangelização será o *leitmotiv* da Carta Apostólica de seu sucessor Bento XV (1854-1922), dirigida aos responsáveis pelas missões católicas e a toda cristandade, a fim de sustentar, continuar e qualificar o trabalho missionário. Trata-se do primeiro importante pronunciamento pontifício do século XX sobre o tema, expressão da renovação missionária em curso, que mirava distanciar-se do imperialismo dos estados-nação.

Essa carta representou uma autêntica pedra de toque em relação à crítica às missões estrangeiras, outrora triunfalmente celebradas, servindo de orientação doutrinal às ciências missiológicas que começavam dar os primeiros passos. Nela, Bento XV enfatiza principalmente a necessária preparação dos enviados, bem como a cooperação entre as várias instituições, a formação do clero local, a aprendizagem da língua e da cultura, o testemunho de vida dos missionários e a participação da mulher na missão. Denuncia com certa energia a subordinação à qual eram reduzidos os padres e os seminaristas nativos, a cobiça pelo lucro e pelo dinheiro por parte dos missionários e, particularmente, "uma das mais tristes pragas do apostolado", que é "pensar mais na própria pátria terrestre do que na celeste", "o desejo de alargar a influência do próprio país", fazendo acreditar que "a religião cristã é a religião de uma determinada nação" (ECM, I, 107) e que o missionário "é o enviado de sua pátria, e não de Cristo" (ECM, I, 108).

Bento XV referia-se sobretudo aos missionários que atuavam na China sob a proteção das potências imperialistas europeias, após ter derrotado o Império Qing na Segunda Guerra do Opio (1856-1860)[88]. A situação de privilégio e de neopadroado que tinha se instalado gerou com o tempo um mal-estar numa parte dos missionários e encontrou a forte oposição de personalidades como os lazaristas Frédéric-Vicent Lebbe, belga (1877-1940), e Anthony Cotta, egípcio (1872-1957). O espírito empreendedor de Lebbe alcançou a notoriedade nacional ao fundar, em 1915, o primeiro jornal católico chinês. Chegado a Pequim em 1901, Lebbe

---

88. O Tratado de Tianjin (1858) garantia, entre outras coisas, a plena liberdade de ação aos missionários cristãos (artigo 13). Diante da resistência da corte chinesa em ratificar esse tratado, as potências ocidentais, mais uma vez, deram prova de sua brutalidade ao saquear o Palácio de Verão, roubando obras de arte, e obrigando assim o governo chinês a assinar a Convenção de Pequim (1860), que acrescentava o direito de propriedade de edifícios religiosos a todos os missionários cristãos (CARLETTI, 2010).

começou trabalhar afinco pela desnacionalização da missão e pela desocidentalização do cristianismo, insistindo na constituição de uma Igreja local com seu clero e hierarquia autóctone, denunciando o racismo praticado pelos missionários estrangeiros e a subordinação à qual eram obrigados os padres, os seminaristas e os fiéis chineses. Observador perspicaz, seus relatórios enviados a Roma tiveram um impacto determinante, ao mesmo tempo que a situação das missões cristãs se tornava causa de desconfiança e revolta na sociedade chinesa, junto à instabilidade política causada pela rebelião dos Boxers (1900) e a derrocada do Império em 1911 (BUTTURINI, 2001).

A *Maximum Illud* constituiu um marco na evolução da consciência e da metodologia missionária no começo do século XX, estabelecendo critérios (aculturação, Igreja indígena, testemunho de vida), indicando agentes (clero local, mulheres, participação de todos os fiéis), firmando atitudes (despojamento, desnacionalização, mística), traçando estratégias (sinergia, participação, sustentabilidade), orientações algumas das quais hauriam da extraordinária prática jesuítica do século XVII (Ricci, Valignano, Nobili etc.), como também nos albores de *Propaganda Fide*[89]. O próprio Bento XV procurou aplicar imediatamente as diretrizes da carta apostólica nomeando um delegado apostólico para Pequim, com a tarefa de preparar a realização do Primeiro Sínodo Chinês em Xangai (1924).

c) *Rerum Ecclesiae* (1926). As perspectivas básicas da *Maximum Illud* foram retomadas e consolidadas por Pio XI (1857-1939). A ideia-chave que perpassa a Encíclica *Rerum Ecclesiae* é dilatar o Reino de Cristo através da expansão da própria Igreja, como meio escolhido por Deus para oferecer o dom da salvação a todos os povos. O papa insiste na promoção de vocações, na formação de agentes indígenas (sacerdotes, religiosas, leigos), na participação de todos os católicos nas

---

89. Numa Instrução de 1659 aos missionários na China e Indochina, esta congregação romana afirma: "Não façam nenhum esforço, não usem nenhum meio de persuasão para induzir esses povos a mudar seus ritos, seus hábitos e seus costumes, a menos que sejam abertamente contrários à religião e à boa moral. O que é mais absurdo do que transplantar a França, a Espanha, a Itália ou algum outro país europeu para a China? Isto não é o que vocês devem introduzir, mas a fé, que não rejeita os ritos e costumes de qualquer povo, desde que não seja ruim, mas quer protegê-los e consolidá-los" (METZLER, 2000, p. 147).

obras missionárias, conjugando os pilares missiológicos elaborados respectivamente pelas escolas missiológicas de Münster e Lovaina: a salvação das almas e a implantação da Igreja.

A missão é concebida no sentido de levar a verdade e a civilização aos *populos infedeles, ethnicis gentibus, ethnicos homines, miserrimis ethnicis*, "porque muitas vezes pensando que os pagãos ainda são cerca de um bilhão, não temos descanso em nosso espírito" (ECM, I, 123). Apesar de defender uma certa descolonização, os interlocutores continuavam num estado deplorável, porém num degrau um pouco mais digno do *gentibus ab humanitate remotissimis sit* da *Maximum Illud* (ECM, I, 109). O problema social era ignorado, tudo era resolvido na perspectiva da civilização cristã ou nas formas tradicionais de assistencialismo, como se a doutrina social da Igreja não tivesse nada a ver com as missões (BUTTURINI, 2001, p. 57).

Também Pio XI passou à ação logo depois de ter publicado a encíclica, ordenando em Roma os primeiros seis bispos chineses (1926), instituindo o Dia Mundial das Missões para a coleta em favor dos projetos missionários (1926), e fundando institutos de missiologia para a pesquisa científica como os das Pontifícias Universidades Gregoriana (1932) e Urbaniana (1933) em Roma. Foi reconhecido como "Papa Missionário".

d) *Saeculo Exeunte Octavo* **(1940).** Com o pontificado de Pio XII (1876-1958) temos uma interessante encíclica direcionada à Igreja de Portugal por ocasião do VIII centenário da fundação da nação. Este documento tece elogios triunfais ao "generoso povo português por suas extraordinárias benemerências em favor da fé católica" (ECM, I, 147), exaltando particularmente seu espírito missionário. As empresas ultramarinas tiveram "como escopo principal a propagação da fé, aquela mesma fé que teria animado a cruzada do Ocidente e as ordens equestres na épica luta contra o domínio dos mouros" (ECM, I, 149). Portugal foi "um dócil e precioso instrumento nas mãos da Providência" (ECM, I, 153) que, graças à sua fé, se impôs "ao mundo pela potência de seu império e pela sua gigantesca obra civilizadora" (ECM, I, 154).

Papa Pacelli procurou com essa encíclica reanimar o espírito do povo português, com a esperança que pudesse retomar o ardor dos antigos missionários, a fim de suscitar muitas novas vocações religiosas e presbiterais dispostas a dedicar a vida para as missões (ECM, I, 156). O mundo necessita de apóstolos para elevar "a inteligência de tantos pobres escravos de superstições degradantes e imersos 'nas sombras da morte'" (ECM, I, 183); de "sábios arquitetos", preparados cientifica e pastoralmente (ECM, I, 181) para erigir "casas para órfãos, hospitais e escolas" (ECM, I, 184); de sacerdotes diocesanos aptos a formar o clero indígena "ao seu mesmo nível de civilização cristã" (ECM, I, 174).

e) *Evangelii Praecones* (1951). O tom extremamente pomposo da *Saeculo Exeunte Octavo*, que destoava até em relação aos documentos missionários anteriores, ficou bem redimensionado quando Pio XII torna a se pronunciar sobre a questão depois do segundo conflito mundial, a 25 anos da *Rerum Ecclesiae*. Justamente para comemorar esse aniversário, o papa publica a Encíclica *Evangelii Praecones*, num contexto profundamente mudado. As trágicas consequências da Segunda Guerra, a destruição, o enfraquecimento e a desmoralização da Europa civilizada diante do resto do mundo, junto com o rápido processo de independência política dos povos até então colonizados, tinham produzido uma conjuntura profetizada, mas também conjurada, pela *Rerum Ecclesiae* (ECM, I, 133).

De fato, aconteceu que as "missões florescentíssimas" do Extremo Oriente foram varridas pelos ventos "não só de tempestuosos conflitos bélicos, mas também da doutrina funesta que nega os bens celestes para inculcar só os da terra" (ECM, I, 226). Essas consequências indesejadas, por outro lado, comprovaram a validade dos caminhos apontados por Lebbe e pela *Maximum Illud*, apesar de fortes e ressentidas resistências de setores missionários (BUTTURINI, 2001, p. 58). A inculturação do evangelho – mesmo se este termo tardará ainda uma década para surgir e algumas outras para se afirmar –, a formação e o protagonismo das Igrejas locais continuarão mais do que nunca na agenda e na estratégia promovida pelo magistério pontifício.

No entanto, Pio XII brindava os progressos alcançados pela ação missionária, resultado das orientações proferidas pelos seus antecessores, e celebrava, com expressões comovedoras, as perseguições e os sacrifícios consumados pelos "semeadores da Palavra". Muito ainda restava a fazer. Os destinatários da missão, percebidos ainda como infiéis (3 vezes) e pagãos (5 vezes), começam a ser chamados de irmãos (*fratres* – 2 vezes), mesmo que ainda "nas trevas e nas sombras" (ECM, I, 215).

Para Pio XII, "a Igreja não tem a mínima intenção de dominar os povos ou de se apoderar das coisas temporais, pois o seu único anelo é levar a todos os povos a luz sobrenatural da fé, promover a civilização e a fraterna concórdia entre as nações" (ECM, I, 222). O objetivo das missões

> é o de fazer brilhar mais claramente a luz da verdade cristã no meio de novos povos, de maneira que possam surgir dentre eles novos seguidores de Cristo. Para atingir este objetivo supremo é preciso – e não deve mais ser perdido de vista – que a Igreja se estabeleça firmemente junto aos outros povos, constituindo uma hierarquia própria, formada de elementos nativos (ECM, I, 221).

O papa também encorajava o surgimento da Ação Católica nos campos de missão, o engajamento dos leigos na evangelização e que "se constituíssem associações católicas de homens e mulheres, de estudantes, de operários, de artífices e de desportistas" (ECM, I, 237). Um meio privilegiado para evangelizar eram as escolas e a imprensa, enquanto "as mais belas flores do jardim da caridade missionária" continuavam sendo as obras sanitárias (ECM, I, 144). Pio XII desta vez introduziu na encíclica missionária a questão social, voltada não somente a condenar o socialismo marxista, mas também "a prepotência do capital privado" (ECM, I, 252): "A caridade é certo que pode remediar parcialmente muitas injustiças sociais, mas não basta. É preciso, antes de mais, que a justiça vigore, reine, e se aplique" (ECM, I, 250).

Enfim, um aspecto muito importante no documento foi o espaço e a ênfase dada à relação entre culturas e o evangelho. Pacelli, ao lembrar da missão civilizadora da Igreja, afirmava que ela "não se comporta como quem sem alguma distinção corta, derruba e destrói uma floresta exuberante" (ECM, I, 255). Ao contrário, "não rejeitou o pensamento pagão [...] e nem suprimiu os costumes e as antigas tradições dos povos". Portanto, a tarefa do missionário não era a

> de transplantar a civilização especificamente europeia nas terras de missão, mas preparar esses povos, que se orgulham às vezes de civilizações milenárias, a acolherem e assimilarem os elementos de vida e de costumes cristãos [...]. Os católicos indígenas devem ser verdadeiramente membros da família de Deus e cidadãos do seu Reino (cf. Ef 2,19), sem porém deixar de ser também cidadãos da própria pátria terrena (ECM, I, 259).

Uma declaração de intenções significativa. Restava acertar as contas com a herança histórica e com a prática missionária ainda benevolentemente colonial.

f) *Fidei Donum* (1957). Pio XII publicou outra carta encíclica, desta vez voltada para a África em processo de emancipação política. O papa tentava mediar entre a justa reivindicação da independência dos povos colonizados e o reconhecimento do progresso trazido pelos europeus em diversas regiões do mundo (ECM, I, 277). Mas o contexto internacional tinha se tornado profundamente adverso à política vaticana de diálogo e de abertura, da indigenização do clero e da constituição das Igrejas locais, depois das consequências nefastas da longa marcha maoista na China (1949), da Revolução Nasserista no Egito, da revolta dos Mau-Mau no Quênia (1952) e, sobretudo, dos desdobramentos da Guerra Fria. As "concessões" se tornavam mais prudentes com os países do Terceiro Mundo, particularmente, depois da possível assombração comunista da Conferência de Bandung (1955). Pacelli, alinhadíssimo aos Estados Unidos, optou pelo incremento dos missionários europeus para garantir o vínculo com Roma, diante da situação das Igrejas recém-estabelecidas que ainda careciam de estruturas e de efetivos.

Desta vez, porém, o centralismo vaticano não recorreu ao *ius commissionis* que tantos problemas havia criado na China, estabelecendo espécies de feudos para as congregações religiosas. Pio XII inaugurava um processo alternativo de convocação missionária, apelando para os bispos do mundo inteiro para que enviassem seus padres seculares nas circunscrições eclesiásticas de *Propaganda Fide*, ou seja, em "terra de missão". Surgia assim uma forma de cooperação de Igreja local para Igreja local[90]; desta maneira, o papel exercido por cada bispo se juntava ao do papa no envio, na solidariedade e na responsabilidade com a missão universal. Isso representava um avanço significativo em relação à jurisdição vigente na época, para a qual o papa se ocupava da Igreja universal e os bispos de suas respectivas dioceses (CDC, 1917, § 1350). Além disso, como lembrou João Paulo II ao celebrar o 25º aniversário da *Fidei Donum*, a "grande novidade" da encíclica era exatamente "a superação da dimensão territorial do ministério sacerdotal para pô-lo à disposição de toda a Igreja" (ECM, II, 3564; PO 10).

g) *Princeps Pastorum* (1959). Com o processo de preparação do Concílio Vaticano II em andamento, João XXIII publica esta encíclica por ocasião dos 50 anos da *Maximum Illud*, dando ênfase a três aspectos de continuidade: a constituição da Igreja indígena, a formação do clero local e o papel dos leigos na missão. Particularmente, ao tema da formação do clero é dedicada uma significativa parte do documento. O papa recomenda uma preparação intelectual ligada "às necessidades reais e da mentalidade de cada povo", incentiva os estudos de missiologia para esmerar "acuradamente o juízo dos sacerdotes sobre os valores culturais locais" (ECM, I, 341), adverte para que o ambiente formativo não seja "por demais avulso do mundo" (ECM, I, 339), e almeja que os seminaristas fossem formados o quanto antes por membros do próprio clero nativo (ECM, I, 338).

No entanto, mais da metade da encíclica se debruça sobre a importância do apostolado dos leigos e das leigas nas novas Igrejas locais, pois "onde quer que a Igreja é fundada, deve estar sempre presente e ativa com toda a sua estrutura orgânica, e portanto não somente com a hierarquia nas suas várias ordens, mas também com o laicato" (ECM, I, 350). Para João XXIII "o impulso apostólico pertence essencialmente à profissão de fé cristã" (ECM, I, 354), e "o número dos cristãos pouco significaria se faltasse a qualidade": "a profissão de fé cristã

---

90. "Outrora 'a vida da Igreja visível mostrava seu vigor principalmente nas antigas regiões da Europa donde [...] transbordava para as extremidades que bem podiam se chamar a periferia do orbe da terra; agora, ao contrário, se manifesta certa permuta de vida e de forças entre todos os membros do corpo místico de Cristo'" (ECM, I, 285).

não pode ser reduzida a um dado numérico, mas deve investir e modificar o homem no profundo" (ECM, I, 351). O papa do concílio, além de antecipar perspectivas renovadoras que serão depois retomadas por Paulo VI na *Evangelii Nuntiandi*, parecia ter bastante claro que o laicato, particularmente, quando se refere a uma Ação Católica engajada na vida da sociedade, era um sujeito plenamente protagonista da missão da Igreja, tendo presente que "o 'bom combate' (2Tm 4,7) pela fé leva-se a efeito não somente no segredo da consciência ou na intimidade do lar, mas também na vida pública em todas as suas formas" (ECM, I, 369).

3.1.2 A evolução do conceito de missão na reflexão missiológica

Os pronunciamentos do magistério pontifício sobre a questão missionária se baseavam principalmente, e eram até impulsionados, pela produção missiológica que começava a dar os primeiros passos no final do século XIX como disciplina teológica acadêmica.

Com efeito, a missiologia é uma ciência teológica jovem que, todavia, pode deitar suas raízes bem antes dos albores da missão moderna, com o franciscano catalão Raimundo Lúlio (1232-1315), escritor, filósofo, poeta, teólogo, missionário entre os muçulmanos. Ele foi interlocutor de primeira ordem entre as culturas árabe, cristã e judia. Produziu um tratado sobre a conversão dos infiéis, traçou estratégias visionárias de organização missionária e fundou escolas para a formação de evangelizadores, particularmente orientadas ao estudo das línguas e das culturas orientais (BUONO, 2000, p. 36).

Com a Conquista Espiritual da América tivemos numerosos expoentes, obras e debates teológicos sobre questões genuinamente missionárias, mas não ainda uma verdadeira teologia sistemática da missão. No âmbito protestante, o teólogo de Utrecht, Gisbertus Voetius (1689-1760), foi o primeiro, e talvez o único, a desenvolver um tratado sobre a missão, estabelecendo um tríplice objetivo na conversão dos pagãos, na implantação da Igreja e na glória de Deus. Esse labor, porém, teve pouco efeito duradouro nas gerações posteriores.

A teologia, no seu conjunto, era uma disciplina unitária até o século XVIII. Com o Iluminismo e a emancipação da razão prática no interior da racionalidade científica, se subdividiu em dois âmbitos fundamentais: teologia como conhecimento prático (pastoral) e teologia como ciência pura (bíblia, história, sistemática). Em ambos os casos, porém, a missão nunca despertou muito interesse: o aspecto teórico da teologia se dirigia quase que unicamente à realidade da revelação divina ou à anuência no ato da fé; a vertente prática concentrava-se no serviço à Igreja institucional.

> Isso valia inclusive para os novos seminários criados no Terceiro Mundo para a formação do clero nativo. Visto que a Igreja "filial" tinha de imitar a "matriz" nos mínimos detalhes e precisava reproduzir a estrutura de congregações, dioceses, clero etc., é óbvio que a teologia ali ensinada fosse uma mera fotocópia da teologia europeia. O foco estava, uma vez mais, sobre a conceituação e a sistematização da fé em consonância com linhas que haviam sido traçadas de uma vez para sempre (BOSCH, 2007, p. 585).

Contudo, ao passo que os empreendimentos missionários se firmavam no século XIX, surgia a exigência de elaborar uma reflexão crítica sobre estas iniciativas e de qualificar profissionalmente os agentes e as organizações envolvidas. Uma linha de pesquisa se assentou no âmbito da teologia prática, a reboque da teologia pastoral, assim como apontaram Friedrich Schleiermacher (1768-1834), Johann Michael Sailer (1751-1832) e Anton Graf (1814-1867). Outro tipo de estratégia, no entanto, consistiu em defender a introdução da missiologia como disciplina teológica independente, muitas vezes por pressão de sociedades missionárias ou, em alguns casos, de governos imperialistas[91]. Depois de algumas importantes iniciativas precursoras em âmbito evangélico, foi graças ao empenho e a obra pioneira do pastor protestante Gustav Warneck (1834-1910) que foi instituída a primeira cátedra acadêmica de missiologia na Universidade de Halle (1896).

---

91. Em Münster, criou-se a primeira cadeira católica de missiologia porque o Ministério da Cultura alemão insistiu que os professores de teologia atentassem para o "sistema colonial" e, especialmente, para as missões nos protetorados alemães; deveras, a primeira publicação de uma certa relevância de Josef Schmidlin, após assumir como titular a cadeira, intitulava-se *Die katholischen Missionen in den deutschen Schutzgebieten* (As missões católicas nos protetorados alemães) (BOSCH, 2007, p. 587).

a) **A primeira missiologia protestante alemã.** Fundador do primeiro jornal missiológico alemão *Allgemeine Missionszeitschift* (1874), Warneck também esteve envolvido na fundação do Comitê Protestante Alemão de Missões em 1885, servindo como secretário até 1901. Considerado o pai fundador da missiologia moderna, sua obra mais completa foi *Evangelische Missionslehre*, publicada entre 1892 e 1903 em cinco volumes. Nesta obra o teólogo alemão entende que a missão cristã é toda a ação evangelizadora que tem como objetivo plantar e organizar a Igreja entre os não cristãos (judeus, muçulmanos e pagãos) (SIEVERNICH, 2012, p. 201).

Ele subdividiu a teoria da missão em três seções: a motivação do envio, os organismos do envio e o empreendimento do envio. No que diz respeito a primeira seção, os quatro motivos do envio missionário – bíblico, eclesiológico, histórico e etnológico – destacam a excepcionalidade histórica da conquista do mundo por parte do Ocidente cristão, graças às descobertas geográficas, à industrialização, ao comércio mundial e à política colonial, que tornaram "o nosso século, o século missionário", ao resgatar do túmulo a proclamação da Grande Comissão do Ressuscitado após 1800 anos de letargia.

A segunda seção trata dos *enviantes*, a partir de Deus, a Igreja, as sociedades missionárias, até chegar aos *enviados*, sobre os quais se discute a qualificação, a formação, o sustento, o casamento e o pessoal coadjutor.

A terceira seção examina a realização do envio, definindo o território, a tarefa, os caminhos/meios – palavra, pregação, educação, batismo, catecumenato – e o objetivo final da missão, ou seja, a fundação e a organização de comunidades locais. Mesmo sendo bastante crítico sobre o colonialismo das nações europeias, e de sentir a necessidade de uma "desnacionalização" (*Entnationalisierung*) do cristianismo, Warneck esboça a ideia de um "patriotismo missionário" (*Missionspatriotismus*) a fim de ajudar a reconciliar os nativos com o governo estrangeiro, com sua submissão voluntária e pacífica. A perspectiva por ele proposta enxerga a missão como uma "bênção para as colônias" (II, p. 604), porém relevando ao mesmo tempo, e com consciência pesada, que os pecados do comércio mundial "tornaram a missão um dever moral, uma espécie de *expiação* em relação aos pagãos roubados, abusados e desmoralizados pelos brancos, cristãos somente de nome" (WARNECK, 2015, I, p. 216; grifo nosso)[92].

Exaltando as missões cristãs com os tons poéticos, idealizando cenários, dramatizando narrativas, canonizando atores, Warneck começou a introduzir a noção sociocultural de "povo" como realidade histórica com a qual a Igreja precisava entrar em diálogo. Desta maneira, confrontava a tese pietista que apresentava a missão como obra de uma comunidade primícia de um povo novo, alternativo e aberto ao *eschaton*, em tensão de ruptura com a história depravada da humanidade: "para Warneck a Igreja é a *Volkskirche* que realiza a própria missão assumindo os povos e suas realidades socioculturais num contexto de fé cristã" (BUONO, 2000, p. 59). Consequentemente, a primeira missiologia alemã introduzia na pauta da reflexão teológica o debate intramundano entre evangelho e culturas.

b) A Escola de Münster. Na esteira dos pioneiros protestantes, o mundo católico também se sentiu interpelado em implementar uma disciplina acadêmica sobre a missão. Em 1910 foi instituída a primeira cadeira católica de missiologia na Universidade de Münster na Vestefália, confiada ao historiador alsaciano Josef Schmidlin (1876-1944), que por sua vez se inspirou profundamente em Warneck. O pensamento e a obra de Schmidlin, juntamente ao de Robert Streit (1875-1950)[93], deram vida à primeira teoria católica sobre as missões.

---

92. Esse interessante motivo da "expiação" irá sobreviver no tempo, conotando um modelo ético de missão. É o caso de Albert Schweitzer (1875-1965), famoso teólogo, musicista, médico, missionário alsaciano, Prêmio Nobel da Paz em 1952, que dedicou boa parte de sua vida à obra humanitária num hospital no Gabão. Para ele a missão era expressão de compaixão para com os pagãos, um serviço puramente humano como que um sacrifício de expiação pelas culpas e pelos pecados do colonialismo europeu. No entanto, a maneira dele de olhar para os nativos africanos era bastante etnocêntrica: os considerava infelizes, vítimas das crendices e das superstições, escravos a serem libertados e elevados para uma religião e uma civilização superior, mesmo colocando em dúvida a capacidade deles de adquirir um grau superior de instrução. Para Schweitzer os "homens naturais" da África eram claramente inferiores: ele não apreciava a cultura autóctone, não aprendeu nenhuma língua local, e ao sentimento de culpa pelo colonialismo, associava um dever moral que se expressava numa ação filantrópica e pedagógica em favor dos mais necessitados (SIEVERNICH, 2012, p. 204).
93. O oblato de Maria Imaculada, Robert Streit, publicou em 1911 a obra *Führer durch die deutsche katholische Missionsliteratur* (Guia à bibliografia católica alemã sobre a missão), tornando-se referência no campo da bibliografia missionária sobretudo com a iniciação da coleção *Bibliotheca Missionum* (1916-1974),

Bem como na *Evangelische Missionslehre*, a ideia dominante da missiologia católica incipiente era a articulação do trabalho apostólico em torno de duas fases interdependentes: a pregação do evangelho aos pagãos e a conversão de suas almas por esta pregação. Por "pagãos" aqui se entendia estritamente os não batizados, ou os não cristãos, enquanto o apostolado entre os cristãos afastados ou cismáticos estaria excluído da categorização de missão. Missão, no entanto, era para Schmidlin a atividade desenvolvida entre os não cristãos para convertê-los.

Ao fundamentar a exigência e a urgência desta atividade estavam argumentações de ordem sobrenatural e natural. Os primeiros motivos se baseavam: na Escritura, que expressava o desejo de Deus para que todos sejam salvos (1Tm 2,4); na doutrina central, uma vez que a ideia de missão estava enraizada na unidade e unicidade de Deus, na história de salvação, na necessidade do batismo, na atividade da Igreja e no juízo final; e na moral, cumprindo o dever de obedecer ao mandato missionário de Cristo (Mt 28,19), e o dever de caridade para com o próximo.

Os argumentos de ordem natural se desdobravam a partir da pregação apologética do caráter absoluto do cristianismo em relação às outras religiões. Sendo o cristianismo uma religião que se encarnava em qualquer contexto humano, ele se apresentava como uma religião para a humanidade. A este aspecto etnológico se acrescentava um motivo cultural e histórico, no sentido de que as missões não tinham somente um valor religioso, e sim também contribuíam com um aporte de aperfeiçoamento civilizacional, tanto em nível individual (material, moral, intelectual) como em nível social (político, nacional, colonial) junto aos diversos povos de toda raça, língua e cultura.

Protagonistas desta missão (envio) eram, em primeiro lugar, o papa vicário de Cristo como *enviante*, e os missionários como *enviados*. A força missionária contava também com os *auxiliares*, religiosos e religiosas, catequistas e demais pessoal encarregado de diferentes funções e obras. Por sua vez, os destinatários,

---

uma coleção de trinta volumes que recolhe todos as obras católicas de relevância missionária produzidas desde o final da Idade Média até o Concílio Vaticano II. A *Bibliographia Missionaria*, publicada pela Pontifícia Universidade Urbaniana, continua este trabalho monumental com volumes anuais.

que Schmidlin chamava de *objeto* da missão, podiam se caracterizar por um sentido *espacial* (o "território" de missão), ou por um sentido *pessoal* (indivíduos ou povos que não eram cristãos).

Em relação a esse objeto em seu dúplice sentido de território-pessoas, a missão tendia determinar critérios que visavam, de um lado, buscar uma racional identificação das áreas geográficas, e por outro encarar desafios de adaptação, de comportamento e de estratégia para tecer relações com as pessoas. A Igreja missionária, quando era enviada aos povos, devia ter presente condições de ordem climatológica, etnográfica, linguística, política, cultural e religiosa. Particularmente, em relação aos aspectos culturais e religiosos se afirmava a superioridade da civilização ocidental e a universalidade do cristianismo, mesmo tendo uma postura positiva diante das expressões religiosas dos outros povos. O missionário devia possuir um certo conhecimento de ciências das religiões, que lhe permitia discernir a atitude a adotar diante da qualidade da verdade de cada religião nativa.

Para Schmidlin, a evangelização investia simultaneamente a conversão do indivíduo e a cristianização da sociedade. O labor missionário devia começar pelas pessoas para chegar à implementação da cristandade em termos societários e de organização eclesiástica autossustentável (clero nativo). Os caminhos a serem seguidos para atingir tais metas eram a ação sobrenatural da graça divina, o testemunho de vida, o planejamento e a aprendizagem da língua indígena, a pregação e a catequese, o catecumenato e o batismo. Ademais, outros caminhos podiam ser efetivados pelas obras assistenciais: a docência escolar e acadêmica, a produção literária e a promoção de iniciativas socioeconômicas.

Com a obra schmidliniana começava a surgir no catolicismo uma postura crítica diante da epopeia das missões estrangeiras, mesmo ainda fortemente atrelada à empresa colonial. Suas contribuições, amplamente devedoras das sistematizações de Warneck, ajudaram a configurar o *modelo da conversão*, fundamentado no princípio da salvação das almas. Na mesma linha o beneditino Thomas Ohm (1892-1962), sucessor de Schmidlin em Münster (1946), imprimiu um caráter ainda mais teológico à missiologia, distinguindo a teoria fundamental da missão (*Missionstheorie*), do conhecimento histórico das missões (*Missionskunde*) e da missiologia prática (moral, direito, pastoral). Reconhecendo à essência da missão um papel central, Ohm cultivou uma sensibilidade contemplativa e crítica em relação à praxe missionária, que o levou a observar de maneira perspicaz os erros e os pecados contra a alteridade, a presunção desrespeitosa do eurocentrismo, a falta de capacidade de escuta dos outros, e alimentar, por outro lado, a esperança de uma renovação da própria Igreja no espírito do evangelho e de uma verdadeira humanidade (COLLET, 2004, p. 113)[94]. Em 1960, Ohm foi convocado a fazer parte da comissão preparatória do *De Missionibus*, o esquema sobre as missões do Vaticano II, mas não chegou a participar dos trabalhos porque faleceu pouco antes da inauguração do concílio.

c) A Escola de Lovaina. Uma orientação diferente da Escola de Münster surge com a Escola de Lovaina nos anos de 1920, por obra sobretudo do jesuíta Pierre Charles (1883-1954). Seus trabalhos de caráter teórico e histórico foram expostos em diversos artigos desde 1926 e coletados em seus famosos *Dossiers de l'Action Missionnaire* publicados em cinco fascículos em 1938. A argumentação deste teólogo inicia com a crítica à teoria da ação missionária de Schmidlin que se centrava sobre o tema da salvação das almas: para Charles essa salvação é possível também fora da pertença real da Igreja visível e da prévia pregação do evangelho. Portanto, as missões entre os não cristãos não se sustentam a partir de uma perspectiva soteriológico-pastoral. Sendo assim, por que a missão?

A verdadeira finalidade da missão, para Charles, é plantar a Igreja (*plantatio ecclesiae*): uma Igreja visível, estável, completa, solidamente edificada. Indepen-

---

94. Em sua obra *Ex contemplatione loqui* (1961), Thomas Ohm afirma: "Não nos libertamos ainda completamente da nossa maneira unilateral de enxergar. A nossa autoconsciência é sempre grande demais e a apreciação dos asiáticos é pequena demais. Alguns pensam sempre de ter que difundir as nossas culturas. Não distinguimos de maneira suficiente entre a essência do cristianismo e sua roupagem europeia, por exemplo, entre o discurso da montanha e os hábitos europeus. Não relativizamos de maneira suficiente, até fazer com que 'cada povo' seja 'a manifestação de uma ideia divina' (Bernhart). Estamos por demais distantes de enxergar de forma objetiva as outras religiões e de descrevê-las sem nenhuma injustiça e desprezo. Queremos sempre impressionar – de maneira meramente ocidental – através de uma bela presença, coisa que a maioria dos asiáticos não gosta. Damos sempre demais importância – mais uma vez de maneira meramente europeia – à exterioridade e à técnica da missão; no entanto, muitos asiáticos esperam contemplação e experiências vividas. Trabalhamos sempre de maneira europeia [...]" (apud COLLET, 2004, p. 113).

dentemente da maneira com a qual os pagãos se salvarem, a Igreja deve ser plantada em toda a terra por sua própria natureza como sociedade visível, como organismo vivo em crescimento, até que suas dimensões coincidam com as do mundo inteiro. A ausência da Igreja visível num determinado território, onde a doutrina e os sacramentos não são oferecidos a todos de maneira estável, onde seus meios de salvação não são acessíveis a todas as pessoas de boa vontade, constitui o critério fundante para definir o "território de missão".

A Igreja jamais terminará de converter o mundo: essa sua tarefa é permanente e intrínseca em sua própria identidade. No entanto, a missão é apenas a fase preliminar deste labor: não pretende a conversão total de um povo, não consiste somente na pregação da fé, não se limita a instituir uma hierarquia eclesiástica e nem a formação de um clero autóctone. A edificação da Igreja no meio de um povo busca principalmente: garantias de sua *permanência* numa sociedade estável; *amplitude* de sua extensão, para poder se dirigir a todos os habitantes; *universalidade* de sua função, num ambiente social suficientemente instruído, saudável e economicamente desenvolvido (um povo nômade, analfabeto, pobre não estaria em condição de acolher uma Igreja); *unidade da disciplina*, sendo a Igreja uma sociedade hierárquica, as comunicações com o centro devem ser fáceis e acessíveis. Quanto ao objeto formal da missiologia, Charles afirma que "a dogmática missionária não é nada mais do que a teologia da expansão da Igreja visível". É esta visibilidade que faz a diferença substancial entre o apostolado normal da Igreja já constituída e a missão.

As teses de Charles tiveram uma larga aceitação em vários países, inclusive na Alemanha, e foram assimiladas nos documentos do magistério pontifício, que confluíram com a inauguração de uma nova época missionária inspirada nos métodos dos tempos apostólicos de fundar Igrejas. Com efeito, a Escola de Lovaina representava um considerável avanço teológico para a missiologia, mas ostentava uma ótica excessivamente eclesiocêntrica e territorial. Mesmo se André Seumois (1917-2000), entusiasta expoente desta teoria, falará mais de "implantação" do que de *plantatio*, substituindo a imagem fria e monolítica da construção com a mais bíblica, patrística e orgânica da árvore, não escapará de certa visão eurocêntrica, jurídica e institucional, ainda que incluindo em sua dissertação conceitos como autoctonia, autonomia e inculturação (SEUMOIS, 1993, p. 77-86).

Contudo, exatamente por entender a Igreja como algo de vivo e dinâmico, que se enxerta na vida dos povos, Charles manifesta uma visão substancialmente positiva da história humana e da diversidade cultural: "para ele, toda a terra é a Terra Santa, toda a História da Sagrada História – se não de fato, pelo menos na esperança e no potencial" (MASSON, 1978, p. 118). Em 1953 escreve um artigo com o título "Missiologie et acculturation", no qual adota o conceito fundamental de "cultura" no lugar de "civilização", denunciando o etnocentrismo desta última expressão e remetendo aos estudos de antropologia cultural iniciados por Edward Burnett Tylor (1832-1917)[95]. Charles chega a falar até de "inculturação", mas não em termos teológicos como fará Joseph Masson (1908-1998), um dos seus discípulos, dez anos mais tarde, e sim referindo-se ao termo inglês *enculturation* que tem um outro significado[96].

---

[95]. Reconhecido como pai da antropologia moderna Tylor publica, em 1871, *Primitive Culture: Researches Into the Development of Mythology, Philosophy, Religion, Art, and Custom*, inaugurando com essa obra o método comparativo. Nela o estudioso britânico oferece a primeira definição de cultura nos termos não mais de um saber superior, e sim de "todo complexo que inclui conhecimento, crença, arte, moral, lei, costume e qualquer outra capacidade e hábito adquiridos pelo homem como membro da sociedade" (1920, p. 1). É importantíssimo lembrar que os primeiros a reconhecer a relevância da antropologia cultural para a missiologia católica foram o austríaco Wilhelm Schmidt (1868-1954), da Sociedade Missionária do Verbo Divino, que em 1906 fundou a Revista Internacional *Anthropos*, e o francês Alexandre Le Roy (1854-1938), superior-geral dos padres espiritanos, vigário apostólico de Libreville (Gabão). Le Roy escreveu o primeiro artigo do primeiro número de *Anthropos*, com o título "Le rôle scientifique des missionnaires", no qual afirma que os missionários podem e devem ser homens de ciência, trabalhando intelectualmente, cultivando um espírito crítico e um hábito de pesquisa. Para ele cada povo tem sua civilização, no sentido da própria maneira de entender a vida, de vivê-la da melhor forma possível e de escolher os modos mais aptos para o seu governo. Os missionários devem conhecer profundamente as culturas dos povos, porque os "'selvagens' não existem: 'os selvagens' só se encontram em nossa sociedade civil, e é a civilização que os produzem" (LE ROY, 1906, p. 6). Por sua vez, Schmidt publicou o último artigo do primeiro número da revista com o título "L'Ethnologie moderne", no qual convidava etnólogos e antropólogos a colaborarem com o novo órgão num diálogo interdisciplinar (SCHMIDT, 1906, p. 135). O eco no mundo acadêmico e missionário foi muito favorável (PIEPKE, 2007, p. 116).

[96]. Normalmente traduzido com "inculturação" nas línguas latinas, o termo inglês *enculturation* é particularmente usado na antropologia americana, inspirado pela teoria "cultura e personalidade" de Melville Jean Herskovits (1895-1963). O conceito aponta para os processos conscientes ou inconscientes, pelos quais um indivíduo se torna membro competente de sua própria cultura. Começa nos primeiros anos de vida e termina somente com a morte (DELL'ORTO, 2017, p. 22).

d) **A Escola Francesa.** O aporte da Escola de Lovaina fará surgir controvérsias cruciais sobre algumas questões missiológicas, particularmente na França, onde a tese da *plantatio* tinha assumido tons triunfalistas com a obra de Albert Perbal (1884-1971), *Premières leçons de théologie missionnaire* (1935), primeiro manual francês de missiologia[97].

Praticamente, as ideias de Charles de separação rigorosa entre o problema da missão e a salvação das almas não foram muito aceitas inicialmente entre os teólogos franceses. A salvação e a conversão do mundo pagão foram temas continuamente retomados nos Congressos nas Semanas teológicas na França e no Canadá nos anos de 1930, animando intensos debates. Palemon Glorieux (1892-1979), professor das faculdades católicas de Lille, defendia a tese da *plantatio ecclesiae* só se tivesse relacionada com a salvação das almas, enquanto implantação e salvação eram termos correlativos. No entanto, o problema da missão não estava centrado numa questão de vida ou de morte para os pagãos, mas na plenitude de vida para todos: o pagão podia certamente se salvar fora da Igreja, entretanto a Igreja lhe podia proporcionar os meios ordinários para que nele superabunde a graça.

Henri de Lubac (1896-1991) sintetizava essa problemática com uma estocada sagaz: "as missões são necessárias para a salvação dos pagãos ou servem somente para tornar essa salvação menos complicada?" (1946, p. 35). Para ele, a humanidade como tal não podia encontrar a salvação sem a Igreja, mesmo que o indivíduo pudesse se salvar pelos caminhos misteriosos da Providência. Todavia, em sua obra *Le fondement théologique des missions* (1946), De Lubac retomou as teses de Glorieux da plenitude de vida para os infiéis, encontrando as raízes desta perspectiva na caridade e no amor de Deus. A vida plena não era um luxo supérfluo, e sim a essência da salvação. As missões não deviam se contentar em alcançar um nível mínimo para os pagãos não serem condenados, mas, ao buscar a vida plena para todos, precisavam viver a caridade como dom de si para o mundo, pois é se doan-

---

97. Ao estabelecer critérios para avaliar o grau de implantação de uma Igreja visível e perfeita, Perbal cita a estabilidade, a integralidade e a solidez material: "suficientemente imponente, para que a Igreja apareça como uma sociedade solidamente estabelecida [...]. Portanto, precisa de edifícios, de igrejas, de cemitérios, de escolas, de monumentos religiosos e outros, e de toda a organização que se veja e se palpe, se articule e se multiplique; precisa de associações, de ligas e também de sindicatos" (apud BEREA, 2009, p. 43).

do que se participa da vida divina que é dom, um dom que se expande, abraça e envolve a todos, sem excluir ninguém. Dessa caridade se origina a catolicidade e a missionariedade da Igreja. De Lubac afirmava que a Igreja é "o corpo da caridade na terra" (p. 40).

A relação entre missão e salvação foi confutada amplamente ainda por Louis Capéran (1884-1962), em seu voluminoso ensaio *Le Problème du salut des infidèles* (1934), no qual evidenciava um elemento essencial: a condenação de todos os que não ouviram falar de Cristo nunca foi um dogma católico (BEREA, 2009, p. 46). Outro autor que abordou a questão foi o jesuíta Alexandre Durand, com o seu *Le Problème théologique des missions* (1942), que se aproximou muito das teses de Charles, colocando em relevo a independência divina a respeito da salvação, sem desmerecer a obra missionária como meio normal, mas não exclusivo, para a redenção, cuja função estava ordenada a construir a Igreja visível.

A conclusão de todas estas pesquisas era de tratar a questão missionária sem se meter muito em problemas teológicos insolúveis, como a condição do destino final dos não cristãos – por quanto esse fator não fosse tão dispensável assim –, e se concentrar no estabelecimento da Igreja visível e em sua vocação mais íntima. Em outras palavras, a missão não teria uma justificação em base a uma necessidade ou a uma utilidade em relação à salvação das almas, e sim dependeria da própria dinâmica da natureza da Igreja. Esse arranjo representava um pequeno aceno de saída de uma pretensão meramente exclusivista da missão.

e) Novas perspectivas missionárias. A teologia da *plantatio ecclesiae* dominou a reflexão missiológica nos anos após a Segunda Guerra Mundial. Joseph-Etienne Champagne, Oblato de Maria Imaculada e diretor do Instituto de Missiologia da Universidade de Ottawa, publicou em 1947 o *Manuel d'action missionnaire*, no qual observava que o mundo missionário era constituído mais por pessoas do que de territórios, e que era impossível fixar uma linha exata de separação entre o mundo da Igreja constituída e o das missões. Nesse sentido, os destinatários da missão não eram somente os não cristãos, mas também os católicos que viviam num território sem uma organização paroquial normal ou sem condições de prover às próprias necessidades espirituais, como no caso dos migrantes (BEREA, 2009, p. 48).

Ao mesmo tempo, emergia também uma outra tendência com a Escola dominicana de *Le Saulchoir*, com os teólogos Marie-Dominique Chenu (1895-1990) e Yves Congar (1904-1995)[98], na qual não se insiste mais sobre a Igreja como sociedade organizada num território, mas sobre a realidade de seu mistério, como comunidade de escuta da Palavra e de comunhão de fé. A missão da Igreja é contemplada não a partir de uma visibilidade territorial, mas a partir da própria natureza de povo de Deus peregrino, apontando para o seu papel no mundo de hoje. Particularmente, o rosto temporal da Igreja é colocado em questão em relação à sua estrutura e à sua vida, à instituição e à comunidade de seus membros, à *Ecclesia de Trinitate* e à *Ecclesia ex hominibus*, ao mistério divino e à sociedade visível. Essa última é sempre formada por pessoas que receberam a fé (*congregatio fidelium*), edificada a partir de baixo e não de cima ou de fora.

Exatamente a partir da realidade de uma fé viva como fundamento de uma comunidade e de uma missão, e da questão social do mundo operário, surgiram na França diversas iniciativas em "ambientes" onde se observava que não existia mais uma vivência e uma cultura impregnada do espírito e dos princípios cristãos. O termo *mileu*, mutuado da sociologia, tornava-se centro de uma atuação e reflexão para indicar uma situação, um contexto descristianizado que podia ser configurado somente em termos de missão.

Um muro dividia a Igreja desses novos e emergentes "povos" proletários gerados pela Revolução Industrial ocidental. A problemática da relação Igreja-mundo (moderno contemporâneo) tornava-se sempre mais dramática e urgente. A França se tornava um "país de missão", como proferia o título do livreto dos padres Henri Godin (1906-1944) e Yvan Daniel (1909-1986) em 1943: uma missão situa-

---

98. Particularmente com as obras de Congar: *Esquisses du mystère de l'Église* (1941); *Vraie et fausse réforme dans l'Église* (1950); *L'Église catholique devant la question raciale* (1953); *Jalons pour une théologie du laïcat* (1954); *Vaste monde, ma paroisse – Vérité et Dimensions du Salut* (1959). É preciso sinalizar também a pesquisa de Corneliu Berea, svd., sobre *Il pensiero di Yves Congar sulla definizione della missione nel periodo preconciliare* (2009), na qual ele analisa a obra de Congar não publicada: *Mission sacerdoce-laïcat* (1953).

da não somente em terras longínquas, mas também no coração de uma Europa descristianizada.

Tudo isso colocava em questão a própria ideia de missão como também a identidade colonial do cristão europeu ocidental. Significava repensar toda a presença e a ação da Igreja em nível mundial. Era necessário definir a missão em relação às pessoas inseridas num contexto social, mais do que a um território. O dominicano Antonin-Marcel Henry (1911-1987), em sua obra *Esquisse d'une theologie de la mission* (1959), propunha uma pastoral missionária que devia se dirigir a todos os que precisavam ser convertidos. De alguma forma, a tese da salvação das almas retornava sobre outros termos redimensionando a pretensão hegemônica da *plantatio*, visto que não se podia considerar a questão missionária a partir da presença ou da ausência da Igreja visível. Em primeiro lugar, porque existia uma salvação fora da economia dos meios instituídos por Jesus, por obra da ação do Espírito. Em segundo lugar, porque a missão começava pela resposta de fé diante do anúncio explícito: esta resposta, junto com a edificação da Igreja, constituía a finalidade da missão.

Com esses novos e decisivos aportes introduzia-se na reflexão missiológica elementos antropológicos e socioculturais fundamentais em relação a uma visão meramente territorial e colonial da missão, assim como elementos teológicos e eclesiológicos bem mais essenciais e profundos em relação a uma compreensão demasiadamente pragmática e jurídica de toda obra missionária. Vários missiólogos "diplomados", como registrou ironicamente Congar numa determinada ocasião (2005, II, p. 290), denunciaram uma certa confusão e equivocidade terminológica no uso da palavra "missão", com consequente irrelevância de uma reflexão específica (SEUMOIS, 1952, p. 82). Mas isso representava uma abrangência de alguma maneira necessária, que deslocava a definição de missão – e consequentemente o objeto da missiologia – do pragmatismo de uma tarefa a ser executada, para uma dimensão propriamente teológica fundamental (BOSCH, 2007, p. 588).

Por outro lado, nos autores de uma nova e sugestiva tendência que irá aprofundar a problemática da interação Igreja-mundo, faltavam um conhecimento e uma apreciação mais aprimorada das árduas questões relativas à presença/ausência das Igrejas cristãs nos países extraeuropeus. Até que ponto as diversas situações eram comparáveis? Descoloniza-se, certamente, a missão quando esta se torna um eixo de identidade, presença e ação de uma Igreja inserida nos contextos de antiga/nova tradição cristã; ao mesmo tempo, porém, vinculando a missão à problemática do mundo moderno, capitalista, industrializado, desenvolvido, assalariado e ocidental, corre-se o risco de não dirigir mais o olhar para a outra cara da modernidade: a colonialidade, a diferença colonial, o subalterno, o *damné*, o atrasado, o não assalariado, o racializado.

3.2 A missão no Vaticano II – Reforma da Igreja no diálogo com o mundo (moderno)

Todo o movimento de renovação missionária confluído nos pronunciamentos do magistério pontifício, promovido pelas escolas missiológicas do século XX e impelido pelas mudanças políticas e socioculturais mundiais, aproou na convocação, preparação e realização do Concílio Ecumênico Vaticano II, particularmente nessa vertente-chave da relação Igreja-mundo (moderno) proposta pela *Nouvelle Théologie* da Escola de *Le Saulchoir* e da Faculdade Jesuíta de Lyon, outrora condenada por Pio XII com a Encíclica *Humanis Generis* (1950).

João XXIII redimiu essas tendências e esse espírito de renovação, com aquilo que foi definido "um gesto de tranquila audácia" (ALBERIGO; BEOZZO, 1995, p. 21), ao anunciar a convocação do concílio em 25 de janeiro de 1959, um evento que produzirá uma grande virada na maneira de entender a identidade e a ação da Igreja no mundo moderno. Deveras, o Vaticano II foi muito mais do que um acontecimento histórico que terminou em 1965, ou uma coletânea de documentos doutrinais sancionados pela autoridade eclesiástica. Aliás, nem era esse o seu propósito[99]. O que mais pode retratar a carga de renovação, o anseio de busca, a

---

99. Na alocução solene de abertura do Concílio Vaticano II, *Gaudium Mater Ecclesia*, proferida em 11 de outubro de 1962, João XXIII afirmava: "O objetivo principal deste concílio não é, portanto, a discussão deste ou daquele tema da doutrina fundamental da Igreja [...]. Para isso não precisava um concílio" (EV1 54).

disponibilidade do encontro com o evangelho e a atenção dada ao diálogo com o mundo contemporâneo proporcionada por esta assembleia da Igreja Católica, é seu espírito e sua postura, seu retorno às fontes (*ad rimini fontes*) e suas perspectivas: "este é o núcleo do evento conciliar, ao qual só pode fazer referência a sã e correta hermenêutica de suas decisões" (ALBERIGO, 1995, p. 573). Portanto, o Vaticano II "foi e continua sendo um processo de encontro e diálogo, elaboração, propostas, recepção, interpretação e implementação" (RIVERO, 2015, p. 88).

O sentido da envergadura deste acontecimento, particularmente reconhecido como grande divisor de águas entre o fim da cristandade e o início de uma nova era[100], nos leva a considerá-lo pelo menos sob duas perspectivas hermenêuticas complementares: como evento e como documento[101]. Sob o ponto de vista de entender a evolução do conceito de missão, especialmente em relação à colonização – consequentemente à colonialidade/decolonialidade –, é imprescindível considerar o Vaticano II como evento no seu conjunto, em termos qualitativos de *kairós*, e especificamente na análise dos documentos, particularmente os que incorporaram as novidades dos demais e que procederam dos debates sobre a atividade missionária da Igreja (*Ad Gentes*) e sobre a relação Igreja-mundo (*Gaudium et Spes*).

3.2.1 O Concílio Vaticano II como evento universal e missionário

Em primeiro lugar, o Vaticano II foi, no seu conjunto, um evento universal como jamais foi visto na história da Igreja, que contou ao todo com a participação de 3.054 padres conciliares, de 116 países[102]. Um "espetáculo de universalidade",

---

100. Cf. o significativo título da obra sobre o Vaticano II do jesuíta R. Rouquette. *La fin d'une chrétienté – Chronique I et II* (1968).

101. Esta é a perspectiva hermenêutica do Instituto de Ciências Religiosas de Bolonha (Itália), que coordenou um grupo internacional de historiadores para a ambiciosa publicação de cinco volumes sobre a *História do Concílio Vaticano II*.

102. O primeiro concílio ecumênico, o de Niceia, em 325, foi tradicionalmente chamado de "o grande e santo sínodo dos 318 padres". O Vaticano I, o último e o mais numeroso até então, contara com cerca de 700 prelados, dois terços dos quais eram europeus (SOUZA, Ney de, 1998). Os participantes do Vaticano II provinham de 116 países diferentes. Dos 2.778 convocados para a abertura, 849 eram da Europa Ocidental, 601 da América Latina, 332 da América do Norte, 256 do mundo asiático, 250 da África, 174 do bloco comunista, 95 do mundo árabe, 70 da Oceania. Sobre o total de 2.778, faltam os dados de 151 padres (ALBERIGO; BEOZZO, 1995, II, p. 169).

como dirá Paulo VI em seu discurso de abertura do segundo período (EV1 134), no qual a Igreja fez de maneira excepcional a experiência concreta de sua multiculturalidade. Por meio da transmissão televisiva e da imprensa, o centro da cristandade assistia com espanto e admiração, bispos de todas as cores e raças, vindos de países e lugares dos quais mal se tinha ouvido falar, rastreáveis às duras penas no mapa-múndi. Tocava-se com os olhos, num enredo triunfal, aquela "Igreja mundial" da qual Rahner falava em termos de "interpretação teológica fundamental [do Vaticano II] não induzida por fora, mas sugerida pelo próprio concílio" (1982, p. 343), que apresentava a primeira autoafirmação oficial de um cristianismo que se preparava a migrar de um âmbito culturalmente ocidental-europeu para um âmbito planetário (p. 344). Para o teólogo alemão essa passagem configurava uma "nova cesura, ao par daquela que houve na passagem do cristianismo judaico ao cristianismo dos gentios" (p. 355).

Todavia, estávamos ainda longe de reconhecer nessa representação da *família humana universal*, a *pluriversalidade* nela contida. O Vaticano II foi um concílio ainda demasiadamente ocidental, às vezes marcado por um otimismo ingênuo e paternalista que dialogou com a modernidade mais do que com o mundo colonial. Exaltou e priorizou o confronto entre grandes sujeitos universais como Igreja e mundo, na onda desenvolvimentista dos anos de 1960 e na tensão Leste-Oeste da Guerra Fria, esquecendo um pouco dos sujeitos intermédios – povos, culturas, grupos humanos – no embate Norte-Sul global. Contudo, estes agora existem, são percebidos, aparecem, reclamam e começam a fazer ouvir a própria voz. O foro conciliar não deixou de ser, portanto, "uma janela aberta sobre o mundo" (EV1 190) para usar uma expressão de Paulo VI, mesmo olhando esse mundo do lado da modernidade.

Foi por mérito sobretudo de João XXIII que essa janela se abriu, pelo menos para refrescar os ares de uma Igreja ainda ultramontana[103]. Diferentemente de seu predecessor, ele se deixou envolver muito mais pelas questões internacionais do

---

103. Ao jornalista que lhe perguntou sobre o que esperava do Vaticano II, João XXIII respondeu que não sabia muito bem. Porém, abrindo a janela, acrescentou: "pelo menos um pouco de ar fresco" (ANTON, 1986, II, p. 836).

que por circunstâncias políticas internas italianas. Não desgrudava seu olhar da situação da humanidade, que já traçava os distintos perfis do que hoje chamamos de globalização. A experiência de trinta anos de diplomacia na Bulgária, na Turquia, na Grécia e na França, além de um significativo período como presidente das Pontifícias Obras Missionárias na Itália, fez de Roncalli um espírito sensível e atento aos sinais de evolução da história dos povos.

Com a típica visão esperançosa daquela época, a perspectiva do papa do concílio enxergava que "no presente momento histórico a Providência está nos conduzindo a uma nova ordem de relações humanas" (EV1 42). Perscrutando os "sinais dos tempos" vislumbrava "no meio de tanta treva, não poucos indícios que dão sólida esperança de tempos melhores para a Igreja e a humanidade" (EV1 4). Reconhecia na Declaração Universal dos Direitos do Homem (1948) "um passo importante no caminho para a organização jurídico-política da comunidade mundial" (PT 143), baseada na igualdade das pessoas e dos povos (PT 86), na oposição a todo racismo, domínio e superioridade (PT 87), em defesa das minorias (PT 94), numa solidariedade internacional econômica, social, política, cultural (PT 98), na inter-relação entre povos e culturas (PT 100), na busca da paz mundial e do bem comum universal (PT 131). João XXIII distinguia três claros fenômenos que caracterizavam a nova época: "a gradual ascensão econômico-social das classes trabalhadoras" (PT 39), "o ingresso da mulher na vida pública" (PT 41), e a descolonização, "uma vez que todos os povos já proclamaram ou estão para proclamar a sua independência, acontecerá dentro em breve que já não existirão povos dominadores e povos dominados" (PT 42).

Dessa maneira, a Igreja Católica abria suas veredas pós-coloniais juntamente com o acerto de contas com a modernidade, com pelo menos dois séculos de atraso. Mesmo longe, portanto, de uma ótica decolonial, o olhar conciliar sobre o conjunto da humanidade correspondia a um desejo de diálogo com todos, almejando para a Igreja um "novo Pentecostes" (EV1 23) que pudesse colocar o evangelho em contato com o mundo contemporâneo e com todos os seus sujeitos. O caráter do Vaticano II, na visão de seu principal promotor, devia ser eminentemente pastoral e não doutrinal (EV1 55). Evidentemente, que a opção por essa "pastoralidade" devia pressupor, antes e depois, uma guinada doutrinal, ou seja, uma profunda reconfiguração teológica na maneira de entender a Igreja, a sua natureza e a sua missão, a partir de uma perspectiva histórico-contextual mais que dedutivo-transcendental.

A gestação do Vaticano II nestes termos estava grávida de implicações transformadoras, que tomaram corpo no plano de trabalho traçado pelo cardeal belga Leo Jozef Suenens (1904-1996) e apresentado por João XXIII na mensagem radiofônica de 11 de setembro de 1962, um mês antes da abertura do concílio. Nessa alocução, o papa delineava com clareza a identidade, o objetivo, a razão de ser do Vaticano II. Dando continuidade ao mandato missionário de MT 28,16-20 – a passagem bíblica mais citada em suas variadas formas nos documentos finais do concílio –, o pontífice esboçava dois grandes eixos sobre os quais deviam tomar forma os trabalhos. O primeiro, o eixo *ad intra*, de caráter dogmático, sobre a realidade e a natureza da Igreja "qual ela é" (EV1 25g). O segundo, o eixo *ad extra*, de caráter pastoral, sobre a missão da Igreja diante "as exigências e as necessidades dos povos" (EV1 25h). O primeiro tomara o nome de *aggiornamento*[104], o segundo de pastoralidade.

A inter-relação entre esses dois eixos configuraram a missionariedade do Vaticano II. Se, de um lado, foi a tensão *ad extra* a dar o tom decisivo ao concílio – uma tensão não permeada por um espírito de conquista e sim por um esforço de olhar para o mundo "com profunda compreensão, com sincera admiração e com franco propósito de não o conquistar, mas de valorizá-lo, não de condená-lo, mas de confortá-lo e de salvá-lo" (PAULO VI, EV 190) –, por outro, a dimensão transformadora *ad intra* não era apenas "firme condição" para uma abertura (RATZINGER; MESSORI, 1985, p. 22), mas uma "consequência" de uma abertura missionária.

---

104. Em português, "atualização". É bom precisar que João XXIII não inventa um neologismo, nem aplica por primeiro este termo à renovação eclesiástica. Em novembro de 1950 foi convocado em Roma o primeiro congresso internacional dos religiosos, que tinha como finalidade "a *accommodata renovatio*, ou seja, em vulgar [italiano], o 'aggiornamento'" das ordens e congregações, segundo o Cardeal Piazza (ALBERIGO; BEOZZO, 1995, v. I, p. 84, nota 23).

A utilização do esquema de Suenens na aula conciliar, porém, alterou a fórmula e o sentido, separando frequentemente as considerações *ad intra* daquelas *ad extra*, interioridade mistérica da Igreja de sua exterioridade pastoral, âmbito da doutrina do âmbito da vida, depósito da fé de suas expressões, correndo o risco de um paralelismo estéril e de uma justaposição inconsequente por não entender as recíprocas implicações. A difícil e conflitiva gestação da *Gaudium et Spes* e o teor da nota explicativa do seu título[105] eram a melhor prova da falta de assimilação por parte dos padres conciliares do intuito reformador que presidiu à convocação do evento conciliar como um todo. O corpo eclesiástico estava ainda preso à maneira de pensar dedutiva e dogmática, enquanto a perspectiva joanina convidava a transcender essa postura para acolher, com coragem, a atualidade da vida, do mundo e das culturas como parte integrante no discurso teológico.

Essa tensão não resolvida é o motivo de fundo de uma certa inquietação em todas as principais e sofridas disputas – e involuções – pós-conciliares, particularmente no que diz respeito à recepção do Vaticano II nas décadas e nos pontificados a seguir, em torno da complexa relação entre tradição e transição na Igreja Católica. Resta o fato que neste acontecimento seminal a Igreja olhou para o mundo e para a história, suas mudanças e seus sujeitos, como lugar de revelação divina, e não apenas como aterrisagem prática de uma doutrina essencialista, a-histórica e dedutiva. O confronto entre duas histórias, a sagrada e a profana, a separação entre plano da criação e plano da redenção da antropologia dualista de matriz agostiniana, são superadas por uma antropologia unitária neotomista (FAGGIOLI, 2013, p. 113) que contempla o ser humano e suas obras, sua história e seu mundo, como manifestação da grandeza de Deus (GS 34), no marco de um crescente dinamismo (RIVERO, 2015, p. 99).

Nesse sentido, o Vaticano II adquire o valor de uma obra inacabada mais do que uma obra finita, uma transição[106] para uma nova época mais do que um tér-

---

105. O objetivo da nota era, praticamente, fazer entender que a "constituição pastoral" tinha o mesmo estatuto teológico de uma constituição dogmática: provavelmente, para muitos padres conciliares, as coisas não possuíam a mesma ordem de valor.

106. A caracterização de "transição" foi aplicada originariamente ao pontificado de João XXIII, considerado um papa de passagem, pela idade avançada e pela índole aparentemente inócua. O termo adquiriu,

mino, um ponto de partida mais do que uma chegada, um começo de uma profunda renovação mais do que o fim de um processo de reforma. Estas distinções, como afirma Massimo Faggioli (2013, p. 170), refletem a diferença entre "dar ênfase à letra dos documentos conciliares e interpretá-la dentro do espírito do Vaticano II, segundo a intenção dos atores do acontecimento e de seus receptores": "o Vaticano II foi um evento paradigmático da nova era na história da Igreja Católica: não apenas para o que aconteceu *no* Vaticano II, mas também para o que aconteceu *depois* do Vaticano II" (p. 195; grifos do autor). A própria agenda conciliar que terminou em aberto, os debates e os documentos finalizados às pressas e as tarefas pendentes que se deixaram para a posteridade, exigiam por si uma implementação dinâmica.

A metáfora do "canteiro de obras" (SUESS, 2006) é talvez a mais apropriada para falar deste evento, particularmente, diante dos desafios constantemente atualizados que a inauguração da nova época de diálogo com o mundo proporcionava à Igreja. Apesar das inúmeras e radicais resistências, um retorno ao *ancien régime* da cristandade tridentina, ensaiado repetidamente no pós-concílio por diversas frentes, parece sempre mais uma perspectiva estéril, articulada somente a manter um determinado aparato doutrinário, jurídico e institucional anacrônico e inoperante.

Os principais caminhos de importância crucial para a missão da Igreja, abertos pelos debates conciliares, que confluíram por último nos documentos finais, podem ser assim brevemente resumidos: uma avaliação fundamentalmente positiva das outras religiões (NA 2); a vontade salvífica universal e eficaz por parte de Deus, que encontra limite somente "no egoísmo e no orgulho dos homens" (GS 25); a relativa superação do exclusivismo soteriológico por parte da Igreja (LG 16); a declaração da liberdade religiosa como elemento essencial da dignidade da pessoa humana (NA 2); o protagonismo missionário do povo de Deus (AG 36) e a necessidade de uma ação ecumênica conjunta como testemunho diante do mundo (UR 1).

---

porém, num sentido forte com o Vaticano II: a saída da Igreja da época tridentina para o começo de uma nova estação (ALBERIGO; BEOZZO, 1995, I, p. 21)

Entre as imagens paradigmáticas que podem retratar a profunda reforma promovida pelo Vaticano II, além da imponente assembleia pluricultural das sessões conciliares que lembramos anteriormente, salta à memória certamente a virada do altar *versus populum* e o uso da língua vernácula na celebração eucarística. O significado propriamente teológico destas mudanças dizia respeito à nova postura interlocutora da Igreja diante da história e da humanidade: "servir o homem em todas as circunstâncias da sua vida, em todas as suas fraquezas, em todas as suas necessidades" (EV1 460). E ainda Paulo VI questionou na conclusão do concílio: "terá porventura desviado a Igreja em concílio para a cultura atual que é toda antropocêntrica? Desviado, não; voltado, sim" (EV1 461).

Por sua vez, a língua dos povos foi introduzida quase que timidamente pelo concílio, como "possibilidade", conservando, porém, o uso normal do latim (SC 36). À margem dos acalorados debates entre os padres conciliares sobre a questão, prevaleceu afinal o critério de que

> é desejo ardente na mãe Igreja que todos os fiéis cheguem àquela plena, consciente e ativa participação nas celebrações litúrgicas que a própria natureza da Liturgia exige e que é, por força do batismo, um direito e um dever do povo cristão (SC 14)[107].

O significado mais profundo do uso da língua vernácula na liturgia dizia respeito ao anseio do concílio de colocar em contato o evangelho universalmente com o mundo todo, e contextualmente com cada povo. Contudo, passar do latim às línguas nativas incluía também reconhecer que entre os povos existiam recursos culturais aptos a expressar a fé e que, portanto, todos os povos eram capazes de representar criativamente e fielmente a tradição da Igreja através de sua própria história e de sua própria cultura.

---

107. A introdução da língua vernácula na liturgia aconteceu por iniciativa de Paulo VI. Para responder ao pedido urgente de algumas conferências episcopais, o papa permitiu antes o prefácio da missa em vernáculo (1965), depois todo cânon e as orações de ordenação em 1967. Finalmente, em 14 de junho de 1971, a Congregação para o Culto Divino enviou uma nota afirmando que as Conferências Episcopais podiam permitir o uso do vernáculo em todos os textos da missa.

3.2.2 A missão no corpus documental do Concílio Vaticano II

"A maioria dos historiadores e teólogos do concílio chegou a um consenso geral que afirma que o Vaticano II é tanto um *corpus* de documentos como um evento, e que deve ser conhecido e entendido tanto em sua letra como em seu espírito" (FAGGIOLI, 2013, p. 177). É evidente que esse concílio não deixou somente um caminho aberto como herança, mas sobretudo textos referenciais e seminais a serem assumidos, analisados e interpretados seletivamente e no seu conjunto, tendo sempre presente seu contexto histórico, literário e o processo que levou ao ato de sua enunciação.

Examinando a arquitetura dos 16 documentos produzidos, 4 constituições, 3 declarações e 9 decretos, podemos claramente enxergar a estrutura *ad intra* e *ad extra*, os dois polos interligados do *aggiornamento* e da pastoralidade em busca de um diálogo Igreja-mundo. De um lado, *ad intra*, temos a *Dei Verbum*, a constituição dogmática sobre a revelação, e a *Sacrosanctum Concilium*, a constituição sobre a liturgia, como fontes que deságuam na *Lumen Gentium*, constituição dogmática sobre a Igreja. A partir deste documento central, temos os decretos referentes aos sujeitos que compõem o povo de Deus: *Apostolicam Actuositatem* (leigos); *Perfectae Caritatis* (religiosos); *Optatam Totius* (seminaristas); *Presbiterorum Ordinis* (ministérios ordenados); *Christus Dominus* (bispos); *Orientalium Ecclesiarum* (Igrejas orientais católicas); *Unitatis Redintegratio* (ecumenismo).

Por outro lado, *ad extra*, temos o *Ad Gentes*, decreto sobre a atividade missionária da Igreja, ao qual podemos relacionar as declarações *Nostra Aetate* (sobre as religiões não cristãs) e *Dignitatis Humanae* (sobre a liberdade religiosa); e temos a constituição pastoral *Gaudium et Spes*, sobre a Igreja no mundo contemporâneo, à qual estão vinculados, de alguma forma, o decreto *Inter Mirifica* (sobre os meios de comunicação social) e a declaração *Gravissimum Educationis* (sobre a educação cristã).

Nesse eixo *ad extra* encontramos as grandes questões referentes à missão da Igreja no mundo. A Constituição *Gaudium et Spes* está voltada ao diálogo com a modernidade, o progresso e a sociedade ocidental secularizada, enquanto o Decreto *Ad Gentes* remete mais para problemática da ação da Igreja entre os povos não europeus e não cristãos.

Destarte, o Vaticano II abraça decididamente as causas e as perspectivas da renovação teológica e pastoral que vinha sendo promovida na clandestinidade eclesial, particularmente, nos ambientes francófonos, nos quais o termo "missão" assumia sempre mais um significado abrangente e expressivo no diálogo Igreja--mundo. Praticamente, se até então o Ocidente moderno tinha o monopólio de uma evangelização que se lançava *ad gentes* aos outros povos, agora esse *orbis christianorum* também se tornava motivo de atenção missionária de uma Igreja pluricultural que se dirigia dialogicamente e indistintamente a todos. Saltam as distinções territoriais que definiam a missão enquanto atividade de primeira evangelização, assim como saltam as motivações exclusivistas e civilizadoras que podiam sustentar uma tal atividade. Um passo relevante rumo a um possível processo de descolonização.

Mas a missionariedade não interessa apenas o eixo *ad extra* como exterioridade da Igreja. Enquanto intimamente correlato ao eixo *ad intra* do *aggiornamento* e do *ressourcement*, a missão dizia respeito à reforma da Igreja enquanto tal, como que um chamado à conversão não apenas de quem está fora, e sim também daqueles que pertencem a ela:

> A assembleia conciliar tinha a convicção de que não seria possível renovar nada de significativo na Igreja e em sua ação missionária se não se atrevesse a revisar seu paradigma teológico, isto é, sua forma de pensar, entender, interpretar e falar acerca da fé [...]. O concílio estabeleceu com toda clareza esse critério ao revisar primeiro a maneira como a Igreja entendia sua fé mediante a teologia, antes de querer renovar sua vida e sua ação pastoral, litúrgica, moral e missionária [...]. Muitos viveram um verdadeiro conflito. Por um lado, queriam que a missão da Igreja respondesse adequadamente aos novos cenários e desafios que se apresentavam, mas por outro não estavam dispostos a mudar nada ou muito pouco de suas antigas maneiras de interpretar a fé cristã (ARROYO, 2015, p. 27-28).

Por ser um concílio de caráter pastoral, muitos pensaram que se tratava apenas de uma mudança cosmética nas formas de trabalho, nos métodos e na organização, esquecendo que por detrás disso tudo estava a necessidade de uma metanoia profunda e estrutural. A Igreja precisava colocar em discussão a si mesma e os seus pressupostos, redescobrindo a centralidade e a relevância da Palavra de Deus, do mistério trinitário e de sua natureza sacramental como povo de Deus.

Com efeito, os documentos do Vaticano II retomaram com força a dimensão mistérica da mensagem cristã na forte acepção bíblica de uma revelação metarracional, conhecível somente em partes por meio de aproximações parciais, entre elas complementares e não exclusivas. Essa postura implicou uma mudança relevante para uma concepção da verdade entendida como conjunto abstrato e atemporal de conceitos. A perspectiva bíblica, ao contrário, mostrava a verdade cristã como mistério trinitário revelado na pessoa de Jesus e narrado pela tradição: um mistério vivo, aberto, transcendente, não mais engaiolado por uma coerência conceitual de formulações doutrinais.

Da mesma forma, a Igreja era situada numa compreensão sacramental, "sinal e instrumento da íntima união com Deus e da unidade de todo o gênero humano" (LG 1), e não mais definida como *societas perfecta*. *Mysterion*, em grego, corresponde ao latim *sacramentum*. A nova perspectiva superava decididamente uma visão essencialista da Igreja como instituição visível e infalível para apelar, antes de mais nada, para as dimensões profundas de fé que a constituíam, principalmente, para um Reino de Deus que a transcendia e que representava seu próprio fim. O ponto de partida da *Lumen Gentium* não podia ser mais explícito nesse sentido, com um primeiro capítulo inteiramente dedicado ao "mistério da Igreja" em sua fundamentação bíblica e trinitária, marcando um primeiro passo para uma virada eclesiológica.

O segundo passo, decisivo, foi a inversão da ordem dos capítulos ao colocar o tema do povo de Deus antes da constituição hierárquica da Igreja. Ao estabelecer esta prioridade a Igreja Católica superava o centralismo hierárquico, apresentando o tema vétero e neotestamentário de um povo a caminho na história (1Pd 2,9-10), nos diversos contextos e em contínuo *aggiornamento* diante do mistério de sua vocação. Ganhavam destaques elementos como o sacerdócio comum (LG 10), o *sensus fidelium* (LG 12), o reconhecimento das Igrejas locais

(LG 14), o ecumenismo (LG 15), a pluralidade dos ritos e das tradições (LG 17), a comunhão entre Igrejas (LG 23), o protagonismo de todos batizados (LG 31) etc. Esses aspectos levavam a uma profunda contemplação de um designo junto ao qual todas as pessoas do mundo eram chamadas a fazer parte (LG 13), em pé de igualdade, na mesma vocação à santidade e no mesmo destino escatológico (GS 40). Se pensarmos que a encíclica de Pio X *Vehementer nos* (1906) afirmava que "a Igreja é por essência uma sociedade *desigual*, isto é, uma sociedade que abrange duas categorias distintas de pessoas, os pastores e o rebanho" (grifo nosso), os primeiros tinham que mandar e os outros tinham que obedecer, é muito claro que o Vaticano II veio a propor uma ruptura e um salto paradigmático qualitativo e estrutural.

Nessa altura entram em cena o labor e a redação dos documentos propriamente *ad extra*, que enfrentaram uma dura luta contra as forças não alinhadas com os caminhos que o Vaticano II estava prestes a abrir, mais focadas sem hesitação em manter certo *status quo* da cristandade colonial. As novas empreitadas se beneficiaram dos aportes decisivos dos textos que já haviam sido aprovados, que ofereceram os impulsos marcantes para uma renovada teologia da missão e para uma perspectiva decolonial[108].

3.2.3 A missão no Decreto Ad Gentes

O Decreto *Ad Gentes* (AG) é o documento que aborda especificamente a atividade missionária da Igreja junto aos povos não cristãos. Sua elaboração teve um processo bastante conturbado, passando por sete redações até chegar a um consenso em torno do que se entende por "missão".

De um lado, *Propaganda Fide*, a poderosa congregação da Cúria Romana encarregada das missões, capitaneada pelo cardeal armênio Grégoire-Pierre XV

---

108. De acordo com Paulo Suess, "a teologia da missão do Vaticano II não nasceu no canteiro de obras de *Ad Gentes*. *Propaganda Fide* não soube ler os sinais do tempo pós-cristandade e não admitiu as novas perspectivas da reflexão teológica" (SUESS, 2006, p. 130). Para esse departamento da Cúria vaticana, encarregado das missões, todas as questões já estavam resolvidas através das encíclicas missionárias dos últimos papas: restava apenas solucionar com urgência uma melhor distribuição dos missionários e dos recursos econômicos.

Agagianian (1895-1971), queria manter o conceito estrito e tradicional de "missões estrangeiras", segundo o esquema clássico jurídico-territorial, enquanto a Comissão Teológica do concílio apontava para uma concepção mais ampla e articulada de uma missão global da Igreja no mundo contemporâneo pós-colonial e secularizado. Os padres conciliares, reprovando as propostas da Comissão *De Missionibus* (das missões)[109], pediam claramente um fundamento teológico da missão que pudesse servir para iluminar a segunda perspectiva. Esse embate representa a grande controvérsia que subjaz à elaboração do AG e que, de alguma forma, continua até hoje.

Apesar de os trabalhos terem começado em outubro de 1960, o texto definitivo do AG foi preparado às pressas em 1965 para ser discutido na última sessão do concílio. Antes disso, após cinco redações, um esquema enxuto de 14 proposições de natureza prevalentemente jurídica foi apresentado oficialmente na 116ª Congregação Geral excepcionalmente presidida por Paulo VI, em 6 de novembro de 1964[110]. A questão missionária era considerada como uma das "questões menores" que devia ser tratada resumidamente (SUESS, 2005, p. 8). Mas, nos dias seguintes, o debate que animou uma das sessões mais vivas e sensacionais do concílio (KLOPPENBURG, 1965, p. 304) levou a assembleia a rejeitar o esquema proposto e a votar para a elaboração de um novo documento bem mais articulado.

---

109. Antes da abertura do concílio, João XXIII instituiu uma Comissão Preparatória *De Missionibus* sob a direção do Cardeal Agagianan, formada por 54 entre membros (22) e consultores (32), 41 eram europeus e mais da metade residia em Roma. Essa comissão aprontou um primeiro documento que foi rejeitado pela comissão preparatória central, por coincidir com os documentos de outras comissões. Foi elaborado assim um segundo documento (o *Schema decreti de missionibus*) que porém não foi enviado aos padres conciliares por dar prioridade a documentos mais importantes. Com a abertura do concílio foi constituída oficialmente a Comissão das missões, presidida mais uma vez pelo prefeito de *Propaganda Fide*, composta por 16 membros eleitos pelos padres conciliares e 9 nomeados pelo papa.

110. Depois do primeiro período conciliar, a comissão das missões se reuniu para elaborar uma terceira redação que expôs divergências insolúveis entre os membros sobre o conceito de "missão", tampouco houve um consenso sobre a estrutura e a forma do esquema. Então um grupo de trabalho se encarregou de redigir um quarto documento que, porém, foi devolvido pela comissão central com muitas críticas. Finalmente, no segundo período conciliar, a Comissão voltou a se reunir em plenária e, através do trabalho de quatro subcomissões, se dedicou a composição de uma quinta redação. No momento de avaliar as 67 emendas propostas pelos padres conciliares, chegou da Comissão Central a ordem de reduzir o esquema a poucas proposições para garantir o encerramento do concílio com o terceiro período: foi produzida assim a sexta redação do *De Missionibus*.

A comissão das missões, então, elegeu cinco de seus membros para formar uma subcomissão de redação e sistematizar as contribuições apresentadas na aula conciliar, junto a um grupo de peritos[111].

No final de março de 1965, a comissão se reuniu novamente para apreciar o trabalho realizado pela subcomissão e enviar à Comissão de Coordenação o texto definitivo para ser avaliado pelos padres conciliares. Em todas essas passagens, a chegada e a labuta de Yves Congar, depois da terceira sessão, foi fundamental: toda a parte teológica (AG 1-9) é da autoria dele, assim como decisivo foi seu papel de mediador entre as diversas instâncias (CONGAR, II, p. 302, 395, 426).

A nova redação do *De Missionibus* foi discutida na quarta e última sessão conciliar entre 7 e 13 de outubro de 1965, e recebeu emendas por parte de 193 padres conciliares. Voltou a ser trabalhada pela Comissão das Missões até final de outubro, e rediscutida em assembleia em 10 e 11 de novembro. Um número considerável de votos *iuxta modum* levou o texto a uma nova revisão para ser apreciada em 30 de novembro, e finalmente votada em 7 de dezembro, com a aprovação de 2.314 padres conciliares e apenas 5 contrários.

Todo esse intenso, paciente e participativo esforço deixou marcas teológico--pastorais como pontos de partida para uma Igreja missionária por sua natureza (AG 2). Os problemas cruciais em ordem à questão colonial eram substancialmente quatro: (1) o fundamento teológico; (2) o eclesiocentrismo salvífico, (3) a contextualização programática; (4) o exclusivismo histórico.

---

111. Os cinco membros eleitos pela comissão foram: Dom Stanislaus Lo Kuang (1911-2004), bispo de Tainan, China; Dom Guy-Marie Riobé (1911-1978), bispo de Orléans, França; Dom Jean Baptiste Zoa (1924-1998), arcebispo de Yaoundé, Camarões; Padre José Lecuona Labandibar (1909-1997), superior--geral do Instituto Espanhol para as Missões Estrangeiras; Padre Johannes Schütte (1913-1971), superior--geral da Sociedade do Verbo Divino, que foi o mais votado e, portanto, nomeado presidente do grupo. Os peritos escolhidos foram: Yves Congar, OP, Xavier Seumois, MAfr (1915-1988), Domenico Grasso, SJ (1917-1988), Josef Neuner, SJ (1908-2009), Josef Glazik, MSC (1913-1997) e Josef Ratzinger, futuro Bento XVI. No final, Congar se encarregara de escrever a parte teológica da missão, e Seumois a parte da atividade missionária. O Cardeal Agagianian, prefeito conservador de *Propaganda Fide*, se opôs ao nome de Congar como perito, por não concordar com o conceito de missão que este promovia, de acordo com a nova eclesiologia. Mas era exatamente essa mudança que os padres conciliares queriam, e a subcomissão pediu a colaboração de Congar como condição irrenunciável. O novo esboço do texto do *De Missionibus* foi gerado entre dezembro de 1964 e janeiro de 1965, com Congar elaborando a parte teológica e Xavier Seumois a parte pastoral. Mas não será o único projeto a ser apresentado (ALBERIGO, 1999, IV, p. 605-616; CONGAR, 2005, II, p. 236-237, 242, 246-247).

1) No que diz respeito à primeira questão, AG 7 reafirma a doutrina fundamental que há um só Deus e um só mediador e "não há salvação em nenhum outro" (At 4,12). Juntamente à necessidade da Igreja, da fé e do batismo, essa declaração é o motivo essencial da atividade missionária, como também da salvação/condenação da humanidade, mesmo reconhecendo a tese da ignorância invencível. Contudo, a ênfase desta justificativa muda decididamente de direção quando AG, logo nos primeiros três números do primeiro capítulo, enraíza a razão missionária no fundamento trinitário, ou seja, numa missão que brota do "amor fontal" do Pai e que chama os seres humanos a participar da vida divina. Esta *missio Dei* explica a essência missionária da Igreja, como *jeito de ser* de um Deus Amor, um amor que não se contém, que transborda, que se comunica, que busca uma relação com a humanidade, que sai de si por sua própria natureza e se torna dom (AG 2).

A tese da *missio Dei* é central no AG e de capital importância para uma reformulação do conceito de missão. Não se trata mais de falar da missão como uma *atividade* específica da Igreja, mas de uma *essência* divina: Jürgen Moltmann dirá que não é uma Igreja que tem uma missão, mas é uma missão que tem uma Igreja (2013, p. 29). Essa intuição, pela primeira vez exposta num ensaio de Karl Barth (1886-1968), apresentado na Conferência Missionária de Brandemburgo em 1932 (BARTH, 2015), mudava sutilmente o eixo de uma compreensão de ordem soteriológica ou eclesiológica da missão, segundo as diversas escolas missiológicas, para uma questão de ordem eminentemente teológica (BOSCH, 2007, p. 466)[112]. A razão missionária se fundava agora não sobre o fato que havia um só Deus e um só mediador entre Deus e a humanidade, mas que esse Deus Amor era por sua essência missionário, e envolvia a Igreja nessa sua missionariedade.

2) O conteúdo do dogma do Concílio de Florença (1442), *extra ecclesiam nulla salus*, é praticamente reafirmado por AG 7 e explicitamente fundamentado em LG 14, com suas atenuantes para quem, sem culpa, não conhece ainda

---

112. A partir da Conferência do Conselho Missionário Internacional, realizada em Willingen (Alemanha) de 5 a 21 de julho de 1952, a noção da *missio Dei* foi acolhida praticamente por todas as confissões cristãs, antes no âmbito protestante, em seguida na ortodoxia oriental e pelo Vaticano II (CONGAR, 1967).

a mensagem do evangelho (LG 16). O fato, porém, que Deus quer que todos sejam salvos (1Tm 2,4), e que, portanto, proporciona essa salvação por caminhos só por Ele conhecidos, a necessidade da Igreja não se torna tão absoluta assim. Da mesma forma, se "a Igreja Católica nada rejeita do que nas religiões existe de verdadeiro e santo [... e que elas] refletem não raramente um raio da verdade que ilumina todos os homens" (NA 2); se "tudo o que de verdade e de graça se encontrava já entre os gentios como uma secreta presença de Deus", e "o que de bom há no coração e no espírito dos homens ou nos ritos e culturas próprias dos povos, não só não se perde, mas é purificado, elevado e consumado para glória de Deus" (AG 9), quer dizer postular caminhos de salvação também fora da Igreja.

A questão entre doutrina clássica e novas veredas soteriológicas não está bem resolvida no Vaticano II, por causa talvez de um termo de negociação entre as diversas tendências eclesiológicas que se sobressaíram nos debates. Contudo, alguns teólogos, como Congar e Hans Küng (1969, p. 367), propuseram de reformular o axioma de Cipriano numa maneira positiva e não mais exclusiva: "dentro da Igreja há salvação"[113]. Com efeito, o próprio magistério da Igreja antes do Vaticano II já havia tomado posição por uma interpretação do dogma de Florença muito mais inclusiva, baseado na Encíclica *Mysticis Corporis* de Pio XII (CONGAR, 1961, p. 137). Entretanto, numa análise mais aprofundada do sentido originário da expressão usada pelos Padres da Igreja descobrimos que essa era dirigida aos cismáticos que rompiam com a comunhão eclesial mais do que propriamente aos pagãos. Para o testemunho dos Padres, a comunhão e a fraternidade eram colunas que deviam sustentar a vivência cristã e seu papel profético na sociedade, muito mais que a instituição em si. "Fora do amor", portanto, "fora da comunhão", "fora da fraternidade não há salvação". Neste sentido o dogma recupera uma boa dose de significado para os dias atuais (RASCHIETTI, 2017).

---

113. "Para a teologia e o magistério dos nossos dias, a mesma fórmula não constitui afirmação sobre a salvação ou não salvação de uma determinada pessoa, mas um princípio eclesiológico: a Igreja é a instituição mandatada da salvação universal" (CONGAR, 1961, p. 182).

3) A perspectiva da missão como ação programática específica retoma a noção tradicional de missão como atividade evangelizadora num determinado ambiente não cristão, um tema clássico caro à *Propaganda Fide*. O enfoque teológico da missão como natureza da Igreja (AG 2) chocava-se contra uma definição geográfica e jurídica de "missões". Por outro lado, essa controvérsia revelava a importância da passagem da única missão de Deus às suas diversas e complexas contextualizações: se a história, as circunstâncias, as periferias e as fronteiras têm uma profunda relevância teológica, então as "missões" – ou seja, onde a missão concretamente se situa – tinham, de alguma forma, sua razão de ser. A ambivalência colonial do termo "missão", entre ser considerado uma terra de conquista ou um limiar onde situar uma prática profética e uma reflexão fronteiriça, merecia um esclarecimento[114].

AG 6 aborda a questão afirmando que a atividade missionária

> é uma e a mesma em toda a parte, sejam quais forem as condições, embora difira quanto ao exercício conforme as circunstâncias. Mas as diferenças que nesta atividade da Igreja se têm de reconhecer não se originam na natureza íntima da "missão", mas nas condições em que essa "missão" se exerce.

O concílio, portanto, fala de diferentes "condições" para explicar o quadro complexo de situações em que essa missão se expressa. Na hora, porém, de definir quais são essas "condições", e de delinear o rosto concreto da missão, notamos uma certa imprecisão em utilizar critérios teológico-jurídicos-pastorais misturados com recursos de ordem sociológica e antropológica. Fala-se, inclusive, de "condições mistas", de presença inconsistente da Igreja, de "condições novas", que

---

114. Concordamos somente em parte com Congar quando escreve em seu diário do concílio: "Devemos definir 'a' ou 'as' missões em base a seu objeto ou fim. Não são territórios, mas pessoas: as que não conhecem Cristo ou não acreditam nele. A missão se dirige a pessoas em situações de incredulidade. Com efeito, se estas se encontrarem maciçamente em determinados lugares, e, portanto, a missão de fato é dirigida a determinados lugares, isso pode acontecer muito frequentemente, mas é acidental [...]. O território em si não é formal" (2005, II, p. 293). De acordo com o pensamento decolonial examinado no segundo capítulo, isso corresponde a uma abstração não situada. O território, o lugar, a geopolítica do pensamento e da ação não são tão acidentais assim. Contudo, a perspectiva defendida por Congar tinha obviamente sua justificativa em desprender a missão de uma visão demasiadamente setorial e operativa, dentro de um quadro regimental de cristandade e de colonialismo, para torná-la um elemento estruturante da identidade e da atividade de toda a Igreja.

nascem de mudanças socioculturais, e de condições *pro tempore*, em que se torna impossível o anúncio do evangelho. Por outro lado, a atividade missionária *ad gentes* devia ser distinta tanto da atividade pastoral ordinária como das iniciativas ecumênicas. Todavia, estas atividades andavam sempre "estreitamente ligadas à atividade missionária da Igreja".

Afinal, a adoção de uma noção ampla e teológica de missão conduzia, inevitavelmente, a considerar quase toda ação eclesial como missionária. O risco da indefinição e da inconsistência do termo "missão" era tremendamente alto, mas, de alguma forma, necessário (BOSCH, 2007, p. 610). Permanecia pendente, porém, a tarefa de definir as suas coordenadas históricas por meio de uma hermenêutica mais atualizada. Em todo caso, o Vaticano II precisava começar romper de imediato com uma definição que remetia a um imaginário cristão-colonial não mais sustentável, até porque as assim chamadas "Igrejas jovens" reivindicavam com força seu protagonismo, sua dignidade e sua autonomia[115]. Ao introduzir e privilegiar a expressão "condições" diferentes, diversas, novas, já se desestruturava o monopólio da visão territorial *ad extra*[116] com uma formulação mais versátil e abrangente que convidava a uma análise mais profunda e articulada das conjunturas socioculturais mundiais. Dessa maneira, podemos dizer que o Vaticano II

---

[115]. Quando o Padre Schütte apresentou ao concílio, no dia 10 de novembro de 1965, o texto revisado do AG, depois do debate decisivo na aula conciliar, assinalou uma importante mudança: o segundo capítulo sobre a atividade missionária tinha sido subdividido em dois com um novo sobre "As Igrejas particulares" (ALBERIGO, 2008, V, p. 400). Foi introduzida assim uma alteração significativa na estrutura do documento, que colocava não os missionários e suas instituições, mas as Igrejas locais em primeiro lugar, como sujeitos e não como objeto da missão. Também os missionários agora são "nativos e estrangeiros" (AG 23, 41), e uma ênfase contundente é dada aos leigos, sem os quais "o Evangelho não pode gravar-se profundamente nos espíritos, na vida e no trabalho de um povo" (AG 21).

[116]. O termo "território" aplicado à missão é, todavia, utilizado no AG somente uma vez na parte teológica, uma vez no capítulo IV e duas vezes no capítulo V quando se refere a *ius commissionis* confiada aos institutos missionários. Entretanto, é interessante a nota 37 de AG 6: "Nesta noção de atividade missionária, como se vê, incluem-se também aquelas regiões da América Latina nas quais falta hierarquia própria, maturidade da vida cristã ou uma pregação suficiente do Evangelho. Mas isso não depende do concílio, se de fato estes territórios são reconhecidos pela Santa Sé como missionários. É por isso que, a propósito da conexão entre a noção de atividade missionária e certos territórios, se diz muito intencionalmente que esta atividade se exerce 'geralmente' (*plerumque*) em certos territórios reconhecidos pela S. Sé." Essa inserção foi devida a intervenções de bispos da região da Amazônia brasileira durante a quarta sessão, no debate sobre o *De Missionibus*, que reivindicaram a inclusão dos próprios territórios no conceito técnico de "missões", uma vez que por razões históricas e diplomáticas, essas realidades ficavam de fora dos cuidados de *Propaganda Fide* (CNBB, 2014, p. 152-153).

relativizava e superava decididamente a noção de "terra de missão" (SUESS, 2015, p. 200)[117]. No entanto, em algum lugar bem preciso, a missão precisava aterrissar.

4) A pretensão da Igreja Católica de representar a "única e verdadeira religião" (DH 1) é talvez a passagem mais colonial dos textos conciliares. É uma afirmação infeliz, mesmo amenizada por um *subsistere in*[118], que recorre só na introdução da declaração conciliar sobre a liberdade religiosa, resquício de uma apologética do passado e quesito de negociação entre diferentes visões eclesiológicas[119]. Essa expressão retomada pela Declaração *Dominus Iesus* (2000), da Congregação para a Doutrina da Fé, sobre a unicidade e a universalidade salvífica de Jesus Cristo e da Igreja, não reflete a doutrina do Vaticano II por não perpassar em outros documentos conciliares (BRIGHENTI, 2001, p. 284), mas manifesta de fato uma concepção enraizada na tradição católica segundo a qual, se for verdade que Deus age misteriosamente na vida individual das pessoas, isso não significaria que as diversas religiões representem por si um sistema religioso sobrenatural (DUPUIS, 2004, p. 94)[120].

Ponto central da questão não seria, portanto, reconhecer a positividade da ordem natural das diversas realidades históricas, e sim afirmar a exclusiva sobrenaturalidade do cristianismo e da Igreja em relação a estas realidades (DI 7). Se, de um lado, como vimos, o concílio sustenta decididamente uma positiva ação da graça no mundo e uma apreciação favorável em relação aos valores contidos nas outras tradições religiosas, por outro lado permanece uma reivindicação a partir da qual a Igreja atribui-se a faculdade de purificar, elevar e consumar todos os

---

117. Contudo, a expressão "terras de missão", sempre no plural e de maneira circunstancial, aparece 7 vezes nos documentos conciliares: duas vezes na *Sacrosanctum Concilium* (SC 65, 68), quatro no *Ad Gentes* (AG 26, 38, 40, 41) e na nota 3 da *Optatam Totius*, citando a Exortação Apostólica *Menti Nostrae* de Pio XII.

118. O texto em latim de DH 1, comparável ao *subsistit in* de LG 8, afirma: "Hanc unicam veram Religionem subsistere credimus in catholica et apostólica Ecclesia".

119. Essa passagem de DH 1, foi fruto de um acordo diante das veementes críticas do grupo ultraconservador *Coetus Internationalis* (GAMBERINI, 2018, p. 626).

120. Esta é a posição de Henri de Lubac (1896-1991): "É certamente possível que fundadores de religiões não cristãs sejam animados pela graça, porém isso não significa que o sistema religioso deles seja objetivamente sobrenatural" (SEDOS, 1969, p. 559).

elementos exógenos correlatos à plenitude sobrenatural que somente ela possui (AG 3, 9, 21). Esses elementos são considerados, de uma forma ou de outra, sob o prisma da "preparação evangélica" (DV 3; LG 9, 16; GS 40, 57; AG 3).

A crítica a essa postura da Igreja não envolve imediatamente a afirmação na fé em um único Deus (DV 3, 14, 17; LG 16; SC 9; NA 3; PO 5; AA 3; UR 20), em Cristo único mediador (LG 6, 8, 28, 41, 49, 50, 60, 62; PO 2; UR 20), em uma única Igreja (LG 8, 23, 27, 50; DH 10; CD 6; UR 1, 2, 3, 4, 24), em um único povo (LG 13, 28, 69), mesmo se estas expressões contêm um certo grau de problematicidade. O ponto crucial de uma visão teológica que enxerga na Igreja Católica a "única e verdadeira religião" é que esse enunciado se torna o motivo fundante da tarefa missionária e do chamado a fazer discípulas todas as nações (DH 1; Mt 28,19-20).

Em outras palavras, não está em discussão o fato de o cristianismo ter *algo* de "único e verdadeiro" e de profético que fala ao coração de todo ser humano, que impele as pessoas a cumprir com o dever moral de buscar a verdade, que convida à conversão para uma vida mais digna, solidária, plena: o problema está no pretenso exclusivismo histórico-salvífico que ainda se teima em postular.

3.2.4 A missão na Constituição Pastoral Gaudium et Spes

Esta ambivalência da missão cristã entre apreciar o valor das realidades temporais de um lado e proclamar sua exclusividade sobrenatural do outro, subjaz também no documento sobre o diálogo da Igreja com as grandes questões da modernidade, mesmo que, neste caso, se entrevê claros sinais de um avanço em direção a um reconhecimento e uma reciprocidade mais definida.

A *Gaudium et Spes* (GS) foi o último trabalho conciliar a ser aprovado. Sua composição foi hesitante e incerta, sintoma de certa falta de maturidade em enfrentar a extensão e a profundidade dos problemas que lhe eram confiados. Sem embargo, foi considerado de excepcional importância[121], complemento *ad extra*

---

121. Ao apresentar o texto para a aprovação, o Cardeal Garrone, relator final, afirmou que esse era o único esquema desejado formalmente por João XXIII (PALACIOS, 1995, p. 333), o qual, antes de seu falecimento, publicou o que poderíamos chamar de seu "testamento pastoral", a Encíclica *Pacem in Terris*, com a mesma abordagem temática, a mesma leitura da história, o mesmo método indutivo.

da *Lumen Gentium* ou a sua necessária continuidade[122]. Tem-se a impressão, porém, "de estarmos diante de um fruto temporão, colhido antes que a consciência eclesial tivesse tido tempo de assimilar o concílio" (PALACIOS, 1995, p. 334). Com efeito, essa constituição pastoral inaugurava uma atitude radicalmente nova em termos de presença cristã no mundo, que clamava por uma transformação igualmente radical de mentalidade ainda longe de ser alcançada.

O texto passou por uma dúzia de redações a partir de março de 1963, antes chamado de esquema XII, depois de esquema XVII e finalmente de esquema XIII a partir de julho de 1964, quando foi enviado aos bispos em vista de uma primeira discussão em aula conciliar em outubro e novembro daquele ano[123]. Um forte impacto nos trabalhos conciliares teve a Encíclica *Ecclesiam Suam*, do recém-eleito Papa Paulo VI, em agosto de 1964. A decisiva tônica do diálogo como novo nome da missão (ES 37), impulsionava a Igreja Católica a uma atitude não somente *docente* em relação ao mundo, mas de escuta e de acolhida positiva das realidades terrestres.

Um número excepcional de padres conciliares participou do debate em torno do esquema XIII. Os aportes deram vida aos poucos a um texto muito mais extenso daquele previsto inicialmente pela comissão responsável, fruto de inten-

---

122. Assim como a própria *Gaudium et Spes* afirma: "tendo investigado mais profundamente o mistério da Igreja, não hesita agora em dirigir a sua palavra a todos os homens" (GS 2); "pressupondo tudo o que o concílio já declarou acerca do mistério da Igreja [...]" (GS 40).

123. A redação da Constituição Pastoral *Gaudium et Spes* começou a ser esboçada de março a maio de 1963 por uma comissão mista formada por membros da comissão teológica e outros da comissão para o apostolado dos leigos. Em julho, a comissão de coordenação, insatisfeita com este trabalho, confiou ao Cardeal Suenens a compilação de um projeto alternativo, que foi elaborado por uma pequena equipe internacional em Malines, Bélgica, em setembro de 1963. A comissão mista do primeiro texto não foi avisada desta decisão, de maneira que se criou uma situação de mal-estar e de impasse no começo do segundo período conciliar, com duas compilações redigidas por duas autoridades diferentes. Pouco antes de a sessão conciliar terminar, em novembro de 1963, foi constituída uma subcomissão central que tinha como tarefa preparar um novo esquema a partir dos dois trabalhos aprontados. Foram nomeados secretário e subsecretário, o teólogo redentorista alemão Bernhard Häring (1912-1998) e o sociólogo dominicano húngaro Raymond Sigmond (1919-1994), reitor da Pontifícia Universidade Santo Tomás (Angelicum) de Roma, sob a presidência do bispo de Livorno, Emilio Guano (1900-1970). Grupos de estudos se reuniram também na Alemanha, na França e no Brasil. Em fevereiro de 1964, essa subcomissão reuniu-se em Zurique, na Suíça, para arrematar um primeiro texto-base em vista do documento final. O "esquema de Zurique" foi colocado à disposição da comissão mista em março, passando assim por um processo de progressivo amadurecimento até o mês de junho, quando foi discutido e aprovado pela plenária da mesma comissão e sucessivamente apresentado à comissão de coordenação, a qual, por sua vez, o enviou a todos os bispos como "esquema XIII" a ser discutido na terceira sessão conciliar. Desse momento em diante começou a deslanchar a progressiva elaboração da *Gaudium et Spes* (ALBERIGO; BEOZZO, 2000, II, p. 375-391; VILANOVA, 1998, p. 422-436).

sas discussões, intervenções, propostas, reformulações ao longo de toda última interseção, como também durante o quarto período até a aprovação final em 7 de dezembro de 1965.

Do ponto de vista da problematização decolonial e de uma renovada teologia da missão, poderíamos destacar dois tipos de enfoques: um propriamente teológico, ou como a Igreja encarou o diálogo com o mundo/história e a si mesma neste diálogo; um outro mais sociológico, ou seja, com que mundo/contexto e com quais problemas desse mundo/contexto ela pretendeu dialogar. As duas dimensões animaram as fases preparatórias do documento, ora enfatizando um aspecto, ora outro. Podemos identificá-los respectivamente com as duas partes do documento (GS 11-45, 46-90), mas na realidade, como explica a nota do proêmio, os dois tipos de abordagem – teológica e sociológica – se integraram ao longo do texto.

1) Como se posiciona a Igreja diante do mundo moderno? Desde os primeiros séculos do cristianismo, a relação Igreja-mundo foi se deturpando num dualismo estranho à cultura semita e muito mais produto do contato com a cultura helenista. As distinções entre corpo e alma, matéria e espírito, natural e sobrenatural, profano e sagrado, temporal e espiritual, foram se instalando na cosmovisão cristã, assim como também, e sobretudo, na produção teológica, fruto do assentamento da mensagem evangélica no mundo greco-romano. Desde o século V a relação Igreja-mundo foi determinada por estas categorias de matriz platônica, apropriadas radicalmente por movimentos filosóficos como o estoicismo e o gnosticismo. É impossível silenciar acerca das semelhanças entre essas doutrinas e o cristianismo nascente, mesmo se a Igreja rejeitou de fato, com a realização dos primeiros concílios e, particularmente, com os pronunciamentos de Caldedônia, uma estrema helenização de um lado, assim como uma intransigente semitização do outro (BOSCH, 2007, p. 249).

Nesta relação conflitual, a transcendência da alma, do sobrenatural, do espiritual, tinha uma óbvia proeminência sobre o corpo, a matéria, o temporal, a ponto de quase aniquilar tudo o que pertencia à esfera do mundo identificado como efêmero, sensível, corrupto. Comblin anota que sempre foi mais difícil valorizar a humanidade de Jesus do que a sua divindade; da mesma maneira sempre houve a tendência forte ao monofisismo da Igreja, exaltando o seu aspecto divino, invisível, misterioso e diminuindo o seu aspecto humano, como se não tivesse significado ou não merecesse consideração (2002, p. 22).

Não há dúvida que esses elementos se arraigaram tão profundamente na autoconsciência eclesial que continuam vivos até hoje. Com efeito, a relação Igreja-mundo passou por diversas fases ao longo da história, e foi exatamente para dialogar com o mundo de então, numa época em que a difusão da civilização e da cultura grega tinha alcançado todos os reinos conquistados por Alexandre Magno, que os pensadores cristãos assumiram da filosofia grega o que consideraram compatível com o anúncio do evangelho.

O pensamento dicotômico, não totalmente alheio ao judaísmo da época, aos poucos definiu a Igreja e o mundo como duas realidades distintas. O platonismo agostiniano distanciou ainda mais essas duas instâncias identificando-as respectivamente com a santidade e o pecado. A excelência da primeira e a negatividade da segunda estabeleceram um nexo de dependência e conflito ao mesmo tempo. Por mais de 1.000 anos o estado sobrenatural da graça, com as instituições que a encarnavam, se impôs sobre o estado da natureza decaída junto com suas conjunturas históricas: a Igreja dominava o mundo.

A partir do século XVI, com a progressiva emancipação da razão, a autonomia do temporal e o surgimento da modernidade, a correlação se tornou gradualmente conflitiva, até confluir num aberto confronto Igreja *versus* mundo. a Igreja assumia uma postura apologética, contra uma hipotética conspiração por parte do mundo, para recristianizar a sociedade e voltar a sujeitar a cidade dos homens à cidade de Deus.

A virada conciliar foi uma inequívoca superação desta atitude antimoderna e uma retomada decidida do diálogo Igreja-mundo, com a expressão típica de sua constituição pastoral: "a Igreja *no* mundo contemporâneo". Esse, como dissemos, era o intuito primeiro e fundamental da convocação do concílio: romper com o conflito assumido contra o mundo, como constitutivo da existência da Igreja e de sua missão, tendo em vista o horizonte do Reino de Deus.

Contudo, o Vaticano II não somente reatou as relações com o mundo, colhendo o valor das realidades temporais, como também tentou se projetar mais além. Com o tema dos "sinais dos tempos", amplamente tratado na *Pacem in Terris*, mas já significativamente expresso na constituição apostólica para a convocação do concílio *Humanae Salutis* (1961), a GS celebrou a presença e a vontade de Deus na própria história da humanidade e na criação, cujo Espírito, "que enche o universo" (GS 11), age "no coração dos homens": "não suscita neles apenas o desejo da vida futura, mas, por isso mesmo, anima, purifica e fortalece também aquelas generosas aspirações que levam a humanidade a tentar tornar a vida mais humana e a submeter para esse fim toda a terra" (GS 38). Deus está presente no mundo e na vida dos seres humanos com sua missão, revestindo o mundo de uma específica sacralidade. Essa sacralidade, todavia, não é algo de simplesmente externo à Igreja, mas algo "dirigido" à Igreja, de maneira que sua missão não vem liquidada, e sim assumida no diálogo e no serviço que ela poderá oferecer ao mundo (CHIAVACCI, 1967, p. 33). Dessa maneira, o mundo e a história se tornam *loci theologici* da própria revelação e da missão de Deus. A Igreja redescobre que a dimensão sobrenatural da graça não lhe é exclusiva, mas é intrinsicamente e livremente atuante no meio das realidades temporais: esta é a razão do verdadeiro diálogo.

O mesmo motivo se expressa também teleologicamente no único fim ao qual mira essa relação dialógica de reciprocidade que é o advento do Reino de Deus:

> Ao ajudar o mundo e recebendo dele ao mesmo tempo muitas coisas, o único fim da Igreja é o advento do Reino de Deus [...]. O Senhor é o fim da história humana, o ponto para o qual tendem as aspirações da história e da civilização, o centro do gênero humano, a alegria de todos os corações e a plenitude das suas aspirações (GS 45).

O Senhor não é somente a meta final de toda alma, aconchego para o coração do fiel, nem um simples exemplo de vida para as pessoas, mas é o "fim da história": a família humana, na sua globalidade, está a caminho em direção ao seu fim. Todo o gênero humano junto com o universo inteiro deseja e está orientado para Cristo. Trata-se de uma afirmação de imensa importância, porque revela não apenas o fim do divórcio entre Igreja e história, mas a superação decidida e inequívoca da distinção entre uma ordem natural e uma ordem sobrenatural em relação ao destino da humanidade e do cosmo.

2) Quando a GS fala de mundo, de que mundo está falando? Quem é seu interlocutor preferencial? A Igreja se dirige principalmente ao mundo moderno, ocidental, desenvolvido, em relação ao qual tem uma dívida pendente após séculos de confronto: sua totalidade epistêmica concebida no seio da cristandade quer abrir-se agora a essa outra totalidade concebida no processo da emancipação ilustrada.

Ao mesmo tempo, o concílio quer dialogar com o mundo enquanto tal, ou com o homem enquanto tal, ou com "o mundo dos homens, ou seja, a inteira família humana, com todas as realidades no meio das quais vive; esse mundo que é teatro da história da humanidade" (GS 2). A visão panorâmica da família humana universal é marcante no documento[124] como realidade de uma sociedade mundial que está se configurando, e como aspiração da própria Igreja que vê nesse movimento a realização do projeto de Deus, de os homens formarem uma única família, ideal que encontra no mistério trinitário o seu fundamento, o seu modelo e o seu último fim (GS 24).

O cenário de uma globalização incipiente encanta uma Igreja até então tremendamente retraída em relação às conquistas da modernidade. Para o Vaticano II, a humanidade "vive hoje uma fase nova de sua história, na qual profundas e rápidas transformações se estendem progressivamente a toda a terra" (GS 4). A aceleração da história, incutida pelo incremento da ciência e da técnica, leva sempre mais a sociedade humana para um destino unitário e para uma concepção dinâmica da ordem das coisas (GS 5). Assim, os meios de comunicação eliminam as distâncias entre as pessoas, permitem o conhecimento dos acontecimentos e a rápida difusão dos modos de pensar e de sentir (GS 6). A interdependência mais estreita entre países e povos faz com que o bem comum se torne universal (GS 26).

---

124. Encontramos esta exata expressão em GS 2, 57, 77. Conceitos análogos aplicados à humanidade, como o de "sociedade", "povo", "comunidade", "gênero humano", recorrem inúmeras vezes em todo documento. A imagem de "família humana" é talvez a mais sugestiva e aparece em 33 parágrafos dos documentos conciliares; 26 dos quais na *Gaudium et Spes*: IM 3; LG 28; AA 8 e 27; DH 15; AG 1; GS 3, 24, 26, 29, 32, 33, 38, 39 40, 42, 43, 45, 56, 63, 74, 75, 86, 92.

Pela primeira vez na história, todos os povos já estão convencidos de que os benefícios da modernidade realmente podem e devem ser estendidos a todos (GS 9). O progresso "tão grande bem para o homem", "corresponde à vontade de Deus" (GS 34), serve para a verdadeira felicidade das pessoas (GS 37) e "interessa muito ao Reino de Deus" (GS 39).

A otimística ode à modernidade, porém, é contrabalanceada por uma série de ponderações que não prosperam mais em anátemas, como no *Syllabus* de Pio IX, e sim em desafios para os cristãos e para as pessoas de boa vontade sobre as encruzilhadas ambivalentes que o desenvolvimento e o progresso proporcionam (GS 9). Com efeito, as rápidas mudanças socioculturais provocam uma grave perturbação no comportamento, nas normas e nos valores de conduta (GS 7), geram uma série de desequilíbrios nos indivíduos, nas relações humanas e na realidade mundial, desde as desigualdades socioeconômicas (GS 29), a fome, a miséria, o analfabetismo, os graves conflitos sociais, políticos, étnicos e ideológicos, até a ameaça de uma guerra total capaz de destruir tudo o que foi construído (GS 4).

A raiz destes males é reconduzida ao coração do homem (GS 10), dividido entre o bem e o mal (GS 13), que é levado a considerar apenas o que é seu, esquecendo o dos outros (GS 37). A promiscuidade entre o bem e o mal indica a fragilidade do ser humano e, ao mesmo tempo, o disfarce da corrupção do pecado, desmascarada através da declaração de sua finalidade: levar as pessoas a pensar só em si. Afinal, julga-se intrinsecamente boas as principais características da vida moderna, ou seja, o progresso da técnica e a intensificação das relações comerciais (GS 63). Não há uma crítica contundente às estruturas de exploração, de dominação e de classificação social. Para a GS, os problemas "mais profundamente nascem do egoísmo e do orgulho dos homens, os quais também pervertem o ambiente social" (GS 25).

Toda a perspectiva conciliar do "novo humanismo" (GS 55) parte de uma cosmovisão ocidental e universalista, epistemicamente eurocêntrica, essencialista e patriarcal[125]. O homem do Vaticano II é o homem-barão da modernidade, colhi-

---

125. Participaram do concílio como convidadas auditoras, sem direito à palavra, somente 23 mulheres: 13 eram leigas, nove religiosas e um membro de um Instituto Secular. Contudo, essa foi a primeira vez, na história da Igreja, que havia mulheres presentes em um concílio (DOMEZI, 2016).

do em suas generalidades, sem estar sociocultural e geopoliticamente situado, ou talvez, prontamente identificado com a classe média branca, urbana, agnóstica, liberal, intelectualizada europeia ou norte-americana[126]. A pluralidade das culturas é apenas acenada (GS 53), assim como o respeito à particularidade de cada cultura (GS 54), em vista de "fomentar o dinamismo e expansão da nova cultura" (GS 56) como algo de metacultural, orientado a promover a unificação do mundo e a construção de um mundo melhor (GS 55). Esses intentos provocaram diversas reações dos próprios padres conciliares originários de países do chamado Terceiro Mundo, particularmente, a respeito de alguns problemas concretos e mais urgentes[127]. Contudo, estas intervenções, às vezes ousadas, não tiveram o impacto e a articulação suficiente para neutralizar as fortes resistências dos outros padres, em maior número e peso, e propor emendas significativas no texto.

Onde a GS, porém, se destacou em relação a um horizonte decolonial foi na sua postura sobre a vida socioeconômica da família humana, denunciando as enormes disparidades entre o luxo de poucos e a miséria de muitos (GS 63), e sobre a promoção da paz entre os povos. Quanto ao primeiro âmbito, que faz de exata *charnière* entre as dimensões material e espiritual do ser humano, a cons-

---

126. Um exemplo inequívoco desta visão antropológica conciliar o encontramos no discurso de Paulo VI na última sessão do concílio (7 de dezembro de 1965): "Na verdade, a Igreja, reunida em concílio, entendeu sobretudo fazer a consideração sobre si mesma e sobre a relação que a une a Deus; e também sobre o homem, o homem tal qual ele se mostra realmente no nosso tempo: o homem que vive; o homem que se esforça por cuidar só de si; o homem que não só se julga digno de ser como que o centro dos outros, mas também não se envergonha de afirmar que é o princípio e a razão de ser de tudo. Todo o homem fenomênico – para usarmos o termo moderno – revestido dos seus inúmeros hábitos, com os quais se revelou e se apresentou diante dos padres conciliares, que são também homens, todos pastores e irmãos, e por isso atentos e cheios de amor; o homem que lamenta corajosamente os seus próprios dramas; o homem que não só no passado mas também agora julga os outros inferiores, e, por isso, é frágil e falso, egoísta e feroz; o homem que vive descontente de si mesmo, que ri e chora; o homem versátil, sempre pronto a representar; o homem rígido, que cultiva apenas a realidade científica; o homem que como tal pensa, ama, trabalha, sempre espera alguma coisa, à semelhança do *filius accrescens*; o homem sagrado pela inocência da sua infância, pelo mistério da sua pobreza, pela piedade da sua dor; o homem individualista, dum lado, e o homem social, do outro; o homem *laudator temporis acti*, e o homem que sonha com o futuro; o homem por um lado sujeito a faltas, e por outro adornado de santos costumes; e assim por diante" (EV1 456).

127. Sintomático o intenso debate que houve sobre o tema do matrimônio e da família, assuntos com os quais os bispos estavam particularmente familiarizados. A abordagem ocidental fundamentada numa lei divina e numa lei natural não dava espaço a dúvidas, mas permanecia fora do tempo e do espaço; portanto, fora da experiência histórica dos diversos povos. Da mesma forma, quando se tratou de enfrentar outros problemas concretos de ordem socioeconômica, a reação de bispos africanos e asiáticos denunciava a tentativa de examinar a realidade com olhos ocidentais, a partir de uma perspectiva cartesiana (ROUTHIER, 2008, p. 135, 158-160).

tituição pastoral aborda o tema da justiça e da equidade (GS 66) para um desenvolvimento que não deve ser fim a si mesmo, mas a serviço do homem (GS 64) e administrado por todos os homens (GS 65). A atividade humana responde a um chamado de Deus, portanto não pode ser mercantilizada, alienada, direcionada unicamente para o lucro. Também, é direito do trabalhador, enquanto homem livre, participar da gestão da empresa para não ser de alguma forma escravizado (GS 68). Do mesmo modo, os bens produzidos têm destinação universal e "todos têm o direito de ter uma parte de bens suficientes para si e suas famílias", a ponto de que "aquele que se encontra em extrema necessidade tem direito de tomar, dos bens dos outros, o que necessita" (GS 69). Para a GS, decididamente, a solidariedade não é mais um dever de caridade – dar o supérfluo como sustentava a *Rerum Novarum* (RN 12) – e, sim, um sagrado dever de justiça.

No tocante ao tema da paz, o concílio não destacou simplesmente a necessidade da ausência de guerra ou a promoção de uma ordem social pacífica, e sim muito mais a fundo procurou suscitar um permanente e preciso apelo interior nas pessoas que buscam a justiça: "absolutamente necessárias para a edificação da paz são a vontade firme de respeitar a dignidade dos outros homens e povos e a prática assídua da fraternidade" (GS 78). Nessa passagem crucial se apresentam duas instâncias de engajamento fundamentais em relação aos sujeitos em si (indivíduos e povos) e ao direito-dever deles de sociabilidade: "a vontade firme de respeitar a dignidade dos outros" e "a prática assídua da fraternidade". São duas direções essenciais e interconexas, mas não são duas faces da mesma moeda, ou seja, o respeito do outro não implica imediatamente a solidariedade com ele e vice-versa. De fato, nos processos de dominação hegemônica pode haver solidariedade (ou suposta tal) sem respeito, como também pode haver somente respeito (ou suposto tal) sem solidariedade.

Diante do ardente apelo à paz mundial, o Vaticano II aponta com decisão para um caminho de mão dupla: o engajamento contra toda forma de domínio sobre o outro, e a "prática assídua" da solidariedade e da cooperação recíproca como expressão de uma nova lógica de convivência. Na sua substância, essa perspectiva equivale ao *shalom* bíblico, a plenitude de toda relação entre seres humanos e com a criação, que reflete o projeto desejado por Deus para o mundo, que se realiza como relação intencional do recíproco dom de si ao outro e a todos os outros.

3.3 A missão após o Vaticano II – Crises, emergências e debates pós-conciliares

Várias questões ficaram pendentes com a conclusão do concílio. Afinal, esse evento, como já dissemos, não tinha a pretensão de ser um ponto de chegada, mas representar um novo começo para uma profunda renovação da Igreja Católica. Particularmente, no que se refere à evolução da razão missionária em relação ao pensamento decolonial, podemos perceber uma certa progressão no século XX, a começar pelos primeiros pronunciamentos do magistério pontifício e pelo desenvolvimento da reflexão missiológica, até a realização do Vaticano II, com seu retorno às fontes e sua abertura ao mundo moderno.

Contudo, instâncias missionárias como *Propaganda Fide* não entraram em empatia com o espírito conciliar, permaneceram à margem dos debates e reduziram a emergência da evangelização a um problema de escassez de vocações e de meios econômicos, sem buscar uma profunda revisão missiológica, princípio e fim de todo o *aggiornamento* eclesiológico. Neste sentido podemos registrar um certo empasse não apenas em relação a outros colegiados conciliares – peritos, comissões, representações episcopais – mas também, e principalmente, em relação aos diretos interlocutores das chamadas "missões", pois as Igrejas locais extraeuropeias reivindicavam seu reconhecimento, seu valor e seu próprio protagonismo.

Dessa maneira, em sua projeção *ad extra*, o concílio deu um salto no amadurecimento de uma atitude dialógica atenta aos anseios da humanidade, particularmente, no que diz respeito às grandes questões sociais do mundo moderno, da dignidade e da liberdade da pessoa humana, do bem comum, do desenvolvimento econômico, da justiça e da paz, abrindo caminhos para uma decisiva evolução da doutrina social da Igreja. Por outro lado, pouco avançou no quesito epistêmico intercultural e inter-religioso, permanecendo refém ainda de uma racionalidade ocidental pouco disposta de ir além de algumas concessões. As declarações *Nos-*

tra Aetate e *Dignitatis Humanae* representaram importantes pedras de toque e de não retorno, assim como a generosa abrangência da universalidade do povo de Deus na *Lumen Gentium* (LG 16) e o resgate da doutrina justiniana do *lógos spermatikós* no *Ad Gentes* (AG 11, 15)[128]. No entanto, tratou-se de acenos que não encontraram demasiada ressonância no evento conciliar, talvez pela ponderação de aguardar novos desenvolvimentos teológicos, uma vez que a dimensão destas problemáticas, mais do que às de cunho sociopolítico, podiam colocar perigosamente em xeque o estatuto da missão evangelizadora da Igreja.

Com efeito, no pós-concílio o aspecto social da evangelização, de busca da justiça e da solidariedade universal, teve um êxito e uma apreciação bem maior em seu desenvolvimento à esteira dos sucessivos aniversários da histórica Encíclica *Rerum Novarum* de Leão XIII (1891)[129].

Entretanto, a proposta propriamente religiosa da evangelização, de conversão e adesão à fé cristã, teve um percurso bem mais tímido, complexo e acidentado em tentar articular um discurso que pudesse estar ao par com a sensibilidade dos novos tempos, exposto como estava à crítica anticolonial e pós-moderna. A *Gaudium et Spes* esclarecia que, apesar de a missão da Igreja implicar ações solidárias e transformadoras junto à comunidade humana, seu objetivo "não é de ordem política, econômica ou social: o fim que [Cristo] lhe propôs é, com efeito, de ordem religiosa" (GS 42). Esse tema precisava ainda encontrar uma motivação vital, um significado relevante e uma articulação apropriada diante dos desafios e das perguntas lançadas pela modernidade (RASCHIETTI, 2011, p. 12). Foram, principalmente, a Exortação Apostólica *Evangelii Nuntiandi* (1975) e a Encíclica *Redemptoris Missio* (1991), que abordaram a tarefa de redefinir os eixos desta missão.

---

128. A inserção da fórmula patrística "sementes do verbo" na redação do Decreto *Ad Gentes* se deve às intervenções de padres conciliares da Ásia, da África e do Oriente Médio. O Vaticano II acabará ampliando positivamente a expressão originária de Justino, relacionando-a aos valores das culturas e das religiões não cristãs.

129. Como já haviam feito Pio XI com *Quadragésimo Anno* (1931) e João XXIII com a *Mater et Magistra* (1961), Paulo VI continuou a tradição de celebrar a *Rerum Novarum* com a Carta Apostólica *Octogesima Adveniens* (1971), e João Paulo II com as Encíclicas *Laborem Exercens* (1981) e *Centesimus Annus* (1991). Por sua vez, a Encíclica *Populorum Progressio* (1967), sobre o desenvolvimento dos povos, abriu uma nova sequência de comemorações e aprofundamentos com as também encíclicas *Sollicitudo Rei Socialis* (1987) de João Paulo II e a *Caritas in Veritate* (2009) de Bento XVI.

A reflexão missiológica, naturalmente, acompanhou esse processo concentrando suas indagações em torno de três grandes âmbitos, correspondentes a três questões cruciais para uma possível descolonização da missão: a emergência e o significado das teologias contextuais como pensamento fronteiriço; o processo de inculturação da mensagem cristã; a problemática da salvação/libertação implícita a essa mensagem.

3.3.1 Crise pós-colonialista da missão e emergência das teologias contextuais

O processo de emancipação das colônias estava em pleno andamento durante o concílio, mas este não tomou muito conhecimento do fenômeno, como já tinha feito a *Pacem in Terris* no final do pontificado de João XXIII. Foi a partir da *Populorum Progressio* (1967) que o magistério pontifício começou a tratar da questão, denunciando o subdesenvolvimento e o neocolonialismo (PP 52), as desigualdades e os desequilíbrios crescentes (PP 8), a propriedade privada como direito absoluto (PP 23), o capitalismo liberal como "sistema nefasto" (PP 26), junto ao compromisso de promover a justiça e a paz (PP 5), o desenvolvimento integral da pessoa humana (PP 14), a solidariedade entre os povos (PP 17), a distribuição universal dos bens (PP 22) etc.

a) A *Populorum Progressio* e a crítica ao colonialismo. Essa encíclica, em sua parcial apologia do progresso, numa ótica claramente desenvolvimentista, não deixava de apontar as ambivalências e os mecanismos perversos do processo civilizacional ocidental, reconhecendo de um lado as potencialidades vitais da tecnologia e da industrialização (PP 25), e por outro as disparidades entre as nações (PP 8, 57), a desumanização materialista (PP 28, 34, 41) e diversas formas de violência que estes e outros fatores desencadeavam (PP 30). Numa passagem fundamental, o documento declarava que "o crescimento econômico depende, em primeiro lugar, do progresso social que ele pode suscitar, e que a educação de base é o primeiro objetivo de um plano de desenvolvimento" (PP 35).

No entanto, há uma ponderação um tanto benevolente em relação ao colonialismo, admitindo "que as potências colonizadoras se deixaram levar muitas vezes pelo próprio interesse", proporcionando "em alguns casos, uma situação econômica vulnerável": porém, "não podemos deixar, todavia, de render homenagens às qualidades e às realizações dos colonizadores que levaram a ciência e a técnica a tantas regiões deserdadas e nelas deixaram frutos felizes da sua presença" (PP 7).

A essa apreciação faz eco um elogio à obra dos missionários que "construíram, não só igrejas, mas também asilos e hospitais, escolas e universidades", ensinaram "aos nativos a maneira de tirar melhor partido dos seus recursos naturais, protegeram-nos, com frequência, da cobiça dos estrangeiros", "souberam cultivar e promover as instituições locais", "foram contados entre os pioneiros do progresso material e do desenvolvimento cultural", mesmo considerando os limites de suas labutas (PP 12).

Apesar dos claros apelos de Paulo VI por um desenvolvimento integral, por um humanismo total (PP 42), por uma atitude de cooperação e não de dominação (PP 71) a encíclica não adverte, ou adverte somente em parte, a colonialidade e a incongruência estrutural subjacente a uma perspectiva desenvolvimentista. Convidava ao engajamento e à ação (PP 13, 47), à solidariedade e à fraternidade universal (PP 44, 48), condenava o racismo, o nacionalismo e a superioridade civilizacional (PP 62-63, 72), mas não captou a fundo, ou captou somente em parte, aquela diferença colonial que fazia do Primeiro Mundo um generoso benfeitor do Terceiro, abrindo mão apenas de seu supérfluo (PP 49).

b) Missão secular *versus* missão religiosa. O clima cultural do imediato pós-concílio era impregnado desse voluntarismo missionário que promovia o "dever moral" da solidariedade universal (PP 17), cúmplice a situação de pobreza extrema da África, da Ásia e da América Latina, tornando essa tarefa emergencial, por um lado, urgente e necessária, e por outro, sistemicamente aliada às teorias desenvolvimentistas dos anos de 1950 e 1960. A razão ilustrada que sustentava esse engajamento rechaçava *in toto* a ideia tradicional de missão vinculada à *salus animarum* e à *plantatio ecclesiae*, enquanto fato religioso que devia definitivamente ser confinado à esfera privada individual:

> a missão aparece em consequência como um "turbamento" da "paz doméstica" e como uma coisa fora de lugar nas sociedades religiosamente pluralísticas. Ao contrário podemos nos comportar de maneira muito *missionária*, por exemplo, no caso dos direitos humanos (COLLET, 2004, p. 75; grifo do autor).

Nesta circunstância, "no caso da afirmação dos direitos humanos", não se partilhou visões de vida reconhecendo o caráter culturalmente determinado de uma maneira de ver as coisas, e sim se procurou convencer o interlocutor da integridade e da universalidade de um sistema de valores ocidentais, deixando pouco espaço para a negociação.

É preciso admitir que também essa "missionariedade secular" da segunda metade do século XX transformou-se em muitas circunstâncias em algo de violento e dominador, até a reedição de sucessivas declarações de "guerras justas" em nome da liberdade, da democracia e dos direitos civis. Com isso não se quer desmerecer nenhuma das conquistas da modernidade, assim como nenhuma das possíveis ações humanitárias almejadas pela *Populorum Progressio*, mas somente ressaltar o caráter de *totalidade* e de *superioridade* que uma determinada cosmovisão adquiriu justificando suas intervenções.

Nesta cosmovisão secular o elemento religioso não era considerado como contributo para a construção de um mundo melhor. O documento *Missionarischer Dienst an der Welt* (Serviço Missionário no Mundo) do Sínodo Geral dos Bispos Alemães (1971-1975), assim registrava o mal-estar moderno em torno da missão cristã:

> Um desconforto com a atividade missionária da Igreja é generalizado. Diz-se:
> • A missão é um resíduo de uma mentalidade colonial. Essa quer somente estender a esfera da influência da Igreja.
> • A missão é expressão de um sentido cristão e ocidental de superioridade. Despreza as convicções religiosas daqueles de têm uma fé diferente e os grandes valores das culturas estrangeiras.
> • A missão visa somente a obter conversões. Ignora o fato que os homens encontram Deus e podem conseguir a salvação também nas outras religiões.

• A missão distrai dos problemas reais do mundo de hoje. Deveria se preocupar com o fato de que os homens não têm do que comer, não podem viver livremente e obter justiça (GEMEINSAME SYNODE, 1976, p. 821).

Ao mesmo tempo, a "missão humanitária" saia incólume de qualquer crítica, vista pela opinião pública como um serviço abnegado e heroico, que raramente percebia seus desdobramentos paternalistas em conluio com as políticas macroeconômicas mais perversas dos países patrocinadores (DERIU, 2001)[130].

c) Crise, mal-estar e pedido de moratória da obra missionária ocidental.

Nesta época, diversas vozes do Sul do mundo se levantaram contra a missão, os missionários e suas obras, tanto seculares como religiosas. Em janeiro de 1971, um grupo de antropólogos reunidos em Barbados num simpósio sobre fricção interétnica na América do Sul, convocado pelo Programa de Combate ao Racismo do Conselho Mundial de Igrejas, elaboraram um texto conhecido como "Declaração de Barbados", onde se criticava duramente as políticas indigenistas dos governos sul-americanos e se questionava com firmeza a ação das missões religiosas. Essa declaração convidava a acabar com toda atividade missionária, para o bem dos povos indígenas e para preservar a integridade moral das próprias Igrejas (BARBADOS I, 1971, p. 326).

Na mesma época, do outro lado do mundo, em fevereiro de 1971, numa consulta em Kuala Lampur, o líder metodista filipino Emerito Nacpil declarou que "a

---

130. "O que é obsceno no fenômeno humanitário é a contiguidade entre a representação da dor dos outros, a solicitação de dinheiro e a venda de um produto social ou político. As formas de *fundraising* (angariação de fundos) através do uso de pessoas famosas, como depoimentos (esportistas, atores e atrizes, apresentadores e *soubrette* etc.), correspondências (cartas personalizadas), acordos de patrocínio com produtos de mercado (detergentes, doces, jornais, água mineral etc.), programas de caridade, contatos telefônicos [...] mostram até que ponto chegaram a cumplicidade e a confusão entre as lógicas humanitárias e lógicas de mercado. O mesmo se aplica no nível político, porque não há nada melhor do que organizar ajudas ou expressar um compromisso humanitário genérico para obter propaganda e promover-se politicamente. O humanitário contribui a mercantilizar as tragédias e os sofrimentos dos povos e sempre mais frequentemente se oferece como justificação para uma intervenção armada em nome dos 'direitos humanos'. Em sua forma mais extrema, o humanitário se torna um *slogan* e uma etiqueta publicitária, uma marca de venda para o mercado das boas causas e para o sucesso das suas próprias políticas. Criticar e opor-se às lógicas do humanitário significa resistir ao pensamento único e ao espetáculo dos 'bons sentimentos' para começar a refletir sobre o sentido da política, subtraindo espaços e recursos às políticas neocolonialistas e ao totalitarismo do mercado e da finança internacional" (DERIU, 2001, p. 32).

presente estrutura da missão moderna está morta, e a primeira providência que deveríamos tomar é encomendá-la e, então, enterrá-la". De fato, "o serviço mais missionário que um missionário, sob o presente sistema, pode prestar atualmente à Ásia é ir para casa!" (BARNES, 2013, p. 316).

No mesmo ano, o queniano John Gatu, secretário-geral da Igreja Presbiteriana da África Oriental, falando ao *Mission Festival* da Igreja Reformada Americana em Milwaukee, EUA, propôs uma moratória do engajamento missionário na África:

> Chegou a hora da retirada de missionários estrangeiros de muitas partes do Terceiro Mundo; as Igrejas do Terceiro Mundo devem poder encontrar sua própria identidade; a continuação do atual movimento missionário é um obstáculo para a subjetividade da Igreja (apud CASSIDY, 1976, p. 266).

A ideia da moratória sobre o envio de dinheiro e de missionários foi retomada pela Conferência Mundial de Missão (1973), convocada pelo Conselho Mundial de Igrejas em Bangkok, a fim de permitir que as Igrejas locais na África, Ásia, América Latina e no Pacífico definissem suas próprias identidades e prioridades. A intenção, a princípio, não era de colocar em discussão a missão enquanto tal, mas de impulsionar o protagonismo de agentes eclesiais locais no lugar dos missionários estrangeiros. Todavia, a Conferência Pan-africana de Igrejas em sua reunião de Lusaka, em maio de 1974, assumia a proposta da moratória de maneira radical com a seguinte drástica observação:

> Se a moratória fizer com que as agências missionárias implodam, a Igreja africana poderá ter realizado um serviço redimindo o povo de Deus do hemisfério norte de um conceito distorcido da missão da Igreja no mundo (apud PADILLA, 1992, p. 144).

Essa radicalização foi característica também do pensamento do teólogo jesuíta camaronês Fabien Eboussi Boulaga (1934-2018), o qual em 1974 escreveu um artigo com o título perturbador "La dé-mission", no qual convidava os missionários estrangeiros que trabalhavam na África a voltar para casa:

> A missão dos tempos modernos é um fenômeno violento. O cristianismo não é mais loucura ou escândalo. É a religião superior

> [...] a religião do dominador, a religião dominante [...]. Ela corta o mundo em partes, cristãos e não cristãos, alguns são tudo, os outros não são nada [...]. Não podemos esperar emendar tal sistema propositadamente. Continua a produzir Igrejas marginalizadas, dependentes de missionários cooperadores que buscam seus projetos individuais onde bem entenderem e da maneira que lhes convier. Eles continuam sendo os canais de influência de seus países, suas culturas e suas ideologias. Eles são as cabeças de ponte dos modos de vida e do pensamento de sua civilização e de seus interesses materiais, através de ajudas, relacionamentos, serviços prestados à burguesia (empréstimos, adoção de crianças...) [...]. É urgente que [nossas] Igrejas construam o que as une além da imposição colonial. O medo de seu vazio e o risco de sua liberdade fazem com que se apeguem a formas obsoletas e confiem vergonhosamente nos missionários, como apoio tutelar e tranquilizador. Se esta é a missão, é infantilizar e corromper as boas intenções. Entendemos também que ela não pode terminar em euforia, sem ruptura ou violência. O que fazer? A resposta será breve: que a Europa e a América se evangelizem primeiro e que planejemos a partida em boa ordem dos missionários da África! (1991, p. 40-42).

Por sua vez, Ivan Illich (1926-2002), já em 1967, criticava a ambivalência das missões norte-americanas na América Latina, convidando os missionários a regressar e a concentrar seus esforços nas lutas contra aquelas estruturas político--econômicas que contribuíam a manter a situação de pobreza de seus vizinhos do sul. Ao perceber o conchavo entre a missão e o neocolonialismo capitalista, Illich chamava à atenção dos católicos americanos para "o lado escuro da caridade" que perpetuava a criação e a manutenção de estruturas estrangeiras, clericais e funcionalistas:

> Os missionários estrangeiros percebem cada vez mais que eles atenderam ao chamado para tapar os buracos em um navio afundando, porque os oficiais não ousaram lançar as jangadas salva-vidas. A menos que isso seja claramente visto, os homens que obedientemente oferecerem os melhores anos de suas vidas se sentirão enganados em uma luta inútil para manter um transatlântico condenado à medida que atravessa mares desconhecidos [...]. O cerne da discussão, portanto, não é como enviar mais homens e dinheiro, mas sim por que eles deveriam ser enviados [...]. Somos tentados

a escorar e salvar estruturas, em vez de questionar seu propósito e verdade (1967, p. 91).

Todas essas investidas não consistiam apenas em autoafirmações identitárias por parte de representantes daquelas populações que por séculos foram dominadas pelos europeus: vários elementos apontavam para algo muito mais profundo a ser considerado, ou seja, o anacronismo da obra missionária. Em segundo lugar, as questões não atingiam apenas um setor da atividade eclesial, mas a Igreja enquanto tal, a validade e a legitimidade de sua mensagem, de sua doutrina, de sua estrutura e de sua ação no mundo. Em terceiro lugar, não era somente a dimensão religiosa a ser refutada, também a ação social, finalmente, era sujeita à mesma crítica colonial: essa, porém, era frequentemente isentada pelos interesses financeiros envolvidos e pela dimensão simbólica das causas humanitárias em jogo. Enfim, o aspecto mais inquietante diante de tantas inquisições era que na maioria das vezes a mentalidade, a organização e as práticas missionárias continuavam imperturbáveis, como se nada as abalasse, sem significativas alterações, quase a obedecer a uma inércia desconcertante. A crise, porém, não tardou a se abater impiedosa sobre as Igrejas e suas agências missionárias em termos de insignificância institucional, de encolhimento dos recursos humanos e financeiros e de ineficácia operativa.

d) O surgimento das teologias contextuais. Uma das manifestações mais significativas deste período pós-conciliar de crítica e de desconstrução da missão cristã foi a emergência das assim chamadas "teologias contextuais" no mundo todo. O adjetivo "contextual" não se referia de maneira pleonástica à natureza destas teologias, pois todo fazer teológico é impreterivelmente "contextual", mas ao seu caráter alternativo em relação à grande tradição teológica ocidental com pretensões dedutivistas, hegemônicas e universais. A estas teologias se deve a introdução da categoria de "contexto" no pensamento teológico no começo dos anos de 1970, que significava que a teologia não devia ser reduzida a um contextualismo tosco, e sim devia elaborar uma reflexão crítica a partir do contexto e em relação ao contexto ao qual se dirige.

O próprio processo de saída do cristianismo de um horizonte hegemônico ocidental para um âmbito pluricultural mundial, inaugurado pelo Vaticano II, como que uma nova cesura ao par daquela que houve na passagem do cristianismo judaico ao cristianismo dos gentios (RAHNER, 1982), desencadeou, de fato, essa emergência identitária de novos sujeitos que irromperam para reivindicar o estatuto epistemológico de seu discurso teológico a partir da praxe histórica contra as propostas dedutivas das teologias oficiais e das práticas missionárias eurocêntricas.

As teologias contextuais foram um típico fenômeno pós-colonial relacionado ao Terceiro Mundo, tanto que as teologias europeias, até hoje, ainda teimam em se conceber como tais. Com efeito, havia a convicção de que a maneira europeia de interpretar as fontes e de compreender a fé cristã tivesse de alguma forma uma validade única e universal, e não fosse apenas um produto situado e elaborado a partir de um contexto sociocultural determinado.

À esteira da emancipação política das colônias no pós-guerra, também as Igrejas extraeuropeias começaram a se organizar em termos de se livrar de um controle e de uma tutela estrangeira, procurando uma reflexão teológica e uma ação pastoral que pudesse responder aos desafios da própria realidade histórica. Consequentemente, essa realidade se tornava ponto de partida de uma maneira alternativa de fazer teologia, como "reflexão crítica da práxis histórica à luz da Palavra" (GUTIÉRREZ, 1975, p. 26). Por ocasião de seu primeiro congresso em Dar-es-salaam, Tanzânia, em agosto de 1976, o *Manifesto* da recém-criada Associação Ecumênica dos Teólogos do Terceiro Mundo (ASETT) declarava: "optamos por uma ruptura epistemológica que faça do compromisso o primeiro ato teológico, introduzindo-nos numa reflexão crítica sobre a praxe do Terceiro Mundo" (TORRES, 1988, p. 120).

Essa realidade, evidentemente, era marcada pela exploração econômica, a discriminação racial, a opressão patriarcal, a alienação cultural e religiosa, a marginalização social e a dominação política, e clamava por transformação, engajamento, comprometimento. A partir desta experiência histórica se passava pela reflexão teológica como ato segundo, para retornar à praxe com uma ação transformadora iluminada agora pela *theoria*. Esse círculo hermenêutico entre teoria e praxe invertia a ordem tradicional de uma doutrina elaborada de antemão para ser aplicada à missão. A relação agora entre teoria e praxe não era mais de sujeito-objeto, e sim de intersubjetividade. Portanto, as teologias contextuais não protagonizaram apenas a irrupção de novos sujeitos subalternos, não resgataram somente a importância crucial da realidade histórica como "lugar de enunciação", mas também, e sobretudo, elaboraram *a emergência de um novo paradigma teológico transcultural*.

As décadas pós-conciliares viram o surgimento de dezenas destas teologias[131] que podemos classificar em duas grandes tendências, nem sempre harmonizadas entre elas: as de caráter cultural, étnico e religioso como a Teologia Índia, e as de caráter sociotransformador como a Teologia da Libertação. Ambas se colocaram na linha de um essencial "giro decolonial" da teologia e das práticas missionárias (SUESS, 2013a, p. 81), particularmente no que diz respeito a uma série de deslocamentos fundamentais:

> As teologias emergentes envolvem grandes deslocamentos: do centro para a periferia; do norte para o sul; das teologias das ausências às teologias das emergências; das leis religiosas que colocam o estrito cumprimento das letras miúdas da lei à defesa da vida; da teologia que atravessa a história como brasa ardendo à teologia que se elabora no seio da vida e no ritmo da história; dos enunciados retóricos, falsamente universalistas e jamais cumpridos, à defesa das pessoas, dos grupos e dos povos discriminados e das identidades subjetividades negadas; da negação à afirmação das identidades dos povos e culturas subjugadas: as comunidades negras na África; os *dalit* na Índia; os povos indígenas na América Latina; os aborígenes na Oceania (TAMAYO, 2017, p. 66).

Esses deslocamentos implicaram um radical e decolonial desprendimento, um deixar-se inquietar e ajuizar pelas vítimas, pelos crucificados e pelos injus-

---

131. Podemos sinalizar sem dúvida a teologia da libertação latino-americana, que foi a teologia contextual que teve maior exposição, divulgação, impacto e que teve suas versões palestinas, asiáticas, africanas; a Teologia Negra e a Teologia Índia; a *aboriginal theology* australiana; a teologia indiana *dalit*; a teologia filipina da *lucha*; a teologia taiwanesa *chhut than thin*; a teologia coreana *minjung*; a teologia *chicana* dos Estados Unidos etc. (COLLET, 2004, p. 181-182).

tiçados da história. Implicavam também, e sobretudo, a adesão a um projeto de mundo global mais justo e solidário, significativamente outro daquilo que se tinha diante dos olhos.

e) **Aporias da abordagem contextual.** Juntamente à recuperação de elementos constitutivos da fé cristã como a opção pelos pobres, a perspectiva histórica dos sinais dos tempos, a inserção no mundo, a luta pela vida e pela justiça contra a opressão, as teologias contextuais apresentam também algumas ambivalências. David Bosch (2007, p. 509-516) chamava atenção para algumas delas: o risco de identificar o processo histórico com a vontade de Deus; o relativismo que podia ser promovido com a proliferação de teologias locais; a tentação de considerar as próprias hermenêuticas absolutas; os fáceis equívocos na interpretação dos sinais dos tempos; a inconveniência de reputar à praxe uma autoridade única e fundamental para a reflexão teológica; a marginalização da dimensão da *póiesis* na relação entre praxe e teoria.

Estas ambivalências pareciam apontar para duas tensões espaçotemporais a serem levantadas, em torno das relações *local-universal* e *imanência-transcendência*. Certamente, o contexto sociocultural é mais do que determinante para a elaboração de uma teologia. Esse aspecto foi sistematicamente transcurado pela teologia europeia a qual, com a pretensão de ser científica e abstrata, pensava em construir um discurso universal válido para todos, normativo para qualquer ser humano:

> Qualquer sujeito que aspira a dominar (qualquer "classe dominante") tende a apresentar o próprio interesse particular – o ponto de observação particular – exatamente não como particular, e sim como universalmente e geralmente válido. Assim na teologia se estabelece um domínio escondendo a particularidade do sujeito que produz teologia e do seu ponto de observação (CASTILLO apud COLLET, 2004, p. 185).

Todavia, como recorda Bosch, existem sim dimensões da teologia que são universais e que transcendem o contexto, assim como existem narrativas contextuais que são referenciais para todos os cristãos e que devem ser respeitadas e preservadas: a saga do povo de Israel e seu papel na história da salvação; a epopeia dos cristãos dos primeiros séculos e a obra de seus principais expoentes; o testemunho de figuras exemplares e o pensamento de mestres e sábios de todas as culturas e épocas etc. Há todo um percurso histórico a ser partilhado que adquire, na sua contextualidade, um caráter de referência universal. Da mesma forma, toda teologia contextual é chamada a estimular e fecundar uma *theologia oecumenica* num âmbito intercultural simétrico de reconhecimento, de reciprocidade e de pluriversalidade, contra o risco de se fechar em sua própria, relativa e limitada, particularidade. O teólogo indiano Felix Wilfred esclarece a importância e a dimensão dessa inter-relação:

> Em certo sentido, podemos e devemos dizer que a fé está acima das culturas. O que, porém, é indicado pelo termo "acima" não significa simplesmente que nos referimos a um "conceito transcendental", que existe fora do encontro concreto do evangelho com a cultura. Se for verdade que existem formas culturais da fé efetivamente diferentes, então devemos também reconhecer que nenhuma delas está apta a expressar todos os aspectos e todas as dimensões da fé. Cada forma está em relação com toda outra forma. O que nós indicamos com "acima" não é na realidade outra coisa do que reconhecer as limitações inerentes a toda forma cultural de expressão da fé, e é ao mesmo tempo um convite a entrar em diálogo com todas as outras formas. Então se verifica realmente uma comunhão da fé, que é ao mesmo tempo uma comunhão das culturas. Este diálogo e esta comunhão são verdadeiramente o caminho para impedir que a fé se torne uma forma cultural específica fechada em si mesma (WILFRED, 1998).

Em outras palavras, o elemento *local* deve sempre encontrar algum caminho para sair de si e dialogar com os outros. Para fazê-lo necessita de mediações que sejam reconhecidas por todos os interlocutores, uma espécie de "totalidade heterogênea" que acomuna, no sentido quijaniano do termo.

Sem embargo, essa tensão *local-universal* investe também, talvez a contragosto de Wilfred, uma dimensão histórica da *imanência-transcendência*, particularmente no que diz respeito à leitura dos sinais dos tempos. Sem dúvida, Deus se revela na história e nos convida a participar de sua missão redentora no mundo.

Por outro lado, identificar de que maneira Deus se torna presente em suas manifestações na realidade humana é um empreendimento necessário, mas repleto de armadilhas.

A maior doutora é ainda a história, ao longo da qual os sinais dos tempos foram frequentemente objetos de dramáticos equívocos. Até recentemente, um "colonialismo benevolente" por parte do Ocidente foi considerado consensualmente um sinal providencial de Deus na história do mundo, inclusive por seus destinatários. Eventos como o nazismo na Alemanha ou o *apartheid* na África do Sul foram saudados como intervenções divinas por muitos cristãos. As revoluções cubana e sandinista, o chavismo na Venezuela e o lulismo no Brasil também foram alimentados por ingênuas perspectivas escatológicas e acolhidos com júbilos messiânicos, assim como o recente advento da extrema-direita de cunho neofascista.

O problema é que os fatos históricos são sempre ambíguos. E isso devemos sempre ter presente quando falamos de maneira arriscada de "construção do Reino de Deus". O caminho da "sacralização" *sic et simpliciter* da história se demonstrou diversas vezes temerário, a ponto de representar grave motivo de constrangimento por aqueles que se empenharam a canonizar movimentos, episódios e personagens com tanto entusiasmo. Por isso, não é a história em si, mas a história iluminada pelo evangelho que revela onde Deus está cumprindo sua missão: e mesmo assim, nossas interpretações permanecem aquém, incertas, nossos discernimentos titubeantes, nossa vigilância jamais à altura das situações.

No entanto, interpretar os sinais dos tempos é uma obrigação, mesmo à custa de interpretá-los incorretamente. Da mesma forma, a Palavra de Deus pode ser lida e ter sentido somente no nosso contexto presente, como elemento normativo fundamental que fornece, à luz da fé, chaves de leitura para uma hermenêutica dos caminhos históricos da humanidade. Ter clareza sobre o caráter transcendente desta operação nos permite reconhecer nos dados empíricos e nas nossas avaliações suas possíveis ambivalências, suas provisoriedades e suas vulnerabilidades, ao mesmo tempo em que celebramos a misteriosa soberania providencial de Deus, esperança de quem nele confia.

3.3.2 Evangelho e culturas

Entre Deus e o mundo permanece sempre uma dualidade que não permite qualquer identificação ou absorção, mas sempre um diálogo. Caso contrário haveria um monólogo ou por parte de Deus (teocracia), ou por parte do mundo (secularização). A tensão *imanência-transcendência* faz parte da própria fé cristã, e a aproximação entre essas duas instâncias permite uma comunicação fecunda e criativa, mesmo que por vezes conflitual.

Depois do concílio, o debate sobre a missão se afervorou em torno da relação evangelho e culturas[132], assunto referente aos modelos culturais das teologias contextuais que não era absolutamente novo para a tradição missionária. Com efeito, desde os primórdios da evangelização *ad gentes,* os princípios da tradução, da aculturação e da comunicação intercultural moldaram o cristianismo nas suas fibras mais íntimas, gerando inúmeras Igrejas locais, cujas tradições sobrevivem até hoje nas liturgias siríaca, grega, romana, ambrosiana, copta, armênia, etíope, maronita etc. O próprio Novo Testamento (NT), como também o Antigo (AT), já é resultado mestiço de um encontro entre diferentes mundos culturais.

Com a passagem daquela que foi considerada uma *religio illicita* para uma religião imperial, a Igreja deu por resolvido, *grosso modo,* sua adequação cultural, tornando-se instituição mandatária da própria cultura, promovendo um movimento dos "civilizados" para os "selvagens", dos "superiores" para os "inferiores", que implicava a extinção das outras culturas e religiões, com a possível apropriação de alguns de seus elementos.

A identificação do cristianismo com o Ocidente foi tão simbiótica que os missionários não entenderam que sua teologia era culturalmente determinada, deduzindo assim que fosse metacultural e universalmente válida. Com o tempo, porém, perceberam que para tornar mais ágil o processo de conversão, as estraté-

---

132. Naturalmente, aqui por "culturas" se entende a cultura como é definida por GS 53, ou seja, no sentido "empirista" e não "classicista", segundo a famosa distinção de Bernard Lonergan (2006 [1973]). O primeiro sentido diz respeito ao conjunto de significados e valores que informam um modo particular de vida. No entanto, segundo a noção clássica, a cultura é única, normativa, universal e permanente, e se identifica com a cultura ocidental: segundo esse significado, pode haver pessoas com pouca ou muita cultura, ou também com nenhuma.

gias missionárias precisavam de alguns ajustes, como a persuasão complacente, a adaptação aos costumes, o recurso à arte, à língua, à literatura, à música etc. Entre os jesuítas o método da acomodação tinha como objetivo "entrar com a deles para sair com a nossa", como sentenciou o quinto preposto-geral da Companhia de Jesus Cláudio Acquaviva (1543-1615) numa carta a Alessandro Valignano (VALIGNANO, 2011, p. 318).

a) Da adaptação à evangelização. Essa abordagem sobreviveu ao longo do tempo na melhor prática missionária, pelo menos até o Vaticano II, sob o guarda-chuva da categoria da *adaptação* como decidida superação da concepção da *tabula rasa*[133]. Com efeito, o Decreto *Ad Gentes* sublinhava a necessidade de "uma mais profunda *adaptação* em toda a extensão da vida cristã" (AG 22; grifo nosso). A *Sacrosanctum Concilium* apontava para a importância de uma *adaptação* da liturgia às diferentes culturas (SC 37-40, 119). E a *Gaudium et Spes* afirmava que a Igreja

> aprendeu, desde os começos da sua história, a formular a mensagem de Cristo por meio dos conceitos e línguas dos diversos povos [...]. Esta maneira adaptada de pregar [*accommodata praedicatio*] a palavra revelada deve permanecer a lei de toda a evangelização (GS 44).

Tais aproximações aparentemente tolerantes e benévolas não incluíam, em hipótese alguma, a modificação estrutural da teologia ocidental. A adaptação epidérmica a idiomas, usos e costumes indígenas e a utilização por parte dos nativos de alguns elementos, devidamente aprovados, de sua própria cultura, eram in-

---

133. Uma das expressões mais originais de uma "teologia da adaptação" a encontramos na obra pioneira da teologia pós-colonial africana *Des pretres noirs s'interrogent* (1956), escrita por jovens padres africanos, sob a influência das reivindicações do Movimento Negritude. Essa obra levava a prefação positiva do então arcebispo de Dakar Marcel Lefebre, que depois fundara a Fraternidade Sacerdotal São Pio X para combater as reformas do Vaticano II. Nessa coletânea, na qual se defendia com vigor uma africanização real da Igreja, o Padre Vincent Mulago retomava a imagem do enxerto do anúncio cristão depois de ter penetrado a mentalidade, a cultura, a filosofia dos povos africanos. Todavia, o autor se apressava a esclarecer, numa nota de rodapé, que: "o vocábulo 'adaptar' poderia ferir alguns ouvidos; é suficiente lembrar que se trata simplesmente de apresentar o dogma numa maneira acessível ao povo" (apud CHENU, 1988, p. 209). Ou seja, não se toca a substância. Esse tipo de abordagem que foi denominada *théologie des pierres d'attente* (teologia do encaixe ou das juntas) procurava pontos de inserção do cristianismo com as crenças, os ritos, os símbolos e as instituições das tradições africanas, aparentemente compatíveis com o arranjo ocidental da fé cristã (GIBELLINI, 2007, p. 494).

terpretados como uma concessão inevitável. Consequentemente, as diversas culturas dos povos não eram concebidas em sua cosmovisão orgânica, e sim como sistemas dos quais podia-se separar e extrair elementos para adaptá-los à vontade num novo projeto[134]. Afinal de contas, a adaptação era uma questão de método, de forma, de linguagem e não de conteúdo: esse devia de alguma maneira proceder de mão única das "Igrejas-mães", detentoras e guardiãs do autêntico *depositum fidei*, para as "Igrejas-filhas" ou apadrinhadas (BOSCH, 2007, p. 536).

Se de um lado, essa tendência começava a ser colocada em discussão já na segunda metade do século XIX, com a emergência do nacionalismo das colônias, a evolução do pensamento antropológico e o surgimento da missiologia[135], por outro lado os limites da noção de adaptação foram percebidos com clareza somente depois do concílio. Contudo, já em 1963, o Cardeal Agagianian, prefeito de *Propaganda Fide*, reconhecia que "o vocábulo "adaptação" parece corresponder a uma ação a partir de fora, a um processo de imitação que permanece somente em superfície" (apud CHENU, 1988, p. 209).

Sem dúvida, os documentos do magistério pontifício por parte católica e a fundação de Igrejas independentes por parte protestante já haviam incentivado a promoção do direito das "Igrejas de missão" a não serem mais consideradas colônias eclesiásticas sob o controle estrangeiro. Em campo católico, a redescoberta da Igreja local contribuiu de maneira decisiva ao amadurecimento de relações simétricas entre as Igrejas dos diversos continentes. Da mesma forma, os desenvolvimentos de atividades teológicas autóctones abriram diversos caminhos de autoconsciência e de assimilação original do evangelho, a começar pela Ásia e pela África, chegando enfim à América Latina. Essas iniciativas, vistas inicialmente como sincréticas, ajudaram a reconhecer que *uma pluralidade de culturas pressupõe de fato uma pluralidade de teologias.*

---

134. Essa foi exatamente a crítica de Chenu à teologia das *pierres d'attente*: "a escolha das juntas deriva da extrapolação de elementos culturais ou religiosos do contexto global, indispensável a dar-lhes significado. A integridade da experiência do outro não é respeitada. O missionário pratica algo similar à pesca com vara" (1988, p. 210).
135. Certamente, como pondera David Bosch, "havia mais sensibilidade, neste aspecto, em círculos missionários ocidentais do que em vários escritórios coloniais" (2007, p. 538).

A complexa problemática da relação evangelho e culturas ganhou no pós-concílio vários impulsos que se expressaram de maneira sintomática na adoção de uma mudança terminológica, inclusive com a utilização de neologismos, que indicavam significativos aprofundamentos de ordem teológica. Em primeiro lugar tende a aposentar o termo "missão" com sua herança colonial, substituindo-o pelo outro termo "evangelização", mais bíblico e mais cônsono à tradição apostólica. Já o Decreto *Ad Gentes* utilizava esse substantivo o tanto de vezes que empregava a palavra "missão". Mas foi a Exortação Apostólica *Evangelii Nuntiandi* (EN) de Paulo VI que se tornou divisor de águas epocal na transição da expressão, ao aplicar o termo "evangelização" e seus derivados mais de duzentas vezes em seu texto.

Essa tendência de purificação semântica dos resquícios imperialistas, porém, não surtiu muito efeito, porque mudaram os termos e não mudou o conteúdo, ou, num outro sentido, mudou o conteúdo, mas não os termos, a gramática do discurso (BOSCH, 2007, p. 492). Ao dar relevo a temas teológico-pastorais das Igrejas do Terceiro Mundo – cultura, libertação, religiosidade popular, comunidades de base – a EN representou um esforço na tentativa de expurgar a missão da Igreja de toda uma ideologia exclusivista, eclesiocêntrica, hegemônica e expansionista. Nessa operação de boas intenções, porém, a ideologia colonial disfarçadamente permaneceu nas práticas pastorais, e o problema das mediações históricas do evangelho, indelevelmente marcadas por limitações e pecados, não foi substancialmente resolvido (SUESS, 1995, p. 103-104). Além do mais, o conceito de "evangelização" era perigosamente menos amplo do que o termo "missão". Moltmann (2013, p. 29) afirma que "evangelização é missão, mas missão não é somente evangelização", porque "a proclamação do evangelho do Reino que está irrompendo é o primeiro e mais importante fator da missão de Jesus, da missão do Espírito Santo e da missão da Igreja, mas não o único": missão é também diálogo, promoção humana, testemunho, "todas as atividades que servem para a libertação do ser humano de seu cativeiro, na presença do Deus que está vindo, desde a necessidade econômica até a sensação de estar abandonado por Deus".

No entanto, mérito da EN foi o de focar a evangelização como dimensão primordial e fundamental da missão em relação às culturas, uma dimensão que apela para uma "transformação a partir de dentro" (EN 18), apta "a modificar pela força do evangelho os critérios de julgar, os valores que contam, os centros de interesse, as linhas de pensamento, as fontes inspiradoras e os modelos de vida da humanidade" (EN 19), "não de maneira decorativa, como que aplicando um verniz superficial, mas de maneira vital, em profundidade, e isto até às suas raízes" (EN 20a). Ao declarar que "a ruptura entre o evangelho e a cultura é sem dúvida o drama da nossa época" (EN 20c), Paulo VI apontava para "um dever fundamental de todo povo de Deus" (AG 35), e ao mesmo tempo para "um intercâmbio vivo entre a Igreja e as diversas culturas dos diferentes povos" (GS 44). "A Igreja existe para evangelizar" (EN 14): "nascida da missão, pois, a Igreja é por sua vez enviada" (EN 15c) a "evangelizar a si mesma", em primeiro lugar, "a fim de evangelizar o mundo com credibilidade" (EN 15d).

b) O paradigma da inculturação. A ênfase da Exortação Apostólica de Paulo VI sobre o tema da evangelização (EN 3), sua origem, definição, conteúdo, caminhos, destinatários, agentes e espiritualidade, a partir dos estímulos lançados pelo Sínodo dos Bispos de 1974, acabou desencadeando um processo de reflexão teológica que confluiu no surgimento e na adoção do conceito de "inculturação". O termo deriva da antropologia cultural americana, utilizado pela primeira vez na teologia missionária por Pierre Charles em 1953 e ulteriormente desenvolvido pelo seu discípulo Joseph Masson em um artigo com o título "L'Eglise ouverte sur le monde" (1962). Nesse ensaio, o autor já falava de um "catholicisme inculturé d'une façon polymorphe" (p. 1038), reconhecendo que "a cultura ocidental [...] não é de forma alguma a única cultura cristã possível", e que é preciso proporcionar aos convertidos de outros povos poder "unir, numa síntese viva e 'vivível', sua herança cultural e a expressão de sua religião" (p. 1039).

Contudo, determinante para uma rápida difusão dessa expressão teológica[136] foi a elaboração do conceito esboçada uma década depois nos ambientes jesuíti-

---

136. Apesar de uma certa derivação do termo inglês *enculturation*, o conceito em francês de *inculturation* foi forjado em âmbito teológico com um significado não exatamente equivalente. O primeiro indica o processo através do qual um indivíduo assimila uma cultura e se torna parte desta (socialização); o se-

cos, por ocasião da 32ª Congregação Geral reunida em Roma (1974-1975). Neste ensejo, o organismo eletivo da Companhia de Jesus não quis evocar os antigos termos "acomodação" ou "indigenização" para definir a relação entre Igreja e culturas, mas recorreu à noção de *enculturation* de Herskovits[137], considerada mais apropriada e inovadora, que se transformou no latim *inculturatio* e no neologismo *inculturation*, inculturação. A suma instância da ordem confiou ao preposto-geral, Padre Pedro Arrupe (1907-1991), a tarefa de compilar um documento que se tornou uma carta dirigida em 14 de maio de 1978 aos jesuítas, junto com um documento de trabalho sobre o tema da inculturação. Nessa carta encontramos uma primeira definição fundamental:

> Inculturação significa a encarnação da vida e a mensagem cristã em uma área cultural concreta, de modo que essa experiência não apenas consiga se expressar com os elementos próprios da cultura em questão (que seria apenas uma adaptação superficial), mas se torne o princípio inspirador, normativo e unificador, que transforma e recria essa cultura, dando origem a uma "nova criação" (1978, p. 306).

A inspiração em EN 19 é mais do que evidente. Mérito de Arrupe é ter dado imediatamente ao conceito de inculturação algumas coordenadas, distinguindo-o substancialmente das noções de assimilação e adaptação, esclarecendo a relação gradual entre estes três processos (1978, p. 328). Antes disso, o superior-geral da Companhia de Jesus marcou presença no IV Sínodo dos Bispos de 1977, com uma importante intervenção sobre catequese e inculturação, que acabou gerando a primeira e fugaz aparição do termo num documento oficial da Igreja, na mensagem ao povo de Deus do próprio sínodo (EV6 396). No entanto, em nível regional, essa menção foi antecipada por uma feliz declaração do Documento Final da Primeira Assembleia da Federação das Conferências Episcopais da Ásia (FABC), realizada em Taipei, de 22 a 27 de abril de 1974, que se referia a uma Igreja local indígena e inculturada[138].

---

gundo diz respeito à imersão de um elemento exógeno (a Igreja, a tradição cristã, o evangelho mediado culturalmente) numa outra cultura, o que poderia dar origem, por exemplo, a uma eclesiogênese, fruto, porém, de um intercâmbio entre culturas (CAMPESE, 2017, p. 225).

137. Cf. nota 96.

138. "A Igreja local é uma Igreja encarnada em um povo, uma Igreja indígena e inculturada. E isso significa concretamente uma Igreja em diálogo contínuo, humilde e amoroso com as tradições vivas, as culturas,

Sucessivamente, na Exortação Pós-sinodal *Catechesi Tradendae* (1979), João Paulo II cita a passagem de seu discurso aos membros da Pontifícia Comissão Bíblica, de abril de 1979, no qual acoplava a noção de inculturação à de aculturação, como palavra que exprimia "muito bem uma das componentes do grande mistério da encarnação" (CT 53). Com o tempo, a partir do cumprimento de um primeiro passo de uma positiva recepção magisterial, os dois conceitos foram adquirindo significados distintos (SUESS, 1995, p. 183-184).

Apesar de a maioria dos ensaios fundamentar a questão a partir de alguns modelos complementares, enfatizando mais o evangelho e a sua comunicação ou os interlocutores e seus contextos (COLLET, 2004, p. 196), não há dúvida que o destaque e a correlação que prevalece no tratado sobre a inculturação é o da *encarnação*: "a inculturação postula uma transposição da problemática da encarnação em nível de encontro da fé cristã – cultura não cristã" (CHENU, 1988, p. 212). De alguma forma, o conceito segue analogicamente a trilha traçada pelo Concílio de Calcedônia (451), das duas naturezas, divina e humana, numa única hipóstase do "Cristo, Filho, Senhor, unigênito", "sem confusão (ἀσυγχύτως), sem alteração (ἀτρέπτως), sem divisão (ἀδιαιρέτως), sem distinção (ἀχωρίστως)" (DS 302). Da mesma maneira, na relação evangelho-culturas, o evangelho não se comunica a não ser situado culturalmente, mas também não se identifica com alguma cultura específica (EN 20b). Marcelo Azevedo esclarece: "Pela encarnação o Verbo feito homem em Jesus é ser humano como são todos os demais. Pela inculturação, o Verbo se faz homem, como são alguns seres humanos, na realidade diversificada de sua cultura e sociedade" (2001, p. 42).

Do ponto de vista missiológico, esse conceito traz novidades em relação aos paradigmas anteriores de acomodação e de adaptação. David Bosch elenca seis elementos de diferenciação. O primeiro se refere aos *agentes*: no lugar de a evangelização ser conduzida pelo missionário em direção aos seus destinatários, agora os protagonistas primários são o Espírito Santo e a comunidade local que "se apropria" do processo de transformação pela fé. O segundo elemento é represen-

---

as religiões; em resumo, com todas as realidades da vida das pessoas em cujo meio colocou suas profundas raízes, assumindo de bom grado sua história e sua vida" (FABC, 1997, p. 62).

tado pela situação "local", única maneira da Igreja e sua mensagem universal poder "existir", como pedia LG 23. O terceiro elemento é a manifestação "regional", macrocontextual e macrocultural da inculturação, como forma de solidariedade entre culturas próximas e autônomas, e como expressão ecumenicamente relevante (assim como há uma Igreja católico-romana, há também uma Igreja africana, asiática, índia, negra etc.). Quarto elemento, remetendo à dimensão encarnacional e kenótica da fé, a inculturação aponta para uma "eclesiogênese" a partir de baixo, da alma de uma cultura, e não como produto de uma expansão territorial. Quinto elemento, a relação entre evangelho e cultura não é mais uma relação entre conteúdo e forma, entre núcleo e casca, e sim de uma "nova criação", como explicitou Arrupe, no qual não somente a cultura, mas o próprio evangelho é, de alguma forma, "recriado". Enfim, sexto elemento, o processo de inculturação é holístico, não utiliza simplesmente alguns aspectos da cultura (EN 20), mas investe toda ela, inclusive, e principalmente, sua dimensão religiosa (BOSCH, 2007, p. 542-543).

Todavia, é preciso observar que o Evangelho se propõe à cultura sempre mediado culturalmente e jamais em sua forma pura, porque não existe um evangelho pré-cultural ou acultural. Desta maneira, a inculturação se torna realmente possível somente através de um diálogo intercultural entre uma fé cristã transmitida culturalmente e culturas que ainda não entraram em contato com uma fé cristã. Portanto, a correlação entre o conceito de inculturação e o mistério da encarnação encontra aqui o seu limite. Johann Baptist Metz (2006, p. 240) explica que "não há Igreja preexistente à cultura e à história [...] a Igreja é sempre uma Igreja inculturada, enquanto o Logos divino possui, segundo a doutrina eclesial, um ser pré-existente para toda a história e cultura".

Neste sentido, o paradigma da inculturação poderia não resolver a relação colonizadora se for entendido puramente dentro do esquema da encarnação, porque, afinal, se postularia algo de pré-constituído que se comunica a um receptor numa situação de passividade, de cima para baixo, afetando a reciprocidade comunicativa entre uma fé inculturada e uma cultura ainda não evangelizada. Um programa de inculturação poderia se apresentar como um projeto de intervenção dominadora nas culturas, sendo estas consideradas mais objeto de transformação do que sujeito de interação (RIPARELLI, 2010, p. 603). Isso diz respeito também às teologias contextuais, quando se tenta enquadrá-las nesse âmbito, pois "a expressão 'inculturação da teologia (ou da liturgia)' pressupõe um conceito de teologia universal (ou liturgia universal) em si, que existiria em forma não inculturada, esperando particularizar-se em um dado contexto" (PIERIS, 1994, p. 92).

c) **Inculturação e interculturalidade.** A discussão teológica sobre a inculturação parece ter percebido, ao longo do tempo, essas incongruências na tentativa de reconhecer o peso da cultura no significado global adquirido hoje pela antropologia, e da alteridade como sujeito interlocutor na problemática global da evangelização. Juntamente às explicitações terminológicas de "aculturação", "endoculturação" e "assimilação" (AZEVEDO, 1994, p. 464), mutuadas sempre a partir das ciências sociais e usadas muitas vezes de maneira intercambiável e imprecisa (PANDOLFI, 2017, p. 172), o debate missiológico sobre a relação evangelho e culturas tende a adotar hoje sempre mais a perspectiva da *interculturalidade* como complementar – e às vezes substitutiva[139] – da categoria da inculturação.

Em primeiro lugar, a perspectiva da interculturalidade reconhece a contextualização de todas as expressões de fé, de todas as teologias e a necessidade de uma inter-relação de reciprocidade entre elas. Bosch pontualiza:

> Isso exige uma nova disposição, especialmente da parte do Ocidente e de seus missionários (e, talvez, também cada vez mais da parte de missionários que vão do Sul para o Ocidente!), que precisam repensar a necessidade e a bem-aventurança de receber, de ser suscetível de ensino (2007, p. 545).

Também João Paulo II, na Encíclica *Slavorum Apostoli* (1985), entreviu essa exigência ao definir a inculturação como "a encarnação do evangelho nas culturas autóctones e, ao mesmo tempo, a introdução dessas culturas na vida da Igreja" (SA 21). Mais explícito, ultimamente, o *Instrumentum Laboris* da Assembleia Es-

---

139. Vários autores parecem invocar uma passagem decisiva da inculturação à interculturalidade, porque acreditam que a primeira categoria não dá mais conta de responder às exigências do mundo globalizado e plural. Entre eles figuram: FORNET-BETANCOURT, 2007, p. 33-50; NEELANKAVIL, 2010; TAMAYO, 2004, p. 31-37; RIPARELLI, 2010; AMALADOSS, 2000.

pecial dos Sínodos dos Bispos para a Região Pan-amazônica quando afirma que "inculturação e interculturalidade não se opõem, mas se completam":

> Assim como Jesus se encarnou em uma determinada cultura (inculturação), seus discípulos missionários seguem seus passos. É por isso que os cristãos de uma cultura saem ao encontro de pessoas de outras culturas (interculturalidade). Isto aconteceu desde os primórdios da Igreja, quando os apóstolos hebreus levaram a Boa Notícia a diferentes culturas, como a grega, descobrindo nelas "sementes do Verbo". Daquele encontro e diálogo entre as culturas surgiram novos caminhos do Espírito (2019, n. 108).

Essa passagem coloca numa linha de continuidade encarnação, inculturação e interculturalidade: a revelação recebida na encarnação e na redenção, agora é transmitida no mútuo enriquecimento do diálogo intercultural e inter-religioso (porque afinal é impossível separar a cultura da religião). Não se trata exatamente de "um processo de cima para baixo, nem uma imposição externa" (n. 122), mas um testemunho de comunicação junto aos culturalmente outros, que implica o esforço de se deslocar para dentro do mundo deles, e não querer percebê-lo somente com os próprios olhos. É um exercício que requer uma disciplina de empatia cultural e teológica (IRARRAZAVAL, 2005), e que, todavia, não está isento da relação de colonialidade quando subsiste uma inevitável diferença colonial entre os interlocutores e suas culturas (AMALADOSS, 2000, p. 38).

Contudo, a dimensão intercultural apresenta uma outra caraterística que a torna particularmente significativa para os dias de hoje. Entretanto que a noção de inculturação parece estar lidando com uma ideia de cultura homogênea, como fato estruturado, como universo de significados de alguma forma identificável e distinto de outros universos, como sujeito outro de alguma forma estável, a categoria da interculturalidade remete a uma concepção de cultura heterogênea, como um processo intersubjetivo dinâmico e dialógico, atravessado por contínuas "hibridações" (PANDOLFI, 2017, p. 169) ou entrelaçamento de identidades distintas (RIVERA CUSICANQUI, 2010a). Se de um lado o paradigma da inculturação se baseia numa noção de cultura substancialmente moderna, por outro o da interculturalidade pretende dar conta mais da complexidade, da fluidez, da inter-relação e da mobilidade pós-modernas num mundo globalizado (CAMPESE, 2017, p. 229).

Mas é exatamente nesta globalização, que não é somente um fenômeno tecnocientífico e econômico, mas também profundamente cultural e colonial, que as identidades se reconstroem, se redefinem, se reproduzem e também entram em conflito entre si, ou junto ao sistema dominante, colocando em xeque aquela "forma mais universal da cultura humana" almejada por GS 54, alimentando certos integrismos, narcisismos e autorreferencialidades. Surge assim a exigência de superar um multiculturalismo entendido como simples reconhecimento e emparelhamento das diversas culturas.

Por outro lado, considerar a complexa dinâmica de formação, de evolução e de resistência dos processos identitários culturais, nos lembra que, para que aconteçam inter-relações, necessitamos de sujeitos que precisam ser reconhecidos em sua diversidade: "não há diálogo com o outro sem identidade pessoal" (FT 143). Não existem seres humanos genéricos e a-históricos, mas sempre pessoas e sociedades *situadas* e determinadas por variáveis espaçotemporais[140]. Como pondera Mia Couto (2013, p. 196), "nosso pensamento, como toda a entidade viva, nasce para se vestir de fronteiras, [...] não há infinito sem linha do horizonte, [...] a vida tem fome de fronteiras". Essas fronteiras não são absolutamente herméticas, ao contrário, são porosas: todavia, filtram, selecionam e processam informações sem assimilá-las de maneira mecânica. Uma perspectiva "transculturalista" (IANNI, 1996), cuja hipótese de uma dissolução das identidades culturais seria o resultado de uma interação global das diferentes culturas, parece-nos um tanto abstrata,

---

140. Por causa de o ser humano ser um animal biologicamente incompleto, necessita da cultura para enfrentar de maneira adequada os problemas relativos à sua sobrevivência: não de qualquer cultura, ou de uma cultura em geral, mas algo socialmente construído capaz de dar significado a seu mundo interior e exterior. Essa "construção" tem um caráter extremamente concreto e particular. Francesco Remotti, em sua obra *Contro l'identità*, afirma que essa particularidade define a irrenunciável dimensão da identidade cultural: "Da incompletude biológica se passa diretamente à particularidade cultural: não existe um estádio intermédio, um nível de generalidade e de universalidade. A pessoa se torna tal assumindo logo e diretamente aparências particulares, forjadas em algum lugar social, em algum ambiente cultural. Completando culturalmente a si mesmo, o ser humano não se torna 'uma qualquer pessoa', e sim 'um particular tipo de pessoa', culturalmente definida [...]. No momento em que o ser humano sai da precariedade e da incompletude, enfrenta o problema da identidade: de sua específica identidade cultural" (1999, p. 16-17).

inviável e indesejável: "o universal não deve ser o domínio homogêneo, uniforme e padronizado de uma única forma cultural imperante, que perderá as cores do poliedro e ficará enfadonha" (FT 144). Destarte, é necessário se manter "aquém do transculturalismo e além do multiculturalismo, evitando a dupla tentação da referência a culturas extáticas e monolíticas, fechadas em si mesmas, e a defesa de culturas globalizadas onde as identidades são totalmente diluídas" (TAVARES, 2015, p. 1976).

Mais uma vez, os paradigmas da inculturação e da interculturalidade, que lidam respectivamente com as dimensões identitária e relacional, se complementam e se implicam, interagindo nos diversos níveis de expressão cultural que são os das formas (idiomas, costumes, artes etc.), dos significados destas formas e do *ethos* mais profundo, onde se encontram os valores, as crenças e as cosmovisões.

3.3.3 Repensar a salvação e suas mediações

O tema da salvação é um assunto fundamental para qualquer religião. Para os cristãos, a convicção de que Deus proporcionou de forma definitiva a salvação para todas as pessoas em Jesus Cristo, constitui o âmago de sua mensagem. Afinal, o próprio nome "Jesus" significa "Deus salva", assentindo assim à salvação como uma ação preeminentemente divina. Consequentemente, o motivo fundamental de todo movimento missionário que se desencadeou ao longo dos séculos foi o de anunciar esta salvação em nome de Jesus ao mundo inteiro. Sem esse evangelho a própria missão não teria, a princípio, sentido algum.

a) Rumo a uma noção integral de salvação. Assim como houve mudanças de compreensão acerca da Igreja e de sua missão, houve também diversas concepções sobre a natureza da salvação e de seus benefícios. Os próprios autores neotestamentários atestam uma variedade de perspectivas, desde o resgate lucano do sofrimento econômico, social, político, físico, psicológico, espiritual, hoje nesta vida, até a expectativa escatológica paulina do tempo futuro, mas próximo, que todavia não diminuía a realidade da renovação radical, inclusive com consequências sociais e políticas, experimentada pelas pessoas e pelas comunidades no aqui e agora.

À medida que essa expectativa escatológica desaparecia ainda no final do século I, a salvação assumia, com a época dos Padres, a forma da *paideia*, uma gradual elevação dos discípulos a uma participação efetiva da vida divina (*theosis*). Esse conceito que enfatizava o mistério da encarnação de Cristo firmou-se na tradição da Igreja oriental. Enquanto isso, no Ocidente, a corrupção do pecado original chamava em causa a redenção da morte vicária de Jesus na cruz, para uma restauração do sujeito decaído, por meio de uma experiência crítica mediada pela Igreja. A herança do dualismo estoico entre corpo e alma levou a conceber a salvação como algo eminentemente individual, espiritual e *post mortem*, uma vez que a alma, liberta da escravidão de um corpo essencialmente pervertido, encontrara possivelmente sua plenitude somente na vida eterna e no juízo final.

Nestas noções de salvação a pessoa e a obra de Jesus foram cada vez mais separadas uma da outra, tornando a cristologia subserviente a uma soteriologia de matiz monofisita:

> Dessa maneira, mesmo que – durante todos os séculos da história da missão cristã – se tenha prestado sempre um serviço notável no que concerne ao cuidado de doentes, pobres, órfãos e outras vítimas da sociedade, e igualmente quanto à educação, à instrução agrícola e afins, percebiam-se esses ministérios quase sempre como "serviços auxiliares" e não como autenticamente missionários. Seu objetivo era criar nas pessoas uma disposição favorável para com o evangelho, "abrandá-las" e, desse modo, preparar o terreno para o trabalho do verdadeiro missionário, ou seja, daquele que proclamava a Palavra de Deus sobre a salvação eterna. Na maioria dos casos, mantinha-se, por conseguinte, uma distinção rígida entre as ênfases "horizontais" e "externas" (caridade, educação, assistência médica), por um lado, e os elementos "verticais" ou "espirituais" da ordem do dia missionária (tais como a pregação, os sacramentos e o comparecimento à Igreja), por outro lado. Somente os últimos eram relevantes para a apropriação da salvação (BOSCH, 2007, p. 472).

Claramente, condição para essa visão de salvação se sustentar, as pessoas deviam continuar vivendo num contexto de cristandade. Ao passo que esse contexto se dissipava com o advento da modernidade ilustrada, a noção de salvação começou a ser vinculada à capacidade humana de se emancipar, ao bem-estar material e à libertação da superstição religiosa considerada infantil. Dessa maneira, mesmo sendo redefinido de forma radical, o conceito de salvação permaneceu a força motivadora na vida das pessoas modernas.

Diante desse profundo giro antropológico e teológico, as Igrejas reagiram ou continuando a definir a salvação em termos tradicionais e extramundanos – empregando todos os possíveis esforços para reproduzir o saudoso regime cristão, e condenando sumariamente as posições conciliadoras ou contrárias – ou levando a sério os questionamentos da modernidade adotando os seus paradigmas epistêmicos. Como vimos, o Vaticano II instaurou um diálogo profícuo no contexto desta última instância. Sem embargo, havia uma certa ilusão em pensar a salvação como algo humanamente realizável, eliminando toda injustiça, toda pobreza, toda e qualquer forma de servidão. Se não era mais possível retomar à interpretação clássica de salvação, também não era teologicamente coerente equiparar salvação em Cristo Jesus ao bem-estar social, embora estreitamente vinculados.

Para a tradição cristã oriental e ocidental, os conceitos clássicos de salvação estavam voltados respectivamente para a origem (a encarnação) e o fim (a cruz) da vida de Jesus. Necessitava-se de um terceiro modelo que compreendesse também a vida e o ministério de Jesus, assim como a ressurreição e a parusia, num quadro cristológico abrangente que superasse o dualismo gnóstico. Dessa maneira, juntamente a uma antropologia e a uma cristologia unitária (GS 14), buscava-se também uma noção integral, histórica e inclusiva de salvação, entre um *já* e um *não ainda* realizado: porque o agora (*kairos*) é chamado a anunciar uma plenitude em gestação; a história é chamada a assumir uma dimensão soteriológica entre intervenção divina e participação humana; a memória e o *eschaton* são chamados a inundar de esperança o presente.

Nesse sentido, a missão da Igreja se apresenta como *seguimento* da missão de Jesus em todas as dimensões históricas e transcendentes, seculares e religiosas, políticas e espirituais, não numa ruptura ou numa oposição entre elas, e sim numa linha de continuidade e de necessária complementariedade. Mesmo afirmando que a missão da Igreja é essencialmente de ordem religiosa (GS 42), e que a salvação a ser anunciada como núcleo da fé não é imanente ao mundo (EN 27), todavia "não seria completa se ela não tomasse em consideração a interpelação recíproca que se fazem constantemente o evangelho e a vida concreta, pessoal e social, dos homens".

> É por isso que a evangelização comporta uma mensagem explícita, adaptada às diversas situações e continuamente atualizada: sobre os direitos e deveres de toda a pessoa humana e sobre a vida familiar, sem a qual o crescimento pessoal quase não é possível, sobre a vida em comum na sociedade; sobre a vida internacional, a paz, a justiça e o desenvolvimento; uma mensagem sobremaneira vigorosa nos nossos dias, ainda, sobre a libertação (EN 29).

Pela primeira vez um documento do magistério pontifício como a EN faz referência à libertação da teologia latino-americana, mesmo com cautela, explicitando suas perspectivas fundamentais, suas urgências e suas implicações para a evangelização, inclusive com menção às "situações de neocolonialismo econômico e cultural" às quais países do Terceiro Mundo eram sujeitos: a Igreja tem o dever "de ajudar uma tal libertação nos seus começos, de dar testemunho em favor dela e de envidar esforços para que ela chegue a ser total. Isso não é alheio à evangelização" (EN 30). EN oferece ainda coordenadas bem precisas de ordem antropológica, teológica e pastoral:

> Entre evangelização e promoção humana, desenvolvimento, libertação, existem de fato laços profundos: laços de ordem antropológica, dado que o homem que há de ser evangelizado não é um ser abstrato, mas sim um ser condicionado pelo conjunto dos problemas sociais e econômicos; laços de ordem teológica, porque não se pode nunca dissociar o plano da criação do plano da redenção, um e outro a abrangerem as situações bem concretas da injustiça que há de ser combatida e da justiça a ser restaurada; laços daquela ordem eminentemente evangélica, qual é a ordem da caridade: como se poderia, realmente, proclamar o mandamento novo sem promover na justiça e na paz o verdadeiro e o autêntico progresso do homem? (EN 31).

Paulo VI adverte sobre o perigo de reduzir a missão a "um projeto simplesmente temporal" (EN 32), e a exigência de "ter em vista o homem todo, integralmente, com todas as suas dimensões, incluindo a sua abertura para o absoluto, mesmo o absoluto de Deus" (EN 33). Dessa forma, apresentam-se duas claras tensões numa concepção unitária:

> a Igreja não admite circunscrever a sua missão apenas ao campo religioso, como se se desinteressasse dos problemas temporais do homem; mas reafirmando sempre o primado da sua vocação espiritual, ela recusa-se a substituir o anúncio do Reino pela proclamação das libertações puramente humanas e afirma que a sua contribuição para a libertação ficaria incompleta se ela negligenciasse anunciar a salvação em Jesus Cristo (EN 34).

Consequentemente, "a Igreja esforça-se por inserir sempre a luta cristã em favor da libertação do desígnio global da salvação, que ela própria anuncia", e por isso "procura suscitar cada vez mais nos ânimos de numerosos cristãos a generosidade para se dedicarem à libertação dos outros" (EN 38).

Certamente, a Igreja tem a peito a construção de estruturas mais justas e mais humanas, mas estas se tornam depressa desumanas "se as tendências inumanas do coração do homem não se acharem purificadas" (EN 36). Paulo VI retoma aqui a *Gaudium et Spes* que, como vimos anteriormente, reconduz a raiz do mal ao coração do ser humano, "onde a ordem das coisas se encontra viciada pelas consequências do pecado [...] que não pode superar sem grandes esforços e ajudado pela graça" (GS 25).

b) Considerações sobre o tema crítico da conversão. O debate em torno da salvação remete, portanto, aos temas do pecado e do mal, da conversão e da graça. Uma vez redesenhados os contornos de uma salvação em termos de uma "libertação integral" (EN 33), também essas outras noções ganham novos matizes. Por mais que o pecado esteja vinculado sempre a uma responsabilidade individual, não se pode negar a influência comunitária e social do ambiente, assim como as consequências dos atos que escapam do controle da pessoa. Fala-se assim, já com João Paulo II, de "pecado social", "mal social" ou "estruturas de pecado" (RP 16). Da mesma forma, a conversão não é somente um chamado para quem não é cristão, mas uma atenção permanente que toca em primeiro lugar à própria Igreja (EN 15). A própria salvação não é algo restrito à alma particular, mas um projeto que abrange toda a humanidade e toda criação (GS 45): "ninguém se salva sozinho, isto é, nem como indivíduo isolado, nem por suas próprias forças" (EG 113), pois "aprouve a Deus salvar e santificar os homens, não individualmente, excluída qualquer ligação entre eles, mas constituindo-os em povo" (LG 9). Enfim, a ação da graça, que garante a mais absoluta e surpreendente gratuidade da salvação como dom divino, goza de um caráter livre, universal e misterioso:

> O mistério de salvação atinge-os [os não cristãos], por caminhos conhecidos por Deus, graças à ação invisível do Espírito de Cristo. E através da prática daquilo que é bom nas suas próprias tradições religiosas, e seguindo os ditames da sua consciência, que os membros das outras religiões respondem afirmativamente ao convite de Deus e recebem a salvação em Jesus Cristo, mesmo se não o reconhecem como o seu Salvador (DA 29).

Longe de ser um prêmio por uma vida moralmente íntegra, por um cumprimento de uma lei ou por uma conquista do empreendimento humano, a salvação na tradição cristã sempre mantém uma relação *vertical* gratuita, que acarreta suas implicações *horizontais*. Esta é oferecida e estendida a todos (EN 27) sem exclusividades, nem apropriações ou supervisões (EG 44, 94). Trata-se de uma ação natural da fonte do amor divino que transborda e se derrama, e que convoca toda a humanidade a participar de sua vida e de sua glória (AG 2), porque, afinal, enquanto criados à imagem e semelhança dele, os seres humanos são chamados a um só e mesmo fim, que é o próprio Deus (GS 24).

Mas mesmo que a mensagem de salvação proceda da infinita misericórdia do Pai, não quer dizer que não implique um julgamento destemido e audacioso sobre os projetos e as condutas dos seres humanos: "as palavras de Cristo são, ao mesmo tempo, palavras de juízo e de graça, de morte e de vida" (AG 8). Essa característica decididamente limiar e profética do conteúdo da evangelização não denunciaria uma presunção estrutural e absoluta do cristianismo sobre a *weltanschauung* e o *ethos* de outros povos?

A princípio, o anúncio cristão se baseia em uma simples dinâmica de comunicação: compartilhar com o mundo a boa-nova de Jesus. A EN pergunta justamente: "será então um crime contra a liberdade de outrem o proclamar com alegria uma boa-nova que se recebeu primeiro pela misericórdia do Senhor?" (EN 80).

> Os cristãos profetizam falando ao mundo sobre Jesus. Eles acreditam que é na história do ministério de Jesus, de sua morte e ressurreição, que chegamos a conhecer plenamente quem é Deus [...] o Deus de Jesus Cristo é um Deus que realmente está ao lado da criação de Deus, um Deus que ama (Jo 3,16), um Deus modesto (Fl 2,6-11), um Deus que respeita a liberdade humana (Gl 5,1), um Deus que promete vida e alegria até mesmo no meio da opressão, do sofrimento e da morte (Mt 1,26-33), um Deus de perdão incondicional (Lc 15), um Deus de inclusão radical (Mc 19,9-13), um Deus que chama mulheres e homens para trabalhar juntos em seu plano para uma humanidade e um universo livres e viçosos (1Pd 2,9) (BEVANS; SCHROEDER, 2016, p. 78).

Para os cristãos, essa convocação por parte de Deus para uma nova humanidade é discriminante. Aderir ou não aderir a esse chamado leva a existência humana por caminhos substancialmente antagônicos. Com certeza, é preciso levar em conta em que condições ou em que tipo de relações a interlocução evangelizadora se realiza. Muitas vezes, o fato de recorrer a coações, concessões ou "artifícios indignos do evangelho" (DH 11), acabou por estabelecer vínculos totalmente dissonantes com o conteúdo da mensagem, tanto em situações históricas assimétricas e coloniais como também em proclamações de uma imagem deformada e impiedosa de um Deus legalista, concebida por uma ideologia religiosa subordinada por uma ordem dominante.

Entretanto, se proclamar uma vida plena não significa de antemão ameaçar com julgamentos, castigos ou condenações, todavia estas dimensões existem, são bíblicas (Mt 25) e são representadas com metáforas e parábolas de tom aterrador como consequência de uma vida vivida segundo os instintos egoístas (Gl 5,16-20). Um "tribunal de Cristo" que julga as injustiças, os desvios e as condutas violentas, é testemunhado pelas escrituras (2Cor 5,10), explorado pela doutrina clássica dos *Novíssimos* e jamais menosprezado pela tradição mais recente (LG 48; GS 17).

A mensagem de salvação do evangelho exige e chama a todos a uma profunda conversão. Afinal, testemunhar a gratuidade no amor no lugar da reciprocidade

(Mt 5,38-42), a fraternidade universal no lugar do nacionalismo (Mt 5,43-48), o perdão sem medida no lugar da vingança (Mt 18,21-22), não transmite uma perspectiva muito comum nas sociedades humanas. Podemos afirmar com Bevans e Schroeder que, nesse caso, a boa-nova de Jesus testemunhada e anunciada apresenta sua face *contracultural*:

> Ela não é anticultural, porque uma fé enraizada na doutrina da encarnação ama o mundo que foi criado, ama as pessoas e reconhece a profunda benevolência da cultura humana. Mas ela é profundamente *contracultural*. Viver os valores do Reino de Deus, como Jesus os articulou nas bem-aventuranças ou no Sermão da Montanha (Mt 5-7; Lc 7,17-49), oferece uma visão de mundo diferente daquela que é corrente na sociedade. Levando uma vida simples, empenhando-se pela paz e justiça, aprendendo a perdoar as pessoas que nos têm ofendido, vivendo com a confissão de que "a menos que o grão de trigo caia no chão e morra, ele continuará a ser, simplesmente, um grão" (Jo 12,24), aprendendo a servir e não a ser servido (Mt 20,28) – tudo isso são ações proféticas em um mundo que encara o sucesso como autocentrado e dotado de poder sobre os outros (BEVANS; SCHROEDER, 2016, p. 79-80; grifo do autor).

Para Andrew Walls existe aqui um elemento que opera simultaneamente em tensão com a inculturação, um *pilgrim principle* (princípio peregrino) que não encontra facilmente acolhida nas culturas. De um lado, afirma que o evangelho procura não se sentir estranho "a ninguém e em nenhuma parte" (AG 8); por outro, esse mesmo evangelho se coloca inevitavelmente em descompasso com todas as situaçoes históricas marcadas inevitavelmente por "estruturas de pecado" (SRS 36): "pois jamais existiu, no Ocidente ou no Oriente, em tempos antigos ou modernos, uma sociedade capaz de absorver a palavra de Cristo em seu sistema de forma indolor" (WALLS, 1996, p. 8). Aconteceu com Jesus dentro da cultura judaica e com Paulo dentro da cultura helenista, não a partir da adoção de uma nova cultura, mas a partir de uma metanoia que, como diria Arrupe (1978, p. 306), "se torna o princípio inspirador, normativo e unificante que transforma e procura essa cultura dando origem a uma 'nova criação'".

Teria aqui a mensagem cristã algo de transcendental que outras religiões ou cosmovisões não teriam? Talvez a pergunta não deva ser colocada desta forma. Se for verdade que Deus pode conduzir à fé por caminhos que só Ele conhece (AG 7), poderíamos supor de encontrar sinais contraculturais de uma autêntica vivência evangélica nos mais diversos contextos deste mundo. Deus chega primeiro com seu Espírito do que o evangelho explicitamente anunciado pela Igreja (AG 29). Portanto, a salvação seria detectável na vida e nas ações quotidianas das pessoas, nas expressões antissistêmicas que surgem no meio das sociedades, na promoção de princípios e valores alternativos em consonância com o espírito da missão de Jesus. O âmbito junto ao qual podemos situar nossas considerações a respeito da mensagem crítica do evangelho é a experiência concreta das pessoas, à luz das necessárias mediações teológicas e socioanalíticas, reconhecendo veredas de vida e denunciando rotas de morte.

c) **A perspectiva escatológica do Reino de Deus.** O pano de fundo, ou eixo norteador, de toda essa operação é o resgate pós-conciliar do horizonte do Reino de Deus. Antes do Vaticano II dominava uma eclesiologia essencialista, que identificava esse Reino com a Igreja instituição. A *Mysticis Corporis* de Pio XII (1943) sustentava que "o Eterno Pai quis que ela [a Igreja] fosse 'o reino do seu Filho muito amado' (Cl 1,13)", e que "nenhuma oposição ou contradição pode haver entre a missão invisível do Espírito Santo e o múnus jurídico dos pastores e doutores recebido de Cristo" (MC 65). Essa visão fundamentava uma ideia autocentrada de Igreja, restrita à sua organização interna e estabelecida diante do mundo como *societas perfecta;* ademais, respaldava modelos missionários como o da *plantatio ecclesiae*, por ser uma ação de expansão do Reino-Igreja pelo mundo inteiro, com seus aspectos bem configurados, objetivos e jurídicos. "A doutrina do Corpo Místico de Cristo, que é a Igreja [Católica]" (MC 1), ensina que a cabeça deste corpo é Cristo, mas que, "depois de sua gloriosa ascensão", opera visivelmente na história junto ao seu vigário que é Pedro: portanto, "Cristo e o seu vigário formam uma só cabeça" (MC 39). Resultava assim que, apesar da distinção corpo-cabeça (MC 33), a identificação entre Cristo-Igreja-Reino era praticamente finalizada.

Com o Vaticano II já se inicia a enfatizar a Igreja como "Reino de Cristo já presente em mistério" (LG 3), "germe e princípio deste Reino na terra" (LG 5), corpo místico numa visão metafórica de comunhão, mais do que jurídica de hierarquia (LG 7), para chegar a dizer que a única Igreja de Cristo *subsistit in Ecclesia Catholica*", embora "muitos elementos de santificação e de verdade" se encontram fora dela (LG 8). Começa-se assim a distinguir Igreja, Cristo e Reino, com uma visão mais abrangente deste último e, particularmente, resgatando sua dimensão escatológica entre "já" presente e "não ainda" realizado (LG 48; GS 39).

Será novamente a EN a oferecer uma ampla referência sobre o tema do Reino, palavra que retorna cerca de trinta vezes nesta Exortação, como conteúdo absoluto do evangelho, que "faz com que tudo se torne relativo" (EN 8), um "programa de vida" ao qual todos são convidados a aderir, uma vez que a palavra "reino" é o mesmo que dizer, "mundo novo", "novo estado de coisas", "nova maneira de ser, de viver, de estar junto com os outros" (EN 23). A Igreja é sinal e instrumento desse Reino (EN 56), "depositária da Boa-nova [...] que ela guarda como um depósito vivo e precioso, não para manter escondido, mas sim para o comunicar" (EN 15), inseparável de Cristo (EN 16), universalmente encarnada (EN 62), sem fronteiras (EN 61), "sinal da transformação e sinal da novidade de vida" (EN 23), que se esforça em evangelizar "pelo seu testemunho vivido com fidelidade ao Senhor Jesus, testemunho de pobreza, de desapego e de liberdade frente aos poderes deste mundo" (EN 41).

Contudo, para a atenta análise de Jacques Dupuis (2004), tanto na LG como nos documentos pós-conciliares posteriores, não se chega ainda a uma clara distinção entre Igreja e Reino, apesar de propor passos importantes nesta direção. O primeiro documento eclesial que relacionaria essas duas realidades sem identificá-las seria a *Redemptoris Missio* de João Paulo II:

> A Igreja, além disso, serve o Reino, difundindo pelo mundo os "valores evangélicos", que são a expressão do Reino, e ajudam os homens a acolher o desígnio de Deus. É verdade que a realidade incipiente do Reino se pode encontrar também fora dos confins da Igreja, em toda a humanidade na medida em que ela viva os "valores evangélicos" e se abra à ação do Espírito que sopra onde e como quer (cf. Jo 3,8);

mas é preciso acrescentar, logo a seguir, que esta dimensão temporal do Reino está incompleta, enquanto não se ordenar ao Reino de Cristo, presente na Igreja, em constante tensão para a plenitude escatológica (RMi 20).

A importância fundamental dessa passagem para Dupuis está no fato que se admite que o Reino, em sua dimensão histórica, se estende "fora dos confins da Igreja", enquanto outros documentos continuam identificando o Reino na história com a ação da Igreja (2004, p. 251-252). Ainda a RMi 20 afirma que a Igreja é "servidora" do Reino, com o anúncio que chama à conversão, com a constituição de comunidades, com a difusão dos valores evangélicos:

> Neste itinerário de conversão ao projeto de Deus, a Igreja contribui com o seu testemunho e a atividade, expressa no diálogo, na promoção humana, no compromisso pela paz e pela justiça, na educação, no cuidado dos doentes, na assistência aos pobres e mais pequenos, mantendo sempre firme a prioridade das realidades transcendentes e espirituais, premissas da salvação escatológica.

No entanto, a própria encíclica missionária de João Paulo II viu a necessidade de uma correção cristológica e eclesiológica, reagindo a concepções tidas como demasiadamente antropocêntricas, "reinocêntricas" e teocêntricas (RMi 17), afirmando que não se pode separar Reino, Cristo e Igreja (RMi 18). A insistência do papa sobre a centralidade de Cristo "como único mediador entre os homens" (RMi 5) e "a necessidade da Igreja para a salvação" (RMi 9) percorre cada parte do documento e representa, definitivamente, o maior enfoque teológico desta encíclica.

Efetivamente, para o cristão não é possível separar a perspectiva do Reino de Deus da história de Jesus e da soberania de Cristo como "fim da história humana" (GS 45). Quanto à Igreja, João Paulo II se apressa a dizer que não é fim a si mesma, "uma vez que se ordena ao Reino de Deus, do qual é princípio, sinal e instrumento". O fato é que Cristo dotou a Igreja "da plenitude de bens e de meios da salvação", conferindo-lhe "um papel específico e necessário", "mesmo sem excluir a obra de Cristo e do Espírito fora dos confins visíveis da Igreja" (RMi 18). Esse adjetivo "necessário" não significa que a Igreja exerce uma mediação de salvação em sentido estrito igual a de Cristo, mas que ela desempenha um papel de "sacramento universal de salvação", ou seja, de "*uma* realidade que representa o Dom concebido por Deus para salvar o mundo" (CONGAR, 1961, p. 148; grifo do autor). Portanto:

> A missão da Igreja, com efeito, não será concebida em termos de uma função mediadora universal, mas como testemunho, serviço e anúncio. A Igreja deve mostrar a todos a presença no mundo do Reino que Deus inaugurou em Jesus Cristo; ela deve estar a serviço de seu crescimento e anunciá-lo. Isso pressupõe que ela esteja inteiramente "descentrada" de si mesma, para estar totalmente centrada em Jesus Cristo e no Reino de Deus (DUPUIS, 2004, p. 297).

Todavia, essa postura pode esconder ainda uma presunção colonial de superioridade se compreender que tudo o que a Igreja não apontar ou não reconhecer em consonância à sua própria interpretação do que é Reino de Deus cairia automaticamente sob a égide do pecado, das trevas e da morte. E assim como Paulo em Listra e Atenas, que prega um Deus já presente na vida dos pagãos (At 17,15-17; 17,22-31), e que convida a abandonar os falsos deuses para abrir-se "Àquele que Deus enviou para iluminar a sua ignorância e satisfazer os anseios dos seus corações" (RMi 25), também hoje o diálogo com os outros, segundo João Paulo II, "deve ser conduzido e realizado com a convicção de que a Igreja é o *caminho normal* de salvação e que só ela possui a plenitude dos meios de salvação" (RMi 55; grifo nosso).

Na realidade, a categoria do Reino de Deus abre a possibilidades mais profundas, mais articuladas e mais abrangentes do que as formuladas por posturas eclesiologicamente limitadas. Com certeza, não se trata de direcionar as tarefas da Igreja apenas num duplo sentido:

> por um lado promover os denominados "valores do Reino", como a paz, a justiça, a liberdade, a fraternidade; por outro, favorecer o diálogo entre os povos, as culturas, as religiões, para que, num mútuo enriquecimento, ajudem o mundo a renovar-se e a caminhar cada vez mais na direção do Reino (RMi 17).

Trata-se aqui de associar o compromisso histórico com a esperança escatológica da qual o horizonte do Reino é portador. A *missio* dos cristãos no mundo, como diria Moltmann, encontra seu fundamento na *pro-missio* do Reino (1971, p. 229):

um Reino que está dentro da humanidade, mas que, todavia, está bem mais além de sua vida cotidiana; um Reino que já está dentro da história, mas que, todavia, está bem mais além do curso da história. A esperança messiânica, que brota do anúncio de um Reino que há de vir e que, substancialmente, "é dom e obra de Deus" (RMi 20), nos chama não somente a sermos intérpretes do futuro, mas a colaborar com a sua vinda. É por isso que a resposta do Ressuscitado à pergunta dos discípulos sobre a inauguração do Reino de Deus foi o envio deles para os confins da terra (At 1,8). Nessa perspectiva de dar concretude a uma esperança fundamentada na fé da vitória final, os discípulos de Jesus se engajam na transformação do mundo:

> Os cristãos, peregrinos da cidade celestial, devem buscar e saborear as coisas do alto. Mas, com isso, de modo algum diminui, antes aumenta a importância do seu dever de colaborar com todos os outros homens na edificação dum mundo mais humano. E, na verdade, o mistério da fé cristã fornece-lhes valiosos estímulos e ajudas para cumprirem mais intensamente essa missão e sobretudo para descobrirem o pleno significado de tal atividade (GS 57).

Essa instância, todavia, deveria estar longe de significar um monopólio do acesso às "coisas do alto", particularmente diante da inflação do aspecto institucional em relação ao caráter eminentemente sacramental do mistério da Igreja. É teologicamente procedente, portanto, não identificar de alguma forma o mistério da Igreja, e todas suas mediações, com a plenitude do mistério do Reino em vista da salvação da humanidade, mas, ao contrário, incluir o mistério da Igreja no mistério mais global e pluriversal do Reino de Deus, que se revela nas diversas histórias e cosmovisões dos povos da terra.

3.3.4 Descolonização da razão missionária no século XX

A missão cristã foi a ponta de lança do colonialismo europeu, e a teologia da cristandade forneceu a estrutura de pensamento e as coordenadas para a colonialidade. Paradoxalmente, porém, ao encontrarem os outros, ao comer suas comidas, ao falar suas línguas, uma boa parte dos missionários modernos deixou-se tocar e questionar por seus interlocutores. No século XVI, Francisco Xavier, que "rompeu com o conforto prometido pela família, mas não rompeu com o exclusivismo salvífico da Igreja daquele tempo" (SUESS, 2007b, p. 64), não prometia nenhuma piedade para as almas que não tivessem recebido o batismo. Porém, ao ver seus amigos japoneses chorarem por seus antepassados irremediavelmente condenados, também ele acusava "algum sentimento", mesmo que para ele a situação não tivesse remédio algum (XAVIER, 2006 [1552], Doc. 96,49).

Esse "sentimento" empático da prática missionária mais próxima, programada para converter o outro, chegou após certo caminho a questionar a doutrina, assim como a relação dos europeus com os povos originários. Com efeito, foi exatamente a partir da experiência do contato vivo que dominicanos e jesuítas defenderam os indígenas das violências e dos abusos dos colonizadores. Tiveram que argumentar a tese de sua dignidade e de seu valor como pessoas humanas, também para legitimar a necessidade de uma aproximação de não coerção na obra de evangelização. Ao mesmo tempo, teólogos e juristas da Universidade de Salamanca (1549) resgataram o direito natural desses povos e questionaram o poder temporal da Igreja. Elaboraram a teoria da *fides confusa* (fé implícita) que já era suficiente, segundo Tomás de Aquino, para a salvação daqueles que viveram antes da vinda de Cristo. Agora, também a quem não tivesse ouvido o evangelho, Deus teria concedido a luz necessária para a sua redenção. Analogamente, os jesuítas do Colégio Romano sustentaram a mesma opinião (DUPUIS, 1998, p. 159-162).

O Concílio de Trento acatou esta doutrina e afirmou claramente a possibilidade da justificação através do batismo *in voto* (DS 1524). Este batismo expressava não tanto o desejo explícito dos catecúmenos, mas o desejo implícito daqueles que, encontrando-se fora da Igreja, tinham as disposições requeridas para receber a salvação. Infelizmente, a influência do jansenismo no século XVII e a sua leitura exasperada do pessimismo agostiniano, levou muitos teólogos a desconfiar das soluções mais otimistas em relação à salvação universal. A mesma sorte ocorreu com o modelo missionário da *accomodatio* na Ásia, e com a epopeia das reduções jesuíticas do Paraguai, na América, onde interesses de ordem política colonial entre estados e Igreja se sobrepuseram aos caminhos de uma evangelização dialógica e atenciosa com os povos originários e suas culturas.

Entre idas e vindas, aberturas e fechamentos, avanços promissores e recuos estratégicos, a missão cristã precisara esperar a Encíclica *Singulari Quidem* de Pio IX em 1856 para encontrar uma nova disposição da doutrina oficial, com o argumento da "ignorância invencível":

> [Deus] declara explicitamente a eles [aos homens] que a única esperança do homem e sua única salvação são colocadas na fé cristã [...] e na Igreja Católica, guardiã da verdadeira adoração, morada estável da mesma fé e templo de Deus, fora da qual, salvo a desculpa de uma ignorância invencível, qualquer um fica excluído da esperança da vida e da salvação.

Esses caminhos que se abriram se inscreveram, evidentemente, no âmbito colonial da cristandade, como concessões benevolentes diante da resistência dos nativos à conversão, numa relação de dominação onde não se colocava em discussão o princípio da autoridade. Com efeito, Pio IX na mesma encíclica afirma com decisão: "A Igreja não desiste de ensinar-lhes [aos homens] que a fé não se baseia na razão, mas na autoridade". Nenhum missionário em momento algum expressou, ou podia expressar, alguma dúvida sobre a natureza verdadeira, superior e universal da doutrina cristã. Ninguém questionou, nem podia questionar, a interpretação ortodoxa das escrituras, a configuração histórica e cultural da tradição, os pressupostos epistêmicos da ordem divina. Todavia, o encontro proporcionado pela missão *ad gentes* aos poucos e lentamente gravava fendas, esculpia brechas, abria passagens nos muros da fortaleza romana, até não ter mais modo de sustentá-la.

A missão ainda carrega consigo o estigma colonial em seu estatuto, mas também a transgressão anticolonial, por se encontrar na fronteira, à margem dos interesses da metrópole e da cristandade. Vista como vanguarda destemida de uma conquista, em seu eclético repertório aparecem a subversão e a pluralidade que brotam do encontro com a alteridade. Essa ambivalência constitutiva figura como uma luta interior entre fidelidade a uma tradição e a uma instituição, e entrega junto a seus interlocutores e suas causas.

a) **A irrupção do outro como sujeito.** A emergência do marco descolonizador da missão cristã, até então encoberto pela apoteose imperialista ilustrada, desponta já na segunda metade do século XIX com a instituição da cátedra de missiologia. Os povos, suas culturas, suas religiões e sistemas de vida, fazem ingresso na reflexão teológica por meio da mediação de uma antropologia cultural incipiente, antes à esteira da razão prática como aplicação pastoral, e logo como realidades históricas que vinham questionar a própria doutrina. A relativização da *salus animarum* em prol da *plantatio ecclesiae*, implementada pela Escola de Lovaina, foi só o começo de um caminho de mudança de eixo do objetivo soteriológico da missão, passando agora por uma ênfase mais eclesiástica: instalar a Igreja em todos os cantos do mundo.

Essa perspectiva foi abraçada pelo magistério, juntamente ao movimento decididamente descolonizador de promover a formação das Igrejas locais com a constituição de seu próprio clero. A *Maximum Illud* de Bento XV marca o início de uma audaciosa descentralização, junto a uma crítica severa dirigida às missões estrangeiras. De certo modo, a missão cristã, tendo como poderoso aliado o magistério pontifício, se antecipa profeticamente aos estados nacionais no quesito descolonização, mesmo mantendo uma superioridade de fundo em relação aos povos não europeus. Essa postura continua se expressando em termos de levar a verdade, a civilização, a conversão aos "infiéis", aos "bárbaros", aos "pagãos", para passar aos poucos a chamá-los timidamente de "irmãos", até o Vaticano II quando será consagrada a expressão "não cristãos" (AG 13), já presente nos estudos missiológicos.

A denominação do outro por parte da missão cristã sempre foi e permanece ainda um terrível impasse, que aponta para uma autorreferencialidade ainda longe de ser derrubada. Certamente, para as Igrejas em estado de diáspora e minoria, a linha divisória entre cristãos e não cristãos explicita uma necessidade identitária. Geralmente, porém, o fato de a missiologia e de os documentos oficiais do magistério não encontrarem outro termo para se dirigir a seus interlocutores – ou recorrer a termos ainda mais impróprios como "afastados" (DSD 131) – denota uma incapacidade de sair de uma ipseidade autocentrada.

A respeito da irrupção do outro como sujeito podemos evidenciar ainda dois importantes aspectos que amadureceram antes do Vaticano II, mas que fizeram seu ingresso oficial com a celebração do concílio. O primeiro, a alteridade não é mais somente reconhecida *ad extra*, pela raça, pela etnia, pela cultura e religião outra, mas também *ad intra*, dentro da própria metrópole branca, europeia, latina, eslava ou saxônica. No interior da Europa surgem diferenças substanciais e coloniais entre classes sociais, ideologias, gerações, tradições, costumes, âmbitos urbanos ou rurais. A cristandade estava se desagregando debaixo dos olhos de todos, de maneira tal que tornava dispensável o sentido de sua expansão.

Em segundo lugar, os povos não europeus e seus representantes começam a exigir um lugar na mesma mesa de discussão e reivindicar o reconhecimento de suas identidades e de suas lutas. No âmbito eclesial, passamos de um processo de *reconhecimento* antes do Vaticano II para uma *integração* da diversidade no concílio e para a uma *irrupção* da alteridade com as teologias contextuais no pós-concílio. Assim como a Conferência de Bandung e os movimentos de libertação foram eventos que contribuíram para uma descolonização, da mesma forma a configuração de Igrejas locais, de práticas e pensamentos situados contextualmente e articulados continentalmente, representaram marcos importantes e, ao mesmo tempo, ambivalentes nesta direção.

b) O processo de desprendimento e abertura. O Concílio Vaticano II foi, como já afirmamos, o grande divisor de águas entre uma cristandade fechada e uma Igreja aberta ao mundo. O desprendimento e a abertura na Igreja Católica começaram bem antes com os movimentos de renovação ecumênico, bíblico, litúrgico, social e também missionário. Não faltaram interdições por parte dos setores mais reacionários, antes e depois do evento conciliar. No entanto, o protagonismo e a visão de João XXIII e de Paulo VI garantiram um decurso fiel ao espírito que tornou possível essa profunda e intensa guinada missionária.

Desprendimento e abertura tomaram o nome de *aggiornamento* e *pastoralidade* para uma Igreja engajada em uma renovação *ad intra* e em uma projeção *ad extra*, numa tensão correlativa entre reforma de si mesma e de diálogo com o mundo. Tratou-se de um profundo processo de "des-cristandade", que não deixou de ser de descolonização, reconhecendo, com certo atraso, o que há tempo estava se configurando na sociedade ocidental. Pelo olhar da fé o desprendimento

> não significa, simplesmente, abrir mão de algo; significa deixar algo ser, deixar algo livremente existir – algo que estava ameaçado pelos apegos a desejos e objetos. O desprendimento não é privação, mas libertação e purificação. Dessa purificação, caracterizada pela recusa a práticas possessivas de acumulação, emergem energias novas. Como livramos animais e árvores de parasitas, que lhes roubam a energia vital, assim nós também temos necessidade de nos livrarmos de apegos parasitários que nos roubam a energia. Sem liberdade e energia, a vida começa a murchar. O apego cerceia a liberdade e o fluxo energético da vida. O desprendimento em sua forma individual pode ser compreendido como conversão e ascese, em sua forma comunitária ou sociopolítica, como ruptura e solidariedade (SUESS, 2010, p. 8).

Essa autoconsciência eclesial não foi apenas uma estratégia de adaptação aos novos tempos, mas uma ruptura de toda uma tradição até recentemente marcada pelo dualismo estoico, pela hierarquização societária, pela intransigência doutrinária, pelo soberanismo meta-histórico e universal, pelo antimodernismo inquisidor e pelo exclusivismo salvífico. O Vaticano II inaugurou um processo com uma virada epocal em termos de postura, representada simbolicamente pela conversão do altar *versus populum*, sem pretender encontrar soluções a todas as questões.

A história tornou-se cenário para discernir a vontade de Deus, as grandes questões da humanidade tornaram-se pauta para a Igreja e a sua ação evangelizadora, o "diálogo" com o mundo o novo nome da missão (ES 37). A Igreja Católica estava devendo há tempo uma postura atenta, empática e mais bem-disposta junto à modernidade. Mas essa inclinação não foi imediatamente coextensiva à colonialidade. Somente no pós-concílio, com a crise da missão *ad gentes*, a emancipação das Igrejas locais e o surgimento das teologias contextuais, buscou-se um compromisso maior com as lutas dos pobres e dos povos. Todavia, a ênfase dada pelos debates pós-conciliares a uma problemática socioeconômica de cunho desenvolvimentista denunciava mais uma vez a persistência de uma epistemologia eurocêntrica na reflexão teológica e na prática missionária em relação às causas humanitárias.

Os teóricos decoloniais acusaram o cristianismo de mudar o conteúdo, mas jamais os termos do discurso: assim a "cristianização" do século XVI se tornava "civilização" no século XIX, enquanto "desenvolvimento", "libertação", "emancipação" configuravam a razão missionária na segunda metade do século XX. Sempre despontava de alguma maneira uma pretensão hegemônica: dos cristãos ilustrados e humanitários para os pagãos, bárbaros, atrasados, pobres, necessitados, afastados. Desprendimento e abertura significaria aqui se despir de uma postura presuntuosa e docente para enveredar decididamente pelo caminho da reciprocidade intercultural, inter-religiosa, interespiritual. A Igreja pós-conciliar ainda hesita diante das configurações eclesiais e provocações teológicas emergentes do Sul global. Contudo, o rumo para um processo de amadurecimento neste sentido está decididamente traçado.

c) Habitar o contexto geopolítico da fronteira. A missão moderna surgiu de um movimento de mão única das metrópoles para as colônias: foi uma projeção colonial *ad extra* com o objetivo de tomar posse de territórios, salvar almas e integrá-las no redil da Igreja. Ao longo dos séculos, o discurso da evangelização permanecia situado na Europa, enquanto seus missionários penetravam os rincões mais longínquos e profundos da terra em busca de povos para converter. Esses destemidos militantes atuavam na margem da cristandade, de um lado aclamados popularmente como heróis, por outro ignorados pelos quadros acadêmicos e hierárquicos.

Ao passo que o conjunto da razão missionária da Igreja evoluía em um sentido mais complexo em relação ao mundo moderno – teologia, práticas, motivações, agentes etc. –, também a geografia missionária mudava sensivelmente de configuração.

Em primeiro lugar, registra-se uma progressiva desterritorialização colonial da missão cristã: o fato de considerar a Europa sempre mais uma "terra de missão" iniciava um processo, voluntário ou não, de descolonização que tomava consciência do fim do regime de cristandade. Essa desinstalação foi acompanhada por uma abertura ao diálogo com o mundo moderno, mas não ainda, nesta fase, a um decidido desprendimento epistêmico junto às diversidades culturais e as diferenças coloniais.

A colonialidade continuava sua marcha altiva, não avançando mais pretensões religiosas, e sim, talvez, desenvolvimentistas, libertadoras ou tecnocientíficas.

Paradoxalmente, porém, crescia sempre mais uma consciência pesada do Ocidente em relação ao passado colonial, juntamente a uma apreciação decididamente negativa da obra missionária. As missões estrangeiras deixaram aos poucos de ser prioridade, acusadas de serem cúmplices da barbárie imperialista. Reconfigurava-se a questão missionária como um "estado geral" da própria Igreja peregrina imersa neste mundo globalizado. O próprio Vaticano II ofereceu uma guinada teológica neste sentido, concebendo a Igreja como essencialmente missionária e as "missões" apenas como *incepta pecularia* (AG 6, "iniciativas especiais"). Dessa maneira, as fronteiras perderam o foco, uma vez que o mundo todo, junto com a Igreja toda, tornou-se um amplo campo de missão.

Precisara esperar a *Redemptoris Missio*, de João Paulo II, para tentar botar ordem no quadro confuso e emparelhado das diversas situações missionárias, em que tudo se diluía na ação evangelizadora global do povo de Deus (RMi 34). O risco da relativização semântica da palavra "missão" levava consigo uma perigosa irrelevância do *habitar as fronteiras* por parte da Igreja, tornando toda sua ação autocentradada, ou centrada apenas no contexto da modernidade.

Partindo de uma noção global de missão, a RMi distingue, antes de tudo, entre atividade missionária aos povos não cristãos, cuidado pastoral das comunidades cristãs instituídas e Nova Evangelização dos batizados que perderam o sentido da fé (RMi 33). Tudo era missão, entretanto, as três situações andavam de alguma maneira distintas para "não descuidar da tarefa primeira da Igreja, que é enviada a todos os povos" (RMi 34). Em seguida, o papa articula os âmbitos da missão *ad gentes* em territoriais (fronteiras geográficas), fenômenos sociais novos (urbanização, juventude, migrações, pobreza) e áreas culturais ou modernos areópagos (comunicações, política, cultura etc.) (RMi 37). As fronteiras são múltiplas e plurais neste mundo globalizado, geográficas e existenciais, físicas e virtuais, visíveis e invisíveis, distantes e próximas, extensas e circunscritas, estáticas e fluidas: se dissociam do sentido exclusivo do espaço, mas são também espaço; não se identificam somente com a marginalidade, mas são também marginais; estão na colonialidade, mas também na modernidade; estão no Sul global, mas não são somente no Sul global. A *liquidez* baumaniana destas fronteiras parece um problema insolúvel, mas é preciso encarar o desafio de detectá-las.

O amplo espectro aberto por Wojtyla era de fato ambivalente: de um lado, expressava a complexidade do mundo contemporâneo e a situação multidirecional da presença e da ação da Igreja que "não tem fronteiras" (RMi 37a); por outro, a fronteira colonial se dissipava novamente numa pluralidade e fragmentação de urgências e de apelos aparentemente análogos. A *Redemptoris Missio* teve o mérito de tentar individuar, atualizar e articular os campos de missão, mas não apontou claramente onde a Igreja precisa prioritariamente situar-se: não é num lugar qualquer, mas onde a palavra "fronteira" assume todo seu significado mais intenso, desafiador e subversivo em termos de (des)encontro com o outro.

Permanece ainda hoje, para qualquer Igreja local, a tarefa missionária de redesenhar seus contextos geopolíticos onde situar sua própria ação, tendo presente o entrelaçamento entre as diversas dimensões territoriais (Sul global), sociais (periferia) e culturais (saberes outros). Trata-se de promover um "des-centramento" de si, que quase sempre envolve um des-locamento, um des-armamento e um des-prendimento.

d) Os projetos em perspectiva decolonial global. O Vaticano II foi um evento que, contudo, abriu caminhos para o surgimento de perspectivas decoloniais a partir da fé cristã em diálogo com as sabedorias dos povos. A Igreja declara não ter respostas às grandes questões da humanidade (GS 33). Ela só pode enxergar a realidade "à luz do evangelho e da experiência humana" para partilhar princípios que "dirigirão os cristãos e iluminarão todas as pessoas na busca da solução para tantos e tão complexos problemas" (GS 46).

Destarte, a Igreja não tem um projeto de sociedade, não promove e nem se apresenta como uma *societas perfecta*, declarando-se apenas como "sacramento, isto é, sinal e instrumento, da união íntima com Deus e da unidade de todo gênero humano" (LG 1). Ela se dispõe a caminhar juntamente com toda a humanidade participando "da mesma sorte terrena do mundo como que fermento e alma da sociedade humana, a qual deve ser renovada em Cristo e transformada em família de Deus" (GS 40). Enquanto realidade "sacramental" ainda atesta de ser sal da terra e luz do mundo (AG 1), sinal de fraternidade levantado entre as nações (AG 36), germe do Reino (LG 5), instrumento da redenção universal (GS 42), para que a humanidade realize sua suprema missão de alcançar o "bem comum universal", que deve prevalecer sobre a defesa de interesses particulares.

Esse "bem comum" representa o horizonte final a ser perseguido continuamente (GS 74), resultado não apenas da simples suma dos bens comuns particulares, mas do envolvimento de cada um no bem de todos (GS 26), na destinação universal dos bens (GS 69), para as gerações tanto de hoje quanto de amanhã (GS 70). Nesse sentido, "tudo o que os homens fazem para conseguir maior justiça, mais fraternidade, uma organização mais humana das relações sociais, vale muito mais do que os progressos técnicos" (GS 35).

Se há uma perspectiva decolonial a partir da reflexão conciliar e pós-conciliar é a de uma profunda reforma da própria Igreja, a fim de que possa sempre mais e melhor corresponder ao chamado do Senhor. Para realizar esse intento estacas precisam ser fincadas: (1) volta às fontes, para a recuperação da noção de missão no pensamento cristão das origens; (2) adoção de uma antropologia unitária, para se desprender do dualismo helenista; (3) visão mistérica das realidades de fé, mais que uma descrição doutrinária, essencialista e institucional; (4) participação de todo Povo e Deus na missão universal; (5) redescoberta da Igreja local na comunhão participativa com a Igreja toda; (6) reconhecimento das outras tradições religiosas; (7) inserção da Igreja "no" mundo e não "contra" o mundo, ou "acima" do mundo.

Essas instâncias representaram uma descontinuidade com uma tradição colonial, e tornaram possível a irrupção de histórias, projetos e teologias contextuais que surgiram depois no concílio, cujos enredos começaram a ser esboçados já desde a década de 1950. A prática e a reflexão missionária estiveram em muitas ocasiões na linha de frente deste processo, não como protagonistas, mas como testemunhas e aliadas, apesar dos mecanismos centralizadores de suas agências de referência.

Restava fazer as contas com os impasses doutrinais e com o *depositum fidei* a ser guardado e anunciado. Os riscos e as acusações de sincretismo junto às tradições dos povos e de relativismo soteriológico pairavam no ar todas as vezes que pastores e teólogos avançavam tentativas de aproximação e de diálogo com as realidades fronteiriças. A Declaração *Dominus Iesus* da Congregação para a Doutrina da Fé (2000) representou, como nenhum outro documento, a resistência eclesiástica diante destas vanguardas, ao mesmo tempo que apontava para questões ainda abertas para a teologia da missão: até que ponto é possível negociar a verdade cristã com os saberes e os projetos de vida dos diversos povos? O propósito intercultural não comprometeria a tensão profética *contracultural* do evangelho? Podem os cristãos renunciar ao anúncio de salvação universal em Jesus Cristo, através da mediação da Igreja, por considerá-lo colonial, eurocêntrico e hegemônico?

Estas perguntas, teologicamente cruciais, minavam no fundo a própria urgência missionária e seu projeto global. Por outro lado, também os teóricos coloniais se armaram contra o perigo do relativismo epistêmico, a ponto que não quiseram abrir mão de alguns pressupostos como termos não negociáveis:

> O pluriversalismo é um conhecimento que tem como ponto de partida o pensamento crítico (não qualquer pensamento) de uma diversidade de tradições epistêmicas [...]. O critério para identificar o pensamento crítico em sua diversidade epistêmica sem reproduzir o relativismo é ser anticapitalista, anticolonial, antipatriarcal, anti-imperialista e contra tudo o que significa a destruição da vida (GROSFOGUEL, 2013, p. 45).

Da mesma forma, a fé cristã também tem pontos críticos e indeclináveis de discernimento que se fundamentam na adesão à revelação de Deus em Jesus e no seu Espírito, na prática misericordiosa das Bem-aventuranças, no engajamento e na esperança do Reino de Deus. Essas virtudes teologais remetem a uma transcendência que não fecha horizontes e sim os abre; não interdita o diálogo com o outro, pelo contrário, o rende fecundo; não coloca os cristãos numa atitude de *ensinar* a verdade, mas sempre numa postura de reciprocidade, que implica um "aprender a desaprender, para reaprender de outra maneira": "com a modéstia do provisório e do inacabado, é urgente aprender, talvez por muito tempo, a arte da pluralidade dos discursos e sua polifonia" (ARNOLD, 2014, p. 43). As realidades místericas retomadas no Vaticano II sobre Deus, a criação, a revelação, a encarnação, a redenção, a Igreja, o Reino, apontam para um "além" que não se pode "possuir", mas que irrompe na história como inesperado, e que é sujeito ao acolhimento de cada um e de cada povo segundo sua própria cultura e experiência de vida. A revelação não é um "saber" fixado uma vez por todas: "ela designa, ao mesmo tempo, a ação de Deus na história e a experiência de fé do povo de Deus, que se traduz em expressão interpretativa dessa ação" (GEFFRÉ, 1989, p. 18).

As perspectivas decoloniais interessam enormemente à missão como iniciativas antissistêmicas que refletem a sabedoria e a vocação divina de cada povo, contra toda forma de violência e toda pretensão de domínio. Não se trata de querer negociar, ou confundir, verdades de fé com circunstâncias históricas, e sim se dispor a testemunhar o próprio âmago do evangelho no encontro com o outro, na proximidade a todas as realidades humanas, no diálogo político, intercultural e inter-religioso, na reciprocidade e na reconciliação, no serviço aos mais necessitados, na promoção de sociedades mais justas e fraternas, na tensão esperançosa para uma comunhão pluriversal plena. Isso, talvez, represente o autêntico "giro decolonial" da missão cristã.

4
DA CONQUISTA À CONVERSÃO ECLESIAL

A caminhada missionária da Igreja Católica na América Latina após o Vaticano II

O percurso que apresentamos neste capítulo trata da noção de missão que emerge e se desenvolve em torno da preparação, da realização e da recepção das Conferências Gerais do Episcopado Latino-Americano e Caribenho após o Vaticano II. Estas importantes convenções tiveram a tarefa crucial de traçar as diretrizes operativas para as diversas Igrejas locais do continente e, portanto, projetar uma caminhada eclesial. Sem dúvida, não representam toda a riqueza provocadora de inúmeras reflexões e projetos missionários ocorridos, mas refletem uma consciência e uma sensibilidade fidedigna e global dos processos de participação que desencadearam antes, durante e depois de sua realização.

Naturalmente, o que mais nos interessa é captar a ideia de missão forjada por esta tradição eclesial latino-americana a partir da recepção do Vaticano II e dos anseios pós-coloniais. Esta elaboração assume um particular destaque na comparação com o conceito reproduzido por outro modelo, o dedutivo eurocêntrico, também presente na América Latina, por sua vez reproposto nas sucessivas investidas patrocinadas por setores integralistas.

Por si, a questão missionária neste continente está vinculada historicamente à evangelização dos povos indígenas. Mesmo em seu caráter intrinsicamente colonial, ou talvez a partir dele, a experiência de encontro/desencontro com esses outros carregava consigo problemáticas fundamentais de legitimação, sentido e relevância de toda a mensagem evangélica e de suas representações.

Aos poucos essa prática missionária, em sua descolonização, se abriu a muitas outras "situações" socioculturais, até abranger, praticamente, todo o conjunto das atividades eclesiais. A ênfase específica, porém, continuava a girar em torno da comunicação do evangelho junto às culturas dos diversos povos e à promoção de uma sociedade justa e solidária, sinal do Reino de Deus já atuante na história.

Passamos em resenha cada uma destas conferências para ilustrar o processo de configuração da noção de missão a partir da América Latina. Essas convocações recolheram e refletiram não somente oficialmente, mas também propositivamente o papel profético da vocação cristã encarnada no mundo contemporâneo, colocando em luz aspectos específicos, integrando diversos âmbitos e dimensões, apontando progressivamente para uma visão global que chegou a uma maturação com o Sínodo para a Amazônia (2019). Esse último evento, realizado 12 anos após Aparecida (2007), não foi uma conferência de bispos, mas já uma autêntica assembleia eclesial no qual só metade eram bispos. Por isso adquiriu um destaque especial à altura pelos desafios abordados, pelo processo sinodal de preparação e realização, pela importância universal das temáticas em debate, tanto eclesialmente como politicamente. Particularmente, foi a convocação eclesial latino-americana de maior expressividade do ponto de vista de uma perspectiva decolonial.

Vamos proceder entrelaçando uma linha cronológica e outra temática. Essa última nos permite ressaltar os elementos que compõem e caracterizam uma noção de missão latino-americana, enquanto a primeira evidencia os processos, os atores, os eventos, os contextos, o *como* se originou e se desenvolveu uma teologia latino-americana da missão numa perspectiva decolonial: *da colonização à conversão* na maneira de ser, de crer e de atuar da própria Igreja no continente e a partir do continente.

4.1 Missão como anúncio da libertação – A questão missionária em Medellín

A razão colonial da missão cristã ainda imperava na visão da Igreja Católica da América Latina às vésperas da convocação do Concílio Vaticano II.

Poucos anos antes, em 1955, aproveitando o ensejo do 26º Congresso Eucarístico Internacional, celebrava-se a I Conferência Geral do Episcopado Latino-Americano no Rio de Janeiro, sob a indicção de Pio XII. O objetivo deste evento era "estudar, em forma concreta e visando a resoluções práticas, os pontos fundamentais e urgentes do problema religioso na América Latina, sob o duplo aspecto da defesa e da conquista apostólica" (MARINS, 1978, p. 40). Com a Carta Apostólica *Ad Ecclesiam Christi*, o papa se dirige à Igreja da América Latina, onde vivia mais da "quarta parte do orbe católico, magnífica falange de filhos da Igreja, esquadra compacta de generosa fidelidade às tradições católicas de seus pais" para que pudesse enfrentar o seu "mais grave e perigoso problema", que era a "insuficiência de clero", e responder "à vocação apostólica que a providência divina parece ter confiado a este grande continente, de ocupar um lugar preeminente na nobilíssima tarefa de comunicar também a outros povos, no futuro, os desejados dons da salvação e da paz".

Num clima eclesial de certo avanço na questão social, mas ainda de forte integralismo interno, a Conferência de Rio de Janeiro se debruçava sobre dois grandes debates: (1) as condições de injustiça, de extrema pobreza e de analfabetismo nas quais vivia a maioria da população nos diversos países; (2) a questão religiosa no continente, apesar de o catolicismo estar enraizado na identidade cultural, ainda era muito vulnerável por ser sincrético, frágil, fatalista, as Igrejas sofriam com a escassez de recursos humanos e econômicos, a desarticulação, o sectarismo evangélico, a hostilidade da maçonaria, o ateísmo materialista e o indiferentismo (ALMEIDA, 2018).

A obra das missões e dos missionários eram reconhecidas triunfalmente como "as páginas mais bonitas da história da Igreja na América", por ter conjugado evangelização e civilização, "que apenas espera um trabalho perseverante para que o 'índio' seja incorporado com honra ao seio da verdadeira civilização"

(CELAM, 1955). No título IX, *"Missões, índios e gente de cor"*, do documento final aprovado pela conferência, se fomentava vigorosamente o trabalho missionário, se incentivava a formação do clero nativo, se sugeria a instituição de catequistas leigos, se encorajava a criação de projetos educacionais e assistenciais, se almejava o envio de pessoal capacitado e qualificado, se pedia encarecidamente aos ordinários dos territórios missionários "para que os povos indígenas sejam, sempre e em toda parte, amparados e protegidos em suas pessoas e bens" (DR, IX, 89a). Enfim, a conferência expressava o desejo de que "muito em breve se estabelecerá na América Latina uma instituição de caráter etnológico e indigenista que, desenvolvendo um trabalho sério e bem-organizado, neutralizará os perigos que emanam de instituições análogas de inspiração não católica" (DR, IX, 89b).

Mesmo a defesa do regime de cristandade estar sempre explicitada nas motivações mais nobres da labuta apostólica, essa última resolução foi decisiva e estaria na origem de uma mudança em termos de reflexão e prática missionária. Junto à criação do Conselho Episcopal Latino-Americano (CELAM), planejava-se dar uma atenção especial à questão indígena com uma seção especializada em "Missões e índios", incorporada por sua vez a um subsecretariado para a "preservação e propagação da fé católica" (DR, XI, 97,6/I). Somente no imediato pós-concílio esse propósito vingou na fundação do Departamento de Missões do CELAM (DMC), graças à iniciativa destemida de seu principal mentor e presidente, Dom Gerardo Valencia Cano (1917-1972), Vigário Apostólico de Buenaventura, Colômbia.

4.1.1 O Documento de Melgar preparando Medellín

Criado em 1966, o DMC logo promoveu dois encontros programáticos: um em Ambato, no Equador, em 1967, e um outro em Melgar, na Colômbia, em abril de 1968, poucos meses antes da II Conferência Geral do Episcopado Latino-Americano, a ser celebrada na cidade de Medellín, de 24 de agosto a 6 de setembro daquele ano. O primeiro encontro foi funcional e organizacional, com um número restrito de participantes. Já o segundo foi bem mais amplo e articulado, em vista da iminente Conferência de Medellín, com o propósito de oferecer a esta um aporte sobre a questão missionária.

Nesta ocasião foram apresentados os resultados de uma pesquisa em nível continental, realizada pelo DMC e o Centro de Estudios Sociales (CEDES) de Bogotá, entre 1967 e 1968, envolvendo 500 missionários e 53 superiores religiosos e eclesiásticos, por um total de 74.750 respostas relacionadas aos diferentes aspectos socioculturais e religiosos das assim chamadas "missões" no continente latino-americano. Apesar de receber críticas por levarem em conta somente a missão junto aos povos indígenas, a pesquisa revelava um primeiro significativo quadro da situação das jurisdições dependentes de *Propaganda Fide*, e das circunscrições eclesiásticas caracterizadas como "prelazias" confiadas a congregações religiosas[141].

a) **A pastoral nas missões da América Latina.** O Encontro de Melgar foi um marco na caminhada missionária do continente. Estiveram reunidos, nesta pequena cidade colombiana a 100 km de Bogotá, 18 bispos, o secretário-geral de *Propaganda Fide*, 30 missionários e 17 especialistas em áreas específicas (antropologia, sociologia, teologia, direito), para dar vida a uma convivência e a um evento interdisciplinar entre pastores, missionários, teólogos e cientistas sociais, e promover um diálogo entre "Igreja constituída" e "Igreja missionária". Todos os convidados participaram ativamente com debates, contribuições, trabalho em comissões, com o objetivo de elaborar um documento, antes esboçado, corrigido, emendado e, enfim, votado parágrafo por parágrafo, que resumisse a riqueza das análises, das reflexões e das propostas. O resultado foi uma obra coletiva, coordenada por uma comissão teológica dirigida por Gustavo Gutiérrez (CELAM, Departamento de Misiones, 1969, p. 12-13, 189-190).

---

141. É o caso do Brasil, que não tem vicariatos ou prefeituras apostólicas sob o cuidado de *Propaganda Fide*, e sim "prelazias *nullius*" como "dioceses em formação, com caraterísticas missionárias", entregues aos cuidados de religiosos e subordinadas, como às demais dioceses, à Congregação dos Bispos. Essa disposição se deve a uma questão histórica e diplomática entre o governo brasileiro e a Santa Sé (CNBB, 2014, p. 152-153). Em relação às circunscrições eclesiásticas de outros países que atuam na Amazônia, esse aspecto é determinante em termos operacionais, jurídicos e pastorais.

O Documento de Melgar, com o título "A pastoral nas missões da América Latina" (1969), foi um dos mais expressivos e significativos produzidos em preparação a Medellín. Na primeira parte, buscava evidenciar algumas problemáticas mais urgentes da Igreja missionária: a necessidade de superar o conceito jurídico de "território de missão"; o reconhecimento da pluralidade cultural latino-americana, ameaçada por um processo de integração colonial; o mal-estar diante da uniformidade estrutural da Igreja; a carência de instrumentos adequados para compreender a realidade atual; os questionamentos fundamentais sobre o sentido e a necessidade da atividade missionária.

A segunda parte procurava refletir e oferecer respostas à luz das orientações do Vaticano II: a missão da Igreja se sustentava no reconhecimento de uma vocação universal à salvação, que apontava para o dinamismo do Reino de Deus já presente na história, e no mistério da Igreja sinal e instrumento da salvação deste mesmo Reino. Daqui a responsabilidade missionária do povo de Deus "em estado permanente de missão" (*Melgar* 13), mesmo em modalidades distintas de ação missionária. Essas modalidades tinham origem da diversidade de circunstâncias que criavam diferentes "situações" missionárias, que dependiam, por sua vez, de diversos graus de "implantação" e vitalidade da Igreja.

À luz destes princípios, Melgar apresentava diversas áreas e âmbitos missionários na América Latina, entre situações em que a Igreja não estava presente e situações em que ela estava presente mas não chegava a penetrar na cultura do povo. Era preciso, portanto, promover práticas de renovação missionárias que integravam diversos aspectos: a promoção humana e progresso das culturas; o despertar da fé na valorização das sementes do Verbo; a celebração da vida encarnada na liturgia; a formação da comunidade eclesial adaptada estruturalmente a cada situação; o diálogo ecumênico; a educação missionária do povo de Deus; a formação dos missionários.

b) Rumo a novos modelos de missão. Um primeiro aspecto muito importante do Documento de Melgar foi a superação da abordagem meramente jurídico-institucional da missão – "territórios de missão" *versus* "territórios de cristandade" – mediante o recurso da categoria de "situações missionárias", ou seja, aquelas realidades que, embora juridicamente não missionárias, exigiam uma genuína ação missionária. Nesta perspectiva, Melgar reconhecia que os âmbitos missionários nem sempre eram geograficamente ou pastoralmente circunscritos e que, dependendo das circunstâncias, podiam ser encontrados em diferentes realidades socioculturais, inclusive e particularmente entre os cristãos batizados.

Em segundo lugar, há o declarado reconhecimento da pluralidade cultural na América Latina: além da cultura dominante de tipo ocidental, havia também uma grande pluralidade de culturas e uma mestiçagem cultural de índios, negros, brancos e outros. Criticava-se os modelos de integração nacional como destruidores das culturas dos povos, propondo o reconhecimento de todos os patrimônios culturais para um enriquecimento mútuo. As implicações dessa pluralidade cultural, como um aspecto fundamental da problemática missionária da América Latina, foram a valorização teológica da história cultural de cada povo e a necessidade de uma diversidade cultural na Igreja Católica, que se manifestava através das expressões típicas de cada Igreja local, questionando um modelo de Igreja colonial monocultural.

Essa constatação era acompanhada por uma avaliação substancialmente positiva das diferentes culturas e religiões, onde era possível reconhecer a presença do Espírito de Deus, pois a energia salvadora da morte e ressurreição de Cristo gerava uma história da salvação na qual "diferentes grupos religiosos da humanidade estão inseridos de diferentes formas" (*Melgar* 8). Se Deus estava presente na história, o diálogo com as culturas e as religiões não era uma mera estratégia para tornar mais eficaz a missão, mas um exercício de escuta para "descobrir como Cristo já está realizando o plano de salvação que abrange todos os homens" (*Melgar* 8).

A missão na América Latina assumia decididamente o perfil de uma "promoção integral do homem" (*Melgar* 27). A salvação oferecida pela Igreja abrangia também "o movimento pela criação de um mundo mais justo e fraterno, pela superação das desigualdades sociais entre os homens, os esforços – tão urgentes em nosso continente – para libertar o homem de tudo que o despersonaliza" (*Melgar* 7).

Tudo isso encontrava sua perfeição na obra salvífica de Cristo (GS 22). *Melgar*, em outros termos, evitava o dualismo entre promoção humana e ação missionária, fundamentando cristologicamente toda obra de transformação social, e colocando o plano da criação e o plano da redenção numa relação de continuidade (EN 31).

4.1.2 A questão missionária em Medellín

O Documento de Melgar, infelizmente, não foi apresentado na II Conferência Geral do Episcopado Latino-Americano, que ocorreu quatro meses após o Encontro de Melgar: o DMC não conseguiu chamar suficientemente atenção sobre sua importância. Também é possível que os bispos representantes de suas Igrejas locais entenderam que a problemática missionária já estava implícita no trabalho das comissões que se debruçavam sobre o tema da evangelização.

Contudo, parece mais provável que Medellín não estivesse bem sintonizada com a questão missionária. As preocupações eram outras, mais voltadas a debater o tema do "desenvolvimento integral", à esteira das perspectivas lançadas pela *Populorum Progressio* (1967). Aliás, essa encíclica de Paulo VI representava uma confirmação magisterial das conclusões da Assembleia Extraordinária do CELAM, realizada em outubro de 1966 em Mar del Plata (Argentina) com o tema: "Presença ativa da Igreja no desenvolvimento e integração da América Latina". Foi esse evento a constituir o precedente marcante mais imediato de Medellín.

Além desse motivo, Silvia Scatena acrescenta que houve um tal de "incidente de Melgar", pela reação suscitada por algumas adaptações litúrgicas realizadas, sob a responsabilidade dos bispos do DMC, durante uma missa celebrada nos dias do encontro. Isso lançou um certo descrédito sobre o evento (SCATENA, 2008).

Todavia, acreditamos que uma explicação mais plausível é que a questão missionária sofria com a desconfiança colonial, o preconceito e a marginalização das respectivas Igrejas nacionais, por estar vinculada a realidades eclesiásticas sob a jurisdição de *Propaganda Fide*, à tutela de agências e pessoal estrangeiro, sustentadas desde o exterior, desconexas de toda problemática de desenvolvimento e de transformação que investia o conjunto das sociedades latino-americanas nos anos de 1960 (ROMÁN, 1969, p. 199).

Se o Documento de Melgar não foi apresentado formalmente em Medellín, houve, no entanto, um aporte oficial do DMC sobre "A realidade das missões na América Latina", do secretário-executivo do departamento, Padre José Manuel Román (1969), e particularmente o pronunciamento sobre "A evangelização na América Latina", de Dom Samuel Ruiz García (1924-2011), bispo de San Cristóbal de las Casas, Chiapas, (México), um dos sete bispos latino-americanos convidados a discursar durante a conferência. O jovem prelado mexicano, que se tornou um dos principais expoentes daquela que será chamada de Teologia Índia, participou do encontro de Melgar. O impacto causado por esse evento foi como uma ruptura em sua maneira de pensar a evangelização (ANDREO, 2016). Gustavo Gutiérrez (2011) lembra que

> Melgar o ajudou a ver as coisas de uma perspectiva libertadora da América Latina. Posteriormente, e em várias ocasiões, ele evocaria, com simplicidade, o que aquele encontro, vivo e fecundo, significou para ele (e mesmo para todos nós que compartilhamos essa experiência).

Samuel Ruiz retomou em diversos momentos de sua fala o Documento de Melgar. Sua exposição constou de duas partes: a primeira, buscou fundamentar o sentido da evangelização na América Latina; a segunda, focou mais as tarefas concretas que essa evangelização exigia.

Já na introdução o bispo de Chiapas procurou descontruir o mito de que a América Latina era um continente católico:

> as injustiças sociais, os sincretismos religiosos, o ateísmo e a descrença manifesta, o tradicionalismo não ilustrado na recepção e administração mais mecânica que pastoral dos sacramentos, o individualismo na religiosidade, o laicismo das instituições, a penúria vocacional, a insuficiência do clero para o cuidado pastoral etc. Todas essas coisas são sintomas mais de uma Igreja em fase de implantação do que sinais de uma Igreja jovem e vigorosa (RUIZ, 1969, p. 147).

Numa das raras retrospectivas históricas em Medellín, Ruiz fez memória da evangelização do século XVI, onde "nosso jeito de ser religioso tem suas raízes". Mas a partir do século XVII considerou-se terminada a fase de primeira evangelização, de maneira que a segunda e terceira geração de missionários se dedicaram à instrução doutrinal, memorialística e moralística de índios já batizados, que não escaparam da incorporação numa sociedade preocupada somente com interesses de tipo social e econômico. Consequentemente, podemos entender que a evangelização no continente foi incompleta, e o erro era continuar a supor que uma catequese pudesse automaticamente tornar os batizados adultos na fé.

Um destaque apaixonado em sua *ponencia* foi dirigido à situação dos povos indígenas, marginalizados social, política, econômica, cultural e pastoralmente, aos quais não se reconhecia o direito de receber a mensagem cristã dentro de suas próprias culturas. Dom Samuel denunciou a falta de conhecimento e de planejamento, fazendo do indígena um *objeto* de assistência e não um *sujeito* de libertação, considerando sua integração como "um assassinato de sua cultura". Para as Igrejas latino-americanas o problema indígena não era o mais urgente, e por isso não era o mais importante:

> Poder-se-ia dizer com toda a energia que é preciso saber distinguir na nossa pastoral o que é urgente e o que é transcendente – mesmo que seja menos urgente. Sem esta posição, os séculos continuarão a se acumular sobre este vergonhoso problema que bem poderia ser chamado de fracasso metodológico da ação evangelizadora da Igreja na América Latina (RUIZ, 1969, p. 160).

Essa passagem é a mais intensa e relevante de todo seu discurso: um apelo que ficou ignorado e que representou uma das mais graves falhas de Medellín.

A partir dessas constatações, segundo Ruiz, na América Latina não se evangeliza: se catequiza sem uma verdadeira conversão ao evangelho, sem um encontro pessoal com Jesus Cristo e um compromisso com Ele, de modo que a fé é tão fraca que é incapaz de iluminar situações e problemas da vida das pessoas. Portanto, há uma emergência a ser pleiteada: "que a América Latina seja declarada em estado de missão e que nela se programe e realize uma profunda obra de evangelização" distinta da catequese (RUIZ, 1969, p. 161). A função da primeira é proclamar o essencial da mensagem para a conversão; a função da segunda é aprofundar a mensagem. Em consequência, "se na Igreja primitiva se batizava os convertidos, nossa tarefa hoje é converter os batizados" (p. 162). Essa convicção devia marcar a orientação do ministério profético da Igreja no continente.

As Conclusões de Medellín retomarão a necessidade dessa exigência, não colhendo bem, porém, a importância de uma evangelização de primeiro anúncio, confiando essa tarefa evangelizadora novamente à catequese (DM, VIII, 9a). Reafirmará a necessidade de uma "evangelização dos batizados" (DM, VIII, 9b), aplicando princípios da missão *ad gentes* para a evangelização de grupos sociologicamente cristãos e católicos. Expressões como "sementes do Verbo" (AG 11) e "balbucios de uma autêntica religiosidade" (DM, VI, 4), referindo-se a manifestações cristãs populares, indicavam por um lado que a evangelização era uma tarefa sempre atual para a Igreja e não somente algo que acontecia nos primeiros contatos com um povo, por outro, a necessidade de amadurecer uma aproximação valorativa, despojada e desarmada rumo ao mundo do outro.

4.1.3 A relevância missiológica das conclusões de Medellín

Destarte, mesmo sem produzir um documento propriamente missionário, Medellín não deixou de assumir de maneira ousada e criativa a missionariedade do legado conciliar, assim como a exigência de estender a noção de missão a todos os âmbitos da vida eclesial diante de uma situação generalizada de opressão e injustiça a partir da realidade dos pobres do continente.

Enquanto "evento gerador" entre um *antes* colonial e um *depois* libertador na caminhada da Igreja latino-americana, a II Conferência Geral do Episcopado Latino-Americano ofereceu aportes fundamentais que podemos destacar em três eixos inscritos na metodologia do "ver-julgar-agir", que estrutura cada um dos 16 capítulos do Documento Final[142]: (1) uma perspectiva peculiar de olhar para a

---

142. O Documento Final de Medellín não é "um" documento, mas 16, das 16 comissões de trabalho sobre os diversos temas, mais uma Introdução e uma Mensagem final aos povos da América Latina. Todavia, essas contribuições formam um conjunto, e por isso preferimos designar cada texto como se fosse um "capítulo" (BRIGHENTI, 2018, p. 151). Esses estão agrupados segundo os três eixos temáticos: Promoção

realidade histórica a partir dos pobres; (2) uma pergunta sobre o sentido nuclear da vocação e da missão da Igreja no mundo moderno/colonial; (3) a busca de caminhos concretos que podem responder às exigências e aos desafios missionários do tempo presente.

a) O olhar sobre a realidade. Deixar-se interpelar pelos "sinais dos tempos" constitui uma profunda mudança de desprendimento para uma Igreja acostumada a sentir-se mestra. Ver, compreender e reconhecer, inclusive com os aportes das ciências sociais, a partir de *situações* de marginalização, são novas posturas essenciais para a caminhada missionária, que tornam a Igreja novamente discípula no meio dos povos.

O olhar da Igreja latino-americana não é por nada neutro. É como o olhar do próprio Deus que vê a miséria do seu povo no Egito, ouve seu clamor e conhece seus sofrimentos (Ex 3,7). É o mesmo olhar de Jesus que, vendo as multidões, tem compaixão "porque estavam cansadas e abatidas como ovelhas sem pastor" (Mt 9,36). Nesse sentido, discernir os sinais dos tempos conduz a Conferência de Medellín a olhar frente a frente para a realidade de um continente que vive "sob o signo trágico do subdesenvolvimento, que não só afasta nossos irmãos do prazer de desfrutar dos bens materiais, mas de sua própria realização humana" (*Mensagem final*).

A II Conferência Geral do Episcopado Latino-Americano considera que essa situação de pobreza é o maior desafio ao qual deve fazer frente o anúncio do evangelho. A proclamação de um reino de amor e paz é incompatível com "uma situação de injustiça que pode ser chamada de violência institucionalizada" em que vivem os pobres da América Latina (DM, II, 16). Não é possível, por conseguinte, ficar "indiferente ante as tremendas injustiças sociais existentes na América Latina" (DM, XIV, 1).

Humana (I: Justiça; II: Paz; III: Família e demografia; IV: Educação; V: Juventude); Evangelização (VI: Pastoral popular; VII: Pastoral das elites; VIII: Catequese; IX: Liturgia); Estruturas da Igreja (X: Leigos; XI: Sacerdotes; XII: Religiosos; XIII: Formação do clero; XIV: Pobreza da Igreja; XV: Pastoral de conjunto; XVI: Meios de Comunicação Social). Citaremos o Documento de Medellín (DM), seguido pelo número do capítulo e do parágrafo.

Daqui nasce a intuição básica de Medellín que é a "opção pelos pobres", expressão que será consagrada em Puebla (DP 1134), inicialmente entendida como uma *missio ad pauperum*:

> O mandato particular do Senhor, que prevê a evangelização dos pobres, deve levar-nos a uma distribuição tal de esforços e de pessoal apostólico, que deve visar, preferencialmente, os setores mais pobres e necessitados, e os povos segregados por uma causa ou outra (DM, XIV, 9).

Essa opção é, primeiramente, uma questão de ótica: implica para a Igreja um deslocamento fundamental, uma *saída de si*, um "desprendimento" em termos de perceber e questionar a realidade do mundo do ponto de vista das vítimas sistêmicas de um capitalismo colonial. Medellín convoca, então, os cristãos a se comprometerem com a construção de uma sociedade justa e mais humana, sem marginalizados nem oprimidos.

Consequentemente, a opção pelos pobres se traduz para a comunidade dos seguidores de Jesus num testemunho de encontro, proximidade e solidariedade, que tem como sua referência primordial o mistério da encarnação do próprio Cristo que sendo "rico se fez pobre" (2Cor 8,9):

> Vimos que o mais urgente compromisso de todos os membros e instituições da Igreja Católica é purificar-nos no espírito do evangelho [...] este compromisso exige que vivamos uma verdadeira pobreza bíblica que se expresse em manifestações autênticas, sinais claros para os nossos povos. Só uma pobreza dessa qualidade fará transparecer a Cristo, Salvador dos homens, e descobrirá a Cristo, Senhor da história (DM, *Mensagem final*).

Enfim, a opção pelos pobres enxerga o "pobre" não como *objeto* e sim um *sujeito* com um rosto concreto, reconhecido em seu "valor inestimável aos olhos de Deus" (DM, XIV, 7): de destinatário da evangelização, tornar-se interlocutor e protagonista numa Igreja pobre.

b) Identidade e missão da Igreja latino-americana. Em Medellín, a Igreja latino-americana define sua própria identidade e missão quando convoca os cristãos a se comprometerem com a construção de uma sociedade justa, sem marginalizados nem oprimidos. O apelo para a ação é dramático: "não basta, certamente, refletir, conseguir mais clarividência e falar. É necessário agir. A hora atual não deixou de ser a hora da 'palavra', mas já se tornou, com dramática urgência, a hora da ação" (DM, *Introdução*, 3).

Essa ação tomou o nome de "libertação", conforme o clima político e cultural pós-colonial dos anos de 1960, a expressar a passagem da teoria do desenvolvimento para a interpretação da dependência, que fará de Medellín o símbolo de uma postura crítica e profética em perspectiva libertadora e descolonizadora. Não havia desenvolvimento nenhum para o Terceiro Mundo, muito pelo contrário: a situação de pobreza, gerada e sustentada pelas nações ricas, era estrutural e permitia de fato riqueza e desenvolvimento só para uma parte do mundo, e retrocesso para a outra. A solução para esse estado de injustiça colonial passava inevitavelmente por um processo de ruptura e de libertação. Estando assim as coisas, uma Teologia da Libertação tornava-se mais apropriada do que uma "teologia do desenvolvimento" ou "do progresso". Ademais, o conceito de libertação encontrava na Bíblia um fundamento bem mais consistente, que revelava de fato a ação de Deus na história.

Para Medellín é fundamental superar o dualismo grego e pensar que há uma única história:

> expressar sempre a unidade profunda que existe entre o plano divino de salvação, realizado em Cristo, e as aspirações do homem; entre a história da salvação e a história humana; entre a Igreja, povo de Deus, e as comunidades temporais; entre a ação reveladora de Deus e a experiência do homem; entre os dons e carismas sobrenaturais e os valores humanos (DM, VIII, 4).

Assim, a missão cristã implica "assumir totalmente as angústias e as esperanças do homem de hoje, a fim de oferecer-lhe as possibilidades de uma libertação plena, as riquezas de uma salvação integral em Cristo, o Senhor" (DM, VIII, 6), porque "a obra divina é uma ação de libertação integral e de promoção humana em toda sua dimensão" (DM, I, 4).

Desta forma, a clássica motivação da tradição missionária da *salus animarum* adquire um novo significado a partir de uma antropologia unitária (GS 14) que abarca toda a pessoa, em todas as suas dimensões, toda a humanidade, toda a criação, e mais ainda, toda a pessoa humana no contexto: "uma visão global do homem e da humanidade, e a visão integral do homem latino-americano dentro do desenvolvimento" (*Mensagem final*). Salvação não é algo de espiritualizante, mas promoção da vida já a partir desta vida, "passagem de condições menos humanas para condições mais humanas" (DM, II, 14a).

c) Reforma estrutural da Igreja. Para realizar essa missão libertadora, a Igreja latino-americana necessita de "estruturas pastorais aptas, marcadas pelo sinal da organicidade e da unidade" (DM, XV, 1). É preciso agir com "espírito colegial", no qual "os diversos ministérios não só devem estar a serviço da unidade de comunhão, mas também, por sua vez, devem constituir-se e atuar de forma solidária" (DM, XV, 7). É indispensável que as comunidades não se fechem sobre si mesmas, de maneira a garantir uma ação pastoral "necessariamente global, orgânica e articulada". Essa ação pastoral chama-se de "Pastoral de Conjunto": "quer dizer, toda essa obra salvífica comum exigida pela missão da Igreja em seu aspecto global, 'como que o fermento e alma da sociedade humana a ser renovada em Cristo e transformada em família de Deus'" (DM, XV, 9).

A estrutura apropriada para esse tipo de articulação é a comunidade de base:

> uma comunidade local ou ambiental, que corresponda à realidade de um grupo homogêneo e que tenha uma dimensão tal que permita a convivência pessoal fraterna entre seus membros [...]. Ela é, pois, célula inicial da estrutura eclesial e foco de evangelização e, atualmente, fator primordial da promoção humana e do desenvolvimento (DM, XV, 10).

Trata-se de comunidades pequenas, de tamanho humano, que permitem a ministerialidade e a corresponsabilidade de todos. Por isso, se recomenda de "procurar a formação do maior número de comunidades eclesiais nas paróquias, especialmente nas zonas rurais ou entre os marginalizados urbanos" (DM, VI, 13), ou seja, nas fronteiras periféricas.

Medellín insiste num modelo eclesial fundamentado na comunhão e na catolicidade (DM, XV, 5), na participação de todos e na comum dignidade (DM, XV, 6), na atuação solidária e no espírito colegial (DM, XV, 7), na comunicação fluida e constante entre a cúpula e a base (DM, XV, 8), na articulação desde as comunidades até os organismos continentais (DM, XV, 10-33), na renovação pessoal e na exigência de planos pastorais (DM, XV, 34-35). A II Conferência do Episcopado Latino-Americano aposta em um paradigma sinodal de um novo jeito de ser Igreja.

Do ponto de vista missiológico, uma reflexão sobre as CEBs, a Pastoral de Conjunto e as reformas estruturais, se insere na perspectiva da *plantatio ecclesiae*, ou da edificação da Igreja. Nesse modelo, considerado obsoleto exatamente por ser colonial e eclesiocêntrico, os missionários tinham que "implantar" a estrutura da Igreja nos lugares onde eram enviados (AG 6). Entretanto, tudo está em considerar de que Igreja estamos falando, de que Igreja queremos promover, de *como* queremos promovê-la e da relevância de um eventual projeto de Igreja para a qualidade, a operacionalidade e a finalidade da ação missionária. Trata-se de abordar a pauta eclesiológica da missão: qual Igreja para qual missão? Medellín, além de conclamar uma Igreja povo de Deus (DM, I, 20), articulada colegialmente, remete também a uma concepção de Igreja que brota do chão, por meio um processo de "eclesiogênese", a começar pelo "um núcleo mesmo pequeno" da CEB. Essa "família de Deus" se constitui como "fermento" para dar vida a "uma comunidade de fé, esperança e caridade" que se responsabiliza "pela expansão da fé, como também pelo culto que é sua expressão" (DM, XV, 10).

Identificada não somente com os pobres, mas também com os jovens, a Igreja na América Latina descobre na juventude um "sinal de si mesma" (DM, V, 10). Ser uma "Igreja jovem", como eram chamadas as Igrejas não europeias de recém-fundação, não significa para Medellín ser uma Igreja imatura a caminho da idade adulta, mas uma "Igreja sinal" (DM, VII, 13), "chamada a trazer uma revitalização [...] a ser uma perene reatualização da vida" (DM, V, 11), a promover "uma constante renovação de si mesma" para um "rejuvenescimento da humanidade" (DM, V, 12). Essa renovação consiste em apresentar "cada vez mais nítido na América Latina o rosto da Igreja autenticamente pobre, missionária e pascal, desligada de todo poder temporal e corajosamente comprometida com a libertação do homem todo e de todos os homens" (DM, V, 15a).

4.1.4 Luzes e sombras (des)coloniais

O objetivo de Medellín foi aprofundar as intuições fundamentais do Vaticano II para torná-las fonte programática e inspiradora para as Igrejas do continente. Esta recepção não foi entendida apenas como uma tradução do concílio, mas como sua reinterpretação. Desta forma, a II Conferência Geral do Episcopado Latino-Americano deitará as bases para uma virada crucial de uma Igreja colonial para uma Igreja libertadora, estabelecendo algumas premissas essenciais para uma missão em perspectiva decolonial a partir da América Latina, como a desvinculação do poder em suas dimensões políticas e econômicas, deixando, porém, pendente a desvinculação epistêmica e ideológica do eurocentrismo (SUESS, 2018, p. 359).

Pela relevância histórica que Medellín assumiu como "evento gerador" para a caminhada missionária do continente, é de suma importância individuar bem quais foram os avanços e os impasses em chave decolonial.

a) Em termos de irrupção do outro como sujeito. O mérito fundamental de Medellín foi situar o Vaticano II na fronteira colonial da América Latina, onde se encontra não a humanidade abstrata e universal, mas concretamente os *damnés*, os crucificados da história, as vítimas sistêmicas do capitalismo global.

O olhar de Medellín, porém, apesar das melhores intenções, ainda fica preso por um bom tempo a um benevolente enredo colonial. Com efeito, a perspectiva de uma Igreja pobre e "dos pobres", como sujeitos de sua própria história, ainda permanece uma tarefa histórica inconclusa na América Latina. Pouco avançaram também as Conferências Gerais sucessivas. O desafio de passar de uma Igreja "casa dos pobres" (DAp 8) para uma Igreja efetivamente "dos pobres", à qual corresponde um estatuto de mediação da salvação (DAp 257), parece hoje uma meta longe de ser alcançada:

> Aparecida reconhece que os pobres "se fazem sujeitos da evangelização e da promoção humana integral [...] e dão vida ao peregrinar da Igreja" (DAp 398). "Quantas vezes os pobres e os que sofrem [...] evangelizam realmente!" (DAp 257). Todas essas frases de efeito nos

documentos da Igreja ainda refletem certo paternalismo e um divórcio sociológico entre pobres e Igreja. A Igreja parece fazer algo para alguém que ainda não é Igreja. Quando Aparecida afirma que "a Igreja é [...] casa dos pobres" (DAp 8) ainda parece que os pobres e os outros, nessa casa, habitam um quartinho de empregada ou são inquilinos e não proprietários. Também a "Igreja samaritana" (DAp 26) ainda é uma benfeitora dos pobres e não expressa sua subjetividade na Igreja pobre (SUESS, 2013a, p. 92).

Da mesma forma, José Comblin (1990) chamava a atenção sobre a assimetria que continuava a existir a partir das práticas das CEBs do Nordeste do Brasil, e sobre as dificuldades de construir relações o mais possível paritárias com os interlocutores:

> O autoritarismo do temor foi substituído pelo autoritarismo do amor. Os sacerdotes falam mansamente, escutam, perguntam, manifestam muita paciência e bondade, participam de reuniões, ficam calados quando não concordam, mas deixam falar. Praticam todas as formas do diálogo. Têm as melhores intenções de praticar o diálogo. No entanto não há diálogo ou o diálogo é muito difícil (p. 344).

De uma colonização do poder para uma colonização do amor, as regras do jogo não mudam: os pobres têm um imenso sentimento de inferioridade diante de pessoas com prestígio e instrução e acabam se retraindo, não adquirem autonomia: sentem-se amoravelmente acolhidos, mas não ouvidos; reconhecidos, mas não compreendidos; objetos de compaixão, mas não sujeitos de transformação.

b) Em termos de processo de desprendimento e abertura. Em algumas partes, as Conclusões de Medellín reconhecem a pluralidade cultural dos povos latino-americanos (*Mensagem final*): denunciam a falta de integração sociocultural que deu origem à superposição de culturas (DM, II, 2); lembram o dever de respeitar os valores próprios das diversas culturas (DM, IV, 3); encorajam a assumir a diversidade cultural como ponto de partida para o anúncio da fé (DM, VIII 2); convidam a não julgar a religiosidade popular a partir de uma interpretação cultural ocidentalizada (DM, VI, 4a); exortam a encarnar a ação evangelizadora nas diversas culturas (DM, VI, 1; VIII, 8; IX, 7b).

Em outras partes, ponderam, com certo olhar ilustrado, que a libertação implica a integração dos povos indígenas à cosmovisão moderna-ocidental:

> sua ignorância [dos analfabetos em particular indígenas] é uma escravidão inumana; sua liberação, uma responsabilidade de todos os homens latino-americanos; devem ser libertados de seus preconceitos e superstições, de seus complexos e inibições, de seus fanatismos, de sua tendência fatalista, de sua incompreensão temerosa do mundo em que vivem, de sua desconfiança e de sua passividade (DM, IV, 3).

Medellín estará bem mais preocupada com o "gigantesco esforço para acelerar o processo de desenvolvimento no continente" (DM, XI, 18), do que com a questão étnico-cultural. Somente cinco vezes mencionará os indígenas, nunca os afro-americanos, os ciganos e outros povos. Segundo Paulo Suess (1998, p. 866) "os pobres de Medellín não têm rostos latino-americanos". Assim também a situação dos camponeses e indígenas é descrita e analisada não a partir de um enfoque antropológico, mas a partir de categorias como marginalização, analfabetismo e opressão, sob a ótica de uma cultura universal ocidental, não sem um certo sentido de superioridade com o qual se pretende purificar e incorporar as culturas nativas (DM, VI, 5). A esse respeito, a afirmação de Xavier Albó merece uma particular consideração: "o problema de ajudar os pobres em sua luta para que cheguem a superar a pobreza é algo muito diverso da luta para ajudar o outro a ser respeitado como outro" (TEIXEIRA, 1991, p. 104).

c) Em termos de habitar os contextos de fronteira. Medellín foi um evento "situado" num continente periférico marcado pela injustiça e pela pobreza, como fruto de uma violência institucionalizada, em busca de sua descolonização e da libertação de seus povos. As Conclusões assumem as inquietações do Documento de Melgar e do próprio Concílio Vaticano II de superar um conceito de missão jurídico-territorial, assim como as distinções entre uma "Igreja missionária" e uma "Igreja não missionária" (*Melgar* 2), diante da gravidade da conjuntura geral em que se encontrava a maioria da população.

Claramente, as categorias clássicas não davam mais conta da complexidade histórica, e nem de uma realidade eclesiológica pós-Vaticano II. A realidade latino-americana, certamente complexa, híbrida, desafiadora, tornava-se como um todo uma fronteira missionária. Por outro lado, a opção pelos pobres impulsionava a Igreja a uma tomada de posição a partir de um "lugar social", concretamente, as periferias, as favelas, as frentes e as causas dos oprimidos, promovendo uma inserção de agentes pastorais solidários e comprometidos com a transformação social. Esse movimento gerou pastorais e teologias fronteiriças, carregadas de certo idealismo e voluntarismo, mas sobretudo de um genuíno testemunho evangélico e de uma ousadia profética, até o dom da vida.

Medellín fomentou decididamente essa proximidade das diversas realidades eclesiais com as fronteiras sociais (DM, XIV, 10), participando da vida do povo marginalizado, habitando em casas modestas, renunciando a títulos honoríficos, vestindo de maneira simples e sem ostentação (DM, XIV, 12), compartilhando a sorte dos pobres e trabalhando com as próprias mãos (DM, XIV, 15).

Desta maneira, a II Conferência Geral do Episcopado Latino-Americano afirmou com decisão que a missão continuava tendo sua geografia (as periferias), seus interlocutores preferenciais (os pobres) e seus agentes qualificados (os religiosos), mesmo que todos os batizados fossem chamados a participar da mesma missão. Esses elementos obrigavam a Igreja a detectar campos específicos de presença, a inserir-se no meio dos povos e a convocar missionários e missionárias "profissionais" ao mesmo tempo em que se alargava a convocação a todo povo de Deus.

d) Em termos de projetos em perspectiva decolonial global. Medellín inaugura uma tradição libertadora da Igreja latino-americana na qual o Reino de Deus, em sua dimensão imanente, assume as feições de uma "nova sociedade": "é a tomada de consciência do evangelho social e de suas implicações para a justiça social, que exige uma nova ordem econômica, política e cultural, capaz de criar um mundo onde caibam todos" (BRIGHENTI, 2018, p. 160).

Pela sua própria natureza pluriversal, anticolonial, anticapitalista e antipatriarcal, projetos decoloniais procuram transcender barreiras identitárias étnico-nacionais, mesmo que estas possam eventualmente constituir um primeiro estágio de um processo de emancipação. Interculturalidade, ecologias dos saberes, cosmopolitismo subalterno, sociologia das emergências, transmodernidade, são todas perspectivas programáticas que apontam para um diálogo irrenunciável entre sociedades, povos, identidades e culturas, apesar do perigo permanente do ressurgimento de antigas e novas hegemonias. Por outro lado, um possível fechamento de horizontes a um âmbito exclusivamente étnico ou societário só poderia configurar um novo quadro hegemônico, dominado por um pensamento único, pelo rechaço do confronto crítico e pela resistência ao encontro com o outro: uma espécie de "autoimperialismo" (MOSER, 2016).

Em relação a um engajamento numa pluriversalidade decolonial, encontramos essa importante passagem na Mensagem final de *Medellín*:

> Por vocação própria, a América Latina tentará obter sua libertação a custo de qualquer sacrifício, não para fechar-se em si mesma, mas para abrir-se à união com o resto do mundo, dando e recebendo em espírito de solidariedade. De forma especial julgamos decisivo nesta tarefa o diálogo com os povos irmãos de outros continentes que se encontram em situações semelhantes às nossas. Unidos nos caminhos das dificuldades e esperanças, podemos conseguir que nossa presença no mundo seja definitiva para a paz (DM, *Mensagem final*).

Também no capítulo sobre os leigos se afirma a importância de um compromisso mais estendido, tendo presente a interdependência entre as nações num mundo globalizado (DM, X, 15): também isso faz parte de uma Pastoral de Conjunto.

No entanto, o que prevalece no Documento de Medellín é uma introspeção continental, que talvez deva ser entendida como busca de uma identidade autóctone, no meio das contradições, e em parte do fracasso, do processo evangelizador conduzido por uma Igreja eurocêntrica. Por outro lado, falta em Medellín uma tensão de integração, de cooperação e de solidariedade com outras Igrejas igualmente pobres, colonizadas e talvez mais necessitadas.

Além disso, o capítulo sobre a Paz, confundindo "dependência" com "imperialismo" (BRESSER-PEREIRA, 2005), e interpretando-a quase que exclusivamente como uma relação de exploração entre Norte-Sul do mundo (DM, II, 3), levará a uma ilusão independentista que não será capaz de abrir caminhos verdadeiramente libertadores num sistema-mundo globalizado, intrinsecamente coeso e interconexo. Destarte, esse desacerto não compreendeu de fato o espírito complexo e articulado do capitalismo desenvolvimentista, que opera não apenas economicamente dentro das sociedades nacionais, mas também simbolicamente, eurocentricamente e capilarmente no consciente coletivo de cada nação.

4.2 Missão como comunhão e participação – A questão missionária em Puebla

Medellín abriu caminhos cruciais para uma concepção missionária decolonial. A II Conferência Geral do Episcopado Latino-Americano optou claramente por uma noção orgânica de missão, pela missionariedade que abrange permanentemente toda atividade eclesial, por uma superação do conceito jurídico-territorial, por uma compreensão integral da salvação a partir de uma antropologia unitária, por um projeto de Igreja participativa, inculturada e inserida nos meios populares. São convicções que surgem das cinzas de uma missão *ad gentes* de cunho colonial ao ouvir o clamor da realidade dos povos do continente.

Ao se inspirar primeiramente na Constituição Pastoral *Gaudium et Spes* para encarar o desafio de uma dramática situação socioeconômica, deixará um pouco de lado a perspectiva do Decreto *Ad Gentes*, e com ele a profundidade da problemática missionária da relação evangelho-culturas.

Dez anos e meio depois, de 27 de janeiro a 13 de fevereiro de 1979, foi realizada na cidade de Puebla de los Angeles (México), a III Conferência Geral do Episcopado Latino-Americano, desta vez diretamente inspirada pelo tema da III Assembleia Geral / Sínodo dos Bispos de 1974, "A evangelização no mundo contemporâneo", e a consequente Exortação Apostólica *Evangelii Nuntiandi* demandada ao Papa Paulo VI. Desta forma, "como Medellín foi uma releitura do

Vaticano II para a América Latina e o Caribe, assim Puebla foi uma releitura da EN" (LORSCHEIDER, 2004, p. 9), mesmo se no final esse documento ficou um pouco em penumbra.

Em 1979, o pontificado já era outro, e começava a dar os primeiros passos numa direção de revisão crítica de Medellín a partir das premissas institucionais e ideológicas que se estabeleceram já na década de 1970, articuladas entre a Cúria Romana e setores conservadores da hierarquia latino-americana. Consequentemente, Puebla não resultou num compromisso maior e mais ousado de Medellín (SOUZA, N., 2019, p. 71), mas numa confirmação e ampliação, no meio de ásperos confrontos (COMBLIN, 1999, p. 204), das linhas proféticas traçadas pela conferência anterior, com alguns avanços significativos no que diz respeito à questão missionária.

4.2.1 O contexto socioeclesial e a questão missionária de Medellín a Puebla

A configuração eclesial entre a II e a III Conferência do Episcopado Latino-Americano (1968-1979) foi marcada por uma situação duplamente conflituosa: o agravamento da realidade sociopolítica e econômica no continente, e a exacerbação das tensões intraeclesiais em torno de Medellín e da Teologia da Libertação.

a) A realidade socioeclesial. O contexto social nessa década havia piorado: ditaduras militares assumiam o controle da maioria dos países da América Latina, com o apoio dos Estados Unidos e a incumbência de acabar com a "infiltração marxista" nas sociedades; modelos econômicos desenvolvimentistas e novos sistemas financeiros[143] agravavam a situação de injustiça, de desigualdade e de miséria da população; mecanismos repressores eram aplicados em nome da segurança

---

143. A conjuntura mundial dos anos de 1970 estava sensivelmente mudando em relação à década anterior, quando surgiu um novo sistema financeiro que ia revolucionar a sorte do capitalismo internacional. Em 1971 o governo americano decretou o fim da convertibilidade do dólar; em 1973 foram eliminadas as taxas de câmbio fixas entre as moedas dos principais países industrializados; em 1974 foram abolidos os controles de circulação dos capitais, e o ouro deixou de ser base material dos valores monetários. A hegemonia neoliberal começava a despontar no cenário planetário impelindo a passagem do equilíbrio de poder da atividade produtiva às instituições de capital financeiro.

nacional; instâncias políticas, sociais e judiciais eram cassadas; o exercício da cidadania democrática era impedido; direitos humanos eram inescrupulosamente violados com perseguições, encarceramentos, torturas e assassinatos.

Polarizações e conflitos sociais se refletiram também na esfera eclesial entre cristãos de diversas camadas que se identificavam com diferentes concepções teológico-pastorais e diferentes posições sociopolíticas. As linhas pastorais libertadoras promovidas por Medellín tornaram-se pujantes projetos de ação; as CEBs se consolidaram numa expansão e num desenvolvimento impressionante; a Teologia da Libertação promoveu um intenso movimento de publicações e de eventos públicos. Por outro lado, toda essa efervescência fez com que os setores integralistas se articulassem sob a bandeira militante do "anticomunismo".

As hierarquias conservadoras latino-americanas encontraram preciosos aliados em influentes membros da Cúria Romana que, logo após o Vaticano II, estavam se recompondo para retomar as rédeas administrativas e doutrinárias da Igreja, juntamente a uma revisão do próprio evento conciliar. Em tal conjuntura eclesial, continental e universal, particularmente acirrada, emergiu a ideia de convocar uma nova conferência do episcopado latino-americano com o intuito de reconsiderar e avaliar as orientações de Medellín[144].

b) A questão missionária. No âmbito dos impulsos produzidos por Medellín, por uma Igreja comprometida com a causa dos pobres, houve também uma evolução significativa no campo missionário especialmente voltado para a realidade indígena. Dando continuidade ao encontro de Melgar, o Departamento de Missões do CELAM (DMC) desenvolveu um intenso trabalho de reflexão e

---

144. Em novembro de 1972, por ocasião da XIV Assembleia Ordinária do CELAM em Sucre, Bolívia, o bispo auxiliar de Bogotá, Dom Alfonso López Trujillo (1935-2008), foi eleito secretário-geral, uma vez que o Núncio Apostólico invocou a autoridade do papa, sem que essa tivesse sido confirmada (COMBLIN, 1999, p. 207). Esse prelado de linha conservadora contava com todo o apoio restaurador da Cúria Romana, e já tinha sido protagonista de campanhas difamatórias contra a Teologia da Libertação, a recepção pastoral de Medellín e o próprio CELAM, junto ao padre jesuíta belga Roger Vekemans (1921-2007). Trujillo não via inicialmente de bons olhos a convocação de uma terceira conferência. Mas, com o tempo, ponderou que esta poderia representar uma ocasião para reverter as coisas em favor da retomada de uma linha integralista, aliada aos projetos de poder das elites nacionais.

articulação para que a questão missionária pudesse avançar, aprofundar e tornar-se mais relevante para as Igrejas locais. Nos anos a seguir realizaram-se vários eventos decisivos para configurar uma caminhada marcada pelo reconhecimento, valorização e protagonismo dos povos originários da América, suas culturas e seus projetos de vida.

Ainda sob a presidência de Dom Gerardo Valencia Cano, o DMC convocou em San Antonio de los Altos, em Caracas, Venezuela, em setembro de 1969, os bispos presidentes das Comissões Episcopais de Missões latino-americanas. O encontro propunha manter vivo o espírito de Melgar e traçar algumas linhas para uma pastoral missionária. Uma das suas primeiras constatações foi que muitas conferências episcopais ainda não demonstravam particular sensibilidade, e não tinham muito conhecimento sobre a questão missionária no continente (*Caracas* 3).

Em 1969, Dom Samuel Ruiz sucedeu a Dom Gerardo Valencia Cano na direção no DMC, priorizando em sua gestão a evangelização dos povos indígenas. Em março de 1971, o DMC promoveu o 1º Encontro de Pastoral das Missões no Alto Amazonas, em Iquitos, Peru, onde se frisou bastante a questão da encarnação da Igreja nas culturas da Amazônia, "nos seus ritos, nos seus ministros e nas suas estruturas, e dando-se a si mesma estruturas de maior unidade, propondo-se de ser fermento daquela cristã comunhão que se realiza na caridade" (*Iquitos* 32). Após enfatizar a solidariedade com os povos marginalizados, o respeito por suas culturas, a denúncia das injustiças e o reconhecimento das falhas da ação missionária, o Documento de Iquitos destacava a importância da questão litúrgica: posto que para muitos indígenas os gestos litúrgicos eram "atos incompreensíveis sem nenhuma relação com a vida do indivíduo ou da comunidade" (*Iquitos* 45), não havia alternativa de que "uma fé encarnada na cultura", que encontrava seus próprios meios de expressão em símbolos culturais que revelavam ao mesmo tempo "a personalidade de cada grupo humano e sua própria vivência da fé com dimensões e aspectos do mistério cristão desconhecido até o momento" (*Iquitos* 46).

Algumas semanas antes deste encontro foi emanada a famosa Declaração de Barbados, onde se acusava as missões religiosas de impor "critérios e padrões alheios às sociedades indígenas dominadas e que encobrem, sob um manto religioso, a exploração econômica e humana das populações indígenas". Por esse motivo, era preciso suprimir toda e qualquer atividade missionária junto aos povos originários das Américas, sob pena de incorrer "no delito de etnocídio ou de conivência com o genocídio" (BARBADOS, 1971, p. 325-326).

Em março de 1972, o movimento Pró-Unidade Evangélica Latino-Americana (UNELAM) convocou uma consulta missionária em Assunción, Paraguai, para encarar os questionamentos de Barbados. Nessa ocasião, missionários católicos e evangélicos comprometidos com a causa indígena chegaram à conclusão de que ainda era preciso "abandonar toda ideologia ou prática conivente com qualquer tipo de opressão", e que as Igrejas deviam "entrar num franco diálogo a respeito das situações culturais dos indígenas", no qual não podiam faltar "os próprios indígenas, nem suas organizações, como principais agentes de seu próprio destino"[145] (*Assunción*, p. 117).

Os encontros latino-americanos de Melgar e Iquitos foram marcas memoráveis para a caminhada missionária da Igreja do continente. No entanto, o Brasil esteve ausente em ambos. A CNBB tinha criado um Secretariado Nacional de Atividade Missionária (SNAM) que promoveu encontros sobre "pastoral da desobriga" (1967) em Brasília, e sobre "Presença da Igreja nas populações indígenas" (1968) em São Paulo. Mas o evento mais significativo foi IV Encontro Pastoral entre todos os bispos da Amazônia brasileira, realizado em Santarém, PA, em maio de 1972, que desencadeou um impulso decisivo de recepção de Medellín, estabelecendo duas diretrizes básicas para as Igrejas missionárias da Amazônia: (1) a encarnação na realidade, pelo conhecimento, pela convivência e na simplicidade, superando todo paternalismo e etnocentrismo; (2) a evangelização libertadora, sem dicotomias, "na consciente explicitação daquela plena libertação que a páscoa de Cristo traz ao homem e à história humana, em todas as conjunturas e latitudes" (CNBB, 2014, p. 15).

---

145. Essa recomendação de tornar o indígena protagonista da própria história, criando suas próprias organizações, foi posta em prática no Brasil a partir de abril de 1974, quando o recém-criado Conselho Indigenista Missionário (CIMI) promoveu despretensiosamente a I Assembleia de Chefes Indígenas, em Diamantino, MT, na sede da Missão Anchieta: esse encontro marcou a origem do movimento indígena atual (PREZIA, 2003, p. 56).

Naquele ano foi fundado também o Conselho Indigenista Missionário (CIMI), que em 1973 divulgou o impactante documento-denúncia "Y-Juca-Pirama. O índio: aquele que deve morrer", assinado somente por alguns de seus integrantes (seis bispos e seis padres). Esse texto, além de apresentar a problemática indígena – situação, causas, empasses –, convidava enfaticamente toda sociedade a olhar positivamente para os valores, as culturas e as cosmovisões dos povos originários da América, questionando fortemente o modelo missionário da integração, e adotando uma presença evangélica.

Finalmente, em junho de 1977, o DMC, juntamente com a Linha Missionária da CNBB, convocou o I Encontro Pan-amazônico de Pastoral Indigenista em Manaus, que contou com a participação de bispos e representantes das comissões missionárias da Bolívia, Brasil, Equador, Colômbia e Venezuela. Essa ocasião foi marcada por um confronto entre a postura da nova direção do DMC[146], mais preocupada com a evangelização, e a postura da CNBB, que já contava com uma atuação militante do CIMI, mais voltada para o aspecto libertador. Contudo, os participantes desse encontro chegaram ao consenso de renovar as opções de Iquitos pelas minorias étnicas, pela encarnação e pelas comunidades autóctones.

4.2.2 Panorama missionário em preparação a Puebla

A caminhada missionária latino-americana pós-Medellín, cadenciada por estes eventos, desembocou, junto a outros aportes, no processo de preparação para a III Conferência Geral do Episcopado Latino-Americano. Esse processo abarcou quase dois anos de trabalho entre 1977 e 1978. O CELAM organizou reuniões, seminários e encontros numa ampla articulação de consulta e participação.

Em dezembro de 1977 foi publicado um Documento de Consulta elaborado por um grupo de peritos. Houve críticas, sugestões, novos aportes que

---

146. A partir de 1974, Dom Samuel Ruiz passava o bastão do comando do DMC a Dom Roger Aubry, bispo de Reyes (Bolívia), redentorista, suíço, com o Padre Juan Gorski, missionário americano de Maryknoll, como secretário. Os dois trabalharam afinco para dar uma fisionomia à questão missionária, em continuidade com a administração anterior, mas com uma ênfase muito mais decidida sobre a centralidade do evento pascal da fé cristã, elemento transformador que convidava todos à conversão e à projeção *ad gentes*.

aproaram num Documento de Trabalho elaborado sob a direção do Presidente do CELAM, Dom Aloisio Lorscheider, mais quatro bispos representantes das regiões do continente, publicado em agosto de 1978. No entanto, esse documento acabou não sendo utilizado em Puebla, cujo Documento Final foi redigido a partir do Discurso Inaugural de João Paulo II, e não das proposições das Igrejas locais.

Em todo esse processo de preparação e de produção, infelizmente abortado, houve também uma significativa participação do DMC, que coordenou uma ampla pesquisa em vista da elaboração de um "Panorama missionário da América Latina", finalizado em julho de 1978. O objetivo desse labor foi oferecer um quadro geral e orgânico das diferentes situações missionárias, distinguindo âmbitos, tarefas, compromissos e interlocutores, e chamando à atenção das Igrejas locais sobre suas responsabilidades dentro e fora do continente (GORSKI, 1985).

O documento, em sua última redação, apresentava três partes: (1) situação missionária atual na América Latina; (2) reflexões teológico-pastorais; (3) o futuro da missão na América Latina.

1) A primeira parte iniciava com uma premissa para explicitar o conceito de "atividade missionária" do qual se entendia proceder. Com efeito, as Igrejas locais sentiam, mais uma vez, a necessidade de dar à noção de "missões" um sentido amplo, não restrito ao contexto do "território", pois "situações missionárias" explicitavam-se também onde havia carência de evangelizadores e de maturidade de fé, em "situações sociais" completamente novas, e não somente em âmbitos de primeiro anúncio. Além disso, chamava-se à atenção para a responsabilidade eclesial e missionária da América Latina para com o mundo inteiro e, portanto, com a missão *ad gentes* e *ad extra* do continente.

Em seguida, o *Panorama* descrevia a "situação missionária dos povos e grupos latino-americanos", reconhecendo que a América Latina era uma realidade complexa em termos socioculturais. Existiam "grupos culturais não ocidentais" e que ficavam à margem da ação evangelizadora, como consequência da mentalidade que identificava "a evangelização com a integração na cultura geral ou ocidental" (*Panorama*, p. 7). Tratava-se de povos indígenas, afro-americanos e ásio-americanos. Segundo o documento, suscitava inquietação o fato que

> os esquemas de valores e interpretações de sua vida sociorreligiosa procedem mais de seus costumes ancestrais e pré-cristãos do que do evangelho. Não dizemos que seus valores são antievangélicos, nem que sejam carentes de sentido cristão; só queremos notar que a profissão consciente da fé em Cristo não é valor determinante de sua vida religiosa (*Panorama*, p. 9).

Essas situações não eram as únicas que exigiam uma atenção missionária. O *Panorama* apontava também para as migrações, as "seitas" e o secularismo, esses últimos dois aspectos incluídos sob o item: "A precária adesão eclesial de muitos".

Uma vez analisada a situação sociorreligiosa do continente, o *Panorama* passava a oferecer uma visão da Igreja missionária latino-americana, com suas vitalidades e debilidades. Entre as vitalidades encontramos: a atenção para com as "situações missionárias"; novas e valiosas experiências de vida missionária, especialmente religioso-consagradas; melhores estruturas de coordenação; orientações teológicas mais claras; o surgimento em alguns setores de uma renovada consciência da dimensão universal da missão (*ad gentes*). Quanto às deficiências se detectava: a falta de uma evangelização mais audaz, integral e interpelante; insuficiências e lacunas na formação dos agentes de pastoral; dependência da Igreja do exterior e/ou da sociedade nacional; pouca coordenação entre os diversos setores missionários; indiferença geral com a dimensão universal da missão.

Segundo esse documento, conceitos, modelos e atitudes ambivalentes, inclusive a inculturação (*Panorama*, p. 24), dificultavam o dinamismo propriamente missionário, que devia resgatar o anúncio explícito do evangelho, exigir uma maior participação dos fiéis, juntamente a um testemunho comum mais ativo, criativo e responsável (*Panorama*, p. 25).

2) O *Panorama* oferecia algumas reflexões teológico-pastorais, tendo como base a Exortação Apostólica *Evangelii Nuntiandi*, de Paulo VI, articulando o elemento da evangelização com umas opções temáticas: evangelização e culturas;

evangelização e anúncio pascal; evangelização e libertação; evangelização e identidade apostólica.

O tema da cultura foi tratado sob um perfil antropológico e teológico: a cultura manifesta a maneira de vida de um povo; as ciências humanas nos ajudam a compreender essa realidade; Deus já está presente nas culturas, mas a Igreja não está isenta da tarefa de evangelizar. Numa ótica eurocêntrica sem muito disfarce, a Igreja local devia expressar "a encarnação da Igreja universal" (*Panorama*, p. 28).

A segunda temática, a dimensão do anúncio pascal, foi um dos destaque para fundamentar a urgência *ad gentes*:

> No acontecimento crucial de sua Páscoa, Cristo é constituído Senhor, revela plenamente o Pai, reparte os dons do Espírito Santo que fazem homens novos, passa *ad gentes* como irmão universal, funda sua Igreja e a envia a todos os povos, tornando-se presente nela para a salvação do mundo (*Panorama*, p. 29).

Essa realidade de fé assim expressa, todavia, parecia ser um tanto desencarnada, uma informação de algo que tinha um significado libertador primordial no seu contexto semântico e sociocultural, entendido, porém e de alguma forma, como universalmente padronizado.

Por sua vez, a questão da libertação era tratada no âmbito da "evangelização das culturas". O documento procurava não identificar "evangelização" com "libertação", como também evitava explicitar a dimensão da "libertação integral" de EN 33, preferindo a expressão "evangelização integral" no decorrer do texto. Neste sentido, o temor de um reducionismo materialista prevalecia sobre a busca por uma salvação histórica: parecia estar faltando sempre algo a ser comunicado aos pobres para eles se tornarem verdadeiramente gente livre.

Enfim, a relação entre evangelização e identidade apostólica ressaltava a carência de motivações missionárias nos sacerdotes, que, afinal das contas, configurava uma crise de fé. Identidade apostólica e missão procediam desta forma numa relação de causa-efeito. Deveras, o documento objetava: "se o evangelizador não tem clara consciência daquilo que ele é, como poderá realizar o encontro com as culturas para a evangelização das mesmas?" (*Panorama*, p. 31). Não questionava, porém, como o evangelizador poderia sair também evangelizado desse processo. A "clara consciência daquilo que ele é" fundamentava uma verdade inabalável, dificilmente aberta ao diálogo.

3) A terceira parte do *Panorama* procurava lançar algumas perspectivas para o futuro da missão na América Latina, desejando que não somente fosse reiterado o Documento de Medellín, mas que se avançasse sob o aspecto missionário, com uma Igreja dinâmica, alegre e otimista, apoiada no poder de Deus e não dos homens, pobre e a serviço dos pobres, serviçal e aberta às interpelações, que brotava no coração do povo e que dava testemunho de diálogo e unidade. Para alcançar esse objetivo se elencavam algumas prioridades em relação aos "destinatários" da evangelização, à qualidade evangelizadora da Igreja e à missão universal.

Sobre os "destinatários" privilegiados da ação missionária abria-se um leque muito amplo no qual estavam incluídos: os indígenas, particularmente da Amazônia; os mais diversos setores da sociedade (universitários, intelectuais, operários, governantes, militares, empresários etc.); as populações afro-americanas; as novas situações missionárias ("seitas", migrações, secularismo, precária adesão eclesial das massas etc.).

Já sobre as exigências para uma Igreja evangelizadora, se insistia: na inculturação nos diversos contextos socioculturais; na necessidade de uma evangelização libertadora; no esforço constante de esmerar critérios para um discernimento evangélico; na promoção das CEBs, de novos ministérios e de vocações autóctones; na formação missionária dos evangelizadores; na multiplicação dos intercâmbios solidários entre Igrejas-irmãs.

Por último, a responsabilidade da Igreja latino-americana com a missão universal era um elemento característico da direção do DMC que elaborou esse Panorama Missionário, e que tinha feito "um esforço sério para incorporar essa dimensão" (p. 23), com o auspício de promover um novo modelo de "missão de pobres para pobres" (p. 35). Não parecia um apelo que surgia das bases: a preocupação introvertida com os problemas pastorais locais dificultava de fato uma visão mais universal nas comunidades cristãs latino-americanas, como também a dependência do exterior fortalecia esta atitude (p. 27).

Apesar desse tema ter sido introduzido de maneira um tanto compulsiva (GORSKI, 1985, p. 291), o valor de sua provocação e de seu questionamento para a práxis eclesial latino-americana era indiscutível, assim como indiscutível é hoje a necessária disposição ao desprendimento e à abertura, à solidariedade e à fraternidade, ao diálogo e à proximidade, para fomentar um autêntico processo decolonial e intercultural global.

4.2.3 O evento e o documento de Puebla

Finalmente, a III Conferência Geral do Episcopado Latino-Americano começou em 28 de janeiro de 1979, com atraso em relação à programação inicial que previa sua inauguração em 12 de outubro de 1978. A morte de Paulo VI em agosto daquele ano e de João Paulo I logo depois fizeram prorrogar o evento de alguns meses sob um novo e insólito pontificado. A escolha do polonês Karol Wojtyla à cátedra de São Pedro em Roma tinha cumulado de apreensões e expectativas as Igrejas no mundo inteiro.

Com efeito, o discurso inaugural de João Paulo II em Puebla foi contundente e direcionado a confrontar "as incorretas interpretações" que se tinham feito de Medellín. Foi a partir desse discurso programático, e não a partir da *Evangelii Nuntiandi* e nem do Documento de Trabalho, que foi elaborada a pauta para o Documento de Puebla.

A alocução de Wojtyla constava praticamente de duas partes, sobre os problemas internos da Igreja e sobre a missão desta no mundo. Na primeira parte, o papa lançava o tema da verdade sobre Cristo, a Igreja e o homem, contra as falsas interpretações e reduções: uma retificação cristológica, eclesiológica, antropológica nesta ordem, que incluía uma chamada de atenção à CLAR para "evitar magistérios paralelos, eclesialmente inaceitáveis e pastoralmente estéreis" (*Discurso inaugural* 2.2).

Na segunda parte, o papa retomava a *Populorum Progressio* e a *Evangelii Nuntiandi* sobre os grandes temas sociais, com palavras decididas sobre a libertação integral, a "hipoteca social" da propriedade privada e a violação dos direitos humanos. Desta maneira, João Paulo II dava a entender a direção ambivalente de seu pontificado em relação à renovação conciliar: conservador na dimensão *ad intra*, comprometido na dimensão *ad extra*.

No final de seu discurso, o papa apontava para três temas pastorais a ser considerados pela assembleia que lhe estavam a peito: a família, as vocações e a juventude (bastante parecidos aos objetivos que Pio XII indicava para a Conferência de Rio de Janeiro). No entanto, a complementar o discurso do papa, o Cardeal Aloísio Lorscheider (1924-2007), presidente do CELAM e da Conferência, redirecionava a discussão para a situação de pobreza e opressão em que vivia a maioria da população, o maior desafio da evangelização na América Latina.

Puebla estava assim estruturada para trabalhar inteiramente nas 21 comissões em torno do tema geral da "Evangelização no presente e futuro da América Latina", e de quatro núcleos básicos: (1) visão pastoral da realidade latino-americana; (2) reflexão teológica sobre a realidade latino-americana, com enfoque no tema da evangelização; (3) agentes, meios e caminhos para a evangelização na Igreja latino-americana; (4) opções e ações da Igreja missionária a serviço da evangelização na América Latina.

Em função de uma análise sobre a noção de missão a partir de uma perspectiva decolonial, podemos evidenciar alguns eixos que emergiram de maneira preponderante nas conclusões desta III Conferência Geral do Episcopado Latino-Americano, no meio de um texto profuso, intenso e matizado, produto de não poucas negociações por parte de uma assembleia heterogênea, que vivia profundas tensões ao próprio interno.

a) Situar-se no reverso da história. "Situar" é a primeira palavra em letra maiúscula que aparece no primeiro parágrafo do DP. A Igreja latino-americana "se situa" e situa o tema da evangelização, seus conteúdos, seus processos, seus desafios, seus protagonistas e seus caminhos, no contexto específico do continente, de sua história, de sua realidade, de sua cultura, de seu futuro, "em continuidade com a que foi realizada nos últimos cinco séculos, e cujos fundamentos ainda perduram, depois de ter dado origem a um radical substrato católico na AL" (DP 1).

É também a primeira vez que aparece uma visão histórica num documento episcopal latino-americano. Certamente, se insiste mais nas glórias do que nas sombras desta caminhada, exaltando obras e figuras heroicas de pastores e missionários que defenderam os povos nativos: nenhum indígena, porém, aparece nesse elenco e o *mea culpa* pelo esquecimento dos afro-americanos consta só numa nota de rodapé no documento oficial. A colonização é citada em sua dramaticidade só uma vez, vinculada com a evangelização. De suas contradições surgiu uma "nova raça", uma "nova mestiçagem de etnias e forma de existência e pensamentos" (DP 5), que deu origem a um "radical substrato católico" do povo latino-americano (DP 7) como elemento constitutivo de sua essência (DP 412)[147]. Ao reconhecer essa específica identidade, Puebla se coloca "em continuidade" com essa obra missionária, "a fim de contribuir para a construção de uma sociedade nova, mais justa e fraterna", em que a tradição e o progresso "conjugam-se hoje em busca de uma nova síntese" (DP 12).

A ambivalência colonial desta perspectiva histórica desfalece, em parte, na visão da realidade atual da América Latina, sem dúvida, mais marcante. Ao assumir Medellín como fonte de inspiração e a EN 30, em que Paulo VI avoca para "o dever de anunciar a libertação" diante de tantas situações desumanas, Puebla reconhece na situação de extrema pobreza generalizada dos povos do continente, "feições concretíssimas, nas quais deveríamos reconhecer as feições sofredoras de Cristo, o Senhor (que nos questiona e interpela)" (DP 31). À célebre lista de rostos enumerados (DP 31-39) seguem as firmes denúncias contra a violação dos direitos humanos, a repressão sistemática, a ação das guerrilhas, a ausência da participação social, a corrupção, a ganância do mercado, o perigo

---

147. Visão extremamente colonial revelada por Silvia Rivera Cusicanqui (2010b), como se nessa "terceira raça" se quisesse enxergar uma desejada homogeneização cultural, "ao ver ou desejar ver (tão intensamente a ponto de confundir seus desejos com a realidade) no mestiço o desaparecimento do conflito que opunha a seus pais, confirmando assim um panorama promissor de seres harmoniosos, que enfrentam o futuro e estão dispostos a enfrentar as lutas da 'modernidade'" (p. 69). Por sua vez, "a negação da condição humana do colonizado foi sustentada pelas ideias tomistas sobre a alma e a razão: a cristianização foi, portanto, o caminho para a 'hominização' do índio e seu reconhecimento como ser racional" (p. 173).

das ideologias, o secularismo, o hedonismo, os privilégios das minorias, a influência nefasta dos meios de comunicação social. Todas essas realidades encontram suas raízes profundas na vigência do sistema econômico liberal (DP 64), na falta de integração das nações latino-americanas (DP 65), na dependência econômico-político-cultural (DP 66), na corrida armamentista (DP 67), na falta da reforma agrária (DP 68), na crise dos valores morais (DP 69) e, enfim, no mistério do pecado (DP 70).

Desta maneira, Puebla se situa com coragem no "reverso da história", do lado daqueles que eram ausentes e que agora se tornam presentes (GUTIÉRREZ, 1990, p. 20), migrando de lugar social do "centro" para a "periferia" (BRIGHENTI, 2019a, p. 211). Esse deslocamento consiste na "necessidade de conversão de toda a Igreja para uma opção preferencial pelos pobres, no intuito de sua integral libertação" (DP 1134), "medida privilegiada, embora não exclusiva, de nosso seguimento de Cristo" (DP 1145), embora implique "perseguições e vexames de vários tipos" (DP 1138). O tema da conversão em Puebla é frequentemente dirigido à Igreja mais que a seus interlocutores (DP 228, 338, 1140, 1147, 1206, 1221): uma Igreja "em permanente processo de evangelização" (DP 1305) que convoca continuamente seus membros a viver e anunciar a exigência da pobreza cristã e a rever suas estruturas (DP 1157), a descobrir o potencial evangelizador dos pobres que chamam à conversão, uma vez que "esta conversão traz consigo a exigência de um estilo de vida austero e uma total confiança no Senhor" (DP 1158).

Ao se deslocar para o reverso da história, a Igreja redescobre assim sua genuína identidade *a partir da sua missão* e de seu comprometimento com os pobres, enquanto sujeitos de evangelização e *locus* teológico fundamental:

> Viver e pensar a fé a partir dos "ausentes da história" implica recolocar o modo de se entender a mensagem salvífica do evangelho. Situar-se plenamente no mundo da opressão e participar das lutas populares pela libertação levam a uma releitura da fé. Mas essa releitura pressupõe uma localização na história diversa daquela em que se colocam os setores dominantes da sociedade [...]. O *locus* da teologia da liberdade [...] está nos pobres do subcontinente, nas massas indígenas, nas classes populares; está em sua presença como sujeito ativo e criador de sua própria história, nas expressões de sua fé e

esperança no Cristo pobre, nas suas lutas pela libertação (GUTIÉRREZ, 1981, p. 283-284).

b) Assumir a causa dos pobres e das culturas. "Assumir" é outro verbo que aparece frequentemente no DP: igual a "Jesus Cristo que assumiu a humanidade e sua condição real", a Igreja assume e convida todos a assumir a causa dos pobres como se estivessem assumindo a causa do Senhor (DP, *Mensagem final*). Dessa maneira, Puebla assume também a visão da realidade de Medellín (DP 25, 1134) e a função profética de ser voz para quem não tem voz (DP 268), acrescentando que a Igreja na América Latina "deve estar disposta a assumir com coragem e alegria as consequências da sua missão, que o mundo nunca aceitará sem resistência" (DP 161). O continente necessita de pessoas

> capazes de assumir sua própria dor e a de nossos povos e convertê-los, com espírito pascal, em exigência de conversão pessoal, em fonte de solidariedade com todos os que compartilham este sofrimento e em desafio para a iniciativa e a imaginação criadoras (DP 279).

Mas é particularmente em relação às culturas que se destaca em Puebla a dimensão da "assunção": "em virtude de sua missão específica, [a Igreja] se sente enviada não para destruir, mas para ajudar as culturas a se consolidarem em seu próprio ser e identidade" (DP 425). Com efeito, lembrando a máxima irineana "o que não é assumido não é redimido", e remetendo-se à EN 20 sobre o drama epocal da ruptura entre evangelho e cultura, o DP imprime marcas importantes em direção a uma evangelização inculturada. O termo inculturação ainda não tinha chegado a ser empregado pelos padres latino-americanos, os quais adotaram a passagem da EN, certamente colonial, de "evangelização da cultura". Todavia, Puebla forja a expressão no plural "assumir as culturas" (DP 400) de alguma forma já apontando para uma saída decolonial, não somente dirigida às culturas indígenas, mas também à religiosidade popular (DP 457) e ao processo de secularização (DP 434).

A "evangelização da cultura" não leva em conta as culturas nas quais o evangelho foi forjado e transmitido ao longo dos séculos. Parte do pressuposto da existência de uma cultura cristã e tem foco na mudança da cultura do outro (SUESS, 2019b, p. 139). O evangelho, porém, não tem cultura própria, "e consequentemente a evangelização não se identifica por certo com a cultura, e é independente em relação a todas as culturas" (EN 20). Da mesma forma, "assunção" não significa "identificação", mas "estreita vinculação" (DP 400), no sentido que "a edificação do reino não pode deixar de servir-se de elementos da civilização e das culturas humanas" (EN 20), como também estabelece "uma crítica das culturas, uma vez que o reverso do anúncio do Reino de Deus é a crítica das idolatrias" (DP 405). Com efeito, a evangelização acontece na reciprocidade de um diálogo que às vezes recorre a rupturas necessárias e dolorosas (DP 358).

Todavia, Puebla não chega a tanto: sustenta a adaptação em termos de realizar "o esforço de transvasamento da mensagem evangélica para a linguagem antropológica e para os símbolos da cultura em que se insere" (DP 404); "observa as culturas indígenas 'desde fora', tanto na sua avaliação positiva como em algumas lamentações etnocêntrica" (SUESS, 2019b, p. 137); almeja uma justa integração das etnias indígenas "no curso acelerado da civilização universal" (DP 423), sem avaliar suficientemente qual a origem das situações desumanas vivenciadas por estas; convoca "os homens de todas as raças e povos a se reunirem, pela fé, sob Cristo, no mesmo e único povo de Deus" (DP 425).

Contudo, pode-se atestar que nas conclusões da III Conferência do Episcopado Latino-Americano há elementos importantes de reconhecimento e de desejo de ir ao encontro dos povos do continente, que não permitem mais uma regressão colonial.

c) Comunhão e participação para a construção da nova sociedade. "Comunhão e participação" é o apelo mais característico do DP, repetido como um mantra, que encontra seu fundamento na vida trinitária (DP 197), à qual somos convidados a participar (DP 182, 213, 214, 218, 219, 240, 250, 316, 326), que se desprende na interdependente "relação do homem com o mundo como senhor, com as pessoas como irmão e com Deus como filho" (DP 322). Portanto, é um elemento central e crucial em ordem à missão entendida como uma convocação geral do povo de Deus, um protagonismo de cada um de seus sujeitos particularmente dos pobres, um projeto de sociedade solidária e plural, e um caminho colegial sem qualquer interdição, coerção e correção autoritária que, como vimos na preparação a Puebla, só traz desencanto, apatia e confusão.

Estas dimensões interligadas, que remetem necessariamente ao vínculo de fraternidade junto ao comprometimento livre e responsável de cada pessoa na missão da Igreja e na transformação da sociedade, "só podem existir nesta vida projetadas no plano bem concreto das realidades temporais" (DP 327):

> É necessário criar no homem latino-americano uma sã consciência social, um sentido evangélico crítico face à realidade, um espírito comunitário e um compromisso social. Tudo isto tornará possível uma participação livre e responsável, em comunhão fraterna e dialogante, para a construção da nova sociedade, verdadeiramente humana, penetrada de valores evangélicos. Ela deve ser modelada em comunhão com o Pai, o Filho e o Espírito Santo e dar resposta aos sofrimentos e aspirações de nossos povos, cheios de uma esperança que não poderá ser iludida (DP 1308).

Comunhão e participação são também dinâmicas eclesiológicas fundamentais, diastólicas e sistólicas, que juntas apontam para uma Igreja sinal (DP 272) e instrumento (DP 280), povo de Deus peregrino na história, sacramento universal de salvação, semente de unidade e esperança (DP 1301), "servidora e pobre que exerce sua função missionária com vistas à libertação integral do homem" (DP 697).

Ao constatar a participação de todos os batizados em todos os níveis e tarefas da ação eclesial (DP 125), "a Igreja convoca todos os seus filhos dentro de suas responsabilidades peculiares a serem fermento no mundo e a participarem como construtores de uma nova sociedade, em nível nacional e internacional" (DP 1133), assim como "abre-se para um diálogo de comunhão, procurando áreas de participação para o anúncio universal da salvação" (DP 1097). Comunhão e participação são caminhos habituais para a evangelização libertadora, que transformam os interlocutores contemporaneamente em destinatários e protagonistas da Boa-nova, com sua subjetividade e na sua relação. Assim como os pobres são os primeiros aos quais a missão se dirige (DP 1142), também revelam um "potencial evangelizador" que interpela constantemente a Igreja, "porque muitos deles realizam em sua vida os valores evangélicos de solidariedade, serviço, simplicidade e disponibilidade para acolher o dom de Deus" (DP 1147). De certa maneira, nesta fundamental reciprocidade, Puebla não faz somente uma opção *pelos* pobres, mas também *com* os pobres (SUESS, 2007a, p. 150).

Dessa forma, só uma Igreja que se torna testemunho de comunhão e participação, inclusive "onde se ensaiam formas de organização e estruturas de participação capazes de abrir caminho para um tipo mais humano de sociedade" (DP 273), será "o sinal mais eficaz de credibilidade do anúncio e serviço do evangelho, em favor da comunhão fraterna em toda a América Latina" (DP 657), podendo coerentemente propor também um modelo inspirador de democracia participativa, como *insight* interessante para uma perspectiva decolonial.

d) Integralidade da libertação e da missão. Preocupados com os reducionismos de cunho econômico-políticos ou, por outro lado, excessivamente espiritualistas (DP 90), os representantes das Igrejas latino-americanas reunidos em Puebla escolheram remarcar e desenvolver o caráter integral da mensagem cristã, em continuidade com Medellín. Esse aspecto deu novamente a oportunidade de captar a realidade histórica, os processos de transformação e as perspectivas de libertação na sua complexidade e na interconexão entre as diversas dimensões e elementos antropológicos e teológicos (DP 517).

O que salta aos olhos no DP é a reafirmação decisiva da "libertação integral" (DP 141, 166, 173, 189, 321, 480, 647, 696, 697, 895, 1134, 1166) e não da "evangelização integral" (DP 338), como queria o Panorama Missionário. Da mesma forma, ganham esse destaque também a promoção humana (DP 8, 147, 965, 1145), o desenvolvimento (DP 1113, 1281, 1290), a educação e a formação (DP 606, 1008, 1013), tudo para dar uma palavra clara de comprometimento com as causas históricas dos oprimidos e com a promoção da justiça como "parte integrante da evangelização" (DP 355, 476, 837, 871, 1254, 1283). A triste realidade que brada ao céu (DP 87), em que "em povos de arraigada fé cristã impuseram-se estruturas geradoras de injustiça" (DP 437), coloca de fato em xeque todo o processo de evangelização colonial do continente, projetando ao mesmo tempo o propósito de uma autêntica "evangelização libertadora" (DP 480-506).

Igualmente, a cristologia de Puebla tende a mostrar um Jesus Cristo em sua humanidade e divindade como "libertador integral" (DP 1183), "força motora da nossa história e inspiradora da verdadeira mudança social" (DP 174), que compartilha "a vida, as esperanças e as angústias de seu povo" (DP 176), e que revela o Reino anunciado já presente (DP 191). Ele encarna o "Servo de Javé" (Is 53) que "empreende seu caminho de doação abnegada, repelindo a tentação do poder político e todo recurso à violência" (DP 192), e que se identifica com os mais fracos e os mais pobres (DP 196).

Todavia, Puebla não supera uma visão prevalentemente cristomonista e eclesiocêntrica, reafirmando com firmeza os princípios da unicidade da mediação de Cristo (DP 213) e da exclusividade da Igreja como caminho normativo que detém a plenitude dos meios de salvação (DP 225), "o lugar onde se concentra ao máximo a ação do Pai" (DP 227). O DP fala também da livre-ação do Espírito, que "assumiu também o que havia de bom nas culturas pré-colombianas" (DP 201), que "chega àqueles que não conhecem a Cristo" (DP 208), e "que evangeliza os homens com sua riqueza multiforme" (DP 757). A dimensão pneumatológica, porém, não apresenta a mesma intensidade da cristológica.

Um outro aspecto importante que diz respeito à *dimensão integral* da missão da Igreja é a tentativa de esboçar um quadro exaustivo dos eixos, dos processos, dos âmbitos e das tarefas missionárias na e a partir da América Latina. Estamos no segundo capítulo da segunda parte, "Evangelização: dimensão universal e critérios", no qual se percebe a contribuição positiva do Panorama Missionário do DMC.

Em primeiro lugar, há a explicitação do dinamismo evangelizador delineado em cinco etapas: testemunho, anúncio, conversão, ingresso na comunidade e envio missionário. As primeiras quatro têm como referência o decreto conciliar *Ad Gentes*, no qual a missão terminava com a *plantatio ecclesiae*. Já a EN 24 considera o envio missionário "a pedra de toque da evangelização". Conclui-se que a parábola evangelizadora chega a um termo satisfatório não quando a pessoa se torna membro da Igreja, ou quando a comunidade cristã está finalmente constituída, mas quando pessoa e comunidade se tornam por sua vez missionárias.

Em seguida, Puebla traça um quadro das tarefas e das diversas situações missionárias na e a partir da América Latina. Começa cruzando dois eixos substanciais correspondentes à "profundidade" e à "extensão" da evangelização:

> A evangelização tem de calar fundo no coração do homem e dos povos. Por isso sua dinâmica procura a conversão pessoal e a transformação social. A evangelização há de estender-se a todos os povos; por isso sua dinâmica procura a universalidade do gênero humano (DP 362).

Quanto mais em profundidade se encarna o evangelho na vida dos fiéis, tanto mais estes se lançam em direção a outros povos.

Consequentemente, o serviço missionário da Igreja se articula a partir da formação de uma comunidade eclesial que amadurece sua fé por meio de uma catequese adequada e uma liturgia renovada (DP 363). Dessa maneira, os cristãos serão fermento no mundo e darão à evangelização vigor e extensão (DP 364). Estes sairão em missão para atender as "situações" que precisam de evangelização, a saber: (1) "situações permanentes", indígenas e afro-americanos (DP 365); (2) "situações novas", que nascem das mudanças socioculturais, como migrantes, metrópoles, marginalizados etc. (DP 366); (3) "situações particularmente difíceis", universitários, militares, operários, jovens, mundo da comunicação etc. (DP 367). Por último, como que um proceder por círculos concêntricos, se chega à missão *ad gentes*: "finalmente, chegou para a América Latina a hora de intensificar os serviços recíprocos entre as Igrejas particulares e estas se projetarem para além de suas próprias fronteiras", porque "devemos dar de nossa pobreza", visto que "nossas Igrejas podem oferecer algo de original e importante" (DP 368).

Puebla oferece assim um quadro orgânico das tarefas missionárias que ajuda a entender a articulação dos diversos âmbitos da missão, mas que permanece na teorização de sua concepção linear, por demais dedutiva e mecânica em sua proposição: até que ponto o escasso comprometimento dos pobres e das CEBs com a missão além-fronteiras pode ser associado à falta de penetração do evangelho em suas vidas?

No entanto, o que não se pode negar é o valor desta provocação para a práxis eclesial latino-americana e para as expressões de fé de seus povos, pois uma perspectiva decolonial amadurece no desprendimento da missão do eixo centro--periferia, sem renunciar a um compromisso libertador, solidário e sem fronteiras *entre periferias* de pobre para pobre.

e) O horizonte do Reino de Deus. Uma quinta temática que se destaca no DP é a perspectiva do Reino de Deus. Em Medellín, essa instância aparece *en passant* ainda com traços espiritualizantes, com a exceção de DM I, 3. Em Puebla, o assunto domina e determina o que será um horizonte característico da caminhada e da teologia latino-americana.

Especificamente, o tema é tratado na segunda seção do primeiro capítulo da segunda parte: "Desígnio de Deus sobre a realidade da América Latina", conteúdo da evangelização, "a verdade a respeito da Igreja". Nesse último item se evidencia a íntima ligação entre Cristo e a Igreja, e nela a relação entre a mensagem de Jesus, o Reino, e a Igreja (DP 226-231): "A mensagem de Jesus tem como centro a proclamação do Reino, que nele mesmo se torna presente e chega até nós. Este Reino, sem ser uma realidade separável da Igreja, transcende seus limites visíveis" (DP 226). Nesta passagem já aparece uma certa distinção entre Jesus, o Reino e a Igreja, como elementos estritamente correlatos, mas não igualados. Desaparece a identificação entre Reino e Igreja, motivo de um atávico triunfalismo típico do regime de cristandade, para dar espaço a uma realidade mistérica que se torna presente "também no coração dos homens que vivem fora do âmbito perceptível da Igreja" (DP 226). Já em relação a Jesus, o Reino constitui o quadro de referência que dá sentido às suas palavras e às suas ações: "Ele [Jesus] é o sinal eficiente da nova presença do Pai na história, o portador do poder transformante de Deus" (DP 191). Jesus, portanto, é o sinal e sacramento desse Reino que irrompe na sua pessoa e atinge as condições concretas da vida das pessoas.

Consequentemente, também a Igreja é "sinal" do Reino, que "nela se manifesta de modo visível o que Deus está realizando silenciosamente, no mundo inteiro", assim como é "o instrumento que introduz o Reino entre os homens, para conduzi-los à sua meta definitiva" (DP 227). O Reino se encontra nela como germe, apesar de ser "uma realidade humana feita de homens pobres e limitados" (DP 229).

Puebla se distancia decididamente da secularização do horizonte do Reino, confundido com um projeto político de aliança entre Igreja e Estado (DP 560), ou entre Igreja e ideologias políticas (DP 561), mas admite que "o Reino de Deus passa por realizações históricas", mesmo não se esgotando nem se identificando com elas (DP 193). Contudo, o Reino é algo em devir que se "constrói" e se refere "à promoção de libertação total da pessoa humana, em sua dimensão terrena e transcendente [...] sem confundir progresso terreno e crescimento do Reino de Cristo" (DP 475). A expressão "construção do Reino" é citada sete vezes (DP 358, 400, 787, 741, 853, 854, 875), e se apresenta como complementar a outras, "construção da sociedade", "construção da paz, da liberdade, da justiça" (DP 792), para tornar essa sociedade "mais humana, justa e fraterna" (DP 1128): uma clara referência a uma missão não voltada para uma espiritualização, uma doutrina, uma prática religiosa, uma prescrição moral, mas para uma humanização das relações e para uma sociedade alternativa (MIRANDA, 2014).

Essa tensão implica "rupturas que são necessárias e às vezes dolorosas" ao denunciar "o que se opõe à construção do Reino" (DP 358), "uma vez que o reverso do anúncio do Reino de Deus é a crítica das idolatrias" (DP 405). Essas idolatrias são as "injustiças institucionalizadas" da concentração da riqueza (DP 496), da cristalização das desigualdades (DP 129) e do uso totalitário do poder (DP 500): infelizmente, "os bens da terra se convertem em ídolo e em sério obstáculo para o Reino quando o homem concentra toda sua atenção em tê-los ou em cobiçá-los" (DP 496), ao invés de usá-los sem absolutizá-los, "pois são apenas meios para se chegar ao Reino" (DP 1148).

Muito mais o Reino de Deus é visto como um engajamento missionário "capaz de transformar nossa realidade pessoal e social e de encaminhá-la para a liberdade e a fraternidade" (DP 181); "não pode deixar de servir-se de elementos da cultura e das culturas humanas" (DP 400), e deve ser anunciado aos pobres (DP 488), chamando todos a participar (DP 853), especialmente o povo de Deus que "é enviado para servir ao crescimento do Reino nos demais povos", detectando onde se manifesta a presença do Espírito e denunciando onde opera o mistério da iniquidade (DP 267), e assim possibilitando um encontro autêntico com Deus.

Esse Reino já começou (DP 331), seu cumprimento permanece um horizonte que norteia um presente que constrói um futuro, um peregrinar "no seio da história que caminha para uma meta ainda não alcançada" (DP 254), revelando-se em cada passo de conversão pessoal e de transformação social (DP 362), nos contextos locais e em toda a extensão da história humana, para chegar à plenitude no encontro definitivo com o Pai (DP 210).

* * *

A noção de missão que emerge em Puebla é respaldada decididamente pela *Evangelii Nuntiandi*, mesmo não aproveitando de toda a riqueza e da profundidade da exortação montiniana. As investidas conservadoras, contidas de última hora por alguns incidentes providenciais[148], não conseguiram inverter o processo aberto por Medellín. Por outro lado, o Documento de Puebla não teve a mesma contundência; foi marcado por visões heterogêneas, por negociações e por um patrulhamento integralista mais serrado.

Contudo, as balizas de Medellín foram amplamente confirmadas e elaboradas com aportes substanciais sobre a "opção pelos pobres", a libertação integral, as CEBs e o horizonte do Reino. Sobre a questão missionária houve sem dúvida avanços na assunção das culturas, na elaboração de uma significativa teologia da evangelização e na sistematização de âmbitos e compromissos missionários com ênfase na missão sem fronteiras. Mais uma vez, porém, um documento da Igreja

---

148. Numa carta ao arcebispo brasileiro Luciano Duarte, publicada por um jornal mexicano no começo da assembleia, o secretário-geral do CELAM Dom López Trujillo externava todos os rancores contra seus adversários, acabando por arranhar de vez sua imagem, sua liderança e sua articulação conservadora para conter as perspectivas de Medellín (TRUJILLO, 1979).

latino-americana deixa escapar de sua análise e de sua reflexão alguns elementos coloniais-chave para um discernimento histórico de sua missão evangelizadora.

Sem dúvida, porém, o aspecto que mais se destaca no legado de Puebla é a missão como comunhão e participação, como envolvimento de todos os sujeitos que compõem o povo de Deus no serviço ao Reino, tecendo relações que enfatizam a dignidade e o reconhecimento de cada um e de cada uma, promovendo vínculos de fraternidade numa conjuntura histórica em que a cidadania e a democracia são reprimidas em todo o continente. A missão se transforma assim no *kairós* daquele Reino que anuncia, criando novos ensejos de diálogo, de participação, de serviço, de reciprocidade, de valorização, de interação e de interlocução, anunciando caminhos interculturais para um pluriverso mais humano.

4.3 Missão como evangelização inculturada – A questão missionária em Santo Domingo

A IV Conferência Geral do Episcopado Latino-Americano foi realizada em Santo Domingo, República Dominicana, de 12 a 28 de setembro de 1992, 13 anos depois de Puebla. Nesta ocasião se decidiu agregar explicitamente as Igrejas do Caribe, de maneira a chamar essas convenções, de agora em diante, de "Conferências do Episcopado Latino-Americano e Caribenho".

Santo Domingo reuniu cerca de 400 pessoas, incluindo bispos delegados de suas conferências episcopais, membros da Cúria Romana, assessores teológicos, convidados especiais e pessoal a serviço da assembleia. Paralelamente, outro grupo de teólogos, não oficiais e nem convidados, acompanhavam externamente as discussões das sessões, fazendo chegar importantes sugestões e contribuições.

Foi sem dúvida a conferência mais difícil e controversa do período pós-conciliar. No meio das posições tomadas pela Cúria Romana contra a Teologia da Libertação, e no ápice do pontificado marcadamente conservador de João Paulo II, a celebração dos 500 anos de evangelização da América era o pano de fundo de um debate extremamente polarizado entre comemoração triunfalista e memória penitencial.

Mais uma vez, a revisão das conferências de Medellín e de Puebla estava na agenda conservadora, apoiada declaradamente pela Santa Sé, pronta a jogar um papel nada discreto, particularmente com a presença da Comissão para a América Latina (CAL), do Secretário de Estado do Vaticano, o Cardeal Angelo Sodano, e do presidente do Conselho Pontifício para a Família, o agora Cardeal Alfonso Lopez Trujillo.

A IV Conferência Geral do Episcopado Latino-Americano e Caribenho não teve a mesma sorte das duas anteriores. Tudo, ou quase, correu em favor da corrente que desejava uma guinada religiosa, mais doutrinal, mais "evangelizadora" (BOFF, C., 1994, p, 26). Convocada nove anos antes por João Paulo II, as Igrejas latino-americanas disponibilizam de um longo período de preparação, até que o papa definisse em dezembro de 1990 o tema da conferência: "Nova Evangelização, promoção humana e cultura cristã", com o lema: "Jesus Cristo ontem, hoje e sempre" (Hb 13,8). Nesse momento, documentos de consultas foram elaborados e rechaçados, até chegar a um Documento de Trabalho (1992) que novamente não foi utilizado.

Num clima de tensão e descontinuidade, a reflexão missionária se articulava em torno de três grandes eixos com suas implicações coloniais: a Nova Evangelização, a inculturação e a missão *ad gentes*.

4.3.1 *O contexto socioeclesial e os debates sobre Nova Evangelização, inculturação e descolonização*

Os anos de 1980 na América Latina foram qualificados pela CEPAL de "década perdida". A profunda crise que se desencadeou na região, provocada por um complexo conjunto de causas internas e externas, mergulhou os diversos países numa estagnação geral. A "crise da dívida" caracterizou dramaticamente essa época causando uma redefinição das estratégias de desenvolvimento e a uma política de ajustes econômicos de cunho neoliberal pelos estados nacionais, mediada, quando não imposta, pelo FMI (SARRO, 2013).

A hipoteca humana desse processo foi um empobrecimento cada vez maior, a redução dos salários, o aumento do desemprego e do subemprego, a condição de miséria de aposentados e pensionistas, a marginalização de grandes segmentos da população e a impotência do Estado em fazer frente aos enormes problemas sociais decorrentes. A esperança de um rápido crescimento industrial não se realizou, deixando grandes setores da população marginalizados, numa sociedade que passava vertiginosamente de agrária para urbana. Destarte, os "oprimidos" dos anos de 1970 se tornavam progressivamente "excluídos" do mercado de trabalho nos anos de 1980 e 1990.

Do ponto de vista sociopolítico, a década de 1980 foi de grande impulso em prol da consolidação democrática em muitos países latino-americanos (MALLMANN, 2008). A própria situação econômica gerou uma inquietação social de tal ordem que não podia mais ser contida pelo dispositivo da ditadura. A abertura democrática acompanhada por grandes movimentos de massa foi fundamental para o crescimento da consciência política da população, mas não ajudou de imediato a melhorar as condições de vida dos mais pobres.

a) O **"inverno eclesial".** Nessa conjuntura neocolonial, a Igreja latino-americana vinha empreendendo seu caminho profético à esteira das linhas implementadas por Medellín e Puebla, fortemente engajada na promoção da justiça e nas lutas populares, desta vez, porém, experimentando o implacável confronto com a Cúria Romana e os setores mais conservadores do episcopado latino-americano, que tinham começado a se articular já na década anterior. As tensões manifestadas em Puebla vingaram prepotentemente no processo restaurador do pontificado de João Paulo II. Essa época foi chamada com os termos mais sombrios de "inverno eclesial", "noite obscura", "volta à grande disciplina" etc. (CODINA, 2008b, p. 142).

Particularmente, a Teologia da Libertação foi alvo de duas instruções do ex-Sant'Uffizio, a *Libertatis Nuntius* em 1984 e a *Libertatis Conscientia* em 1986, com as quais se quis chamar à atenção sobre seus possíveis desvios inerentes a conceitos assumidos das correntes do pensamento marxista. Embora nunca tenha sido condenada formal e definitivamente, a Cúria Romana dava um claro sinal de desagravo contra a Igreja e a teologia latino-americana, considerada imatura e ideologicamente contaminada.

Contudo, como afirma Victor Codina (2006, p. 7), a crise eclesial devia se situar dentro do contexto mais amplo das profundas transformações socioculturais que estavam acontecendo no mundo. A Igreja, que no concílio abria-se timidamente à modernidade, se encontrava agora em um momento de profundo desconcerto diante dos avanços da tecnologia, da globalização e da pós-modernidade. Ainda mais que as questões teológicas colidiam agora frontalmente com o reconhecimento crescente do pluralismo religioso e com a sensibilidade secular extremamente crítica sobre questões de natureza religiosa. Desta maneira, a crise eclesial se debatia não somente sobre uma desejável reforma estrutural da Igreja, mas também – e muito mais profundamente – sobre o sentido de sua própria existência e de sua missão.

O anseio em dar respostas à altura dos desafios do momento histórico, projetou o pontificado de João Paulo II a um enérgico, extenso e também controverso, desempenho magisterial. Wojtyla sentia-se investido de uma missão muito especial, uma missão que sua própria pessoa encarnava, que devia ser estendida à Igreja universal como nova modalidade de presença e de renovado compromisso no mundo: essa perspectiva que caracterizou e permeou o horizonte de toda uma época, foi chamada de Nova Evangelização.

b) A Nova Evangelização. Aquele que se tornará o *leitmotiv* do longo papado wojtyliano, surgiu por ocasião de seu discurso de abertura da XIX Assembleia Ordinária do CELAM, em Port-au-Prince, no Haiti, em 9 de março de 1983. Ao se dirigir aos representantes da Igreja no continente, e ao lembrar da proximidade da comemoração do V Centenário da descoberta da América e do início de sua evangelização, o papa convidou a celebrar essa data com "uma séria reflexão", com olhar de gratidão pela obra realizada mas também com o propósito de "um renovado compromisso [...] não de reevangelização mas de uma evangelização nova: nova no entusiasmo, nos seus métodos, na sua expressão". Pressupostos para essa Nova Evangelização eram: a) suscitar novas vocações para "contar com sacerdotes numerosos e bem-preparados"; b) "formar um número cada vez maior de leigos prontos a colaborar eficazmente na obra evangelizadora"; c) difundir e recuperar "a integridade da mensagem de Puebla, sem interpretações deformadas, sem reducionismos deformantes e sem aplicações indevidas." Mais uma vez, repetiam-se insistências parecidas com as de Pio XII na *Ad Ecclesiam Christi*, na convocação da Conferência do Rio de Janeiro.

Para atender a estes apelos do papa, o CELAM decidiu realizar a IV Conferência Geral do Episcopado Latino-Americano e Caribenho em 1992, em Santo Domingo, para comemorar os 500 anos de evangelização, na ilha aonde chegaram os primeiros evangelizadores. Há um nexo simbólico, portanto, entre celebração dos 500 anos, Nova Evangelização e convocação da quarta conferência.

O tema que estava mais a peito de João Paulo II era a evangelização das culturas, e particularmente da cultura moderna. Esse anseio abriu o caminho para uma reflexão sobre a relação evangelho e culturas, e mais especificamente sobre o tema da inculturação, que faz ingresso no debate teológico-pastoral latino-americano, praticamente, às vésperas da Conferência de Santo Domingo.

c) Inculturação e descolonização. Esse tema da inculturação se situava como ponto de chegada de um processo de libertação e de descolonização, e não como ponto de partida de uma pretensão de evangelização das culturas. Com efeito, não se começa pela constatação do drama da ruptura entre evangelho e cultura (EN 20), mas da trágica imposição de uma cultura sobre a outra, e da consequente necessidade de descolonizar a evangelização para propiciar caminhos de inculturação, reconhecendo que Deus já estava presente nas culturas oprimidas.

Diversos eventos, documentos e estudos foram dedicados a abordar essa perspectiva de descolonização e inculturação, particularmente, no que dizia respeito às culturas indígenas[149]. Entre as várias manifestações e pronunciamentos,

---

149. Destacamos o II Encontro Ecumênico Pan-amazônico de Pastoral Indigenista, convocado desta vez pela Comissão Evangélica Latino-Americana de Educação Cristã (CELADEC) e pelo CIMI, realizado em Manaus, em novembro de 1980; a I Consulta Ecumênica de Pastoral Indigenista, que teve lugar em maio de 1983, em Brasília, na qual participaram agentes de diversas Igrejas da América Latina, indígenas de 14 países, assessores teólogos e antropólogos; o Departamento de Missões do CELAM, por sua vez, reuniu os bispos representantes das pastorais indigenistas de doze países latino-americanos, em Bogotá, em setembro de 1985, em razão do apelo de João Paulo II por uma Nova Evangelização. Até a Conferência de Santo Domingo, aconteceram também: a II Consulta Ecumênica de Pastoral Indigenista em Quito, Equador, em

chama à atenção a declaração do encontro de Ypacaraí, Paraguai, convocado pelo Departamento de Missões do CELAM – que a partir de Puebla passava a adotar a sigla DEMIS – realizado em agosto de 1990. Nesta ocasião os bispos responsáveis pela pastoral indigenista da Região do Cone Sul apresentaram uma contribuição à iminente IV Conferência Geral do Episcopado Latino-Americano e Caribenho, acolhendo positivamente os desafios da Nova Evangelização, mas explicitando que isso significa uma ruptura com o

> nosso etnocentrismo cultural e religioso que perpetua e reproduz o sistema colonial; o modelo de Igreja de cristandade e um estilo pastoral importado da Europa; uma mentalidade fatalista que não acredita no futuro dos povos indígenas; a aliança com o poder político e econômico [...]; a dicotomia promoção humana *versus* evangelização; o paternalismo missionário (CELAM, 1991, p. 251).

"Para nós – continua a Declaração de Ypacaraí – a Nova Evangelização, concretamente, significa dois processos: descolonização e inculturação libertadora da Boa-nova" (1991, p. 251). Pela primeira vez se tematiza a inculturação, conceito utilizado em alguns documentos anteriores, vinculando-o à descolonização e em analogia com o mistério da encarnação. Deste momento em diante o termo entra a fazer parte da reflexão teológica latino-americana, aglutinando em seu paradigma fundamental os debates e os compromissos assumidos pela pastoral indigenista e indígena libertadora após Medellín.

d) A Teologia Índia. Contudo, a articulação e a reflexão mais significativa que emerge neste período, em relação aos temas da inculturação e da descolonização junto aos povos originários da América, é o surgimento da Teologia Índia. Com o I Seminário Latino-Americano, realizado na Cidade do México de 16 a 23 de setembro de 1990, essa "teologia contextual" faz seu ingresso oficial no debate eclesial do continente como conjunto de testemunho, estudos, reflexões e propostas de extrema importância para um paradigma missionário em perspectiva decolonial.

---

julho de 1986; o Encontro de Pastoral Indígena da Amazônia em Fusagasugá, Colômbia, em agosto de 1988; e a III Consulta Ecumênica Latino-Americana em São Paulo, Brasil, em janeiro de 1991.

Essa insurgência colocava o dedo na maior lacuna da caminhada eclesial latino-americana, particularmente vinculada ao surgimento e ao desenvolvimento da Teologia da Libertação. Nesse processo os indígenas não existiam:

> Quase não foram citados uma ou duas vezes de passagem [...] quando apareciam, os indígenas não eram como indígenas, eram só pobres. Sua situação cultural não foi levada em conta [...]. Sua cultura oprimida também exigia a libertação, e a abordagem peculiar que as culturas deram à existência dos povos contextualizou sua situação social de uma maneira diferente (SILLER ACUÑA, 1991, p. 51).

Agora, a irrupção dos povos originários como sujeitos históricos brotava do anseio não somente de reivindicar o direito de viver e expressar de maneira identitária a sua fé, mas também de elaborar uma própria teologia para comunicar aos demais a riqueza de sua experiência e de sua sabedoria.

Desta maneira, a Teologia Índia foi resgatando progressivamente a vivência ancestral das sementes do Verbo presentes no meio das culturas originárias, colocando-a em contato com a proposta cristã trazida pelos missionários.

Sendo uma "teologia" que fala do mundo mítico-simbólico dos povos nativos das Américas, de suas crenças e de suas práticas religiosas milenares, carece de fato das características principais que marcam o estatuto da teologia ocidental clássica. Neste sentido, o desafio que a Teologia Índia postula é eminentemente epistêmico:

> Para nós, as teologias índias são como a gramática com a qual nós, índios, organizamos nosso saber sobre Deus. Pode ser que essa gramática, como é frequente em nossas línguas, não seja escrita e nem mesmo explícita, mas atue com muito rigor ao narrar mitos, celebrar ritos e agir diante de qualquer acontecimento da vida. [...] É muito provável, como sugerem alguns pastores, que o que fazemos seja mais adequado ao termo *sabedoria* do que ao de *teologia*, porque na verdade é um saber que não está ligado ao conhecimento frio e sistemático dos livros, mas um conhecimento quente e picante de Deus, a quem conhecemos não apenas com a mente, mas com o coração e toda a nossa vida. Pensamos que isso também deveria ser teologia na Igreja; porque Deus não pode ser objetivado como os demais objetos de conhecimento e ciência [...]. Consequentemente, é de

uma forma muito análoga que a Igreja usa o termo ciência para teologia (LÓPEZ, 2002, p. 6-7).

Apesar de essa teologia ter seus antecedentes históricos e de ter sido acompanhada, desde seu reflorescer, pelos Departamentos de Missões do CELAM e das diversas conferências episcopais do continente, a Teologia Índia foi cerceada por muita desconfiança pelas autoridades eclesiásticas e em particular pela Congregação para a Doutrina da Fé, sem conseguir até hoje um adequado reconhecimento[150].

4.3.2 A questão missionária ad gentes e ad extra a partir da América Latina

Os debates sobre os caminhos da pastoral indígena e indigenista na América Latina remetiam, fatalmente, para uma reflexão mais profunda sobre a evangelização de primeiro anúncio dentro do continente, consequentemente, também fora dele, além-fronteiras, como participação das Igrejas latino-americanas à missão universal *ad gentes*. Nos ambientes e organismos mais especializados, articulados pelo Demis, ressoavam como um mantra as palavras das conclusões da III Conferência: "Finalmente, chegou para a América Latina a hora de intensificar os serviços recíprocos entre as Igrejas particulares e de estas se projetarem para além de suas próprias fronteiras, *ad gentes*" (DP 368).

Este apelo ou, mais precisamente, esta convocação, não teve uma repercussão significativa na pastoral e na produção teológica latino-americana. Sua provocação e seu chamado ficaram restritos às instâncias mais diretamente interessadas, vinculadas às Pontifícias Obras Missionárias, aos Departamentos de Missões de cada Conferência Episcopal e aos institutos de vida apostólica e consagrada que faziam referência à Congregação para a Evangelização dos Povos.

---

150. A partir de Bartolomeu de las Casas que se começa a falar de *theologia indorum* (LÓPEZ HERNÁNDEZ, 2002, p. 6-7). No entanto, o primeiro documento do magistério que cita a Teologia Índia é o Documento Final do Sínodo da Amazônia (DSA 54) de 2019; em seguida, a Exortação de Francisco *Querida Amazônia* (QA 111) cita furtivamente no final uma passagem do III Simpósio latino-americano sobre Teologia Índia, organizado pelo CELAM na cidade de Guatemala de 23 a 27 de outubro de 2006.

1) Os anos de 1980 viram um desenvolvimento da temática da missão *ad gentes* bastante articulado, cadenciado, particularmente com iniciativas de estudo e aprofundamento juntamente a experiências de contatos com realidades eclesiais de outros continentes. Esses empreendimentos confluíram em algumas publicações de certa relevância, entre outras: (1) a obra de José Marins e equipe, gerada a partir de duas viagens a 11 países da Ásia, com o título "América Latina missionária: sair ou ficar?" (1984); (2) a coletânea organizada por um grupo de trabalho que reuniu eminentes teólogos e pastoralistas[151], "A missão a partir da América Latina" (1983); (3) o opúsculo de Segundo Galilea (1928-2010), o teólogo da libertação que mais se debruçou sobre a questão missionária[152], "A responsabilidade missionária da América Latina" (1983).

As três obras, em suas distintas propostas, partiam de uma inquietação fundamental: por que a América Latina não consegue ser missionária *Ad Gentes*? A resposta a essa pergunta envolvia diversas questões. Em primeiro lugar, era preciso abordar o problema do que se entendia por "missão", e se o modelo da "missão estrangeira" condizia com a realidade sociorreligiosa e eclesial latino-americana. A busca por uma renovada ideia integral de missão, que pudesse abarcar todas as dimensões, todos os âmbitos, internos e externos, e todos os sujeitos do povo de Deus, se fazia necessária à luz do Vaticano II, de Medellín, da *Evangelii Nuntiandi* e de Puebla, particularmente tendo presente a doutrina conciliar sobre a relação entre Reino e Igreja (PAPE, 1983, p. 169).

Todavia, havia também uma objeção identitária que pairava, no sentido de que a afirmação de DP 368 não podia ser desvinculada de um longo processo de personalização da Igreja latino-americana: "enquanto uma Igreja não atinge esta experiência personalizante de seu próprio ser e dos conteúdos que pode transmi-

---

151. São eles: Carlos Pape, José Comblin, Juan Gorski, Gaetano Maiello, Segundo Galilea e José Marins.

152. Segundo Galilea foi um presbítero chileno que trabalhou nos anos de 1960 no Centro Intercultural de Formação e no Centro de Informação e Documentação em Cuernavaca, México, ambos fundados pelo então mons. Ivan Illich (1926-2002). Colaborou com o Instituto Pastoral Latino-americano do CELAM (IPLA) e com a Confederação de Religiosos da América Latina (CLAR). Foi diretor da revista *Pastoral Popular*. Ministrou cursos a missionários latino-americanos enviados ao Oriente. Junto com outros padres, organizou um instituto missionário no exterior.

tir, delega seu compromisso *ad gente*s à esfera das coisas que se aceitam, mas não se vivem" (PAPE, 1983, p. 22).

Contudo, para Galilea, era preciso enfrentar "o desafio missionário de 'dar de nossa pobreza' ou de ficar indefinitivamente empobrecidos" (1983, p. 22). A tônica da pobreza, que "não só não é um obstáculo, mas pode se transformar num caminho de renovação missionária" (p. 36), permitiu aos diversos autores de tratar a missão *ad gentes* em termos descolonizadores: uma missão de pobre para pobre, com meios pobres, libertadora, profética, martirial, itinerante, comunitária e intereclesial (MARINS, 1984). Neste sentido, a América Latina se apresentava como um interlocutor privilegiado junto às realidades do Terceiro Mundo (GALILEA, 1983, p. 48), na promoção de um novo modelo de missão e de Igreja em função do Reino.

"Esta ação missionária não representa apenas um movimento de abertura para outras Igrejas, mas sobretudo uma nova atitude da Igreja em relação a si mesma", afirmava Marins (1984, p. 209). Era um caminho que apontava para uma conversão, uma responsabilidade eclesial e uma saída de si: "enquanto esta não for alcançada, não se terá chegado à maturidade na evangelização" (GALILEA, 1983, p. 9). Quando uma Igreja se fecha introspectivamente em si, em seus problemas, em seus próprios âmbitos, em suas próprias tarefas, acaba inexoravelmente perdendo a consciência de ser enviada ao mundo e se atrofia, perde de entusiasmo apostólico: "de fato a AL se lança na ação missionária, não tanto para salvar aos outros, mas para 'salvar-se'" (MARINS, 1984, p. 235).

As perspectivas promovidas por estas reflexões se situavam na ordem das projeções e dos impulsos para um progressivo amadurecimento missionário das Igrejas latino-americanas. Esse processo ficou aquém das expectativas: nunca houve a abertura esperada[153]. A formulação de boas intenções de uma missão "de

---

153. Em termos de envio de missionárias e missionários além-fronteiras para outros países e continentes, os únicos dados que dispomos são os da Igreja no Brasil e remetem ao ano de 2001. Na época contava-se "apenas", pelas expectativas dos organismos missionários, 1.556 missionários brasileiros católicos atuantes, particularmente em outros países latino-americanos e em países lusófonos da África. A pesquisa, realizada pelo Conselho Missionário Nacional, contatou institutos de vida consagrada, movimentos e dioceses, e detectou uma grande instabilidade nos dados por causa da mobilidade frequente destes missionários. Contudo, constatou-se que cerca de 98,5% dos missionários eram consagrados, sendo que 80,21%

pobres para pobres", carecia de viabilidade diante das expectativas criadas por uma tradição missionária eurocêntrica que dispunha de meios, brindava generosas doações e implantava estruturas exógenas e dependentes. Além do mais, uma Igreja continental, que era vista com desconfiança e menosprezo pela Igreja de Roma, que não se sentia legitimamente reconhecida em sua caminhada libertadora, que lidava com graves conflitos, demandas e carências internas, olhava com certa reticência e ceticismo às possíveis perspectivas universalistas de sua ação evangelizadora.

2) O apelo para que a América Latina assumisse de vez um protagonismo na missão *ad gentes* se fez decididamente mais insistente com a realização dos Congressos Missionários Latino-Americanos (COMLAs), que surgiram à esteira dos Congressos Missionários Nacionais mexicanos, e que tiveram uma projeção continental quando a Igreja do México celebrava seu sétimo evento na cidade de Torreón, em novembro de 1977[154]. Nessa ocasião, o cardeal-prefeito da Congregação para Evangelização dos Povos, Agnelo Rossi (1913-1995), trouxe a mensagem de Paulo VI que convidava a transformar a Igreja latino-americana em Igreja missionária universal (OMPE, 1979, p. 114).

Desta maneira, com a atuação pujante do Demis, das Pontifícias Obras Missionárias e com a presença de delegações de outros países do continente, esse congresso se tornou o I Congresso Missionário Latino-Americano (COMLA 1), inaugurando uma série a ser realizada a cada cinco anos num país diferente, convocando delegações e agregando alguns milhares de pessoas. Assim o COMLA 2 foi celebrado ainda no México em Tlaxcala, em maio de 1983, o COMLA 3 em Bogotá (Colômbia), em julho de 1987, e o COMLA 4 em Lima (Peru), em feve-

---

mulheres e 19,79% homens (PALEARI, 2001b). Não temos dados referentes a outros países latino-americanos. Sabe-se apenas que o México e, relativamente, a Colômbia, gozam de uma caminhada missionária além-fronteiras consistente, com a fundação de Institutos Nacionais de Vida Apostólica *Ad Gentes*. Desde a época de Puebla, com a diminuição das vocações religiosas e o envelhecimento dos efetivos dos institutos, houve também um encolhimento dos envios missionários, não compensado pelos poucos, mas corajosos, projetos missionários promovidos por dioceses, províncias e regiões eclesiásticas do continente, que envolveram leigos e presbíteros diocesanos.

154. Os Congressos Missionários Nacionais do México tiveram início em 1942, em Guadalajara, e foram promovidos a cada cinco, seis ou sete anos numa cidade diferente (PANAZZOLO, 2019, p. 261).

reiro de 1991, já na reta final da comemoração dos 500 anos de evangelização da América.

Bem num estilo universalístico, os COMLAs exibiam em suas programações temáticas missionárias mundiais, junto com as cores dos continentes e sob a pressão de *Propaganda Fide* para que esses eventos tivessem "incidências concretas, claras e aplicáveis" (COMLA 4, 1991, p. 41) para "fortalecer a resposta das Igrejas locais *em* e *desde* a América Latina aos desafios da missão universal, *ad gentes*" (p. 40; grifo do texto).

Havia entre as diversas intervenções, painéis de aprofundamento e conclusões, um certo descolamento entre as temáticas vinculadas à missão colonizadora (500 anos de evangelização, inculturação etc.), e a missão *ad gentes*. Nas prioridades e nos compromissos acordados pelos participantes ao término de cada evento, raramente se apelava para uma reflexão sobre os 500 anos de evangelização da América, para a presença dos indígenas, ilustres ausentes neste gênero de iniciativas, ou para a descolonização da missão.

Os COMLAs nasceram como ocasiões motivacionais de animação missionária. Em suas finalidades de aprofundar, articular e assumir a dimensão missionária além-fronteiras, não foram, porém, capazes de representar momentos altamente significativos e programáticos para as Igrejas locais – a não ser, talvez, para as anfitriãs de cada edição –, frustrando a expectativa da Congregação para a Evangelização dos Povos, que alimentava assim sua profunda desconfiança sobre a real capacidade da América Latina de expressar sua missionariedade *ad extra*.

4.3.3 O vai e vem (de)colonial da Conferência de Santo Domingo

Todas essas contribuições e iniciativas sobre a questão missionária, confluíram de alguma forma na realização da IV Conferência Geral do Episcopado Latino-Americano e Caribenho em Santo Domingo, cujo início foi marcado na data simbólica de 12 de outubro, dia da chegada das caravelas de Colombo ao Novo Mundo. Assim como os documentos de consulta e o Documento de Trabalho, todos os preliminares debates produzidos durante o novenário preparatório à assembleia, foram dispensados e substituídos por quatro conferências presenciais que deviam apontar as orientações dos trabalhos.

1) Na realidade, foi o discurso inaugural eminentemente cristológico de João Paulo II a constituir mais uma vez a referência obrigatória para os trabalhos da Conferência. Desejando que "a verdade sobre Cristo e a verdade sobre o homem penetrem ainda mais profundamente em todos os segmentos da sociedade e a transformem", Wojtyla reiterava as três coordenadas doutrinais e pastorais de seu discurso em Puebla, para as deliberações e conclusões de Santo Domingo: "Cristologia, eclesiologia e antropologia" (DSD, *Discurso inaugural*, 5). Destarte, na Nova Evangelização

> a *novidade* não afeta o conteúdo da mensagem evangélica que não muda, pois Cristo é "sempre o mesmo: ontem, hoje e sempre". Por isso, o evangelho há de ser proclamado *em total fidelidade* e *pureza*, assim como foi conservado e transmitido pela Tradição da Igreja (DSD, *Discurso inaugural*, 7; grifos do texto).

Essa concepção fundamental a-histórica e metacultural da mensagem cristã, dirigida a denunciar certas "cristologias redutivas" influenciadas por efêmeras ideologias, era de fato incapaz de enxergar a colonialidade implícita no seu próprio discurso. Tudo era estabelecido anteriormente a qualquer aproximação ao outro, à sua história e ao seu projeto de vida. Com isso, a comemoração dos 500 anos de evangelização vinha celebrar "uma *válida*, *fecunda* e *admirável obra evangelizadora*" (DSD, *Discurso inaugural*, 4; grifos do texto), na qual os missionários "anunciaram 'a bondade de Deus nosso Senhor e seu amor pelos homens' (Tt 3,4), a povos que ofereciam aos seus deuses inclusive sacrifícios humanos" (DSD, *Discurso inaugural*, 3).

Essas certezas inabaláveis eram guardadas no Catecismo da Igreja Católica, "melhor dom que a Igreja pode fazer a seus bispos e ao povo de Deus" (DSD, *Discurso inaugural*, 9), transmitidas e anunciadas por uma Igreja concebida hierárquica e universalmente, com pretensões perigosamente próximas ao totalitarismo (BOFF, C., 1994, p. 58). Deveras:

na unidade da Igreja local, que tem origem na Eucaristia, encontra-se todo Colégio Episcopal com o Sucessor de Pedro à frente, como pertencendo à própria essência da Igreja particular. Em torno do Bispo e em perfeita comunhão com ele devem florescer as paróquias e as comunidades cristãs [...] que devem estar [...] em estreita união com seus pastores e em plena sintonia com o magistério (DSD, *Discurso inaugural*, 25).

Consequentemente, o desafio da Nova Evangelização podia ser expresso nestes termos: "como tornar acessível, penetrante, válida e profunda a resposta ao homem de hoje, sem alterar ou modificar em nada o conteúdo da mensagem evangélica?" (DSD, *Discurso inaugural*, 10). Não há margem de diálogo no entendimento desta mensagem evangélica, nem a abertura para uma possível interpelação que vem de fora ou dos sinais dos tempos.

O papa, todavia, se mostrou particularmente sensível às questões sociais, incentivando a Igreja latino-americana a escutar o clamor dos oprimidos, entendendo a promoção humana e a opção pelos pobres "firme e irrevogável", como parte integrante da mensagem cristã (DSD, *Discurso inaugural*, 16). Por sua vez, também as culturas foram objeto de uma substancial e positiva apreciação, sendo, porém, que era preciso evangelizá-las, pois os valores que nelas se podiam reconhecer, não eximiam a Igreja "de proclamar em todo o momento que 'Cristo é o único salvador de todos, o único capaz de revelar e de conduzir a Deus' (RMi 5)" (DSD, *Discurso inaugural*, 22).

A grande preocupação, no entanto, não eram as culturas tradicionais dos povos, mas o "complexo fenômeno da modernidade", para o qual "é necessário dar vida a uma alternativa cultural plenamente cristã" (DSD, *Discurso inaugural*, 22): uma postura colonialmente ambivalente, em que havia uma percepção da conjuntura mundial e de seus entraves, sobre a qual, porém, se projetavam assombrosas soluções hegemônicas de tipo cultural e religioso, por parte de uma Igreja que não estava disposta a aprender com ninguém.

2) Em Santo Domingo, diferentemente de Medellín e Puebla, os representantes do Vaticano estavam diretamente presentes na presidência da Conferência, de

maneira que houve uma duplicidade de coordenação, que, além de reivindicar cada uma para si a boa ordem da assembleia, refletia simbolicamente uma tensão entre duas concepções eclesiológicas: uma propensa à centralização, com a Santa Sé, e a outra à colegialidade, com o CELAM (CODINA, 1993, p. 80).

É bem verdade, parece, que essa última instância não fez suficientemente o dever de casa para organizar um evento desta envergadura e importância de maneira adequada. A preparação foi extremamente descontínua, pois nenhum documento apresentado serviu de base para os trabalhos; as delegações das diversas conferências episcopais chegaram à assembleia bastante desarticuladas entre si; os bispos foram hospedados em luxuosos hotéis da cidade entre turistas, artistas, empresários, executivos etc., sob forte esquema de segurança; os objetivos da conferência não eram claros, entre uma "assembleia de bispos" e uma "assembleia para bispos"; o regulamento não garantia a transparência e o pleno respeito do plenário; o sistema de votação era confuso e apressado; o leque temático demasiadamente amplo; a assessoria dos peritos era composta prevalentemente de membros de movimentos internacionais como Opus Dei, Legionários de Cristo, Focolarinos etc., não indicados pelas conferências episcopais, mas nomeados ou aprovados por Roma. Havia todo um cuidado para evitar a presença de teólogos mais conhecidos e alinhados à Teologia da Libertação. Estes se organizaram paralelamente para dialogar com os bispos e fazer chegar suas contribuições.

Depois do discurso do papa no dia 12 de outubro, seguiram quatro conferências magistrais previamente programadas. A partir do dia 15 começou o trabalho das comissões em torno de trinta temas, até o dia 21. O Documento Final de Santo Domingo (DSD) ficou inteiramente a cargo da Comissão de Redação, com Dom Luciano Mendes de Almeida, mais uma vez, como coordenador. Somente no dia 26, o plenário recebeu o texto para ser votado a toque de caixa até o dia 28 de outubro.

O resultado foi um documento heterogêneo, confuso, ajuntado, sem tempo de uma redação equilibrada e coerente, reflexo de um evento conflitivo e polarizado que não deu margem a uma negociação produtiva. O método "ver-julgar-agir" que caracterizou as conferências latino-americanas anteriores, foi abandonado e substituído por um esquema dedutivo que começava com uma profissão de fé cristológica, seguida de uma ampla parte sobre a ação evangelizadora da Igreja, seus sujeitos, desafios e linhas pastorais, para enfim chegar à síntese das opções pastorais prioritárias. Praticamente, não se quis mais partir da realidade, mas da doutrina. Juntamente à mudança de linguagem, uma vez censurada a palavra "libertação" e trocada por "promoção humana", "solidariedade", "reconciliação"[155], essa "guinada metodológica" teve como origem as profundas desconfianças da Cúria Romana junto à Igreja latino-americana (BOFF, C., 1994).

3) A estrutura global do DSD apresenta três partes desiguais: a primeira, praticamente uma introdução, é uma proclamação querigmática que se situa no pano de fundo dos 500 anos de evangelização do continente (21 parágrafos); a segunda parte constitui propriamente o DSD com três capítulos referentes aos eixos temáticos da conferência: Nova Evangelização (135 parágrafos), promoção humana (71 parágrafos), cultura cristã (58 parágrafos); a terceira parte, a título de conclusão, as linhas e as opções pastorais (17 parágrafos).

Por ser um documento não homogêneo, que teve o propósito de contemplar diversas visões, numa tentativa de expressar uma comunhão plural, encontramos nele elementos de continuidade com Medellín e Puebla (DSD 178, 179, 263, 290, 296, 302), particularmente, no que diz respeito à opção preferencial pelos pobres, sempre acompanhada, porém, de um adjetivo "esclarecedor" como "evangélica" (DSD 180), "autêntica" (DSD 50), "nao exclusiva e nem excludente" (DSD 296), e também as CEBs (DSD 63), apoiadas pela passagem de RMi 51, células vivas da paróquia (DSD 61), como se se quisesse afirmar, em todo caso, a hegemonia fundamental do modelo paroquial.

---

155. O termo "libertação" e seus derivados ocorrem mais no discurso do papado que no DSD, onde aparece esvaziado de seu conteúdo sociotransformador (DSD 7, 8, 27, 34, 157b, 279), duas vezes como "libertação integral" (DSD 123, 243), uma vez citando na íntegra EN 31 (DSD 157a). Também as palavras "opressão" e "oprimidos" aparecem só duas vezes (DSD 9, 243). Desta maneira, como afirma Clodovis Boff, "Santo Domingo deixou de recuperar, ainda que através do magistério papal, até aquelas intuições teológico-pastorais da Igreja latino-americana que o próprio papa já tinha incorporado e de certo modo legitimado [...]. Seria o caso de dizer que, enquanto Joao Paulo II procurou ser latino-americano, os bispos do continente, por contraste, se esforçaram por se fazerem culturalmente romanos!" (BOFF, C., 1994, p. 36).

Contudo, todos os elementos, as afirmações e as opções pastorais analisadas e sustentadas, foram consideradas sob a ótica da Nova Evangelização, como "elemento englobante" ou "ideia central" que iluminava a conferência (DSD 22), fundamentada no "primeiro anúncio" ou "*querigma*" (DSD 33, 41), que devia levar a uma adesão pessoal a Jesus Cristo (DSD 26d), cuja ressurreição era "raiz de toda a evangelização, fundamento de toda a promoção humana, princípio de toda a autêntica cultura cristã" (JOÃO PAULO II, *Discurso Inaugural*, 25; SD 24e).

De acordo com Clodovis Boff (1994), houve em Santo Domingo um profundo "ajuste pastoral", um redirecionamento global em relação a Medellín e Puebla, que privilegiava a dimensão propriamente evangelizadora da Igreja, enfatizando sua função especificamente religiosa e missionária às custas do seu compromisso social. Com efeito, salta aos olhos no DSD uma eclesiologia ambígua e hesitante, entre hierarquia e povo de Deus, universal e local, poderosa e servidora etc. (MARINS, 1993, p. 32), na qual confluía uma cristologia com tendências monofisitas, uma pneumatologia e uma soteriologia um tanto referenciadas à Igreja como instituição (CODINA, 1993, p. 87), juntamente a uma óbvia profissão de fé tencionada a proclamar a verdade, como se essa dimensão estivesse ausente, ou perdida, na América Latina ao longo de seus 500 anos.

Não há particulares avanços na reflexão missiológica encaixada no quarto item do capítulo sobre a Nova Evangelização: "Para anunciar o Reino a todos os povos". Os destinatários deste anúncio são, nesta ordem: os não cristãos, os "afastados", os "irmãos em Cristo", as religiões, as seitas, os movimentos religiosos, os ateus[156]. Há uma linha descendente que parte de uma santidade da Igreja como pressuposto, que se constitui em estruturas (Igreja local, paróquia, CEBs, família cristã), que se articula em seus ministérios e carismas, e que, enfim, se lança para

---

156. "Em seu discurso de abertura, o Papa João Paulo II não dirigiu a palavra aos observadores representantes das Igrejas convidadas, e referiu-se a grupos de cristãos que ameaçam o rebanho católico, identificados como 'seitas' e 'lobos vorazes', desconcertando tanto os representantes das Igrejas quanto os bispos mais sensíveis ao diálogo ecumênico e inter-religioso. As dificuldades encontradas pelos bispos para a abordagem do tema causaram a divisão da Comissão em dois grupos: um estudou o ecumenismo; e outro estudou o que se considerou 'seitas'. Assim o conceito de 'diálogo' em Santo Domingo enfatizou mais a relação da Igreja Católica com as culturas do que o ecumenismo" (WOLFF, 2018, p. 218).

a missão: a missão está no fim e não no começo, é apenas "consequência" da santidade e não "condição" para uma santidade (CNBB, 1988, n. 119). Na aposta da Nova Evangelização, a missão procede de mão única como comunicação da vida abundantemente a todos os povos (DSD 124).

Nesta seção, é dever sinalizar ainda a fraca autocrítica por parte da Igreja latino-americana, diante dos desafios da missão hoje: se admite um certo fechamento e descompromisso das Igrejas locais (DSD 126); se explicita como causa deste fenômeno apenas "a carência de um explícito programa de formação missionária" (DSD 127); se solicita que é preciso "sair ao encontro dos que estão *afastados*" (DSD 131; grifo nosso), sem se perguntar "quem está afastado de quem"; se aponta para populações "com grande ignorância religiosa" como motivo para o avanço das "seitas" (DSD 141); se insiste em garantir a "identidade da Igreja" dando ênfase a aspectos como a devoção, a obediência ao papa, a dimensão contemplativa (DSD 143-144); se reconhece "o distanciamento da Igreja de setores" da sociedade (DSD 149c) e a necessidade de "fazer uma revisão profunda de nosso trabalho pastoral", recorrendo, porém, a linhas pastorais que valorizam o sacramento da penitência, a adaptação da liturgia e a apresentação dos novíssimos (DSD 151-152).

4) O DSD apresenta, contudo, pontos positivos e algumas novidades em meio a brechas que se abriram às vezes pela necessidade de refletir os temas em pauta, às vezes pela atuação de vozes minoritárias e articulações dissonantes, na contramão da maioria da assembleia.

Entre os pontos positivos: não há condenações no texto, deixando a liberdade de continuar a trabalhar; o capítulo sobre a promoção humana, como dimensão privilegiada da Nova Evangelização, é o que melhor expressa a caminhada eclesial latino-americana; há uma atualização dos rostos dos oprimidos (DSD 178) e da conjuntura histórica da opressão que verteu colonialmente em "exclusão social, étnica e cultural" (DSD 179b); se apela para uma nova ordem econômica mundial, questionando a economia de mercado, evitando, porém, de chegar a uma postura mais crítica em relação ao capitalismo e às suas balizas (DSD 203c); se manifesta o desejo de impulsionar o processo de integração latino-americana na perspectiva da "Pátria Grande" (DSD 209), promovendo esforços para estreitar laços de fraternidade e solidariedade entre os povos do continente. Na seção sobre a missão se destacam os três parágrafos dedicados ao diálogo inter-religioso (DSD 136-138), no espírito do Documento do Pontifício Conselho para o Diálogo Inter-religioso e da Congregação para a Evangelização dos Povos, "Diálogo e Anúncio" (maio de 1991), e com particular atenção às religiões indígenas e afro-americanas.

Sem dúvida, um dos avanços de Santo Domingo é a abordagem à questão ecológica (DSD 169-170), sinal de um amadurecimento da consciência coletiva da humanidade sobre os problemas planetários. Meses antes da Conferência houve a Rio 92, Cúpula da Terra ou Conferência das Nações Unidas sobre o Meio Ambiente e Desenvolvimento, que reuniu representantes de 179 países, na qual se emanou a famosa Agenda 21, um programa mundial de crescimento sustentável baseado na harmonização dos eixos ambiental, social e econômico. As linhas pastorais da IV Conferência Geral do Episcopado Latino-Americano e Caribenho apontam para: uma reeducação de todos diante do valor da vida e da interdependência dos diversos ecossistemas; uma espiritualidade que recupere o sentido de Deus, sempre presente na natureza; sobriedade, partilha, valorização da sabedoria dos povos indígenas no tocante à preservação da natureza; inspiração em São Francisco de Assis, em seu amor aos pobres e à natureza, reconciliação com a criação e com todos as pessoas entre si.

Um enfoque especial é dado à questão da terra (DSD 171-177), onde se critica "a visão mercantilista", opondo a esta a visão sacral indígena, como "parte substancial de sua experiência religiosa de seu próprio projeto histórico" (DSD 172). Mas Santo Domingo não assume de vez esta última, entendendo que ambas as visões são distintas da visão cristã, talvez por um temor de sincretismo ou por um anseio em afirmar, mais uma vez, a originalidade cristã (DSD 138, 230).

Entre as contribuições características desta Conferência na perspectiva da Nova Evangelização, há principalmente o tema da inculturação como "marca registrada" (BOFF, C., 1994, p. 69) que retorna não menos do que 40 vezes no documento final[157], e que exige uma

> conversão pastoral da Igreja [...] na consciência e na práxis pessoal e comunitária, nas relações de igualdade e de autoridade; com estruturas e dinamismo que tornem a Igreja presente com cada vez mais clareza, enquanto sinal eficaz, sacramento de salvação universal (DSD 30).

Essa "conversão pastoral", que retornará com força em Aparecida, obedece a um impulso de proximidade e de inserção na vida dos povos e das pessoas, típico da Igreja latino-americana: uma clara tensão decolonial no anseio de encurtar as distâncias, habitar as fronteiras, diminuir as assimetrias e promover um diálogo que tenha como meta a libertação integral (DSD 243).

Santo Domingo, reconhecendo que a América Latina é um continente multiétnico e pluricultural (DSD 244), declara, portanto, a inculturação como normativa, "um imperativo do seguimento de Jesus", "necessária para restaurar o rosto desfigurado do mundo" (DSD 13), "centro, meio e objetivo da Nova Evangelização" (DSD 229).

Essa tarefa é própria da Igreja particular (DSD 55), missão da paróquia "rede de comunidades" (DSD 58), com a participação de todo povo de Deus (DSD 230), constituído em sua maioria por fiéis leigos (DSD 94), chamados a serem protagonistas da evangelização, livres de todo clericalismo e sem redução ao espaço intraeclesial (DSD 97). Ainda o paradigma da inculturação deve investir todo o conjunto da Igreja, suas estruturas, sua organização ministerial, sua liturgia e catequese, discernir os valores e os antivalores, assim como captar a linguagem e os símbolos do ambiente cultural (DSD 248, 256). "O processo de inculturação abrange o anúncio, a assimilação e a re-expressão da fé" (DSD 256). Nesta re-expressão da fé cabe acompanhar a reflexão teológica contextual, respeitando suas formulações culturais (DSD 248).

---

157. Pela exatidão, o termo "inculturação" aparece 29 vezes no texto, excluído os títulos, e 46 vezes junto aos seus derivados inculturar, inculturado etc. (DSD 13; 15, 24, 30, 34, 43, 53, 55, 58, 84c, 87; 102; 128d, 177d, 229, 243c, 247, 248d, 248g, 250, 253, 254e, 263, 271, 279d, 292, 303; duas vezes: SD 49, 243b; três vezes: SD 248a, 256; seis vezes: SD 230).

5) Apesar de abordar o capítulo sobre a inculturação pelo viés problemático de uma hipotética "cultura cristã"[158], qual metacultura ou macrocultura não situada e colonialmente concebida (SUESS, 2007a, p. 152), que "invade" o núcleo dinâmico das outras (DSD 229) e que se coloca como alternativa universal frente ao complexo fenômeno da modernidade (DSD, *Discurso inaugural*, 22), o paradigma inverso da "evangelização inculturada" surge como linha pastoral prioritária em Santo Domingo (DSD 248, 292). Longe de representar uma crítica fundamental à colonialidade da racionalidade moderna, a perspectiva da "cultura cristã" se revelava igualmente hegemônica ao pretender purificar, aperfeiçoar, corrigir as culturas (DSD 22, 230), enquanto a proposta da "evangelização inculturada" e sua analogia com o mistério da encarnação (DSD 243b) apontava para a proximidade, o diálogo e a reciprocidade (DSD 298), pois "a ação de Deus, através do seu Espírito, dá-se permanentemente no interior de todas as culturas" (DSD 243a), capazes de gerar "frutos das 'sementes do Verbo' que estavam já presentes e atuantes nos seus antepassados" (DSD 245).

A questão de fundo, ainda não satisfatoriamente respondida era se

> a evangelização de um povo, grupo social ou indivíduo exige uma ruptura com seu passado histórico, cultural e religioso, ou, é possível pensar a transmissão da fé numa perspectiva de continuidade? Concretamente, para as Américas, se coloca a pergunta sobre a possibilidade de assumir sua história pré-colonial como história salvífica ou, como de fato ocorreu, descartá-la como irrelevante para o anúncio do evangelho (SUESS, 2007a, p. 152).

Nesse embate ambivalente entre cultura cristã e inculturação, ruptura e continuidade com as culturas ameríndias, se tratava também de definir impreterivelmente o significado, a legitimidade e a relação da Igreja com o passado colonial, na comemoração dos 500 anos de evangelização: houve encontro ou desencontro entre povos e culturas? Foi realizada uma "admirável obra evangelizadora" (DSD

---

158. O conceito faz parte da orientação e do tema fixado por João Paulo II para a IV Conferência Geral do Episcopado Latino-Americano e Caribenho. Porém, o termo "cultura cristã" recorre no texto final apenas oito vezes, fora os títulos, cinco das quais junto a "promoção humana", ao evocar os assuntos em discussão (DSD 22, 24, 31, 33, 45, 97, 229, 263).

18) ou um conluio com o "maior pecado da expansão colonial"? (DSD 246). Hoje é tempo de louvar a Deus ou de pedir perdão?

Causa estranheza no DSD a não menção de Las Casas, de Montesinos e nem de qualquer outro profeta da primeira evangelização, assim como fez João Paulo II em seu Discurso Inaugural (4). Ainda mais a rejeição por parte da assembleia da moção de um pedido de perdão aos índios e aos negros, no mesmo dia em que o papa o reiterava com vigor em Roma, rezando o Pai-nosso (JOÃO PAULO II, 21 de outubro de 1992), gerando certo constrangimento nos bispos latino-americanos que tiveram que incluí-lo em seu Documento (DSD 248) e na Mensagem Final (2).

Passou em branco, também, o reconhecimento a Rigoberta Menchú, índia guatemalteca que recebera nos dias da conferência o Prêmio Nobel da Paz. Apesar das solicitações de alguns, especialmente bispos de Guatemala, de manifestar congratulações, tanto mais que Rigoberta era catequista das Comunidades de Base, a Conferência não se pronunciou sob alegação que poderia haver exploração e utilização ideológica do fato: mais um claro sinal do temor de perder uma hipotética realeza supra-histórica.

Diante dessas ambiguidades, descompassos e desavenças, e de muitas outras que elencamos ou omitimos, o evento e o DSD não produziu um impacto relevante na ação evangelizadora da Igreja no continente. Apesar de seus interessantes avanços e posturas, particularmente em relação à "virada cultural" na maneira de entender a missão, deixou logo de representar uma referência pela dificuldade de se perceber sua ligação com a tradição de Medellín e Puebla, por forçar uma direção autoritária, presunçosa e artificiosa e, consequentemente, pela sua formal inconsistência em propor elementos significativos, ousados e proféticos à caminhada de suas Igrejas locais.

4.4 Missão como serviço ao reino da vida – A questão missionária em Aparecida

As grandes transformações ocorridas na Igreja e na sociedade da América Latina após a IV Conferência Geral do Episcopado Latino-Americano e Caribenho, justificaram o pedido ao papa de convocar de uma nova Conferência, a ser realizada em Quito, Equador, em 2005, por ocasião do jubileu dos 50 anos do CELAM. Quando João Paulo II se mostrou favorável à iniciativa, pensou-se em realizá-la em Roma, para facilitar a participação do papa, já com saúde bastante fragilizada.

Com a morte do pontífice e diante das dificuldades que Quito oferecia pela altitude, Ratzinger reconfirmou a realização do evento, indicando como local o santuário mariano de Aparecida, Brasil, aprovando o tema proposto pelo CELAM com o acréscimo de um detalhe essencial: "Discípulos e missionários de Jesus Cristo, para que *nele* nossos povos tenham vida" (grifo nosso). Foi assim estabelecida, em 20 de abril de 2006, a convocação da V Conferência Geral do Episcopado da América Latina e do Caribe para os dias 13 a 31 de maio de 2007.

Para provocar o envolvimento das bases eclesiais, foi elaborado um Documento de Participação que aprofundava a relação entre as dimensões do discipulado e da missão, e terminava propondo a realização de uma "Grande Missão continental" (CELAM, 2005, p. 95), sem especificar sua possível configuração, mas dando a entender que se tratava de algo no estilo das missões populares. Esse documento foi rejeitado por boa parte das conferências episcopais, teólogos e pastoralistas, por adotar uma postura de "distanciamento da legítima e original tradição latino-americana [...] e dos eixos teológicos centrais do Concílio Vaticano II" (BRIGHENTI, 2006b, p. 336).

Uma equipe de peritos, então, redigiu um outro documento, com base nas muitas contribuições recebidas dos diversos países, que devia servir como Documento de Trabalho. Mas também esse acabou não sendo utilizado porque não espelhava o resultado do processo participativo das Igreja locais (NERY, 2018, p. 408).

Tudo preanunciava uma assembleia de cunho integralista, preparada para dar ainda mais força e vigor às investidas conservadoras de Santo Domingo, e inferir um golpe final, em nome da Nova Evangelização, à tradição eclesial latino-americana que vinha sendo afirmada desde Medellín.

Surpreendentemente, o resultado da V Conferência foi outro. Além de reafirmar a continuidade com o Vaticano II e os compromissos fundamentais com as linhas teológico-pastorais traçadas pelas conferências anteriores, Aparecida assumiu e resgatou o termo "missão" "como paradigma-síntese, incorporando nele as propostas da descolonização e inculturação, libertação e opção pelos pobres" (SUESS, 2018, p. 362). Sob o impulso temporal do novo milênio e da dimensão espacial da nova ordem mundial, uma missão descolonizada exigia da Igreja uma nova mentalidade e uma radical "conversão" que devia mexer com suas estruturas, suas relações e seus projetos (DAp 365).

4.4.1 Ensaios (des)coloniais de Santo Domingo a Aparecida

Os 15 anos que separaram a IV da V Conferência Geral do Episcopado Latino-Americano e Caribenho foram marcados por rápidas e profundas transformações sociais, políticas e culturais de alcance planetário, caracterizadas com o nome de "globalização" (DAp 34). Um conjunto de elementos de ordem principalmente econômica e tecnológica alavancaram a humanidade para uma mudança axial de época, num processo arrebatador, homologador e sem retorno. Na virada do século XXI, a sociedade mundial percebia claramente sinais de um tempo irreversível e irresistível que apelava pela interdependência, pela urgência e pela ética (KÜNG, 1992), diante dos desafios, dos riscos e das perspectivas de uma nova (des)ordem mundial incipiente, particularmente, face às sombras intrinsecamente colonizadoras que esse fenômeno acarretava.

a) O Sínodo para a América (1997). Para responder aos desafios lançados pela globalização, a Igreja Católica se preparava para comemorar a chegada do terceiro milênio da era cristã com a indicção de um grande Jubileu do Ano 2000. Sem dúvida, João Paulo II sentia fortemente o desejo de conduzir a Igreja até essa passagem, vista sob a ótica messiânica da "plenitude do tempo" (TMA 44), celebrada à luz "da intervenção divina nas vicissitudes humanas" (TMA 17), vislumbrada como "nova primavera de vida cristã" (TMA 18).

Com a Carta Apostólica *Tertio Millennio Adveniente* (1994), o papa apresentava orientações e linhas programáticas para a preparação do Jubileu, numa perspectiva não mais cristocêntrica, e sim trinitária. Entre as iniciativas estava a realização de sínodos dos bispos de caráter continental, lembrando que em Santo Domingo ele já tinha avançado a ideia de "um sínodo para *as Américas*, sobre as problemáticas da Nova Evangelização" (TMA 38; grifo nosso). À esteira da consciência global da mundialização e da relativização das fronteiras, João Paulo II juntava num só continente a América do Norte com a América Latina, ressaltando a "comum identidade cristã e um sincero empenho na consolidação dos vínculos de solidariedade e comunhão" (EAm 5), desconsiderando, porém, as profundas diferenças históricas, culturais e coloniais entre os dois blocos. Desta maneira, o Sínodo para "as Américas" se tornou Assembleia Especial do Sínodo dos Bispos para "a América", no singular, e teve lugar em Roma de 16 de novembro a 12 de dezembro de 1997, com o tema: "Encontro com Jesus Cristo vivo, caminho para a conversão, a comunhão e a solidariedade na América".

O ânimo inicial dos participantes não era de grandes expectativas (VALENTINI, 1998, p. 23). Nos debates emergia, contudo, uma visão integral da evangelização, que chamava à atenção para uma substancial unidade entre fé e vida (EAm 26, 69, 73); se admitia que a maioria dos cristãos na América precisava ser evangelizada e convertida (EAm 27), no entanto que João Paulo II insistia na adoção de uma "metanoia" como nova mentalidade proposta pelo evangelho, frente ao modo de pensar e de agir do mundo (EAm 32, 26, 28). A questão social foi largamente tratada nas *propositiones* e na exortação pós-sinodal. Reafirmou-se decididamente a opção preferencial pelos pobres (EAm 55, 58)[159] junto à denúncia dos pecados sociais, das desigualdades, do drama da dívida externa, da violação dos direitos humanos, da devastação da natureza etc.

A questão cultural e da inculturação não teve o mesmo destaque, assim como não houve nenhum aceno ao processo colonial do qual o continente teve origem, e ao qual a missão cristã estava intimamente implicada. O tema da globalização

---

159. Em EAm 67, João Paulo II criticava certa "exclusividade" da opção pelos pobres que teria sido a causa do descuido, por parte da Igreja latino-americana, dos ambientes dirigentes da sociedade. A Exortação Pós-sinodal remetia à nota 251 da *propositio* 16 do Sínodo para a América, na qual os bispos reconheciam essa falha, mas não a relacionavam com a opção pelos pobres. Isso revelava de maneira patente que Wojtyla não entendeu o significado crucial dessa opção, por não considerar o contexto colonial de onde ela surgiu.

foi tratado apressadamente, de maneira que se não se questionou suficientemente a lógica neoliberal e colonial subjacente. Registrou-se uma escassez de pistas para uma aterrisagem pastoral, uma falta de autocrítica eclesial sobre a necessária reforma estrutural, um insuficiente reconhecimento do protagonismo dos leigos e, em particular, das mulheres, uma ênfase verticalista da doutrina social da Igreja, pouca reflexão sobre o subjetivismo pós-moderno e o pluralismo cultural como um dos principais desafios para a Nova Evangelização (ANTONIAZZI, 2000).

Esses elementos conduziram a adotar um modelo inadequado de missão, fundamentado na convicção que a evangelização era afinal uma questão de "entusiasmo" no anúncio querigmático, um anúncio que devia conduzir à conversão, à santidade e à participação sacramental da vida da Igreja. Um ingênuo simplismo apelava mais para o voluntarismo do que para o realismo, reeditando de alguma maneira o velho triunfalismo eclesiocêntrico no lugar de uma humildade dialógica.

Foi assim que a passagem de um generoso fervor para uma postura intransigente da doutrina codificada tornou-se mais breve do que se podia imaginar, particularmente, quando se fez as contas com uma realidade tão complexa e ingrata que rompia com o encanto de expectativas alimentadas por abnegados esforços missionários. Ao adotar mediações socioanalíticas remediadas e aproximativas, apostando muito mais em pressupostos de cunho ideológico-religioso, e reduzindo a ação evangelizadora apenas a uma questão de "ardor, método e expressão", chegava-se inevitavelmente a interpretar a conjuntura histórica de maneira equivocada e a fadar à pura insignificância qualquer proposta cristã supostamente correspondente. A profunda frustração pelos parcos resultados dava lugar à inclemência condenatória da disciplina. A Declaração da Congregação para a Doutrina da Fé *Dominus Iesus* (2000) foi expressão dessa época, uma vez que o espírito e a prática da Nova Evangelização se deparavam com o caráter insolúvel do pluralismo e do relativismo religioso.

b) A perspectiva macroecumênica. No entanto, outra postura andava afirmando-se, caracterizando-se com um tom distinto à luz dos documentos conciliares *Unitatis Redintegratio* e *Nostra Aetate*, como também da Encíclica *Ut Unum*

Sint de João Paulo II (1995) e do documento Diálogo e Anúncio (1991). Uma teologia e uma prática do diálogo intercultural e inter-religioso já estava consolidada na Igreja da Ásia que, desde a fundação da Federação das Conferências Episcopais Asiáticas (FABC) em 1970, se comprometia de ser uma "Igreja dos pobres" (FABC, 1997, n. 19), empenhando-se "para um diálogo aberto, sincero e contínuo com os nossos irmãos das outras grandes religiões" (n. 45), com as quais convivia em estado de minoria.

Também na América Latina esse espírito de diálogo inter-religioso estava dando seus primeiros ensaios. Para um continente que celebrava a fé católica de maneira hegemônica, como "um traço fundamental de identidade e unidade" (DP 1099), que via na melhor das hipóteses com complacência expressões de religiosidade popular por parte de "grupos étnicos semipagãos" (DM, VI, 1) que tachava de "seita" qualquer outra manifestação religiosa paracristã (DSD 140), foi um passo extremamente significativo reconhecer em Santo Domingo "a importância de aprofundar um diálogo com as *religiões* não cristãs presentes em nosso continente, particularmente as indígenas e afro-americanas, durante muito tempo ignoradas ou marginalizadas" (DSD 137; grifo nosso).

A palavra "diálogo", até então, não entrava no léxico profético-libertador da América Latina, devido ao contexto sociopolítico, à opção pelos pobres e à Teologia da Libertação: não havia o que, por que e com quem *dialogar* no confronto dialético. Quanto mais, porém, nos anos de 1990, pastores, missionários e missiólogos que lidavam com questões indígenas introduziam no debate teológico a categoria "outro", a temática do diálogo inter-religioso ganhava força e abria novos caminhos paradigmáticos e inovadores também na prática e na reflexão eclesial latino-americana (SUESS, 1988)[160].

---

160. Entre as personalidades latino-americanas que atuaram na pastoral indigenista, além de Dom Samuel Ruiz e Dom Gerardo Cano Valencia citados anteriormente, é dever lembrar os bispos Leônidas Eduardo Proaño Villalba (Equador), Gerardo Flores e Julio Cabrera (Guatemala), Erwin Kräuter (Brasil), Bartolomé Carrasco e Arturo Lona (México), Lucio Alfert (Paraguai), Álvaro Ramazini (Guatemala), Eugenio Poma (Bolívia). Muitos outros e outras agentes de pastoral indígenas/não indígenas, missionários e missiólogos, contribuíram a abrir caminhos de ação e de reflexão, engajando-se ativamente nos organismos eclesiais a serviço dos povos originários. Entre eles e elas: Francisco Nazar e Mabel Quinteros (Argentina); Paulo Suess (Brasil); Vicenta Mamani Bernabé, Sofía Chipana Quispe, Xavier Albó, Carlos Intipampa Aliaga e Roberto Tomichá Charupá (Bolívia); Diego Irarrázabal (Chile); Ismael Vargas (El Salvador); Car-

Contudo, o diálogo inter-religioso latino-americano configurou-se *sui generis*, pois não foi propriamente, ou prevalentemente, um diálogo entre grandes tradições religiosas de textos sagrados distintas do cristianismo, mas com religiões indígenas e afro-americanas de tradições orais que foram encobertas e já em sua maioria colonialmente evangelizadas, dando vida muitas vezes a práticas religiosas consideradas sincréticas e folclóricas.

O processo de reconhecimento da América Latina como um continente plurirreligioso, e a luta pelo resgate de suas diversas identidades religiosas, foi chamado de maneira um tanto original de "macroecumenismo", neologismo cunhado por Dom Pedro Casaldáliga e José Maria Vigil (1993) e apresentado no I Encontro da Assembleia do povo de Deus, realizada em Quito, Equador, em setembro de 1992. Esse evento, ao qual participaram representantes de várias religiões e etnias, foi realizado paralelamente à Conferência de Santo Domingo, com a finalidade de fazer de contraponto às comemorações pelos 500 anos de evangelização.

O termo "macroecumenismo" fez seu caminho na práxis e na teologia latino-americana como uma iniciativa que ampliava as dimensões para além das fronteiras do cristão, e que celebrava a diversidade do povo de Deus abraçando "com muito mais braços e muito mais corações para o único e maior Deus" (MANIFIESTO, 1993, p. 104). Esse movimento se configurava em torno de quatro pistas: diálogo interno com os que professam a fé cristã, mas permaneciam fiéis à sua cultura e raça; diálogo com as culturas em todas suas formas de expressão e afirmação; diálogo com os que o processo histórico colocou à margem da sociedade constituída pelo fato de serem afrodescendentes ou indígenas; diálogo com as raízes propriamente religiosas destes povos desde suas matrizes (VALLE, 1993, p. 67). O esforço estava claramente baseado em resgatar o protagonismo do sujeito subalterno para reverter "radicalmente todas as perspectivas coloniais ainda persistentes nas Igrejas" (SUESS, 1995, p. 200). Desta maneira, uma vez que negros

---

los Vera (Equador); Tomás Gabino Garcia e Ernestina López Bac (Guatemala); Eleazar López Hernández, Floriberto Díaz, Clodomiro Siller e Pedro Uc Bé (México); José Seelwische, Barthomeu Meliá e Margot Bremer (Paraguai); Ayban Wagua e Xuaco Arnáiz (Panamá); Domingo Llanque Narciso Valencia Parisaca, Simón Pedro Arnold e Joaquín García (Peru).

e indígenas chegavam a conquistar uma certa cidadania eclesial, era reconhecido o valor salvífico de sua história e de sua cultura, como também o surgimento de uma Igreja autóctone nas suas estruturas, em seus ritos e em sua teologia.

c) **Os congressos missionários.** Esse espírito macroecumênico marcou de maneira determinante o clima eclesial inclusive do processo de preparação e da celebração do 5º Congresso Missionário Latino-Americano (COMLA 5), realizado em Belo Horizonte, Brasil, em julho de 1995, desviando-o propositalmente de seus objetivos primeiros, vinculados à promoção da missão *ad gentes* e *ad extra* a partir do continente. Houve de fato um confronto, mais dissimulado do que aberto, entre a Congregação para a Evangelização dos Povos, legítima promotora do evento através de seu braço propagandístico das Pontifícias Obras Missionárias, e a organização articulada pelas entidades missionárias da Igreja no Brasil.

Todavia, quatro anos depois, o COMLA 6, realizado de 28 de setembro a 3 de outubro de 1999 na cidade de Paraná, Argentina, não deu continuidade ao espírito, às temáticas e às dinâmicas do COMLA 5, mas se concentrou a abordar a questão dos desafios da missão no mundo globalizado sob a ótica da Nova Evangelização, num evento branco, patriarcal e católico, com uma quase ausência de indígenas, negros, mulheres e representantes de outras Igrejas (RASCHIETTI, 1999).

Inclusive, por ordem diretamente do papa, o COMLA devia ser estendido de agora em diante à América toda, incluindo a do Norte, para assim se converter em CAM (Congresso Americano Missionário) a exemplo do Sínodo pan-americano recém-celebrado. Destarte, essas convocações se descaracterizaram ainda mais de tal forma que, com muita dificuldade, conseguiam envolver às diversas realidades do continente. Os delegados dos vários países protagonizaram o papel de hóspedes-espectadores em eventos deixados por conta de *ponencias* quase sempre ministradas por bispos e cardeais, seguidas de animações, apresentações, pouco debate, pouca participação, pouca provocação e pouca aterrisagem pastoral[161].

---

161. Com essa afirmação poderíamos sintetizar uma constatação geral dos COMLAs, que se tornaram CAM (Congressos Americanos Missionários), que foram celebrados antes e depois de Aparecida, a saber: CAM 2, COMLA 7, na cidade da Guatemala, em 2003; CAM 3, COMLA 8, em Quito, Equador, em 2008;

d) Os impulsos das teologias índias e afro-americanas. Enquanto isso, a Teologia Índia continuava sua caminhada depois de Santo Domingo com os seminários promovidos pela Articulação Ecumênica Latino-Americana de Pastoral Indígena (AELAPI), abordando temas como a sabedoria indígena, os mitos de origem e os sonhos do futuro, a memória viva dos povos, a mobilidade e a migração, o *Sumak kawsay*, a Palavra de Deus e a palavra dos povos, a espiritualidade, entre outros[162].

A partir de 1997, também o CELAM, através de seu recém-criado Secretariado de Pastoral Indígena (SEPAI), começava acompanhar a Teologia Índia, atendendo a um pedido explícito da Conferência de Santo Domingo (DSD 248), organizando simpósios sobre temáticas de caráter mais dogmático: Cristo, Revelação, Criação, Trindade, Espírito Santo[163].

CAM 4, COMLA 9, em Maracaibo, Venezuela, em 2013; CAM 5, em Santa Cruz de la Sierra, Bolívia, em 2018. De todos, talvez, o congresso da Venezuela se diferenciou um pouco proporcionando reflexões relevantes para a caminhada missionária latino-americana. Pelo resto, esses eventos promoveram muita animação, enredos, *flash mobs*, palestras motivacionais, sermões fervorosos, aprazíveis aos olhos e aos ouvidos dos setores mais conservadores, assim como da política vaticana, contrariada somente por não conseguir uma significativa mobilização das Igrejas latino-americanas com um programa convincente de missão *ad gentes*.

162. Ao todo foram nove encontros. O primeiro, como já lembramos, foi realizado na Cidade do México em setembro de 1990. O segundo aconteceu em Panamá, de 29 de novembro a 3 de dezembro de 1993, e teve como tema: "Os projetos de vida de nossos povos originários de Abya-Yala"; o terceiro, em Cochabamba (Bolívia), de 24 a 30 de agosto de 1997, com o tema: "Sabedoria indígena, fonte de esperança"; o quarto encontro foi celebrado em Ikua Sati, Asunción (Paraguai), de 6 a 10 de maio de 2002, com tema: "Em busca da terra sem mal – mitos de origem e sonhos de futuro dos povos índios"; o quinto teve lugar em Manaus (Brasil), de 21 a 26 abril de 2006, com o tema: "A força dos pequeninos, vida para o mundo"; o sexto, em Berlín, El Salvador, de 30 de novembro a 4 de dezembro de 2009, com o tema: "Mobilidade/migração – desafio e esperança para os povos indígenas"; o sétimo foi realizado em Pujilí, Latacunga (Equador), de 14 a 18 outubro de 2013, com o tema: "Sumak Kawsay e vida plena"; o oitavo, na cidade da Guatemala, de 26 a 30 de setembro de 2016, com o tema: "A Palavra de Deus na palavra dos povos"; enfim, o nono encontro aconteceu em Tolé (Panamá), de 10 a 14 de fevereiro de 2020, com o tema: "Com a força do Espírito".

163. Foram sete simpósios até hoje. O primeiro simpósio aconteceu Bogotá (Colômbia), de 21 a 25 de abril de 1997, com o tema: "Para uma teologia indiana inculturada"; o segundo, em Riobamba (Equador), de 21 a 25 de outubro de 2002, com tema: "Diálogo entre bispos e especialistas em Teologia Índia"; esse evento foi precedido por uma reunião de bispos realizada em Oaxaca (México), de 21 a 26 de abril de 2002, onde se debateu o tema: "Teologia Índia: emergência indígena – desafio para a pastoral da Igreja"; o terceiro simpósio teve lugar na Cidade de Guatemala, de 23 a 28 de outubro de 2006, com o tema: "Cristo nos povos indígenas"; o quarto, foi celebrado em Lima (Peru), de 28 de março a 2 de abril de 2011, com o tema: "A Teologia da Criação na fé católica e nos mitos, ritos e símbolos dos povos originários cristãos na América Latina"; o quinto simpósio, aconteceu em San Cristóbal de Las Casas, Chiapas (México), de 13 a 18 de outubro de 2014, com o tema: "Revelação de Deus e povos originários"; o sexto simpósio foi levado a cabo em Asunción (Paraguai), de 18 a 23 de setembro de 2017, com o tema "Trindade, família e povos originários"; enfim, o sétimo simpósio foi realizado virtualmente por causa da pandemia de COVID, de 21 a 25 de setembro de 2020, com o tema: "O Espírito Santo e os povos originários".

Particularmente, nesses últimos eventos houve avanços significativos em considerar a Teologia Índia verdadeira "teologia", sem reduzi-la a uma "sabedoria" em que se resgatam mitos e tradições ancestrais, mas sem chegar à altura e à profundidade de uma autêntica teologia. Há um debate sobre a necessidade de iniciar uma sistematização de seus métodos e conteúdos. De um lado, a Teologia Índia se apresenta como teologia da vida, experiência religiosa, e não elucubração mental. Por outro, é desejável construir pontes para alcançar um diálogo teológico intereclesial.

Para Roberto Tomichá (2013), quando falamos de Teologia Índia é preciso sempre e em qualquer caso ter presente os seguinte pressupostos: (1) a vivência cotidiana que transmite sabedorias milenares, como fonte primária do quefazer teológico; (2) a dimensão eminentemente coletiva como eixo central de toda atividade, que torna a comunidade sujeito da reflexão teológica; (3) a estrutura nômada, itinerante, dinâmica, que tem seu fundamento na concepção religiosa dos povos da América; (4) uma cosmovisão holística, que conecta todos os seres da criação numa busca para uma vida plena, sustentada pelo respeito e o pelo equilíbrio recíproco; (5) a comunicação narrativa, mítico-simbólica que permeia praticamente todas suas expressões.

De maneira similar e comparada, também a Teologia Afro-americana se configura em torno desses elementos (SILVA, 1997), por estar profundamente conexa, tanto historicamente quanto do ponto de vista de suas experiências religiosas, ao sofrimento secular dos povos indígenas e de suas aspirações por liberdade e dignidade. Claramente, neste caso, temos uma ênfase que verte muito mais sobre as questões da escravidão e da raça, do que sobre a etnia e a ancestralidade[164].

---

164. A Teologia e a Pastoral Afro-americana, inspirada pela *Black Theology* dos Estados Unidos dos anos de 1960, deita suas raízes a partir dos congressos de cultura negra das Américas em 1977 na cidade de Cali, Colômbia, inicialmente convocados pela Fundação Colombiana de Investigadores Folclóricos. Em 1980, em âmbito eclesial católico, o CELAM promoveu Encontros de Pastoral Afro-americana (EPAs), que hoje chegaram à sua XIV edição. No âmbito ecumênico, desde 1985, com uma frequência mais ou menos decenal, ocorreram as Consultas de Teologia Afro-americana e Caribenha, e a partir de 1999 a Associação Ecumênica de Teólogos e Teólogas do Terceiro Mundo (ASETT) realizou quatro Encontros de Teologia Afro-americana e Caribenha. Ao longo destas décadas foram se constituindo centros de pesquisa, elaboração e publicação de Teologia Afro-americana. Entre estes se destacaram o Centro Afro-

Apesar de apresentar uma caminhada um pouco mais fragmentada e, sem dúvida, mais complexa pela quantidade e diversidade de realidades a ela afiliadas, a Teologia Afro-americana se distingue da Teologia Índia pelo aspecto libertador sociopolítico interligado com o aspecto cultural e religioso, direcionado para uma integração com a sociedade envolvente mais que para uma autonomia socioidentitária (com exceção, em parte, para as comunidades quilombolas).

É dever sempre lembrar que a evangelização dos povos negros escravizados e deportados para a América foi algo automática e regularmente imposto por preceito; no entanto em relação aos indígenas sempre houve, de alguma forma, um debate entre os missionários sobre o método e as abordagens a serem adotadas, relevando a liberdade da qual gozavam em relação aos negros. Desta negação radical emerge uma teologia que tem como fontes as práticas religiosas populares assim chamadas "sincréticas" e os cultos clandestinos como o Vodu, o Xangô e o Candomblé.

À margem dos preciosos resgates e das riquíssimas contribuições das Teologias Índia e Afro-americana, um de seus maiores desafios é articular-se macroecumênica e interculturalmente em vista de oferecer seus aportes para um projeto decolonial global de um outro mundo possível. Como qualquer teologia, enquanto disciplinas hermenêuticas em sua aproximação ao Mistério último, essas teologias latino-americanas deverão estar voltadas não somente a uma introspeção identitária, mas também para uma abertura universal diante das grandes questões éticas, científicas e tecnológicas que interpelam a humanidade neste século XXI (TOMICHÁ, 2013).

4.4.2 *A missão como paradigma-síntese da Conferência de Aparecida*

Entre luzes e sombras da caminhada missionária latino-americana de Santo Domingo até Aparecida, abriram-se importantes clareiras de descolonização que foram assumidas pela V Conferência Geral do Episcopado Latino-Americano e

---

-ecuatoriano de Quito, Equador, o Centro Atabaque de Cultura Negra e Teologia de São Paulo, no Brasil, e o Grupo Guasá, na Colômbia (SILVA, A.A., 2000).

Caribenho, e resumidas em torno do termo "missão" como palavra geradora, paradigma-síntese e conceito-chave.

Paulo Suess (2007c) afirmou que a missão em Aparecida se tornou a "quintessência da caminhada latino-americana", como elemento-símbolo de integração, interação e transformação. Dussel (2013) tinha falado que a teologia da cristandade era "talvez a quintessência, a coluna vertebral do eurocentrismo". Agora a missão se apresenta como o "elemento etéreo" que permeia e impulsiona o processo de descolonização, que por sua vez consiste "em aproximação samaritana e em presença profética nas comunidades, em suas lutas por justiça e reconhecimento, e na construção de um mundo para todos".

Trata-se de um paradigma-síntese em dois sentidos: primeiro, porque representa e sintetiza as múltiplas propostas do evento e do Documento de Aparecida sob o prisma da missão; segundo, porque assume e resume a caminhada das quatro conferências anteriores com seus elementos de descolonização, opção pelos pobres, libertação, comunidade de base, inculturação (SUESS, 2007c, p. 909).

Vamos, então, apresentar primeiramente os aportes trazidos pela Conferência de Aparecida a partir da perspectiva da missão. Em seguida, abordaremos a maneira com que Aparecida tornou o termo "missão", recorrente mais de 100 vezes no Documento Final – mais do que "evangelização" e bem mais do que "discipulado" e "seguimento" –, compêndio de toda uma caminhada eclesial cadenciada pela celebração das Conferências Episcopais Latino-americanas e Caribenhas, assumindo os desafios decoloniais e as tarefas pendentes deixadas por Medellín.

a) O evento. A primeira novidade de Aparecida é ter representado um evento eclesial de primeira ordem, que viu a participação de múltiplos atores, desde Bento XVI com seu discurso inaugural, à multidão dos romeiros, aos teólogos *outside*, até os eventos conjuntos promovidos por organismos e pastorais sociais[165].

---

165. Foram três os principais eventos contíguos à V Conferência que tiveram uma expressão simbólica extremamente significativa. O primeiro foi na cidade de Pindamonhangaba, próxima a Aparecida, onde se realizou o Seminário Latino-Americano de Teologia, nos dias 18 a 20 de maio, sob a coordenação do Conselho Nacional de Leigos. O segundo evento foi a Romaria das Comunidades Eclesiais de Base,

Foi a primeira assembleia realizada em um local público, o Santuário de Aparecida, onde acorrem todos os dias centenas de pessoas, milhares em finais de semana. A escolha providencial deste local, extraordinariamente especial, colocou os delegados em contato direto com os romeiros, gente simples, jovial e piedosa que ia oferecer seus pedidos e cumprir suas promessas a Nossa Senhora. Os bispos eram alojados em hotéis populares próximos ao santuário mariano, celebravam a eucaristia diária com o povo e, como lembrava Francisco (2013), a "música de fundo" que acompanhava os trabalhos no subsolo da basílica era constituída pelos cânticos e orações dos fiéis.

Esses elementos contribuíram para criar uma atmosfera de encontro e proximidade que tocou profundamente os visitantes e que impactou nos trabalhos da assembleia, gerando um clima desarmado e cordial. Nunca como antes o contexto foi tão determinante na orientação de uma conferência latino-americana. Como testemunhou Dom Demétrio Valentini (2007, p. 1041), os bispos "se deram conta de que era a serviço deste povo que estavam lá reunidos, para captarem a graça de Deus e fortalecerem os laços que unem o rebanho a Cristo".

Apesar de Aparecida contar com apenas 266 participantes entre votantes, peritos e convidados, contra os 400 de Santo Domingo, em prejuízo das conferências episcopais mais numerosas, teólogos de diversos países prestavam serviço e assessoravam bispos do lado de fora da assembleia, acompanhando as sessões pela primeira vez via internet, junto com os teólogos e outros cientistas sociais da rede Ameríndia. Foram convocados encontros, redigidos textos, elaboradas centenas de emendas, em grande parte acolhidas pela assembleia, de maneira que o DAp foi realmente um grande mutirão, cujo resultado final foi orientado, costurado e votado por quem tinha essa incumbência, mas contou com a participação efetiva de muito mais agentes.

A presença de Bento XVI na abertura foi discreta. Seu discurso inaugural não direcionou forçadamente os trabalhos da Conferência como os de João Paulo II

---

organizada pelas Pastorais Sociais e pela Pastoral da Juventude que saiu da pequena cidade de Roseira, SP, à meia-noite do sábado, dia 19 de maio, e chegou ao Santuário de Aparecida pela manhã de domingo. O terceiro evento foi a Tenda dos Mártires, instalada durante todo o período da Conferência, à margem do Rio Paraíba onde foi encontrada a imagem de Nossa Senhora da Conceição Aparecida no começo do século XVIII.

em Puebla e, mais ainda, em Santo Domingo. Antes impulsionou os setores mais engajados com as causas dos pobres, apesar de um deslize crítico em seu pronunciamento, quando afirmou que "o anúncio de Jesus e do seu evangelho não supôs, em qualquer momento, uma alienação das culturas pré-colombianas, nem foi uma imposição de uma cultura alheia". Essa afirmação teve que ser por ele amenizada, de volta para Roma, na audiência de 23 de maio, depois de muitas reações por parte de indígenas e afro-americanos.

Após a abertura, a V Conferência prosseguiu com uma metodologia participativa e indutiva, apesar de alguns contratempos no final[166], graças à composição de uma assembleia surpreendentemente menos conservadora do que se esperava, ainda que não estivesse em condições de dar passos mais audaciosos. O texto produzido foi rico e inspirado, mesmo que não completamente finalizado e nem totalmente homogêneo. Pena uma mão oculta da Cúria Romana querer arrematá-lo, uma vez concluídos os trabalhos, ajeitando não apenas a redação, mas também alterando o conteúdo de diversas passagens (MUÑOZ, 2008).

b) O método. A segunda novidade de Aparecida foi a de ter resgatado o método "ver-julgar-agir", revogado em Santo Domingo, ausente na preparação da V Conferência, mas fortemente pleiteado pela assembleia (SIGNORELLI, 2018, p. 141). Com efeito, os temas fundamentais abordados estão dispostos nas três partes que ordenam os dez capítulos do DAp, perpassados pelo *fil rouge* do eixo da vida: (1) a vida dos nossos povos hoje; (2) a vida de Jesus Cristo nos discípulos missionários; (3) a vida de Jesus Cristo para nossos povos. Na primeira parte, o

---

166. Assim como Puebla e Santo Domingo, Aparecida não adotou um Documento de Trabalho. Desta vez, porém, não houve retaliações, enquanto o texto chamado de Síntese das Contribuições Recebidas não captou fielmente o que havia sido enviado pelas Igrejas locais. Entretanto, a V Conferência teve que partir da estaca zero. Ao invés de *ponencias*, optou-se por ouvir as expectativas de cada uma das 22 conferências episcopais, bem como das outras instâncias presentes na assembleia. Ao mesmo tempo, foram organizados grupos de trabalho para levantar uma pauta temática em vista do documento final. Uma vez, estabelecido o esquema geral, os grupos foram substituídos por sete comissões temáticas e dezesseis subcomissões. Cada comissão apresentou um texto para a elaboração de uma primeira redação do documento final. Houve um processo de aprimoração, apresentação de emendas, correção e alteração para uma segunda e terceira redação, até uma quarta redação que foi "confiscada" pela comissão de redação, porque, ou com a desculpa de que, não havia mais tempo.

"ver", emerge a exigência de olhar para a realidade e enxergar os sinais dos tempos para discernir os caminhos da missão hoje; na segunda, o "julgar", é apresentada a temática genuinamente bíblica do "discipulado missionário" e suas implicações eclesiais; na terceira, o "agir", a missão nos seus fundamentos e desdobramentos na América Latina.

No "ver", o DAp encara a conjuntura da globalização (DAp 33-97) e a situação da Igreja latino-americana diante dos desafios que esse fenômeno proporcionava (DAp 98-100). A primeira parte do segundo capítulo começa reconhecendo as grandes mudanças que afetam a vida da humanidade, e a necessidade de olhar "com mais humildade" a realidade hodierna na sua complexidade e fragmentariedade (DAp 36). Para Aparecida, a dimensão sociocultural da globalização é o "nível mais profundo" dessa mudança de época (DAp 44), com a supervalorização da subjetividade individual e a imposição de uma cultura mercadológica de massa como "uma espécie de nova colonização" (DAp 46).

Em segundo lugar vem a dimensão econômica, que é reconhecida como "a face mais difundida e de êxito da globalização" (DAp 61). Apesar de considerar esse fenômeno de relações em nível planetário "uma conquista da família humana [...] profunda aspiração de gênero humano à unidade" (DAp 60), de fato expressa também sinais evidentes de hegemonia de mercado (DAp 61), de concentração de poder (DAp 62), de exclusão social (DAp 65), de assimetria entre as nações (DAp 67), de corrupção (DAp 70), de desemprego (DAp 71), de mobilidade humana (DAp 73), de desencanto com a democracia (DAp 77), de deterioração do tecido social, de crescimento da violência (DAp 78).

Destarte, não há no documento uma clara análise e tomada de posição junto à ideologia neoliberal, que aparece citada furtivamente somente no parágrafo 463e, apesar da insistência de muitas comissões e subcomissões temáticas. No fundo, prevalece a ideia latente que o sistema é reformável e não é o caso de deslegitimá-lo, apesar de Puebla (DP 546) ter afirmado que professa intrinsecamente um ateísmo prático (BRIGHENTI, 2008, p. 34).

Bem mais positiva é a atenção para com a biodiversidade, a questão ecológica e, particularmente, o reconhecimento dos povos indígenas e afro-americanos como sujeitos. Sua emergência é chamada de *kairós* (DAp 91), ao mesmo tempo em que se fomenta o diálogo intercultural, inter-religioso e ecumênico (DAp 95), se denuncia a discriminação social e se almeja "descolonizar as mentes", pois existe "um processo de ocultamento sistemático" dos valores, da história, da cultura, e das expressões religiosas desse povos (DAp 96).

Essa passagem seria uma das mais significativas em termos decoloniais, se antes o DAp não tivesse afirmado que "o maior tesouro que podemos oferecer a eles é que cheguem ao encontro com Jesus Cristo ressuscitado, nosso Salvador" (DAp 95): o desejo desse "acontecimento" pode revelar ainda um sentido dissimulado de superioridade e de domínio, se não for entendido numa relação de reciprocidade como intercâmbio de dons, de sabedorias e de espiritualidades.

A dificuldade dessa postura simétrica em relação aos outros, por parte da Igreja latino-americana, aparece também na breve análise de conjuntura eclesial que segue nos parágrafos 98 a 100. Apesar de identificar com clareza e profetismo as luzes e as sombras da caminhada, ressaltando "a abnegada entrega de tantos missionários e missionárias" de um lado (DAp 98d), como também lamentando "algumas tentativas de voltar a um certo tipo de eclesiologia e espiritualidade contrária à renovação do Concílio Vaticano II" (DAp 99b)[167], não há em Aparecida uma autocrítica da trajetória histórica da evangelização no continente, passagem fundamental de caráter penitencial para uma autêntica descolonização da missão.

c) O caminho. O tema do discipulado missionário ocupa a parte central do documento, o "julgar", como proposta evangelizadora dirigida à Igreja e ao mundo: à Igreja, enquanto todos os batizados são chamados a tornar-se não somente discípulos mas também missionários de Jesus Cristo (DAp 9); ao mundo, enquanto os mesmos batizados são enviados a "fazer discípulos" (Mt 28,19) – e consequentemente "missionários" – todos os povos (DAp 364). Dessa maneira, o discipulado missionário se apresenta como caminho, conteúdo e meta da evange-

---

167. Texto bem mais contundente na versão original do DAp (MUÑOZ, 2008, p. 286).

lização, "para que nossos povos tenham vida nele [...] a partir da perspectiva do Reino" (DAp 384).

Quatro capítulos são dedicados ao tema: a alegria de ser (DAp 101-128), o chamado a ser (DAp 129-153), a comunhão por ser (DAp 154-239) e o caminho para ser autênticos discípulos missionários (DAp 240-346).

A questão deslancha a partir do segundo capítulo dessa segunda parte, o quarto em ordem geral, o mais interessante, que adota um enfoque bíblico e uma abordagem de cristologia baixa, na contemplação de Jesus Cristo "tal como os evangelhos nos transmitem", acentuando sobretudo o encontro e a união do discípulo com o Mestre, no seguimento das Bem-aventuranças do Reino, no "estilo de vida do próprio Jesus: seu amor e obediência filial ao Pai, sua compaixão entranhável frente à dor humana, sua proximidade aos pobres e aos pequenos, sua fidelidade à missão encomendada" (DAp 139).

A teologia do discipulado, particularmente expressa no Evangelho de Mateus, aponta para um seguimento que é eminentemente "prática da Palavra" (BARBAGLIO, 1990, p. 107): o destino da humanidade é decidido sobre as obras da misericórdia realmente vividas (Mt 25,31-46), e não sobre pregações, invocações ou adesões a uma confissão religiosa (Mt 7,22). Por isso, o discípulo é imediatamente missionário, "pois Jesus o faz partícipe de sua missão, *ao mesmo tempo que* o vincula a Ele como amigo e irmão" (DAp 144; grifo nosso). Discipulado e missão não são dois momentos sequenciais e distintos, mas "as duas faces da mesma moeda" (DAp 146), interagentes e interligadas, uma vez que

> o discípulo experimenta que a vinculação íntima com Jesus no grupo dos seus é participação da vida saída das entranhas do Pai, é formar-se para assumir seu estilo de vida e suas motivações, correr sua mesma sorte e assumir sua missão de fazer novas todas as coisas (DAp 131).

Apesar de deixar implícito esse enfoque teológico, crucial para entender corretamente o "fazer discípulos" do mandato missionário (Mt 28,19), o DAp envereda por um caminho mais intraeclesial, concentrando-se na comunhão (capítulo V) e na formação dos discípulos missionários (capítulo VI). Trata-se, segundo

Victor Codina (2008), de uma espécie de "crise galileia" da Igreja latino-americana, desnorteada no meio das convulsões globais, concentrada na comunidade dos discípulos, assim como Jesus, após o enfrentamento com as autoridades religiosas e a incompreensão dos próprios discípulos, se retira junto com os seus em terra pagã: fala pouco do Reino de Deus, não faz milagres, não expulsa demônios, não come com os pecadores; concentra-se apenas nos seus discípulos, aos quais dá novas instruções (Mc 10,32-45).

A parte do julgar assume assim uma fisionomia motivacional, que leva a aprofundar a fé batismal, a propiciar uma experiência espiritual profunda e uma formação cristã mais madura. A cristologia histórica aos poucos dá lugar a uma cristologia entusiasta, "expressão burguesa da cristologia" segundo Comblin (2007, p. 879). No seio de uma eclesiologia de comunhão, o DAp reabilita as Comunidades Eclesiais de Base "como sinal de vitalidade na Igreja particular" (DAp 179).

d) A missão. Uma vez chegados à terceira parte, estamos no cerne do documento: o "agir" é sem dúvida o aporte mais relevante. Estrutura-se em quatro capítulos. O capítulo VII dá a tônica a todo o documento: a missão dos discípulos a serviço da vida plena (DAp 347-379). Seguem em ordem: o Reino de Deus e a promoção da dignidade (DAp 380-430); família, pessoas e vida (DAp 431-475); nossos povos e a cultura (DAp 476-546).

Aparecida introduz o discurso sobre a missão com AG 2 (DAp 347), retomando sem nenhuma demora o *leitmotiv* da teologia conciliar fundamentada na *missio Dei*, cuja imediata implicação é a essência missionária da Igreja.

Destarte, o primeiro passo do desenvolvimento da temática emboca o caminho do eixo da vida: Jesus Cristo veio ao mundo para nos fazer "participantes da natureza divina" (2Pd 1,4), para que participemos de sua própria vida (DAp 348). Se a vida de Deus é essencialmente missão, "participar da sua vida" significa tornar-se missionário: essa é a plenitude à qual é chamada toda condição humana (DAp 355).

O segundo passo, então, é elucidar que essa plenitude "atinge o ser humano por inteiro" na realização da vida concreta, pois "a vida em Cristo inclui a alegria de comer juntos, o entusiasmo para progredir, o gosto de trabalhar e de aprender,

[...] e todas as coisas com as quais o Pai nos presenteia como sinais de seu sincero amor" (DAp 356). Afinal, "o Deus de Jesus é mais feliz quanto mais o homem vive bem" (MARINI, 2006, p. 286).

Se essa for a "vida integral" que Deus deseja para a humanidade, participar da vida dele e nele, o terceiro passo consiste em se indignar com as situações que contradizem o projeto do Pai, pois "o reino da vida que Cristo veio trazer é incompatível com essas situações desumanas" (DAp 358), porque "a vida só se desenvolve plenamente na comunhão fraterna e justa": "o rico magistério social da Igreja nos indica que não podemos conceber uma oferta de vida em Cristo sem um dinamismo de libertação integral, de humanização, de reconciliação e de inserção social" (DAp 359).

Mas a vida não é só deleite "com todas as coisas com as quais o Pai nos presenteia" e nem só luta por estruturas mais justas para todos. A vida plena tem um segredo fundamental: "a vida se alcança e amadurece à medida que é entregue para dar vida aos outros. Isso é, definitivamente, a missão" (DAp 360).

Com essa definição de "missão" estamos no quarto e decisivo passo: a vida encontra no *dom de si* a sua completa realização. Se isso for verdade, não é apenas uma exigência para os cristãos: ao contrário, constitui uma dimensão antropológica fundamental, motivo do envio a fazer "que todas as nações se tornem discípulos", ou seja, praticantes das Bem-aventuranças.

e) A conversão. Em seguida, ao fundamentar a missão trinitariamente na vida de Deus Amor, radicar essa vida no chão da história, promovê-la num dinamismo de libertação integral e projetá-la novamente no horizonte da missão, o DAp chega a propor esse motivo como tema fundamental de conversão, não dos outros, mas da própria Igreja, em linha com EN 15 e mais ainda com a "conversão pastoral" enunciada em DSD 30. Desta vez, o tom se faz bem mais contundente, e o apelo pela urgência de renovação não começa pelos corações, mas pelas estruturas, numa das passagens mais intensas de todo o documento:

> Esta firme decisão missionária deve impregnar todas as estruturas eclesiais e todos os planos pastorais de dioceses, paróquias, comu-

nidades religiosas, movimentos e de qualquer instituição da Igreja. Nenhuma comunidade deve isentar-se de entrar decididamente, com todas as forças, nos processos constantes de renovação missionária e de abandonar as ultrapassadas estruturas que já não favoreçam a transmissão da fé (DAp 365).

Consequentemente, essa conversão atinge seu nível pessoal em cada sujeito eclesial chamado a responder aos desafios do contexto histórico onde vive (DAp 367), e seu nível relacional na proposição de "uma espiritualidade de comunhão e participação" numa Igreja sinodal, que se configura hoje mais do que nunca como "uma urgência pastoral" (DAp 368).

Enfim, a conversão eclesial aterrissa numa "pastoral decididamente missionária" que vai além da mera conservação (DAp 370), baseada num projeto participativo com indicações programáticas concretas, acompanhamento constante e atitude flexível diante da realidade sempre em mutação (DAp 371). Não se trata apenas de buscar êxitos pastorais, diz o documento, mas de ser fiéis na imitação do Mestre (DAp 372), o qual traçou um verdadeiro projeto para a missão de seus discípulos, com tanto de visão da realidade, escolha e capacitação de pessoas, objetivos, destinatários, linhas de ação e meios.

Por último, a conversão eclesial se estende até a missão *ad gentes*, advertindo os discípulos missionários para não cair na armadilha de se fechar em si mesmos, mas de se formar "como discípulos missionários sem fronteiras" (DAp 376), "com coração universal, aberto a todas as culturas e a todas as verdades", cultivando a capacidade de contato humano e diálogo com o mundo todo (DAp 377).

Em resumo, as cinco conversões que Aparecida aponta para a Igreja na América Latina e no Caribe são, nesta ordem: das estruturas, dos corações, das relações, das práticas e das fronteiras. São apelos enunciados com toda intensidade a uma Igreja que "necessita de forte comoção que a impeça de se instalar na comodidade, no estancamento e na indiferença, à margem do sofrimento dos pobres do continente" (DAp 362). O tema da saída aparece como impulso que começa a configurar essa renovação: "trata-se de sair de nossa consciência isolada e de nos lançarmos, com ousadia e confiança (*parrésia*), à missão de toda a Igreja" (DAp 363).

As premissas lançadas pelo capítulo VII seguem assim para os encaminhamentos operacionais das atuações missionárias na realidade sociocultural do continente, particularmente: na promoção da dignidade humana junto aos pobres e aos excluídos (capítulo VIII); na defesa da família, da vida desde a fecundação até o cuidado com o meio ambiente (capítulo IX); na inserção cultural nos ambientes públicos, nos novos areópagos, no mundo urbano, nas culturas dos povos originários e afro-americanos, para a integração da América Latina.

4.4.3 A missão como paradigma-síntese da caminhada libertadora latino-americana

Consagrado por Aparecida, o resgate da palavra "missão" tornou-se paradigma-síntese também para a caminhada libertadora latino-americana e caribenha, reflexa na celebração das cinco conferências gerais do episcopado do continente. Da análise de todo o percurso do Rio de Janeiro até Aparecida, enfatizando as questões missionárias específicas e marcando as etapas da visão colonizadora até a conversão eclesial, sobressai a configuração de uma razão missionária latino-americana com suas dimensões características de libertação integral e evangelização inculturada. Com suficiente clareza, emergem também elementos que revelam a formação de uma consciência decolonial em termos de irrupção de sujeitos outros, de processos de desprendimento e abertura, de contextos fronteiriços e de perspectivas pluriversais, mesmo no embate com setores e projetos ainda fortemente coloniais. Os desafios e as tarefas pendentes deixadas por Medellín foram assumidas e implementadas em parte.

1) A noção de missão que desponta da caminhada latino-americana e caribenha, no arco de sete décadas, não assenta no anseio de cristianização de povos e pessoas, tarefa já cumprida nos tempos passados, mas na urgência de incrementar estruturas e quadros eclesiásticos, de fortalecer a formação religiosa do povo, de atender os povos indígenas, de responder a uma situação generalizada de pobreza e injustiça social, "direcionando iniciativas para a própria raiz dos males a serem sanados" (DR, VIII, 80).

Situada em um contexto continental marcado por "um radical substrato católico" (DP 1), "estabelecido e dinamizado por uma imensa legião missionária de bispos, religiosos e leigos" (DP 7), "homens e mulheres de vida santa" (DSD 19), a missão parece ter deixado a tarefa do primeiro anúncio paradoxalmente inconclusa e a Igreja num "permanente estado de missão" (*Melgar* 13; DP 1305; DAp 551), com a necessidade de evangelizar os próprios batizados (DM, VIII, 9b), amadurecê-los em sua fé (DP 364), para que vivam como autênticos discípulos missionários (DAp 307), visto que a maioria deles não deu sua adesão pessoal a Jesus Cristo (DSD 33).

Esta realidade, agravada pela conjuntura de injustiça social e de violência institucionalizada (DM, II, 16), produto colonial e neocolonial que não condiz com o ideal cristão, leva a reconsiderar o critério geográfico de "território de missão", para adotar a categoria sociocultural de "situações missionárias" que exigem uma atuação diferenciada por parte da Igreja (DAp 364, 375). Também no que diz respeito propriamente à Igreja, as distinções entre "Igreja missionária" e "Igreja estabelecida" parecem não corresponder às exigências sociais e pastorais da atualidade (*Melgar* 2). A "igreja missionária", mais que uma etapa inicial da *plantatio*, se converte em modelo, um *jeito de ser* permanente e fundamental (DP 1303; SD 294; DAp 347), também em suas estruturas (DSD 58; DAp 168), abrangendo a globalidade de sua ação desde a pastoral até a missão além-fronteiras (DP 364-368). O primeiro anúncio, antes entendido como uma etapa anterior à catequese, se torna agora "fio condutor de um processo" (DAp 278a) que promove "um encontro pessoal, cada vez maior, com Jesus Cristo" (DAp 289): uma evangelização constante que investe também a conversão da própria Igreja (DP 993, 1028, 1147).

Um dos aspectos mais característicos da caminhada latino-americana e caribenha é sinalizado por um horizonte de missão que deixa claramente de ser eclesiocêntrico, para se voltar para "a promoção de libertação total da pessoa humana, em sua dimensão terrena e transcendente, contribuindo assim para a construção do Reino último e definitivo" (DP 475). Enveredar para a "realidade transformadora do Reino de Deus que se faz presente em Jesus" (DAp 382) implica "assumir evangelicamente [...] as tarefas prioritárias que contribuem para a dignificação do ser humano e trabalhar junto com os demais cidadãos e instituições para o bem do ser humano" (DAp 384). Esse reino da vida que Cristo veio trazer é projeto do Pai, conteúdo fundamental da missão, oferta de vida plena para todos (DAp 361), que "alcança todas as dimensões da existência, todas as pessoas, todos os ambientes da convivência e todos os povos" (DAp 380), ninguém excluído (DAp 353). Missão da Igreja é, em suma, construir o Reino de Deus (DAp 367), estar a serviço de sua instauração (DAp 33, 184, 366), dar testemunho de seus valores no âmbito da vida social, econômica, política e cultural, e descobrir a presença do Espírito Santo nas diversas culturas (DAp 374).

Destarte, uma Igreja que faz dessa missão o elemento estruturante de sua identidade e atividade tem como horizonte a "libertação integral do homem e da sociedade, levando uma vida de comunhão e participação" (DP 1166). Comunhão, participação, solidariedade, fraternidade, responsabilidade, são termos que retornam nos documentos das Conferências Gerais e que apontam para uma missão onde o protagonista é o povo de Deus, família de Deus universal, santa, peregrina, enviada (DP 2.2). A capacidade de compartilhar desse "povo de servidores" (DP 270; DM, XIV, 18), que "vivem sua unidade a partir da diversidade" (DP 244), "será sinal da profundidade da comunhão interior e de sua credibilidade para fora" (DP 243). Essa comunhão necessariamente se estende também entre Igrejas-irmãs (DAp 182), com outras confissões cristãs (DAp 233) e na cooperação missionária além-fronteiras (DSD 128).

Enfim, o paradigma da missão se torna um chamado à conversão pessoal e à transformação social (DP 362)· uma conversão que começa pela própria Igreja (DP 1221), por seus agentes (DP 973) e suas estruturas (DAp 365), adotando um "testemunho autêntico de pobreza evangélica" (DSD 178; DM, XIV, 17; DP 1158) como sinal de "necessidade de conversão de toda a Igreja para uma opção preferencial pelos pobres" (DP 1134, 1140). A exigência de "ser evangelizada de novo", para ser convertida numa Igreja cheia de ímpeto e de audácia evangelizadora (DAp 549), parece surgir do intuito que suas articulações não foram preparadas para tal tarefa. Com efeito, espaços eclesiais tradicionais, como a paróquia, não nasceram para serem missionários (RASCHIETTI, 2007a, p. 124).

Refém ainda a uma *forma mentis* doutrinária, canônica e administrativa, herdada da cristandade, a Igreja latino-americana e caribenha é desafiada a motivar seus membros, proporcionando a cada um deles confiança, condições e liberdade para a encontrar caminhos de proximidade, de gratuidade e de testemunho profético.

2) De um ponto de vista decolonial, a caminhada missionária da Igreja latino-americana e caribenha coloca suas balizas em Medellín em torno do paradigma da libertação, à esteira da categoria socioanalítica da dependência, assumindo a "irrupção dos pobres", optando por uma "Igreja pobre" como sinal de compromisso solidário, de comunhão e participação *com* os pobres (DP 974).

Vimos em Aparecida que esse quesito da "irrupção dos pobres" fica a meio-caminho entre paternalismo e cidadania plena, sendo os pobres considerados mais como objetos de compaixão de uma Igreja samaritana (DAp 26) do que autênticos sujeitos da evangelização integral (DAp 257, 398). Esse reconhecimento, se fosse relevante, corresponderia não apenas a uma conversão eclesial, mas também a uma reestruturação pastoral ainda longe de acontecer (SUESS, 2013a, p. 92). Contudo, a perspectiva de uma verdadeira "Igreja dos pobres", como anunciara profeticamente João XXIII na mensagem radiofônica a um mês da inauguração do Concílio Vaticano II (EV1 25l), pode constituir ainda uma meta ambiciosa para a Igreja latino-americana e caribenha.

Quanto à "irrupção dos outros" e à superação do enfoque classista do sujeito subalterno, em Puebla começou a dar passos decisivos, enquanto em Santo Domingo entrou em cheio na problemática da inculturação numa dupla vertente: uma de caráter ainda colonial, seguindo a orientação geral da Nova Evangelização, que determinava como objetivo a promoção de uma "cultura cristã"; e outra de natureza muito mais decolonial, que remetia a uma "evangelização inculturada" dialógica, encarnada, próxima e solidária.

Chama à atenção nos documentos finais das conferências episcopais uma falta de autocrítica histórica, fundamentada e articulada, sobre a evangelização. Tecem-se merecidos louvores aos apóstolos do século XVI, muitos deles abnegados, competentes, criativos, exemplares; o problema da primeira evangelização do continente americano não foi principalmente a falta de zelo de seus protagonistas, nem seus métodos e nem suas expressões, mas seus pressupostos. Hoje é dever imperioso retomar essa história, para reconsiderar as firmes e generosas convicções de fé que sustentam uma ação missionária, sob a luz de uma nova hermenêutica.

Também o DAp quando se refere à América Latina como "casa comum [...] habitada por uma complexa mestiçagem e uma pluralidade étnica e cultural" (DAp 520) em busca de união, reconciliação e solidariedade (capítulo X), parece desconsiderar que esses processos passam necessariamente por uma profunda postura penitencial por parte da Igreja. Particularmente, o Papa Ratzinger em Aparecida demonstrou não ter entendido a importância dos entraves coloniais quando afirmou que o anúncio de Jesus Cristo não foi a imposição de uma cultura estranha, e que "a utopia de voltar a dar vida às religiões pré-colombianas, separando-as de Cristo e da Igreja universal, não seria um progresso, mas um retrocesso" (DI 1). Não se trata de voltar ao passado, mas de reconhecer identidades vivas e resistentes[168].

Quando o DAp afirma que "a Igreja, com sua pregação, vida sacramental e pastoral", quer ajudar a superar "as feridas culturais injustamente sofridas" pelos afro-americanos (DAp 533), parece ignorar o que havia anteriormente declarado que "só a proximidade que nos faz amigos nos permite apreciar profundamente os valores dos pobres de hoje" (DAp 398). Ou seja, não serão as pregações predispostas a "ajudar" o desenvolvimento harmônico de identidades étnicas, mas uma proximidade discreta, empática e solidária que compartilha com os povos suas lutas e a defesa de seus direitos (DAp 398), reconhecendo assim o valor profético, provocador e transformador de suas feridas abertas.

---

168. A esse respeito, Eleazar López Hernárdez (2009) rebateu: "Nossa resposta é que, para nós, esse passado não está morto, mas adormecido ou latente; além disso, não fazemos o mesmo na Igreja, quando vamos resgatar Abraão, Moisés ou qualquer um dos profetas do Antigo Testamento, cuja distância de nós, no tempo, é maior do que a distância que separa os indígenas de nossos passado perdido? Nem os indígenas nem os cristãos vamos ao passado para ficar nele, mas para buscar aí a dimensão das coisas verdadeiras e perenes, das verdades que não têm tempo porque estão na eternidade, onde vive Deus, e também vivem os nossos antepassados."

3) Em relação à atitude de desprendimento e abertura, Medellín engendrou uma recepção criativa e fiel das linhas mestras do Vaticano II, abrindo-se ao diálogo com o mundo (DP 12), deixando-se questionar pela situação histórica dos pobres do continente. Esta postura contextual de profunda "escuta", recorreu à leitura dos "sinais dos tempos" como "lugar teológico" e interpelação de Deus (DM, VII, 13), para discernir o rumo da história e colaborar na construção de uma sociedade mais humana, justa e fraterna (DP 1128).

No entanto, o verbo "aprender" não foi muito empregado no Documentos das Conferências Gerais quando se tratou dos interlocutores da missão. Santo Domingo lembrou da necessidade de "aprender a falar segundo a mentalidade e cultura dos ouvintes, de acordo com suas formas de comunicação e os meios em uso" (DSD 30), e de "aprender dos pobres a viver com sobriedade e a partilhar e valorizar a sabedoria dos povos indígenas no tocante à preservação da natureza como ambiente de vida para todos" (DSD 169). Medellín sugeriu que "o sacerdote, com espírito de humildade e espírito de pobreza, antes de ensinar deve aprender, fazendo-se tudo para todos a fim [porém!] de levá-los a Cristo" (DM, XIII, 13). Puebla reconheceu certa reciprocidade no diálogo entre as culturas (DP 393) e citou três vezes EN 29, quando afirmava que "a evangelização não seria completa se não levasse em conta a interpelação recíproca que ao longo dos tempos se estabelece entre o evangelho e a vida concreta, pessoal e social do homem".

Contudo, a dimensão intercultural, complementar à inculturação, ficou praticamente ausente em Aparecida, mesmo que já tivesse chegado à maturação no debate acadêmico, político e missionário, assim como o paradigma da libertação e a categoria socioanalítica da dependência na época de Medellín. O recurso à perspectiva do diálogo, também inter-religioso, não garante a intercambialidade com a interculturalidade, particularmente, quando se insiste em afirmar que "não significa que se deixe de anunciar a boa-nova de Jesus Cristo aos povos não cristãos, mas com mansidão e respeito por suas convicções religiosas" (DAp 238). Como já vimos, há passagens significativas em DAp 95-97 que motivam a "descolonizar as mentes" e fortalecer "espaços e relacionamentos interculturais", mas não se vai além disso. Pelo resto, Aparecida releva as deficiências das culturas indígenas, mas não as próprias (DAp 95). Quando ocorreu um ligeiro *mea culpa*, na versão original do DAp 98, que começava com "a Igreja Católica na América Latina e no Caribe, apesar de suas deficiências e ambiguidades [...]", a Cúria Romana mandou corrigir para: "A Igreja Católica na América Latina e no Caribe, apesar das deficiências e ambiguidades de alguns de seus membros [...]". "Aprender" tem como pressupostos errar, falhar, não saber: "descer" da docência para a discência. Mas a Igreja nunca desce, erra, falha, portanto, nunca precisa aprender: quem erra são só "alguns de seus membros", e todos eles precisam aprender.

Com efeito, Aparecida admite que "a vocação e o compromisso de ser hoje discípulos e missionários de Jesus Cristo na América Latina e no Caribe, requerem clara e decidida opção pela formação [aprendizagem] dos membros das nossas comunidades" (DAp 276). O substantivo "discípulo" é aplicado à Igreja uma única vez (DAp 138), assim como o complemento "missionário" (DAp 168). No restante, chamam-se de "discípulos" e/ou "missionários" seus membros, todos, mas não a Igreja enquanto tal. Porque a intrínseca relação "discipulado-missão" não deveria dizer respeito à essência da Igreja, enviada a ser discípula/aprendiz no caminho da missão, onde encontra um Deus que se revela também na experiência existencial e espiritual de aprendizagem junto aos outros?

Também, se analisarmos os temas do "discipulado" e da "formação/aprendizagem" no DAp, podemos observar que se referem sempre e inequivocamente a uma relação de seguimento do discípulo junto ao mestre Jesus, e por tabela à Igreja, a suas práticas e a suas doutrinas, nunca ao encontro com os pobres e os outros, como aconteceu com o próprio Jesus diante da mulher cananeia (Mt 15,21-28). Talvez, posturas neste sentido de desprendimento, de abertura e de reciprocidade, se revelem mais discretamente em muitas práticas missionárias fronteiriças concretas, do que nestes tipos de documentos, cujos bons propósitos de conversão e reforma correm o risco de ficar só no papel, exatamente porque a Igreja não se dispõe a "descer".

4) No que diz respeito à dimensão "geográfica" da missão, uma vez resolvida, em termos, a questão estritamente "territorial" e "jurídica" das assim chamadas

"missões" (AG 6), e abraçada uma vez por todas a noção de "fronteira" social, étnica e antropológica, podemos perceber como da Conferência de Rio de Janeiro até Aparecida emergem enfoques distintos.

No começo se adota sem mais nem menos o conceito tradicional de "missões" entendendo as circunscrições sob a administração de *Propaganda Fide*, com especial atenção aos povos indígenas. Em Medellín a ênfase recai sobre a pastoral social junto aos setores populares e a evangelização das massas batizadas. Já em Puebla se desenha um quadro orgânico das situações missionárias iniciando (1) pela formação da comunidade cristã, continuando (2) pelas situações permanentes (indígenas e afro-americanos), situações novas (migrantes, aglomerações urbanas etc.), situações particularmente difíceis (universitários, militares, operários, jovens, meios de comunicação etc.), e terminando (3) com missão além-fronteiras (DP 364-368). Santo Domingo retoma em parte esse esquema, concentrando-se mais na questão da inculturação junto aos indígenas e afro-americanos, não esquecendo das questões sociais e relevando "novos" desafios como a questão do meio ambiente (DSD 169-170), da terra (DSD 171-177) e do trabalho (DSD 182-185). Finalmente, Aparecida, não olvidando de nenhuma dessas frentes, destaca a dimensão cultural junto ao mundo urbano, aos novos areópagos, à modernidade e pós-modernidade, ciente de que "o cristão de hoje não se encontra mais na primeira linha da produção cultural, mas recebe sua influência e seus impactos" (DAp 506).

Chega-se, enfim, quase a admitir uma superação da administração do "radical substrato católico", se não se declarasse que "o dom da tradição católica é um cimento fundamental de identidade, originalidade e unidade da América Latina e do Caribe" (DAp 8). Essa afirmação faria acreditar que bastaria soprar nas brasas religiosas ainda vivas na sociedade continental, para retomar um saudoso protagonismo da Igreja Católica, acreditando que seu "estado de missão" é afinal algo "temporário", "acidental", o que significa não ter entendido a natureza profunda da "fronteira" que representa hoje o mundo pluricultural contemporâneo, e nem a própria vocação da Igreja (AG 2). Isso sugere uma limitada compreensão do alcance da conversão missionária exigida pelo próprio DAp.

Os documentos das conferências gerais usam pouco o termo "periferia" para indicar o *lugar* preferencial da missão, mas deixam a entender algo muito parecido ao falar de "ambientes pobres" (DM, XIV, 16), "situações que mais precisam de evangelização" (DP 363), grandes cidades como "lugares privilegiados da missão" (DSD 257), "novas realidades de exclusão" (DAp 401). Para uma Igreja que "tem feito opção pela vida", Aparecida aponta para "as periferias mais profundas da existência", a saber: o povo de rua (DAp 407-410); os migrantes e refugiados (DAp 411-416); os enfermos (DAp 417-421); os dependentes de drogas (DAp 422-426); os presos (DAp 427-430). Se os pobres de Medellín e Puebla são "oprimidos" por um sistema social iníquo, os de Santo Domingo se tornam "excluídos" pelos modelos econômicos (DSD 255), em Aparecida se atesta que esses excluídos "não são somente 'explorados', mas 'supérfluos' e 'descartáveis'" (DAp 65). Nesta passagem, "periferia" é sinônimo de "exclusão social". Todavia, "os rostos dos novos excluídos" (DAp 402) citados acima não são facilmente "descartáveis" pela sociedade, porque mesmo assim constituem sempre um "custo" caro e a fundo perdido. Na lógica darwiniana neoliberal todo esse tipo de "custo" há de ser eliminado: os pobres mais pobres em Aparecida, portanto, são reconhecidos como sobreviventes de um sistema implacavelmente desumano que projeta sua eliminação.

5) Habitar essas fronteiras torna-se a primeira e fundamental exigência para um projeto decolonial de missão, ou seja, de uma missão que não somente *descoloniza* e *desconstrói* a colonialidade do poder, mas também *constrói* algo contra-hegemônico, alternativo e pluriversal. A caminhada missionária latino-americana e caribenha convidou inicialmente os consagrados, quais "missionários profissionais", a encarnar-se com maior audácia na vida concreta (DM, XII, 3, 7), particularmente nos ambientes mais pobres (DM, XIV, 16). Em seguida, as conferências episcopais se dirigem prevalentemente aos leigos, não mais como "auxiliares do clero" (DR IV), mas como pessoas de Igreja no coração do mundo (DP 786), especiais protagonistas da ação evangelizadora (DSD 97, 98, 103, 293, 302), verdadeiros sujeitos eclesiais organizados num laicato (DAp 497a), ou em Comunidades Eclesiais de Base, "expressão visível da opção preferencial pelos pobres",

"fonte e semente de variados serviços e ministérios a favor da vida na sociedade e na Igreja" (DAp 179). Aparecida apela para que nunca essa opção fique em um plano teórico, mas "se manifeste em opções e gestos concretos" (DAp 397), uma vez que a Igreja é chamada a ser sinal do Reino (DP 227), "sacramento de amor, solidariedade e justiça entre nossos povos" (DAp 396).

A Igreja compreende que sua missão não é de ordem política, econômica ou social, e sim religiosa (GS 42). No entanto, "não pode nem deve ficar à margem da luta pela justiça" (DAp 546), que inclui: "denunciar todos aqueles, que ao irem contra a justiça, destroem a paz" (DM, II, 20); explicitar e promover a salvação já operante no mundo (DAp 236); anunciar o evangelho de maneira que garanta a relação entre a fé e a vida (DAp 331); despertar a esperança em meio às situações mais difíceis (DAp 395); defender os autênticos valores culturais de todos os povos (DSD 243); congregar todos "em seu mistério de comunhão, sem discriminações nem exclusões por motivos de sexo, raça, condição social e pertença nacional" (DAp 524); tornar-se próxima do povo pobre no socorro de suas necessidades, como também na defesa de seus direitos e na promoção comum de uma sociedade fundamentada na justiça e na paz (DAp 550).

Evidentemente, as Conferências Gerais do Episcopado Latino-Americano e Caribenho não podem "propor projetos acabados ou linhas de ação exaustivas" (DAp 431), também porque não seria coerente com qualquer perspectiva decolonial. Contudo, declarações como estas representam orientações importantes que não miram a um proselitismo (DAp 159), nem a uma salvação exclusivista, mas a uma "libertação integral" (DP 141; DAp 359), convocando todos os homens e mulheres de boa vontade (DP 1251; DAp 406e) para que vivam como filhos do mesmo Pai, irmãos uns dos outros (DAp 137).

Não falta nos documentos do magistério latino-americano o compromisso da Igreja com a integração do continente (DM, XV 1a; DP 428; SD 204-209; DAp 520-528) e da extensão do seu envolvimento em nível mundial (DP 1133; SD 194-203; DAp 406). Articulação, solidariedade, diálogo, interação, projeto comum, são todos aspectos que fazem necessariamente parte de uma dinâmica decolonial face à colonialidade global imperante. O narcisismo independentista de uma libertação étnica, classista ou nacionalista, ao contrário, revelaria, não somente um espírito mesquinho, mas também um interesse "autoimperialista" de reivindicar o direito de conquistar, invadir e dominar um suposto "território próprio" (MOSER, 2016).

Sob este ponto de vista, chama à atenção tanto a ênfase dada a uma hipotética "missão continental" (DAp 551), que nunca vingou, como o escasso interesse pela missão *ad gentes* por parte da Igreja latino-americana e caribenha. Junto aos compreensíveis problemas e dificuldades internas que afastam as Igrejas do continente de possíveis engajamentos extraterritoriais, há também a fatídica identificação das "missões estrangeiras" com a tradição colonial, bandeira agitada insistentemente por *Propaganda Fide*. Mas é preciso sinalizar que antes de Puebla e logo após Puebla, houve uma grande reflexão e esforço por parte de organismos missionários latino-americanos a respeito da necessidade de uma abertura além-fronteiras, interpretada sob a ótica de uma missão de "pobre para pobre", de "serviços recíprocos entre as Igrejas particulares" (DP 368), de "cooperação missionária" (DSD 128; DAp 378), perfeitamente em linha com a libertação integral, a comunhão e participação, a evangelização inculturada e a abertura "a todas as culturas e a todas as verdades" (DAp 377). Essa tarefa expressamente pendente desde Medellín, ainda está à espera de um significativo e decisivo comprometimento[169].

Retomando uma metáfora de Segundo Galilea (1983, p. 23), poderíamos associar a caminhada missionária da Igreja da América Latina e do Caribe à imagem de três êxodos: no primeiro, a Igreja do continente saiu de suas fronteiras para ir ao encontro dos pobres que estavam em sua casa católica (Medellín, Puebla); no segundo, intentou a travessia do encontro com os outros fora de sua casa, às vezes com o propósito de trazê-los para dentro (Santo Domingo, Aparecida); um terceiro êxodo se prospecta como desafio *ad gentes*: sair ao encontro dos pobres

---

169. Causa estranheza que em 2019 no Brasil se publique uma obra excelente, para celebrar os 40 anos de Puebla (SOUZA; SBARDELOTTI, 2019), porém, sem nenhuma referência, a DP 368: "Finalmente, chegou para a América Latina a hora de intensificar os serviços recíprocos entre as Igrejas particulares e de estas se projetarem para além de suas próprias fronteiras, *ad gentes*". Na seção dedicada ao tema da evangelização, onde se analisa, parágrafo por parágrafo, o capítulo II da segunda parte do Documento de Puebla, "O que é evangelizar?", se omite justamente esta passagem, que constitui o ápice de toda a reflexão. Uma falha sintomática que revela pouca clareza sobre a relevância do paradigma da missão.

e dos outros no mundo inteiro, tornando-se hóspedes na casa deles (BEVANS; SCHROEDER, 2016).

4.5 Missão como conversão integral – A questão missionária no Sínodo para a Amazônia

O Sínodo para a Amazônia, realizado em Roma, de 6 a 27 de outubro de 2019, chega a inaugurar uma nova etapa nas conferências latino-americanas em que a participação não é restrita apenas a bispos, mas conta com a presença efetiva de representações do povo de Deus, de igual para igual.

Foi o evento da Igreja Católica que mais refletiu as instâncias decoloniais em sua preparação, realização e conclusões, o que legitima amplamente sua relevância não somente para a América Latina, mas também para o mundo. Participaram cerca de 186 padres sinodais, todos os bispos da Região Pan-amazônica, mais uma centena de pessoas entre especialistas, líderes indígenas, missionários, representantes de comunidades, leigos e leigas, convidados especiais, entre outros[170].

Esse sínodo apresentou ao mundo uma realidade extremamente rica em biodiversidade, multiétnica, pluricultural e plurirreligiosa, encruzilhada de desafios inderrogáveis para o planeta inteiro, ameaçada por grandes interesses econômicos, marcada por invasões, violências, etnocídios e explorações, "espelho de toda a humanidade que, em defesa da vida, exige mudanças estruturais e pessoais de todos os seres humanos, dos estados e da Igreja" (DPSA 2)[171].

As reflexões, os trabalhos e os debates tiveram o propósito de ir além do âmbito estritamente regional, por corresponder aos anseios de toda Igreja universal e

---

170. O Brasil teve mais representantes entre os bispos da Região Pan-amazônica, no total de 58. Entre os outros países integrantes da Amazônia, a Colômbia teve 15, a Bolívia 12, o Peru 11, Equador e Venezuela 7, e as Antilhas quatro. Participaram 13 chefes dos dicastérios da Cúria Romana, cerca de 30 bispos representantes dos demais continentes e instituições, 55 auditores, 12 convidados especiais, 06 delegados fraternos de outras Igrejas, assim como 25 peritos das ciências humanas e teológicas.
171. O território da Amazônia se estende por mais de 7 milhões de quilômetros quadrados, com mais de 30 milhões de habitantes pertencentes a vários povos e etnias de nove países: Brasil (67%), Peru (13%), Bolívia (11%), Colômbia (6%), Equador (2%), Venezuela (1%), Suriname, Guiana e Guiana Francesa (somados com 0,15%).

do futuro da humanidade. Entendeu-se que era de grande importância escutar os povos indígenas e as comunidades da Amazônia para aprender

> como podemos colaborar na construção de um mundo capaz de romper com as estruturas que sacrificam a vida e com as mentalidades de colonização, para construir redes de solidariedade e interculturalidade. Sobretudo queremos saber: qual é a missão específica da Igreja, hoje, diante desta realidade? (DPSA 4).

Este evento quis ser simultaneamente um ponto de chegada e um ponto de partida para a caminhada missionária. Ponto de chegada, em reconhecer a sua trajetória histórica marcada por muitas entregas abnegadas, mas também por empreendimentos, abordagens e vínculos coloniais que exigem hoje uma radical mudança de rota e um pedido de perdão. Ponto de partida porque o sínodo era chamado a apontar novos rumos e direções para a ação da Igreja, com novas práticas de libertação descolonizada, profética e inculturada.

A tarefa era de fato árdua, não só pelo desafio de traçar linhas operativas significativas, mas particularmente por delinear planos concretos de ação para a prática pastoral: é possível uma autêntica descolonização da missão cristã que possa ir além de perspectivas românticas e de práticas benfeitoras, que ainda encobrem certos pressupostos exclusivistas? Até que ponto as articulações eclesiásticas estão dispostas a entrar numa decidida dinâmica de reforma neste sentido, e a se colocar em séria discussão num âmbito de diálogo intercultural e inter-religioso?

Essas subjacentes e importantes questões se situavam no centro de todo o debate sinodal, assim como no cerne da questão missiológica contemporânea.

4.5.1 Impulsos e embates de um evento sinodal

Promovido sob o pontificado de Francisco, a convocação do Sínodo da Amazônia encontrou o ambiente ideal como nunca antes para um confronto aberto, plural, ousado com o objetivo de impulsionar caminhos de conversão e uma reforma da Igreja em ordem a um espírito renovado de missão. O papa latino-americano já tinha projetado a caminhada das conferências gerais do continente para a Igreja universal com a publicação de sua primeira Exortação Apostólica

Evangelii Gaudium. Também, desde sua primeira aparição, a escolha do nome, os paramentos simples sem cruz dourada no peito, apresentando-se como *primo inter pares*, Bergoglio apontava com gestos, encontros, palavras, posturas, para um decisivo espírito de reforma missionária da Igreja com o lema programático da "Igreja em saída" (EG 17).

a) Uma nova convergência entre magistério pontifício e América Latina.
Desde Medellín não se via uma aproximação tão empática entre o papa e a tradição eclesial latino-americana. O fato de um pontífice chegar do "fim do mundo" não era por si garantia suficiente para este entendimento. Como vimos desde o começo, setores conservadores sempre estiveram bem atuantes, aguerridos e destemidos no continente. O jesuíta Bergoglio, porém, se destacava por sua biografia, por sua visão de mundo, por sua atuação pastoral, por seu engajamento junto à Igreja popular e à caminhada traçada pelas conferências gerais do episcopado, tendo sido inclusive o presidente da comissão de redação do Documento de Aparecida.

Uma vez eleito bispo de Roma, em 13 de março de 2013, Francisco trouxe de imediato um vento de renovação e uma retomada das instâncias conciliares. Junto ao seu testemunho pessoal de viver em simplicidade na Casa Santa Marta, pronunciando seu magistério a partir da eucaristia quotidiana celebrada na capela comum, algumas iniciativas e posturas por ele tomadas causaram um forte impacto: a viajem à Ilha de Lampedusa, para rezar junto a milhares de refugiados; o encontro com o povo brasileiro em Aparecida, com o CELAM e com os jovens no Rio de Janeiro; os encontros com os Movimentos Sociais do mundo inteiro em Roma; o encontro com o Patriarca Kirill da Igreja Ortodoxa Russa em Cuba; os sinais de ternura com os rejeitados e os feridos até pela Igreja; as firmes chamadas de atenção à Cúria Romana por ocasião de seus discursos natalinos; as recomendações aos cardeais de evitar hábitos de corte; a sua clara condenação do capitalismo como "sistema de relações comerciais e de propriedade estruturalmente perverso" (LS 52); a atenção com os problemas socioambientais, os excluídos, as periferias, os sofredores, os afastados, as vítimas de todo tipo de ódio e de violência etc.

A visão de missão de Francisco se desdobra em torno dos eixos conciliares *ad intra* e *ad extra*. Em primeiro lugar, a missão é relacionada à natureza da própria Igreja, sendo eminentemente obra de Deus (EG 12) e essência de todo discípulo missionário: "A missão no coração do povo [...] é algo que não posso arrancar do meu ser [...]. É preciso considerarmo-nos como que marcados a fogo por esta missão de iluminar, abençoar, vivificar, levantar, curar, libertar" (EG 273). Por isso, a Igreja deve estar constitutivamente "em saída", jamais voltada para dentro, autocentrada, autorreferencial, elitista ou funcionalista, mas sempre e decididamente voltada para fora, em direção às suas origens e em direção ao mundo e aos outros, onde encontra sua razão de ser qual *mysterium lunae*. "Igreja em saída" tornou-se assim eixo programático de seu pontificado, com impactos renovadores em todas as dimensões eclesiais. Para Francisco a missão está voltada muito mais para uma "missionariedade" capaz de "colocar em chave missionária a atividade habitual das Igrejas particulares" do que para "a realização de programas de índole missionária" (FRANCISCO, 2013).

Essa "saída" constitutiva se manifesta historicamente *ad extra* na proximidade e no encontro com os pobres e os outros nas periferias humanas existenciais, na vida concreta e real, caminhando junto com o povo, com muita humildade, abrandando o passo, sem complicações, anunciando com ternura e alegria, na liberdade da gratidão e da gratuidade, sem proselitismos, conquistando os corações pela atração do testemunho. Particularmente, a dimensão da misericórdia constitui a dinâmica central dessa missão, "coração pulsante do evangelho, que por meio dela deve chegar ao coração e à mente de cada pessoa humana" (MV 12), no momento em que nos deixamos tocar pelo sofrimento dos mais fracos, saindo do fechamento dos nossos interesses.

Francisco vive e pensa a missão em um contexto pós-moderno, pós-colonial e interconfessional: não considera a Igreja e o mundo a partir do centro, dos lugares de poder, mas das periferias. A missão para ele não visa expandir os valores da modernidade (progresso, desenvolvimento, mentalidade burguesa etc.), mas sim optar pelos pobres, pelos desfavorecidos, pelos setores populares da sociedade. É pós-colonial, porque renuncia à mentalidade etnocêntrica, à ideia de superioridade cultural, que nega a outras culturas a dignidade e a capacidade de expressar a experiência de fé (EG 115-118). É interconfessional porque adota uma atitude genuinamente ecumênica, abandonando a postura contrarreformista da missão moderna e assumindo o diálogo com todos como base para um testemunho comum diante de um mundo que necessita de pontes para construir culturas de encontro.

A concepção de missão de Francisco, contra à qual se levantaram acérrimas resistências, colocou em clara luz o conflito radical entre o modelo da cristandade colonial e a renovação conciliar que aponta para um "cristianismo messiânico" decolonial (DUSSEL, 2013). Bergoglio vê nesse embate um motivo urgente para uma profunda reforma da Igreja, a começar pela Cúria Romana:

> Na época em que foram instituídas as primeiras duas congregações citadas [Congregação para a Doutrina da Fé e a Congregação para a Evangelização dos Povos] era mais simples distinguir entre duas vertentes bastante claras: duma parte, um mundo cristão e, da outra, um mundo carecido ainda de ser evangelizado. Agora, esta situação já não existe. [...] Nas grandes cidades precisamos de outros "mapas", outros paradigmas, que nos ajudem a situar novamente os nossos modos de pensar e as nossas atitudes: já não estamos, irmãos e irmãs, na cristandade! (FRANCISCO, 2019).

É o primeiro papa que se expressa de maneira tão clara e contundente sobre o fim da cristandade e sua necessária superação.

Foi *esse* Francisco, portanto, que não titubeou nem um instante em convocar um sínodo para a Amazônia em resposta ao "desejo de algumas Conferências Episcopais da América Latina". Com efeito, em novembro de 2016, em Belém do Pará, os 53 bispos participantes do II Encontro da Igreja Católica da Amazônia Legal, promovido pela Comissão Episcopal para a Amazônia da Igreja no Brasil, subscreveram uma carta-petição solicitando a realização de uma assembleia sinodal para tratar dos problemas da região. Já em 2013, Francisco lembrava aos bispos brasileiros no Rio de Janeiro que a Amazônia era teste decisivo e banco de prova para a Igreja para "consolidar por assim dizer o 'rosto amazônico' da Igreja", pedindo aos prelados para serem corajosos e destemidos. Agora, em sua alocução ao *Angelus*, em 15 de outubro de 2017, o papa anunciava com satisfação a convocação de um sínodo para a Amazônia, a ser celebrado em Roma em outubro de 2019, com o tema "Amazônia: novos caminhos para a Igreja e para uma Ecologia integral".

b) O sínodo como processo "sinodal". Desde o início de seu pontificado, Francisco tinha insistido na necessidade de se pôr à escuta dos povos indígenas, principais atingidos pelas crises que assolavam a região amazônica. Em Puerto Maldonado, por ocasião do Encontro entre Povos da Amazônia, em 19 de janeiro de 2018, o papa dirigiu-se aos nativos reconhecendo que "sua sabedoria têm muito para nos ensinar", e convidou-os "para estarmos juntos no coração da Igreja, solidarizarmo-nos com os vossos desafios e, convosco, reafirmarmos uma opção sincera em prol da defesa da vida, defesa da terra e defesa das culturas".

A sensibilidade de Francisco colocou o papa em sintonia com a caminhada conciliar da Igreja na Amazônia, que teve início em nível latino-americano com os encontros de Melgar (1968) e Iquitos (1971), e no Brasil com o Encontro de Santarém (1972). As Conferências Gerais do Episcopado Latino-Americano e Caribenho não deram muito destaque à problemática da região. Somente Aparecida dedicou um pouco de atenção solicitando que era preciso

> estabelecer entre as Igrejas locais de diversos países sul-americanos, que estão na bacia amazônica, uma pastoral de conjunto com prioridades diferenciadas para criar um modelo de desenvolvimento que privilegie os pobres e sirva ao bem comum (DAp 475).

Seguindo essa orientação, em setembro de 2014 foi fundada, em Brasília, a Rede Pan-amazônica (REPAM), que reuniu entidades como o CELAM, as Conferências Episcopais dos nove países que constituem a Amazônia, o Secretariado da América Latina e Caribe da Cáritas (SELACC) e a Confederação Latino-Americana e Caribenha de Religiosos e Religiosas (CLAR). Essa articulação foi determinante para que se convocasse um sínodo sobre a Amazônia.

A preparação deste evento envolveu um processo que contou com inúmeros encontros, debates, seminários, mobilizações e envolvimentos das bases comunitárias (ILSA 1)[172]. As análises e as propostas que emergiram foram contempladas nas sínteses, nos ensaios e nas contribuições que ajudaram a compor um Documento Preparatório (DPSA 2018), com um questionário final elaborado para promover um processo de escuta, e em seguida produzir um *Instrumetum Laboris* (ILSA 2019). Ao representar o clamor do povo da Amazônia, os participantes do evento chegaram a Roma sabendo o que queriam dizer e sugerir ao papa. Os trabalhos do sínodo, por sua vez, articularam, formularam e aprovaram um Documento Final (DSA 2019) com cinco capítulos e 120 parágrafos. Finalmente, em fevereiro de 2020, Francisco publicou a Exortação Apostólica Pós-sinodal *Querida Amazônia* (2020) como complemento, e não como justaposição, ao Documento Final do Sínodo (QAm 3).

Os primeiros dois documentos foram voltados às expectativas e às demandas das comunidades ao sínodo; os últimos dois foram relativos às conclusões dos debates. Os assensos e os dissensos que causaram, foram reflexo e consequências do interesse, da provocação e da subversão que a caminhada da própria Igreja da Amazônia provocou na Igreja universal. Já isso constitui por si um aspecto significativo de enfrentamento em relação a um paradigma colonial continuamente reproposto por uma eclesiologia autocentrada. Obviamente, os documentos aprontados em preparação e na conclusão do sínodo têm diversos graus de relevância. Todavia, alguns assuntos e perspectivas que entraram na pauta das discussões também tiveram um papel extremamente significativo em ajudar a delinear as diversas moções, porque expressaram anseios, desejos e reivindicações das próprias comunidades da Amazônia.

Assim como o concílio e as conferências latino-americanas, o Sínodo da Amazônia falou por si como *acontecimento* missionário da Igreja, particularmente, na nova fisionomia quista por Francisco com a Constituição Apostólica *Episcopalis Communio* (2018). Duas características especiais estavam a cargo do papa: que o sínodo se tornasse "um canal proporcionado mais à evangelização do mundo

---

172. "O Sínodo da Amazônia foi preparado sinodalmente, com ampla participação dos povos da Amazônia. A fase de escuta envolveu diretamente 87 mil pessoas (DSA 3), de 120 povos distintos, em 280 eventos, levados a cabo no seio das Igrejas locais dos nove países da região" (BRIGHENTI, 2019b, p. 592).

atual que à autopreservação" (EC 1), e que se tornasse também "um instrumento privilegiado de escuta do povo de Deus":

> Por isso, embora na sua composição se configure como um organismo essencialmente episcopal, o sínodo não vive separado do resto dos fiéis. Pelo contrário, é um instrumento adequado para dar voz a todo o povo de Deus precisamente por meio dos bispos, constituídos por Deus "autênticos guardiões, intérpretes e testemunhas da fé de toda a Igreja", mostrando-se de assembleia em assembleia uma expressão eloquente da sinodalidade como "dimensão constitutiva da Igreja" (EC 6).

A palavra "sínodo" quer dizer "caminhar juntos" (σύν "com" ou "junto", οδος "rota", "caminho"), "pois a Igreja nada mais é do que este 'caminhar juntos'". O processo sinodal "começa por escutar o povo", "ciente de que escutar é mais do que ouvir", e se assenta numa "escuta recíproca, onde cada um tem algo a *aprender* [...] e todos à escuta do Espírito Santo" (FRANCISCO, 2015; grifo nosso). Portanto, "precisamos de nos exercitar na arte de escutar" (EG 171).

No final do Sínodo da Amazônia, Francisco agradeceu os participantes pelo "testemunho de trabalho, de escuta, de busca, de procurar pôr em prática este espírito sinodal que estamos aprendendo, talvez, a fixar" (FRANCISCO, 2019). Ele mesmo deu um testemunho exemplar de sinodalidade, antes e durante o evento. Na fase preparatória, propiciou e garantiu a participação ampla da Igreja na Amazônia insistindo na horizontalidade representativa de todos seus membros. Em sua realização, marcou presença constante, seja na assembleia, nas celebrações, seja na fila do cafezinho nos intervalos. Votou como um dos padres sinodais; intervelo com observações sugestivas em momentos oportunos; pautou discretamente os trabalhos do sínodo em torno de quatro dimensões: pastoral, cultural, ecológica e sinodal.

c) O horizonte da ecologia integral. As instâncias centrais do sínodo foram contempladas no tema geral: "Amazônia: novos caminhos para a Igreja e para uma ecologia integral". Como no concílio, a primeira referência, "novos caminhos", era dirigida à Igreja *ad intra*; a segunda, "ecologia integral", para a perspectiva *ad extra*. A Amazônia, como lugar e sujeito teológico apontado pelo próprio Cristo (PAULO VI, 1972), convidava a uma "conversão integral", em todas suas dimensões, que tinham exatamente como horizonte e paradigma uma "ecologia integral".

Essa perspectiva representou o pano de fundo do Sínodo da Amazônia, inspirado na Encíclica *Laudato Si'*. Como o próprio papa explicitamente afirmou, o Sínodo da Amazônia era "filho da *Laudato Si'*: quem não a leu nunca entenderá o sínodo" (AGASSO, 2019). Com efeito, esse documento seminal de Francisco retratava uma inovação crucial no seio da doutrina social da Igreja, assumindo o termo "ecologia" no sentido profundo de uma abordagem de todos os sistemas complexos cuja compreensão necessitava colocar em primeiro plano a relação das partes entre si e com o todo. A referência era a imagem holística do ecossistema.

A ecologia integral tornava-se assim um paradigma capaz de unir fenômenos e problemas ambientais com questões sociais e espirituais, traçando uma raiz comum a realidades que, consideradas separadamente, não podiam ser realmente compreendidas:

> Não há duas crises separadas: uma ambiental e outra social; mas uma única e complexa crise socioambiental. As diretrizes para a solução requerem uma abordagem integral para combater a pobreza, devolver a dignidade aos excluídos e, simultaneamente, cuidar da natureza (LS 139).

Em outras palavras, "não podemos deixar de reconhecer que *uma verdadeira abordagem ecológica sempre se torna uma abordagem social*, que deve integrar a justiça nos debates sobre o meio ambiente, para ouvir tanto *o clamor da terra como o clamor dos pobres*" (LS 49; grifo do texto).

Essa integração devia estar presente também nas respostas concretas e operacionais:

> A cultura ecológica não se pode reduzir a uma série de respostas urgentes e parciais para os problemas que vão surgindo à volta da degradação ambiental, do esgotamento das reservas naturais e da poluição. Deveria ser um olhar diferente, um *pensamento*, uma *política*, um *programa educativo*, um *estilo de vida* e uma *espiritualidade*

> que oponham resistência ao avanço do paradigma tecnocrático (LS 111; grifo nosso).

A ecologia integral mostrava-se assim uma ferramenta poderosa de crítica à modernidade tecnocrática. Em primeiro lugar, a *Laudato Si'* reconhecia que ciência e tecnologia produziam resultados extraordinários para a melhoria da vida humana, mas quando tomadas como um "paradigma homogêneo e unidimensional" (LS 106) geravam um reducionismo que afetava a vida humana e a sociedade em todas as suas dimensões (LS 107). O paradigma tecnocrático perdia de vista precisamente a complexidade dos vínculos e interações, que estavam, em vez disso, no centro de um olhar ecossistêmico e decolonial (LS 20): "não se pode sustentar que as ciências empíricas expliquem completamente a vida, a essência íntima de todas as criaturas e o conjunto da realidade" (LS 199).

Em segundo lugar, a *Laudato Si'* destacava o excesso de um antropocentrismo moderno, que "acabou, paradoxalmente, por colocar a razão técnica acima da realidade" (LS 115), e "que hoje, com outra roupagem, continua a minar toda a referência a algo de comum e qualquer tentativa de reforçar os laços sociais" (LS 116). A colonialidade epistêmica ocidental é reconhecida como "esquizofrenia permanente, que se estende da exaltação tecnocrática, que não reconhece aos outros seres um valor próprio, até à reação de negar qualquer valor peculiar ao ser humano" (LS 118):

> se a crise ecológica é uma expressão ou uma manifestação externa da crise ética, cultural e espiritual da modernidade, não podemos iludir-nos de sanar a nossa relação com a natureza e o meio ambiente, sem curar todas as relações humanas fundamentais (LS 119).

Por fim, a ecologia integral desmascara os limites de iniciativas ecológicas muito setoriais e fragmentadas, que renunciam a assumir uma perspectiva sistêmica e

> podem acabar bloqueadas na mesma lógica globalizada. Buscar apenas um remédio técnico para cada problema ambiental que aparece, é isolar coisas que, na realidade, estão interligadas e esconder os problemas verdadeiros e mais profundos do sistema mundial (LS 111).

Mesmo com as melhores das intenções, o risco é alimentar uma "ecologia superficial" (LS 59) que acaba se deixando capturar "dentro da lógica da finança e da tecnocracia" (LS 194). Em vez disso, "uma estratégia de mudança real exige repensar a totalidade dos processos, pois não basta incluir considerações ecológicas superficiais enquanto não se puser em discussão a lógica subjacente à cultura atual" (LS 197).

Se a degradação do meio ambiente e da sociedade é causada pela falta de uma visão integral, então a terapia para sair "da espiral de autodestruição onde estamos a afundar" (LS 163) só pode ser o diálogo. Como diz o próprio Francisco, a Igreja não tem um catálogo de soluções a oferecer ou muito menos a impor. Em vez disso, oferece um método para elaborá-los em conjunto, tanto em nível da política internacional, na perspectiva de uma governança do bem comum global, como em nível nacional e local, nos processos de tomada de decisão, por exemplo, sobre novas iniciativas e projetos de desenvolvimento. Para produzir frutos duradouros, esse diálogo deve ser "honesto e transparente", baseado na disposição de colocar todas as informações disponíveis sobre a mesa, pois a transparência é o melhor antídoto contra a corrupção. Também deve ser inclusivo, dando a todas as partes interessadas, especialmente aos mais fracos, a oportunidade de participar e fazer ouvir a própria voz. Por fim, deve integrar todas as diferentes perspectivas: científicas e técnicas, econômicas e sociais, éticas e religiosas.

A perspectiva da ecologia integral, portanto, está toda tencionada a colocar a missão da Igreja nos trilhos da busca de um bem comum para todos, diante das questões cruciais da humanidade:

> A finalidade do diálogo não é responder aos anseios de cada grupo individualmente, e sim encontrar as formas de integrar a todos nos compromissos de construir uma *oikoumene* que seja globalmente significativa. Assim, no diálogo, busca-se um horizonte de sentido que atenda às demandas individuais na mesma medida em que essas respondem às necessidades de sentido da coletividade (WOLFF, 2020, p. 6).

Nesta perspectiva da ecologia integral, um dos anseios principais do sínodo era da Igreja "aprender, dialogar e responder com esperança e alegria aos sinais dos tempos junto aos povos da Amazônia", na esperança que "tal aprendizagem, diálogo e corresponsabilidade possam estender-se também a todos os recantos do planeta que aspiram à plenitude integral da vida em todos os sentidos" (ILSA 34).

d) Conversão integral e reforma estrutural. À luz desse horizonte de vida e salvação para a humanidade, a caminhada missionária da Igreja da Amazônia era convidada a se recolocar em marcha reconfigurando e relançando suas mediações e linhas de ação. O sínodo gerou muitas expectativas e temores a respeito, sobre amplas e profundas mudanças estruturais reivindicadas pelas comunidades da região. Todavia, o processo sinodal procurou ser mais penetrante e articulado em suas análises e propostas, para que uma eventual reforma não fosse somente algo de cosmético e repleto de boas intenções.

O *Instrumentum Laboris* utiliza 35 vezes a palavra "conversão", estruturando as três partes do texto segundo o método ver-julgar-agir – conversão pastoral/ver/*Evangelii Gaudium*, conversão ecológica/julgar/*Laudato Si'*, conversão sinodal/agir/*Episcopalis Communio* (ILSA 5) –, e ecoou 40 vezes no Documento Final pautando seus cinco capítulos (conversão integral, pastoral, cultural, ecológica, sinodal). Na Exortação Pós-sinodal de Francisco, o termo foi praticamente abandonado, e substituído pela palavra "sonho": uma dissintonia que não pode não chamar à atenção.

A articulação desta expressão nos documentos não devia somente indicar uma interpelação ou uma *metanoia*, mas sobretudo indicar mediações concretas e precisas em termos de atuação. Deste intuito nasceu a expressão "conversão integral" (LS 218) que "deve ter os mesmos níveis de concretização: pessoal, social e estrutural (DSA 81), tendo em conta as diferenciadas dimensões de relacionalidade" (ILSA 101). Entre essas mediações havia atitudes pessoais e comunitárias de respeito, reconhecimento, valorização, escuta, denuncia, mística, espiritualidade; em nível eclesial, promoção de ações de inserção, inculturação, interculturalidade, formação, conscientização, solidariedade, defesa da vida; em nível estrutural, mudanças em relação às normas eclesiásticas, à mentalidade clerical, à liturgia, ao diálogo ecumênico e inter-religioso, ao papel dos leigos e das mulheres, aos ministérios ordenados.

Particularmente, este último aspecto gerou certa expectativa para a viabilização dos diversos projetos, a fim de caracterizar de maneira arrojada um verdadeiro rosto amazônico da Igreja missionária. Inúmeras vozes se levantaram reivindicando uma mudança na configuração e na compreensão do ministério ordenado para que muitas comunidades dispersas no território amazônico pudessem ter acesso à eucaristia, que é o elemento central e estruturante para uma comunidade cristã católica e para todas suas articulações (ILSA 126c).

Dom Erwin Kräutler, bispo emérito do Xingu, retratou de maneira muito tangível e tocante essa dificuldade, denunciando a insensibilidade daqueles que, de longe, resistem em encontrar uma solução.

> Qual é a realidade de milhares e milhares de fiéis na Amazônia, qual a situação de mais de 70% de nossas comunidades? O padre vem uma ou duas vezes ao ano, celebra a santa missa e se despede, pois já há uma outra comunidade à sua espera. Viaja de barco rio acima e rio abaixo, viaja de jipe traçado nas quatro rodas para enfrentar estradas lamacentas. Sua paróquia abrange uma centena de comunidades num raio de centenas de quilômetros. Pergunto, se o senhor cardeal ou bispo que defende com unhas e dentes que só um homem celibatário tenha acesso à ordem do presbiterato para presidir a eucaristia e ministrar os sacramentos pode imaginar uma comunidade católica em que não há celebração da eucaristia nem na Páscoa, nem no Pentecostes, nem no Natal, em que a Semana Santa é uma semana como qualquer outra? [...] Pode imaginar que 95% dos católicos morrem sem unção dos enfermos, sem o viático? No entanto, o pastor evangélico que mora na comunidade lá está e lê a Palavra de Deus para confortar a família quando morre um ente querido. O padre católico vai saber da morte de um membro da comunidade na próxima visita, sabe lá quando, talvez no outro ano! Pelo amor de Deus! (apud COSTA, 2020, p. 53-54).

Esse aspecto da reconfiguração dos ministérios ordenados, junto à carência de meios econômicos em relação aos quais se deve "prestar uma atenção especial à procedência de doações ou outro tipo de benefícios" (ILSA 83), parecem ser as principais inquietações para o sustento da missão evangelizadora e todos seus projetos: "o 'custo amazônico' repercute seriamente na evangelização" (DSA 112). Diante desta realidade, a sinodalidade, manifestada neste caso pela mediação de redes de apoio, tanto de agentes como de recursos financeiros, tornou-se uma questão-chave que inevitavelmente convocava a Igreja universal a uma comunhão solidária, outro aspecto inalienável para viabilizar qualquer projeto missionário de fronteira.

Quanto especificamente aos ministérios, essa expectativa ficou frustrada com o apelo a promover vocações sacerdotais e incentivar uma formação missionária nos seminários, sem alterar os atuais dispositivos canônicos em relação à figura do presbítero (QA 90). Contudo, a posição e toda a argumentação do papa em *Querida Amazonia* não negaram a possibilidade de uma mudança, reafirmaram nas entrelinhas todos os anseios das comunidades amazônidas, assim como as propostas do sínodo, conferindo um caráter oficial ao Documento Final. Parece que Francisco, no meio de uma questão tão delicada e complexa, que gerou amplos mal-estares e ameaças de cisma, porque repleta de implicações para a Igreja universal, esteja só esperando o tempo oportuno para retomá-la (BRIGHENTI, 2020, p. 328-329).

Com certeza, o que se apresenta apenas como uma alteração de caráter jurídico poderia ter um impacto decisivo para uma descolonização da missão cristã, uma profunda inculturação nos diversos contextos culturais, uma assunção de um rosto autóctone e um exercício significativo de sua missão, se não fosse embarcar numa nova e perigosa hierarquização dos agentes de pastoral.

4.5.2 *Novos caminhos em perspectiva decolonial*

As conclusões do Sínodo da Amazônia, e a subsequente Exortação Apostólica Pós-Sinodal, não se resumiram, claramente, a uma questão eclesiástica, porquanto esta representava um certo destaque para a atuação da missão evangelizadora da Igreja nessa região. Os desdobramentos da conversão integral em "novos caminhos" de conversão pastoral, cultural, ecológica e sinodal, continuavam mantendo suas dimensões proféticas e suas perspectivas decoloniais em relação à "ferida ainda aberta por abusos cometidos no passado" (ILSA 117), em diálogo com os conhecimentos e as sabedorias ancestrais dos povos indígenas (DSA 79), na busca de modelos econômicos alternativos, mais sustentáveis e amigáveis com a natureza (DSA 71), promovendo uma Igreja com rosto amazônico, com suas comunidades impregnadas de um espírito sinodal, sustentadas por estruturas organizacionais segundo esta dinâmica, como autênticos organismos de "comunhão" (DSA 92).

Podemos associar essas quatro conversões (pastoral, cultural, ecológica e sinodal) aos quatro eixos críticos do pensamento decolonial que destacamos, e assim tecer algumas considerações sobre a relevância do Documento Final do Sínodo da Amazônia para uma missão em perspectiva decolonial.

a) A irrupção da Amazônia como sujeito. O outro, enquanto interlocutor, determina o perfil do projeto pastoral de aproximação, de encontro e de diálogo inculturado de uma Igreja situada. Destarte, o sujeito que irrompe neste evento sinodal é a própria Amazônia, tanto eclesialmente como socialmente, tanto para a América Latina como para o mundo inteiro: região essencial para a vida do planeta (DSA 6); suas águas e terras alimentam e sustentam a natureza e a vida de inúmeras comunidades, interligando ecossistemas, culturas e o desenvolvimento do território (DSA 7); é caraterizada por uma riquíssima pluralidade étnica e cultural, e "uma grande miscigenação nascida com o encontro e o desencontro de diferentes povos" (DSA 8). Aqui os povos indígenas cultivam um projeto de vida que chamam de "bem-viver" em harmonia consigo mesmo, com a natureza, com os seres humanos e com o ser supremo, numa compreensão marcada pela interligação entre água, território e natureza, vida comunitária e cultura, Deus e as várias forças espirituais: "para eles, 'bem-viver' significa compreender a centralidade do caráter relacional transcendente dos seres humanos e da criação, e implica um 'bem fazer'" (DSA 9).

Esse sujeito "outro" irrompe com sua beleza ferida e desfigurada, lugar de dor e violência, onde "os ataques à natureza têm consequências para a vida dos povos".

Testemunha de "uma crise socioambiental única", por causa de "interesses econômicos e políticos dos setores dominantes", assiste inerme a inúmeras ameaças contra a vida: apropriações, depredações, explorações, contaminações, mudanças climáticas. As vítimas "são os setores mais vulneráveis: crianças, jovens, mulheres e a irmã mãe-terra" (DSA 10). Desta maneira, o grito da terra se une ao grito dos homens e das mulheres que a habitam, expulsos de suas "casas", obrigados a um deslocamento forçado para as periferias das cidades, atraídos pelo falso brilho da cultura urbana e tornando-se fácil alvo do tráfico humano (DSA 13).

O documento final do sínodo admite sem meios-termos o conluio da Igreja com as potências colonizadoras, e que nesse momento histórico busca com toda sua vontade se desprender decididamente desses vínculos opressores para atuar com sua ação evangelizadora (DSA 15). Para isso, se propõe de examinar a fundo a relação oculta de uma colonialidade do poder com a realidade cotidiana:

> Nossa visão crente da realidade amazônica nos levou a avaliar a obra de Deus na criação e em seus povos, mas também a presença do mal em vários níveis: colonialismo (domínio), mentalidade economicista-mercantilista, consumismo, utilitarismo, individualismo, tecnocracia, cultura do descarte.
> • Uma *mentalidade* que se expressou historicamente em um sistema de domínio territorial, político, econômico e cultural que persiste de várias formas até os dias de hoje, perpetuando o colonialismo.
> • Uma *economia* baseada exclusivamente no lucro como única finalidade, que exclui e atropela os mais fracos e a natureza, se constitui como ídolo que semeia destruição e morte (cf. EG, 53-56).
> • Uma *mentalidade utilitarista* concebe a natureza como mero recurso e os seres humanos como simples produtores-consumidores, violando o valor intrínseco e a relacionalidade das criaturas.
> • "O *individualismo* enfraquece os vínculos comunitários" (DAp 44), ofuscando a responsabilidade em relação ao próximo, à comunidade e à natureza.
> • O desenvolvimento tecnológico trouxe grandes benefícios para a humanidade, mas, ao mesmo tempo, sua absolutização levou-o a ser um instrumento de posse, domínio e manipulação (cf. LS 106) da natureza e do ser humano. Tudo isto gerou uma cultura global predominante, a qual o Papa Francisco chamou *"paradigma tecnocrático"* (LS 106ss.).

- O resultado é uma perda do horizonte transcendente e humanitário, onde se transmite a lógica do "usa e joga fora" (LS, 123), gerando uma *cultura do descarte* (LS, 22) que agride a criação (ILSA 103, grifos do texto).

O relato crítico do *Instrumentum Laboris* em relação à modernidade parece abraçar as teses dos teóricos decoloniais, olhando para o "bem-viver" das comunidades indígenas, para uma Amazônia onde "tudo é compartilhado, os espaços particulares – típicos da modernidade – são mínimos" (ILSA 24), onde a vida "não afetada pela influência da civilização ocidental se reflete na crença e nos ritos sobre a ação dos espíritos da divindade, chamados de inúmeras formas, com e no território, com e em relação à natureza". Por isso que agora os novos caminhos da evangelização devem ser construídos em diálogo com os conhecimentos ancestrais que durante milhares de anos cuidaram da terra, das águas e das florestas, e conseguiram preservá-las até hoje para que a humanidade possa se beneficiar do usufruto dos dons gratuitos da criação de Deus (DSA 14).

Aparece assim uma atenção mais esmerada com a alteridade colonial, com

> os povos indígenas, ribeirinhos, camponeses e afrodescendentes (quilombolas), as demais Igrejas cristãs e confissões religiosas, organizações da sociedade civil, movimentos sociais populares, o Estado, enfim todas as pessoas de boa vontade que buscam a defesa da vida, a integridade da criação, a paz e o bem comum (DSA 23).

Todos esses atores são reconhecidos agora como "interlocutores" numa realidade pluriétnica, pluricultural e plurirreligiosa que exige atitudes de diálogo aberto.

Contudo, Francisco, em sua *Querida Amazônia*, convida a ir ainda mais além, dando um toque original à questão do reconhecimento:

> A Amazônia deveria ser também um local de diálogo social, especialmente entre os diferentes povos nativos, para encontrar formas de comunhão e luta conjunta. Os demais, somos chamados a participar como "convidados", procurando com o máximo respeito encontrar vias de encontro que enriqueçam a Amazônia. Mas, se queremos dialogar, devemos começar pelos últimos. Estes não são apenas um interlocutor que é preciso convencer, nem mais um que está sentado a uma mesa de iguais. Mas são os principais interlocutores,

dos quais primeiro devemos aprender, a quem temos de escutar por um dever de justiça e a quem devemos pedir autorização para poder apresentar as nossas propostas. A sua palavra, as suas esperanças, os seus receios deveriam ser a voz mais forte em qualquer mesa de diálogo sobre a Amazônia. E a grande questão é: Como imaginam eles o "bem-viver" para si e seus descendentes? (QAm 26).

A irrupção do outro e do pobre como sujeitos se manifesta exatamente na inversão dos papéis, em que a Igreja mais que falar *escuta*, mais que ensinar *aprende*, de "dona" se torna "hóspede": é uma inversão não só de conteúdo, mas de termos, como amam enfatizar os teóricos decoloniais. Com efeito, Francisco continua:

> O diálogo não se deve limitar a privilegiar a opção preferencial pela defesa dos pobres, marginalizados e excluídos, mas há de também respeitá-los como protagonistas. Trata-se de reconhecer o outro e apreciá-lo "como outro", com a sua sensibilidade, as suas opções mais íntimas, o seu modo de viver e trabalhar (QAm 27).

Aqui está o cerne da questão decolonial da missão cristã para que ela seja verdadeiramente fiel à sua ação evangelizadora sem reduzir o "outro" a qualquer dimensão do "mesmo".

b) O processo de escuta, diálogo, aprendizagem. Seguindo a tradição do Vaticano II, da *Evangelii Nuntiandi* e de Medellín, o tema da conversão é algo que investe a Igreja missionária em cheio, como eixo transversal de toda a preparação e a realização do evento sinodal. Essa conversão integral, que corresponde ao chamado por uma "ecologia integral", deve em primeiro lugar refletir um "mudar a partir de dentro", "descolonizando as mentes" (DAp 96), começando por "reconhecer os próprios erros, pecados, vícios ou negligências e arrepender-se de coração" (LS 218), "dado que ainda persiste uma mentalidade colonial e patriarcal, é necessário aprofundar um processo de conversão e reconciliação" (ILSA 117).

Ao ouvir o clamor da terra e dos pobres (DSA 17), a Igreja é chamada a uma conversão do estilo de vida pessoal (DPSA 53), de um desprendimento da obsessão do consumo (DPSA 74), com uma vida simples e sóbria (DSA 17), porque não haverá uma ecologia sã e sustentável, capaz de transformar seja o que for, se não mudarem as pessoas, se não forem incentivadas a adotar outro estilo de vida, menos voraz, mais sereno, mais respeitador, menos ansioso, mais fraterno (QAm 58).

Essa conversão começa pela abertura e escuta: deixar-se interpelar seriamente pelas periferias geográficas e existências não é nada fácil (ILSA 3). A Igreja deve escutar os pobres porque "ao ouvir a dor, o silêncio se faz necessidade, para poder ouvir a voz do Espírito de Deus" (ILSA 144). Com efeito, a celebração do Sínodo conseguiu destacar a integração da voz da Amazônia com a voz e o sentimento dos pastores participantes: "foi uma nova experiência de escuta para discernir a voz do Espírito Santo que conduz a Igreja a novos caminhos de presença, evangelização e diálogo intercultural na Amazônia" (DSA 4). Nessa escuta "a Igreja é chamada a aprofundar sua identidade em correspondência às realidades de seu próprio território e a crescer em sua espiritualidade escutando a sabedoria de seus povos" (DPSA 66), e também "no seu processo de escuta do clamor do território e do grito dos povos, deve fazer memória dos seus passos" (DSA 15). Essa escuta é caraterística de uma espiritualidade que sustenta a ação pastoral (DSA 38).

A conversão integral conclamada pelo sínodo para a Amazônia é uma conversão que aponta para uma aprendizagem fundamental, porque "os povos amazônicos originários têm muito a ensinar-nos" (ILSA 29).

> O processo de conversão ao qual a Igreja é chamada implica desaprender, aprender e reaprender. Este caminho exige uma visão crítica e autocrítica que nos permita identificar aquilo que devemos *desaprender*, o que prejudica a Casa Comum e seus povos. Temos necessidade de percorrer um caminho interior para reconhecer as atitudes e mentalidades que nos impedem de nos conectarmos conosco mesmos, com os outros e com a natureza [... os povos indígenas] nos *ensinam* a reconhecer-nos como parte do bioma e corresponsáveis de seu cuidado pelo presente e pelo futuro. Portanto, devemos *reaprender* a entretecer laços que assumam todas as dimensões da vida e a assumir uma ascese pessoal e comunitária que nos permita "amadurecer numa sobriedade feliz" (LS 225) (ILSA 102).

Esse apelo a "desaprender, aprender e reaprender", típico da semântica do grupo M/C, é associada à superação de qualquer tendência a modelos colonizadores que causaram tantos danos no passado (DSA 81). Hoje a Igreja é chamada a "desmascarar as novas formas de colonialismo presentes na Amazônia e a identificar as novas ideologias que justificam o ecocídio amazônico, para analisá-las criticamente" (ILSA 104ab). Essa (des)aprendizagem se estrutura como um "diálogo de saberes, o desafio de dar novas respostas buscando modelos de desenvolvimento justo e solidário" (DSA 65). Afinal, aprender do outro (DSA 41) é "deixar-se evangelizar" (EG 198).

Trata-se de uma fundamental disposição à abertura que necessita de

> uma conversão à experiência sinodal [... para] fortalecer uma cultura de diálogo, de escuta recíproca, de discernimento espiritual, de consenso e comunhão para encontrar espaços e caminhos de decisão conjunta e responder aos desafios pastorais (DSA 88).

Uma Igreja com rosto amazônico procura ser uma Igreja "em saída" (EG 20-23), "que deixa atrás de si uma tradição colonial monocultural, clericalista e impositiva, que sabe discernir e assumir sem medo as diversificadas expressões culturais dos povos" (ILSA 110), que nos alerta para o risco de "pronunciar uma palavra única [ou] propor uma solução que tenha um valor universal" (OA 4; EG 184), que nos convida a "assumir a mística da interligação e interdependência de tudo que foi criado e dado" (DPSA 74), "cultivando o diálogo nos diferentes níveis" (DPSA 85), pois aprendemos dos povos amazônidas que "tudo está interligado" (LS 16, 91, 117, 138 e 240).

c) Habitar as fronteiras amazônidas. Toda a caminhada de preparação e realização do Sínodo para a Amazônia representou um processo profundamente, criticamente e geopoliticamente situado, particularmente, sob a ótica da "conversão ecológica".

Paradoxalmente, a reta final desse percurso foi finalizada em Roma, pela importância planetária da pauta socioambiental que estava em jogo, como também, e sobretudo, pelas implicações referentes à Igreja como um todo. Coerentemente com um pensamento fronteiriço decolonial, o debate sobre a periferia pan-amazônica não devia ser circunscrito somente a uma reflexão contextual regional, mas precisava colocar em questão o discurso autocentrado da modernidade/cristandade ocidental enquanto tal. Além do mais, devia obrigar a Igreja a uma decidida tomada de posição diante da "linha abissal" que separa o mundo moderno do mundo colonial. O Documento Final do Sínodo apresenta claramente a necessidade de um posicionamento nesse sentido como uma exigência primordial de fé:

> A ecologia integral conecta o exercício do cuidado da natureza com o da justiça pelos mais empobrecidos e desfavorecidos da terra, que são a opção preferida de Deus na história revelada. [...] O ser humano é criado à imagem e semelhança de Deus Criador e sua dignidade é inviolável. Por isso, a defesa e a promoção dos direitos humanos não é apenas um dever político ou uma tarefa social, mas também, e sobretudo, uma exigência de fé. Talvez não possamos modificar imediatamente o modelo de um desenvolvimento destrutivo e extrativista imperante, mas é necessário saber e deixar claro: Onde nos situamos? Ao lado de quem estamos? Que perspectiva assumimos? (DSA 66, 70).

A partir de um olhar "situado" na colonialidade amazônica, o sínodo procurou desmascarar o caráter "amigável" do progresso tecnocrático, revelando sua índole voraz e predatória "que tende a espremer a realidade até o esgotamento de todos os recursos naturais disponíveis" (DSA 71). Como já fez Francisco na *Laudato Si'*, denunciando "um sistema de relações comerciais e de propriedade estruturalmente perverso" (LS 52), a Igreja na Amazônia também

> se compromete a ser aliada dos povos amazônicos para denunciar os ataques contra a vida das comunidades indígenas, os projetos que afetam o meio ambiente, a falta de demarcação de seus territórios, bem como o modelo econômico de desenvolvimento predatório e ecocida (DSA 46).

"A colonização não para", lamenta o papa: "embora em muitos lugares se transforme, disfarce e dissimule, todavia, não perde a sua prepotência contra a vida dos pobres e a fragilidade do meio ambiente" (QAm 16).

No entanto, esta terra ferida

> é uma terra de florestas e águas, de pântanos e várzeas, savanas e serras, mas sobretudo uma terra de inúmeros povos, muitos deles milenares, habitantes ancestrais do território, povos de antigos perfumes que continuam a perfumar o continente contra todo desespero (DSA 41).

O *Instrumentum Laboris* afirma que a Amazônia "não é somente um *ubi* (um espaço geográfico), mas também um *quid*, ou seja, um lugar de sentido para a fé ou a experiência de Deus na história", um lugar teológico "peculiar fonte de revelação", onde se manifestam as "carícias de Deus" (LS 84) que se encarna na história (DSA 19).

A Amazônia é um lugar onde se aprende (ILSA 21; DF 43), "espaço precioso da convivência humana" (DAp 471), espaço sagrado, fonte de vida e sabedoria (DSA 80), que "tem sido apresentada como um enorme vazio que deve ser preenchido", numa perspectiva que ignora os povos como se não existissem, "como se as terras onde habitam não lhes pertencessem [...] como intrusos ou usurpadores [...] como um obstáculo de que nos temos de livrar" (QAm 12). Agora esses povos

> expressaram claramente que querem que a Igreja os acompanhe, que caminhe com eles e que não lhes imponha um modo particular de ser, um modo específico de desenvolvimento que pouco tem a ver com as suas culturas, tradições e espiritualidades. Eles sabem como cuidar da Amazônia, como amá-la e protegê-la; o que eles precisam é que a Igreja os apoie (DSA 74).

A Igreja habita essa fronteira, "montando sua tenda, seu 'tapiri'" (ILSA 30), navegando rio adentro e "promovendo um estilo de vida em harmonia com o território e, ao mesmo tempo, com o 'bem-viver' dos que ali habitam" (DSA 75), procurando delinear seu rosto amazônico.

Nesta macrofronteira pan-amazônica, na qual "é urgente superar as fronteiras que a geografia impõe e construir pontes que unam" (DSA 112), distinguem-se também fronteiras específicas que necessitam de abordagens e cuidados diferenciados. Essas periferias podem corresponder à tipificação de *margem*, *limiar* e *lugar outro*, associada a rostos específicos junto aos quais a Igreja cruza seu olhar, entre os quais se destacam: os indígenas (DSA 27), os migrantes (DSA 29) e o jovens (DSA 30).

A realidade desses últimos "merece especial atenção" (DSA 31), enquanto imagem das periferias urbanas marginalizadas e deterioradas ambientalmente: são indígenas, afrodescendentes, ribeirinhos, migrantes, refugiados, vítimas da

> pobreza, violência, doença, abuso infantil, exploração sexual, uso e tráfico de drogas, gravidez precoce, desemprego, depressão, novas formas de escravidão, tráfico de órgãos e de pessoas, dificuldades de acesso à educação, saúde e assistência social (DSA 30).

A falta de perspectivas já tem provocado um aumento significativo dos suicídios, dos crimes, das prisões, do caos ambiental, acompanhado por uma profunda crise de identidade e de valores, devido ao "deslocamento forçado de famílias indígenas, camponesas, afrodescendentes e ribeirinhas, expulsas de seus territórios por pressão e asfixia por falta de oportunidades" (DSA 29).

A situação destas migrações se faz particularmente preocupante nas fronteiras entre os países, "lugar por excelência do agravamento dos conflitos e das violências" (ILSA 129f.), terra sem lei onde correm soltos o tráfico de drogas, o tráfico de pessoas, a exploração, o extrativismo, a corrupção etc. Além de prejudicar a mobilidade dos grupos indígenas em territórios de circulação tradicional, as fronteiras nacionais são portas para "a migração inter-regional forçada e [para] o fenômeno dos refugiados que, obrigados a deixar seus países (entre outros, Venezuela, Haiti, Cuba), devem atravessar a Amazônia como um corredor migratório" (DSA 12). Esses limiares necessitam de uma "pastoral social conjunta das dioceses situadas nas fronteiras dos países [...]. O problema da migração deve ser abordado de forma coordenada pelas Igrejas fronteiriças" (DSA 113).

Enfim, a fronteira se desenha como um "habitar a casa dos outros", particularmente, no que diz respeito aos povos indígenas. Mais uma vez esse tipo de desafio é dirigido à vida consagrada com suas configurações intercongregacionais e interinstitucionais, podendo "permanecer em comunidades onde ninguém quer estar e com quem ninguém quer estar, aprendendo e respeitando a cultura e as línguas indígenas para chegar ao coração dos povos" (DSA 97).

Desta maneira o Sínodo da Amazônia não descarta o emprego de missionárias e missionários qualificados, que parecem ser, mais uma vez, necessários. Por outro lado, já Bento XVI havia afirmado que "a vida consagrada resplandece, em toda a história da Igreja, pela sua capacidade de assumir explicitamente o dever do anúncio e da pregação da Palavra de Deus na *missio ad gentes* e nas situações mais difíceis" (VD 94).

A questão é: esse tipo de missão e de fronteiras deve ser *exclusiva* das consagradas e dos consagrados? Não há espaço para leigas e leigos ou para projetos consistentes de Igrejas locais envolvendo seus ministérios? Apelar para a vida religiosa consagrada é sintoma de acomodação, de aproveitamento ou falta de criatividade? Talvez uma missão assumida ecumenicamente junto a outras confissões cristãs possa ajudar a Igreja Católica a refletir e a encontrar outros caminhos de engajamento junto à missão além-fronteiras, dimensão que expressa com radicalidade o propósito da "Igreja em saída".

d) Uma Igreja peregrina aliada aos projetos decoloniais. De um ponto de vista decolonial, a conversão sinodal não deve ser vista apenas como um processo de comunhão intraeclesial, mas sobretudo como um método, um espírito e um instrumento do povo de Deus para caminhar como peregrino junto com os 'outros' e os 'pobres', contra toda forma de domínio, numa "prática assídua da fraternidade" (GS 78), da solidariedade e da cooperação recíproca como expressão de uma nova lógica de convivência universal.

Francisco alimenta decididamente a esperança que "sempre é possível superar as diferentes mentalidades de colonização para construir redes de solidariedade e desenvolvimento" (QAm 17). O objetivo é promover a Amazônia: "isto, porém, não implica colonizá-la culturalmente, mas fazer de modo que ela própria tire fora o melhor de si mesma" (QAm 28). "A evangelização não é um processo de destruição – diz o Documento Final do Sínodo – mas de consolidação e fortalecimento desses valores [do mundo indígena]; uma contribuição para o crescimento das 'sementes do Verbo' (DP 401, cf. GS 57) presentes nas culturas" (DSA 54).

A perspectiva da interculturalidade entra com determinação nos documentos do magistério latino-americano. O *Instrumentum Laboris*, retomando Aparecida, lembra que os novos caminhos que a Igreja pretende desbravar se baseiam

> em relações interculturais onde a diversidade não significa ameaça, não justifica hierarquias de um poder sobre outros, mas sim diálogo a partir de visões culturais diferentes, de celebração, de inter-relacionamento e de reavivamento da esperança (DAp 97).

Por sua vez, o sínodo propõe "caminhos para uma Igreja intercultural", que se aproxima "de igual para igual", rejeitando explicitamente um estilo colonial e optando por "um anúncio inculturado que gera processos de interculturalidade" (DSA 55). *Querida Amazonia* recorre só duas vezes ao termo "intercultural", afirmando, todavia, que a fronteira pode transformar-se numa ponte, porque identidade e diálogo não são inimigos, mesmo apresentando uma tensão delicada. De um lado, devemos admitir que o isolamento de um indigenismo fechado empobrece. Por outro, como não é fácil proteger-se da invasão cultural, é preciso cuidar dos valores culturais dos grupos indígenas: "se não progredirmos nesta direção de corresponsabilidade pela diversidade que embeleza a nossa humanidade, não se pode pretender que os grupos do interior da floresta se abram ingenuamente à 'civilização'" (QAm 37).

Por isso a tarefa evangelizadora da Igreja, que não deve ser confundida com proselitismo, precisa "incluir processos claros de inculturação de nossos métodos e esquemas missionários" (DSA 56). O *Instrumentum Laboris* afirma que "inculturação e interculturalidade não se opõem, mas se completam". Assim como Jesus se encarnou em uma determinada cultura (inculturação), seus discípulos missionários saíram ao encontro de pessoas de outras culturas (interculturalidade) dando vida a novos caminhos do Espírito (ILSA 108).

A convergência do diálogo com as culturas amazônidas, que promete abrir um intercâmbio construtivo para um projeto decolonial, se desdobra no horizonte do "bem-viver", que encontra o seu correlativo bíblico nas bem-aventuranças (DSA 9):

> É preciso captar aquilo que o Espírito do Senhor ensinou a estes povos ao longo dos séculos: a fé no Deus Pai-Mãe Criador, o sentido de comunhão e a harmonia com a terra, o sentido de solidariedade

para com seus companheiros, o projeto do "bem-viver", a sabedoria de civilizações milenárias que os anciãos possuem e que influi sobre a saúde, a convivência, a educação, o cultivo da terra, a relação viva com a natureza e a "Mãe Terra", a capacidade de resistência e resiliência, em particular das mulheres, os ritos e as expressões religiosas, as relações com os antepassados, a atitude contemplativa e o sentido de gratuidade, de celebração e de festa, e o sentido sagrado do território (ILSA 121).

Esse horizonte tem um alcance universal, no qual "a Amazônia representa um *pars pro toto*, um paradigma, uma esperança para o mundo" (ILSA 37), para estabelecermos "um acordo para viver juntos, de um pacto social e cultural" (EG 239). Nesse projeto a Igreja quer ser "aliada", expressão assumida e reafirmada com firmeza pelo Documento Final (DSA 4, 46, 74), a serviço da vida plena (DSA 48), deixando o protagonismo do cuidado, proteção e defesa dos direitos dos povos e dos direitos da natureza às próprias comunidades amazônicas: "são eles os agentes de seu próprio destino e de sua própria missão" (DSA 74). Eleazar López Hernández (1999) observa que

> a Igreja Católica tem-se transformado, sobretudo nos documentos, de principal agressora da interioridade religiosa dos indígenas, em principal aliada para a sua recomposição para enfrentar juntos os desafios da modernidade secularizante (p. 44).

De um lado, a missão da Igreja tem na "ecologia integral" uma proposta decolonial: a luta contra a colonialidade do poder é reconhecida em todas suas dimensões profundas e interligadas (LS 16) e se baseia, portanto, no reconhecimento da relacionalidade como categoria humana fundamental (ILSA 47). "Feita também de simples gestos quotidianos, pelos quais quebramos a lógica da violência, da exploração, do egoísmo" (LS 230), seu compromisso é não "deixar as coisas como estão" (EG 25), seu valor fundamental é a dignidade da pessoa humana e o bem comum "por cima da tranquilidade de alguns que não querem renunciar aos seus privilégios" (EG 218). E como "o todo é mais do que a parte" (EG 235), "é a totalidade das pessoas numa sociedade que procura um bem comum que verdadeiramente incorpore a todos" (EG 236). O projeto, portanto, é global, universal e pluriversal, jamais ensimesmado, etnocêntrico ou corporativo. O modelo, porém, não é a esfera, mas "o poliedro, que reflete a confluência de todas as partes que nele mantêm a sua originalidade" (EG 236).

Por outro lado, essa projetualidade não é "da" Igreja e nem para promover "a" Igreja, como se fosse uma marca registrada ou uma franquia, mas globalmente pertence à humanidade e localmente a cada povo. A missão cristã está a serviço desta ecologia integral (DSA 91), assim como está a "serviço da instauração do reino da vida" (DAp 366), como aliada dos povos e peregrina por sua natureza (DSA 21): "queremos ser uma Igreja servidora, querigmática, educadora, inculturada, no meio dos povos que servimos" (DSA 22). Sua conversão sinodal não está em função de si mesma, mas constitui um testemunho, uma maneira de ser e um serviço que quer contribuir com o cuidado da Casa Comum (DSA 120).

Nesse sentido uma missão em perspectiva decolonial se descolonializa e se reconfigura na medida em que participa dos projetos decoloniais dos povos e da humanidade enquanto tal. Sua ação assume o diálogo ecumênico, inter-religioso e intercultural "como o caminho indispensável" (DSA 24). Precisa reafirmar com determinação que a defesa da vida, da comunidade, da terra e dos direitos dos povos indígenas é um princípio fundamental evangélico (DSA 47). A evangelização não é um processo de destruição, mas de consolidação e fortalecimento dos valores culturais (DSA 54). Deve, portanto, ser entendida como um serviço à vida plena, que nos leva a anunciar a boa-nova do Reino de Deus e a denunciar situações de pecado, estruturas de morte, violência e injustiça (DSA 48). Por isso a missão cristã tem uma inalienável dimensão socioambiental (DSA 74), e é chamada hoje a encontrar novos caminhos numa ação que interliga relações, conhecimentos, sujeitos, dimensões da vida para uma vida plena.

* * *

Chegamos ao final da jornada desse capítulo, na revisitação da caminhada da Igreja latino-americana após o Vaticano II, através da celebração das conferências dos bispos e do Sínodo para a Amazônia. Não há como negar que esses ensejos marcaram o passo para uma decidida tomada de consciência missionária a partir da recepção das instâncias decoloniais, oferecendo diretrizes operacionais e referências de primeira ordem, das quais é praticamente impossível prescindir quando se trata de abordar a presença e a atuação da Igreja Católica neste continente.

A noção de missão que emerge da preparação, realização e finalização desses eventos pode ser resumida como uma ruptura progressiva de um modelo colonial e uma adoção de um modelo libertador inculturado, participativo e samaritano, atento a promover integralmente o reino da vida, aproximando-se aos pobres e aos outros, lutando contra toda e qualquer manifestação de domínio e de morte. Se as respostas concretas aos desafios nem sempre foram coerentes com as declarações de intentos, houve também muitas experiências populares que ultrapassaram as metas e que inspiraram a elaboração de novos impulsos e novas sínteses, avançando assim na própria maneira de compreender a vocação primordial da Igreja.

Um papel crucial neste processo foi desempenhado pela atuação de organismos específicos como o Departamento de Missões do CELAM, a formação de grupos de pesquisa missiológica latino-americana, a convocação de eventos missionários que proporcionaram riquíssimos momentos de encontro, participação, articulação, intercâmbio e produção. Sem essas mediações colegiais dificilmente teríamos chegado a uma reflexão consistente em termo magisterial. Os propósitos e os compromissos assumidos, se não foram satisfatoriamente cumpridos, configuram pelo menos um ousado horizonte norteador, utópico e motivador.

Sob esse último enfoque, podemos afirmar que emergem sem dúvida da caminhada da Igreja latino-americana importantes elementos para um paradigma decolonial de missão. Mais do que tudo, surge uma firme tensão, um desejo, uma disposição de "conversão", como pondera pausadamente o Sínodo da Amazônia, que aponta para um longo e contínuo processo transformador de aprendizagem, arrependimento, humildade, diálogo, discernimento, despojamento, escuta, presença, amizade. As estruturas coloniais não mudarão tão de repente, assim como as relações passarão por conflitivas afirmações de identidade, alianças estratégicas e aproximações cautelosas.

Sem dúvida, porém, a dinâmica da "saída" mencionada em Aparecida (DAp 363) e desenvolvida amplamente na *Evangelii Gaudium* nos oferece a chave que garante e destrava um autêntico processo decolonial: somente onde desponta uma confiante e recíproca "saída de si", a partir da qual no lugar de muros se consegue construir pontes, acontece o encontro, o diálogo, o desarmamento, a descolonização, a missão enfim.

5
Rumo a uma missão em perspectiva decolonial

Uma abordagem teológica, pastoral e espiritual

Com o Sínodo da Amazônia, alcançamos um epílogo da caminhada missionária latino-americana e caribenha, onde chegaram a cabo algumas perspectivas decoloniais, graças aos passos dados ao longo de uma travessia de mais de cinco décadas, pautada pelas conferências gerais do episcopado do continente.

Elaborar um perfil decolonial de uma missão cristã moderna que nasceu essencialmente colonial, ainda permanece uma empresa temerária. Todavia, ao revisitar eventos, documentos e impulsos de uma reconfiguração eclesial, foi possível adentrar-se nas brechas deste paradoxo para resgatar pressupostos da mensagem cristã que permitem rearticular uma *ratio missionis* em termos mais próximos à tradição jesuana, à sabedoria dos diversos povos e aos anseios e às esperanças, às tristezas e às angústias da humanidade de hoje (GS 1), particularmente, dos que se encontram do outro lado da linha abissal traçada pela modernidade.

O Concílio Vaticano II fincou balizas de não retorno, na maneira de entender a missão como elemento estruturante da identidade e da atividade da Igreja, que se expressa num quadro complexo de situações e interlocutores, numa modalidade testemunhal e dialógica, desarmada e despojada, ao cumprir com seu dever de "colaborar com todos os outros homens na edificação de um mundo mais humano" (GS 57).

A Igreja na América Latina recepcionou criativamente as diretrizes conciliares à luz da realidade colonial do continente, dando vida a uma ação evangelizadora libertadora e inculturada, chamando à conversão, à comunhão e à participação todas as batizadas e os batizados para que se tornem verdadeiros agentes de transformação de uma sociedade justa e solidária, sinal do Reino de Deus já presente e atuante, mas não ainda manifestado em sua plenitude.

Nesse itinerário, a mediação das ciências sociais em relação à realidade humana histórica ajudou bastante desde o começo a enxergar um sistema estruturalmente perverso que sustentava uma situação de pobreza e opressão na qual vivia a grande massa da população. As teorias desenvolvimentistas cederam logo o passo à categoria socioanalítica da dependência, a qual, por sua vez, evoluiu para a teoria do sistema-mundo moderno capitalista, que cruzou com os aportes dos estudos culturais, pós-coloniais e subalternos, e que finalmente desembocou na elaboração de um pensamento decolonial. Estas contribuições entre outras interagiram a interpelar a teologia da missão sobre seus pressupostos, seus percursos históricos, suas atuações e suas perspectivas.

A herança colonial, que continua se perpetuando em muitas das premissas e das práticas missionárias até os dias de hoje, sempre foi uma questão central para a indagação no âmbito missiológico: os teóricos decoloniais ajudaram a enxergá-la melhor. Os desdobramentos da colonialidade do poder, do saber e do ser – e agora com a Amazônia integrada com o "ser-natureza" – denunciavam tremendas violações encobertas, negadas, naturalizadas em pressupostos e tratos imbuídos de obviedade pela civilização ocidental, que de fato colocavam em xeque qualquer tentativa de autêntica evangelização.

Esse problema, percebido há tempo em suas expressões primárias pelas agências missionárias e por seus especialistas, não encontrava ainda uma solução satisfatória diante de diversos empasses de ordem doutrinal. O que estava em jogo era nada menos do que desvendar a verdadeira natureza da missão e, portanto, a verdadeira natureza da Igreja e do cristianismo: como nós cristãos contemporâneos nos entendemos? Que implicação tem essa autocompreensão para a nossa noção de missão no mundo? Considerando as memórias históricas e as abordagens críticas do pensamento decolonial, é possível expurgar o anúncio cristão de toda pretensão hegemônica, exclusivista e etnocêntrica?

Nessa última parte do nosso trabalho vamos tentar dar algum encaminhamento a essas interpelações através de três tipos de abordagem: uma de cunho teológico, outra de caráter pastoral; enfim, uma proposta mais especificamente espiritual.

Em primeiro lugar, nos debruçaremos sobre as provocações do "giro decolonial" para o debate teológico e missiológico, o sentido da missão como *essência* da Igreja e o significado do evangelho como mensagem de salvação estendida a todos, sem exclusões.

Logo após retomaremos as quatro teses que identificamos no final do segundo capítulo para tentar elaborar alguns elementos para um possível paradigma missionário decolonial. Lembramos que esses eixos, identificados como (1) irrupção do outro, (2) processo de desprendimento e abertura, (3) contexto geopolítico da fronteira, (4) perspectivas decoloniais globais, correspondem ao desdobramento do tratado sobre a colonialidade do poder do saber, do ser e das emergências decoloniais.

Para concluir, resgatar uma dimensão espiritual da missão cristã é talvez o caminho que mais nos aproxima de uma autêntica postura decolonial: ao desestruturar verdades monoculturais, formadas e confeccionadas; ao dispor-nos a uma escuta dos corações; ao penetrar numa compreensão da alma do evangelho conectada com a ação do Espírito presente no meio dos povos, em suas sabedorias, em suas tradições ancestrais, em suas relações com a Mãe Terra; ao contemplarmos a totalidade cosmoteândrica (PANIKKAR, 2015) do horizonte alargado (LS 110), onde tudo está interligado, "convida-nos a maturar uma espiritualidade da solidariedade global que brota do mistério da Trindade" (LS 240).

5.1 "Giro decolonial", teologia e missão – Interpelações para a reflexão teológica contemporânea

O pensamento decolonial centraliza sua indagação nas relações assimétricas que a noção de colonialidade reflete, nos desdobramentos das dimensões do poder, do saber e do ser. No contexto da modernidade globalizada, as diferenças coloniais são valorizadas como elementos "perturbadores" da representação dominante, para mostrar que as coisas não são o que parecem ser entre significado e referência. O (des)encontro entre o global e o local, o hegemônico e o subalterno, o centro e a periferia, é experimentado como desigual, violento, desintegrador de culturas outras.

Da mesma maneira com a qual o sociólogo peruano Anibal Quijano entrevia uma dinâmica subversiva nos elementos de "descontinuidade, incoerência e conflitualidade entre si" no âmbito social, composto estruturalmente por uma totalidade multidimensional e heterogênea (QUIJANO, 2014, p. 154), o teólogo Robert J. Schreiter (1998) enxerga nas assimetrias entre as diversas culturas, identidades e grupos sociais, uma dinâmica promissora para a transformação da realidade:

> Pois é na experiência do movimento de um lugar para outro, da formação de novas identidades a partir das antigas, da convivência com múltiplas identidades e lógicas que se encontrará a pista do lugar onde Deus está atuando [...]. A presença das assimetrias pode indicar uma relação de domínio e opressão, mas também pode preanunciar novidade, a criação do novo. Simetrias tendem à estase, enquanto nas assimetrias subjaz uma inquietude que busca novas possibilidades (p. 65-66).

A partir destas considerações, segundo Schreiter, duas realidades de fé centrais no cristianismo fornecem recursos assimétricos para o que ele chama de uma "teologia da cultura". Essas duas realidades são a doutrina da Trindade e o mistério pascal. A primeira é fonte de simetrias e assimetrias entre as pessoas divinas e seus "envios" ao mundo. A segunda revela um potencial especial em seu processo assimétrico que vai da cruz à ressurreição, à glorificação.

A exploração dessas estruturas da tradição cristã contribui de maneira nova e criativa a encontrar caminhos para uma teologia da missão que possa responder às interpelações fronteiriças e lançar perspectivas decoloniais. Hoje a própria missão se encontra existencialmente situada na assimetria e na marginalidade e, tanto em relação à teologia como também em relação a Igreja, apesar dos renovados apelos para redescobri-la como dimensão imprescindível da fé. De sua "periferia" desarticuladora traz a originalidade e a subversão do (des)encontro com os pobres e com os outros, de um Deus que se revela em sua missão em situações limiares e inesperadas. Neste processo, a própria fé se transforma ao encontrar-se desafiada e refletida de maneira surpreendente na teologia trinitária e, em um sentido mais intrínseco e global, no mistério pascal.

Abordamos aqui alguns enfoques que nos parecem essenciais para "situar" o tema da missão no debate teológico contemporâneo, como contribuição relevante para uma renovada compreensão da vocação cristã em si mesma e em relação ao mundo, diante das controvérsias postas pelo "giro decolonial". Chamar em causa a missão não significa somente retomar apaixonadamente a discussão sobre a colonização ocidental estrutural, suas mazelas e implicações, impulsionar a necessidade hodierna do diálogo intercultural, inter-religioso e interespiritual, ou motivar o compromisso universal da paz, da justiça e do cuidado com a criação. Antes de tudo, o que está em pauta aqui é ainda o debate conciliar sobre o sentido de "ser" da Igreja hoje.

5.1.1 Missiologia como fronteira da teologia

Uma primeira assimetria subversiva se dá, sem dúvida, no interior da própria teologia. Relegada a "gaveta" da teologia prática, a missiologia, disciplina que pesquisa e sistematiza a razão missionária sob o prisma teórico, histórico e prático, empreende constantemente uma luta para ver reconhecido seu direito de residência em âmbito acadêmico, assim como a missão – por quanto isso possa causar estranheza e inquietação – precisa reiteradamente pleitear sua cidadania em âmbito eclesial. Por seu lado, a teologia é herdeira de uma tradição "a-missionária", tanto entre os católicos como nos protestantes, dirigida a uma elite clerical, como doutrina a ser "aplicada" na vivência cristã e na gestão institucional, de maneira dedutiva, essencialista e manualista (BOSCH, 2007, p. 585).

Mesmo quando algo como uma teologia pastoral finalmente vingara com a emancipação da razão prática, no contexto da segunda Ilustração, tomando consciência de que Deus se revelava não somente através de *símbolos* (patrística) ou *con-*

ceitos (escolástica) mas também, e sobretudo, através de *ações* (Brighenti, 2006a, p. 44) – e mais tarde uma Teologia da Libertação despontava com seu círculo hermenêutico da *theoria* como ato segundo numa relação intersubjetiva com a *práxis* – a missiologia continuava sendo exilada em seu nicho especializado, estigmatizada por seus legados coloniais, como "uma ciência *do* missionário *para* o missionário" (BOSCH, 2007, p. 587; grifos do autor), assunto para cursos operacionais de recrutamento, formação, capacitação de candidatos enviados *ad gentes*.

a) Teologia e missão. A expansão dos empreendimentos fora dos confins da *societas christiana*, que viu o engajamento de inúmeros grupos enviados a convocar os povos não cristãos para dentro dos baluartes da Igreja, nunca foi motivo de particular interpelação para a teologia, a não ser de maneira marginal, mesmo quando a obra missionária levantava algumas urgências em ordem ao anúncio do evangelho, à conversão dos pagãos, à implantação da Igreja nos territórios recém-conquistados, necessitando de uma reflexão articulada, além das *quaestiones* resolvidas de antemão.

No final do século XIX, sob a pressão das agências missionárias e das políticas imperiais, a missiologia reivindicou para si um assento na academia com a instituição das primeiras cátedras. Seus departamentos de "fundamentos bíblicos da missão", "história da missão", "teologia da missão", para chegar finalmente à "prática da missão", acabaram por criar uma competição desigual com o esquema quadripartido do inteiro conjunto dos departamentos teológicos (bíblia, história, sistemática e prática). Desta maneira, a obra de Warneck e de seus seguidores, gerou um atrito com a maioria dos teólogos, que viram com condescendência e desconfiança o ingresso da pretensiosa novata como algo de exótico e, portanto, periférico, ao mesmo tempo que se exoneravam da responsabilidade de refletir sobre a natureza missionária das próprias disciplinas.

Com o Vaticano II no âmbito católico, e a Conferência de Willingen (1952) no âmbito protestante, resgatou-se a ideia, a partir da perspectiva da *missio Dei*, de que a missão não era principalmente uma *tarefa* de salvação das almas e de expansão da Igreja – mesmo se uma atuação nesse sentido exigir uma atenção particular –

mas a expressão da *essência* da própria Igreja, *enviada* ao mundo e a serviço do mundo para tornar presente o Reino de Deus até os últimos confins, e até o fim dos tempos. Afirmar que a Igreja era por sua natureza missionária (AG 2) não significava que a missão tivesse como fim a Igreja, e sim exatamente o contrário: que a Igreja tivesse como fim a missão, enquanto a missão não podia ser definida somente em termos de Igreja, menos ainda em termos de estar a serviço da Igreja. Tratava-se de uma descentralização paradigmática e fundamental de identidade, que envolvia inevitavelmente também a teologia como um todo, a qual, de agora em diante, tinha o mundo como interlocutor último, e a Igreja, por tabela, com seu serviço ao mundo de "carácter religioso e, por isso mesmo, profundamente humano" (GS 11).

Com efeito, ainda no começo do século XX, o teólogo sistemático Martin Kähler (1908) havia definido a missão como "a mãe da teologia" (apud BOSCH, 2007, p. 34), pois desde a época apostólica os cristãos se encontraram na urgência de "dar razão de sua esperança" (1Pd 3,15), devendo responder a questões que os outros colocavam ao anúncio do evangelho. Os próprios evangelistas e autores neotestamentários, particularmente Paulo, redigiam suas cartas e suas obras num contexto de uma Igreja *obrigada* a fazer teologia, em virtude de seu encontro missionário com o mundo.

Sendo assim, mais que uma "teologia da missão", emerge agora com urgência a necessidade de uma pauta missionária para a teologia, situando a teologia "em estado permanente de missão" (DAp 551): desta maneira, a marginalidade da missão se torna central para o discurso teológico, porque a pergunta verte não somente sobre "o que é a Igreja" ou "o que é a missão", mas também sobre "o que é a teologia" e o que ela trata, pois a teologia não tem outra razão de existir senão a de acompanhar criticamente a missão (BOSCH, 2007, p. 590).

b) A questão colonial. No regime de cristandade, a teologia tinha tecido um discurso autorreferencial, que ofereceu à missão ultramarina uma razão colonial, uma verdade universal, única e absoluta, confeccionada na medida certa para não dialogar com o mundo real fora de sua cosmovisão. Fechada cripticamente em si, a teologia proporcionou os recursos teóricos que forjaram uma transposição e uma imposição de um cristianismo de cunho ocidental a outras culturas. Não foi a obra missionária em si a assumir esse caráter intrinsecamente colonial: foi a relação dedutiva e pré-constituída de separação, de subordinação e de inversão entre teologia e missão que gerou de fato as condições para uma missão colonial. Não era mais a missão que *obrigava* a teologia a pensar, e sim a teologia que *obrigava* a missão a aplicar seus propósitos. Com efeito, a prática missionária sempre lançou diversos sinais descolonizadores que surgiam da proximidade e do encontro com os pobres e os outros, mas esses eram quase sempre rechaçados por uma dinâmica de comunicação que funcionava de mão única, de dentro para fora, de cima para baixo, do centro para a periferia.

Historicamente, a missão estrangeira levou a culpa pelo epistemicídio colonial, quando na realidade a causa estava no aparelhamento ideológico central da qual ela devia obediência como legítima emissária e natural extensão. Entre conquistas espirituais e testemunhos abnegados de apóstolos defensores dos nativos, até hoje a missão carrega o fardo dessa herança, mesmo se o berço gerador de toda uma epopeia continue residindo na cristandade e, consequentemente, na modernidade ocidental, exatamente como sustentam os teóricos decoloniais.

Por sua vez, a teologia cristã contemporânea também não está muito disposta a reconhecer suas responsabilidades quando substitui "missão" por "evangelização", "missão religiosa" por "missão social", "missão *ad gentes*" por "missão *inter gentes*", "missão estrangeira" por "missão local", na tentativa de purificar a tarefa missionária das mazelas coloniais, mantendo-se a distância, camuflando e deixando intocados seus pressupostos autocentrados. Como lamenta Collet (2004), "a teologia se comporta às vezes em relação à missão como aquela distinta senhora da cidade que se envergonha de seus parentes pobres do interior, quando entra inesperadamente na sala de estar deles" (p. 54).

Sem dúvida, "é bom que tenhamos sempre presente as hipotecas históricas da missão – o colonialismo, o etnocentrismo e a intolerância militante – para que não reapareçam nas Igrejas, com a roupagem de um novo linguajar, os velhos vícios" (SUESS, 1988, p. 649). Contudo, posicionamentos que reeditam uma teologia da cristandade colonial, desconectando a missão da identidade da Igreja, subordinando-a a premissas dogmáticas não negociáveis, e reduzindo a ação evangelizadora a uma questão de "ardor, método e expressão", estão sempre atuantes em repropor a missão como uma *consequência* do ser Igreja mais que uma *condição* para ser Igreja. Novas formas de colonialidade epistêmica vingam todas as vezes que a eclesiologia antecede ou incorpora a missiologia como seu apêndice.

c) **O caráter fundamental e decolonial da missiologia.** A perspectiva missionária, chamada a alimentar o entusiasmo de todo cristão para o anúncio da boa-nova do Reino, enquanto evangelho dirigido a todos, ninguém excluído, assume agora um destaque fundamental para a teologia, ao resgatar a missão como algo que brota do "amor fontal" do Pai (AG 2), como maneira de Deus se revelar na história (FRANCISCO, 2013). O discurso sobre a missão se torna assim genuinamente teológico, adquirindo uma dimensão expressiva e transversal, alcançando, finalmente, em sua marginalidade fronteiriça, uma relevância acadêmica significativa.

Assim, a interação qualificada com as outras disciplinas se torna mais produtiva. Entretanto que Christopher J.H. Wright (2014) sustenta a tese que "uma teologia sólida da missão de Deus nos dá uma estrutura fundamental hermenêutica fecunda pela qual a Bíblia toda pode ser lida" (p. 24), a história da Igreja pode ser seriamente questionada pela perspectiva missiológica sobre inúmeros episódios, desde a não acolhida do povo judeu na comunidade cristã, até as atitudes da religião imperial com as heresias, o desaparecimento do cristianismo no norte da África, a condescendência com a escravidão nas Américas etc. Por sua vez, a teologia sistemática por um bom tempo teve como único interlocutor a filosofia ocidental. Quando a Teologia da Libertação utilizou a mediação socioanalítica de outras disciplinas, isso foi visto com enorme suspeição, quase como uma heresia. Nesse terreno, o contributo da missiologia se engendra no campo antropológico do diálogo com as culturas negadas dos diversos povos por meio de mediações socioanalíticas, antropológicas e interculturais.

Os questionamentos que surgem a partir da atuação missionária junto aos povos que não se configuram dentro da matriz civilizacional ocidental – indígenas, afro-americanos, africanos, orientais etc. – são abordagens específicas que competem à missiologia: essas histórias, essas sabedorias, esses sofrimentos, essas cosmovisões, esses projetos de vida, marcados pela "diferença colonial" ou pela "diferença imperial", se tornam interlocutores do evangelho e da Igreja num debate global para um outro mundo possível. No âmbito do diálogo (assimétrico) com esses "outros" "temos mais perguntas que respostas, mais dúvidas que certezas, mais dívidas que saldos em conta". Por conta disso, não se admite amadorismo: os povos de todos os continentes "muitas vezes, foram castigados pela boa vontade subjetiva dos missionários" (SUESS, 1988, p. 651).

Consequentemente, a missiologia se caracteriza propriamente como uma teologia em perspectiva decolonial, que se compromete a descolonializar permanente e criticamente as pretensões e as práticas missionárias das Igrejas: (1) desmascarando toda cumplicidade com as relações coloniais; (2) desenvolvendo ferramentas que ajudam a detectar as posturas hegemônicas, inclusive a própria; (3) colocando-se a serviço das causas libertadoras dos povos subalternos como aliada (SILBER, 2014, p. 169).

Uma das primeiras tarefas da missiologia contemporânea, portanto, é trazer para dentro do debate teológico toda provocação e contribuição dos pensamentos fronteiriços decoloniais. Esse enfoque adquire um destaque essencial e original pela missão ter aprendido, pela via do arrependimento e da conversão, a inconsequência daqueles que se comportaram como "senhores da fé e donos da verdade" na casa dos outros. Dever da missiologia é transmitir um propósito de quem sabe da importância de se colocar no seguimento de Jesus como simples discípulo, na força do evangelho servidor desarmado e vulnerável (SUESS, 1988, p. 647).

d) Missiologia como teologia missionária. Naturalmente, o labor missiológico não pode se esgotar somente na interação com o debate teológico intraeclesial. Seu impreterível compromisso está voltado, não por último, às perguntas, aos desafios, às propostas dirigidas pelos interlocutores "outros" à ação missionária dos cristãos. Não se trata de uma intervenção explícita por parte da missiologia, mas de um acompanhamento crítico da prática missionária, seus fundamentos, objetivos, atitudes, mensagens e métodos, "não a distância segura de um espectador, mas em um espírito de corresponsabilidade e de serviço à Igreja de Cristo" (BOSCH, 2007, p. 593).

A ação dos cristãos no mundo implica sempre uma mensagem de salvação (*salus animarum*), que, ao longo dos tempos e ao largo dos diferentes contextos, adquire diversas perspectivas, expressões, significados, e um projeto concreto de convocação, identificação e engajamento (*plantatio ecclesiae*), que também assume rostos encarnados nas múltiplas realidades históricas[173].

No que diz respeito à dimensão da *salus animarum*, o desafio permanente da missão é de conectar o evento Jesus ao futuro do "reino da vida" (DAp 361), com projetos significativos dos povos de transformação do mundo no presente histórico. Nesse sentido a missiologia procura evidenciar aquelas experiências de contato do evangelho com o outro, que acontecem no diálogo intersubjetivo entre Deus, o outro e a Igreja.

Rahner almejava que toda a teologia pudesse seguir esse impulso:

> A teologia ocidental precisa hoje atuar em um resgate que não tem nada de insignificante. Com efeito, ela deveria ser missionária: não deveria limitar-se a pensar e a falar na forma calejada da tradição àqueles que se sentem ainda em casa no cristianismo e na Igreja; deveria pensar nos outros para os quais o cristianismo se tornou por muitas razões uma coisa estranha (RAHNER, 1982, p. 371).

Contudo, na medida em que a reflexão teológica se debruça criticamente sobre o testemunho eclesial originado *a partir de* contextos outros, distintos de

---

[173]. Obviamente, esses termos remetem a uma teologia da cristandade. Todavia, se analisarmos com isenção a história da evangelização até às perspectivas contemporâneas interculturais e inter-religiosas, essas dimensões da *salus animarum* e da *plantatio ecclesiae* estão sempre presentes com termos, perspectivas e significados diferentes: a missão cristã se estrutura intrinsecamente em torno de um testemunho/anúncio de uma mensagem de salvação e da proposta concreta de uma nova comunidade/povo messiânico. Adotamos estas expressões na nomenclatura latina, pela importância paradigmática que assumiram na tradição missiológica.

um mundo cristão-moderno-ocidental, configura-se um campo específico da indagação. Os limites e os aspectos desse âmbito não são sempre identificáveis na peculiaridade das "sociologias das emergências"[174]. Mesmo assim é um exercício incumbente e imperioso não equiparar as diversas situações, e discernir os casos que requerem níveis de aculturação, de aproximação, de comunicação e, portanto, de indagação, mais aprimorados e diferenciados.

Em relação à dimensão da *plantatio ecclesiae*, a missiologia se interessa do nascimento da Igreja como proposta e projetualidade concreta do anúncio cristão no meio dos diversos povos e culturas. Illich (1970) alega que a missiologia para a teologia é como a obstetrícia (*midwifery*) para a medicina. Em sua fascinante intuição poética, mesmo conceitualmente limitada e ambivalente, Illich associava a ação missionária à metáfora e ao ofício da parteira: "O missionário fica onde a Igreja dá à luz uma nova comunidade em um novo mundo. Ele é o assistente técnico no desenvolvimento do sacramento da Igreja a partir do recurso preexistente da língua e cultura de um povo" (p. 105).

> A missiologia estuda o crescimento da Igreja em novos povos, o nascimento da Igreja além de seus limites sociais; além das barreiras linguísticas em que ela se sente em casa; além das imagens poéticas em que ela ensinou seus filhos. A Igreja é levada a maravilhar-se com isso: sob novas fontes em que seu venerável conhecimento pode se tornar significativo pela primeira vez, assim como sempre os novos mundos são levados a maravilhar-se com os novos níveis de significado que sua imagem tradicional pode transmitir [...]. A missiologia é, portanto, o estudo da Igreja como surpresa (p. 87).

Uma missiologia pensada a partir da América Latina necessariamente associa a dimensão da *salus animarum* à perspectiva da libertação decolonial e integral, e a dimensão da *plantatio ecclesiae* ao paradigma indeclinável da inculturação, segundo os projetos de vida dos diferentes povos, à luz do horizonte do Reino de Deus. Evidentemente que não identificaríamos o nascimento de uma Igreja em termo de *plantatio* mas, como diria Illich, em termos de "flores-

---

[174]. Cf. nota 63.

cimento": "a missão é o florescimento social da Palavra em um presente sempre em mudança [...] a Igreja como poesia contemporânea divinamente inspirada; o desenvolvimento da sociedade humana em um broto divino que florescerá pela eternidade" (1970, p. 85, 87).

Na relação entre inculturação e libertação, em analogia com os mistérios da encarnação e da salvação, podemos entender a missão e a missiologia na ótica das perspectivas interculturais como um aprender a interagir com o outro e com o pobre não como instrumento hermenêutico, mas como sujeito em sua dignidade e integralidade, dentro de processos que se instauram a partir do anúncio inculturado do evangelho (DSA 55). Esse motivo deve levar a uma inserção efetiva e afetiva na vida das pessoas e dos povos como solidariedade, participação e compromisso gratuito com suas lutas e seus projetos decoloniais, habitando fronteiras, assumindo revoltas, resistências e resiliências implicadas neste processo, caminhando juntos em pequenos passos na construção de um outro mundo possível para todos.

A esse respeito o testemunho do Papa Francisco, na entrevista conduzida por Antonio Spadaro, diretor de *La Civiltà Cattolica*, é bastante eloquente:

> Peço ao Papa Francisco alguns esclarecimentos: "Pediu-nos que tivéssemos cuidado para não cair na 'tentação de domar as fronteiras: temos que ir às fronteiras e não levar as fronteiras para casa, pintá-las e domesticá-las'. A que se referia?" [...] "Quando insisto na fronteira, de um modo particular, refiro-me à necessidade para o homem que faz cultura de estar inserido no contexto em que opera e no qual ele reflete. Há sempre o perigo de viver em um laboratório. A nossa não é uma fé-laboratório, mas uma fé-caminho, uma fé histórica. Deus se revelou como história, não como um compêndio de verdades abstratas. Eu temo os laboratórios porque no laboratório nós pegamos os problemas e os levamos para casa para domesticá-los e pintá-los fora de seu contexto. Não devemos levar a fronteira para casa, mas viver na fronteira e ser ousados" (SPADARO, 2013, p. 474).

A fronteira missionária, portanto, não é apenas lugar de missão, mas também de reflexão missiológica.

5.1.2 *Missão como* missio Dei

Se havia, porém, um problema de fundo a resolver em relação à missiologia como disciplina teológica era a definição de seu objeto material: o que era, afinal, essa "missão", o que se pretendia indicar quando se usava essa palavra? Antes de ser um desafio pastoral, esse assunto representava para a Igreja um desafio semântico e teológico. No momento em que a missão era entendida somente em termos operacionais de *salus animarum* e de *plantatio ecclesiae*, a missiologia podia ser uma ciência "do" missionário "para" o missionário, que devia responder substancialmente à pergunta sobre como se devia executar da maneira mais eficaz esse tipo de atividade entre os não cristãos. Consequentemente, a missão tinha muito pouco a ver com a vida ordinária da Igreja, a não ser explicitar e testemunhar o óbvio exclusivismo salvífico sobre o orbe terráqueo.

a) O resgate trinitário. O Concílio Vaticano II, porém, diante de uma nova conjuntura mundial pós-colonial, opera uma profunda virada ao declarar que "a Igreja peregrina é, por sua natureza, missionária" (AG 2). A palavra "missão" passa por uma mudança radical e assimétrica de significado ao ser entendida em termos de essência/identidade. Por isso que, diante do pedido de moratória das missões cristãs no meio dos povos indígenas, perpetrado pela Declaração de Barbados (1971), a Consulta Missionária de Assunción (1972), mesmo reconhecendo as denúncias e assumindo o compromisso de abandonar toda prática colonizadora, precisou afirmar que "a missão é a própria razão de ser da Igreja: Igreja e missão são sinônimos; reconhecemos o mandato primordial de Cristo (Mt 28,18) para, em seu nome, ir e pregar o evangelho a toda criatura" (*Assunción*, p. 115).

O substantivo "missão", portanto, expressava algo que não surgia de uma necessidade histórica de sobrevivência ou de domínio, mas constituía um impulso gratuito, de dentro para fora, que tinha como origem a caridade do Pai (AG 2). Consequentemente, os aportes das missiologias contemporâneas, mesmo continuando abordar o tema a partir do mandato de proclamar o evangelho a toda criatura (Mc 16,15) – que, como veremos mais adiante, encontrava seu significado nos eventos que envolveram os cristãos em relação a Israel – também de maneira inovadora e paradigmática, começavam engendrar sua reflexão a partir do princípio trinitário da *missio Dei*. Deveras, a passagem bíblica de Jo 3,16 revelava a mais genuína essência missionária da mensagem cristã: "Deus amou tanto o mundo que entregou o seu Filho único para que todo o que nele crê não pereça, mas tenha a vida eterna". "Deus é Amor" (1Jo 4,16), *principium sine principio*, absoluta gratuidade desde a eternidade, autocomunicação apaixonada, um amor que transborda, que quer viver e infundir vida, "que 'necessita' do mundo e da humanidade" (MOLTMANN, 1983, p. 69)[175], que não se contenta consigo próprio e por causa disso "enviou" (*misit*) seu Filho para anunciar a Boa-nova a toda humanidade (Lc 4,18; Jo 4,34; 10,36; 12,49; 14,24)[176].

Segundo essa perspectiva, na história da salvação, a "missão" (do latim *missio*, "envio") não tem origem nem nos homens, nem na Igreja, e sim em Deus Pai (Gl 4,6), que "envia" o Filho (Jo 3,17; 5,23.36.38; Gl 4,4) e, junto ao Filho, "envia" o Espírito (Lc 24,49; Jo 14,16.26; 15,26; 16,7; Gl 4,6). Essa compreensão, cuja relevância foi resgatada primeiramente em âmbito protestante, retomava a noção barthiana da missão como "autoenvio divino" (BARTH, 2015, p. 28), e da *missio ecclesiae* como participação à missão trinitária (Jo 17,18; 20,21)[177]. Foi Karl Hartenstein (1894-1952) que, em 1934, cunhou a expressão *missio Dei*, embora não

---

175. Como afirma John Sivalon (2014), a própria Trindade traz em si o conceito de "diferença" e de correlação entre as pessoas: o Pai pode ser o "Pai" só se tiver um Filho, e o Filho pode ser "Filho" só se tiver um Pai, e a relação de um com o outro fica aberta, por sua vez, àquele "ser a mais" que é o Espírito, e isso dá início à criação. Esse "ser a mais" revela a *missio Dei* em sua essencial "relacionalidade": "o outro é parte íntima e integrante da unicidade de Deus e na nossa unicidade" (p. 16).

176. João em seu Evangelho coloca na boca de Jesus as expressões "aquele que me enviou", "o Pai que me enviou", "Deus enviou", pelo menos 35 vezes. Em latim, o verbo *mitto, mittis, misi, missum, mittere* (enviar), é raiz para o substantivo feminino *missio, missionis* (envio).

177. Aqui o Evangelho de João usa dois verbos para "enviar": "Como o Pai me enviou (απεσταλκεν), também eu vos envio (πεμπω)" (Jo 20,21). O primeiro (αποστελλω) sugere um envio especial imbuído de autoridade; o segundo (πεμπω) tem mais um sentido geral de "enviar", sem particular conotação ou sentido técnico. Entretanto, em João não se encontra essa diferença de significado. Chega-se a essa conclusão ao verificar que os dois termos são utilizados sem nenhuma distinção: o envio de Cristo pelo Pai é descrito tanto por αποστελλω (Jo 3,17.34; 7,29; 11,42) como por πεμπω (Jo 4,34; 7,16; 14,24); o envio dos discípulos por Cristo também é descrito tanto por αποστελλω (Jo 4,38; 17,18) como por πεμπω (Jo 13,16.20). Na *Vulgata* o emprego do verbo *mitto* (enviar) traduz tanto αποστελλω como πεμπω (CASTILLO, 2019, p. 281).

teve logo um grande impacto na literatura missiológica[178]. Contudo, mesmo não sendo utilizada, tornou-se a ideia-chave da Conferência de Willingen (1952), na qual o próprio Hartenstein, junto com Wilhelm Andersen (1911-1980) e Lesslie Newbigin (1909-1998), teve um papel crucial (BEVANS; Schroeder, 2010, p. 462). Não foi por acaso que Willingen aconteceu pouco anos depois da devastação da Segunda Guerra Mundial, do *debacle* missionário na China e da implosão do movimento pós-colonial: a superioridade cultural e moral do Ocidente estava miseravelmente *sub iudice* e, junto com ela, as glórias das missões cristãs. Nesse contexto, houve uma progressiva mudança de ênfase na missão centrada na Igreja, para uma Igreja centrada na missão.

Todavia, Barth escrevia antes destes acontecimentos deflagrarem, mesmo se haviam claros sinais de gestação. Mas, como ele próprio declara, não faria outra coisa que retornar ao conceito clássico de "missão", formulado pela teologia trinitária da Igreja antiga, desde as perspectivas iniciais de Ireneu, Orígenes, Tertuliano e dos Padres Capadócios (Basílio, Gregório de Nissa, Gregório de Nazianzo), chegando à maturação com Agostinho, e sistematizada bem mais tarde, na Idade Média, por Tomás de Aquino. O termo *missio*, empregado justamente por Agostinho no *De Trinitate* (II 5,7-10; IV 19,25–20,30) e por Tomás de Aquino na *Summa Theologica* (I, q. 43), encontra seu exato contexto na complexa sintaxe do tratado sobre a Trindade.

De fato, com o surgimento das crises doutrinais a respeito da natureza das pessoas divinas (modalismo, subordinacionismo, triteísmo), se recorreu a noções da filosofia grega para representar os mistérios inefáveis da fé, a fim de salvaguardá-los, repropondo-os numa linguagem eminentemente figurativa por serem "infinitamente acima de tudo o que podemos conceber à maneira humana" (PAULO VI, 1968, 9). Os conceitos de "substância", "natureza", "essência" foram adotados para indicar a *simetria* entre as pessoas do Deus Uno e Trino; "hipóstase", "subsistência", "pessoa" para indicar a *assimetria* entre elas; "relações", "pericórese" para

---

178. Precisará esperar a obra de Georg Vicedom (1958), *Missio Dei – Einführung in eine Theologie der Mission* (em português: VICEDOM, G. *A missão como obra de Deus*. São Leopoldo: Sinodal, 1996), para ver uma sistematização do conceito de *missio Dei*.

indicar o conjunto de comunhão e a interpenetração; "processões" para indicar a procedência de uma com a outra.

b) A missão entre o plano teológico e o plano econômico. Neste processo, os padres gregos, os capadócios sobretudo, distinguiram duas abordagens que se tornaram referenciais e que foram chamadas de "teológica" e "econômica": a primeira, apontava para a indagação sobre o mistério da Trindade-em-si, no seu ser, na sua substância, em sua vida *ad intra* antes do tempo; a segunda, desdobrava-se sobre o mistério da Trindade para nós, em sua revelação ao mundo, em sua projetualidade histórico-salvífica *ad extra*, na comunicação da vida divina no tempo, até a plenitude do tempo. A perspectiva econômica era claramente bíblica, a primeira a ser elaborada, assumida e explicitada nos primeiros Símbolos da Fé. Por sua vez, a perspectiva teológica, ou da "Trindade imanente", manifestava mais um caráter especulativo, que foi se desenvolvendo gradualmente ao procurar analisar e compreender o mistério de Deus em um sentido ontológico-epistêmico.

Foi na costura entre as dimensões teológica e econômica (MONDIN, 2010, p. 346) que a Escolástica vinculou a ideia das "missões divinas" às "processões" e às "relações" trinitárias, como comunhão-em-missão, como presença permanente de Deus no mundo, como *missio Trinitatis* reveladora de um Deus cuja unicidade assimétrica se definia "correlata" (*pericórese*) a uma(s) diferença(s).

Nessa operação, a noção de "missão" se referia não apenas à projeção *ad extra* do Filho e do Espírito, como clara atuação de Deus na história da salvação (AG 9), mas também à vida intradivina da Trindade (CONGAR, 1967, p. 185): "missão" dizia respeito ao Deus Uno e Trino em si, e não somente ao envio da Segunda e da Terceira Pessoa ao mundo. O *enviante* não é superior ao enviado e nunca se separa dele: "Eu e o Pai somos um" (Jo 10,30); "Quem me vê, vê o Pai" (Jo 14,9); "Como tu, Pai, estás em mim e eu em ti, que eles estejam em nós" (Jo 17,21). Desta maneira, o Pai não é somente aquele que envia, mas também o enviado, porque *opera trinitatis sunt indivisa* (ST III, q. 3, a. 4), toda economia divina é comum às três Pessoas (CIC 258), o movimento de Deus na história de salvação é um desdobramento do que ele "*é*" desde a eternidade (CASTILLO, 2019, p. 285).

Os dois níveis teológico e econômico se implicam mutuamente (CIC 236): "a Trindade 'econômica' é a Trindade 'imanente' e vice-versa", sentenciava solenemente Karl Rahner (1971, p. 293)[179]. Trata-se de duas instâncias epistêmicas ao mesmo tempo distintas e inseparáveis, que coincidem sem se confundir e se distinguem sem se dividir, mas que sempre correm o risco de cada uma andar pelo próprio caminho, com suas próprias racionalidades e terminologias, tendo assim um ser incapaz de ação, e uma ação sem fundamento no ser. Para Giorgio Agamben (2007), essa ruptura ainda constitui um desafio para a teologia e para a *weltanschauung* do Ocidente no seu conjunto (p. 233), "pois o que está em jogo no relacionamento deles não é apenas a cesura entre a humanidade e a divindade no Filho, mas, mais geralmente, entre o ser e a práxis" (p. 79).

Claramente, uma reflexão sobre o mistério da Trindade alavancou em primeiro lugar desde o plano econômico, o único capaz de manifestar Deus a partir de seu agir no mundo, do evento pascal, como também da glorificação do homem sua criatura, "plasmada" pelas "mãos" do Filho e do Espírito por inteiro, a imagem e semelhança do Pai (IRINEU, 1997 [final do século II], V, 6,1)[180]. Já com

---

179. O interesse de Rahner na formulação desse axioma é claramente soteriológico: o mistério da Trindade tem um significado em ordem à salvação, no momento em que Deus quer nos fazer partícipes de sua vida. Mas isso, observa Ladaria (2005), diz respeito à primeira parte do axioma – "a Trindade econômica é a Trindade imanente" – enquanto o inverso parece problemático: não haveria de fato uma reciprocidade perfeita entre a dimensão imanente e econômica e, portanto, não poderíamos entender essa correspondência em termos de identidade e de equivalência. Contudo, segundo Ladaria, sem o "vice-versa" o axioma rahneriano não teria sentido: "Caso contrário, a economia cristã ficará sem seu princípio e fundamento transcendente" (p. 286). Portanto, mesmo com todos os cuidados que exige esta operação: "A Trindade imanente é a Trindade econômica na medida em que se comunica em liberdade aos homens, mas, ao mesmo tempo, na medida em que é liberdade soberana e sem que seja possível pensar em um aperfeiçoamento de qualquer tipo, a própria vida trinitária recebe em seu seio a 'novidade' da humanidade glorificada do Senhor. A economia da salvação deixa assim a sua marca na Trindade imanente, pela soberana benevolência divina [...]. Na mesma medida em que destacamos a liberdade com que Deus se comunica aos homens, devemos também insistir na radicalidade com que Ele se compromete conosco, e que o Filho torna sua a realidade humana para nos conduzir à eterna comunhão de vida com a Trindade" (p. 288-289).

180. "Está subjacente a essa metáfora [das mãos] a imagem de Deus como um oleiro (cf. Is 64,7) que, com duas mãos, produz a única obra, ou seja, no caso, a única economia da salvação. As duas mãos de Deus, o Verbo e o Espírito – podemos acrescentar – são mãos unidas. Isso significa que, embora unidas e inseparáveis, são também distintas e complementares na sua distinção. A atividade de uma é distinta da outra; e, com efeito, a coincidência ou a 'sinergia' das duas atividades distintas que produz o efeito salvífico de Deus. Nenhuma das duas pode se reduzir a representar uma simples 'função' em relação à outra; mas as duas obras convergem ao realizar uma só economia da salvação. Deus age com suas duas mãos" (DUPUIS, 2004, p. 228).

Agostinho, porém, se empeça privilegiar decididamente a dimensão imanente do primado do ser (SCHEFFCZYK, 1972, p. 182), assim como em Tomás de Aquino a fascinação metafísica do Uno, em detração do dinamismo da salvação: o preço pago por essas abordagens foi "a perda da incidência efetiva do mistério trinitário na teologia e na práxis, o exílio da Trindade da teoria e da existência dos cristãos" (FORTE, 1987, p. 74).

Desta maneira, a tradição da Igreja reduziu o termo "missão" à Trindade econômica, a uma pura ação distinta do ser, que em definitivo acabava na *missio ecclesiae* e na *missio extera*. Também o Vaticano II, segundo Scheffczyk (1981), em seu Decreto sobre a atividade missionária, começava prometendo um aprofundamento teológico entre missão e vida trinitária, mas acabou não desenvolvendo satisfatoriamente essa relação por causa da preocupação com pauta operacional das "missões", sua organização e seus enredos. Para fundamentar a missão da Igreja, assim como sua própria existência, era preciso ir além da missão divina *ad extra*, para chegar a insistir, com todos os limites que uma linguagem figurada podia proporcionar, sobre sua estrutura intrínseca e essencialmente trinitária (p. 259).

Redescobrir ou resgatar essa estrutura trinitária da missão, ou também, de maneira mais radical, essa *estrutura missionária* na Trindade – isso nos é permitido se entendermos que há uma circularidade analógica entre teologia e economia –, parece-nos crucial para ensejar um discurso missiológico em perspectiva decolonial. Essa estrutura articula unidade e diversidade, identidade e alteridade, igualdade e diferença, processão e relação, absoluto e contingente, simetria e assimetria, propondo-se como paradigma-chave de uma compreensão renovada do mistério Deus em si e de sua "presença não manipulável no mundo" (SUESS, 2007a, p. 50), assim como da *missio ecclesiae* como sinal e instrumento deste mistério e desta presença (LG 1).

Da mesma forma, poderíamos nos perguntar se à base de uma prática missionária colonial não há de fato uma ideia monarquianista do divino, que pouco teria a ver com o DNA da mais genuína fé cristã. Com efeito, Moltmann (1983) se lamentava, há algumas décadas, de não encontrar uma doutrina trinitária nos escritos apologéticos modernos, assim como nas novas sistematizações de teologia fundamental (p. 11). Rahner (1971), por seu lado, relevava que os cristãos, apesar de sua profissão ortodoxa da Trindade, na sua vida cotidiana eram quase que exclusivamente monoteístas:

> Poderíamos, portanto, arriscar a afirmação de que, se o dogma trinitário tivesse que ser eliminado como falso, a maior parte da literatura religiosa poderia, neste processo, permanecer quase inalterada. Tampouco é procedente a objeção de que o dogma da *Encarnação* seja teológica e religiosamente tão central entre os cristãos [que] em nada teria de se modificar se não houvesse Trindade. Nesse caso, Deus se teria tornado homem exatamente como (esta única) pessoa (p. 285-286; grifo do autor).

Felizmente, hoje, na teologia contemporânea, as coisas mudaram sensivelmente para melhor. Mas é preciso também inquirir até que ponto o resgate trinitário em obras e ensaios acadêmicos, e em documentos do magistério, atingiu de fato a consciência geral dos pastores e do povo de Deus.

c) Desdobramentos histórico-salvíficos. Do resgate da dimensão trinitária da noção de missão desdobra-se, em primeiro lugar, numa *missio creationis* como "saída" do Deus Uno e Trino, que brota do amor do Pai pelo Filho gerado; no entanto, que a ação do Espírito faz com que essa procissão amorosa não seja exclusiva, mas ao sair do cativeiro da reciprocidade se torna "dom" gratuito fora de si. A obra da criação é manifestação da vida íntima e pericorética de Deus: a procissão do Amado em relação ao Amante "modelo eterno da comunicação do ser e da vida à criatura" (FORTE, 1987, p. 159). Essa relação é a *arché* de toda criação (Jo 1,1-4), o Filho amado é o "primogênito de toda criatura [...] tudo foi criado por Ele e para Ele; é antes de tudo e tudo nele subsiste" (Cl 1,15b.16e-17): "aquele *amor paterno que gera* o Filho desde a eternidade se torna *amor criativo*. Este chama em vida as criaturas que são criadas segundo a imagem do Filho e respondem ao amor do Pai em comunhão do Filho" (MOLTMANN, 1983, p. 181; grifo do autor).

Assim sendo, a *missio Dei* que cria o mundo é dirigida a toda criatura e envolve toda criatura em seu mistério relacional: "para os cristãos, acreditar num Deus único que é comunhão trinitária leva a pensar que toda a realidade contém em si mesma uma marca propriamente trinitária" (LS 239). Consequentemente, a humanidade é chamada a participar dessa obra no momento em que lhe é confiada a "tarefa" de "cultivar e guardar" a criação (Gn 2,15). A "vocação missionária" de todo ser humano aflora como resposta ao amor do Pai que se manifesta na sua criação, e que chama a participar de sua vida e de Sua missão criadora:

> A missão no coração do povo não é uma parte da minha vida, ou um ornamento que posso pôr de lado; não é um apêndice ou um momento entre tantos outros da minha vida. É algo que não posso arrancar do meu ser, se não me quero destruir. Eu *sou uma missão* nesta terra, e para isso estou neste mundo (EG 277; grifo do texto).

A não resposta a esse chamado, porém, gerou o estado de pecado, ao se voltar a criatura contra o seu criador na desobediência dos propósitos pela qual foi criada. A ruptura da relação com Deus, com a criação e com o próximo, acionou o plano divino da salvação, com a encarnação do Verbo e a redenção no evento pascal. Mas na realidade encarnação e libertação já estavam na Trindade imanente como solidariedade radical do Filho com a humanidade: não surgiram por uma necessidade funcional externa à vida trinitária para consertar o que foi corrompido, mas para levar a cumprimento a criação inaugurada no começo. Essa nova criação, essa graça, superabundou onde o pecado avultou (Rm 5,20). Paradoxalmente, "o Filho de Deus teria se tornado homem, mesmo se o gênero humano tivesse ficado sem pecado" (MOLTMANN, 1983, p. 128). Essa em substância é a *missio Jesu*, a *missio redemptionis* do Filho, onde "reconciliação e libertação por meio de Cristo significa 'configuração' dos homens à 'imagem do Filho', cumprimento, portanto, da promessa implícita na criação" (p. 130).

Como um oleiro (Is 64,7), Deus modelou a criação com suas duas mãos: a do Filho e a do Espírito. Entretanto, que a primeira operou pela encarnação, a segunda se deu pela efusão. O Espírito é *dynamis*, força, potência (Lc 24,49), mas também é *prosopon*, pessoa, sujeito que fala (At 13,2), que pensa (1Cor 2,10-11), que sente emoções (Ef 4,30), que toma decisões (At 16,7), e também é *charis*, graça, dom (At 2,38; 10,45).

A *missio Spiritus* revela-se na história de salvação desde o começo da criação (Gn 1,2), bem antes de Cristo ser glorificado (AG 4); sua presença enche o universo e mantém unidas todas as coisas (Sb 1,7)[181]; acompanha o povo eleito em sua caminhada, descendo sobre os anciãos (Nm 11,25-26), os juízes (Jz 3,10), os profetas (Is 61,1), os reis (1Sm 16,13), os inimigos (Nm 24,2). Sua plena efusão acontece no cumprimento do tempo messiânico, da esperança escatológica, da vida nova com o Deus vivo (Is 11,2; 32,15-20; 42,1; Ez 11,19; 18,31; 37,1-14); manifesta-se na vida e na obra de Jesus de Nazaré desde a concepção (Lc 1,35) até a glorificação (Rm 1,4); derrama sua graça sobre a comunidade dos discípulos (At 2,4), os seguidores e os apóstolos (At 6,3; 8,17; 9,17), e pluriversalmente sobre todos aqueles que aderem ao evangelho, sem nenhuma exclusão (At 10,44) de etnia, de classe social ou de gênero (Gl 3,28).

Consolador e advogado (Jo 14,16), "Senhor e vivificador" (DS 150), "pai dos pobres, doador dos dons, luz dos corações", como reza a Sequência de Pentecostes, esse "Espírito da verdade" (Jo 14,17) "sopra onde quer" (Jo 3,8; EG 279) e se revela na vida íntima de Deus Uno e Trino como "Pessoa-dom", que "'existe' à maneira de Dom" (DEV 10). Seu nome próprio é Caridade (*De Trinitate* XV, 17, 29), processão da vontade de Pai (ST I, q. 37, a. 1), amor substancial feito pessoa, do amante pelo amado e do amado pelo amante, o terceiro no amor que se abre ao outro como "plenitude transbordante, êxtase de Deus [...] irradiação pessoal do amor divino" (FORTE, 1986, p. 135).

A *missio Dei* vista na perspectiva do Espírito Santo é pura gratuidade divina, livremente e universalmente derramada, que "aponta para a possibilidade de um mundo novo", aberta a todos, contra toda forma de violência e toda pretensão de domínio (SUESS, 2007a, p. 60). Ao contrário de proclamar o primado de uma verdade objetiva como fundação de valores universais, a caridade no Espírito Santo aparece como o horizonte possível para a acolhida do outro, para o diálogo polí-

---

181. No Antigo Testamento o termo hebraico *ruah* ("espírito", "vento", "sopro") indica o espaço atmosférico entre o céu e a terra. Um espaço dinâmico no qual o homem está envolvido, que permeia e permite a ele de respirar e viver. Quando se fala de *ruah* de Deus entende-se sempre a vontade gratuita de Deus de entrar em relação com a criação e particularmente com a humanidade para que participe, por sua vez, de sua natureza divina.

tico, inter-religioso e intercultural no mundo contemporâneo (VATTIMO, 2009), para o fomento de relações simétricas, reconciliadas e reconciliadoras através da proximidade e do encontro, mirando a uma convergência pluriversal, imagem da comunhão trinitária.

Essa Trindade, da qual a comunidade cristã é memória e sacramento (LG 1), opera assim concretamente na história manifestando a essência de seu ser/amor em termos de criação, libertação e santificação universal, por caminhos só a Ela conhecidos (AG 7), chamando toda a humanidade a participar de sua vida, transformando o mundo, rumo à plenitude escatológica do Reino.

5.1.3 *Missão como* mater Ecclesiae

Sem dúvida, a perspectiva da *missio Dei* deu origem a um dos destaques mais relevantes da teologia da missão contemporânea: no lugar de afirmar que a Igreja tem uma missão, resgata-se a ideia trinitária da missão como *processo* dinâmico de Deus, na sua *essência* e na sua *ação*, ao qual a Igreja é convidada a participar. Nesse sentido, o Vaticano II sancionou oficialmente esta nova visão nos "Princípios doutrinais" do Decreto *Ad Gentes* sobre a atividade missionária.

Todavia, os tempos de assimilação desse "novo" paradigma parecem particularmente demorados se confrontarmos o claro enfoque conciliar (CONGAR, 1967) com a autoconsciência eclesial atual. John Sivalon (2014) comparou o texto da quarta *propositio* do Sínodo dos Bispos sobre a Nova Evangelização (2012) com uma passagem da Exortação Apostólica *Evangelii Gaudium* do Papa Francisco (2013). No primeiro, se declara que: "A Igreja e a sua missão evangelizadora têm sua origem e sua fonte na Santíssima Trindade, segundo o plano do Pai, a obra do Filho e a missão do Espírito Santo. A Igreja *continua* esta missão do amor de Deus em nosso mundo" (*Propositio* 4; grifo de Sivalon). No entanto, Francisco evidencia com precisão:

> Em qualquer forma de evangelização, o primado é sempre de Deus, que quis chamar-nos para *cooperar* com Ele e impelir-nos com a força do seu Espírito. A verdadeira novidade é aquela que o próprio Deus misteriosamente quer produzir, aquela que Ele inspira, aquela

que Ele provoca, aquela que Ele orienta e acompanha de mil e uma maneiras. Em toda a vida da Igreja, deve-se sempre manifestar que a iniciativa pertence a Deus, "porque Ele nos amou primeiro" (1Jo 4,19) e é "só Deus que faz crescer" (1Cor 3,7) (EG 12; grifo de Sivalon).

Sivalon constata como os Padres Sinodais, no primeiro caso, *domesticam* a noção da *missio Trinitatis*, colocando a Igreja como a entidade que leva adiante e *continua* a missão de Deus no mundo, e não mais como a "peregrina" (AG 2) que caminha com a humanidade procurando responder ao amor de Deus presente no mundo. Como o próprio autor evidencia, de um lado se afirma que a Igreja *continua* a obra da Trindade, como se essa tivesse terminado e entregue à Igreja a tarefa de dar andamento; por outro, Francisco afirma com extrema clareza, que o primado na missão é sempre de Deus "que quis chamar-nos a cooperar" (EG 12), ou seja: a missão de Deus continua e a Igreja é convocada a participar com sua colaboração[182]. A ideia genuinamente paulina dos apóstolos como "cooperadores" (συνεργοί) de Deus (1Cor 3,9), à qual corresponde à de "servidores" (διάκονοι, 1Cor 3,5) e também às de "ministros [ὑπηρέτας] de Cristo e administradores [οἰκονόμους] dos mistérios de Deus" (1Cor 4,1), agora é aplicada coerentemente à Igreja como um todo, de maneira se não totalmente explícita, pelo menos suficientemente nítida.

A *missio Ecclesiae* é concebida aqui como participação à *missio Dei*. Ao qualificar a Igreja como "missionária" (AG 2), o Vaticano II opera uma mudança paradigmática ao despojar a Igreja do monopólio de *enviante* para revesti-la da vocação de *enviada*: neste sentido, a Igreja não seria mais *instituição* que envia, mas povo de Deus enviado ao mundo (EG 111). Seu envio não é consequência, é essência, é identidade: a Igreja é ao ser enviada, e se edifica em ordem à missão

---

182. Cf. tb. EG 112: "A Igreja é enviada por Jesus Cristo como sacramento da salvação oferecida por Deus. Através da sua ação evangelizadora, ela colabora como instrumento da graça divina, que opera incessantemente para além de toda e qualquer possível supervisão. Bem o exprimiu Bento XVI, ao abrir as reflexões do sínodo: 'É sempre importante saber que a primeira palavra, a iniciativa e a atividade verdadeiras vêm de Deus e só inserindo-nos nesta iniciativa divina, só implorando esta iniciativa divina, nós podemos tornar também – com Ele e nele – evangelizadores'. O princípio da primazia da graça deve ser um farol que ilumine constantemente as nossas reflexões sobre a evangelização".

e somente em ordem à missão. A atividade missionária não é tanto uma ação da Igreja, mas é simplesmente a Igreja em ação.

Essas noções assumem uma relevância maior se considerarmos a Igreja em sua concepção histórica como uma comunidade messiânica, povo convocado para testemunhar e inaugurar o Reino de Deus. Nesse contexto, os discípulos de Jesus não se reconhecem plenamente como "Igreja" – como realidade distinta do judaísmo – até não se sentirem chamados a assumirem uma missão além de si mesmos. Com efeito, Steve Bevans e Roger Schroeder (2010) sustentam a tese que a *missio Ecclesiae* não seria somente a "mãe da teologia", e sim principalmente a "mãe da [própria] Igreja" (p. 35). Essa *maternidade* não corresponderia apenas a uma dimensão teológica, mas também a um preciso processo histórico: a Igreja, portanto, não nasceria concretamente no dia de Pentecostes, mas somente no momento em que compreende e assume a missão de anunciar o evangelho fora de seu ambiente sociocultural.

Quem conta essa história é o Livro dos Atos dos Apóstolos. O conjunto da obra lucana em dois volumes tinha como finalidade apresentar a continuidade entre a missão de Jesus de Nazaré e a missão pós-pascal da Igreja (SENIOR; STUHLMUELLER, 1987, p. 347). Apesar de constituir uma interpretação teológica dos fatos, o segundo livro de Lucas representa a principal fonte de informação sobre as origens históricas da missão cristã, e também "a primeira fonte neotestamentária para assistir ao nascimento da primeira compreensão que a Igreja teve de si mesma" (BEVANS; SCHROEDER, 2010, p. 36).

Bevans e Schroeder (2010) distinguem sete etapas desse "parto" da Igreja, no percurso que sai de Jerusalém, passa pelo Templo, o centro da fé em Israel (At 5,20s.), e chega até Roma, o centro do mundo: a partir do berço do judaísmo ortodoxo vai integrando os meios-judeus (samaritanos), em seguida os "tementes a Deus" (o funcionário etíope), os pagãos merecedores (Cornélio e sua família), e enfim os pagãos em massa (Antioquia). Cada uma destas passagens representa um movimento rumo a uma autocompreensão da identidade da própria Igreja, até sua configuração característica essencialmente distinta do seu ponto de partida.

1) Antes de Pentecostes. No começo do Livro dos Atos encontramos os discípulos de Jesus acanhados, ouvindo o Ressuscitado falar-lhe sobre o Reino de Deus (At 1,3). Essa comunidade vê a si mesma como o verdadeiro (resto de) Israel, típico ideal dos movimentos de renovação surgidos no interior do judaísmo, e o Reino de Deus como a restauração política do Reino de Israel (At 1,6). A eleição de Matias a décimo segundo apóstolo tinha o sentido da recomposição do grupo chamado a participar desse Reino, concebido a partir de uma perspectiva messiânico-nacionalista, com a incumbência de sentar nos doze tronos para julgar as doze tribos de Israel (Lc 22,30). Alguns anos mais tarde, Herodes mandou matar à espada Tiago, irmão de João (At 12,1-2), mas não houve nenhuma articulação para restabelecer o número dos Doze: sinal que algo havia mudado.

2) Pentecostes. Não aconteceu uma segunda vinda de Jesus, como os discípulos esperavam. Em troca, o Espírito desceu em línguas de fogo sobre cada um deles (At 2,3). Não há uma mudança radical de visão: ainda reina a ideia da "restauração de Israel". Quem ouve as palavras de Pedro são todos judeus ou prosélitos: não há nenhum pagão (At 2,5). O sucesso imediato da pregação de Pedro confirma a expectativa de que uma nova era está por acontecer (At 2,41). No entanto, a irrupção desta "seita" messiânica (At 24,5; 24,14; 28,22) é percebida como parecida aos essênios e aos fariseus (DUNN, 1990, p. 239). Frequentavam diariamente o Templo, colocavam em comum seus bens, eram estimados pela população, agregavam discípulos (At 5,12-15), inclusive sacerdotes (At 6,7) e fiéis observantes da Lei (At 21,20). Apesar das perseguições e de algumas desavenças internas, eram felizes (At 2,46) e não havia nenhum sinal que implicasse uma ruptura com as tradições judaicas.

3) Estêvão. Aparecem pela primeira vez dois grupos, um de origem grega e outro de origem hebraica: duas línguas, duas culturas, uma mais conservadora outra mais aberta[183]. Ambos vivem em Jerusalém, sendo que os gregos vinham

---

183. "A conclusão a que tudo isso inevitavelmente nos leva é que os termos 'helenistas' e 'hebreus' indicam um certo grau de desconfiança e possivelmente hostilidade entre os dois grupos assim denotados. Mais

da diáspora. O problema social das viúvas desatendidas (At 6,1) representa provavelmente a expressão de certa recíproca desconfiança. Logo que a questão é solucionada com a escolha de "sete homens de boa reputação" (At 6,3), entra em cena a liderança e a pregação de Estêvão, o líder do grupo dos gregos. Preso e conduzido até o Sinédrio por afirmar que Jesus destruiria o Templo (At 6,14), em seu discurso Estêvão confirma essa acusação (At 7,48), inflamando a ira geral dos hierosolimitas (At 7,57) e acabando apedrejado muito provavelmente com a participação de cristãos vinculados ao Templo. Desencadeia-se uma perseguição contra a Igreja de Jerusalém: "todos, com exceção dos apóstolos, dispersaram-se pelas regiões da Judeia e da Samaria" (At 8,1). Porque justo os chefes puderam ficar em Jerusalém, quando deveriam ter sido os primeiros a fugir? A perseguição de fato era dirigida ao grupo dos gregos e não aos seguidores de Jesus considerados autênticos judeus de origem hebraica.

4) Felipe. Instaura-se assim uma primeira grande crise-chave dentro do movimento "dos nazareus", como eram chamados (At 24,5), entre quem seguia as tradições judaicas e quem queria se desprender delas. São esses últimos, porém, a empreender a missão fora de Jerusalém, pela dispersão por causa da perseguição (At 8,4), cumprindo o primeiro passo do plano literário de Lucas: testemunhar o Ressuscitado "em Jerusalém, em toda a Judeia e Samaria, e até os confins da terra" (At 1,8). Felipe prega o evangelho aos samaritanos, que tinham antigas rixas com judeus[184]. Mas precisou a missão ser outorgada pela Igreja-mãe de Jerusalém, cujo papel de supervisora ministerial começava logo a despontar, sobretudo em relação à importância da comunicação do Espírito na expansão inicial do cristianismo.

---

do que provável, os helenistas se consideravam superiores aos hebreus, que consideravam tradicionalistas tacanhos. Por sua vez, os hebreus veriam os helenistas como aqueles que estavam minando e colocando em risco as tradições fundamentais de fé e práticas comuns a todos os judeus" (DUNN, 2012, p. 304).

184. Considerados pelos judeus piores do que os pagãos, híbridos por raça e por religião, os samaritanos consideravam-se herdeiros legítimos do Reino do Norte. Não acolheram de bom agrado o retorno dos exilados de Babilônia (Esd 4), particularmente, pela competição que se engendrou entre um templo em Siquém e outro, em construção, em Jerusalém, como centro disposto por Deus para a vida cultual de Israel (DUNN, 2012, p. 335).

Enquanto isso, Felipe vai além. Por iniciativa divina ele se aproxima de um eunuco, alto funcionário da rainha da Etiópia. Felipe lhe explica as escrituras e o batiza. Uma estória cheia de implicações para a missão que alcança pela primeira vez os "tementes a Deus"[185], impossibilitados de fazer parte de seu povo (Dt 23,2). O encontro com o eunuco dos "extremos da terra" (periferia) remete ao cumprimento da profecia de Isaías: "O estrangeiro que aderiu a Iahweh não diga: 'com certeza Iahweh vai me excluir do seu povo'; nem o eunuco diga: 'não passo de uma árvore seca'" (Is 56,3).

5) Cornélio. O episódio da conversão do centurião romano Cornélio, inimigo por antonomásia de Israel, e de sua família, é central na narração dos Atos. Esse acontecimento mostra como a Igreja chega a cumprir o passo mais decisivo rumo a sua profunda reinterpretação. A narração é envolvente, começando pela visão de Cornélio, com um mensageiro de Deus que lhe diz para procurar a Pedro. Pedro por sua vez entra em êxtase, vê um lençol descer do céu cheio de animais impuros e uma voz que lhe diz de imolar e comer. Diante da rejeição do apóstolo, por nunca ter comido coisa profana, a voz retruca: "Ao que Deus purificou, não chames tu de profano" (At 10,15). O diálogo se repete simbolicamente por três vezes, e logo o lençol é recolhido ao céu: Pedro imolou e comeu? A narração prossegue até o encontro com Cornélio em sua casa, e a descida do Espírito sobre todos que ouviam a Palavra (At 10,44).

É a grande virada. Depois dos samaritanos e dos "tementes a Deus", finalmente é a vez dos pagãos ser feitos partícipes das promessas messiânicas. As novidades são expressas pelo próprio Pedro como uma surpresa: "De fato, [só agora] estou compreendendo que Deus não faz diferença entre as pessoas" (At 10,34). Logo após o Espírito desce sobre os pagãos da mesma forma que desceu sobre os apóstolos (At 10,47), pelo espanto de todo mundo: "se Deus lhes concedeu o mesmo dom que deu a nós, que cremos no Senhor Jesus Cristo, quem seria eu para impedir a Deus de agir?" (At 11,17).

---

185. A expressão "tementes a Deus" é técnica. Designa pagãos simpatizantes do judaísmo, atraídos por seu monoteísmo e seus altos ideais, mas não integrados a ele pela circuncisão.

6) Antioquia. A narração de Lucas avança ainda mais. Aqueles que se haviam espalhado por causa da perseguição chegaram a Antioquia, terceira cidade mais povoada do império, depois de Roma e Alexandria: um contexto extremamente propício para expansão do movimento messiânico (DUNN, 2012, p. 354). Pregaram a Palavra inicialmente aos judeus (At 11,19). Contudo alguns, de própria iniciativa, começaram a pregar também para os gregos (At 11,20). Anunciaram-lhes o evangelho em termos de *Kyrios*, "Senhor", que era um termo mais compreensível aos seus ouvidos (BEVANS; SCHROEDER, 2010, p. 62): "a mão do Senhor estava com eles e grande foi o número daqueles que abraçaram a fé" (At 11,21).

Em seguida, a comunidade de Jerusalém envia Barnabé para indagar a situação. O que ele descobre é que a graça de Deus estava operando em Antioquia. Pela primeira vez, os membros da comunidade recebem o nome de "cristãos" (At 11,26). O movimento de Jesus começava a tomar outro rumo, que nem podia imaginar antes de Pentecostes. O próprio ideal do Reino de Deus assume outra perspectiva das expectativas messiânico-nacionalistas de Israel (Rm 14,17). É nesse momento que nasce historicamente a Igreja.

7) A missão aos gentios. Os dezessete capítulos restantes dos Atos dos Apóstolos pintam a imagem de uma missão em expansão, que começa com o envio solene de Barnabé e Saulo (At 13,4), dirigido aos gentios em continuidade com a missão aos judeus (BOSCH, 2007, p. 125s.). Fica, porém, sempre mais claro que, diante da progressiva recusa dos judeus, os pagãos se tornam os interlocutores privilegiados (At 13,46), abrindo assim novos desafios e novos horizontes para uma Igreja em gestação.

Ainda falta um posicionamento oficial e definitivo em torno dessa grande empreitada. A aceitação dos pagãos dentro da comunidade cristã não é nada pacífica, particularmente, sobre o tratamento a dar aos neófitos em relação ao vínculo altamente sagrado da circuncisão (At 15,1)[186]. O Concílio de Jerusalém decide de

---

186. "Os problemas teológicos inerentes à transição do cristianismo judaico para o cristianismo dos pagãos não são tão simples quanto se acredita, e pelo fato que suas dificuldades teológicas ainda não foram bem-elaboradas, não está ainda claro de maneira refletida o que Paulo 'aprontou' quando declarou

não impor as exigências da lei mosaica aos gentios (At 15,19). O impasse está longe de ser resolvido, mas uma direção, de alguma forma, é tomada. Todavia, o que está em jogo é algo bem mais profundo e intrigante: prospecta-se a inevitável ruptura com aquele Israel que não acolhe o evangelho, no momento em que a nova seita dos seguidores de Jesus Cristo se abre aos outros povos e às outras culturas.

Destes sete estádios que acabamos sumariamente por descrever, podemos perceber que Lucas retrata o nascimento da Igreja como aquele Israel que sai de si. O movimento de Jesus se torna Igreja na medida em que responde ao chamado de aderir à missão do seu Senhor de maneira inédita e impensada, graças à ação do Espírito. Com efeito, o Espírito, aqui, é o grande protagonista: Ele desce (At 8,1), capacita (At 2,4), conduz (At 8,29), arrebata (At 8,39), age (At 10,44), escolhe (At 13,2), envia (At 13,4), impede (At 16,7), adverte (At 20,23). A *missio Dei*, por obra do Espírito, gera uma Igreja com uma identidade dinâmica em relação à instituição judaica. Essa missão, na sua origem, não foi de conquista e nem de ruptura, mas de profundo e sofrido desprendimento, de abertura, de acolhida e de participação.

Nesse sentido, a missão pode ser chamada de *mater Ecclesiae*. A metáfora da "mãe" é correlativa à imagem da "parteira" de Illich, aplicada à ação missionária contextual por obra de agentes específicos. No entanto, a alusão à "mãe" se dá em relação à *missio Dei* e, mais especificamente, à ação do Espírito (o feminino *ruah*), que comunica à nova criatura o DNA da vida divina. Na linguagem semântica, talvez, a cultura deveria garantir o papel da "mãe" e o Espírito o "pai", o agente semeador, o *Logos spermatikos*. Afinal, a Igreja nasceu histórica e culturalmente do seio do povo de Israel: havia na diáspora um ambiente favorável a ser fecundado nos numerosos "tementes a Deus" que circulavam em torno das sinagogas. Esse contexto originou um processo de abertura e de encontro com quem não era judeu, até a acolhida de novos membros na comunidade, sem que estes necessitassem tornar-se culturalmente judeus.

---

supérflua para não judeus (e talvez apenas para eles), a circuncisão e tudo o que a ela era relacionado" (RAHNER, 1982, p. 353).

Todavia, nas opções intercambiáveis desses recursos simbólicos, cabe à missão o título de "mãe da Igreja" se for correlata à imagem trinitária de um Pai que *dá à luz* um Filho: Moltmann (1983) sustenta que essa não representa uma figura masculina vinculada ao monoteísmo patriarcal, mas corresponde a um "Pai materno" ou a uma "Mãe paterna do único Filho parido"[187]. Da mesma forma, a essência e a ação feminina do *creator Spiritus* sugere ser comparada não ao varão deflorador de culturas, e sim a uma mãe que, com toda ternura, gera, amamenta, cuida, guia, faz crescer.

5.1.4 Contraponto: a parábola de um parto sofrido

Certamente, os Atos dos Apóstolos contam uma história um tanto idílica, omitindo diversos conflitos que de fato ocorreram, particularmente, entre os apóstolos, Barnabé, a comunidade de Antioquia e Paulo (Gl 2,1-14). O acordo alcançado em Jerusalém foi resultado de uma dura negociação, na qual Paulo atingiu seu objetivo, mas provavelmente os apóstolos não ficaram igualmente satisfeitos. No entanto, diante da situação em que os "tementes a Deus" superavam em números os fiéis judeus, como foi no caso de Antioquia, não havia muito o que fazer. Estávamos bem longe, porém, de uma harmonia intercultural como Lucas teria gostado que fosse, e como era nas intenções explícitas de Paulo (Gl 3,28).

Certa vez em Antioquia (Gl 2,11-14), quando Pedro e alguns judeus evitaram de comer junto aos pagãos para comprazer aos "inspetores" vindos de Jerusalém, Paulo o enfrentou em público por ele não ter entendido a "verdade do evangelho" (Gl 2,14a) ao tentar "forçar os gentios a se judaizar" (Gl 2,14b), ou seja, a praticar "as obras da Lei" (Gl 2,16), assumindo um estilo de vida estritamente judaico (DUNN, 2012, p. 555). Para Paulo a "verdade do evangelho" não implicava a adoção da cultura religiosa de Israel, mas consistia simplesmente

---

[187]. "Somente a doutrina trinitária, com as proposições tão ousadas que acabamos de lembrar, representa uma tentativa de superação da linguagem sexista utilizada na maneira de conceber Deus. Ela nos introduz em uma comunidade de homens e mulheres que não conhecem privilégios e opressões, pois na comunhão com o Primogênito não existem mais nem homem nem mulher, mas todos são um em Cristo e herdeiros da promessa (Gl 3,28s.)" (MOLTMANN, 1983, p. 179).

na "fé em Jesus Cristo". Com efeito, reconhecendo que Deus acolheu a todos sem distinção (Rm 14,3), os cristãos deviam também acolher uns aos outros (Rm 15,7), uma vez que os gentios se tornaram também co-herdeiros, "membros do mesmo Corpo e coparticipantes da promessa em Cristo Jesus, por meio do evangelho" (Ef 3,6). Cristo morreu para derrubar o muro da Lei com seus mandamentos e preceitos, que separava o judeu do gentio (Ef 2,14-16). Nele, os dois se tornaram um, e a Igreja existia precisamente para ser o lugar onde povos separados se reuniam para se tornar "membros da família de Deus" (Ef 2,19): "superar essas hostilidades antigas não foi um simples derivado do evangelho, muito menos um desvio de seu verdadeiro significado, mas a realização culminante do evangelho, o cumprimento dos planos de Deus desde o início dos tempos" (DUNN, 2012, p. 570).

Entretanto, a visão de Paulo não prevaleceu e a de Pedro acabou impondo-se. Além de Paulo não contar como o debate terminou, o próprio contexto da Carta aos Gálatas deixa transparecer esse desfecho. Por seu lado, Pedro, provavelmente, devia estar bastante angustiado com a missão aos circuncidados (Gl 2,9), os quais nem sempre se sentiam suficientemente respeitados e reconhecidos por causa dos gentios serem a maioria (Rm 14,1–15,6). Mas Paulo também, depois de um primeiro momento de ressentimento (1Ts 2,14-16), defenderá seu povo (Rm 3,1-4), e advertirá os gentios de Roma contra a arrogância e a presunção diante da resistência de Israel (Rm 9–11).

Contudo, o confronto áspero com a Igreja de Jerusalém lhe custará se não uma ruptura, uma certa marginalização como missionário (DUNN, 2012, p. 576), e uma constante oposição por parte dos judeus das sinagogas da diáspora (At 18,6; 19,9), o que obrigou Paulo a procurar locais/casas para realizar suas *ekklesiai* (reuniões).

Em seu último retorno a Jerusalém, para finalmente cumprir com a tarefa de entregar a coleta, assim como foi combinado com os apóstolos (Gl 2,10; Rm 15,25-26; 1Cor 16,1-4), e superar as desavenças mostrando os frutos de seu apostolado (2Cor 9,12-13), Paulo desencadeou um tumulto com a sua presença, e quase foi linchado pela população pela fama que carregava de falar contra os judeus, a

Lei e o Templo (At 21,28). Os prováveis delatores, como Tiago o havia precavido, eram judeus que abraçaram a fé, e todos eram zeladores da Lei (At 21,20).

Uma vez aprisionado pelo tribuno, Paulo pediu permissão para falar ao povo, contando a história de seu chamado de judeu perseguidor a apóstolo dos gentios. Parece que seu encontro com Jesus na via de Damasco, e sua consequente conversão de perseguidor a adepto do Caminho, não causou nenhuma reação negativa (At 22,1-16). Ao contrário, quando revelou que o Senhor o enviou às nações enquanto orava no Templo, irrompeu a ira do povo: "Tire da terra esse indivíduo! Nao convém que ele viva!" (At 22,22). O problema nunca foi a fé em Jesus[188], e sim a inclusão dos outros na comunidade de fé por meio do batismo (At 8,12-13.38; 10,47-48; 16,15; 18,8; 19,5), dispensando as obrigações da Lei. Os judeus nunca perdoaram a "dupla identidade" e a "dupla lealdade" de Paulo, fonte de todos os problemas que agora estavam emergindo (DUNN, 2012, p. 1104): ele reivindicava ao mesmo tempo sua plena pertença a Israel e a herança que os outros tinham direito (Rm 4,16). Uma clara situação limiar de fronteira.

Parece que nem a coleta conseguiu pacificar a Igreja de Jerusalém. No supremo esforço de manter vinculadas suas comunidades mistas com as judias da Palestina, o apóstolo dos gentios praticamente fracassou. Sua prisão e sua consequente deportação a Roma sigilou tristemente o capítulo sobre os albores da era apostólica, tão idealizada pelas gerações que a sucederam. A gestação de uma Igreja missionária capaz de reinventar-se toda vez que era confrontada com novas situações, novos povos, novas culturas, foi de fato bastante turbulenta: a passagem do ambiente judaico ao ambiente cultural grego foi marcada por conflitos que deixaram feridas abertas e a tarefa intercultural inconclusa. Esse propósito baseado nas exigências do evangelho, na mensagem de Jesus e em sua glorificação,

---

188. "As novas afirmações a respeito de Cristo, já mencionadas, não parecem ter criado tensão especial com os outros judeus. Embora a ideia de um Messias crucificado deva ter causado rejeição em muitos deles, há indicações de que os crentes judeus naquele Messias se multiplicaram na própria Jerusalém. [...] No que diz respeito às afirmações feitas sobre Jesus pela primeira geração, é que para a maioria dos judeus elas devem ter parecido semelhantes às especulações feitas nas reflexões apocalípticas e místicas do Segundo Templo em relação a heróis famosos exaltados ao céu e com intermediários angelicais" (DUNN, 2012, p. 1337).

encalhou e prosperou ao mesmo tempo transitando pela *via dolorosa* não apenas de seus mentores e testemunhas, mas também de atribulados eventos históricos.

Depois da traumática Guerra Judaica (66-73 d.C.), da destruição de Jerusalém, da assolação do Templo por obra de Tito (70 d.C.) e da retirada em Jâmnia (80 d.C.), cidade onde os fariseus retomaram as rédeas do povo de Israel novamente disperso, a ruptura entre o judaísmo e o cristianismo foi definitiva. Cada qual teve que pegar seu próprio caminho. Quem não fez nem uma e nem outra coisa foram os ebionitas (DUNN, 1990, p. 244). Os judeus se enrijeceram de tal maneira diante da humilhação e da devastação subida, que tomaram medidas identitárias duríssimas, xenófobas, hostis inclusive contra os cristãos[189]. Tendo ficado cada vez mais impossível continuar sendo judeu e cristão ao mesmo tempo, para os seguidores de Jesus não restava outra alternativa do que se organizar independentemente, assumindo a missão a todos os povos como princípio articulador de uma nova comunidade messiânica. Não foi uma epopeia da qual as Igrejas de todos os tempos podem se vangloriar. Desde o começo, as pretensões universalistas do cristianismo tiveram que lidar, aprender e se render diante de embates históricos complexos e insolúveis, entre caminhos que se abriam e outros que se fechavam.

A grande missão universal confiada pelo Ressuscitado aos discípulos (Mt 28,16-20; Mc 16,15-18; Lc 24,44-49; Jo 20,21-23; At 1,8), deve ser lida a partir da sucessão destes eventos, aliás como todo conjunto dos evangelhos escritos próximos ou depois da Guerra Judaica[190]. Os evangelistas exortam de várias maneiras seus interlocutores, ainda acanhados, a não ter medo, a sair de suas trincheiras ideológicas e ir ao encontro dos outros. Desta maneira, "as pessoas cristãs encontram sua verdadeira identidade quando se envolvem na missão, em comunicar a outros um novo modo de vida, uma nova interpretação da realidade e de Deus e em comprometer-se com a libertação e salvação de outras" (BOSCH, 2007, p. 112).

---

189. As passagens do Evangelho de João, da mesma época, retratam essas tensões (Jo 9,22; 12,42; 16,2). No Livro do Apocalipse, a assembleia religiosa judaica é denominada duas vezes de "sinagoga de satanás" (Ap 2,9; 3,9).

190. O Evangelho de Marcos deveria ser uma exceção, porque provavelmente foi escrito antes dos acontecimentos que envolveram a destruição de Jerusalém. Contudo, o trecho final do Evangelho, que relata exatamente o mandado missionário a toda criatura (Mc 16,9-20), parece notoriamente um acréscimo posterior (BELANO, 2010, p. 1115).

5.1.5 Missão como história

Jesus de Nazaré não teve alguma intenção de fundar uma nova religião. As pessoas que o seguiam não receberam alguma incumbência desse tipo, nem um nome que as distinguisse de outros grupos, nem um rito que revelasse o caráter distintivo de seu grupo, nem um centro a partir do qual iriam operar, nem um próprio credo. Algumas passagens aparentemente exclusivistas dos Atos dos Apóstolos e de Paulo podem fazer pensar na proposição de uma ortodoxia alternativa[191], mas é preciso interpretá-las em seu contexto literário pós-pascal e no conjunto da mensagem neotestamentária, que aponta para o anúncio escatológico da chegada do Reino de Deus, integrado ao campo cultural judaico. A distinção de uma nova comunidade confessional, com sua própria doutrina, começou a surgir no final do século I, e o movimento passou aos poucos a se configurar como instituição religiosa independente, cujo traço típico era a proclamação do evangelho a todos os povos.

a) A missão aos povos na tradição jesuana. Uma missão universal às nações fora de Israel não foi explicitamente contemplada por Jesus de Nazaré. Ele proclamou e mandou proclamar a proximidade do Reino de Deus, conceito gravitacional de sua mensagem, "às ovelhas perdidas da casa de Israel" (Mt 10,6). Pelos relatos dos sinóticos e de João, Jesus não teve muito contato com os pagãos

---

191. É o caso de At 4,12: "não há debaixo do céu outro nome dado aos homens pelo qual devemos ser salvos". As palavras de Pedro aos anciãos do sinédrio não devem, porém, ser extrapoladas de um contexto intrajudaico e ainda mais de um discurso apologético, para conferir-lhes um sentido universalista totalmente alheio à intenção do autor (DUPUIS, 2004, p. 64). Também 1Tm 2,5-6: "há um só Deus e um só mediador entre Deus e os homens, um homem Cristo Jesus, que se deu em resgate por todos". Essa afirmação entusiasta tirada de uma oração litúrgica, deve ser lida à luz do que antecede: "Deus, nosso salvador, quer que todos os homens sejam salvos". A salvação universal atribuída a Deus se expressa concretamente na humanidade de Jesus "que se deu em resgate por todos": uma mediação paradigmática para a comunidade dos batizados, que encontra na autodoação seu lugar histórico, uma verdade que se manifesta como ato de amor único, supremo e radical para todos (FABRIS, 1992, VI, p. 245). A unicidade constitutiva de Jesus Cristo faz parte da fé cristã; não deve, porém, ser entendida de maneira unilateral e absoluta a partir de alguns textos isolados, mas no conjunto da mensagem neotestamentária e de suas diversas afirmações em relação às outras tradições religiosas e, mais em geral, a todos aqueles que promovem o Reino de Deus (Mt 5,3-12; 8,5-13; 15,21-28; Jo 4,23; At 10,34; 17,22-31; Rm 2,15.29; Hb 1,1; etc.) (DUPUIS, 1998, p. 398).

(Mc 7,24-30; Mt 8,5-13), não saiu ao encontro deles, não sabia falar bem o grego[192], não simpatizava com a atividade proselitista dos fariseus (Mt 23,15). Sua mensagem profética só podia ser entendida dentro do contexto judaico da primeira metade do século I.

Mesmo assim, o envio pós-pascal dos discípulos às nações não representou exatamente uma ruptura com o ministério histórico de Jesus, enquanto a vida e a obra dele serviu de inspiração, particularmente, a respeito do evangelho a ser anunciado, ao cumprimento e à extensão do Reino de Deus (Mt 4,17), à compaixão com *todos* os pobres (Lc 4,26; 6,20), com os pecadores (Jo 8,11), com os enfermos (Mt 11,5), com as prostitutas (Lc 7,37), com os excluídos (Mc 1,41), com os inimigos (Mt 5,44), junto à ideia da atenção dirigida à *totalidade* do povo de Israel e não apenas a um *resto* (Mt 15,24).

A tensão da atuação jesuana foi genuinamente inclusiva e jamais exclusiva. Também o transpor os limites da Lei, relativizando-os, não poderia ter sido uma atitude arriscada da Igreja primitiva se não tivesse tido respaldo na prática e nos ensinamentos do seu Mestre (Mc 7,18-19). Dessa maneira, em épocas de sectarismo étnico, Jesus propôs uma busca de identidade sempre relacionada a uma abertura, a uma ruptura de barreiras, a um encontro fraterno e solidário com os outros. Essa linha de conduta chocava-se diretamente contra uma praxe integrista dos grupos dominantes na época:

> Um exame atento dos materiais dos evangelhos deixa pequena margem de dúvida no sentido de que este tema – o desafio profético de Jesus aos limites – foi uma primeira causa da hostilidade dirigida contra Ele e um dos motivos principais da cooperação relutante dos chefes judeus junto aos funcionários romanos pela sua execução (SENIOR; STUHMUELLER, 1987, p. 211).

A releitura que os evangelistas fazem da figura de Jesus, à luz dos acontecimentos pós-pascais, compreendem uma visão universalista de sua missão, coe-

---

192. "Seu contato com a língua grega foi talvez mais intenso do que costumamos pensar [...]. Em seu grupo de seguidores alguns falavam grego. Um arrecadador como Levi precisava falar grego para exercer sua profissão, André e Felipe, de nomes gregos e provenientes de Betsaida (Cesareia de Felipe), falavam certamente grego" (PAGOLA, 2011, p. 56).

rente com a tradição bíblica (Lc 4,25-27). Mateus inclui a figura dos magos do Oriente nos relatos da natividade (Mt 2,1b) e que a boa notícia sobre o reino será anunciada pelo mundo inteiro (Mt 24,14). Em Marcos, Jesus também declara que "o evangelho seja proclamado a todas as nações" (Mc 13,10), e, evocando Is 56,7, que o Templo será chamado "casa de oração para todos os povos" (Mc 11,17). Lucas narra uma missão dos setenta e dois, número tradicional das nações pagãs (Lc 10,1), correlativa à missão do doze, número das tribos de Israel. A tradição joanina fala em nível cósmico do amor de Deus pelo mundo e de Jesus como revelador desse amor inclusivo (Jo 3,16-17). Mateus, Lucas e João retratam a cura do servo, ou filho, do centurião romano, com a admiração de Jesus pela fé de um pagão (Mt 8,10; Lc 7,9). Mateus e Marcos relatam o encontro com a mulher siro-fenícia, ou cananeia, que apela para as migalhas que caem da mesa dos eleitos, questionado os horizontes étnicos de seu interlocutor (Mt 15,21-28; Mc 7,24-30).

Muitos desses elementos dificilmente podem ter sido acréscimos às tradições orais transmitidas. Outras passagens talvez foram colocadas pelos autores com detalhes repletos de relevância hermenêutica, como é o caso de Lc 4,14-30, o episódio de Jesus na sinagoga de Nazaré. Ao proclamar o trecho de Is 61,1-2, "o espírito do Senhor está sobre mim [...]", Lucas faz o filho do carpinteiro omitir as últimas palavras dirigidas às nações: "o dia da vingança do nosso Deus" (Is 61,2b). A "homilia" que intercorre vai toda nesta direção: "havia muitas viúvas em Israel [...]. No entanto, a nenhuma delas foi enviado Elias, e sim a uma viúva estrangeira. Havia também muitos leprosos em Israel no tempo do profeta Eliseu. Apesar disso, nenhum deles foi curado, a não ser o estrangeiro Naamã, que era sírio" (Lc 4,25-27). Não há mais vingança contra as nações. Os nazarenos "ficaram furiosos" (Lc 4,28), assim como os judeus com Paulo (At 22,22), porque o Messias devia vir exatamente para vingar Israel contra seus inimigos. Mas agora Jesus se apresenta como o ungido que veio para todos: não há mais vingança contra ninguém.

Sem dúvida, essas passagens não têm um significado somente retroativo, quase a colocar na boca de Jesus algo que pudesse justificar os eventos contemporâneos a Lucas. Ao contrário, os autores neotestamentários procuraram interpretar e compreender a figura de Jesus com todo o cuidado de permanecer fiéis ao seu legado, diante das novas conjunturas e, consequentemente, em nível de autoconsciência atingido pela Igreja apostólica.

b) A missão na época pós-apostólica. O extraordinário crescimento do cristianismo depois do século I não se deve a um programa propagandístico cuidadosamente planejado. Além da rede de comunidades judaicas da diáspora, já instaladas há tempo nos diferentes contextos socioculturais dentro e fora do Império Romano, o evangelho seguiu os caminhos do comércio e das migrações. Com efeito, existia uma extraordinária mobilidade de comerciantes, artesãos, soldados e escravos, que iam e vinham por um excelente sistema viário.

Mesmo assim, o papel mais relevante para a evangelização foi o da casa de família, onde aconteciam reuniões, debates, catequeses e celebrações litúrgicas. Não faltaram evangelizadores que proclamavam a Boa-nova, particularmente missionários e monges itinerantes, mas foi prevalentemente o testemunho informal e o bate-papo quotidiano e descontraído de pessoas simples que atraiu novos discípulos (BEVANS; SCHROEDER, 1916, p. 159).

O cristianismo dos primeiros séculos foi um fenômeno urbano, capilar e doméstico. No contexto do Império Romano, os cristãos podiam, de um lado, ser confundidos com os judeus e, portanto, gozar de uma reputação decididamente pouco recomendável pela fama misantropa que o povo de Israel carregava consigo; por outro, podiam ser considerados uma seita mistérica sem história e tradição, pela novidade e estranheza à qual acreditavam e, logo, ser alvo de suspeitas ainda mais acirradas. O fato de se reunir nas casas, de não construir altares, templos, estátuas, o cristianismo devia aparecer algo como uma sociedade secreta, oculta, diante da opinião pública, elemento que devia desencadear fortes preconceitos e calúnias (XERES, 2008, p. 44).

A abertura à sociedade envolvente tornou-se uma questão de vida ou de morte para o jovem movimento de origem judaica. Fileiras de apogistas, lideranças e teólogos se desdobraram em defender o cristianismo e mostrar a sua atitude plenamente positiva em relação ao mundo circunstante, assim como propagar sua ética baseada na fraternidade, na gratuidade e na caridade. Um exemplo disso é a famosa Carta a Diogneto (120 d.C.), onde se manifesta a vida cristã como testemunho exemplar de quem está no mundo, mas não é do mundo[193].

Aos poucos, e inevitavelmente, essas evoluções históricas empurraram as comunidades cristãs a inserir-se sempre mais no ambiente romano e a configurar-se como instituição religiosa, especialmente, quando começaram a encarar o desafio do diálogo com a filosofia grega[194]. Esse processo implicou profundas mudanças na interpretação dos ensinamentos e dos eventos originários, na configuração da doutrina oficial, na estruturação da organização, na disposição da disciplina, juntamente à adoção de um sentimento de superioridade típico do helenismo. O avanço desse fenômeno não ocasionou uma transição uniforme, nem uma ruptura com o carisma inicial transmitido pelos apóstolos, mas houve um câmbio paradigmático com ênfase no conhecimento e na especulação metafísica dos mistérios divinos.

Esse estágio foi determinante para caracterizar diferentes caminhos que deram uma continuidade dinâmica à mensagem e à pessoa de Jesus (cristologia), à missão da Igreja (eclesiologia), a uma maneira especial de conceber a histó-

---

193. "Os cristãos, de fato, não se distinguem dos outros homens, nem por sua terra, nem por sua língua ou costumes. Com efeito, não moram em cidades próprias, nem falam língua estranha, nem têm algum modo especial de viver. Sua doutrina não foi inventada por eles, graças ao talento e à especulação de homens curiosos, nem professam, como outros, algum ensinamento humano. Pelo contrário, vivendo em casas gregas e bárbaras, conforme a sorte de cada um, e adaptando-se aos costumes do lugar quanto à roupa, ao alimento e ao resto, testemunham um modo de vida admirável e, sem dúvida, paradoxal. Vivem na sua pátria, mas como forasteiros; participam de tudo como cristãos e suportam tudo como estrangeiros. Toda pátria estrangeira é pátria deles, a cada pátria é estrangeira. Casam-se como todos e geram filhos, mas não abandonam os recém-nascidos. Põem a mesa em comum, mas não o leito; estão na carne, mas não vivem segundo a carne; moram na terra, mas têm sua cidadania no céu; obedecem as leis estabelecidas, mas com sua vida ultrapassam as leis; amam a todos e são perseguidos por todos; são desconhecidos e, apesar disso, condenados; são mortos e, deste modo, lhes é dada a vida; são pobres e enriquecem a muitos; carecem de tudo e têm abundância de tudo; são desprezados e, no desprezo, tornam-se glorificados; são amaldiçoados e, depois, proclamados justos; são injuriados, e bendizem; são maltratados, e honram; fazem o bem, e são punidos como malfeitores; são condenados, e se alegram como se recebessem a vida. Pelos judeus são combatidos como estrangeiros, pelos gregos são perseguidos, e aqueles que os odeiam não saberiam dizer o motivo do ódio" (APOLOGISTAS, 1997. *Carta a Diogneto* V, p. 19).

194. Interessante o apontamento de David Bosch a respeito: "A filosofia grega proveu a Igreja das ferramentas (e mais do que apenas das ferramentas) para analisar toda espécie de aberração, examinar questões críticas de grande complexidade, distinguir a verdade da fantasia, rechaçar magia, superstição, fatalismo, astrologia e idolatria, debater com seriedade questões epistemológicas que produziram uma explicação fundamentalmente racional de como os seres humanos alcançam um conhecimento adequado de Deus, e fazer tudo isso combinando rigor intelectual e um profundo compromisso de fé; em resumo, para ser tanto 'crítica' quanto 'visionária'" (2007, p. 250).

ria (escatologia), o destino do mundo (salvação), o ser humano (antropologia), o ambiente sociocultural (cultura). Estas seis dimensões – cristologia, eclesiologia, escatologia, salvação, antropologia, cultura – foram descritas por Bevans e Schroeder (2010), como "constantes" que definiram o cristianismo em sua natureza missionária, e que tornaram a se reformular relativamente a diversas visões de mundo, ao longo do tempo em diferentes "contextos".

c) Três matrizes teológicas fundamentais. As perguntas que foram dirigidas à fé dos cristãos a partir destas seis constantes obtiveram três tipos básicos de resposta, correlatos a três paradigmas teológicos que foram amadurecendo entre o II e o III séculos, firmando seus caminhos nas diversas épocas e em variadas maneiras, até os dias de hoje. Essas três tradições foram retratadas pelo historiador cubano-americano Justo L. González (2011), como tendências arquetípicas primordiais, refletindo, ao mesmo tempo, os limites da representação de realidades complexas e heterogêneas[195].

A primeira destas perspectivas foi chamada de teologia de "Tipo A", vinculada às figuras de Tertuliano e Agostinho, à língua latina e ao ambiente norte-africano de Cartago. O estoicismo era a doutrina predominante que melhor se ajustava à cosmovisão romana, caraterizada pelo pensamento jurídico e a submissão à ideia de "ordem" e de "harmonia" universal. Deus é descrito como um legislador e um juiz, a criação como completa e ordenada; o pecado como o elemento primordial que detonou a ordem do mundo; Jesus como o único divino redentor; o evangelho como a nova Tábua da Lei; a Igreja como caminho exclusivo de salvação para uma humanidade decaída. Para essa salvação era necessária a submissão a uma ordem que ia além da produção humana, acessível somente através da revelação

---

[195]. "Toda tipologia é necessariamente esquemática. Pode iluminar a realidade desde que não seja entendida literalmente demais e acabe sendo confundida com a própria realidade. Neste sentido, uma tipologia é como uma boa caricatura: quando vemos a caricatura de alguém, imediatamente reconhecemos a pessoa, pois a caricatura sublinha e exagera seus traços mais proeminentes. Mas a caricatura não é uma fotografia, pois ninguém pode ter traços tão marcantes assim. Do mesmo modo, ao oferecer uma tipologia como a nossa, as características mais proeminentes de cada tipo são sublinhadas. Isto ajuda a entender os contrastes e os pontos em discussão, desde que não seja entendida tão literalmente que se percam as sutilezas de cada teologia e de cada autor" (GONZÁLEZ, 2011, p. 39).

gratuita de Deus, e o reconhecimento da transitoriedade do mundo e do valor da vida eterna.

A segunda tradição, de "Tipo B", teve como inspirador Orígenes e se desenvolveu em língua grega, a partir de Alexandria do Egito. Essa "escola" se caracterizou pela busca da verdade em diálogo com a filosofia platônica: Deus é absolutamente transcendente, os seres humanos criaturas espirituais que se perderam por causa do pecado; contudo, Deus proporcionou a eles a razão e a revelação como dois instrumentos perfeitamente compatíveis para resgatar a santidade originária. Por isso a teologia de seus expoentes foi bastante otimista, postulando certa continuação entre a natureza humana e o mistério divino, mas se situando no âmbito especulativo/espiritual, num esforço que transcendia a corporeidade para um nível superior.

Enfim, temos a teologia de "Tipo C" de Irineu de Lião e a Ásia Menor como contexto originário. O grego aqui é menos requintado: o próprio Irineu afirma que nunca estudou retórica. Sua tradição pode ser caraterizada pela noção de história, no sentido da revelação de Deus na concretude da vida das pessoas. A história não deve ser nem demonizada e nem transcendida, porque é ali que Deus se revela como amor misericordioso. A criação não é vista por ele como um fim, mas como um princípio das relações entre Deus e o mundo, algo de bom e inacabado sempre em crescimento. A encarnação do Filho não foi apenas um remédio contra o pecado, mas um propósito de Deus para mostrar ao ser humano a imagem dele como modelo para a criação.

Irineu não estava interessado a tornar o cristianismo respeitável aos princípios filosóficos, ou às estruturas de poder. Não procurava ver a Deus como um todo-poderoso ou um ser supremo, mas como um pai amoroso, um pastor dedicado, um mestre próximo, descrito com traços antropomórficos. O próprio Irineu foi, antes de tudo, um pastor e não um teólogo, testemunha de perseguições, martírios e humilhações por causa da fé: para ele, Deus "anuncia um vasto plano divino em que a criatura humana tem um papel importante – um papel que no final leva à divinização até dos mais humildes, em meio a uma nova ordem do reino vindouro" (GONZÁLEZ, 2011, p. 103).

Destas três maneiras de entender a fé e a vida cristã, nenhuma delas foi considerada heterodoxa. As três são bíblicas e ressaltam respectivamente as dimensões da justiça, da sabedoria e da misericórdia, correlatas aos aspectos do poder, do saber e do ser. Também nenhuma delas é exclusiva e excludente, no sentido que elementos que podem ser encontrados em uma estão em outras, e vice-versa. Contudo, a ênfase com a qual cada uma marcou seu próprio ponto de vista é bastante característica.

A teologia de tipo "A" foi a que se impôs como normativa, e dominou o pensamento e a prática cristã ocidental até se confundir com a própria ortodoxia. Nesse processo, frequentemente, foram acrescentados elementos tomados da tradição de tipo "B", que exerceu um papel crítico, inovador e aberto ao diálogo. Via de regra, porém, a teologia de tipo "C", apesar de ser a mais antiga, foi esquecida e eclipsada não por razões doutrinais, mas porque "suas consequências sociais e políticas contradiziam os interesses de uma sociedade e de uma Igreja que desejavam que o evangelho fosse mais aceitável para a ordem existente e vice-versa" (p. 104). Afinal, tudo o que os dois primeiros tipos de teologia conseguiram proporcionar foi servir aos interesses das classes dominantes e das elites intelectuais de suas respectivas épocas, apesar das sinceras intenções de seus principais expoentes.

d) Três modelos de missão. Segundo González, uma teologia de tipo "C" foi resgatada por Francisco de Assis, Lutero, Teilhard de Chardin e de maneira preponderante pelo Concílio Vaticano II; particularmente, pela *Gaudium et Spes*, pela Teologia da Libertação e por muitas outras teologias contextuais do Terceiro Mundo. Com efeito, temos aqui uma *orientação fronteiriça* elaborada num contexto de perseguição, de discriminação e de migração. A Igreja de Irineu, de fato, não alimentava grandes ilusões sobre a bondade da ordem social, e fazia poucas concessões às estruturas e aos sistemas de poder e prestígio que estavam ao seu redor. O bispo de Lião não estava interessado a *agradar* e nem a *vender* a proposta do evangelho, mas a mostrar a verdadeira natureza da fé, sem reduzi-la às exigências do *status quo*.

Sem dúvida, como dissemos, encontramos diversos aspectos intercambiáveis nas diversas propostas teológicas, particularmente entre as teologias de tipo "B" e às de tipo "C", como também às de tipo "A" e de tipo "B". Contudo, essa classificação nos ajuda a identificar tendências, debates e orientações sobre a ação da Igreja no mundo e, em particular, a partir da América Latina, analisadas nos capítulos anteriores.

Uma teologia de tipo "A", com muita probabilidade, mas não exclusivamente, motivou uma abordagem missionária da *tabula rasa*, alicerçada em certezas e diretrizes axiais: o anúncio de Jesus Cristo como único salvador; a implantação da Igreja identificada com o Reino de Deus; a expectativa de um *éschaton* para a história e dos *éschata* para o destino final dos indivíduos (morte, juízo, paraíso e inferno); a salvação pessoal de cada alma; a ordem hierárquica natural entre os seres vivos (espirituais e corporais, superiores e inferiores); um conceito "classicista" de cultura.

Por sua vez, uma teologia de tipo "B" é típica do modelo missionário da "acomodação" e, se quisermos, da Nova Evangelização: Jesus revela plenamente o amor e a verdade do Pai; a Igreja como comunhão sacramental do Corpo de Cristo; o Reino de Deus como senhorio de Deus no coração dos indivíduos; a salvação como contemplação, iluminação, conhecimento superior; o ser humano capaz de forjar o próprio destino; a cultura como caminho para chegar à verdade verdadeira. O motivo missionário que emerge de um paradigma de tipo "B" é de conduzir a uma plenitude e a uma perfeição preestabelecida o que já está semeado no potencial humano: a história, a cultura, a experiência de vida, são consideradas "preparação evangélica" (GS 40, 57).

Enfim, a teologia de tipo "C" aponta muito mais para uma missão encarnada, inculturada e libertadora que tem como elementos: um Filho e um Espírito, as duas mãos do Pai, atuantes no mundo desde o começo da criação para libertar da escravidão do maligno; uma Igreja profética como nova humanidade; um Reino de Deus concebido no devir da história; uma salvação integral e cósmica; uma humanidade criada à imagem de Deus e chamada a evoluir na sua semelhança; uma cultura "assumida" como aspecto essencial para a ação divina (DP 400).

Em suma, a missão aos povos em sua dimensão histórica foi determinada por paradigmas de conhecimento e modelos de ação que acabaram plasmando seu caráter mais hegemônico exclusivista, dialógico sapiencial ou profético solidário. Os três caminhos fazem parte da tradição cristã e de alguma forma se caracterizam por dimensões essenciais da fé cristã. Contudo, parece que o terceiro é o que mais responde aos questionamentos do pensamento decolonial: uma missão encarnada nas fronteiras das feridas coloniais, assimétrica e crítica em relação aos poderes constituídos, de natureza pastoral não propagandística, não especulativa, não exclusivista, valorativa da experiência humana, de suas capacidades e de seu destino.

Desta perspectiva não estão excluídas as dimensões da justiça e do conhecimento/sabedoria. Ao contrário, elas são vistas a partir da ótica dos pobres e das vítimas (sujeitos), da periferia e da colonialidade (contexto). O que qualifica a missão cristã é o *para quem* e o *para onde*. O missionário é enviado a um lugar, mas não a um lugar qualquer; ele vai ao encontro de alguém, mas não de um "alguém" qualquer. A teologia bíblica da eleição é bastante clara sobre este aspecto (Dt 7,6-8): o Deus YHWH define suas próprias opções.

Por tabela, a missão da Igreja é cooperação com a *missio Dei*, mas não de um Deus qualquer; a missão evangelizadora é anúncio da proximidade do Reino, mas não de um Reino qualquer: conivência e imanência, subserviência e conveniência aos poderes seculares, são instâncias que colocam em perigo a própria essência do anúncio.

Consequentemente, a fidelidade à missão de Deus exige um contínuo e profundo discernimento evangélico junto às crônicas e dissimuladas práticas coloniais ocidentais:

> O caminhar da missão em direção ao Reino é sempre um caminhar no Espírito que exige um trabalho permanente e penitencial de discernimento entre desejo, esperança, riscos a serem assumidos e realidade. Esse discernimento é feito a partir das origens do caminho de Jesus, e constitui o elemento essencial para não confundir a fidelidade ao Senhor com a fixação em modelos historicamente limitados (KRÄUTLER, 2001, p. 129).

Destarte, para esse discernimento, uma teologia de tipo "C" privilegia uma compreensão e uma abordagem a partir da colonialidade do ser (o *damné*, que não é um ser qualquer e nem situado em um contexto qualquer), para conseguir colocar em discussão uma colonialidade do poder (justiça) e do saber (conhecimento/sabedoria). Afinal, uma antropologia teológica integral está inscrita na clara opção do Vaticano II – "o homem será o fulcro de toda a nossa exposição" (GS 3) – e mais contextualmente na solene abertura de Medellín – "A Igreja latino-americana, reunida na II Conferência Geral de seu episcopado, situou no centro de sua atenção o homem deste continente" (DM, *Introdução*, 1) – coerentemente com os princípios doutrinais da fé cristã. O Documento de Aparecida (471) cita a frase emblemática de Irineu: "a glória de Deus é o homem vivente" (IRINEU, 1997 [final do século II], IV, 20,7). Paulo VI, ao encerrar o concílio, reconheceu que era preciso "amar o homem não como instrumento, mas como primeiro fim, através do qual podemos alcançar o fim supremo que transcende todas as realidades humanas" (EV 463).

A partir desse ser humano situado, a missão precisará analisar também o tipo de aproximação (processo de inserção, aculturação, participação) e o tipo de serviço/função (proposta, projeto, ação) a ser desempenhado em perspectiva do horizonte utópico do Reino.

e) A historicidade missionária latino-americana. Nesta tensão de tipo "C" se coloca claramente a caminhada missionária latino-americana, moldada em torno da realidade do Reino de Deus, entendido não tanto em seu cumprimento escatológico quanto particularmente em seu *kairós*, como devir histórico, factual, concreto, cotidiano: entre um "já" e um "não ainda", a ênfase recai definitivamente no "já", enquanto projeto que, mesmo não se esgotando no tempo presente, passa por realizações históricas (DP 193).

Esse tema recebeu das heranças conciliares e da *Evangelii Nuntiandi* seus impulsos decisivos e originários (3.3.3.c), encontrando em Puebla uma recepção e um desenvolvimento significativo (4.2.4.e). Já em Santo Domingo, depois das críticas lançadas pela *Redemptoris Missio* em relação a um suposto reducionismo imanente e a uma relativização cristológica e eclesiológica (RMi 17), a dimensão histórica da categoria "Reino de Deus" foi de certa forma espiritualizada e, em parte, eclipsada. Aparecida, no entanto, a resgata com vigor em sua acepção decisiva para a práxis cristã, como realidade a ser construída (DAp 121, 278e, 280d, 282, 367, 548), "vida em Cristo que cura, fortalece, humaniza" (DAp 356), "incompatível com situações desumanas" (DAp 358), "vida plena para todos" (DAp 361), "realidade transformadora" (DAp 382), "dignificação do ser humano" (DAp 384), "projeto possível e presente" (DAp 520) etc. Por sua vez, o Sínodo da Amazônia em seu documento final é bastante sóbrio na utilização da palavra "Reino", mas incisivo nas poucas vezes que a utiliza:

> Nosso serviço pastoral constitui um serviço para a vida plena dos povos indígenas, que nos leva a anunciar a boa-nova do Reino de Deus e a denunciar as situações de pecado, estruturas de morte, violência e injustiças, promovendo o diálogo intercultural, inter-religioso e ecumênico (DSA 48).

Sem dúvida, essa visão goza de sólidas bases bíblicas enraizadas na prática jesuana:

> Dizem-no todas as fontes. Jesus não ensina na Galileia uma doutrina religiosa para que seus ouvintes a aprendam bem. Anuncia um acontecimento para que aquelas pessoas o acolham com prazer, com alegria e com fé. Ninguém vê nele um mestre dedicado a explicar as tradições religiosas de Israel. Encontram-se com um profeta apaixonado por uma vida mais digna para todos, que procura com todas suas forças fazer com que Deus seja acolhido e que seu reino de justiça e misericórdia vá se ampliando com alegria. Seu objetivo não é aperfeiçoar a religião judaica, mas contribuir para que se implante o quanto antes o tão suspirado Reino de Deus e, com ele a vida, a justiça e a paz (PAGOLA, 2011, p. 115).

O centro da ação e da pregação de Jesus foi o Reino de Deus: é por esse Reino que Ele deu a vida e morreu crucificado, pela convicção da necessidade de uma transformação radical da realidade cultural, política e religiosa de sua época. Com efeito, há duas palavras-chave em sua mensagem, de certo modo originais, das quais nenhum historiador ou teólogo tem dúvidas: a referência a Deus como *Abbá* e a proclamação do Reino de Deus. Essa realidade última apela para algo de próximo e presente (Mc 1,15) que desafia as estruturas de poder e de morte, que irrompe promovendo vida e libertação, e que, por isso, convida à conversão. Se essa instância encontrar sua plena realização no fim dos tempos, também não está apenas refém de uma expectativa futura. Cabe à escatologia detectar as situações históricas que não correspondem a esse projeto divino, que tem como missão se tornar história, na luta contra o mal, o pecado e a morte e na construção de uma sociedade justa e solidária. Em outras palavras, a boa-nova do evangelho não quer somente tornar-se aceitável num determinado contexto histórico, mas quer mudar o próprio contexto a partir de sua mensagem.

O pontificado latino-americano de Francisco parece posicionar-se decididamente em sintonia com essa perspectiva quando declara que "Deus é real e se manifesta no 'hoje' [...]. Esse 'hoje' é o que mais se parece com a eternidade; mais ainda: o 'hoje' é uma centelha de eternidade; no 'hoje', se joga a vida eterna" (FRANCISCO, 2013). A *Evangelii Gaudium* afirma que "evangelizar é tornar o Reino de Deus presente no mundo" (EG 176) e que "a proposta do evangelho não consiste só numa relação pessoal com Deus [...] a proposta é o Reino de Deus", porque "na medida em que Ele conseguir reinar entre nós, a vida social será um espaço de fraternidade, de justiça, de paz, de dignidade para todos" (EG 180): "a verdadeira esperança cristã, que procura o Reino escatológico, gera sempre história" (EG 181).

A principal relevância dessa perspectiva é a capacidade de articular transcendência e história, superando perigosos dualismos e oferecendo uma real dimensão factual do transcendente na história. Além do mais, a noção de Reino de Deus conduz a colocar em clara luz as realidades de antirreino, o mundo do pecado em sua dimensão histórica e transcendente:

> a dualidade última da realidade, enquanto dualidade irreconciliável, não aparece tanto no binômio transcendência-história (duas realidades que podem ser reconciliadas), mas no binômio irreconciliável reino/antirreino, história da graça e história do pecado (SOBRINO, 1992, p. 403).

Para esta visão o pecado no mundo não tem apenas uma misteriosa essência original e individual (GS 25), mas também e sobretudo se reveste de uma dimensão histórica e estrutural, efeito e causa de muitos outros pecados pessoais e coletivos que se propagam e se consolidam como negação permanente do projeto divino (EG 59). Destarte, não há duas histórias, uma profana e outra de salvação, mas uma só história, que é a história de Deus (ELLACURIA, 1992, p. 308), a construção do seu Reino e o engajamento do ser humano na causa integral deste Reino, em todas as dimensões da existência e da criação, para que todos tenham vida, rumo ao cumprimento definitivo (DP 475).

5.2 Elementos para um paradigma missionário em perspectiva decolonial – Para uma reconfiguração da ação missionária

A fé cristã, por ser intrinsecamente histórica, é levada a ressignificar o sentido de sua mensagem e de sua atuação no mundo, de modo a oferecer respostas a desafios e a questões concretas a partir de diversos contextos socioculturais em diversas épocas. As conjunturas, ao longo dos tempos e dos espaços, deram origem a maneiras profundamente diferentes de entender o ser humano, a sociedade, o mundo, a vida, Deus. Nesse sentido, podemos falar de diferentes estruturas conceituais, padrões de pensamento que se sucederam e que mudaram a forma de entender a revelação, de compreendê-la e de transmiti-la. Esses padrões de pensamentos foram chamados de "paradigmas", termo que utilizamos muitas vezes neste trabalho.

No campo científico, a passagem de uma estrutura de conhecimento a outra mais integrada provoca literalmente uma "Revolução Copernicana", o surgimento de uma nova cosmovisão, de uma nova episteme que supera e torna obsoleta a concepção anterior. A característica principal de um paradigma pode ser comparada a um sistema interligado de elementos que gira em torno de um núcleo gravitacional de noções, expressas em termos de conceitos, metáforas, símbolos: um sistema copernicano é assim chamado de "heliocêntrico", e um sistema ptolemaico de "geocêntrico". A mudança de paradigma é determinada pelo que está no centro.

Desde que Thomas Kuhn publicou sua obra *A estrutura das revoluções científicas* (1962), defendendo a tese de que a ciência, na realidade, não cresce cumulativamente, mas mediante "revoluções" conceituais, também a teologia se debruçou em buscar "paradigmas" históricos do pensamento e da práxis cristã (KÜNG, 1987, p. 140-191). Mas na teologia antigos e novos paradigmas não necessariamente se superam, podem se sobrepor e conviver juntos durante certo tempo, como é no caso de uma cosmovisão mais tradicional, uma liberal e uma libertadora, e configurar distintos modelos de ação.

Da mesma forma, a teologia da missão procurou indagar nas várias épocas paradigmas e modelos que se distinguiram e que serviram de motivação e fundamento para a atividade missionária. Essa pesquisa se tornou assim um dos capítulos fundamentais da missiologia, com o propósito de investigar as coordenadas de como o evangelho se encarnou, ou não se encarnou, nas diversas épocas e nos diversos lugares, e como tem que ser anunciado hoje nos diversos contextos contemporâneos.

Vários autores periodizaram épocas históricas com suas características[196], suas cosmovisões e seus conceitos gravitacionais. Na seção anterior delineamos alguns arquétipos primitivos que se reproduziram ao longo da história, e que encontramos ainda hoje em diversas manifestações confessionais e em diferentes tendências teológicas e eclesiológicas.

Sem dúvida, nos tempos atuais vivemos profundas mudanças que exigem repensar novamente a missão cristã, não somente em termos de ação mas principalmente em seus pressupostos e em seus sentidos:

> Enquanto, em outros períodos da história, os discípulos missionários precisaram dar as razões de sua esperança como consequências de critério firmemente aplicados, em nossos dias são os próprios critérios que vêm experimentando abalo. Para não poucas pessoas a incerteza sobre como julgar a realidade e com ela interagir é muito

---

[196]. Somente para citar alguns: Dianich (1985), analisando a teologia da história das missões, aponta seis modelos: missão cumprida (época pós-apostólica); missão adiada (postura ascética); missão escondida (modelo martirial); missão *Contra Gentes* (conquista); missão *ad gentes* (missão estrangeira); missão histórico-salvífica (missionariedade estruturante da Igreja). Bosch (2007) segue as subdivisões sugeridas por Küng: paradigma apocalíptico do cristianismo primitivo; paradigma helenístico; paradigma católico romano; paradigma da Reforma; paradigma moderno do Iluminismo; paradigma ecumênico emergente. Bevans e Schroeder (2010) preferem traçar modelos históricos de missão periodizando a partir da Igreja primitiva, seguindo com o modelo do movimento monástico, o modelo do movimento mendicante, a missão na idade das descobertas geográficas, a missão na idade do progresso e a missão na emergência de um cristianismo mundial.

grande. Por isso, estamos em uma mudança de época, pois ela já não atinge somente este ou aquele aspecto concreto da existência. As mudança de épocas atingem os próprios critérios de compreender a vida, tudo o que ela diz respeito, inclusive a própria maneira de entender Deus (CNBB, 2011, n. 25).

A missão está num tempo entranhável de avaliação (*mission in a time of testing*) rumo à elaboração de um "emergente paradigma ecumênico" (BOSCH, 2007). O pensamento decolonial, juntamente a todo o re-pensamento pós-colonial que as Igrejas conciliar e latino-americana empreenderam, oferece alguns elementos para um salto de compreensão, uma conversão em termos de mudança de mentalidade (μετάνοια), uma práxis renovada numa perspectiva mais correspondente aos desafios atuais e também às exigências evangélicas. "O evangelho não muda, somos nós que começamos a compreendê-lo melhor", teria dito João XXIII poucas semanas antes de falecer.

Portanto, ao tentar colher alguns elementos significativos para uma missão em perspectiva decolonial, nos debruçaremos particularmente sobre as fontes bíblicas do Novo Testamento, que podem nos oferecer pistas para uma releitura da memória ancestral do movimento cristão, à luz do magistério conciliar e latino-americano, capaz de responder às questões que delineamos: a irrupção do outro como sujeito; o processo de desprendimento e abertura; o contexto geopolítico da fronteira; os projetos em perspectiva decolonial global. Acreditamos que uma volta às fontes é o caminho que mais pode proporcionar inspirações e pressupostos fundamentais para uma decidida descolonização da missão cristã e de suas concretas atuações.

A partir desse resgate é possível articular uma proposta em quatro direções: (1) missão como participação pluriversal, em resposta ao desafio da colonialidade do poder; (2) missão como seguimento aprendiz, em resposta ao desafio da colonialidade do saber; (3) missão como habitar as fronteiras, como resposta ao desafio da colonialidade do "ser situado"; (4) missão como projetualidade decolonial global, como contribuição solidária da missão cristã em suas múltiplas feições, aos projetos decoloniais para um outro mundo possível para todos.

5.2.1 Missão como participação pluriversal

O envio missionário pós-pascal às nações por parte do Ressuscitado está testemunhado nos quatro evangelhos, nos Atos dos Apóstolos e nas cartas paulinas, em diversas maneiras: como envio (Mt 28,19; Mc 16,15), como testemunho (Lc 24,48; At 1,8), como dom do Espírito (Jo 20,21-23), como vocação pessoal (Gl 1,15-16; Ef 3,8). No Novo Testamento podemos registrar pelo menos duas tendências teológicas desta missão: uma primeira consiste no destemido protagonismo dos discípulos/apóstolos chamados a evangelizar e converter os povos, particularmente, em Mateus (Mt 10,16) e Paulo (1Cor 9,16); uma outra verte muito mais para o protagonismo do Espírito, típico de Lucas-Atos e de João, que suscita o testemunho da comunidade cristã (At 1,8), a qual é chamada a comunicar despretensiosamente o que ela viu acontecer (1Jo 1,1-4). Nessa segunda perspectiva

> a Igreja não faz proselitismo. Ela cresce muito mais por "atração": como Cristo "atrai todos a si" com a força do seu amor, que culminou no sacrifício da cruz, assim a Igreja cumpre a sua missão na medida em que, associada a Cristo, cumpre a sua obra conformando-se em espírito e concretamente com a caridade do seu Senhor (BENTO XVI, 2007).

Na realidade, as duas teologias dão vida a dois modelos de missão complementares; um com ênfase num movimento de saída, de aproximação, de ação e de proclamação, o outro mais voltado para o testemunho de vida, a presença humilde, pastoral, amorosa, gratuita, confiante na ação de Deus no mundo. Apesar de ser mais explícito na segunda modalidade, também na primeira o elemento divino exerce um papel dominante (Mt 10,20; 1Ts 1,5).

Seja como for, essa missão traz uma mensagem universal de salvação e condenação (Mc 16,16), de conversão e perdão dos pecados (Lc 24,47; Jo 20,23), de doutrina e observância (Mt 28,20), de abandono dos ídolos para servir o Deus vivo e verdadeiro (1Ts 1,9). A tarefa missionária entregue pelo Ressuscitado aos discípulos-apóstolos é muito clara: "fazer que todas as nações se tornem discípulos" (Mt 28,19).

Já remetemos a algumas referências de ordem histórica e hermenêutica que nos ajudam a colocar essas passagens em seu contexto sociocultural e literário. Destarte, não há dúvida que esse mandato serviu de fundamento bíblico, quase como um bordão, para todo e qualquer empreendimento missionário *ad gentes* ao longo da história.

Apesar das repetidas declarações do recente magistério pontifício contra o anseio proselitista (EG 14), não há como negar que durante séculos os esforços foram exatamente nesta direção, a de agregar o maior número de pessoas e de povos à fé cristã, e de condenar quem ia se negar a aceitar a mensagem do evangelho e a autoridade espiritual da Igreja. Embora seus pressupostos apelassem para a liberdade pessoal, a ação missionária foi de fato e de várias maneiras coercitiva também em suas práticas mais "suaves", aculturadas e condescendentes. Essa coerção, fundamentada por sua vez em uma rígida noção da verdade e de ordem do mundo, refletia uma visão bastante negativa de seus destinatários, do ser humano e de suas culturas.

a) Nós e os outros. O termo latim *gentes* (gentios, povos, raças, estirpes) foi utilizado para referir-se às nações, equivalente a *gôjîm* (em hebraico) e *éthnä* (em grego), povos distintos e, sobretudo, inferiores ao "povo eleito" (*am berit – laós – populus*). A sentença de Cícero retrata exatamente a insanável assimetria: "*Populus Romanus victor dominusque omnium gentium*" (*Filípicas* 6,12). Com a progressiva aproximação dos cristãos à filosofia grega e, por conseguinte, às classes altas do helenismo, a distinção identitária *populus versus gentes* se tornou ainda mais aguda, ao adotar também a contraposição de *cives/pagani*, "cidadãos/camponeses". "Pagão" vem de *paganus*, que significa "rude", "tosco", "atrasado". O cristianismo foi inicialmente um fenômeno urbano que se expandiu pelas cidades: os *pagani*, habitantes dos *pagi* ("aldeias"), foram cristianizados/civilizados sucessivamente. *Paganus*, pessoa não culta, tornou-se assim sinônimo de "não cristão", ao mesmo tempo em que *christianus* identificava-se com "civilizado", "instruído", "culto".

Em torno do século XV surgiu o uso da palavra *infideles*, inicialmente referida àqueles que se opunham abertamente ao cristianismo, como os muçulmanos, e vice-versa. Com o passar do tempo, o termo foi estendido a todos os pagãos, réus de ter ouvido pelo menos uma vez na vida falar de Cristo, de tê-lo desprezado e de não ter aderido à fé. A utilização desse termo se estende até o começo do século XX. Mas já em torno dos anos de 1950 começa a ser empregada a expressão "não cristãos", consagrada pelo Decreto *Ad Gentes* (AG 13), como tentativa de descolonizar a referência negativa dos destinatários da ação missionária da Igreja. Esses, porém, continuavam sendo definidos a partir de um "não", do que de sua identidade real, de maneira que sua subjetividade continuava sendo "negada" e confinada a um limbo indefinido de abstração.

A questão semântica da designação do "destinatário" da missão cristã é um dos problemas centrais da missiologia, enquanto denuncia certa autorreferencialidade, juntamente à assimetria existente entre os cristãos e quem não comunga da mesma fé, por ignorância, indiferença ou rejeição, chegando praticamente a não reconhecer nenhuma alteridade quando esta não corresponde, ou não se aproxima, à "mesmidade". Desse fato deriva uma concepção da missão como "tarefa" de conquista e conversão, extensão e expansão, autêntica tomada de posse, implantação, colonização de novos territórios, pouco importa se forem efetivos, subjetivos ou simbólicos, pois os mapas podem ser redefinidos em termos geográficos, antropológicos, sociológicos, mercadológicos ou midiáticos.

Uma perspectiva monoteísta estruturalmente armada contra a alteridade (REMOTTI, 1999, p. 47), sempre esteve à base desse tipo de visão, ainda mais quando fundamentada em textos sagrados. Certamente, quanto mais um cristianismo de tendência "cristomonista" se aproximava ao vértice do poder político tanto mais se tornava intolerante com os judeus, os pagãos e suas próprias dissidências, em uma competição feroz que tinha como objetivo garantir o fundamento teocrático do império e assegurar a coalizão moral da sociedade. O caráter violento e agressivo deste processo secular chegou a justificar a tese da guerra justa, que encontrou nas palavras de Bernardo de Claraval (1090-1143) a expressão talvez mais impiedosa:

> os soldados de Cristo lutam com confiança nas batalhas do Senhor, sem medo do pecado, colocando-se em perigo mortal e matando o

inimigo. Para eles, morrer ou matar por Cristo não implica nenhuma criminalidade e traz grande glória [...] o soldado de Cristo mata com certeza de consciência e morre com segurança ainda maior (SAN BERNARDO, 1983, p. 503).

Temos aqui, paradoxalmente, um modelo de missão que podemos tipificar de *missio contra gentes* (DIANICH, 1985, p. 104-113), ainda bastante persistente na atualidade em movimentos cristãos integristas, compulsoriamente impelidos a identificar inimigos contra os quais pelear. Essa hostilidade manifesta de maneira extrema o exclusivismo salvífico que caracterizou profundamente o regime de cristandade.

Mas em um estado de violência, de opressão, de confronto com o outro, não haveria a necessária liberdade para a comunicação da fé e, portanto, não haveria tecnicamente missão, não haveria Igreja, não haveria qualquer possibilidade de anunciar o Reino de Deus. Um Deus Amor para o qual a alteridade é parte de sua própria unicidade, não poderia se dar em uma conjuntura de conflito cego e exacerbado, no qual estaria em jogo a conquista do poder e a imposição/extensão da própria identidade. Faz sentido, portanto, se perguntar se a frágil vivência da fé que encontramos hoje nas sociedades latino-americanas culturalmente cristãs não seria o fruto de um ocultamento colonial do evangelho de Jesus, mais do que a autêntica difusão de sua luz (XERES, 2008, p. 89)[197].

b) De destinatários a interlocutores. Um estado de opressão que surge de relações assimétricas de subordinação e coerção gera uma situação social de violência e inquietação que pode vingar inevitavelmente em resistências e revoltas.

---

197. A noção de colonialidade se situa aqui no próprio fenômeno da cristandade como critério de investigação do ponto de vista missiológico: houve de fato evangelização com a conquista espiritual do Novo Mundo? Obviamente, não poderíamos postular que não houve evangelização em termos absolutos, embora subsista o questionamento em termos estruturais. As relações de poder, como reconhece Sousa Santos, são sim desiguais, mas também dinâmicas (2009, p. 223): entre as brechas assimétricas há também possibilidade de encontro, comunicação, acolhida, reciprocidade solidária, partilha da vida, luta pelo reconhecimento, além das espirais identitárias. Por outro lado, quando Samuel Ruiz apontava o problema indígena como o "fracasso metodológico da ação evangelizadora da Igreja na América Latina" (RUIZ, 1969, p. 160), outra coisa não fazia a não ser apresentar a "irrupção dos outros", dos "ausentes", como denúncia profética que de fato não houve autêntica "missão" no continente, em seu sentido propriamente teológico.

Ao longo da história, movimentos de reivindicação por liberdade, dignidade e igualdade foram sempre a ordem do dia, com manifestações das classes populares, segmentos sociais ou grupos étnicos, contra as elites dominantes. Quase sempre percebidas como anárquicas, bárbaras, fanáticas, desordeiras, essas investidas na maioria das vezes foram brutalmente reprimidas, de outras formas silenciadas, ou, quando tiveram um certo sucesso, conduziram a uma alternância de poder, e também a uma mudança significativa para a sociedade.

Para o cristianismo, essas ocorrências assumiram uma relevância paradoxal. Toda a mensagem bíblica é uma história de salvação centrada na emancipação da opressão e da escravidão imposta pelos poderosos (1Sm 2,4; Lc 1,52). O próprio ministério de Jesus se assentou nas bem-aventuranças do Reino aos pobres e humildes, aos que têm fome e sede de justiça, aos misericordiosos, aos que promovem a paz, aos perseguidos por causa da justiça (Mt 5,1-12). Paulo proclamou uma substancial igualdade em Cristo entre todos os que abraçaram a fé (Gl 3,28; Rm 10,12), enquanto a Carta de Tiago lembrou que Deus escolheu os pobres aos olhos do mundo, para torná-los herdeiros do Reino (Tg 2,5). Entretanto, no conluio com as oligarquias de turno, os missionários cristãos fomentaram a desigualdade sistêmica, tornando-se aliados, quando também protagonistas, das forças repressoras das reivindicações sociais, religiosas e identitárias dos povos aos quais anunciaram o evangelho. Se muitos deles foram destemidos em denunciar os maus-tratos dos colonizadores com os nativos, de igual maneira, porém, não foram tão capazes de colher positivamente as almas desses povos, guardadas a sete chaves em suas culturas, sabedorias, espiritualidades, projetos de vida. Na maioria das vezes agiram com a presunção de "torná-los como nós", de integrá-los em "nosso sistema de vida", de agregá-los à "nossa comunidade de fé".

Mas a ação de Deus que *irrompeu* na vida dos discípulos enviados ao mundo (At 2,1-4), *irrompeu* também da mesma forma na história, na cultura e na vida dos povos pagãos (At 10,44-47; 11,15-17):

> O Espírito manifesta-se particularmente na Igreja e nos seus membros, mas a sua presença e ação são universais, sem limites de espaço e de tempo [...] está na própria origem da questão existencial

e religiosa do homem, que surge não só de situações contingentes, mas sobretudo da estrutura própria do seu ser. A presença e a ação do Espírito não atingem apenas os indivíduos, mas também a sociedade e a história, os povos, as culturas e as religiões. [...] As relações da Igreja com as restantes religiões baseiam-se num duplo aspecto: "respeito pelo homem na sua busca de resposta às questões mais profundas da vida, e respeito pela ação do Espírito nesse mesmo homem" (RMi 28-29)[198].

De simples "receptores" da mensagem cristã, os "destinatários/objetos" da evangelização tornavam-se assim "interlocutores/sujeitos" de destaque numa reciprocidade criativa, não por concessão, nem por reconhecimento ou por mandato, mas pela *irrupção* do Espírito em sua vida e pela "estrutura própria do seu ser", uma vez que "todos os homens de boa vontade, em cujos corações a graça opera ocultamente" (GS 22), são chamados a cumprir com o "dever de colaborar com todos os outros homens na edificação de um mundo mais humano [...] assinalando assim o lugar privilegiado da cultura na vocação integral do homem" (GS 57).

O princípio da comunhão e da participação intercultural e pluriversal aqui é resgatado em toda sua relevância. Além do reconhecimento mútuo, o diálogo ao qual os seres humanos são chamados, se torna pura prática da vida no Espírito, que é essencialmente relação, não somente com o outro, mas também com o totalmente Outro, o Absoluto: no processo missionário a alteridade não está somente *à minha frente*, mas também na Origem que envia, que por sua vez é o Outro que se comunica comigo e com o outro *à minha frente*, e circularmente vice-versa.

Afinal, o sujeito da missão é sempre Deus, que envolve em seu "dar-se" todos os atores em jogo, os quais se tornam por sua vez sujeitos na missão, participando todos da mesma iniciativa divina (FABRI DOS ANJOS, 2013, p. 207). Com efeito, trata-se de uma dinâmica intersubjetiva na qual nenhum dos elementos há de ser objetivado: nem Deus como verdade doutrinária, nem o missionário como sim-

---

[198]. Apesar da abertura pneumatológica de João Paulo II, o papa, todavia, anota que "qualquer presença do Espírito deve ser acolhida com estima e gratidão, mas o discerni-la compete à Igreja, à qual Cristo deu o seu Espírito para a guiar até à verdade total (cf. Jo 16,13)" (RMi 29). Sem dúvida, a Igreja tem que discernir todo o processo, mas também ela é sujeita ao discernimento dos outros.

ples instrumento na mão de Deus, nem o interlocutor como destinatário passivo do anúncio da Boa-nova. Papel de cada um no âmbito do diálogo missionário, passa pela circularidade da comunicação, da acolhida, do discernimento, do testemunho e do louvor.

c) O protagonismo dos pobres. No que diz respeito especificamente à "irrupção dos pobres", tema caro à Teologia da Libertação, há um matiz um pouco diferentes em relação à "irrupção dos outros", porque já não se delineia aqui uma perspectiva de *reciprocidade* ou de *simetria* dialógica, e sim uma *assimetria profética* para a transformação da sociedade.

O sentido primário e fundamental dos termos "pobre" e "pobreza" se refere tradicionalmente à negação das condições materiais básicas de sobrevivência, e por isso não pode ser relativizado nem espiritualizado (AQUINO JÚNIOR, 2019, p. 76-77)[199]. Se por um lado a vida humana não se reduz ao âmbito econômico-material, por outro, sem essas condições teríamos a forma mais radical de negação da própria vida. Ao mesmo tempo, existem também outras formas impiedosas de opressão, injustiça e violência que extrapolam o estrito âmbito material, como as questões de gênero, raça, etnia, cultura, deficiência física e mental etc. De maneira que Francisco de Aquino Júnior (2019) convida a utilizar a expressão "pobres e marginalizados", entendendo por "pobres" os materialmente pobres, e por "marginalizados" os que nós chamamos de "outros", os excluídos por outras razões. Evidentemente, essas categorias na maioria das vezes se complementam e se articulam, como também se distinguem e não se confundem, configurando assim dois tipos diferentes de aproximação por parte da missão cristã[200].

---

199. Quais são, pois, estas condições básicas de sobrevivência, depende de contextos socioambientais, das conjunturas históricas, das noções de vida digna de cada cultura e também das exigências subjetivas/coletivas relacionadas à estrutura física, psicológica, comunitária de cada indivíduo/grupo humano. O critério das condições materiais básicas adotado pela Teologia da Libertação continua sendo ainda um tanto impreciso, podendo se tornar também perigosamente colonial, mesmo diante das evidentes e escandalosas indigências que encontramos em nossa sociedade.

200. Com efeito, a missão foi sempre mais condescendente em acolher os pobres, como objeto de compaixão, do que receber os outros. De acordo com a tradição bíblica, os estrangeiros fazem parte das categorias dos pobres desamparados, junto com as viúvas, os órfãos e os oprimidos (Ex 22,20-21; Zc 7,10), mas raramente, para não dizer quase nunca, são reconhecidos em sua positividade, a não ser em referência

A irrupção dos pobres e dos marginalizados historicamente se configura como processo pós-colonial dos povos do Terceiro Mundo pleiteando uma nova ordem mundial, reivindicando uma emancipação das relações assimétricas, impositivas e coercitivas, inaugurando a entrada desestabilizadora dos "ausentes" da história na sociedade global (GUTIÉRREZ, 1992, p. 269). A pobreza e a marginalização dizem respeitos, à vida de amplos setores da população e, portanto, está vinculada a estruturas sistêmicas de exclusão; envolvem uma pluralidade de sujeitos e diversas dimensões da existência humana; são realidades "produzidas", e não fatores naturais, originadas pelo acúmulo primário de riquezas por parte de elites dominantes. Por isso, pobres e marginalizados constituem um potencial *sujeito histórico*, com um papel político decisivo de transformação, que aponta para uma luta decolonial contra a riqueza e o domínio de poucos, em vista de uma humanidade mais justa, solidária e pluriversal.

Reconhecer esse protagonismo é elemento-chave para a missão da Igreja também pela dimensão espiritual, religiosa e teológica essencial que ele carrega. Espiritual como dinâmica vital, isto é, "ao instinto, à força, à energia, aos impulsos, às motivações, às paixões, aos projetos, aos sonhos etc. que fazem da realidade humana uma realidade viva/ativa, uma realidade aberta, transcendente, dinâmica, inacabada" (AQUINO JÚNIOR, 2019, p. 93). Religiosa como confiança irrepreensível em um Deus que alimenta a esperança contra toda esperança, inclusive diante da morte, "uma sede de Deus que somente os pobres e simples podem conhecer" (DAp 258). Teológica porque está na Bíblia, do começo até o fim: YHWH se manifesta essencialmente como Deus dos pobres (Ex 3,7-10), Jesus se identifica intimamente com eles (Mt 25,40; DAp 393), e a Igreja é chamada a fazer uma "opção pelos pobres":

> Para a Igreja, a opção pelos pobres é mais uma categoria teológica do que cultural, sociológica, política ou filosófica. Deus "manifesta a sua misericórdia antes de mais" a eles. Esta preferência divina tem

---

a Israel (BOSCH, 2007, p. 37-38). Nos Atos dos Apóstolos, os outros são objeto da irrupção inesperada do Espírito (At 10,44), que prometia dar vida a uma comunidade intercultural. Mas essa perspectiva não vingou, e afinal uma cultura se sobrepôs a outra. Na época patrística temos testemunhos exemplares de sensibilidade social dos cristãos: não muitos, porém, de tolerância e de diálogo com os outros (SUESS, 2007a, p. 100).

consequências na vida de fé de todos os cristãos, chamados a possuírem "os mesmos sentimentos que estão em Cristo Jesus" (Fl 2,5) [...]. Por isso, desejo uma Igreja pobre para os pobres. Estes têm muito para nos ensinar. Além de participar do *sensus fidei*, nas suas próprias dores conhecem Cristo sofredor. É necessário que todos nos deixemos evangelizar por eles. A Nova Evangelização é um convite a reconhecer a força salvífica das suas vidas, e a colocá-los no centro do caminho da Igreja (EG 198).

Neste sentido, os pobres irrompem na história da salvação com seu "potencial evangelizador" (DP 1147), enquanto chamados e enviados a manifestar a glória de Deus na loucura, na fraqueza e no desprezo, denunciando desta maneira o poder, o saber e o ser do mundo. Paulo descreve assim a "Igreja dos pobres":

> Vede, pois, quem sois, irmãos, vós que recebestes o chamado de Deus; não há entre vós muitos sábios segundo a carne, nem muitos poderosos, nem muitos de família prestigiosa. Mas o que é loucura no mundo, Deus o escolheu para confundir os sábios; e o que é fraqueza no mundo, Deus o escolheu para confundir o que é forte; e o que no mundo é vil e desprezado, o que não é, Deus escolheu para reduzir a nada o que é, a fim de que nenhuma criatura possa vangloriar-se diante de Deus (1Cor 1,26-29).

Exatamente para engendrar na história o primado de Deus e a busca incessante do seu Reino com a transformação da sociedade, o protagonismo dos pobres e dos marginalizados não é fim a si mesmo, e nem para uma classe social reivindicar um poder ou um *status* em alternância às classes dominantes. Sua luta em vencer a pobreza e se libertar da opressão é uma luta humanizadora, "restauradora da humanidade" (FREIRE, 1987, p. 30), para que não haja mais opressores e nem oprimidos. Trata-se de um parto doloroso, um processo temerário, um percurso cheio de imprevistos, porque a sombra do opressor está introjetada no oprimido em diversos níveis do seu ser: "o homem que nasce deste parto é um homem novo que só é viável na e pela superação da contradição opressores-oprimidos, que é a libertação de todos" (FREIRE, 1987, p. 35).

Chegados a este ponto, está suficientemente claro que a questão do pobre e do outro na missão cristã não se situa no âmbito de uma transmissão de uma mensagem, mas no âmbito de uma *participação* a uma causa que é primeiramente dos interlocutores, e por tabela da Igreja missionária como aliada na promoção da vida para todos, na construção de um outro mundo possível. Nessa participação acontece um diálogo criativo em que todos os sujeitos envolvidos se evangelizam. Todavia, é preciso alguém "tomar a iniciativa sem medo, ir ao encontro, procurar os afastados e chegar às encruzilhadas dos caminhos para convidar os excluídos" (EG 24). Esse "sair em direção aos outros" (EG 46), "não tanto aos amigos e vizinhos ricos, mas sobretudo aos pobres e aos doentes, àqueles que muitas vezes são desprezados e esquecidos" (EG 48), é crucial para que a missão aconteça.

5.2.2 Missão como aprendizagem

A missão como participação nas lutas dos pobres e dos outros para um mundo mais humano pluriversal, pois "o conteúdo fundamental dessa missão é a oferta de vida plena para todos" (DAp 361), leva a Igreja missionária a "recomeçar a partir de Cristo" mestre e Senhor: "necessitamos fazer-nos discípulos dóceis, para aprendermos dele, em seu seguimento, a dignidade e a plenitude da vida" (DAp 41). Em outras palavras, Aparecida evoca o tema do discipulado missionário como uma nova aprendizagem: "para nos converter em uma Igreja cheia de ímpeto e audácia evangelizadora, temos que ser de novo evangelizados e fiéis discípulos" (DAp 549).

Diversas vezes nesse trabalho levantamos o problema fundamental dos *pressupostos* da missão cristã: a certeza inalienável de *ter* uma verdade a comunicar, uma salvação a proclamar, uma conversão a decretar, estabelecendo uma relação *docente* diante de um sujeito *discente*, colonizado a ser evangelizado (PIO X, 1906). De várias maneiras, essa assimetria se repropôs ao longo da história "mudando os conteúdos, mas as regras do jogo", de cima para baixo, dos missionários para os pagãos, os bárbaros, os atrasados, os pobres, os afastados etc.

Agora a Igreja latino-americana e caribenha reconhece, ainda que de maneira não totalmente explícita, a necessidade de repensar sua missão do anúncio da boa-nova do Reino em termos de reciprocidade dialógica, reconhecendo os pobres e os outros como interlocutores, e a comunidade cristã como primeira destinatária da evangelização (EN 15). À esteira das Igrejas da Ásia que articularam sua missão em torno do paradigma da *missio inter gentes*[201], "entre os povos", o Documento de Aparecida sugere procurar os fundamentos de uma nova postura missionária não em uma teologia comparativa ou intercultural, mesmo com suas perspectivas emergentes e cativantes (TAMAYO, 2017), mas *ad rimini fontes*, segundo a metodologia conciliar, ao recuperar a perspectiva bíblica do discipulado missionário. Neste tipo de opção se assume certo risco de autorreferencialidade, se não for claro que esse exercício hermenêutico deve ser ato segundo diante de uma realidade de violência colonial que exige a busca de novas maneiras de ser.

a) **Aprendizagem como arrependimento e desprendimento.** A partir do Vaticano II, passando pela *Evangelii Nuntiandi*, seguindo pela caminhada da Igreja latino-americana e caribenha a partir de Medellín, vimos que o tema da conversão, em seu sentido primordial, não é dirigido somente aos hipotéticos destinatários da missão, mas igualmente aos cristãos e à Igreja enquanto tal. O Documento de Aparecida remete a uma profunda conversão pastoral das estruturas eclesiais (DAp 7.2), como também a uma conversão epistemológica que se abre aos conhecimentos outros (TOMICHÁ, 2019, p. 559), a uma metanoia que convida a sair de si (RMi 49), a um processo que impele a "recuperar a memória histórica, fortalecer os espaços e relacionamentos interculturais" (DAp 96).

---

201. A expressão foi cunhada pelo missiólogo americano William R. Burrows (2001) e sistematizada, em seguida, por diversos teólogos asiáticos, entre os quais o malaio Jonathan Y. Tan (2004). Nunca foi utilizada pela Federação das Conferências Episcopais da Ásia (FABC). Todavia, esse conceito aponta para um novo paradigma de fato adotado por essas Igrejas, e assim descrito por Tan: "A teologia da missão da FABC não começa de cima ou do centro, mas de baixo e da periferia, movendo-se em direção ao centro. Para a FABC, missão e evangelização não é uma via de mão única, uma proclamação unidirecional de princípios abstratos de credo e verdades doutrinárias. Assim, ao articular a abordagem da *missio inter gentes* à tarefa da missão cristã, a FABC começa não com conceitos e categorias teológicas abstratas e universalistas, mas com as experiências de vida e outros desafios decorrentes do encontro contínuo com realidades asiáticas contemporâneas e com contextos asiáticos específicos. Para a FABC, a missão é mais do que plantar uma nova Igreja local em lugares onde ainda não existe. No que diz respeito à FABC, os povos asiáticos não são objetos de missão, a serem convertidos e trazidos para a Igreja, embora os cristãos certamente não hesitem em fazer esse convite, quando apropriado. Em vez disso, o foco da *missio inter gentes* da Igreja local asiática é identificado com a própria missão de Jesus de promover o Reino de Deus entre seu povo" (TAN, 2004, p. 91).

A conversão é um processo que exige três passagens: arrependimento em relação ao passado, reorientação da vida em relação ao presente, compromisso em relação ao futuro. O patriarca da *Black Theology*, James Hal Cone (1938-2018), lembrava com certo destemor:

> Na Bíblia, a conversão é estreitamente identificada com o arrependimento, e ambos significam uma radical reorientação de toda a vida [...]. A pessoa que se arrepende é aquela que vende tudo e redefine sua vida em compromisso com o Reino de Deus. É por isso que, na Bíblia e na experiência religiosa negra, o arrependimento está ligado à morte. Ele significa morrer para o pecado e para alienação e nascer de novo em Jesus Cristo e, assim, viver em obediência fiel à sua vontade para restaurar a saúde da existência humana (CONE, 1985, p. 260).

A atitude penitencial é elemento fundamental hoje para a missão cristã orientar sua caminhada decolonial com humildade, misericórdia e humanidade. Para a Igreja santa e pecadora, a necessidade de reconhecer suas deficiências e ambiguidades significa assumir sua intrínseca historicidade e sua natureza peregrina.

> Somente o reconhecimento corajoso das falhas e também das omissões pelas quais os cristãos se responsabilizaram de alguma forma, bem como o propósito generoso de remediá-las com a ajuda de Deus, podem dar um impulso efetivo à Nova Evangelização e facilitar o caminho para facilitar unidade (JOÃO PAULO II, 1994b, n. 11).

João Paulo II talvez seja lembrado na história como o papa que mais manifestou esse esforço, pedindo perdão diversas vezes e, solenemente, por ocasião do Grande Jubileu do Ano 2000: para uma instituição milenar como a Igreja Católica foi, sem dúvida, um testemunho exemplar e altamente significativo, junto ao qual não faltaram reações contrárias por parte dos membros da hierarquia. Contudo, na Bula de proclamação desse evento (1998), o sucessor de Pedro pedia que a Igreja se ajoelhasse diante de Deus e implorasse o perdão "para os pecados passados e presentes dos seus filhos", mas não dela especificamente como instituição (IM 11). O arrependimento da Igreja ficou também nessa ocasião um gesto contornado, uma tarefa pendente e um entrave para uma autêntica conversão[202].

---

202. Destarte, é preciso fazer jus ao legado de Wojtyla que tinha pessoalmente a peito a questão dos pecados da Igreja como instituição, desde o começo de seu pontificado, quando mandou teólogos e histo-

Seja como for, o caminho de conversão da proposta cristã continua sendo algo constitutivo a ser vivido, a ser renovado e a ser proposto. Arrependimento, reorientação e compromisso têm tudo a ver com o "aprender a desaprender" (desprendimento), para "reaprender de outra maneira" (abertura) do pensamento decolonial, tendo presente que *desaprender* não significa *esquecer*, e sim *lembrar de um modo diferente* (SOUSA SANTOS, 2019, p. 225; FT 246). Não sendo algo tão desconhecido pela tradição cristã, é análogo à dinâmica do mistério da encarnação (*quênose*) e ao despojamento dos discípulos exigido por Jesus (Mt 16,24). Assim entendida a (des)aprendizagem é algo profundo e paradigmático, que não toca somente a gramática do conhecimento, mas também, e primeiramente, a estrutura do próprio ser.

Um dos estudiosos que mais aprofundou esta relação foi o antropólogo inglês Gregory Bateson (1904-1980). Segundo a sua teoria cibernética, um sistema mecânico resolve seus problemas atingindo informações dentro o próprio sistema de funcionamento (p. ex., uma calculadora, um computador, um automóvel etc.), entretanto que um sistema orgânico muitas vezes deve mudar todo seu sistema de funcionamento para resolver seus problemas e adaptar-se a uma nova situação. No primeiro caso, temos o que Bateson chama de "protoaprendizagem", ou "aprendizagem de tipo zero": a calculadora, por exemplo, é um circuito fechado que nunca erra, porque, qualquer seja a resposta, vem sendo repetida utilizando toda e somente a informação que tem. No segundo

---

riadores investigarem o caso de Galileu (1979) e, 13 anos mais tarde, reconhecer que a ciência obrigava os teólogos a se questionarem sobre seus critérios de interpretação das Escrituras; no entanto, a maioria deles foi incapaz de fazer isso (*Discurso aos participantes da sessão plenária da Pontifícia Academia das Ciências*, 31 de outubro de 1992). Ainda em seu discurso ao bispo de Leiria, Portugal (12 de maio de 1982), João Paulo II usou a expressão "Igreja viva, santa e pecadora", que apareceu depois somente em junho de 1994, em um Pró-memória para o V Consistório Extraordinário em vista do Jubileu. Nesta ocasião o papa reconheceu com decisão: "Como calar as tantas formas de violência perpetradas também em nome da fé? [...] É preciso que também a Igreja, à luz das afirmações do Concílio Vaticano II, reveja de própria iniciativa os aspectos obscuros de sua história avaliando-os à luz do Evangelho [...]. Isso não vai causar dano nenhum ao seu prestígio moral, aliás sairá reforçado pelo testemunho de lealdade e de coragem em reconhecer os erros cometidos por seus homens e, num certo sentido, em seu nome. A Igreja é certamente santa, como professamos no Credo, porém é também pecadora, não como corpo de Cristo, mas como comunidade feita de homens pecadores" (JOÃO PAULO II, 1994a, n. 7). Evidentemente, essa sua postura causou certo alvoroço, que teve de ser, de alguma forma, contido ao declarar que "pecadores" são só alguns membros, e não a Igreja em si.

caso, teríamos uma "deuteroaprendizagem" ou uma aprendizagem qualitativa, na qual o sistema procede por tentativas e erros, muda a si mesmo e corrige os erros mediante um conjunto de alternativas: age como um circuito aberto que adquire não só novas informações, mas sobretudo um novo modo de aprender. É o caso da pessoa que aprende a atirar para um alvo em movimento, que aprender a nadar, que aprende a andar de bicicleta, que aprende um novo idioma etc. Assim descrita, a deuteroaprendizagem apresenta-se como uma aprendizagem de nível superior, enquanto o sistema "aprende a aprender" procedendo por erro e acertos (BATESON, 1976, p. 301-338)[203]. Trata-se de saltos de tipos lógicos, ou paradigmáticos, que manifestam a capacidade dos sistemas vivos de aprender, pensar e decidir sempre de maneiras diferentes, envolvendo um *deixar*, um *sair*, um *despojar-se* de uma estrutura de conhecimento, para integrar-se e entregar--se a algo novo, a algo maior.

É exatamente esse tipo de aprendizagem que é requerida hoje à Igreja com esse "sair de si": uma abertura ao ignoto que "contém sempre a dinâmica do êxodo e do dom", um caminhar e um semear sempre de novo, sempre mais além (EG 21), uma coragem de "encontrar os novos sinais, os novos símbolos, uma nova carne para a transmissão da Palavra" (EG 167).

b) Aprender a tornar-se pobre. A proposta de desaprendizagem/aprendizagem que encontramos no evangelho implica um deixar/sair de si mesmo para entrar/adquirir uma nova mentalidade no seguimento de Jesus. Essa conversão está inscrita no programa discipular das Bem-aventuranças.

---

203. A noção do "aprender a aprender" tornou-se um marco teórico na teologia de Juan Luis Segundo (BOTELHO, 2007, p. 292). Para esse teólogo da libertação, a teologia não é aprendizagem de respostas já feitas, mas um "aprender a aprender" que afeta a organização interna da teologia, de maneira que "depois da Bíblia, o cristão continua aprendendo, continua esse processo pelo qual a história vai lhe ensinando" (apud PREISWERK, 1998, p. 247). A fé, para Segundo, se encontra relacionada a uma aprendizagem que consiste em descobrir a dinâmica que vincula entre si as diferentes formulações. Não há aprendizagem da fé no acúmulo de informações religiosas, que são de ordem ideológica (aprendizagem de tipo 1). Já as crenças são produto de um segundo nível de aprendizagem, de um "aprender a aprender" para soluções de problemas humanos (aprendizagem de tipo 2). Contudo, a fé pertence a um terceiro nível de aprendizagem, onde há uma profunda mudança nas premissas epistemológicas (aprendizagem de tipo 3; p. 257-258).

"Felizes os pobres no espírito, porque deles é o Reino dos Céus", diz Mateus (Mt 5,3), enquanto Lucas, "Felizes vós, os pobres, porque vosso é o Reino de Deus" (Lc 6,20). Tanto na primeira versão como na segunda, os destinatários das "bem-aventuranças", gênero literário característico da tradição bíblica, são os discípulos (FABRIS, 1992, II, p. 76). Em Mateus são descritos como "pobres em espírito", ou seja, "aqueles que se tornam voluntariamente pobres para enriquecer os outros" (MAGGI, 2006, p. 51), seguindo o exemplo do Senhor que "se fez pobre, embora fosse rico, para vos enriquecer com sua pobreza" (2Cor 8,9). Em Lucas, há um "vós" dirigido claramente aos seguidores de Jesus, que não deixa dúvidas sobre o caráter dessa proclamação: "felizes vocês que se identificam e assumem a causa dos pobres", mas "ai de vocês se se identificarem e se assumirem a causa dos ricos" (Lc 6,24).

Essas passagens propõem um salto cognitivo bastante definido: *aprender a aprender junto aos pobres*, porque são eles que ditam o caminho a seguir (EG 197). A Igreja, por consequência, deve seguir "o caminho da pobreza, da obediência, do serviço e da imolação própria até à morte" (AG 5). Deus se identifica com os pobres (Mt 25,34-40), luta ao lado deles, manifesta sua misericórdia antes de mais com eles, de maneira que os discípulos precisam se deixar evangelizar por eles (EG 198), tornando-se pobres: "a pobreza da Igreja e de seus membros deve ser sinal e compromisso: sinal do valor inestimável do pobre aos olhos de Deus; compromisso de solidariedade com os que sofrem" (DM, XIV, 7).

A Bíblia não faz nenhum tipo de apologia dos pobres e da pobreza. Condena decididamente qualquer situação de necessidade, de injustiça e de opressão. O desígnio de Deus para com o seu povo é que não exista nenhum pobre no meio dele (Dt 15,4), coisa que se realiza idealmente na comunidade pós-pascal (At 4,34). Os profetas e os salmos anunciaram a intervenção eficaz de Deus em favor dos oprimidos e dos indigentes (Is 49,9.13; Sl 72,2-4.12-14; 107,41; 113,7-8), de maneira que os pobres pudessem colocar toda sua confiança em YHWH (Sl 147,6).

Jesus se faz porta-voz destas instâncias (Lc 4,18-21) e sua ação cumpre com as promessas messiânicas (Lc 7,22). Os discípulos tornam visível aqui e agora o Reino de Deus, exatamente em seu tornar-se "visceralmente" e "corporalmente"

(AQUINO JÚNIOR, 2019, p. 79) misericordiosos com os aflitos, puros de coração com os mansos[204], promotores da paz com os que têm fome e sede de justiça, lutando para uma subversão radical de todas essas condições e enfrentando assim inevitáveis perseguições (Lc 6,22). Desta maneira, "o Reino de Deus está próximo, arrependei-vos e crede no evangelho" (Mc 1,15): os que fazem essa opção tornam imediatamente presente o Reino de Deus e chamam todo mundo à conversão.

Tornar-se pobre é exigência radical para o seguimento de Jesus, porque essa condição é participação à vida divina, manifesta quem é Deus, a quem Deus prefere, junto a quem Deus se situa em sua missão: "Jesus quer que toquemos a miséria humana, que toquemos a carne sofredora dos outros" (EG 270). Essa proximidade atinge as dimensões da necessidade, da vulnerabilidade, da afetividade, da injustiça, da perseguição e da morte:

> A prova maior da ortodoxia cristã está na pobreza de Deus que substitui as palavras pela Palavra que se fez carne, Palavra que revela e esconde. A ortodoxia cristã se reveste não de eficácia, nem de obras quantificáveis, mas de sinais de pobreza do próprio Deus: encarnação, cruz e eucaristia. "A pobreza é a verdadeira aparição divina da verdade", escreveu o então Cardeal Ratzinger. E a pobreza não é algo abstrato. Ela tem "personalidade" e "subjetividade". Lugar da epifania de Deus são os crucificados da história. Neles, a Igreja reconhece "a imagem de seu Fundador pobre e sofredor" (LG 8c) (SUESS, 2007b, p. 66).

Tornar-se pobre é tornar-se aprendiz no amor, despojando-se da própria vida para torná-la um dom para a vida dos outros: "a vida se alcança e amadurece à medida que é entregue para dar vida aos outros. Isso é, definitivamente, a missão" (DAp 360). Esse dom decorre do "imperativo de ouvir o clamor dos pobres [que] se faz carne em nós" (EG 193). Esse amor leva ao conhecimento maior (1Cor 13,8), é ver Deus face a face (1Cor 13,12), é permanecer em Deus (1Jo 4,16): "a verdadeira fé no Filho de Deus feito carne é inseparável do dom de si mesmo, da pertença à comunidade, do serviço, da reconciliação com a carne dos outros" (EG 88).

---

204. Os mansos são os injustiçados que não se irritam contra quem faz o mal, e que confiam na ação de YHWH (Sl 37).

Tornar-se pobre no evangelho é tornar-se discípulo, seguidor e imitador do mestre e Senhor que se fez pobre. O rico é quem segura o que tem para si (Mt 19,21-22); o pobre, segundo o evangelho, é quem se despoja de tudo para livremente dar (Jo 10,18). Esse seguimento, segundo a tradição cristã, é o caminho de salvação para a humanidade.

c) Aprender a tornar-se outro. Entre as noções de "pobre" e "outro" há convergências e divergências. O "outro" pode ser percebido como indigente, quando na realidade há nele uma riqueza inestimável. O "outro" se identifica com o pobre, quando em sua alteridade é excluído e marginalizado. O "pobre" também constitui uma alteridade cultural, que se reconhece somente depois de uma longa, humilde e paciente convivência (COMBLIN, 2004, p. 162).

Da mesma forma, entre "tornar-se pobre" e "tornar-se outro" há também nuanças interessantes para a missão cristã. No NT encontramos um texto paradigmático que ao mesmo tempo unifica e distingue os dois aspectos, mas que frequentemente é interpretado pastoralmente somente por um viés. Estamos em Lc 10,25-37, a Parábola do Bom Samaritano. A imagem desta narração serviu de inspiração ao Documento de Aparecida para falar da Igreja samaritana em seu serviço de caridade ao próximo e de promoção humana (DAp 26, 176, 491). Na realidade, o sentido mais instigante da estória não está na boa ação do peregrino para com o desafortunado, mas na desconstrução epistêmica ocasionada por um processo transgressivo de aproximação.

O texto começa com o diálogo entre um perito legista e Jesus, com a pergunta que os discípulos costumavam fazer a seus mestres (Lc 10,25). Jesus responde segundo as regras das escolas judaicas com uma contrapergunta que reenvia o interlocutor ao patrimônio da tradição, sintetizado nas duas tábuas da Lei: amar a Deus (Dt 6,5) da primeira tábua, os mandamentos referentes às obrigações para com Deus (Ex 20,3-11); amar o próximo (Lv 19,18) da segunda tábua, os mandamentos referentes às obrigações para com o próximo.

A essa altura uma questão desestabiliza o diálogo e quer saber até onde vai o amor ao próximo: "Quem é o meu próximo?" A casuística judaica atribuía à palavra "próximo" a algum tipo de pertença ao povo de Deus, ou mais restritos ainda, a um grupo religioso ou simplesmente a um parentesco (FABRIS, 1992, II, p. 126). Jesus ao responder conta uma parábola que subverte qualquer possibilidade de resposta.

Um homem descia de Jerusalém a Jericó, foi surpreso pelos assaltantes, que o despojaram, o espancaram e o deixaram "semimorto" (ἡμιθανῆ). Está morto ou não está morto? Eis a questão. Porque se estiver morto – e nós não sabemos se está – a Lei sagrada proíbe tocar cadáver. Aquele que incorrer nesta infração, e não seguir o rito próprio de purificação, "será eliminado de Israel" (Nm 19,11-13). O sacerdote e o levita evitaram de desafiar a Lei, e prosseguiram o caminho. Enquanto um samaritano, estirpe impura por excelência, não devia ter esse tipo de escrúpulos, se moveu a compaixão, socorreu o homem caído, cuidou das feridas e o levou até uma hospedaria.

A este ponto Jesus formula uma pergunta revertendo a primeira, deslocando momentaneamente o interlocutor: "qual dos três *se tornou* o próximo do homem que caiu nas mãos dos assaltantes?" (Lc 10,37; grifo nosso). O "próximo" é você que se aproxima: o "próximo" não é um sujeito, mas um movimento que implica deixar um *lugar*, uma zona de conforto, e ir para um *lugar outro*.

Mas outra pergunta ficou no ar diante do zelo do sacerdote e do levita solícitos em obedecer às prescrições da Lei. A parábola retrata o caso paradoxal onde as duas tábuas da Lei de Moisés se chocam uma contra a outra: o que fazer quando estiver na situação de escolher entre amar a Deus *ou* amar o próximo? Se eu me aproximar para socorrer e o homem estiver morto, atento contra a Lei de Deus. O dilema na consciência dos religiosos é resolvido no sentido que antes de tudo vem o amor a Deus e *depois* o amor ao próximo. Mas para Jesus parece não ser assim: o verdadeiro amor a Deus está exatamente no amor ao próximo (1Jo 4,20).

Contudo, isso não é tão simples como parece, sobretudo quando estamos pessoalmente envolvidos numa situação similar. A infração de uma Lei sagrada, a mais sagrada que se possa pensar, exige uma reviravolta total e transgressiva de compreensão, de superação e de adesão. "Tornar-se próximo" ao outro refere-se, portanto, a uma (des)aprendizagem radical, na qual somos chamados a nos desfazer de estruturas intocáveis (DAp 365), um verdadeiro êxodo de nós (EG 21), uma inquietante saída de si (EG 197), um dramático salto epistêmico, igual àquele de deixar casas (contexto), irmãos e irmãs (tribo), pai (tradição), mãe (afetos), filhos (heranças), terras (propriedades), por causa do nome dele (Mt 19,29). Não se trata de abandonar certos pressupostos sagrados que sustentam nossa identidade, mas de *assumi-los*, *ressignificá-los* e *reorganizá-los* de maneira diferente (Mc 3,31-35).

O processo de saída de si em direção ao outro envolve também *um processo de entrada na casa do outro*. Na invasão e na conquista colonial, a missão cristã não saiu de sua casa, e entrou no quintal dos outros reivindicando direitos de propriedade, condição de superioridade e anseios de caridade. Entretanto, o discípulo enviado é chamado a viver permanentemente a condição de hóspede (Mt 10,11), de peregrino (Lc 24,18) e de estrangeiro (1Pd 2,11) rumo ao mundo do outro (BEVANS; SCHROEDER, 2016, p. 60), em uma viagem para fora e para dentro de si mesmo, processo que implica sempre vida, morte e ressurreição (HENDRICKS, 2002, p. 448).

Com efeito, vimos nos Atos dos Apóstolos o quanto foi sofrida para os discípulos de Jesus esta aprendizagem de "tornar-se próximo". Os sinóticos retratam esse "parto" dos primeiros tempos em que a comunidade dos discípulos se abre vagarosamente aos pagãos, com a travessia do Mar da Galileia: quando Jesus convida a passar "para outra margem" (Mc 4,35), indica o território pagão da Decápole. Essa viagem se transforma logo numa aventura, repleta de tempestade, ventos e ondas fora de controle. O pânico dos discípulos contrasta com o sossego enervante de Jesus (Mc 4,38): a tempestade não está fora, mas dentro do barco, a significar a resistência e o alvoroço da primeira comunidade cristã em dirigir-se aos pagãos.

É totalmente diferente a situação de "uma Igreja com portas abertas" (EG 46) que acolhe a todos, de uma Igreja que sai para se dispor a ser acolhida pelo outro: essa é a dinâmica específica da missão que nos subverte e nos desafia. O próprio evangelho se faz estrangeiro para as culturas e pede para ser acolhido em sua diferença.

> O evangelho tende a mostrar que a evangelização radical é obra do estrangeiro. Uma mensagem comunicada pelo semelhante ao semelhante reduz-se facilmente a um puro monólogo. O interlocutor ou-

> ve-se a si mesmo e encontra prazer e satisfação na palavra, porque ele se ouve e se reconhece. Com essas condições não há evangelização possível. Pois esta vem de fora e exige que o sujeito se abra a uma novidade e esteja disposto a romper os seus hábitos mentais e vivenciais. Jesus foi um estrangeiro, e todos os missionários também apareceram como estrangeiros. Não procuram ocultar essa condição. Jesus não quis atenuá-la no caso dos seus discípulos: não os mandou para os seus semelhantes e sim para todas as nações do mundo cuja cultura lhes era completamente alheia (COMBLIN, 2009, p. 19-20).

Ao mesmo tempo, a experiência de entrar na casa do outro nos proporciona o dom inestimável do Evangelho do outro, a sua experiência humana, a sua bagagem espiritual, o seu encontro com Deus. Essa aproximação exige, sem dúvida, espírito de adaptação, capacidade de comunicação, disciplina na inserção, paciência na travessia, generosidade na entrega, grande sensibilidade, consideração e paixão pelo povo que nos acolhe. A maior ofensa que podemos dirigir às pessoas às quais somos enviados é não manifestarmos desejo de conhecimento, de reconhecimento e de disposição para o encontro.

O anúncio do Evangelho acontece sempre *inter gentes*, na reciprocidade entre os interlocutores, num dar e receber, numa escuta amorosa, numa atitude gratuita e audaciosa, humilde e destemida, desarmada e desarmante ao mesmo tempo. Todavia, não há *inter gentes* (encontro) sem que haja um *ad gentes* (aproximação), porque "o amor ao pobre começa por um movimento em direção a ele" (COMBLIN, 2004, p. 161).

5.2.3 Missão como habitar as fronteiras

Ao abordar o tema das fronteiras, o discurso sobre a missão cristã entra em uma fase mais operacional, ainda que essa operacionalidade diga respeito à sua essencialidade e à sua qualidade. Com efeito, o *situar-se* da missão não é um situar-se qualquer, a despeito da "desterritorialização" ambivalente efetuada a partir do Vaticano II, e talvez algumas décadas antes.

Decorrente deste processo, hoje na América Latina o termo "missão" é utilizado para sinalizar uma "tarefa" ou "ofício" referente a qualquer ação eclesial, engendrada por qualquer batizado e exercida em qualquer lugar. Em relação a essa nova consciência, o Papa Francisco distinguiu duas dimensões: a programática e a paradigmática.

> A missão programática, como o próprio nome indica, consiste na realização de atos de índole missionária. A missão paradigmática, por sua vez, implica colocar em chave missionária a atividade habitual das Igrejas particulares. Em consequência disso, evidentemente, verifica-se toda uma dinâmica de reforma das estruturas eclesiais. A "mudança de estruturas" (de caducas a novas) não é fruto de um estudo de organização do sistema funcional eclesiástico, de que resultaria uma reorganização estática, mas é consequência da dinâmica da missão. O que derruba as estruturas caducas, o que leva a mudar os corações dos cristãos é justamente a missionariedade. Daqui a importância da missão paradigmática (FRANCISCO, 2013, 3).

Evidentemente, uma Igreja num estado de pós-cristandade e de diáspora diante do mundo moderno e pós-moderno reencontra na essência missionária o motivo messiânico de sua vocação. Sem dúvida, isso representa um elemento de renovação e de reforma extremamente salutar. Contudo, o risco latente neste processo está na equiparação dos âmbitos e dos lugares de enunciação: se tudo é missão, nada mais é missão (BOSCH, 2007, p. 609), e a referencialidade dessa dimensão paradigmática para a fé cristã, sua dinâmica e suas exigências, caem inevitavelmente na insignificância. Tanto o coroinha da paróquia, instruído com todo afago pelo seu vigário, como a religiosa latino-americana que trabalha num hospital em Mogadíscio, são missionários pelo batismo. Mas a diferença contextual entre os dois não é uma diferença qualquer: e isso deve significar e comunicar algo de fundamental à comunidade eclesial, assim como para definir com mais precisão a noção de missão e seus contornos.

Falar de missão, acreditamos, é falar também e essencialmente de *territórios*, de contextos, não somente como *standpoint epistemology*, mas também e sobretudo como *lugares teológicos*[205], onde se dá a *missio Dei*. Pode-se proceder numa

---

205. Para o conceito de "lugar teológico", mutuado da Teologia da Libertação, cf. SOBRINO, J. *Jesus Libertador – I: A história de Jesus de Nazaré*. Trad. Jaime A. Clasen. Petrópolis: Vozes, 1992, p. 42-61.

desterritorialização quando há sinais de mudanças social e geopolítica, mas logo depois, ou ao mesmo tempo, é preciso "reterritorializar" a missão, tendo presente a natureza da vocação cristã e sua fundamental opção pelos pobres e pelos outros. Nessa necessária operação, não é por acaso que o Papa Francisco se refere muitas vezes à correlação prebischeana "centro-periferia": apontar de maneira quase obstinada para as periferias como lugar de missão significa que a missão cristã mantém sempre sua geopolítica, mesmo quando ao redesenhar os mapas pretendemos aduzir a situações existenciais, âmbitos, desafios, categorias, rostos ou pessoas, no lugar propriamente de "territórios geográficos", que todavia continuam tendo sua relevância crucial.

a) Três tipos de fronteiras. A palavra "fronteira" evoca uma polissemia que é traduzida nas diversas línguas com uma multiplicidade de termos intercambiáveis, os quais, porém, poderiam expressar diferentes dimensões do mesmo conceito. Mezzadra e Brett (2017) relevam que no inglês há pelo menos três termos para dizer "fronteira": *border* (margem), *boundary* (limite), *frontier* (confim) (p. 33). Esses substantivos ajudam a compreender que as fronteiras podem ser consideradas "líneas" (margens, limites) ou "espaços" vastos e abertos (confins).

Vamos tomar emprestado destes autores estas distinções, para retratar três tipos de conotações que interessam a três maneiras articuladas de se situar contextualmente no amplo leque dos desafios missionários do mundo atual. Hoje, a fronteira pode ser caracterizada como (1) um perímetro, uma margem; (2) uma linha divisória, um limite; (3) um espaço aberto, um confim, um horizonte.

1) No primeiro caso, "periferia" é o termo que concebe a fronteira como "margem" de um perímetro territorial: esta margem faz parte do espaço circunscrito, mas está distante do centro, como realidade social, existencial e geopoliticamente esquecida, marginalizada, empobrecida. Tem a ver com a estruturação e a estratificação da sociedade tanto em nível local como em nível mundial: temos as metrópoles e as colônias, e dentro das metrópoles e das colônias temos seus centros e suas periferias. Todos ocupam o mesmo espaço descrito em termos de sistema-

-mundo, nação, região, cidade etc. Temos assim o surgimento de outros binômios que descrevem situações periféricas como urbano/rural, elite/popular, Primeiro/Terceiro Mundo etc.; e também outro tipo de dualidades, ao gosto do capitalismo colonial, que delineiam situações de marginalidade: branco/negro; homem/mulher; normal/deficiente; hetero/homossexual; civilizado/índio; rico/pobre etc.

Todas essas assimetrias sinalizam realidades periféricas de "margem" de um sistema, que podem ser retratadas num mapa *dentro* de um perímetro, que reivindicam reconhecimento, direitos e cuidados, pois a vida na margem é constantemente ameaçada, violentada, esquecida. Mas também a margem, por viver um estado de exclusão e de sobrevivência, é uma usina de cultura, onde se forjam valores, onde se criam projetos alternativos, onde se cultivam sonhos e onde se ressuscitam esperanças. Tal como a Galileia de Jesus, "distrito das nações" (Is 8,23; Mt 4,15), a periferia é território mestiço, fronteiriço, afastado, desprezado, porém, sempre vinculado a uma tradição cultural e religiosa emanada por um centro (PAGOLA, 2011, p. 53). Por este, é percebida de maneira ambivalente como ameaça e atração, como desdém e culpa, como rejeição e compaixão, e isso dá ádito a posturas ao mesmo tempo de negação e identificação.

A dialética centro/periferia é estrutural na sociedade colonial capitalista, não somente em relação à exploração ou à exclusão de amplos setores da população por parte das classe dominantes, mas também em relação à natureza, reduzida a mero recurso econômico, causando gravíssimos desequilíbrios climáticos, comprometendo inclusive o futuro da vida no planeta. Os impactos ecológicos dos processos produtivos de índole extrativista, inclusive cognitiva (SOUSA SANTOS, 2019, p. 193), explodem sobretudo a partir das margens periféricas, em termos de degradação ambiental e humana, qualidade de vida, saneamento básico, moradias insalubres, acesso aos recursos naturais, exposição a poluentes etc. Um "sistema de relações comerciais e de propriedade estruturalmente perverso" (LS 52) cria de fato uma "periferia" socioambiental, no "centro" da qual se encontra um antropocentrismo tecnocrático devotado a "extrair o máximo possível das coisas por imposição da mão humana" (LS 106).

2) De natureza um pouco diferente da periferia, está a fronteira no sentido de divisa, limiar, confim entre um território e outro, onde se encontram/desencontram duas identidades, dois povos, duas culturas. Essa fronteira é a "fronte", o posto mais avançado de um exército em guerra contra um inimigo. É o lugar interstício, o espaço vácuo, a linha de separação onde se erguem muros e se estendem arame farpado. Como na cena do filme de Theo Angelopoulos, *O passo suspenso da cegonha* (1991), as três linhas na ponte indicam território grego (linha azul), território de ninguém (linha branca), território turco (linha vermelha): "Se eu der um passo a mais, estarei em outro lugar, ou morto", diz o protagonista. Do outro lado, os soldados apreensivos com suas armas em punho, estão prontos a disparar caso se ouse desrespeitar a demarcação.

Nesse tipo de fronteira alfandegária se amontoa prófugos e refugiados que dormem na areia, nos campos de confinamento ou nos vagões ferroviários, vivendo de expedientes, esperando o momento da travessia ou da deportação, vítimas das guerras, das violências e das limpezas étnicas, religiosas, sociais, econômicas, ambientais (LS 25). Não estamos mais *dentro* de um perímetro, mas *na* linha abissal, *no* limiar fronteiriço, *na* ferida colonial, um não lugar de deslocamento, de passagem, de provisoriedade: "hoje, para muitos párias da Terra, o sonho mais profundo ou, se preferir, a utopia mais atraente, já não é *mudar o país* em que vivem, ou seja, mudar seu sistema político e sua estrutura econômica, e sim atravessar fronteiras e *mudar de país*" (VELASCO, 2019, p. 170; grifos do autor).

A fronteira assim concebida é real e cruel para milhões de migrantes, mas também simbólica e imaginária por outros tanto milhões de excluídos: cercas (in)visíveis são levantadas para separar frente a frente classes sociais, segmentos ideológicos, grupos de interesses, culturas, raças, gerações e todo tipo de fragmentação e de diferença. Mas é verdade também que essas cercas verticais, uma vez derrubadas horizontalmente, podem se transformar em pontes: a fronteira desta maneira se torna divisa porosa, uma dupla consciência (*double consciousness*), lugar mágico de comunicação e reciprocidade, passagem para ir e vir e construir novas subjetividades, novos laços, novas relações. Não se trata de cair na proposta distópica de um "mundo sem fronteiras" (*borderless world*), concebido de mão única pela hegemonia neoliberal, mas de propor na contramão uma perspectiva de "fronteiras abertas" (*open borders*), que preserva identidades e ao mesmo tempo fomenta diálogos, intercâmbios, cooperações e integrações (p. 173).

3) A fronteira, enfim, pode ser concebida como realidade que desafia o conhecido e que se projeta além do imaginário. É o caso de quando não se fica *dentro* dos perímetros, nem *nas* linhas divisórias, mas se ultrapassa de alguma forma os limites para entrar em espaços desconhecidos, penetrar outros mundos, desbravar novos caminhos, abrir novos horizontes. Sem dúvida, um ato transgressor desse gênero foi produto do instinto imperial de conquista por parte do Ocidente. Militares, missionários e mercadores, cada um à sua maneira, quebraram barreiras, avançaram por terras e mares, criaram redes de comunicação, violentando, dominando e subjugando inúmeras populações aos seus próprios interesses. O impulso prometeico que deu origem ao sistema-mundo moderno capitalista, frenético e sem limites, que parece não ter fim particularmente nos campos da ciência, da tecnologia, do pensamento e da pilhagem, escancarou as fronteiras dos outros e da natureza para expandir as próprias.

Seja como for, e os inevitáveis riscos que temos que correr, ultrapassar fronteiras faz parte dos processos do conhecimento, da aprendizagem, da comunicação e da própria sobrevivência. O caminho da preservação identitária e de sua lógica rigorosa não parece ser praticável. Hoje mais do que nunca é preciso proceder a tornar as identidades mais disponíveis aos intercâmbios, aos entendimentos, às hibridações e à miscigenação: "não está garantido que uma maior disponibilidade seja a via que nos salva; mas está suficientemente acertado que a atitude oposta (a obsessão pela pureza e pela identidade) foi o que produziu as maiores ruínas" (REMOTTI, 1999, p. 104). Para nós, fica bastante claro que a expansão colonial, e a modernidade/colonialidade como seu fruto maduro, foi nada mais do que a afirmação/imposição de uma identidade, mais que um habitar os mundos dos outros.

O peregrino que se torna hóspede na casa dos outros, é alguém que aposta nesse tipo de abertura e comunicação. Enfrenta o desconhecido com a humildade que brota de sua incerteza e precariedade; vive em uma cultura que não é a dele e que não poderá compreender inteiramente; aprende uma língua recomeçando do jardim de infância sempre falando como uma criança; comunica com os demais sem saber se suas palavras são apropriadas ou entendidas. Tudo é novidade e curiosidade no começo, mas logo chega a desorientação e a confusão do choque cultural, até o momento de adquirir a destreza necessária (aprender a aprender) para lidar com essa travessia (HENDRICKS, 2002, p. 444). A experiência desse peregrino, ou migrante, aprimora nele um sentido muito concreto de sua humanidade e vulnerabilidade, e nos outros o sentido da acolhida que abre fronteiras à novidade.

b) Três maneiras de habitar as fronteiras. Três imagens evangélicas podem inspirar a Igreja missionária a abrir caminhos para habitar decolonialmente essas fronteiras[206].

1) A primeira é a imagem do pastor que cuida de suas ovelhas, chama uma por uma pelo nome, as conduz para fora do redil, caminha à sua frente, corre atrás quando uma se perde, dá a vida por elas e ao mesmo tempo tem uma preocupação com outras ovelhas que não são deste redil (Jo 10,1-18). A missão aqui é movida pelo cuidado e pela proximidade maternal com as pessoas (DAp 199; EG 140). A imagem do pastor é biblicamente associada a Iahweh que cuida do seu povo Israel, disperso e abandonado (Ez 34; Mt 9,36; 10,6; 15,24): "buscarei a ovelha que estiver perdida, reconduzirei a que estiver desgarrada, pensarei a que estiver fraturada e restaurarei a que estiver abatida [...] eu mesmo trarei salvação ao meu rebanho, de modo que não mais sejam saqueadas" (Ez 34,16.22).

A missão "pastoral" da Igreja na "periferia" é exatamente a de cuidar, proteger, curar, defender o pobre e o marginalizado, nos seus três âmbitos existenciais essenciais da pessoa, da comunidade e da sociedade (BRIGHENTI, 2006a, p. 155-156)[207]. Essa ação se refere às injustiças, às violações e às exclusões cometidas pelas

---

[206]. Essas metáforas são tiradas do livro do biblista canadense Marc Girard, *A missão da Igreja na aurora do novo milênio* (2000), p. 45-75.

[207]. "Os três âmbitos não são três campos de ação autônomos e separados [...]. O trinômio se articula de forma dialética, mas desde o polo da pessoa. Na perspectiva cristã, a pessoa humana é um absoluto, enquanto criada à imagem e semelhança de Deus. A pessoa é um fim, nunca um meio, para ninguém e

elites do "centro", que serão julgadas por "pastarem o melhor pasto" e "beberdes a água límpida", entretanto que "minhas ovelhas hão de pastar o pisado pelos vossos pés e beber o turvado pelos vossos pés" (Ez 34,18-19).

A condição existencial de habitar a periferia, esse *estar com*, implica para a Igreja um deslocamento fundamental de perspectiva em termos de enxergar para realidade e aderir a um projeto de mundo global mais justo e solidário: "Um mundo sem Lázaros e sem Epulões. 'Uma família de mais ou menos todos iguais', como pedia generosamente o patriarca sertanejo da Ilha do Bananal" (CASALDÁLIGA, 2003, p. 101). Papa Francisco pondera:

> Estou convencido de uma coisa: as grandes mudanças da história aconteceram quando a realidade foi vista não a partir do centro, mas a partir da periferia. É uma questão hermenêutica: se compreende a realidade somente se a olharmos a partir da periferia, e não se o nosso olhar for colocado num centro equidistante de tudo. Para entender de verdade a realidade devemos mudar da posição central de calma e tranquilidade e nos dirigir rumo a uma área periférica. Estar na periferia ajuda a olhar e entender melhor, a fazer uma análise mais correta da realidade, distanciando-nos do centralismo e das abordagens ideológicas. Portanto, não serve ser o centro de uma esfera. Para entender devemos "deslocarmos", olhar a realidade a partir de diversos pontos de vista (SPADARO, 2013, p. 474).

O papa parece muito franco: as periferias não são o problema; ao contrário, são parte da solução. A partir desta ótica, muitos articuladores de projetos missionários, movimentos sociais, congregações religiosas tiveram a capacidade e a ousadia de enxergar oportunidades onde os outros viram apenas problemas: aprenderam se "deslocando", e deram vida a experiências de inovação e elevação

---

para nada. Só ela e Deus são dignos de amor. O amor remete ao fim sempre. A gente não ama meios e, se o fizermos, caímos na idolatria. Mas para ser 'pessoa' faz-se necessário abrir-se à comunidade, o espaço da personificação, da edificação de si próprio, da realização do amor, na fraternidade e na partilha. Não há pessoa madura sem família, sem comunidade, sem convivência fraterna. Não por necessidade simplesmente, o que também é um fato, mas enquanto expressão de um doar-se, fruto de um possuir-se, superando o narcisismo primário que nos é naturalmente inerente. Por sua vez, para potenciar as comunidades e garantir sua existência, o ser humano necessita e cria a sociedade, o espaço da socialização, da solidariedade e da justiça entre todos, para além dos laços de família, de raça ou de cultura" (BRIGHENTI, 2006a, p. 155-156).

espiritual, social, política e econômica que foram profundamente inspiradoras para toda a humanidade.

2) Uma segunda metáfora evangélica que pode orientar a Igreja missionária a se situar na fronteira, é a imagem do semeador. O contexto já não é mais o redil (perímetro) do pastor. Agora o "campo é o mundo" (Mt 13,48), espaço aberto, de aproximações e de encontros, mesmo marcados por fronteiras, divisas, subjetividades, onde o semeador sai para semear. O semeador lança a semente em todo tipo de terreno, mas não é ele que faz crescer (Mc 4,26-29). Sua ação é marcada por uma gratuidade radical: lança suas mensagens, seus sinais, seus testemunhos, talvez pequenos como uma semente de mostarda (Mc 4,30-32), e não se preocupa em arrancar o joio (Mt 13,29), alimentando a esperança de que algo possa dar fruto em algum lugar.

Essa ação se dá no limiar da fronteira onde estão as divisas, as cercas, os muros, todas as situações fronteiriças junto às quais a Igreja é confrontada frente a frente com as realidades outras. Ela está no mundo, mas não é do mundo (Jo 17,15-16): o mundo não é o redil do qual ela toma conta, é o campo onde gratuitamente semear (Mt 13,38). As premissas e as posturas são sensivelmente diversas, mesmo que na prática pastoral nem sempre são percebidas como tais. Enquanto a imagem do pastor sugere o cuidado, a atenção, a confiança depositada naquele que é chamado a proteger, a alimentar e a conduzir, a figura do semeador remete a uma autonomia/liberdade entre o semear e o acolhimento da terra: a terra não responde automaticamente ao desejo do semeador, assim como a ovelha escuta a voz do pastor. A semeadura é gratuita, a colheita também, enquanto a ação de Deus faz crescer.

A parábola de Jesus se refere ao anúncio da "Palavra do Reino" (Mt 13,19) e às dinâmicas de comunicação e de diálogo, no limiar em que as subjetividades se colocam em jogo, sem invadir os recíprocos territórios:

> A Palavra possui, em si mesma, uma tal potencialidade, que não a podemos prever. O Evangelho fala da semente que, uma vez lançada à terra, cresce por si mesma, inclusive quando o agricultor dorme

(cf. Mc 4,26-29). A Igreja deve aceitar esta liberdade incontrolável da Palavra, que é eficaz a seu modo e sob formas tão variadas que muitas vezes nos escapam, superando as nossas previsões e quebrando os nossos esquemas (EG 22).

E, todavia, nesta estória, os papéis dos semeadores e dos terrenos, segundo tudo o que tratamos até aqui, são intercambiáveis entre nós e os outros, pois a transmissão de uma mensagem não segue de mão única:

> a comunicação, mais que uma transmissão de conhecimento ou de informações, tornou-se um partilhar e, hoje em dia, equivale à difusão. A mensagem, portanto, não consiste mais em comunicar alguma coisa, mas no partilhar a própria experiência com os outros (SISTACH, 2016, p. 369).

A "comunicação", esse "tornar comum", acontece num diálogo criativo em que todos os envolvidos se evangelizam: "a fronteira é o melhor lugar para adquirir o conhecimento", dizia Paul Tillich (1966, p. 13). Como tudo isso acontece, sabemos até certo ponto, porque não temos controle sobre os sinais que emitimos e sua recepção, visto também que não estão isentos de gerar desconforto, resistência, indiferença ou confronto. A comunicação entre seres humanos (e divinos) é de fato um mistério.

Um dos grandes areópagos de hoje, onde essa fronteira se torna particularmente real, é a sociedade em rede em nível planetário, sustentada pelas tecnologias de informação (IT) que lhe fornecem a infraestrutura e que criam um limbo etéreo (*cyberspace*) como se fosse uma terra de ninguém. A Internet e a articulação das redes sociais são um contínuo lançar e receber sementes (*seeds*), que passam a fazer parte integrante da vida cotidiana, dando origem a uma nova gramática comunicacional com implicações antropológicas, gerando novos mapas, novas dinâmicas pessoais e sociais, novas estruturas linguísticas, bem como culturais, políticas e econômicas. Habitar essa fronteira é fazer do próprio tecido da sociedade um âmbito privilegiado de atuação: aqui os cristãos são chamados inclusive a buscar novas modalidades de participação política, cavalgando linhas divisórias para derrubar muros e criar pontes.

3) Uma terceira imagem que se refere a uma terceira maneira de habitar a fronteira, é a figura do pescador, que retrata a situação de quem ultrapassa a fronteira, vivendo como hóspede e peregrino na casa dos outros. Jesus chama pescadores ao seu seguimento para fazê-los "pescadores de homens" (Mt 4,18-20; Mc 1,16-18; Lc 5,1-11). O pescador não exerce sua profissão dentro de um redil, junto a um rebanho com o qual estabelece uma relação de carinho e de intimidade: ele navega em alto-mar, à mercê das turbulências, um território aberto sem fim, inóspito, totalmente inseguro, incontrolável, hostil (Mt 8,23-27; Mc 4,35-41; Lc 8,22-25). Não tem também a mesma expectativa do agricultor em relação à semente e ao campo, que em algum lugar deverá dar seu fruto. A pesca depende do acaso, da sorte, sujeita como está a todo tipo de imprevistos, de surpresas, de riscos.

A experiência da incerteza, da apreensão e da insegurança que proporciona a extensão do mar, se une à extrema contingência de extenuante trabalho de pescar (Jo 21,3). Missão do pescador é "pescar gente", "tirar gente da água", salvar vidas das profundezas da perdição, para que vivam. Esse resgate poderia se referir simplesmente a "fazer prosélitos". Todavia, a salvação em Jesus ("Deus salva") não vem para condenar (Jo 12,47), mas para promover vida (Jo 10,10); não vem para doutrinar, mas para lutar contra o mal (Mt 10,8); não vem para os justos mas para os pecadores (Lc 5,31-32); não vem para dominar, mas para servir "e para dar a sua vida como resgate em favor de muitos" (Mc 10,45). É nesse sentido que Paulo se faz servo de todos, tornando-se tudo a todos, para "ganhar" (κερδανῶ) o maior número possível (1Cor 9,19).

Os Evangelhos de Lucas e de João retratam duas pescas milagrosas: uma no começo do ministério de Jesus (Lc 5,1-11) e outra depois da Páscoa (Jo 21,1-14). Ambas as narrações trazem como elementos comuns: a pescaria fracassada de Pedro e companheiros, o diálogo com Jesus que dá origem à pesca milagrosa e, no final, o convite ao seguimento. As cenas retratam mais uma vez a missão aos gentios dos discípulos/apóstolos que fracassa enquanto "pescaria" puramente humana, fascinada pela ideia de querer "apanhar" alguma coisa, algum prosélito, mas somente tem êxito quando é a própria Palavra do Senhor a conduzir a ação. Paulo dirá à comunidade de Corinto: "não foi para batizar que Cristo me enviou, mas para anunciar o Evangelho" (1Cor 1,17), e deixar que esse Evangelho "nu" faça seu curso na vida do povo.

O processo de inserção fronteiriça no contexto sociocultural do outro, implica uma *quênose* profunda por parte do missionário que se expressa na total entrega pessoal, não somente até se perder pelo Evangelho (Mt 16,24), mas *até perder o próprio Evangelho*:

> Uma das mais difíceis, porém, enriquecedoras, tarefas do forasteiro é a de "despedir-se do Evangelho" pelo Evangelho, de modo que a Escritura possa ser entendida de forma radicalmente nova e expressiva entre povos e em circunstâncias novas. O forasteiro não pode se colocar no meio do caminho; mesmo ficando de lado – deixando seguir o que para ela ou ele parece tão claro, certo, natural e verdadeiro – é, de fato, algo tremendamente doloroso. Contudo, se ela ou ele não *se colocar de lado*, nunca poderá reivindicar ser parte do surgimento de uma nova e renovada compreensão de Cristo e seu Evangelho (BEVANS; SCHROEDER, 2016, p. 146; grifo do autor).

A postura essencial da Igreja pescadora, hóspede na casa do outro, é diretamente ligada a uma "missão no reverso" vivida no poder da cruz (1Cor 1,18), no despojamento radical, na vulnerabilidade existencial, na cotidianidade e na convivialidade dos tempos demorados, na obediência à pura fé (AG 5). É uma Igreja pascal que "se embarca" deixando de lado a segurança de suas convicções, para ir ao encontro com suas redes àqueles que estão escondidos nos porões da história, desde que, evidentemente, consiga chegar até eles (GIRARD, 2000, p. 65).

5.2.4 *Missão como projetualidade decolonial global*

As três maneiras de habitar as fronteiras coloniais constituem três situações distintas, mas necessariamente articuladas, correlativas e não facilmente identificáveis. Elas constituem três modalidades de missão que podem se reproduzir ao mesmo tempo em diversas modulações contextuais dependentemente se nos encontrarmos *em casa* (pastoral), num contexto onde temos suficientemente trânsito e controle; "fora de casa" (evangelização), na sociedade onde vivemos com suas múltiplas frentes de representatividade; ou "na casa dos outros" (*ad gentes*), num mundo outro com suas cosmovisões características, suas culturas, suas expressões, seus projetos de vida[208]. Trata-se de maneiras de se situar – na margem, na linha, ou além da linha – substancialmente diferentes, que, porém, se dão em diversos graus, modalidades e proporções, em todos os âmbitos da vida social e eclesial.

Da mesma forma, as três tarefas a ser exercidas (pastor, semeador, pescador), que representamos quase caricaturando-as, não são capacidades e competências especializadas ou exclusivas. Assim como o pescador, depois de ter pescado, é chamado a "cuidar das ovelhas" como um pastor (Jo 21,17), também a comunidade missionária deve interligar suas ações adquirindo mentalidades e habilidades necessárias segundo o conjunto das três variantes de aproximação em relação aos contextos e aos interlocutores junto aos quais pretende anunciar o Evangelho.

> A comunidade eclesial vive concomitantemente à pescaria e ao pastoreio, à missão em alto-mar e ao cuidado pastoral em terra firme [...]. O dom da rede cheia do pescador, no fim da noite, se torna tarefa para o dia do pastor: discernimento, cuidado, partilha, testemunho, anúncio. Ao entardecer ele se torna novamente pescador e sai da terra firme para o mar (SUESS, 2012, p. 130).

A tentação de reduzir toda ação evangelizadora à pastoral é sinal de certa colonialidade, que persiste e se exterioriza na compulsão do controle, do afago e do cuidado. Quando integrada com as outras duas dimensões mais de caráter apostólico, mais voltadas despretensiosamente para fora, então também a pastoral poderá participar de maneira renovada em seu serviço eclesial e social de

---

[208]. Comblin, por exemplo, fala do "pobre" em termo de "outro", com seu próprio mundo, sua própria cultura, sua própria cosmovisão. A fronteira a ser habitada aqui é analogicamente do terceiro tipo, quando somos hóspedes na casa do outro: "O amor ao pobre começa por um movimento em direção a ele [...]. Sem esse passo não haverá libertação. Não se articula a libertação num escritório, diante de um computador. Para iniciar esse processo há necessidade de contato pessoal [...]. O amor começa no momento da percepção do olhar questionador que se dirige a nós. Aceita o desafio e vai ao encontro. Descobre de fato uma cultura diferente – e não se conhece uma cultura em pouco tempo. Sem uma longa convivência, não se estabelece relacionamento consistente – por não se romperem as barreiras culturais. Somente se penetra numa cultura com muita humildade e paciência – mais ainda se se trata da subcultura dos pobres" (COMBLIN, 2004, p. 162).

acompanhamento, de seguimento e de entrega. É nesse sentido, acredito, que Aparecida determina "de abandonar as ultrapassadas estruturas que já não favoreçam a transmissão da fé" (DAp 365): trata-se de uma mudança profunda de mentalidade que começa quando nos dirigimos a quem não quer ser "pastoreado" por nós.

Por outro lado, ao não dar a devida atenção a uma pastoral missionária para dentro de uma comunidade eclesial ou de um âmbito social, também se recai numa armadilha colonial, no sentido de considerar o contexto identitário ao qual pertencemos já suficientemente evangelizado e convertido, podendo assim nos dirigir a evangelizar os outros.

Destarte, não podendo dispensar qualquer uma destas tarefas essenciais, a missão cristã deve ser integral, orgânica, articulada em suas dimensões, âmbitos e dinâmicas. Essa integralidade, testemunhada desde Medellín como "desenvolvimento integral do homem todo", em todas as suas dimensões psicoafetivas, espirituais, intelectuais, comunitárias, sociais, éticas e políticas, deve também atingir "todos os homens" (DM, IV, 2), para que se passe de condições menos humanas para condições mais humanas (DM, II, 14a). Essa universalidade pluriversal não diz respeito somente ao continente, mas a todas as pessoas e a todos os povos e, sobretudo, à essência do Evangelho: a missão é integral porque é libertação e inculturação, promoção humana e evangelização, diálogo e profecia, local e global, pastoral, semeadura e pescaria, uma ação para que *todos* – e esse *todos* tem um peso teológico – tenham vida, e uma maneira ética de ser que manifesta a presença do Reino de Deus no mundo.

Tendo presente essas exigências de integralidade e de integração, a missão deve ser pensada em perspectiva decolonial como denúncia e luta contra toda exclusão (poder), exclusivismo (saber) e exclusividade (ser), na edificação de novas relações de participação, de aprendizagem e de reconhecimento a partir da ferida colonial, como projeto intercultural, epistêmico, ético e político. Os teóricos decoloniais utilizam o termo "projeto" num sentido lato, mais prospectivo do que programático (MIGNOLO, 2015, p. 83). Também o Documento de Aparecida adota o substantivo "projeto" no lugar de "plano", "programa", "planejamento", apesar das diferenciações técnicas desses conceitos em campo gerencial-administrativo (TEIXEIRA, 2009)[209].

No caso da missão, a noção de "projeto" remete à prática que por sua vez remete às opções fundamentais concretizadas em gestos, posturas e ações como participação a um projeto maior, numa circularidade entre teoria e prática. Talvez a prática preceda à teoria, como no caso do projeto missionário do Papa Francisco (SUESS, 2019a, p. 9): e é bom que preceda enquanto a ação não é "um mero lugar de aterrissagem de uma ortodoxia previamente estabelecida, mas fonte criadora de ideias" (BRIGHENTI, 2006a, p. 61).

Aparecida convoca as Igrejas do continente a elaborar um projeto pastoral:

> caminho de pastoral orgânica deve ser resposta consciente e eficaz para atender às exigências do mundo de hoje com "indicações programáticas concretas, objetivos e métodos de trabalho, formação e valorização dos agentes e a procura dos meios necessários que permitam que o anúncio de Cristo chegue às pessoas, modele as comunidades e incida profundamente na sociedade e na cultura mediante o testemunho dos valores evangélicos" (NMI 29) (DAp 371).

O projeto aqui apresenta-se como momento de participação, de discernimento, de tomada de decisões, de planejamento e de execução, que exige acompanhamento, atitude flexível e uma organização sinodal em rede (DAp 172), diante de uma realidade sempre mutável.

Surpreende, todavia, que o DAp observe o seguinte: "Não se trata só de estratégias para procurar êxitos pastorais, mas da fidelidade na imitação do Mestre, sempre próximo, acessível, disponível a todos, desejoso de comunicar vida em cada região da terra" (DAp 372). Em outras palavras, Aparecida afirma que o projeto enquanto "fidelidade ao Mestre" é algo constitutivo da missão, não mira

---

209. Em Medellín há uma clara preferência pela palavra "plano" como era típico da época (o "Plano de Emergência para a Igreja do Brasil" da CNBB – 1962). Puebla mantém o termo "plano", "planejamento pastoral" (DP 1306-1307), mas adota também o termo "projeto". Já em Santo Domingo, desponta o substantivo "projeto" como dominante. Em Aparecida, finalmente, as expressões "plano" e "planejamento", associadas a uma ação pastoral, quase desaparecem. Nas sentenças analisadas textualmente não sobressaem significativas divergências de acepções entre "programa", "plano", "planejamento" e "projeto". Talvez um outro tipo de indagação possa relevar importantes elementos a serem considerados.

primeiramente à eficácia, mas à essência, não persegue somente metas, mas está sempre a caminho (Jo 14,6), não ambiciona acima de tudo algum tipo de sucesso, mas se entrega a um serviço gratuito e a um processo pascal de morte e ressurreição. "Sucesso" (humano) é uma palavra biblicamente ambígua para uma missão na qual o protagonista principal é o próprio Deus. Neste caso, Francisco alerta a Igreja sobre a tentação do funcionalismo:

> A sua ação na Igreja é paralisante. Mais do que com a rota, se entusiasma com o "roteiro". A concepção funcionalista não tolera o mistério, aposta na eficácia. Reduz a realidade da Igreja à estrutura de uma ONG. O que vale é o resultado palpável e as estatísticas. A partir disso, chega-se a todas as modalidades empresariais de Igreja. Constitui uma espécie de "teologia da prosperidade" no organograma da pastoral (FRANCISCO, 2013).

Contudo, a missão "ainda que levantada a cabo na fé, sustentada pela graça e sob o dinamismo do Espírito Santo, não deixa de ser uma ação humana", pensada e programada a partir de uma racionalidade própria (BRIGHENTI, 2006a, p. 201). Entre protagonismo divino e cooperação apostólica encontramos a essência dessa projetualidade no Evangelho, quando o Mestre envia seus discípulos para a missão. Particularmente, no texto de Mateus (Mt 9,35-10), estão esboçadas algumas passagens que podem servir de referência para uma reflexão sobre um projeto missionário em perspectiva decolonial.

1) Os pés no chão. No final do capítulo 9 de Mateus encontramos Jesus que "percorria todas as cidades e povoados ensinando em suas sinagogas e pregando o Evangelho do Reino, enquanto curava toda sorte de doença e enfermidade" (Mt 9,35).

Aqui temos o que Brighenti chama de estatuto da ação (BRIGHENTI, 2006a, p. 210-211): (a) ter os pés no chão, estar inseridos na realidade, conhecer seus processos, suas potencialidades, suas necessidades reais, encurtando distâncias, assumindo a vida humana, tocando a carne sofredora de Cristo no povo, contraindo o "cheiro das ovelhas" (EG 24); (b) manter os olhos no horizonte do Reino, alimentando a esperança, sem deixar-se desanimar pela dureza da vida, ou pelo conformismo da situação, para que os desafios e os problemas do cotidiano não tenham a última palavra; (c) colocar as mãos na massa e já começar a trabalhar para transformar a realidade, segundo nossas capacidades e competências.

Temos também a forte imagem do caminho: "andar de cidade em cidade a proclamar, sobretudo aos mais pobres [...] o alegre anúncio da realização das promessas e da aliança feitas por Deus, tal é a missão para a qual Jesus declara ter sido enviado pelo Pai" (EN 6). Tanto Jesus como seus discípulos se identificaram com o "caminho" (Jo 14,6; At 9,2) e com o caminhar desarmado, na simplicidade e na pobreza (Lc 9,57-61). Caminho é seguimento, deslocamento, provisoriedade, crescimento; caminho é estar na estrada, sair de casa, cruzar fronteiras, estar no mundo sem criar raízes, como a retrata o escritor libanês Amin Maalouf (2004):

> Não gosto da palavra "raízes" e da imagem ainda menos. As raízes enfiam-se na terra, contorcem-se na lama, crescem nas trevas; mantêm a árvore cativa desde o seu nascimento e alimentam-na graças a uma chantagem: "Se te libertas, morres!" As árvores têm de se resignar, precisam das suas raízes; os homens não. Respiramos a luz, cobiçamos o céu, e quando nos metemos na terra é para apodrecer. A seiva do solo natal não nos sobe pelos pés em direção à cabeça, os pés só nos servem para andar. Para nós só as estradas contam (p. 7).

O caminhar peregrino que não se detém às raízes aponta para uma postura fundamental de desinstalação decolonial e de aproximação intercultural, que derruba certezas, barreiras e constrói pontes, que toma iniciativa e se solidariza com as situações-limite, que assume a fraqueza humana e renuncia a todo poder para manifestar a glória de Deus (Fl 2,5-11), numa luta sem armas, sem imposições e sem violência.

2) A visão. "Ao ver a multidão teve compaixão dela, porque estava cansada e abatida como ovelhas sem pastor. Então disse aos seus discípulos: 'A colheita é grande, mas poucos os operários! Pedi, pois, ao Senhor da colheita que envie operários para a sua colheita" (Mt 9,36-38).

Aqui temos três passagens interessantes: o levantamento, o discernimento, o questionamento da realidade. O olhar cheio de compaixão de Jesus pelas ovelhas sem pastor (Nm 27,17), não é sentimento de piedade, e sim no sentido bíblico um entrelaçamento empático entre justiça e ternura (Os 2,21)[210], sendo que a ternura ultrapassa certamente a justiça (MV 20), mas passando pela justiça e pelo direito, se torna necessariamente indignação com a exploração, a dominação e a humilhação à qual é submetida a multidão dos pobres e dos marginalizados (COMBLIN, 2004, p. 167). A compaixão é algo intrinsecamente passional e entranhável[211], que surge da participação carnal à vida do povo e se torna impulso primário da missão para a transformação da realidade[212].

Logo chama à atenção o salto de metáforas: da desolação das "ovelhas sem pastor" (Mt 9,36) à visão copiosa da "grande colheita" (Mt 9,37). É o sinal que os pobres não são somente aqueles seres humanos confinados a uma situação miserável de necessidade e de exclusão, mas eles têm em si um "valor inestimável aos olhos de Deus" (DM, XIV, 7), uma importância sagrada quais "verdadeiras catedrais do encontro com o Senhor Jesus" (DAp 417), uma dignidade positiva e infinita que se torna "dimensão constitutiva de nossa fé" (DAp 257). Esse reconhecimento não é outra coisa do que a superação decolonial do sentimento eurocêntrico do outro como "coitado", miserável, destinatário da *minha* ajuda. A riqueza do pobre e da pobreza (2Cor 8,9) é a de manifestar o poder de Deus contra toda idolatria humana do acúmulo, da exploração, da desigualdade e da violência. Isso não quer dizer que de fato os pobres assumam esse protagonismo: mas há neles um "potencial" oculto que é preciso despertar (DP 1147).

---

210. "A compaixão de Deus é irmã da justiça. O Deus bíblico é o Deus da justiça. Assim como não há paz sem justiça, também não vamos compreender a compaixão de Deus ou *hesed*, palavra central da mensagem do profeta Oseias. Aliada à compaixão de Deus, a justiça representa a dimensão profética da *missio Dei*" (ZWETSCH, 2008, p. 317).

211. O verbo "ter compaixão" (πλαγχνίζομαι) utilizado por Mateus é reservado nos evangelhos somente a Jesus, ou às personagens das parábolas referentes a Jesus ou ao Pai (GALIZZI, 2003, p. 168). Corresponde ao termo hebraico *rahamim* (רַחֲמִים), o qual por sua vez se refere etimologicamente às entranhas e ao útero materno (JENNI; WESTERMANN, 1982, II, p. 685).

212. Jon Sobrino dá o nome a esse "impulso primário" de "princípio misericórdia", como algo que "dá forma a todas as dimensões do ser humano: do conhecimento, da esperança, da celebração e, naturalmente, da práxis. Cada uma delas tem sua própria autonomia, mas todas elas podem e devem ser configuradas e guiadas por um ou outro princípio fundamental. Achamos que em Jesus – como em seu Deus – esse princípio é o da misericórdia. Para Jesus, a misericórdia está na origem do divino e do humano" (SOBRINO, 1994, p. 38).

Nessa grande colheita, nessa mina de ouro ao céu aberto que ninguém enxerga, há poucos operários que trabalham nela, o que constitui um paradoxo. O abandono do povo é um sintoma de insensatez, "porque os pastores foram estúpidos, não procuraram Iahweh; por isso não tiveram sucesso e todo o rebanho foi disperso" (Jr 10,21). Todavia, quem contrata os operários é o patrão da colheita: uma clara referência à *missio Dei*. Acolher com fé a liberdade de Deus em chamar quem Ele quiser para trabalhar na sua colheita é reconhecer o primado absoluto de sua ação, a extraordinária gratuidade de suas opções e a humilde disponibilidade que podemos oferecer com a nossa vida e o nosso trabalho.

3) O envio. "Chamou os doze discípulos e deu-lhes autoridade de expulsar os espíritos impuros e de curar toda sorte de males e enfermidades. Estes são os nomes dos doze apóstolos [...]" (Mt 10,1-2).

A vocação dos Doze é fundamental para o sentido de seu seguimento: são discípulos *para* serem enviados. O número doze remete às doze tribos de Israel e à missão ao povo de Israel, que não teve muito êxito. Jesus capacita seus discípulos e lhe dá "autoridade" (ἐξουσίαν), a indicar a importância de uma aprendizagem verdadeiramente integral no processo formativo, capaz de dar relevância e consistência à presença e à ação dos enviados. Os nomes indicam identidade, parentesco, história e liberdade. Assim como o Livro do Êxodo é chamado o "Livros dos Nomes", ou simplesmente "Nomes", porque o "nome" dizia respeito às origens, à descendência e à identidade do povo de Israel (Ex 1,1-3), da mesma forma a missão dá um nome próprio, uma família e um projeto de vida aos apóstolos.

O grupo que Jesus reúne é bem heterogêneo e bem pouco recomendável: é formado por judeus e gregos, pescadores e pecadores, fanáticos e guerrilheiros. De alguma forma, representa um povo de Israel *sui generis*: entre eles não tem nenhum escriba, nenhum fariseu, nenhum sacerdote. Esses são chamados e enviados dois a dois: dois é o princípio da fraternidade (FAUSTI, 2001, p. 180), testemunho essencial e primordial que os discípulos têm que atestar em relação ao Reino. A lista dos nomes é aberta por duas duplas de "irmãos": desde o começo, de fato, Jesus envia comunidades.

Essas comunidades não estão sozinhas, outros atores entram na ciranda: "Quando entrardes numa cidade ou num povoado, procurai saber de alguém que seja digno e permanecei aí até vós retirardes do lugar" (Mt 10,11). Uma missão itinerante precisa de redes de apoio entre quem partilha a mesma esperança no Reino de Deus: são os aliados que viabilizam e cooperam com a ação dos discípulos. Com efeito, a missão se revela como uma obra em mutirão, onde quanto mais gente colabora, mais transparece sua natureza participativa e interativa.

Contudo, alianças necessitam de contínuo discernimento no projeto missionário: não é com qualquer um que a gente se associa, mas com alguém que seja "digno" (ἄξιός) e que se identifique com a causa. Alianças espúrias, duvidosas, interesseiras desviam diretamente o caminho para uma empresa de caráter colonial. Todavia, esse discernimento e esse exame devem acompanhar também a conduta dos próprios discípulos, que nunca devem esquecer de suas origens humildes, frágeis e pecadoras.

4) O objetivo e os interlocutores. "Não tomeis o caminho dos gentios, nem entreis em cidade de samaritanos. Dirigi-vos, antes, às ovelhas perdidas da casa de Israel. Dirigindo-vos a elas, proclamais que o Reino dos Céus está próximo" (Mt 10,5b-7).

O projeto missionário aqui é definido em torno de um objetivo essencial e de interlocutores específicos, que designam a razão de ser da vida e da vocação dos discípulos. A formulação por parte de Jesus é concisa e extremamente objetiva, como de fato deve ser: deve servir como base para a construção de uma estratégia; deve esclarecer o benefício gerado para a sociedade (e não para os missionários); deve ser inspiradora e desafiadora para as pessoas envolvidas na organização; deve ser vivenciada e partilhada junto a todos os envolvidos. E o mais importante: uma declaração de missão deve ser operacional; caso contrário, não passa de boas intenções.

O horizonte do Reino "dos Céus" para Mateus é o Reino "de Deus" (nome que não devia jamais ser pronunciado numa comunidade judaica como a de Mateus e, portanto, era substituído com "dos céus"): este é o eixo principal do Evangelho de Jesus e das expectativas de seus ouvintes (SENIOR; STUHLMUELLER, 1987,

p. 194-195). Mesmo que entre estas duas instâncias, e também entre Jesus e os discípulos, não haja a mesma compreensão do que consiste de fato este Reino de Deus, essa perspectiva aponta para a ação libertadora de Deus na história, que irrompe concretamente não somente para socorrer, mas para insurgir contra as raízes da dominação e as estruturas de pecado. Trata-se de uma intervenção que acontece nesse "tempo [καιρὸς] favorável por excelência" (2Cor 6,2), e que remete sua plenitude a uma realidade última (ἔσχατον). Suspensa entre um *já* e um *não ainda*, entre história e transcendência, a missão dos discípulos anuncia o Reino de Deus efetivamente presente e próximo, como um *sinal* que aponta para um caminho, como um *dom* que alimenta a esperança e faz saborear a meta definitiva.

Os destinatários, ou melhor, os interlocutores dessa boa-nova são "as ovelhas perdidas da casa de Israel" (Mt 10,6). Em contraste com o mandato missionário pós-pascal a todas as nações do próprio Mateus, as instruções de Jesus dizem de evitar os caminhos dos pagãos e as cidades dos samaritanos. Do ponto de vista projetual, a escolha de um público específico ao qual se dirigir é uma exigência imprescindível para determinar a incidência e a relevância de toda missão: sua linguagem, suas aproximações, suas intervenções, suas gestões, seu estilo, sua maneira de ser. O outro e o pobre definem os contornos da ação evangelizadora: assim como há diversos rostos (DP 31-39), há também diversas "missões" com "feições concretíssimas" que assumem o risco do encontro com a carne do outro (EG 88). É por isso que um projeto missionário, a princípio e a todo momento aberto universalmente, precisa também estabelecer com quem contextualmente dialogar.

5) Os caminhos. "Curai os doentes, ressuscitai os mortos, purificai os leprosos, expulsai os demônios. [...] Ao entrardes na casa, saudai-a. E se for digna, desça a paz sobre ela. Se não for digna, volte a vós vossa paz. [...] Eis que vos envio como ovelhas entre lobos. Por isso, sede prudentes como as serpentes e sem malícia como as pombas" (Mt 10,8a.12.16).

Para operacionalizar essa missão e alcançar seus objetivos, Jesus indica caminhos, aproximações e posturas fundamentais. A proclamação dá lugar à ação de promover a vida e lutar contra o mal, segundo os sinais que, em referência a textos de Isaias (Mt 11,5), anunciavam os tempos messiânicos. Os discípulos são enviados a imitar o Mestre em transmitir as energias vitais capazes de acolher a Boa Notícia, libertando as pessoas de tudo o que as domina. A tarefa de ensinar não é mencionada, talvez porque teriam "ensinado" as coisas erradas, visto que a visão do Reino ainda estava presa a uma perspectiva étnico-nacionalista (MAGGI, 1997, p. 79).

Seja como for, a missão cristã de todos os tempos é chamada a anunciar o Reino de Deus adotando linhas de ação muito concretas e libertadoras através de suas mediações fundamentais do testemunho (μαρτυρία), do anúncio (κήρυγμα), da liturgia (λειτουργία), da comunhão (κοινωνία) e do serviço (διακονία) da libertação, da justiça, da paz e do cuidado com a Casa Comum[213]. Essas tarefas de caráter tipicamente *profético*, hoje devem adquirir também e necessariamente uma dimensão *dialógica* correspondente, junto a outros cristãos, outras religiões, outras culturas, para uma única grande missão convergente (BEVANS, SCHROEDER, 2016).

Quanto às modalidades de aproximação a cada contexto, Jesus recomenda sobriamente a saudação típica oriental de desejar a paz *shalom aleikhem*, por parte do peregrino que passa de casa em casa (οἶκος). Essa saudação messiânica é, praticamente, o anúncio de salvação que pede de ser acolhido como hóspede e como dom a ser partilhado. Se não houver acolhida e reciprocidade, não se estabelece um canal de comunicação e o Evangelho retorna ao remetente. Desafio permanente da missão cristã é estabelecer esta comunicação, sabendo, porém, que a rejeição é uma das possibilidades, diante da qual não convém insistir. O gesto de "sacudir o pó de vossos pés" (Mt 10,14b) é uma expressão judaica que reco-

---

213. Uma das melhores sínteses das linhas de ação da missão da Igreja a encontramos no documento do então Secretariado para os Não Cristãos, "A Igreja e as outras religiões" (1984), chamado também de "Diálogo e missão": "A missão apresenta-se, na consciência da Igreja, como uma realidade unitária, mas complexa e articulada. Podem ser indicados os seus elementos principais. A missão é constituída já pela simples presença e pelo *testemunho* vivo da vida cristã [...]. Há, depois, o empenho concreto ao *serviço* dos homens e toda a atividade de promoção social e de luta contra a pobreza e as estruturas que a provocam. Há a vida *litúrgica*, a oração e a contemplação, testemunhas eloquentes de uma relação viva e libertadora com o Deus vivo e verdadeiro que nos chama ao seu Reino e à sua glória. Há o *diálogo*, no qual os cristãos encontram os que seguem outras tradições religiosas para caminhar em conjunto em direção à verdade e colaborar em ações de interesse comum. Há o *anúncio* e a catequese, quando se proclama a boa notícia do Evangelho e se aprofundam as suas consequências" (p. 13; grifos nossos). Esse texto serviu como base para delinear as quatro exigências do Projeto Rumo ao Novo Milênio da Igreja no Brasil, em preparação ao Jubileu do ano 2000 (testemunho, serviço, diálogo e núncio – CNBB, 1996).

menda de se livrar da poeira impura da terra pagã, antes de entrar na Terra Santa de Israel. Esse gesto agora é reservado a quem não acolhe a Palavra do Reino, que paradoxalmente será o próprio povo eleito.

Enfim, diante das inevitáveis perseguições que os discípulos irão enfrentar (Mt 10,17-20), Jesus instrui os seus a ter uma postura fundamentalmente não violenta, enviando-os "como ovelhas entre lobos" (Mt 10,16a) e não como lobos entre lobos. A missão não é uma epopeia triunfal no mundo: os missionários vão desarmados, despojados e vulneráveis em ambientes hostis, marcados por estruturas de dominação, exclusão e pecado. Por isso, Jesus aponta para as virtudes da prudência e da mansidão, diante dos conflitos a ser enfrentados por causa do nome dele. O apelo à imagem da serpente remete ao fugir quando se apresenta um perigo (Mt 10,23), como instintivamente toda cobra faz: ninguém tem que procurar ingenuamente o próprio martírio. Enquanto a imagem da pomba remete à candura e à tranquilidade diante dos embates familiares por causa de uma possível acusação de apostasia (Dt 13,7-12), e do ódio que a subversão do anúncio do Reino pode causar (Mt 10,21-22).

6. Os meios. "De graça recebestes, de graça dais. Não leveis ouro, nem prata, nem cobre nos vossos cintos, nem alforje para o caminho, nem duas túnicas, nem sandálias, nem cajado, pois o operário é digno do seu sustento" (Mt 10,8b-10).

O testemunho de desprendimento aqui é radical. Antes de tudo, a gratuidade: o judeu piedoso entendia que tinha uma enorme dívida com Deus só pelo fato de ter recebido tudo dele, em primeiro lugar a vida (Mt 6,12; 18,24); dar de graça o que se recebeu de graça significa exatamente "dar tudo", "dar a vida". Essa entrega integral diz respeito não somente à modalidade de anunciar o Reino de Deus, mas acaba por ser o próprio Reino de Deus feito carne, feito relação, feito dom. A gratuidade tem uma essencial perspectiva decolonial: "Na gratuidade concretiza-se a resistência contra a lógica hegemônica do custo-benefício (cf. Ef 2,8). A gratuidade é a condição da não violência e da paz, que aponta para a possibilidade de um mundo para todos" (SUESS, 2019a, p. 64).

Por isso, não tem que levar ouro, prata ou cobre, porque os discípulos não vão dar ouro, prata ou cobre, mas vão doar a vida. Há uma outra interpretação que enriquece esta primeira, que é mais de caráter teológico. No dia do *Yom Kipur*, que é o Dia do Perdão, uma das datas mais importantes do judaísmo, há um rigoroso jejum acompanhado por uma série de proibições entre as quais não carregar o bastão, a sacola com dinheiro, comer e usar sandálias para ir ao templo. Mateus parece indicar que para os discípulos de Jesus todo dia é "dia de perdão", o novo padrão de relações que devem transmitir, não somente voltado ao templo, mas também em qualquer lugar onde eles forem (MAGGI, 1997, p. 96). O perdão se torna assim a perspectiva de despojamento e desprendimento mais intensa e mais profunda a ser testemunhada.

No entanto, a questão dos meios no projeto missionário não escapa de responder à sua pergunta mais prática: Como fica o sustento dos agentes? Jesus é bastante concreto e direto: o operário tem direito ao seu sustento. Lucas fala de "salário" (μισθός – Lc 10,7); Paulo reivindica que teria direito ao salário assim como "o Senhor ordenou aos que anunciam o evangelho" (1Cor 9,14); 1Tm 5,18 retoma a passagem de Lucas ao tratar da remuneração dos presbíteros. Não temos a exata certeza se Jesus pretendia de fato que seus discípulos recebessem uma contribuição. Com certeza, porém estava preocupado com a dignidade de seu sustento, que devia ser uma incumbência dos anfitriões (Mt 10,11b), e com o convite a não confundir "gratuidade", que não há preço que possa pagar, com trabalhar rigorosamente de graça. Com efeito, os enviados são todo o patrimônio do qual a missão dispõe: não há recursos financeiros e nem estruturais, e sim somente pessoas frágeis que o Mestre procura animar de toda maneira (Mt 10,26-31).

* * *

Evidentemente, essas instruções de Jesus se aplicavam a um projeto missionário itinerante, encarnado numa realidade marginal galileia de dois milênios atrás. Depois da Páscoa, foi estendido a todo o *orbe* até então conhecido, continuando até a morte do último apóstolo. Também essa peregrinação se tornou metáfora paradigmática da própria missão da Igreja que vive como peregrina (AG 2) em permanente exílio. Esse "viver *in exilio*" (παροικέω – 1Pd 1,17) define o habitar dos discípulos e das discípulas de Jesus no mundo, e contrasta com o verbo "morar" (κατοικέω) do cidadão que se estabelece num lugar (AGAMBEN, 2009):

> A missão da Igreja é animada por uma espiritualidade de êxodo contínuo. Trata-se de "sair da própria comodidade e ter a coragem de alcançar todas as periferias que precisam da luz do Evangelho" (EG 20). A missão da Igreja encoraja a uma atitude de peregrinação contínua através dos vários desertos da vida, através das várias experiências de fome e sede de verdade e justiça. A missão da Igreja inspira uma experiência de exílio contínuo, para fazer sentir ao homem sedento de infinito a sua condição de exilado a caminho da pátria definitiva, pendente entre o "já" e o "ainda não" do Reino dos Céus (FRANCISCO, 2017, n. 6).

Analogamente, portanto, as passagens do discurso missionário de Mateus são chamadas hoje, assim como em todos os tempos, a orientar constitutivamente qualquer itinerância missionária, seja ela de caráter pastoral, de evangelização na sociedade ou de missão *ad gentes*, em todas as dimensões da vida e de sua beleza, caminhando junto a todo tipo de pobre e marginalizado, contra todo tipo de patriarcalismo, racismo, mercantilismo e exclusivismo religioso, em todas as situações existenciais que clamam por libertação, junto a todas as causas que lutam por justiça, paz e cuidado com a criação.

Nem todas as exclusões e as injustiças estão no mesmo patamar, e nem todos os aspectos da vida estão no mesmo nível de urgência e importância: certamente, a opressão econômica é a mais radical (AQUINO JÚNIOR, 2019, p. 206). Mas isso não quer dizer que tenhamos que reduzir tudo ao econômico: o sofrimento e a dor é algo que transcende qualquer dimensão. Por isso, é sempre indispensável elaborar um mapa da realidade local e também mundial, para ver onde as periferias se encontram, para estabelecer como agir localmente e expressar assim a proximidade do Reino de Deus, e universalmente como solidariedade global com as causas maiores (cuidado com a Casa Comum, defesa dos povos indígenas, campanhas contra o desarmamento, cooperações com projetos missionários em outros países etc.).

A esse respeito, é preciso chamar atenção a dois aspectos importantes. O primeiro, as seis passagens do Evangelho de Mateus que elencamos devem constituir elementos dinâmicos e critérios relevantes para um planejamento participativo, tentando aplicar conceitos modernos de administração e gestão à ação missionária, sem cair no funcionalismo estatizante, mas ao mesmo tempo procurando evitar o amadorismo e o pragmatismo imediatista. Desta maneira, o recurso a determinadas técnicas desencadeia um processo de explicitação do marco referencial entre a realidade e sua projeção, de formulação do marco operacional programático, e de articulação do marco organizacional em nível institucional (BRIGHENTI, 2006a, p. 201-223).

O segundo aspecto diz respeito ao que chamamos atenção diversas vezes neste trabalho: a dimensão universal da perspectiva missionária decolonial. Qualquer projetualidade decolonial étnica, geográfica, social, epistêmica, politicamente ensimesmada, não somente inviabiliza qualquer possibilidade de solução, mas também trai grosseiramente seus próprios princípios. Numa época de capitalismo global como a que estamos vivendo, não é mais possível pensarmos mesquinhamente em termos paroquiais, regionais ou nacionais: são pequenos demais. Se houver uma alternativa, será uma alternativa pluriversal para a humanidade e a criação toda. Se houver paz, justiça, fraternidade, vida plena para todos, será em termos planetários ou não será. Por isso, o cristão hoje é chamado, por vocação, mais do que qualquer outra pessoa, a ser universal e pluriversal, ou seja, uma pessoa que tem responsabilidade não só sobre si, mas sobre o mundo inteiro através de suas opções, suas atitudes, sua consciência e seus compromissos, e ao mesmo tempo uma pessoa capaz de construir pontes, desafiando qualquer barreira de raça, de língua, de etnia, de território, de cultura e de religião, para a configuração de um diálogo intercultural e transmoderno.

A paixão pelo pobre e pelo outro, própria da vocação cristã, se expressa no sentir e no vibrar profundamente pela humanidade inteira, e em ser capaz de realizar gestos simples, ousados e concretos de solidariedade e de partilha, além de toda fronteira: "pensar mundialmente e agir localmente", integrando continuamente numa tensão criativa a contextualidade com a universalidade:

> O Evangelho possui um critério de totalidade que lhe é intrínseco: não cessa de ser boa-nova enquanto não for anunciado a todos, enquanto não fecundar e curar todas as dimensões do homem, enquanto não unir todos os homens à volta da mesa do Reino. O todo é superior à parte (EG 237).

Só assim nos tornaremos um sinal profético de uma nova humanidade mundial, fraterna e intercultural.

5.3 Espiritualidade e missão – A relevância da espiritualidade para uma ação e uma razão missionária em chave decolonial

A crise civilizacional originada pelo atual modelo de desenvolvimento, erigido sobre a supremacia da razão, é uma das expressões mais irracionais da história, capaz de colocar numa cilada fatal a própria existência da humanidade. A depredação da natureza, a deterioração da qualidade de vida e a degradação social chegaram a níveis assustadores graças à hegemonia de um "paradigma tecnocrático dominante" (LS 101), homogêneo e unidimensional (LS 106), fruto de um conhecimento tido como superior, totalitário e universal, de caráter instrumental, a serviço de estruturas de poder programadas para maximizar lucros.

Para enfrentar a manifestação selvagem de uma colonialidade do poder, do saber, do ser, e abrir caminhos de descolonização dos imaginários, dos conhecimentos e dos desejos, junto a uma perspectiva de um pensamento crítico decolonial, é preciso também recorrer a práticas e sabedorias outras, alicerçadas em outras linguagens, em outros conhecimentos e em outros horizontes de sentido:

> Se tivermos presente a complexidade da crise ecológica e as suas múltiplas causas, deveremos reconhecer que as soluções não podem vir duma única maneira de interpretar e transformar a realidade. É necessário recorrer também às diversas riquezas culturais dos povos, à arte e à poesia, à vida interior e à espiritualidade (LS 63).

À margem desta observação, Francisco emenda na parte final de sua encíclica: "A grande riqueza da espiritualidade cristã, proveniente de vinte séculos de experiências pessoais e comunitárias, constitui uma magnífica contribuição para o esforço de renovar a humanidade" (LS 216).

A convicção de que a dimensão espiritual pode cooperar realmente para um arrojado processo decolonial, feito de práticas, aprendizagens e perspectivas interculturais, se baseia no fato de que não é possível empenhar-se em grandes aventuras apostando apenas em doutrinas de diferentes matizes, sem uma mística que anima, sem uma moção interior que impele, motiva, encoraja, desafia e dá sentido à ação pessoal e comunitária.

De acordo com Patrício Guerrero,

> a interculturalidade exige que recuperemos as dimensões de espiritualidade que perdemos em consequência de uma civilização que dessacralizou o mundo, a natureza e a vida, para torná-la objeto de dominação, para transformá-la em mercadoria útil apenas para o seu processo de acumulação; por isso, é vital reintegrar à existência o sentido espiritual que sempre teve, construir um olhar diferente sobre nós mesmos, sobre os outros, sobre o cosmos, a natureza, a sociedade, o mundo e a vida (GUERRERO ARIAS, 2010, p. 466).

Assim como é preciso de uma "ecologia do espírito" que nos ajude não somente a reflorestar o chão, como também os corações, "não só plantar árvores, senão, sobretudo, semear esperanças, sonhos, utopias, afetos, amores, alegrias no coração humano" (GUERRERO ARIAS, 2010, p. 160), da mesma forma "os desertos exteriores se multiplicam no mundo, porque os desertos interiores se tornaram tão amplos" (LS 217): a crise civilizacional é um apelo a uma profunda conversão interior das pessoas.

De um lado, a experiência espiritual, como também a linguagem simbólico-narrativa que acompanha sua transmissão, constitui um dispositivo poderoso na luta contra a hegemonia cultural, econômica e política do sistema-mundo capitalista ocidental; por outro lado, a busca de sentido no mundo pós-moderno é tão generalizada a ponto de a espiritualidade também se tornar monopólio de uma "colonialidade das almas", por um enorme e prolífero mercado religioso.

Uma reflexão sobre uma espiritualidade em chave decolonial, convergente com as grandes tradições religiosas e as sabedorias ancestrais dos povos, se faz necessária em vista de um diálogo profundo entre interlocutores, para buscar juntos caminhos de vida e esperança para todos.

Especificamente nos debruçaremos sobre a proposta missionária cristã, que diz respeito ao corte do nosso trabalho: Que tipo de contribuição pode aportar quem se propõe a viver como cristão atuando no encontro com os pobres e os outros, nas fronteiras coloniais, em busca de caminhos de dignidade, liberdade, justiça e paz? Qual espiritualidade anima as discípulas e os discípulos de Jesus em seu serviço gratuito e despojado nas periferias existenciais? De que maneira esses agentes tornam-se autenticamente aptos a encarar os desafios da decolonialidade e da interculturalidade, do diálogo e do anúncio do Evangelho numa tensão que resgata memórias, valores e identidades negadas?

Abordaremos, antes de tudo, o que entendemos por espiritualidade e qual sua relevância para uma missão cristã descolonizada. Em seguida, identificaremos aspectos básicos fundamentais de uma espiritualidade missionária "em saída", que de fato é uma espiritualidade cristã que nasce e amadurece a partir da vivência do encontro com os pobres e os outros nas feridas coloniais. Enfim, concluiremos explicitando algumas polaridades temáticas que surgem de uma reflexão sobre a espiritualidade missionária – mas não somente – e que são chamadas a alimentar também uma prática e uma teologia da missão, em vista da configuração de um paradigma missionário em perspectiva decolonial.

5.3.1 Espiritualidade como vida no Espírito: uma abordagem antropológica

Quando se fala de espiritualidade se entende comumente "tudo o que não é material". O *Dicionário Aurélio* (2010) define o termo "espiritual" como "relativo ou pertencente ao espírito (por oposição à matéria)". Essa noção, enraizada na tradição ocidental, revela uma concepção dualista de pessoa, composta essencialmente de alma e corpo: "espiritual" diz respeito à alma e "material" diz respeito ao corpo. Daqui vem o entendimento de que a vida espiritual deve cuidar das coisas da alma, sem se preocupar com as coisas materiais, como o trabalho, as relações humanas, a sexualidade, o lazer, a vida social, a vida política, a vida econômica, a missão etc.[214] Chega-se ao ponto radical que por "espiri-

---

214. Essa concepção começou a surgir muito cedo, pela influência das correntes gnósticas (séculos II e III), que acentuavam a supremacia do "espírito" sobre os aspectos materiais. Por conseguinte, "ser espi-

tualidade" se entende uma ruptura com tudo o que é do mundo, uma fuga para as realidades espirituais, uma não continuidade entre plano da criação e plano da redenção (GUCCINI, 2006, p. 62).

No entanto, na tradição neotestamentária aparece outro tipo de antropologia. Na Primeira Carta aos Tessalonicenses encontramos uma afirmação fundamental de Paulo pela qual o ser humano seria composto por "espírito, alma e corpo" (1Ts 5,23). Esse "espírito" se refere ao Espírito Santo, a designar a participação de cada pessoa que adere à fé em Jesus Cristo e à vida divina da Trindade, com toda sua dimensão somática (corpo) e toda sua dimensão psíquica (alma): é a ação da Graça em nossa vida, vida cotidiana *carismática* cheia de Graça, sob o impulso do Espírito de corpo e alma.

Assim Irineu comenta o versículo paulino:

> Qual motivo poderia ter [o Apóstolo] de pedir a perfeita conservação para a vinda do Senhor destas três coisas, a alma, o corpo e o Espírito, se não soubesse que as três devem ser restauradas e reunidas e que para elas há uma só e idêntica salvação? [...] São perfeitos, portanto, os que possuem sempre o Espírito de Deus, guardarão sem repreensão as almas e os corpos, conservando a fé em Deus e cumprindo a justiça para com o próximo (IRINEU, 1997 [final do século II], V, 6,1).

O conceito de espírito na Bíblia, como já lembramos, está vinculado às noções de espaço atmosférico, vento, energia; esses matizes dizem respeito essencialmente ao fomento da vida, no sentido de "ar que se respira", ambiente vital, sopro criador, como também à ideia de força cósmica, dinâmica, expressão da voz e da vontade divina.

No Ocidente, a partir da Renascença, essa *ruah/pneuma* bíblica, nesse duplo sentido de elemento essencial e força vital personificada, começa a perder de importância, e a pessoa humana é reduzida exclusivamente às dimensões de alma e corpo, *psique* e *soma*. De maneira que o espiritual foi absorvido pelo intelectual, com a resoluta destituição do papel da graça.

---

ritual" passou a significar desvinculação de tudo o que é material, mas também de tudo o que é psíquico (SECONDIN; GOFFI, 1993, p. 14).

A modernidade se revelou assim um projeto *civilizatório* que matou o Espírito de Deus (Nietzsche), secularizando seu fundamento dinâmico para a forma estática da causalidade e da finalidade objetiva como verdade última, na qual se identificaram a fé e a razão:

> O assim chamado *fundamento* se converteu então num projeto colonizador, em que a ontoteologia e o progresso foram as duas faces de um único relato narcisista ocidental: seja como idolatria da substância ou como idolatria do mercado, tratou-se, afinal de contas, de uma substituição do Indizível por um discurso e por uma prática que buscavam a uniformização doutrinal, moral, econômica ou política (MENDOZA-ÁLVAREZ, 2011, p. 258; grifo do autor).

No entanto, as experiências espirituais dos povos originários e afrodescendentes das Américas mantiveram clandestinamente uma perspectiva convergente com a antropologia bíblica e patrística, assim como praticamente muitas tradições africanas e orientais. A noção andina de *ajayu* (ânimo, espírito, força ancestral) se equipara ao *axé* negro (princípio, fonte, energia de vida divina), de maneira que nessas culturas a espiritualidade diz respeito a algo que tem a ver com a "experiência humana integral" (PANIKKAR, 2015, p. 205), em suas dimensões pessoais, relacionais e cósmicas:

> Então se poderia dizer que uma experiência espiritual é significativa e profunda quando toca cada uma das fibras sensíveis de toda criatura humana, permeia cada momento de seu ser e atividades diárias, para despertar e promover o *suma qamaña* (aimará), *sumaj kawsay* (quechua ou kichwa), o "bem con-viver" ou, em termos cristãos, a vida em plenitude (cf. Jo 10,10), "viver segundo o Espírito" que se expressa em atitudes concretas (Gl 5,16-25), visto que a "árvore boa" é reconhecida "pelos seus frutos" (Mt 7,16-20). Tal experiência pode ser expressa tanto no nível religioso-institucional quanto no secular-laical (TOMICHÁ, 2019b, p. 551).

Destarte, "espiritualidade" tem como conotação principal a "vida no Espírito", típica dos πνευματικοὶ ("espirituais": Gl 6,1; 1Cor 2,15), que no caso da tradição cristã é a vida concreta, realmente vivida nas relações com os outros, feita não apenas de devoções, mas primeiramente de ações que crucificam os instintos egoístas e colocam os discípulos e as discípulas a serviço da humanidade (Gl 5,22-24).

O Documento de Aparecida vê nesse explícito enfoque o nexo preciso entre espiritualidade e missão:

> É necessário formar os discípulos numa espiritualidade da ação missionária, que se baseia na docilidade ao impulso do Espírito, à sua potência de vida que mobiliza e transfigura todas as dimensões da existência. Não é uma experiência que se limita aos espaços privados da devoção, mas que procura penetrá-los completamente com seu fogo e sua vida. O discípulo e missionário, movido pelo estímulo e ardor que provêm do Espírito, aprende a expressá-lo no trabalho, no diálogo, no serviço e na missão cotidiana (DAp 284).

Ainda mais por entendermos "espiritualidade" como prática da vida no Espírito, vivida na radicalidade do mandamento do amor (Gl 5,14), segundo as diversas circunstâncias, podemos concluir que espiritualidade é uma maneira específica e concreta de compreender, interiorizar e viver concretamente o Evangelho (DAp 200). O Espírito é um só: é o mestre, o guia, a energia vital. Porém, as circunstâncias são muitas, assim como as índoles, as culturas, as tradições, as linguagens:

> Existem dons diferentes, mas o Espírito é o mesmo; diferentes serviços, mas o Senhor é o mesmo; diferentes modos de agir, mas é o mesmo Deus que realiza tudo em todos. Cada um recebe o dom de manifestar o Espírito para a utilidade de todos (1Cor 12,4-7).

O encontro da única graça com a pluralidade da natureza, das culturas e das diversas situações humanas produz diferentes expressões de vida no Espírito, diferentes maneiras de viver o Evangelho, diferentes "espiritualidades" (DAp 285). Assim como existe um único grande carisma, a ação do Espírito como princípio fundante, existem também diferentes *carismas* que apontam para a vocação-missão de cada pessoa ou comunidade, e para a manifestação particular do Espírito em cada situação histórica.

Essa maneira de entender a espiritualidade-espiritualidades, abre um campo de diálogo intercultural, inter-religioso e decolonial extremamente promissor, tendo presente a conexão entre o que há de mais profundo nas culturas negadas, com o resgate de uma genuína pneumatologia da tradição cristã eclipsada pela modernidade. Também, como afirma Elias Wolff (2016), "as religiões convergem com mais facilidade no âmbito espiritual do que nos seus elementos formais", de maneira que "o espírito religioso entre pessoas de diferentes religiões lhes é mais comum do que a doutrina que cada uma atribui a esse espírito" (p. 51).

5.3.2 Espiritualidade como ação do Espírito: uma abordagem teológica

Evidentemente, quando se fala de espiritualidade é preciso ter presente não somente sua dimensão ético-antropológica, a vida no Espírito, mas também, e primariamente, sua dimensão propriamente místico-teológica: a experiência do transcendente, do divino, do "religioso"[215], do Mistério[216], como fundamento e fonte da conduta ética, vivido e experimentado como dom, como Graça. Com efeito, Paulo afirma: "Nós não recebemos o espírito do mundo, mas recebemos o Espírito que vem de Deus, para conhecermos os dons que Deus nos concedeu" (1Cor 2,12).

Sob esta ótica, e da ótica da tradição cristã, falar de espiritualidade é falar essencialmente da ação/dom do Espírito em nós e da resposta de fé de cada pessoa/comunidade. Esse acontecimento, segundo o NT, surge da proclamação da Palavra e da recepção dessa Palavra por seus ouvintes, que também é fruto da ação do Espírito (Rm 8,6; 1Cor 12,3).

A Primeira Carta de João colhe com precisão o ponto de contato entre essa ação do Espírito e a resposta da comunidade discipular:

> Vós, porém, tendes recebido a unção que vem do Santo, e todos vós possuís a ciência [...]. Quanto a vós a unção que recebestes dele permanece em vós, e não tende necessidade de que alguém vos ensine; mas como sua unção vos ensina tudo, e ela é verdadeira e não mentirosa, assim como ela vos ensinou, permanecei nele (1Jo 2,20.27).

O contexto do tema da "unção" aqui proposto é o do primeiro anúncio da Palavra e da acolhida por parte daqueles que aderiram à fé (GUCCINI, 2006, p. 81). A referência não é a Palavra proclamada como conteúdo do Evangelho,

---

215. Religião e espiritualidade estão intrinsecamente ligadas, mesmo não sendo sinônimos e não necessariamente implicando-se, sobretudo se por "religião" entendemos a fiel adesão a uma tradição religiosa.

216. No sentido do "numinoso" de Rudolph Otto (2007), elemento não racional que gera um estado psíquico ao mesmo tempo de temor e atração (*fascinans et tremendum*) em quem se sente tocado pelo sagrado.

mas a Palavra interiorizada como ação do Espírito: esta é a verdadeira unção. Aqui a conexão entre Espírito e Palavra é tão estreita que é a mesma coisa dizer "ação do Espírito" e "ação da Palavra interiorizada no coração das pessoas pela fé".

Portanto, o ponto de partida para qualquer espiritualidade cristã é a profunda acolhida da Palavra de Deus (DAp 179, 309) que age com eficácia em quem acredita (1Ts 2,13): ação do Espírito/Palavra e vida no Espírito, que transforma a Palavra em vida, estão assim intimamente interligadas na experiência espiritual.

Esse evento constitui o elemento fundante e decisivo, através do qual a comunidade cristã entra em contato com o Divino, o Sagrado, o Santo, com uma totalidade que transcende e que dá sentido à transitoriedade da história. Tal encontro extático e contemplativo leva a uma compreensão holística da realidade, pela qual o crente se sente possuído numa profunda, integral e extensiva sensação de "pertencer" a algo muito maior: "Já não sou eu que vivo, mas é Cristo que vive em mim" (Gl 2,20).

Retomando o esquema antropológico tripartido (corpo, alma, espírito), Panikkar (2015) esclarece que se o corpo é individual, já a alma é individual (no corpo) mas não é individualizável, enquanto partilha de princípios lógicos de um mundo intelectual que não pertencem a um indivíduo; no entanto, o espírito não é individual e nem individualizável, não é propriedade nossa e nem temos domínio sobre ele: "o espírito sopra onde e quando quer e nos faz entrar em contato com um novo grau de realidade que se manifesta na consciência e precisamente na consciência mística" (p. 207).

Essa abordagem permite assumir e colher a realidade histórica e cósmica a partir da transcendência, ou seja, em chave integral, relacional e interligada, como afirma com a *Laudato Si'* (LS 16, 42, 91, 111, 117, 138, 240), com "a consciência amorosa de não estar separado das outras criaturas, mas de formar com os outros seres do universo uma estupenda comunhão universal", pois "o crente contempla o mundo, não como alguém que está fora dele, mas dentro, reconhecendo os laços com que o Pai nos uniu a todos os seres" (LS 220).

Com efeito, o mundo é "uma trama de relações", criada segundo o modelo divino, que secretamente se entrelaça; e isso nos leva "a descobrir uma chave da nossa própria realização": "a pessoa humana cresce, amadurece e santifica-se tanto mais quanto mais se relaciona, *sai de si* mesma para viver em comunhão com Deus, com os outros e com todas as criaturas" (LS 240; grifo nosso).

Essa êx-tase (saída de si), que tem origem de uma visão "cosmoteândrica" (PANIKKAR, 2015), onde os elementos humano, divino e cósmico coexistem, se relacionam e se estruturam, é capaz de aproximar mais uma vez os diferentes mundos culturais com a tradição cristã num possível diálogo intercultural, inter-religioso e interespiritual. Não se trata de equiparar crenças, nem de nivelar teologias ou experiências místicas num mesmo patamar: "seria uma fracassada tentativa de homogeneizar as diferenças [...] caindo tanto no risco do relativismo quanto do indiferentismo, que desconsideram a riqueza das peculiaridade em cada tradição religiosa e espiritual" (WOLFF, 2016, p. 68). Tampouco significa pôr em discussão em nível ontológico, para os cristãos, a única e universal mediação em Jesus Cristo. O problema deve ser colocado em nível epistemológico, por quem reconhece incompleta a própria aproximação ao Mistério e, portanto, sente a necessidade de se abrir, estender, complementar a sua experiência de fé na comunicação recíproca (dar e receber) com o outro[217].

Podemos entender esse processo de diálogo com outras experiências espirituais como uma autêntica ação do Espírito, "que oferece a todos a possibilidade de serem associados ao mistério pascal" (GS 22), sendo que "os verdadeiros adoradores vão adorar o Pai em espírito e verdade" (Jo 4,23).

Retomando o tema da "unção" que "ensina tudo", o diálogo espiritual vai além da simples instrução parenética para chegar até as entranhas, renovando e aquecendo o coração das pessoas (Lc 24,32). Destarte, o intercâmbio espiritual é sempre uma comunicação de coração a coração, na linguagem do amor, da intuição e da ternura. A perfeição do conhecimento e da experiência religiosa suprema se

---

[217]. A esse respeito, Paul J. Griffiths (2003), ao comentar uma passagem da *Dominus Iesus* (DI 6), observa: "Afirmar que *a revelação de Deus em Cristo é completa/plena* (o que se deve afirmar) não é o mesmo e nem implica afirmar que *a verdade acerca de Deus explicitamente conhecida e ensinada pela Igreja é completa/plena*. Da mesma forma, dizer que o objeto do ensino da Igreja é a revelação completa de Deus em Cristo (o que se deve afirmar e é verdade) não equivale a dizer que aquilo que a Igreja ensina é coextensivo com essa revelação completa (se o afirmássemos, isso no mínimo antecipariam o *eschaton* um pouco apressadamente demais)" (p. 24 [480]; grifos do autor).

dá exatamente no amor, onde não se diz mais nada, apenas se ama; onde não se busca, apenas se contempla (SECONDIN; GOFFI, 1994, p. 110)[218].

Contudo, em vista deste "pleno conhecimento da vontade de Deus", esse caminho não dispensa de forma alguma a sabedoria e o discernimento (Cl 1,9), voltados não a extinguir o espírito, não a desprezar as profecias, mas a ficar com tudo o que é bom (1Ts 5,19-21). O convite de Paulo se estende com a advertência a não se conformar com as estruturas deste mundo, mas transformar-se renovando a mente, "a fim de distinguir qual é a vontade de Deus" (Rm 12,2).

Particularmente, esse exercício espiritual reforça positivamente a exigência evangélica de ler os "sinais dos tempos" (Mt 16,3) para ouvir "o que o Espírito diz às Igrejas" (Ap 2,7), sobretudo tendo presente o cenário contemporâneo pós-moderno, no qual proliferam misticismos, ecletismos e esoterismos *à la carte* para todos os gostos. Hans Küng (1992) apontava para o "verdadeiramente humano" como critério universal de discernimento dos espíritos. Portanto, uma religião é boa e verdadeira na medida em que "promove a identidade humana, o sentido e o sentimento de valor das pessoas" (p. 128).

No entanto, essa ponderação ressoa um tanto abstrata. Para complementá-la é preciso articular elementos mais consistentes em vista de uma avaliação fecunda das experiências espirituais. A partir de uma perspectiva decolonial os critérios que sobressaem dizem respeito às realidades: (1) que surgem de contextos marcados pela cruz colonial; (2) que resgatam identidades autóctones e memórias ancestrais, porque "sem memória, nunca se avança" (FT 249); (3) que despertam uma *parresia* destemida, criativa e martirial, "selo do Espírito" (GE 132); (4) que apontam para um "bem-conviver" pluriversal e cósmico como projeto político e como método (TOMICHÁ, 2019a, p. 130); (5) que abrem à esperança de um

---

218. É bom lembrar aqui a "espiritualidade do coração" já presente no tempo dos Padres como reação popular à especulação intelectual dos doutores. Esse movimento foi retomado com certa energia no século XIX pelo monaquismo ortodoxo russo, em oposição ao Ocidente racionalista-iluminista. As expressões deste movimento, quando colocadas em seu ambiente e contexto, revelam "a necessidade de uma espiritualidade menos analítica, integral, divino-humana, em que todas as dimensões do ser colaboram em harmonia e atingem uma estabilidade na oração, que se manifesta por meio de uma intuição espiritual, 'sentimento do coração' unido ao Espírito Santo" (SECONDIN; GOFFI, 1993, p. 200).

mundo global para todos, lançando pontes, derrubando muros, semeando reconciliação (FT 276).

5.3.3 Espiritualidade e missão

Não há ainda na literatura da teologia espiritual uma sistematização específica sobre uma possível espiritualidade missionária. Ela se enquadra dentro da pletora das espiritualidades contemporâneas como "um modo concreto e diferente de viver a espiritualidade, que dá profundidade e entusiasmo para o exercício concreto de suas tarefas" (DAp 285). Com efeito, o conceito foi difusamente tratado no século XX em ensaios voltados a descrever mais as virtudes a ser praticadas pelo missionário do que esboçar linhas de teologia espiritual em sentido próprio.

Por sua vez, o magistério eclesiástico começa a falar explicitamente de "espiritualidade missionária" a partir do Concílio Vaticano II:

> Embora o Espírito Santo suscite, de muitos modos, na Igreja de Deus, o espírito missionário, e não poucas vezes se anteceda à ação dos que governam a vida da Igreja, este dicastério, contudo, deve promover, da sua parte, a vocação e a *espiritualidade missionária*, o zelo e a oração pelas missões, e uma exata e adequada informação sobre elas (AG 29; grifo nosso).

Desse momento em diante todos os documentos missionários do magistério pontifício, desde a EN, a RMi até a EG, trarão um capítulo ou umas passagens significativas sobre espiritualidade missionária. A partir destas abordagens, segundo Tullo Goffi (1987), a reflexão missiológica contemporânea empeça a desenvolver pressupostos para uma evolução sistemática promissora (p. 197).

Destarte, para esse e outros autores, fica sempre latente a ambivalência entre a elaboração de um discurso *para* o missionário (*ad gentes*) e uma reflexão fundamental para a vida cristã. Os pontos a tratar numa pauta temática desta natureza, muito dependem das noções de missão e de espiritualidade subjacentes (CONTRAN, 1996, p. 154). Obviamente, a mudança paradigmática de uma específica e eclesiocêntrica atividade missionária aos não cristãos, para uma perspectiva teológica da *missio Dei*, inspirou sem sombra de dúvida diversas abordagens de cunho genuinamente espiritual. Todavia, a complexa articulação das urgências, das dimensões e dos âmbitos missionários da atualidade, repropõe continuamente o desafio de configurar e traçar os contornos de uma espiritualidade missionária significativa, relevante e motivadora para a vida eclesial como um todo, intimamente interligada com uma dimensão essencialmente discipular (EG 23).

Por um lado, seria mais oportuno falar de *espiritualidades missionárias*, vista a pluralidade de contextos e situações que a própria missão implica. Por outro, tratando-se sempre de um "envio", de uma "saída", de um (des)encontro com o outro, de um diálogo, de um anúncio, de um testemunho, é possível e até imprescindível configurar uma estrutura fundamental que caracteriza uma espiritualidade missionária, que inclua impreterivelmente uma perspectiva decolonial.

Giorgio Paleari (2001a), em seu precioso livreto *Espiritualidade e Missão* (2001), tenta uma articulação entre os vários aspectos que constelam a prática e a "teologia da espiritualidade missionária" contemporânea, recorrendo a "imagens, símbolos e relatos", capazes "de mover o ser humano como um todo, de maneira que responda não somente com o intelecto, mas também com as emoções e com as decisões" (p. 17). Essas imagens, tomadas emprestadas de uma atuação missionária *ad gentes*, mas tendo em vista uma dimensão missionária global do povo de Deus (missão como peregrina, estrangeira, hóspede, vulnerável, profeta, universal etc.), são reunidas em um conjunto de grupos temáticos que compõem um quadro orgânico e atualizado: fundamento trinitário, inculturação, diálogo, libertação, universalidade, comunidade, método missionário.

De maneira similar, é possível estruturar uma proposta de espiritualidade missionária a partir das considerações precedentes sobre a vida no Espírito e a ação do Espírito, articulando aspectos relacionados à atuação missionária dos cristãos, juntamente com elementos relacionados à contemplação e à experiência espiritual em sentido formal.

Associar as noções de "espiritualidade" e de "missão" parece, à primeira vista, uma *contraditio in terminis* pela forma de como estamos acostumados a entendê-las. Todavia, é sempre mais insistente a exigência de relacionar a ação evangelizadora a um estilo e a um método contemplativo, atento à ação do Espírito no meio das situações, dos contextos e das culturas, e ao mesmo tempo muito menos envolvido numa obra empreendedora, sempre de alguma forma colonial, que aposta unicamente na eficácia e nos resultados previamente determinados (FRANCISCO 2013).

Já João Paulo II afirmava que a sociedade humana de hoje procura "a dimensão espiritual da vida como antídoto à desumanização", e que a Igreja tem em Cristo "um imenso patrimônio espiritual a oferecer" (RMi 38). "O futuro da missão depende em grande parte da contemplação"[219], concluía Wojtyla: "o missionário deve ser 'um contemplativo na ação'" (RMi 91)[220].

Com efeito, num mundo marcado pelo secularismo, pelo individualismo e por uma "reinante epidemia de superficialidade" (PANIKKAR, 2015, p. 223), a missão cristã tem como primordial finalidade revelar o Mistério, resgatando tradições milenares da humanidade, a começar pela própria. Se antigamente a atividade missionária era voltada a salvar almas, hoje poderíamos dizer que está focada a salvar Deus[221], e anunciar assim a possibilidade de um mundo mais humano. A experiência de Deus que emerge de uma vida evangélica verdadeira, positiva, bem-disposta, tornam os cristãos e as cristãs capazes de prestar atenção às pessoas[222], a seus desejos, solidários com sua busca do verdadeiro, do bom e do bonito, capazes de perceber a presença do divino na vida dos outros e nas culturas e a colaborar com eles pela transformação das estruturas do pecado que estão no mundo e pelo cuidado com a criação.

---

219. A tradução oficial em português dessa passagem da RMi ("o *fruto* da missão depende em grande parte da contemplação"; grifo nosso), não corresponde ao texto italiano, espanhol, inglês e francês, tampouco ao original em latim: *"futurum missionis plurimum ex ipsa contemplatione pendere"*.

220. Para Panikkar (2015) não se pode separar contemplação da ação, "pois não há ação verdadeira sem contemplação e nenhuma contemplação verdadeira sem a primeira" (p. 349). O verdadeiro conhecimento deve acontecer com os três olhos: sensitivo, mental, espiritual. "Qualquer visão monocular carece de perspectiva [...]. É por isso que tantos místicos contemplativos eram homens de ação. Eles não acreditavam na dicotomia entre ação e contemplação, nem no dualismo entre conhecimento e amor" (p. 324).

221. Obviamente, Deus não precisa de salvação, mas sua presença e sua missão precisam ser manifestadas diante de um mundo no qual foi anunciada a sua morte (NIETZSCHE, 2000 [1882], aforisma 125).

222. Os desventurados, dizia Simone Weil, precisam somente de pessoas capazes de prestar atenção a eles: "A capacidade de prestar atenção a um desventurado é coisa raríssima e dificílima: é quase um milagre, é um milagre. Quase todos aqueles que acreditam ter essa capacidade não a possuem. O calor, o impulso do sentimento, a piedade não bastam" (1988, p. 83).

Entretanto, não é somente a missão que necessita de uma generosa dose de espiritualidade em sua prática e reflexão teológica. Também o universo espiritual, a contemplação, a adoração, a oração, a liturgia, necessitam do aporte missionário e missiológico. Com efeito, essas instâncias não constituem um *fim em si*, mas representam sempre ações evangelizadoras em diversos níveis, seja porque apontam e preparam a comunidade para assumir compromissos missionários, seja porque trazem para dentro "as alegrias e as esperanças, as tristezas e as angústias" do mundo de hoje (GS 1), tornando a celebração e a oração encarnadas: "deixar entrar o 'de fora', evangeliza a assembleia litúrgica" (BEVANS; SCHROEDER, 2010, p. 576).

Em 1927, o Papa Pio XI declarou padroeira da atividade missionária da Igreja Teresa de Lisieux, junto com Francisco Xavier. O jesuíta era de fato um personagem destemido e desbravador, um dos maiores missionários de todos os tempos. No entanto, a monja carmelita enclausurada era algo incomum: nunca deixou seu convento na França e morreu muito jovem. Sua autobiografia, porém, revelou uma mulher profundamente apaixonada pela missão, que cultivava uma mística universal capaz de conectá-la com o mundo dos seis continentes, com a ação evangelizadora da Igreja, com a labuta dos missionários e missionárias. Teresa encontrava na oração e na contemplação desprendida e despretensiosa além das fronteiras dos muros do convento, sua intensa participação à missão de Deus.

De maneira análoga, poderíamos pensar numa prática popular de oração, adoração e culto, não apenas *introvertida* e centrada em si, nos problemas da comunidade ou nos pedidos individualizados, mas também como prática mística *extrovertida* de solidariedade com as diferentes causas dos povos. Uma prática espiritual marcada pela tônica da missão ensina de fato a escutar, a prestar atenção, a alargar o horizonte, a sentir uma compaixão ex-tática e cósmica na quietude do silêncio e dos mantras que mergulham nas profundezas da vida ferida.

5.3.4 *Elementos para uma espiritualidade missionária em chave decolonial*

Feitas as devidas considerações sobre a relevância da espiritualidade do ponto de vista antropológico, teológico e missiológico, passamos agora a delinear as características e os eixos essenciais de uma espiritualidade missionária, segundo os critérios elaborados até agora, em diálogo com as exigências evangélicas do encontro com os outros e com as espiritualidades que emergem dos projetos subalternos.

A convergência entre a busca do "bem-viver" indígena e as bem-aventuranças evangélicas, sinalizada pelo Sínodo da Amazônia, pode representar um ponto de partida extremamente significativo que, afinal das contas, sugere uma disposição fundamental ao encontro, ao diálogo, à promoção da comunhão e da vida, "em harmonia consigo mesmo, com a natureza, com os seres humanos e com o ser supremo" (DSA 9), "na dimensão econômica, social, política, cultural, mas sobretudo, espiritual, de uma existência não para acumular e ter, mas para ser, e na qual podemos ser e continuar a ser, simplesmente mais felizes" (GUERRERO ARIAS, 2010, p. 487).

Acreditamos com Elias Wolff (2016) que um verdadeiro encontro entre diferentes universos de sentido, com o propósito de "caminhar junto" e alimentar a esperança rumo a um horizonte utópico comum, só é possível na medida em que houver um encontro entre os espíritos que os animam. Nesta tensão, a espiritualidade missionária procura aprofundar o aporte crítico da proposta cristã, pois é exatamente na autocompreensão dinâmica e experiencial da própria fé comunicada a todos que a comunidade cristã atualiza sua noção de missão no mundo e coopera com a construção de um mundo mais justo e solidário.

Há balizas fundamentais nas quais se enraíza a identidade messiânica dos discípulos e das discípulas de Jesus, que permitem e impulsionam de fato uma espiritualidade missionária na contramão do exercício e do espírito de um poder hegemônico e colonial. Essas balizas se encontram: (1) na proposta de seguimento de Jesus; (2) na "saída de si" e na aproximação aos outros; (3) na inserção no mundo do outro para anunciar o Reino; (4) na mística e na abertura universal desse Reino.

a) O caminho da montanha: a subida. As bem-aventuranças representam o prólogo e a síntese da catequese primordial do Discurso da Montanha (Mt 5–7), os *logia Jesou* originários do ensinamento do Mestre: aqui se encontra a proposta fontal de seguimento de Jesus, o programa de vida, o que Ele mesmo queria de seus seguidores, a carteira de identidade da comunidade discipular.

Mateus ambienta esse primeiro discurso do seu evangelho numa montanha da Galileia, em referência ao Sinai de Moisés e ao recebimento das Tábuas da Lei (Ex 24,12-18). Agora o *novo* ensinamento de Jesus vem dar um pleno cumprimento ao primeiro, sem tirar uma só vírgula (5,17-18), mas ao mesmo tempo exigindo que se ultrapasse a hermenêutica rubricista da doutrina (5,20).

A montanha é uma poderosa imagem simbólica. Longe de representar um lugar qualquer, simboliza o lugar místico, a esfera divina próxima ao céu, onde Deus desce para se aproximar do ser humano, mas também onde o ser humano sobe para se aproximar de Deus.

> O lugar do místico não é na estratosfera, mas nesta "terra dos homens", embora o místico tenha a audácia de escalar seus picos mais altos. Ele não sonha em ir à Lua, onde não há atmosfera, mas tenta subir ao Tabor, ao Sinai, ao Meru, ao Kailāsa, ao Sumbur (Semeru), ao Haraberazaiti (Harbuz) etc., isto é, para aquele lugar terrestre onde o céu e a terra se encontram (PANIKKAR, 2015, p. 211).

O caminho discipular é, na realidade, uma subida, uma escalada feita de suor e sacrifício (1Ts 1,3), de erros e de acertos, de esforço e de determinação. Uma superação que apela para a força de vontade. A montanha indica um percurso espiritual de elevação, de ascensão e de crescimento interior:

> O tema da ascensão espiritual foi retomado por Orígenes e por Gregório Magno. Também Bernardo dedica-lhe uma grande atenção, consagrando diversos sermões ao Sl 24,3: "Quem pode subir à montanha de Iahweh, quem pode ficar de pé no seu lugar santo?" [...] Bernardo considera Cristo uma montanha a ser escalada (DAVY, 2000, p. 85).

Nessa escalada, o Evangelho de Mateus aponta para cinco etapas progressivas, cinco "lances" de diferentes graus: (1) alimentar uma *fraternidade* radical para com todos, enquanto filhos e filhas do mesmo Pai[223], estendendo o mandamento

---

223. Dom Helder Camara acrescentaria "irmãos/filhos de sangue". Em uma simpática anedota incluída no documentário de Érica Bauer *Dom Helder – O santo rebelde* (2004), ele conta de como teve que interceder

de não matar a várias formas de humilhar e desprezar o outro (Mt 5,21-26); (2) cultivar uma *maturidade* afetiva, que garante o absoluto e sagrado respeito para com o outro, o autocontrole dos próprios impulsos e o zelo para com a dignidade alheia (Mt 5,27-32; 6,22-23); (3) comprometer-se com a verdade, com uma *comunicação* franca, honesta e sincera, sem dissimulações ou intrigas, que representa a base para a construção de relações de confiança, pois se houver necessidade de jurar, isso indica que há desconfiança (Mt 5,33-37); (4) passar de relações de reciprocidade ("olho por olho") a relações de *gratuidade* não violentas, não vingativas, não interesseiras (Mt 5,38-42); (5) viver a *universalidade* no amor sem limites que inclui os inimigos (outros), como característica fundamental que distingue os discípulos de Jesus (Mt 5,43-48).

Esse último "lance" é o que confere uma conversão/aprendizagem/metanoia qualitativa, um verdadeiro salto paradigmático, um sinal de transformação que desafia a configuração identitária do discípulo de Jesus. Ele exigia essa vivência dos seus, de maneira que essas passagens na escalada da montanha das bem-aventuranças representam verdadeiros preceitos que tornam as pessoas a imagem e semelhança do Pai (Mt 5,48).

Contudo, o que parece uma empresa prometeica de graus extremos, na realidade faz Paulo reconhecer a incapacidade humana de escalar essa montanha: "não faço o bem que quero, mas pratico o mal que não quero [...]. Verifico, pois, esta lei: quando quero fazer o bem, é o mal que se me apresenta" (Rm 7,19.21). Somente uma vida no Espírito pode proporcionar uma autêntica transformação: "Se o Espírito daquele que ressuscitou Jesus dentre os mortos habita em vós, aquele que ressuscitou Cristo Jesus dentro os mortos dará a vida também a vossos corpos mortais, mediante seu Espírito que habita em vós" (Rm 8,11).

O caminho da montanha é uma escalada espiritual que molda, que eleva e que abre os discípulos e as discípulas a outras relações pautadas na misericórdia,

---

junto a um empresário pedindo emprego para um "seu irmão", um pobre pai de família. O empresário, depois de atender com muita solicitude ao pedido do arcebispo, percebeu logo de ter sido "enganado", pois o homem não era evidentemente "irmão" de Dom Helder. Mas o prelado respondeu: "filhos do mesmo Pai, não são irmãos?" O empresário retrucou: "Sim, eu sei o que o senhor quer dizer com isso: mas eu tinha entendido que eram irmãos de sangue". "Pois é", insistiu Dom Helder, "o sangue que Cristo derramou para mim, derramou para ele também: então, somos irmãos de sangue".

na ternura e no perdão. O topo da montanha é representado pelo amor aos inimigos, o amor universal, o máximo de amor possível contra toda vingança. É o nível de amor que mais caracteriza os seguidores e as seguidoras de Jesus (Mt 5,46). Essa montanha da Galileia é a mesma do envio missionário aos povos (Mt 28,16), na qual o ressuscitado enviará seus irmãos a "fazer discípulas todas as nações" (Mt 28,19): esse caminho é um convite dirigido a todos, uma ascese para tornar a vida profundamente humana, uma transcendência e uma saída de si que torna filhos e filhas do Pai (Mt 5,45), um anúncio que constitui a essência do Reino de Deus.

b) A quênose: a descida da montanha. Uma vez alcançado o cume da montanha, as discípulas e os discípulos de Jesus são enviados ao mundo pelo Ressuscitado. Toda intensa experiência espiritual parece projetada ao dom de si; mas esse dom de si implica inevitavelmente uma descida:

> Das profundezas dessa união interior nasce uma grande força, um acúmulo do poder e da energia do amor que, depois de nos atrair para dentro, agora nos move para fora porque não pode ser contido dentro. Esse amor é a chama ardente que sofreria toda prova e perderia sua vida e experiências para poder dar como recebeu. [...] É como se tivéssemos chegado ao topo de uma montanha e perguntado: Para onde vamos daqui? O que resta a ser realizado? Até agora, o movimento da vida tinha sido de interiorização e unificação, mas, uma vez concluído, esse movimento se vira e, com um impulso de energia inesgotável, nos leva além de nós mesmos para uma vida de doação altruísta. Assim, chegando ao pico, não temos para onde ir a não ser para baixo; uma descida, entretanto, que é uma saída, uma saída mais completa de si mesmo (ROBERTS, 1991, p. 11)

Essa saída de si é a descida da montanha das bem-aventuranças. É uma *quênose* que nasce da compaixão e da aproximação ao pobre e ao outro, e não de um desejo de ascese: isso é fundamental para o cristianismo. A missão rompe o círculo da integridade e do integralismo espiritual, e convida a pessoa a "se sujar" (EG 45), a sair de si, da sua tribo e da sua terra. Jesus não vacila diante do mestre da lei e o convoca para um envio rumo à margem do caminho: "*vá*, faça a mesma coisa [que fez o samaritano], e viverá" (Lc 10,37; grifo nosso).

Vimos as implicações da "descida" na estrada de Jerusalém a Jericó (Lc 10,30-36): a descida é sempre um profundo "deixar" numa tensão de aproximação ao desconhecido e ao sofredor. O jovem rico não queria deixar seus bens e foi embora "cheio de tristeza" (Lc 18,23). Os discípulos já queriam saber o que iriam *ganhar* ao deixar tudo para seguir Jesus:

> não há quem tenha deixado casa, irmãos, irmãs, mãe, pai, filhos ou terras por minha causa e por causa do Evangelho que não recebe cem vezes mais desde agora, neste tempo, casas, irmãos e irmãs, mãe e filhos e terras, com perseguições, e, no mundo futuro, a vida eterna (Mc 10,29-30).

Assim como a subida da montanha teve seus lances de superação na fraternidade, na afetividade, na verdade, na gratuidade, na universalidade do amor, a descida apresenta também seus correlativos desafios de desprendimento dos vínculos fraternos, consanguíneos, étnicos da casa e o clã, dos laços afetivos da mãe, da tradição autoritária do pai, do apego interesseiro dos filhos herdeiros e das raízes culturais identitárias fincadas na terra:

> É preciso ter a consciência clara de que o acaso do nascimento nesta ou naquela casa e cultura, sociedade e civilização não tem poder absoluto sobre nós. Não somos naturalmente reféns de projeções, sistemas e instituições. [...] Quanto mais caminhamos, mais somos capazes de relativizar nossa origem e o ambiente que nos moldou. [...] Não dependemos fatalmente das nossas raízes de parentesco, cultura e sociedade. Podemos tecer redes sociais de luta e contemplação segundo nossas opções (SUESS, 2007a, p. 83).

Tudo o que de bom possuímos pode se tornar empecilho no caminho do encontro com o pobre e o outro e, portanto, entrave na busca da plenitude da vida, retratada com a expressão metafórica "cem vezes mais". Nesta plenitude se recebe, junto com as inevitáveis perseguições, muitas outras casas, irmãos, irmãs, mães, filhos, terras, para tecer novas relações. No entanto, não haverá "cem pais" para garantir a lei, a ordem, a verdade e a tradição. Não há nenhum "pai" na comunidade cristã e no Reino futuro, a não ser o Pai que está nos céus: num mundo plural não vai ter o domínio de uma tradição sobre as outras, nem uma guerra entre religiões, mas uma comunhão entre todas.

O cerne desta plenitude da vida é a entrega da própria vida (DAp 360), exigência fundamental para seguir Jesus e anunciar o Reino, até a negação de si (Mt 16,24-25). Barbara Hendricks (2002) apresenta essa *quênose* missionária como "um deserto árido ou uma terra de ninguém [...] um processo no qual [o sujeito] experimenta uma crise profunda que invade seu próprio mundo de identidade pessoal" (p. 441), que porém "oferece a possibilidade não somente de ampliar o próprio horizonte, mas também de transcendência de si mesmo" (p. 442):

> o missionário de hoje deve ser aquele que escolhe e se compromete com uma viagem de penetração na vida dos outros e para outras culturas, regressando a si mesmo com um horizonte novo e com um sentido novo de quem é ela/ele e de quem é Deus (p. 442-443).

Trata-se de uma verdadeira páscoa de cruz e ressureição, em que a saída de si assume paradoxalmente um caráter espiritual de interiorização:

> o processo de inculturação é sempre uma peregrinação para dentro de si mesmo. Quanto mais capaz de experimentar novas e diferentes dimensões da diversidade humana, mais a pessoa aprende de si mesma. O processo de entrar em outra cultura requer a disposição para partir numa viagem, tanto interior como exterior (p. 445).

Contudo, juntamente a essa dimensão ascética, o desprendimento e o esvaziamento têm também uma dimensão profética e uma função social de ruptura tanto com uma ambivalente política de identidade, como com uma estrutura de poder colonial que visa a maximização dos desejos alienantes, a acumulação dos bens, a busca compulsória de satisfação individual e/ou corporativa. O templo da alma, do qual fala Eckhart (*Sermão I*), precisa ser esvaziado de todos os mercadores para encontrar o Outro, para ouvir o que Deus há de falar. Da mesma forma, o desprendimento como prática de solidariedade, de inclusão e de participação, "não significa, simplesmente abrir mão de algo; significa deixar algo ser, deixar algo livremente existir [...]. O desprendimento não é privação, mas libertação e purificação" (SUESS, 2007a, p. 78).

c) Para uma espiritualidade da inculturação. Uma vez chegado no chão da história, nos contextos feridos e nas fronteiras da vida dos povos, há o desafio do profundo (des)encontro com o pobre e com o outro, sendo o missionário radicalmente hóspede na casa dele.

Placide Tempels (1906-1977), franciscano belga, um dos grandes mestres da missão cristã na África, escrevia assim em sua obra seminal *A filosofia bantu* (1952):

> Se não se penetrou na profundeza da sua personalidade, se não se sabe sobre que fundamento se apoiam seus atos, não é possível compreender os Bantu. Não se entra em contato espiritual com eles. Nada se ouve sobre eles, sobretudo quando se abordam as grandes verdades espirituais. Pelo contrário, correremos o risco de, ao acreditar que estamos a "civilizar", estamos, isso sim, a influenciar o "homem", a trabalhar para aumentar o número dos desenraizados e a criar o incentivador de revoltas [...]. Disse-se e repetiu-se que a evangelização e o catecismo deviam ser adaptados [...]. Adaptados a quê? Pode-se construir igrejas em estilo indígena, introduzir melodias negras na liturgia, pedir roupas emprestadas aos beduínos ou aos mandarins, mas a verdadeira adaptação continua a ser a adaptação do espírito (p. 32-33).

Mesmo ainda com uma visão embebida de espírito colonial, Tempels apontava para a capacidade de enxergar as sementes do Verbo – que muitas vezes são árvores gigantescas com frutos já maduros – com olhos capazes de captar a presença do Espírito em ação: olhos capazes de discernir a vida escondida debaixo de formas estranhas, debaixo de aparências insignificantes ou demasiadamente diferentes daquelas que gostaríamos enxergar. Esta capacidade é oferecida somente pelo Espírito.

Steve Bevans e Roger Schroeder (2016) apontam para a necessidade de uma "espiritualidade da inculturação" que emerge de uma prática de diálogo profético, e que pode ser concebida de duas formas diferentes: de um lado, tem a espiritualidade do "forasteiro" (*outsider*), o estrangeiro, o convidado (QA 26), o missionário; do outro, tem a espiritualidade do "nativo" (*insider*), que afinal se revela mais importante para o processo de inculturação. A primeira tem mais um caráter de diálogo, de escuta, de "deixar seguir", deixar acontecer; a segunda, tem um muito mais um cunho profético, de *parresia*, de coragem de falar, de se fazer ouvir.

No processo de inculturação, obviamente, o papel do nativo adquire um protagonismo dominante. Contudo, o estrangeiro é portador de uma diferença que pode funcionar de estímulo, de provocação e de novidade, quando seu aporte não for ostentado de maneira colonial: "eis por que, por consequência, o 'forasteiro' deve praticar uma forma específica de espiritualidade que gira em torno do ascetismo de 'deixar seguir'" (BEVANS; SCHROEDER, 2016, p. 143). Essa condição confere ao missionário e à missionária o papel de peregrinos e "eternos aprendizes" nas culturas e nos meio dos povos, chamados a trabalhar constantemente a capacidade de um verdadeiro olhar, de uma verdadeira escuta e de uma profunda e dificílima atenção.

Essas exigências são acompanhadas por um severa prova de iniciação por parte de seus interlocutores. James Hal Cone dizia que a conversão dos brancos para a luta contra a opressão negra é muito rara e, todavia, radical, identificada mais com o duro arrependimento e com a morte (*quênose* da brancura) do que com a simpatia pela causa:

> Deve ficar absolutamente claro que é a comunidade negra que decide tanto a *autenticidade* da conversão dos brancos como o lugar que esses convertidos ocuparão na luta dos negros pela liberdade [...] os convertidos brancos, se forem encontrados, *deverão* compreender que eles são como bebês que mal aprenderam como andar e falar [...] deve ser dito a eles quando podem falar e o que dizer, caso contrário serão excluídos de nossa luta (1985, p. 261; grifos do autor).

Nessa condição o missionário estrangeiro se encontra numa extrema situação de vulnerabilidade e de incerteza que o leva a desenvolver um sentido muito concreto da própria humanidade (SIVALON, 2014, p. 17). "Deixar seguir", "deixar acontecer" é o risco que ele assume para que a Boa-nova faça seu curso no meio dos povos. Suas obras, sua presença, seus projetos têm sempre começo, meio e fim: é preciso dar um fim à missão para que ela recomece em outro lugar. Sua demora só pode atrapalhar o desenvolvimento de uma Igreja autóctone. A experiência missionária, portanto, é sempre marcada por um espírito nômade de itinerância e de provisoriedade, por um contínuo entrar e sair. A missão jamais deita raízes em algum lugar. Também Jesus não quis ficar mais que o devido: "é melhor para vocês que eu vá embora", falou a seus discípulos (Jo 16,7). A missão exige a aprendizagem de uma *ars moriendi*, uma "arte de morrer", uma *quênose* radical que nasce da compaixão, do desejo de aproximação, do dom de si e da absoluta gratuidade.

Por outro lado, temos a emergência de uma espiritualidade do nativo, que surge de um impulso do Espírito pelo qual brota a coragem de "falar para". Trata-se do ressurgimento das raízes e das identidades culturais, das histórias negadas e sufocadas de negros, índios, deficientes, mulheres, leigos, marginalizados, migrantes, sem terra etc., que finalmente encontram a coragem de levantar a voz e compreender de possuir algo que vale a pena ser dito:

> O maior e verdadeiro triunfo do poder tem sido a colonialidade do ser, pelo controle e disciplina das subjetividades, das afetividades, dos imaginários e dos corpos, para nos esvaziarmos da humanidade e anularmos as potencialidades de nosso agenciamento histórico, de apropriação do cotidiano e a subjetividade dos diversos sujeitos sociais, para esvaziá-los de sentido existencial e histórico, construindo assim sujeitos sujeitados incapazes de sentir, de pensar a utopia e, pior ainda, de lutar para concretizá-la (GUERRERO ARIAS, 2010, p. 267).

Do estado deprimido e esvaziado do colonizado, irrompe com força

> uma espiritualidade de "fazer ouvir a própria voz", uma espiritualidade que nasce da ascese que confia na própria cultura e experiência, e que desemboca numa coragem que lhes dá energia, intuição, criatividade para articular como Deus está presente nas suas vidas, trabalho e lutas (BEVANS; SCHROEDER, 2016, p. 150).

Obviamente, o Evangelho e os contextos históricos nunca são completamente compatíveis. Mas cabe aos nativos, mais do que aos missionários, a operação de discernir, purificar e revisar práticas, tradições e valores não coerentes com o Evangelho, somente depois, porém, de ter relevado os elementos positivos da presença da Graça nas próprias culturas e religiões.

A espiritualidade do "falar para" é uma espiritualidade profética que, mesmo tendo que se confrontar com a grande tradição cristã, desafia de alguma maneira a verdade estabelecida, a hermenêutica consolidada e a prática de vida codificada da mensagem evangélica veiculada pela Igreja institucional. Os profetas geram sempre algum tipo de desconforto e de desestabilização, com consequentes patrulhamentos e perseguições pelas ordens instituídas. Todavia, a *Evangelii Gaudium* recorda que tal ousadia tem a ver com o Espírito de Pentecostes:

> No Pentecostes, o Espírito faz os apóstolos saírem de si mesmos e transforma-os em anunciadores das maravilhas de Deus, que cada um começa a entender na própria língua. Além disso, o Espírito Santo infunde a força para anunciar a novidade do Evangelho com ousadia (*parresia*), em voz alta e em todo o tempo e lugar, mesmo contracorrente (EG 259).

O Espírito de Deus sopra em todas as direções. Se para o missionário estrangeiro a ascese requerida envolve um caminho de humildade, de *quênose*, de desprendimento, para seus interlocutores nativos a disciplina espiritual exigida implica exatamente o contrário: aprender a ter orgulho da própria cultura e identidade, se autoafirmar e desenvolver uma autêntica percepção de si.

d) A mística universal. Não há um desencontro entre essas duas espiritualidades da inculturação. É o mesmo Espírito que age e se manifesta em polaridades opostas, que não se anulam, estando em tensão, são complementares e intercambiáveis nas subjetividades que tecem um diálogo intercultural: desprendimento e apoderamento não são exclusivos respectivamente do estrangeiro e do nativo, mas da vida cristã enquanto tal, em suas diversas circunstâncias concretamente vividas e discernidas à luz da ação do Espírito.

Da mesma forma, uma espiritualidade encarnada não pode adequadamente ser promovida sem uma conexão com um mística universal que eleva a compaixão com a humanidade como um todo, com todos os seres vivos e com os dramas planetários:

> O todo é mais do que a parte, sendo também mais do que a simples soma delas. Portanto, não se deve viver demasiado obcecado por questões limitadas e particulares. É preciso alargar sempre o olhar para reconhecer um bem maior que trará benefícios a todos nós (EG 235).

Para isso, é preciso retornar ao topo da montanha e sair da horizontalidade da planície. A subida da montanha, encarada por diversos caminhos, converge para o cume, proporcionando, passo a passo que se sobe, uma ampliação da visão da realidade: os horizontes do mundo fazem-se mais espetacularmente mais vastos quanto mais se escala a montanha. A elevação espiritual assegura uma contemplação do panorama global da humanidade, vista com olhares diferentes, mas experienciada numa mesma e profunda sensação de unidade. Na planície, a visão é restrita aos vizinhos da própria tribo. O mundo acaba aí. Na montanha, a visão é mais extensa, abrangente, universal, distanciada dos desgastes cotidianos, aberta simpática e empaticamente a tudo e a todos.

Do topo desta montanha, Francisco escreve a Encíclica *Fratelli tutti* (2020) sobre a fraternidade e a amizade social, lembrando as palavras do Santo homônimo: "feliz quem ama o outro, 'o seu irmão, tanto quando está longe como quando está junto de si'" (FT 1). Objetivo desta carta não pretende resumir a doutrina sobre o amor fraterno, mas deter-se na sua dimensão universal, na sua abertura a todos (FT 6). A esse propósito, o Vaticano II lembrava aos cristãos *católicos* que "a graça da renovação não pode crescer nas comunidades, a não ser que cada uma dilate o campo da sua caridade até aos confins da terra e tenha igual solicitude pelos que são de longe como pelos que são seus próprios membros" (AG 37).

Todavia, diz o papa, não se trata de promover aquele falso universalismo autoritário e abstrato, como um presumível ideal para homogeneizar, dominar e saquear:

> se uma globalização pretende fazer a todos iguais, como se fosse uma esfera, tal globalização destrói a riqueza e a singularidade de cada pessoa e de cada povo [...]. Como precisa a nossa família humana de aprender a viver conjuntamente em harmonia e paz, sem necessidade de sermos todos iguais! (FT 100).

Tanto a perspectiva universal como a local se complementam porque "compreender o outro requer o reconhecimento de nossa humanidade comum e o respeito das diferenças" (MORIN, 2019, p. 40):

> não é possível ser saudavelmente local sem uma sincera e cordial abertura ao universal, sem se deixar interpelar pelo que acontece

noutras partes, sem se deixar enriquecer por outras culturas, nem se solidarizar com os dramas dos outros povos [...] toda a cultura saudável é, por natureza, aberta e acolhedora, pelo que "uma cultura sem valores universais não é uma verdadeira cultura" (FT 146).

O fundamento desta "mística universal" é simplesmente o humano: "dar-se conta de quanto vale um ser humano, de quanto vale uma pessoa, sempre e em qualquer circunstância" (FT 106). Contrariamente, "se a sociedade se reger primariamente pelos critérios da liberdade de mercado e da eficiência, não há lugar para as pessoas, e a fraternidade não passará duma palavra romântica" (FT 109).

Esse humano é sempre o humano-cósmico, pois "a espiritualidade não está desligada do próprio corpo nem da natureza ou das realidades deste mundo, mas vive com elas e nelas, em comunhão com tudo o que nos rodeia" (LS 216):

> Implica ainda a consciência amorosa de não estar separado das outras criaturas, mas de formar com os outros seres do universo uma estupenda comunhão universal. O crente contempla o mundo, não como alguém que está fora dele, mas dentro, reconhecendo os laços com que o Pai nos uniu a todos os seres (LS 220).

O *corazonar* cósmico além-fronteiras não constitui apenas uma atitude contemplativa do alto de uma montanha, afastada e descompromissada com o mundo. Pelo contrário, é uma dimensão espiritual sempre conectada com a descida para as realidades históricas concretas. Trata-se de uma maneira de se relacionar ao mundo em um nível de atenção mais profundo e mais abrangente, até levar a compromissos militantes em respostas aos grandes desafios da humanidade, mais além de qualquer âmbito conjuntural e de qualquer luta contextualizada.

A missão em sua dimensão universal é por sua natureza participativa, é um canteiro onde todos são convidados a compartilhar, um verdadeiro exercício de comunhão intereclesial. O comprometimento de todos em favor da vida representa uma das ações mais nobres e solidárias que o ser humano pode expressar. A promoção de campanhas, coletas, doações etc. retratam muito mais do que uma arrecadação de fundos: manifestam um espírito de partilha contínuo, incessante, insistente, de uma comunidade que, por primeiro, não se acomoda à margem do sofrimento dos pobres do mundo inteiro.

A cooperação de todo povo de Deus com os projetos decoloniais é fruto de uma animação missionária que se fundamenta numa mística universal e que coloca em contato as discípulas e os discípulos missionários com as diversas lutas dos povos por uma vida plena, através dos meios de comunicação – afinal não se ama o que não se conhece –, da formação, da educação intercultural nas escolas, dos programas de intercâmbio, da atuação política, sanitária, jurídica, acadêmica etc.

Um enorme mutirão se move em torno à missão promovendo ações educativas, colaborando de diversas maneiras, não por último com a própria oração, que deixa de ser um monólogo intimista para se transformar num diálogo com Deus sobre as necessidades mais urgentes e profundas do mundo e dos povos. Assim reza Francisco no final de sua encíclica: "Que o nosso coração se abra, a todos os povos e nações da terra, para reconhecer o bem e a beleza que semeastes em cada um deles, para estabelecer laços de unidade, de projetos comuns, de esperanças compartilhadas" (FT 287).

A mística universal é uma ação do Espírito que torna os cristãos espontaneamente generosos: "Deus ama quem dá com alegria" (2Cor 9,7). Quando Paulo procura motivar suas comunidades a participar da grande coleta em benefício da comunidade de Jerusalém, considera óbvio que os cristãos, movidos pela graça, queiram servir uns aos outros e busquem a igualdade, a corresponsabilidade e a fraternidade entre eles. O apóstolo quer que a sensibilidade pelos outros não fique somente na dimensão espiritual, mas encontre uma concretude efetiva num serviço planejado, pragmático e eficaz, até no dom da própria vida (1Ts 2,8).

e) Articulação e estrutura. Ao colocar em tensão esses elementos aparece uma estrutura básica de uma espiritualidade missionária em chave decolonial: um percurso (a subida à montanha das bem-aventuranças, a descida do envio missionário que nos projeta para os pobres e para os outros, na proximidade contextual e na dimensão universal) e quatro elementos articulados em dois eixos (seguimento – envio; proximidade – universalidade), que podem ser comparados aos pontos cardeais de uma bússola, ou aos componentes básicos de um DNA.

A primeira imagem, a da bússola associada à montanha, pode ser graficamente expressa desta maneira:

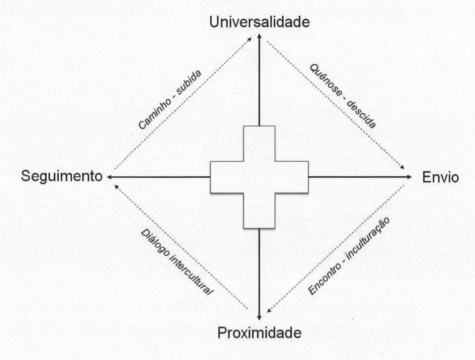

No meio dessa bússola que norteia aparece como quinto grande elemento a cruz, sinal da compaixão de Deus para com todos nós, até Ele mesmo se tornar Dom. A cruz nos reconduz ao fundamento essencial da espiritualidade missionária: "a vida se alcança e amadurece à medida que é entregue para dar vida aos outros. Isso é, definitivamente, a missão" (DAp. 360).

A outra imagem, a do DNA, é tomada da biologia e diz respeito à estrutura do Ácido DesoxirriboNucleico (DNA), molécula presente no núcleo das células de todos os seres vivos, que carrega toda a informação genética de um organismo. É formado por uma fita dupla constituída por quatro compostos orgânicos (adenina, timina, citosina, guanina) que se articulam dois a dois, unidos por pontes de hidrogênio, como mostra o gráfico:

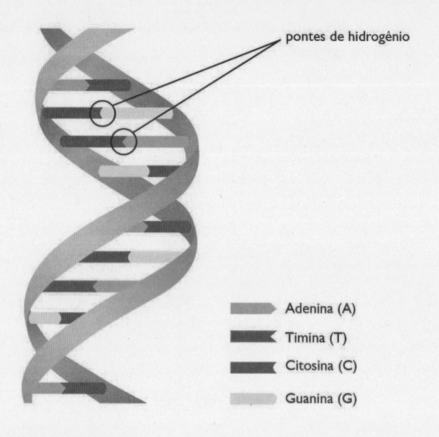

A adenina sempre se junta com a timina (A-T) e a citosina com a guanina (C-G). Um DNA de um ser vivo é diferente do outro pelas diferentes sequências dessas bases hidrogenadas, que formam uma fita dupla em forma de espiral: mas todos os DNA contêm os mesmos elementos.

Da mesma forma, toda espiritualidade missionária, concebida numa perspectiva decolonial, apresenta sempre os quatro elementos básicos, articulados em dois eixos, que se expressam em vivências concretas, diversificadas e plurais de (des)encontros, de diálogo, de intercâmbios e de projetos comuns. A lembrar: (1) o seguimento, o caminho da montanha das bem-aventuranças, com (2) o envio, a partida de si, a *quênose* rumo ao encontro com o outro; (3) a contextualização, o processo de inserção e de inculturação, com (4) a universalidade, a mística universal, o olhar, o pensar e o sentir voltado ao todo que é superior às partes (EG 237).

Cada experiência missionária saboreia e padece essas tensões entre seguimento e envio, contextualidade e universalidade. Cada caminhada é chamada continuamente a avaliar a vivência de cada um desses aspectos, para examinar a qualidade de suas ações e de suas propostas.

5.3.5 Polaridades geradoras de um paradigma missionário integral e integrado

Esses eixos vitais da espiritualidade missionária sugerem polaridades geradoras também para uma teologia da missão e uma prática missionária, concebidas num vínculo profundo entre contemplação e ação, ser e fazer, pensar e atuar. Trata-se de tensões que articulam, portanto, dois tipos de elementos antagônicos: (1) uns de caráter fundamentalmente *relacional* da fé, dialógicos, sapienciais, contemplativos da vida cristã e do próprio mundo, que "segundo o modelo divino, é uma trama de relações" (LS 240); (2) outros de caráter *teleológico*, soteriológico, profético, pragmático, que "apontam" para um Reino que se torna presente no caminho, cuja realização está acontecendo, mesmo que sua plenitude esteja além de qualquer projetualidade histórica.

Essas "relacionalidade dialógica" e "teleologia profética" se destacam também em alguns conceitos-chave dialéticos, utilizados por grandes nomes da missiologia contemporânea para uma compreensão da teologia e da prática da missão hoje, que expressam ao mesmo tempo seu caráter histórico e sua urgência escatológica. Por exemplo, o sul-africano David Bosch sintetizou magistralmente na expressão "ousada humildade" (*bold humility*), a atitude que distingue os cristãos na prática da missão: uma "ousadia direcional profética" no anúncio da Boa-nova, que é temperada com uma profunda "humildade relacional dialógica" de respeito à cultura do outro e de reconhecimento de um Deus que estava lá antes da chegada do missionário:

> [Devemos] admitir que não temos todas as respostas e que estamos dispostos a viver no contexto de um conhecimento penúltimo, que consideramos nosso envolvimento no diálogo e na missão como uma aventura, que estamos preparados para correr riscos e anteven-

> do surpresas à medida que o Espírito nos guia para uma compreensão mais plena. Isso não significa optar pelo agnosticismo, mas pela humildade. Trata-se, porém, de uma humildade ousada – ou de uma ousadia humilde. Conhecemos apenas em parte, mas conhecemos. E cremos que a fé que professamos é tanto verdadeira quanto justa e deve ser proclamada. Não o fazemos, todavia, como juízes ou advogados, mas como testemunhas; não como soldados, mas como mensageiros da paz; não como vendedores persuasivos, mas como embaixadores do Senhor Servo (BOSCH, 2007, p. 584).

Por sua vez, os americanos Steve Bevans e Roger Schroeder utilizaram a locução mais explícita "diálogo profético" (*Prophetic Dialogue*) para dizer a mesma coisa, problematizada desta vez pela ótica do anúncio profético, contra as estruturas de opressão que geram pobreza e exclusão, conjugada à sensibilidade "relacional" mais voltada para o diálogo com as tradições religiosas:

> A missão deve ser feita, primeiramente e principalmente, com franqueza e em respeito aos outros, reconhecendo que Deus estava presente antes de nossa chegada e que o Espírito tem semeado as sementes da Palavra entre todos os povos e todas as culturas, e que nós, missionários, deveríamos ser evangelizados por aqueles que evangelizamos. Entretanto, [...] nós temos algo a dizer, e falamos, como os profetas do Antigo Testamento, não em nosso próprio nome, mas em nome de Deus. Como Deus mandou Jesus, assim Jesus nos mandou, para ser suas testemunhas até os confins da Terra (cf. Jo 20,21; At 1,8). [...] Os cristãos devem falar no contexto do diálogo, mas nós devemos falar, pois realmente temos algo a dizer (BEVANS; SCHROEDER, 2016, p. 68-69).

Quando e como modular esse "diálogo profético", quando terá que ser mais "diálogo", quando mais "profecia", tudo dependerá das conjunturas e do permanente discernimento crítico dos cristãos, à luz da ação do Espírito e das mediações históricas.

Da trajetória latino-americana desde Medellín, surgem outras destas tensões criativas entre instâncias de libertação e inculturação, de comunhão e participação, de testemunho e anúncio, que articulam práticas, teologias e espiritualidades em perspectiva decolonial. Indicamos quatro destas polaridades, que resumem a evolução do debate missiológico latino-americano contemporâneo.

a) **Discipulado missionário.** A primeira polaridade dinâmica foi sintetizada pelo Documento de Aparecida nos termos de "discipulado missionário", e está relacionada ao eixo "seguimento-envio" com a decolonialidade epistêmica que convida a aprender a desaprender para aprender de outra maneira.

O discípulo é um "aprendiz". O discipulado missionário significa uma aprendizagem *na* missão, ou seja, no (des)encontro com os outros. Com efeito, a própria experiência histórica dos seguidores de Jesus testemunha que eles não estavam confinados a adquirir conhecimentos teóricos, mas acompanhavam o Mestre enquanto "percorria toda a Galileia, ensinando em suas sinagogas, pregando o Evangelho e curando toda e qualquer doença" (Mt 4,23). De vez em quando, paravam no caminho e pediam explicações, ensaiando um encontro formativo, pautado, porém, no que acabava de acontecer na missão.

O discipulado missionário significa também que o seguimento de Jesus tem uma finalidade: o Mestre chamou a si os que ele quis *para* enviá-los a anunciar a proximidade do Reino. O discipulado não representa algo de relevante em si sem o vínculo com a missão: a missão é o motivo principal do seguimento de Jesus. Mas também os discípulos são enviados à missão não como mestres (Mt 23,8), mas como aprendizes, despojados de tudo (Mt 10,9), "pobres no espírito" (Mt 5,3): esse testemunho fundamental é intrínseco ao peregrinar missionário aberto a acolher as boas-novas que se apresentam pelo caminho (At 10,34).

Enfim, o discipulado corresponde ao objetivo da missão de "fazer que todas as nações se tornem discípulos" (Mt 28,19), que não equivale a um proselitismo religioso, mas ao convite das bem-aventuranças (DSA 9), correlativo ao "bem-viver" indígena e a outras utopias das tradições asiáticas e africanas para um outro mundo possível.

Essa tensão criativa entre seguimento e envio remete, portanto, a uma reciprocidade fundamental entre receber e dar, aprender e ensinar, acolher e oferecer. As imagens do enviado como aprendiz, peregrino, estrangeiro, estão claramente vinculada às ações de receber, aprender, acolher. Mas também esse precisa ter algo a contribuir, a ensinar e a oferecer para que aconteça um diálogo e um intercâmbio. Desta maneira, um contador de história deve ter algo para contar, um professor algo a ministrar, um guia de trilhas algum conhecimento do território (BEVANS; SCHROEDER, 2016, p. 83-88). Também a parteira de Illich deve saber como proceder para realizar o parto. Não cabe em determinadas situações ensaiar uma abertura a outros conhecimentos, quando as pessoas contam exatamente com habilidades e competências das quais o convidado é capaz.

Desta maneira, ao discípulo corresponde o mestre, que colocará sua mestria não como um saber superior, mas como um serviço humildemente executado e discipularmente partilhado, aberto às críticas e às surpresas. O enviado sabe de não saber tudo e de estar sempre aprendendo com seu exercício: trata-se de uma atitude fundamental articulada com uma atuação diligente, um *ser* que realiza um *fazer*, e vice-versa, que no caso da missionária e do missionário consiste em serviços concretos de testemunho, anúncio, celebração da Palavra, formação de comunidades, promoção de iniciativas em favor da vida, do diálogo e da cidadania, coordenação de projetos em relação à saúde, educação, cuidado com a criação etc.

b) Contextualidade universal. Uma segunda tensão criativa está relacionada ao eixo "proximidade-universalidade", entre o compromisso de inserção junto a uma periferia existencial ou a uma fronteiras abissal invisível, onde a colonialidade tem impacto sobre o ser, o imaginário e a vida das pessoas, e a adesão a um plano transcendente de um mundo para todos, enxertado no horizonte antissistêmico das causas do Reino.

O universalismo colonial, na realidade, se manifestou como a extensão de um etnocentrismo e a imposição de uma *weltanschauung* contextual, reeditada no imperialismo capitalista do século XIX, no desenvolvimentismo industrial da segunda metade do século XX e da globalização neoliberal mercadológico-financeira da virada do século. O projeto do sistema-mundo ocidental se transformou naquela máquina infernal opressora e sedutora na qual é difícil dissociar a vertente emancipadora da vertente espoliadora (LATOUCHE, 1996, p. 43).

Esse fenômeno não escapou à regra geral de que todo particularismo narcisista e introvertido, especialmente se sustentado por uma ideologia religiosa de "unicidade" ou de "eleição", é potencialmente colonial, mesmo se não se expressar em termos de conquista, e sim talvez em termos de superioridade, de desprezo e de afastamento. Isso não vale apenas com o Ocidente, mas também com todas as relações humanas em qualquer âmbito elas aconteçam: a contextualidade étnica, geográfica, social, linguística, pastoral etc., pode se tornar nicho de uma colonialidade interna – forma bem mais sutil e quase imperceptível em relação a um colonialismo histórico – se não for articulada com um projeto maior, interligado, que a *Laudato Si'* chamou de "ecologia integral".

Uma *contextualidade colonial*, padrão de poder que exerce seu domínio sobre um contexto e suas articulações, precisa dar lugar a uma "contextualidade universal" ou a uma "universalidade contextualizada" (SUESS, 2008, p. 880), onde a meta da contextualização é a libertação que visa a participação de todos à construção de uma sociedade mais justa e solidária.

> A partir dos conflitos que envolvem os pobres e os outros, os excluídos e os que sofrem, compreende-se a missão como militância por um mundo melhor e transformações históricas concretas; a missão é integral (abrange a pessoa em sua totalidade: corpo, alma, espírito, intelecto, corporal, emocional, racional, espiritual), específica (em um determinado grupo social: campo, cidade, afro-americanos, indígenas, pescadores, sem teto, excluídos) e universal (articulação dos diferentes segmentos sociais numa causa comum). A missão vai dos contextos concretos aos confins do mundo. Ela é universalmente contextualizada (SUESS, 2012, p. 162).

A articulação, por meio de uma *distinção inclusiva* ("e... e") entre contextual e universal, aponta para a direção de um bem comum para todos que, porém, há de ser *pluriversal*, um cosmopolitismo plural que ao mesmo tempo conjuga o respeito pela alteridade e a prática assídua da fraternidade (GS 78), sem representar a unidade como algo linear e homogêneo, e sim como algo estruturalmente diversificado e heterogêneo que, porém, converge para o único fim da promoção da vida.

A tensão entre contextual e universal/pluriversal diz respeito às diversas fronteiras a serem habitadas, e também à comunhão e participação de uma ação missionária de conjunto. As diversas formas de como se vive o compromisso cristão junto aos pobres e aos outros não devem entrar em competição, mas tecer relações de complementariedade e cumplicidade. Uma convocação a participar de um projeto missionário *ad gentes*, em termos de comunhão espiritual, colaboração econômica ou engajamento pessoal (CNBB, 2015, p. 35), não pode ser visto em oposição ou distração em relação a um desafio missionário contextual (Por que atender o pobre que está longe, quando temos pobres entre nós?). Um sentido de missão integral chama a comunidade cristã a uma corresponsabilidade solidária em todos os seus aspectos e dimensões.

O mesmo diga-se em relação ao estranhamento entre pastorais de uma mesma Igreja local, paróquia ou comunidade, onde cada uma cerca cuidadosamente seu território para não interferir e ser interferida pelas demais. Ainda pior quando uma destas pastorais ajuda pessoas carentes com cestas básicas, mas é contra à outra que luta por reforma agrária e moradia popular. Essas contradições acontecem quando o contextual se recolhe em seu âmbito privilegiado, evitando se conectar com o âmbito da causa maior. Na maioria das vezes, a miopia em enxergar a realidade em sua globalidade e reconhecer seus desafios se alia a interesses identitários de sobrevivência, de conivência e de compensação: exatamente como no passado.

c) Atração proativa. Uma terceira polaridade geradora que compõe um paradigma missionário latino-americano é a tensão entre uma missão por "atração" e não como "proselitismo" (EG 14), e uma missão de anúncio e proclamação, de iniciativa proativa das Igrejas "em saída" em direção aos pobres e aos outros.

A primeira modalidade tem a ver com primazia da ação do Espírito e da *missio Dei* na história da salvação (EG 12), e com o testemunho da comunidade missionária. Essa ação convida continuamente a Igreja à escuta e ao discernimento dos sinais dos tempos, apontando novos caminhos de conversão, de inserção e de diálogo. Exatamente porque o Espírito sopra onde quer (Jo 3,8) e "possui uma inventiva infinita, própria da mente divina" (JOÃO PAULO II, 1991), faz sair a Igreja transformando-a em anunciadora das maravilhas de Deus já presentes na história, na criação (LS 84), nas culturas e nas religiões dos povos (RMi 28; DAp 374).

Francisco lembra que a missão é pura obra de Deus: "Ninguém pode vir a mim se o Pai que me enviou o não atrair', diz Jesus em Jo 6,44. A Igreja sempre reafirmou que segue Jesus e anuncia o seu Evangelho pela força da atração exercida pelo próprio Cristo e pelo seu Espírito" (FRANCISCO, 2020). Nesse sentido, essa atração revela uma dimensão fundamental e paradoxal: é um magnetismo divino que não depende de qualquer *marketing*, atividades ou obras humanas.

> A missão não é um negócio nem um projeto empresarial, nem mesmo uma organização humanitária, não é um espetáculo para que se possa contar quantas pessoas assistiram devido à nossa propaganda. É algo de muito mais profundo, que escapa a toda e qualquer medida. [...] Mas não há maior liberdade do que a de se deixar conduzir pelo Espírito, renunciando a calcular e controlar tudo e permitindo que Ele nos ilumine, guie, dirija e impulsione para onde Ele quiser (EG 279-280).

Esse desprendimento e essa liberdade leva a Igreja a uma atitude de absoluta gratuidade no dom de si, que por sua vez se torna testemunho essencial e exemplar do Evangelho vivido na solidariedade radical com os mais pobres e no diálogo desarmado com os outros. Esse testemunho de amor se torna por sua vez atração: "o homem contemporâneo escuta com melhor boa vontade as testemunhas do que os mestres; ou então, se escuta os mestres, é porque eles são testemunhas" (EN 41):

> A caridade não deve ser um meio em função daquilo que hoje é indicado como proselitismo. O amor é gratuito; não é realizado para alcançar outros fins. [...] Quem realiza a caridade [...] sabe que o amor, na sua pureza e gratuidade, é o melhor testemunho do Deus em que acreditamos e pelo qual somos impelidos a amar. O cristão sabe quando é tempo de falar de Deus e quando é justo não o fazer, deixando falar somente o amor. Sabe que Deus é amor (cf. 1Jo 4,8) e torna-se presente precisamente nos momentos em que nada mais se faz a não ser amar (DCE 31c).

Ao mesmo tempo, Paulo sente-se "possuído" a "anunciar" o Evangelho gratuitamente, como encargo que lhe foi confiado: "Ai de mim se não anunciar o Evangelho!" (1Cor 9,16). O apóstolo não espera, "proclama a palavra, insiste, no tempo oportuno e no inoportuno, refuta, ameaça, exorta com toda paciência e doutrina" (2Tm 4,2). Sente-se enviado para anunciar (1Cor 1,17), como os profetas, para "proferir" as palavras que Deus colocou em sua boca (Jr 1,9), "pois a fé vem da pregação e a pregação é pela palavra de Cristo" (Rm 10,17).

Assim como o testemunho de vida, o papel questionador da palavra querigmática dirigida ao coração da pessoa também deve ser contemplado: "ainda o mais belo testemunho virá a demonstrar-se impotente com o andar do tempo, se ele não vier a ser esclarecido, justificado, [...] explicitado por um anúncio claro e inelutável do Senhor Jesus" (EN 22). O testemunho encanta, a palavra interpela, chama e convida a participar.

O envio de missionárias e de missionários aos pobres e aos outros é o que mais expressa o sentido de uma "Igreja em saída" que coopera com a missão de Deus (EG 12): é uma Igreja que sai da acomodação (DAp 362), não espera (EG 120), que se "pro-jecta" (se lança adiante), se aproxima e toma iniciativa para fazer acontecer um encontro (EG 24): assim como na atração Deus se deixa encontrar, também Ele sai ao encontro.

Paulo VI, de volta de sua viagem a Uganda (1969), se perguntava por que o Evangelho, que é a verdade revelada, não se difundia por si mesmo (como as descobertas científicas, as ideias, os boatos etc.). Ao responder à sua própria pergunta, ele retrucava: porque "a rede de comunicação da fé deve ser humana; é necessário o missionário para que a mensagem chegue até os corações das pessoas". Em outras palavras, é necessário a proximidade, a ternura, o contato físico, a comunicação de coração a coração, *alguém que vai lá*, para que o Evangelho se torne verdadeiramente partilha, comunhão e comunicação. Ou, em outras palavras ainda, continua o papa:

> Foi afirmado com paradoxal eficácia: Deus precisa do homem. Ou seja: para que o mistério do amor e da salvação de Deus se espalhe no mundo é necessário o ministério do amor e do sacrifício daquele que aceita a tarefa, o risco, a honra de comunicar esse mistério aos outros homens, que por isso mesmo tomam a figura de irmãos. Esse homem indispensável é o missionário.

Os dois movimentos de atração e projeção, portanto, vão juntos e estão vinculados um ao outro como em um batimento sistólico/diastólico de um coração que garante a vida.

d) *Missio Dei* e *Regnum Dei*. Enfim, uma quarta tensão decorre das anteriores, com a peculiaridade, talvez, de expressar uma especial característica da caminhada eclesial latino-americana, toda voltada para o horizonte do Reino de Deus como meta historicamente relevante, o que não é tão explícito assim na perspectiva da *missio Dei*.

Com efeito, anunciar e construir o Reino significa participar concretamente da luta pela justiça em defesa da vida em todas as suas dimensões, denunciando as situações de pecado, as estruturas de morte, a violência e as injustiças, e fomentando o diálogo intercultural, inter-religioso e ecumênico. Mas a *missio Dei* poderia sugerir uma ação misteriosa do divino que dispensa o engajamento humano ou que pode reduzi-lo a uma mera generosa participação, afinal insignificante. Se é Deus que *faz* a missão, qual seria a relevância de um compromisso pessoal, comunitário, eclesial que comporta articulações, abnegações, entregas inteiras, ousadas, arriscadas e incondicionais?

Evidentemente, entre as duas perspectivas há uma certa correspondência e inter-relação. Entretanto, uma procede de uma teologia trinitária de caráter especulativo surgida no diálogo com a cultura helenista, enquanto a outra decorre diretamente da Escritura e da tradição jesuana, semítica, histórica. Todavia, também essa última não está isenta de mal-entendidos, como vimos no começo dos Atos dos Apóstolos.

Contudo, exatamente pelo fato que Jesus "descentra" sua missão em Deus (*Abbá*), e não no messianismo de sua pessoa e nem nas expectativas de Israel, já indica que essa missão é fundamental e trinitariamente teocêntrica: o Pai, junto com o Filho, está realizando a missão e a vinda do reino (Jo 8,16). Por sua vez, esse teocentrismo é profundamente antropocêntrico pelo fato de que Deus, com seu Reino, quer promover somente um mundo mais humano, mais justo, mais solidário: o objetivo final é a felicidade do ser humano, nada mais e nada menos. A única coisa que pede às pessoas é de elas viverem como filhas do Pai e irmãs entre si.

Também o fato de Jesus não fundar uma Igreja em sentido institucional, mas uma comunidade de discípulos que pudesse partilhar com Ele essa mesma missão, define de vez que a Igreja "não é fim em si mesma, uma vez que se ordena ao Reino de Deus, do qual é princípio, sinal e instrumento" (RMi 18): a causa fundamental para a qual está a serviço, é a existência humana e a totalidade da criação. A ação de cura, de libertação integral, de reconciliação, de humanização, de inclusão, diz respeito ao âmago de toda a vida eclesial.

A *missio Dei*, por sua vez, não é "arte pela arte", "modo de ser" divino porque simplesmente é assim, gratuidade sem nenhuma finalidade, imanência etérea e imprevisível a ser contemplada. Como ação participativa que tem origem, fundamento e fim na Trindade (*de Trinitate – ad Trinitatem*), essa missão tem como projeto histórico a construção do Reino de Deus e como horizonte norteador sua realização definitiva. Ao mesmo tempo, o *Regnum Dei* encontra na *missio Dei* não somente o processo para chegar a cumprir o projeto, mas a própria concretização no *kairós* do tempo presente: "eis agora o momento favorável por excelência; eis agora o dia da salvação" (2Cor 6,2). O *kairós* é o tempo qualitativo e criativo, o tempo em que "algo" acontece: a missão é o *kairós* do Reino no qual se torna presente "Jesus que continua a agir e a evangelizar", nos lembra Francisco (2017), assim como Jesus tornava presente o Pai. Ao participarmos da missão de Deus, tornamos presente Deus e seu Reino – ou Deus e seu Reino se tornam presentes em nós – participando de sua natureza, de sua vida que é vida eterna (DAp 348). Em outras palavras, o Reino de Deus se torna presente hoje *em pessoa*: toda autêntica missão torna efetivamente presente não a Igreja, mas Deus e seu Reino.

A estreita ligação entre *missio Dei* e *Regnum Dei*, como processo e pro-jeto, caminho e horizonte, "já" e "não ainda", história e transcendência, práxis e ser, revela também a estreita ligação sacramental entre Igreja e Reino, uma relação exposta à infidelidade quando a Igreja – e a missão (!) – se identifica com o Reino. Com efeito, qualquer projeto e horizonte histórico que se autoelege como "Reino de Deus", com seus desdobramentos institucionais de ordem jurídica, epistêmica, filosófica, produz de fato um imperialismo idolátrico. Quando queremos pleitear um projeto histórico como "Reino de Deus", de qual Deus, de qual reino e de qual humanismo estamos falando? Serve o *gott mit uns* (Deus conosco) dos nazistas como alusão e pressuposto para as muitas conquistas coloniais em que um monoteísmo identitário impôs um certo domínio e um certo ideal humanitário.

Nesse sentido, os teóricos decoloniais dirigiram críticas contundentes também à Teologia da Libertação por traçar ideais utópicos de vida plena e de Reino de Deus ocidentalmente determinados.

A *missio Dei*, ao contrário, traz em si a relação, a alteridade, a diferença, a surpresa, a dúvida que possibilita uma abertura ao inédito, ao diálogo com o outro, ao reconhecimento de uma subjetividade interlocutora: não abre mão do Evangelho, mas também não fecha caminhos de novas compreensões plurais. A própria práxis do Reino de Deus de Jesus reflete esses aspectos relacionais e holísticos nas parábolas sobre o perdão e a misericórdia, nas curas dos cegos, dos doentes, dos surdos, dos impuros, na expulsão dos demônios, na proximidade com os pecadores e pecadoras, nos embates com a ideologia religiosa dos fariseus. É uma prática que liberta e se expande até uma plena transformação social; é uma prática que anuncia novas relações baseadas na misericórdia e no perdão (Mt 18,21-22); é uma prática que comunica vida e se coloca a serviço da vida (DAp 353).

Acreditamos que uma abordagem desse tipo possa ser talvez a mais apta para engendrar um paradigma missionário em perspectiva decolonial, que não estabelece um horizonte predeterminado, mas o constrói no devir do caminho da libertação, da solidariedade, do diálogo e da partilha, justamente como a semente na terra, o grão de mostarda, o fermento na massa (Mt 13,3-8.31-33).

Conclusão

Ao chegar ao final deste trabalho, é dever mais uma vez retomar a questão principal à qual devíamos responder, ou seja, se a missão cristã seria capaz de se desvencilhar de suas heranças coloniais, de suas pretensões exclusivistas e de seu monopólio salvífico e abrir caminhos para práticas genuinamente decoloniais. A resposta, do ponto de vista dos pressupostos teológicos, poderia até ser afirmativa, mas necessita de uma mudança paradigmática epistêmica e hermenêutica consistente, face à secular tradição doutrinária vinculada ao regime de cristandade.

Certamente, esses pressupostos constituem a raiz do problema, e a operação de revisitá-los é indispensável. Todavia, isso resolve somente em parte os impasses, pois a colonialidade do poder penetra a fundo o nosso ser individual, eclesial e societário até permear em níveis subliminares que alimentam posturas, atitudes, relações, reações imperceptíveis à nossa razão e à naturalidade cotidiana de nossas convivências. Diversos dos nossos (des)encontros – pois nunca sabemos quando são efetivamente "encontros" – são ainda marcados por racismo, superioridade, preconceito, paternalismo, sem que possamos efetivamente nos dar conta.

As antropólogas Xochitl Leyva Solano e Shannon Speed (2018), à conclusão da exposição de seu projeto investigativo sobre experiências de construção de cidadania multicultural em cinco países da América Latina, realizado em colaboração com comunidades e organizações indígenas, manifestavam a seguinte constatação:

> Procuramos ser muito autocríticas ao mostrar todas as tensões e contradições que enfrentamos em nosso projeto. Essas tensões e

contradições levam-nos a falar, mais do que uma investigação propriamente descolonizada como um fato consumado, *de um caminho que busca nos descolonizar: descolonizar nossas mentes, nossos corpos, nossas práticas e nossas instituições*. Para fazer isso, a primeira coisa que fizemos foi reconhecer e rejeitar abertamente as valorações hegemônicas e a racionalidade indolente das ciências sociais. Reconhecemos e rejeitamos o fardo (neo)colonial, ou seja, a colonialidade do poder, do ser e do saber, que infelizmente não é algo que está fora de nós, mas que habita e se reproduz graças a muitas das nossas práticas institucionais e pessoais. Com base na experiência que emana deste projeto coletivo, podemos afirmar que graças ao co-labor é possível implementar práticas que desafiam as ideias e práticas dominantes nas ciências sociais que servem de base à lógica de poder das sociedades que nós desejamos mudar. Modificamos a desigualdade entre a academia e os povos indígenas? De forma radical, acreditamos que não, *mas humildemente pensamos que contribuímos para romper as relações de poder e de iniquidade de que fazíamos parte* (p. 471-472; grifos nossos).

Assim o nosso trabalho, cujo intento foi esboçar alguns elementos para uma reconfiguração da missão cristã em perspectiva decolonial, pelo menos acreditamos pode ajudar a nos colocar em discussão, junto com as relações de poder das quais somos parte.

Particularmente, a prática pastoral e missionária ainda está marcada por múltiplas conjunturas, vertentes e variantes ambivalentes que não permitem um diálogo intercultural expressivo, a não ser depois de um longo caminho de derrubada de muros e de um paciente exercício artesanal de construção de relações de confiança. Histórias, lutas, palavras, sabedorias negadas haverão de emergir das cinzas e de ser contadas, a partir das feridas que marcaram os projetos de vida de muitos povos e setores da sociedade, graças talvez à participação gratuita e despretensiosa da ação missionária de uma comunidade cristã.

Contudo, a nossa indagação, numa longa jornada através dos documentos do magistério da Igreja Católica e das Conferências Gerais do Episcopado Latino-Americano e Caribenho, abordou algumas questões fundamentais como contribuição para a configuração de uma missão evangelizadora em perspectiva decolonial. Há elementos convincentes que sobressaem, mas, evidentemente, precisamos ainda de muitas outras aproximações, que irão além dos limites desta pesquisa, para compor um quadro satisfatório de um novo paradigma missionário.

Entre estas aproximações, destacaríamos três que se fazem especialmente necessárias. Em primeiro lugar, um olhar feminino: a missão é mulher por natureza, fala a linguagem da ternura e da maternidade, é parteira, peregrina, aliada, é acolhedora, destemida, despojada de qualquer poder e alheia a qualquer prepotência coercitiva. Essa abordagem abre caminhos inéditos e horizontes surpreendentes, silenciosos e delicados na medida em que penetra nas brechas nas relações endurecidas pela violência colonial, machista e patriarcal. A cristandade sempre foi dominada pela perspectiva do masculino: sua linguagem, seus símbolos, sua hierarquia, suas leis e seus decretos. A ausência de uma análise crítica principalmente da masculinidade hegemônica na teologia cristã, ainda reforça a noção estereotipada de um Deus fundamentalmente varão. Para a teologia da missão, isso significa uma ótica essencial e imprescindível para a subversão de um paradigma colonial que ainda teima em persistir.

Em segundo lugar, não podemos em momento algum esquecer da dimensão ecumênica. Neste trabalho, nos focamos no itinerário da Igreja Católica com algumas, poucas, referências ao percurso de outras confissões cristãs e do conjunto que se reconhece na trajetória e na atuação do Conselho Mundial de Igrejas. A caminhada ecumênica nasceu missionária, e a missão tem em suas próprias entranhas o anseio por um testemunho comum das Igrejas diante do mundo. Não é simplesmente uma questão de estratégia, e nem propriamente uma questão reparadoras de rupturas e feridas históricas que comprometeram uma unidade na diversidade. Antes de tudo trata-se de um elemento focal para o qual a pluriversalidade dialógica e libertadora se manifesta como uma projetualidade possível e real para um mundo fragmentado e disperso. O testemunho comum é missão como *atração*, mas também como *envio*, assim desejava Dom Samuel Ruiz num lance utópico ainda na Conferência de Medellín[224].

---

224. Ruiz ansiava por uma decidida ação ecumênica no campo da evangelização: "seria utópico imaginar a possibilidade de uma proclamação ecumênica do querigma?" Pois o conteúdo do querigma não é

Enfim, um terceiro destaque vai para as teologias contextuais e as caminhadas eclesiais de outros continentes. Hoje as Igrejas e seus quadros ministeriais se tornaram mais africanos e asiáticos do que europeus e americanos, como era ainda no primeiro milênio da era cristã. Os desafios e as emergências são parecidos aos países colonizados da América Latina, mas há também diferenças consistentes. O diálogo com grandes tradições religiosas, em primeiro lugar com o Islã, os conflitos no Oriente Médio, a superpopulação de países como Índia e China, os fluxos migratórios de proporções bíblicas para a Europa, as situações de extrema pobreza de alguns países africanos, as inúmeras diversidades de povos, línguas e nações, são somente algumas das problemáticas bastante distintas senão alheias à realidade latino-americana. Uma projetualidade que busca uma articulação e uma interligação global convida a aprender com as perspectivas decoloniais que surgem a partir destes contextos. Não somente temos muito a aprender, mas também somos chamados a tecer relações de solidariedade, partilha, encontro, intercâmbio, ao sentirmos interpelados com histórias locais conectadas por um anseio de reconhecimento, justiça e libertação da grande massa dos pobres da humanidade.

Essas três abordagens nos reconduzem paradoxalmente a retomar a centralidade do conceito clássico de missão *ad gentes*, com todo o cuidado que essa operação exige, agora reinterpretado à luz de todo o caminho cumprido até aqui. Bento XVI, em sua última Mensagem para o Dia Mundial das Missões, sentenciou:

> A missão *ad gentes* deve ser o horizonte constante e o paradigma de toda a atividade eclesial, porque a própria identidade da Igreja é constituída pela fé no Mistério de Deus, que se revelou em Cristo para nos dar a salvação, e pela missão de testemunhá-lo e anunciá-lo ao mundo até ao seu regresso.

Essa afirmação é contundente e, ao mesmo tempo, intrigante, porque não há todo esse consenso sobre a relevância da missão *ad gentes* para a vida da Igreja, por causa de seus fardos coloniais, como já amplamente evidenciamos. Contudo, ao ressignificarmos o termo *gentes* com "pobres" e "outros", ou povos

---

substancialmente diverso para os católicos como para os evangélicos. Somente a catequese posterior à conversão estabelecerá as diferenças entre as diversas tradições (RUIZ, 1969, p. 170).

e pessoas "outras", que irrompem na história da humanidade reivindicando reconhecimento, valorização e protagonismo, então a nossa missão de conquista pode se tornar serviço, de expansão pode se tornar encontro, de salvação pode se tornar proximidade, de implantação pode se tornar inculturação. A preposição *ad* indica um movimento de pro-jeção que cabe à missão cristã por sua própria natureza. A carga de risco que isso comporta em termos identitários e de (des)encontro é bastante elevado. Mas ao tentar se propor como "aliada" de uma causa libertadora a partir da ferida colonial do outro, a missão cristã aponta para um caminho possível de solução que se engendra na articulação de uma causa plural maior.

No entanto, é bom sempre ter presente o lado obscuro da história de uma evangelização compulsória e etnocida, convidando a Igreja a manter uma atitude permanentemente prudente e penitencial diante das tentações excessivamente confiantes de novas evangelizações. Por outro lado, esse impulso que faz parte de sua natureza, terá hoje de se articular com a perspectiva discipular da *missio inter gentes*, no aprender a desaprender para aprender novamente, no diálogo intercultural e inter-religioso. Trata-se, como vimos, de uma ação evangelizadora na reciprocidade construtiva, mas também de uma *missão no reverso* na qual se reconhece não somente que temos que aprender dos nossos interlocutores (DAp 257), mas também que assumimos a vulnerabilidade de "nossa" verdade e a necessidade de um salto epistêmico em nossa relação conosco, com o mundo e com Deus.

Da mesma forma, para que isso aconteça como processo padrão de evangelização, é preciso que a missão habite as fronteiras e atue como uma *missio cum gentibus*. Esse habitar demanda inserção, imersão e aculturação típica de um hóspede e de um peregrino. A missão não é cidadã do mundo, mas do céu (Ef 3,20): não toma posse, não estabelece sua residência, não fixa sua moradia, mas arma sua tenda, vivendo no meio dos povos como estrangeira, rumo à pátria definitiva (Hb 13,14). Seu habitar é um "caminhar junto", sintonizando seus passos com os de seus interlocutores, cruzando fronteiras coloniais, para tornarmos todos pessoas livres, que promovem a vida, a justiça e a paz. Seu peregrinar é saída, deslocamento, liberdade: é um contínuo partir de si além de todas as fronteiras.

Enfim, a missão cristã no mundo, qual "parteira" que ajuda a "dar à luz", vem anunciar algo de novo que já está nascendo (Is 43,19), uma *lumen gentium* que se torna presente trazendo o direito, sem levantar a voz, sem quebrar a cana rachada, sem vacilar, a fim de abrir os olhos aos cegos e libertar os presos (Is 42,1-9). O Servo sofredor crucificado retoma seu lugar ante o *Pantokrator* imperial, pelo *mysterium lunae* de uma Igreja "pobre, missionária e pascal, desligada de todo poder temporal e corajosamente comprometida com a libertação do homem todo e de todos os homens" (DM, V, 15a). As palavras da *Gaudium et Spes* merecem ser lembradas novamente, ecoando como síntese genial:

> Ao ajudar o mundo e recebendo dele ao mesmo tempo muitas coisas, o único fim da Igreja é o advento do Reino de Deus e o estabelecimento da salvação de todo o gênero humano. E todo o bem que o povo de Deus pode prestar à família dos homens durante o tempo da sua peregrinação deriva do fato que a Igreja é o "sacramento universal da salvação" (LG 48), manifestando e atuando simultaneamente o mistério do amor de Deus pelos homens. [...] O Senhor é o fim da história humana, o ponto para onde tendem os desejos da história e da civilização, o centro do gênero humano, a alegria de todos os corações e a plenitude das suas aspirações (GS 45).

Essa convergência de todos os caminhos da história em seu ponto-final no Senhor Jesus, expressa a fé inabalável da Igreja e o horizonte de sua "saída": um Reino contra toda forma de violência, de opressão e de domínio a ser anunciado, testemunhado e partilhado como dom, amor e esperança. O mais importante neste processo não é o que a missão será capaz de *realizar* a respeito, mas, assumindo riscos e acolhendo o inesperado com imaginação e disposição, o que será capaz de *se tornar* em cada contexto.

Referências

I ENCONTRO DE PASTORAL DAS MISSÕES NO ALTO AMAZONAS. Documento final. In: PREZIA, B. (org.). **Caminhando na luta e na esperança** – Retrospectiva dos últimos 60 anos da Pastoral Indigenista e dos 30 anos do CIMI. São Paulo: Loyola, 2003. p. 99-113.

ACOSTA, J. **De procuranda indorum salute** [1588] – Pacificación y colonización. Madri: Consejo Superior de Investigaciones Científicas, 1984, v. 1. 734 p.

ADORNO, S. Nos limites do Direito, nas armadlhas da tradição: a revolução descolonizadora na América Latina. In: COGGIOLA, O. (org.). **A Revolução Francesa e seu impacto na América Latina**. São Paulo: Nova Stella, 1990. p. 181-193.

AGAMBEN, G. **La Chiesa e il Regno.** Lectio pronunciata presso la cattedrale di Notre-Dame a Parigi, 8 ago. 2009. Disponível em: <http://www.ildialogo.org/scienza/indice_1413994885.htm>. Acesso: 18 ago. 2017.

AGAMBEN, G. **Il Regno e la Gloria** – Per uma genealogia teológica dell'economia e del governo. Vicenza: Neri Pozza, 2007. 326 p.

AGASSO, D. **Intervista con Papa Francesco**: "Il sovranismo mi spaventa, porta alle guerre". Turim, 9 de agosto de 2019. Disponível em: <https://www.lastampa.it/vatican-insider/it/2019/08/09/news/papa-francesco-il-sovranismo-mi-spaventa-porta-alle-guerre-1.37325868>. Acesso: 28 ago. 2020.

AGOSTINHO. **O livre-arbítrio.** 2. ed. São Paulo: Paulus, 1995. 294 p.

AGOSTINHO. **A Trindade.** *De Trinitate.* Trad. de Agustino Belmonte. São Paulo: Paulus, 1994. 723 p.

AGOSTINHO. **A verdadeira religião.** São Paulo: Paulinas, 1987. 213 p.

ALBAN, A.F. Des-colonialidad y teologia de la liberación – Una exploración del desarrollo del "pensamiento des-colonial" y sus implicaciones para las teologías latinoamericanas de la liberación. **Journal of Hispanic/Latino Theology**, out. 2013. Disponível em: <http://latinotheology.org/node/128>. Acesso: 10 nov. 2017.

ALBERIGO, G. **História del Concilio Vaticano II** – Un concilio de transición – El cuarto período y la conclusión del Concilio. Salamanca: Sígueme, 2008, v. 5. 577 p.

ALBERIGO, G. **Storia del Concilio Vaticano II** – La chiesa come comunione: Il terzo periodo e la intersessione settembre 1964-settembre 1965. Bolonha: Il Mulino, 1999, v. 4. 706 p.

ALBERIGO, G. **Storia del Concilio Vaticano II** – Il concilio adulto: Il secondo periodo e la seconda intersessione settembre 1963-settembre 1964. Bolonha: Il Mulino, 1998, v. 3. 590 p.

ALBERIGO, G. Il Vaticano II e la sua eredità. **Il Regno Documenti.** Bolonha, v. XL, n. 756, p. 573-581, out. 1995.

ALBERIGO, G.; BEOZZO, J.O. (coords.). **História do Concílio Vaticano II** – A formação da consciência conciliar: o primeiro período e a primeira intersessão (outubro de 1962 a setembro de 1963). Trad. de João Rezende Costa. Petrópolis: Vozes, 1999, v. 2. 544 p.

ALBERIGO, G.; BEOZZO, J.O. (coords.). **História do Concílio Vaticano II (1959-1965)** – O catolicismo rumo à Nova Era: o anúncio e a preparação do Vaticano II (janeiro de 1959 a outubro de 1962). Trad. de João Rezende Costa. Petrópolis: Vozes, 1995, v. 1. 507 p.

ALMEIDA, A.J. A Primeira Conferência Geral dos Bispos da América Latina: Rio de Janeiro, 1955. In: BRIGHENTI, A.; PASSOS, J.D. (orgs.). **Compêndio das conferências dos bispos da América Latina e Caribe.** São Paulo: Paulinas/Paulus, 2018. p. 27-42.

ALMEIDA, S.R.G. Prefácio – Apresentando Spivak. In: SPIVAK, G.C. **Pode o subalterno falar?** Trad. de Sandra Regina Goulard Almeida, Marcos Pereira Feitosa e André Pereira Feitosa. Belo Horizonte: UFMG, 2010. p. 7-17.

ALVES, M. A histórica contribuição do ensino privado no Brasil. **Educação,** Porto Alegre, v. 32, n. 1, p. 71-78, jan./abr. 2009.

AMALADOSS, M. **Oltre L'inculturazione** – Unità e plurarità delle Chiese. Bolonha: Sermis, 2000. 190 p.

ANCHIETA, J. **Cartas: informações, fragmentos históricos e Sermões** – Cartas jesuíticas 3. Belo Horizonte/São Paulo: Itatiaia/Universidade de São Paulo, 1988, v. 149. 562 p.

ANDRADE, L.M. Paradigmas civilizatorios y atavismos coloniales en Latinoamérica – Poder y ciencias sociales. **Revista del CESLA.** Varsóvia, n. 14, p. 125-145, 2011. Disponível em: <https://www.redalyc.org/pdf/2433/243322672009.pdf>. Acesso: 10 out. 2019.

ANDREO, I.L. Samuel Ruiz García e as origens da Teologia Indígena – Entrevista especial com Igor Luis Andreo. **Instituto Humanitas Unisinos.** São Leopoldo, 14 de fevereiro de 2016. Disponível em: <http://www.ihu.unisinos.br/159-noticias/entrevistas/551093-samuel-ruiz-garcia-e-as-origens-da-teologia-indigena-entrevista-especial-com-igor-luis-andreo>. Acesso: 26 fev. 2018.

ANTON, A. **El misterio de la Iglesia: evolucion histórica da las ideas eclesiologicas** – En busca de una reforma de la Iglesia. Madri: Estudio Teologico de San Ildefonso, 1986, v. I. 893 p.

ANTON, A. **El misterio de la Iglesia: evolucion histórica da las ideas eclesiologicas** – De la apologrética de la Iglesia-sociedad a la teologia de la Iglesia-misterio en el Vaticano II y en el posconcilio. Madri: Estudio Teologico de San Ildefonso, 1986, v. II. 1.235 p.

ANTONELLI, M. Ad Gentes – Introduzione e commento. In: NOCETI, S.; REPOLE, R. (orgs.). **Commentário ai documenti del Vaticano II** – Ad Gentes Nostra Aetate, Dignitatis Humanae. Bolonha: EDB, 2018. p. 13-479.

ANTONIAZZI, A. L'urgenza di uma nuova evangelizzazzione in America. **Ad Gentes.** Bolonha, v. 4, n. 1, p. 82-114, primeiro semestre 2000.

ANZALDÚA, G. **Borderlands: La frontera** – La nueva mestiza. Trad. Carmen Valle. Madri: Capitán Swing, 2016. 305 p.

AQUINO, M. O conceito de romanização do catolicismo brasileiro e a abordagem histórica da Teologia da Libertação. **Horizonte,** Belo Horizonte, v. 11, n. 32, p. 1.485-1.505, out./dez. 2013. Disponível em: <http://periodicos.pucminas.br/index.php/horizonte/article/view/P.2175-5841.2013v11n32p1485/5849>. Acesso: 24 jun. 2018.

AQUINO JÚNIOR, F. **Teologia em saída para as periferias.** São Paulo: Paulinas, 2019. 251 p.

ARANHA, P. Gerarchie razziali e adattamento culturale: la "ipotesi Valignano". In: TAMBURELLO, A.; ÜÇERLER, M.A.J.; RUSSO, M. di (orgs). **Alessandro Valignano, S.I. Uomo del Rinascimento** – Ponte tra Oriente e Occidente. Roma: Institutum Historicum Societatis Iesu, 2008. p. 77-98.

ARENDT, H. **As origens do totalitarismo.** São Paulo: Companhia das Letras, 1989. 562 p.

ARNOLD, S.P. Descolonización e Interculturalidad – El punto de vista teológico. **Voices, Theological Journal of EATWOT,** v. XXXVII, n. 1, p. 29-43, jan./abr. 2014. Disponível em: <http://eatwot.net/VOICES/VOICES-2014-1.pdf>. Acesso: 10 nov. 2017.

ARROYO, F.M. O Concílio Vaticano II: referência imprescindível da Igreja atual. In: BRIGHENTI, A.; ARROYO, F.M.. **O Concílio Vaticano II: batalha perdida ou esperança renovada?** Trad. de José Afonso Beraldin. São Paulo: Paulinas, 2015. p. 25-45.

ARRUPE, P. Lettera del P. Generale a tutta la Compañhia – Sull'Inculturazione. Roma, 14 maggio 1978. **Notizie dei gesuiti d'Italia**, 1978, n. 7-8, p. 305-333.

ATABAQUE / ASETT. **Teologia Afro-Americana** – II Consulta Ecumênica de Teologia e Cuturas Afro-Americana e Caribenha. São Paulo: Paulus, 1997. 182 p.

AZEVEDO, M.C. **Viver a fé cristã nas diferentes culturas.** São Paulo: Loyola, 2001. 70 p.

AZEVEDO, M.C. Inculturação. In: LATOURELLE, R.; FISICHELLA, R. (eds.). **Dicionário de Teologia Fundamental.** Trad. de Luiz João Baraúna. V. 1. Petrópolis: Vozes, 1994. p. 464-473.

BALLESTRIN, L.M.A. Modernidade/colonialidade sem "imperialidade"? – O elo perdido do giro decolonial. **DADOS – Revista de Ciências Sociais,** Rio de Janeiro, v. 60, n. 2, p. 505-540, 2017. Disponível em: <http://www.scielo.br/scielo.php?script=sci_abstract&pid=S0011-52582017000200505&lng=pt&nr m=iso&tlng=pt>. Acesso: 20 set. 2018.

BALLESTRIN, L.M.A. América Latina e o giro decolonial. **Revista Brasileira de Ciência Política,** Brasília, n. 11, p. 89-117, mai./ago. 2013. Disponível em: <http://www.scielo.br / pdf/rbcpol/n11/04.pdf>. Acesso: 20 nov. 2017.

BARBADOS, I. Declaração pela libertação dos indígenas, 1971. In: PREZIA, B. **Caminhando na luta e na esperança** – Retrospectiva dos últimos 60 anos da Pastoral Indigenista e dos 30 anos do CIMI. São Paulo: Loyola, 2003, p. 324-329.

BARBAGLIO, G.; FABRIS, R.; MAGGIONI, B. **Os evangelhos (I)** – Tradução e comentários. Trad. Jaldemir Vitorio e Giovanni Biasio. São Paulo: Loyola, 1990, v. I. 613 p.

BARBOSA, D.S. Padroado português: privilégio ou serviço (século XIX)? **Didaskalia,** Lisboa, v. 25, n. 1-2, p. 365-390, 1995. Disponível em: <https://repositorio.ucp.pt/ bitstream/10400.14/17811/1/V0250102-365-390.pdf>. Acesso: 24 jun. 2018.

BARNES, J. **Power and Partnership** – A History of the Protestant Missionary Movement. Eugene: Pickwick, 2013. 450 p.

BARTH, K. Teologia e missão na contemporaneidade. In: GREGGERSEN, G. Barth e a relação entre teologia e missão. **Revista Caminhando,** São Paulo, v. 20, n. 1, p. 13-38, jan./ jun. 2015. Disponível em: <https://www.metodista.br/revistas/revistas-ims/index.php/ Caminhando/article/viewFile/6156/4993>. Acesso: 21 jun. 2020.

BATALLA, G.B. El concepto de indio en América: una categoria de la situación colonial. **Anales de Antropología.** México, v. IX, p. 105-124, 1972. Disponível em: <http://www.revistas.unam.mx/index.php/antropologia/article/view/23077/pdf_647>. Acesso: 10 out. 2019.

BATESON, G. **Verso un'ecologia della mente.** Trad. de Giuseppe Longo. Milão: Adelphy, 1976, 533 p.

BELANO, A. **Il Vangelo secondo Marco** – Traduzione e analisi filologica. Roma: ARACNE, 2010. 1.171 p.

BENTO XVI. **Homilia da Santa Missa de inauguração da V Conferência Geral do Episcopado da América Latina e Caribe.** Aparecida, 13 de maio de 2007. Disponível em: <http://www.vatican.va/content/benedict-xvi/pt/homilies/2007/documents/hf_ben-xvi_hom_20070513_conference-brazil.html>. Acesso: 17 jul. 2020.

BEOZZO, J.O. O diálogo da conversão do gentio – A evangelização entre a persuasão e a força. In: CONGRESSO INTERNACIONAL DE HISTÓRIA. **Missionação portuguesa e encontro de culturas.** Actas. Braga: Universidade Católica Portuguesa, 1993, v. 2. p. 551-587.

BEOZZO, J.O. A Igreja frente aos estados liberais: 1880-1930. In: DUSSEL, E. (org.). **Historia liberationis** – 500 Anos de história da Igreja na América Latina. São Paulo: Paulinas, 1992, cap. 7. p. 177-222.

BEREA, C. **Il pensiero teologico di Yves Congar sulla definizione della missione nel periodo pre-conciliare.** Roma: Pontificia Università Gregoriana, 2009. 379 p.

BEVANS, S.B.; SCHROEDER, R. **Diálogo profético** – Reflexões sobre a missão cristã hoje. São Paulo: Paulinas, 2016. 230 p.

BEVANS, S.B.; SCHROEDER, R. **Teologia per la missione oggi** – Costanti nel contesto. Bréscia: Queriniana, 2010, v. 148. 626 p.

BLANCO, J. **Cartografía del pensamiento latinoamericano contemporáneo** – Una introducción. Guatemala: Universidad Rafael Ladívar, 2009, v. 1. 152 p.

BOFF, C. **Mariologia social** – O significado da Virgem Maria para a sociedade. 2. ed. São Paulo: Paulus, 2009. 728 p.

BOFF, C. **O "evangelho" de Santo Domingo** – Os 10 temas-eixo do documento do IV CELAM. Petrópolis: Vozes, 1994. 70 p.

BONILLA, H. O impacto da Revolução Francesa nos movimentos de independência da América Latina. In: COGGIOLA, O. (org.). **A Revolução Francesa e seu impacto na América Latina.** São Paulo: Nova Stella, 1990. p. 154-157.

BOSCH, D. **Missão transformadora** – Mudança de paradigma na Teologia da Missão. Trad. de Geraldo Korndörler e Luís M. Sander. 2. ed. São Leopoldo: Sinodal, 2007. 619 p.

BOTELHO, A.C.R. **Teologia na complexidade** – Do racionalismo teológico ao desafio transdisciplinar. Rio de Janeiro, 2007. 460 f. Tese (doutorado em Teologia). Departamento de Teologia e de Ciências Humanas, Pontifícia Universidade Católica do Rio de Janeiro, Rio de Janeiro, 2007. Disponível em: <https://www.maxwell.vrac.puc-rio.br/10454/10454_6.PDF>. Acesso: 10 jun. 2017.

BOTTASSO, J. (org.). **Iglesia, pueblos y culturas** – Documentos latinoamericanos del postconcilio. 2. ed. Quito: Abya Yala, 1986. 172 p.

BOXER, C.R. **A Igreja militante e a expanção ibérica:** 1440-1770. São Paulo: Companhia das Letras, 2007. 184 p.

BRAUDEL, F. História e ciência sociais: a longa duração. **Revista de História,** São Paulo, v. XXX, n. 62, p. 261-294, abr./jun. 1965. Disponível em: <https://www.passeidireto.com/arquivo/17376061/braudel-fernand-a-longa-duracao>. Acesso: 3 out. 2018.

BRESSER-PEREIRA, L.C. Do ISEB e da CEPAL à Teoria da Dependência. In: TOLEDO, C.N. (org.). **Intelectuais e política no Brasil** – A Experiência do ISEB. Rio de Janeiro: Revan, 2005. p. 201-232.

BRIGHENTI, A. Sínodo da Amazônia – Quatro sonhos e um impasse. **Revista Eclesiástica Brasileira.** Petrópolis, v. 80, n. 316, p. 307-332, mai./ago. 2020.

BRIGHENTI, A. Tendências atuais e evangelização no futuro – 40 anos depois de Puebla. In: SOUZA, N.; SBARDELOTTI, E. (orgs.). **Puebla** – Igreja na América Latina e no Caribe: opção pelos pobres, libertação e resistência. Petrópolis: Vozes, 2019a. cap. II/4, p. 204-218.

BRIGHENTI, A. Sínodo da Amazônia – O evento e os resultados. **Revista Eclesiástica Brasileira.** Petrópolis, v. 79, n. 314, p. 591-614, set./dez. 2019b.

BRIGHENTI, A. A justiça em Medellín e as categorias da tradição eclesial libertadora. In: SOUZA, N.; SBARDELOTTI, E. (orgs.). **Medellín** – Memória, profetismo e esperança na América Latina. Petrópolis: Vozes, 2018, cap. II/1. p. 151-166.

BRIGHENTI, A. **Em que o Vaticano II mudou a Igreja**. São Paulo: Paulinas, 2016. 113 p.

BRIGHENTI, A. **Para compreender o Documento de Aparecida** – O pré-texto, o contexto e o texto. São Paulo: Paulus, 2008. 105 p.

BRIGHENTI, A. **A pastoral dá o que pensar** – A inteligência da prática transformadora da fé. São Paulo: Paulinas, 2006a. 223 p.

BRIGHENTI, A. O documento de participação da V Conferência – Apresentação e comentário analítico. **Revista Eclesiástica Brasileira.** Petrópolis, v. 66, n. 262, p. 312-336, abr. 2006b.

BRIGHENTI, A. O valor teologal da diferença – Pautas para uma leitura da *Dominus Iesus*. **Revista Eclesiástica Brasileira.** Petrópolis, v. LXI, n. 242, p. 275-313, jun. 2001.

BRIGHENTI, A. A contribuição do catolicismo social para a reconciliação da Igreja com o mundo moderno. **Medellín**, Bogotá, v. 21, n. 82, p. 197-251, 1995.

BUONO, G. **Missiologia** – Teologia e prassi. Milão: Paoline, 2000. 282 p.

BURROWS, W.R. A response to Michael Amaladoss. **Proceedings of the Catholic Theological Society of America.** Spokane, v. 56, p. 15-20, 2001.

BUTTURINI, G. **Le missione catoliche in cina tra le due guerre mondiale** – Osservazione sul metodo moderno di evangelizzazione di Paolo Manna. Bolonha: Sermis, 1998. 225 p.

CADENA, M. (ed.). **Formaciones de indianidad** – Articulaciones raciales, mestizaje y nación en América Latina. Popayán: Envión, 2007. 402 p.

CAMPBELL, E. The Virgin of Guadalupe and the Female Self-Image: A Mexican Case History. In: PRESTON, J.J. (ed.). **Mother Worship**: Theme and Variations. Chapel Hill: University of North Carolina Press, 1982. p. 5-24.

CAMPESE, G. Oltre l'inculturazione? – Culture ed evangelizzazione nell'era delle migrazioni. In: MAZZOLINI, S. (ed.). **Vangelo e culture** – Per nuovi incontri. Roma: Urbaniana, 2017. p. 219-235.

CARLETTI, A. Os Vicentinos em Pequim: uma experiência missionária na China (1699-1951). **Ciências & Letras.** Porto Alegre, n. 48, p. 141-162, jul./dez. 2010. Disponível em: <http://seer1.fapa.com.br/index.php/arquivos>. Acesso: 5 maio 2018.

CASALDÁLIGA, P. Optar pelos pobres e pela pobreza também. In: **A esperança dos pobres vive**: coletânea em homenagem aos 80 anos de José Comblin. São Paulo: Paulus, 2003. p. 399-401.

CASSANO, F. **Il pensiero meridiano.** Bari: Laterza, 1996. 141 p.

CASSIDY, M. The Call to Moratorium – Perspective on an Identity Crisis. **Churchman**, Watford, v. 90, n. 4, out./dec. 1976, p. 265-280.

CASTILLO, R.B. La missio Dei: ¿paradigma de la teología o un caballo de Troya? In: MERONI, F.; GIL, A. (coords.). **La misión, futuro de la Iglesia** – Missio ad-inter gentes. Madri: OMP-PPC, 2019. p. 277-316.

CASTRO-GÓMEZ, S.; GROSFOGUEL, R. (orgs.). **El giro decolonial** – Reflexiones para una diversidad epitémica más allá del capitalismo global. Bogotá: Siglo del Hombre/

Universidad Central/IESCO-UC/Pontificia Universidad Javeriana/Instituto Pensar, 2007. 308 p.

CASTRO-GÓMEZ, S.; GROSFOGUEL, R. Decolonizar la universidad – La hybris del punto cero y el diálogo de saberes. **El giro decolonial** – Reflexiones para una diversidad epitémica más allá del capitalismo global. Bogotá: Siglo del Hombre/Universidad Central/IESCO-UC/Pontifícia Universidad Javeriana/Instituto Pensar, 2007. p. 79-91.

CASTRO-GÓMEZ, S.; GROSFOGUEL, R. Ciencias sociales, violencia epistémica y el problema de la "invención del otro". In: LANDER, E. (org.). **La colonialidad del saber: eurocentrismo y ciencias sociales** – Perspectivas latinoamericanas. Buenos Aires: CLACSO, 2000a. p. 145-161.

CASTRO-GÓMEZ, S.(org.). **La reestructuración de la ciencias sociales en América Látina**. Bogotá: CEJA Instituto Pensar, 2000b. 261 p.

CASTRO-GÓMEZ, S.; GUARDIOLA-RIVERA, O.; BENAVIDES, C.M. (orgs.). **Pensar (en) los intersticios** – Teoría y práctica de la crítica poscolonial. Bogotá: CEJA/Instituto Pensar, 1999. 206 p.

CELAM / Departamento de Missões / Declaração de Ypacaraí. Bispos, agentes de pastoral e encontro de representantes indígenas do Cone Sul, 1990. In: SUESS, P. (org.). **Culturas e evangelização** – A unidade da razão evangélica na multiplicidade de suas vozes: pressupostos, desafios e compromissos. São Paulo: Loyola, 1991. p. 249-255.

CELAM. **Panorama missionário da América Latina.** La Paz: CELAM, 1978. 36 p.

CELAM. **Antropologia y teologia en la acción misionera.** Iquitos: Vicariato Apostólico, 1971. 167 p.

CELAM. **Antropología y evangelización** – Un problema de la Iglesia de América Latina. Bogotá: CELAM, 1969. 358 p.

CELAM. La pastoral en las misiones de América Latina – Documento de Melgar, 1968. **Antropologia y evangelización** – Un problema de la Iglesia de América Latina. Bogotá: CELAM, 1969. p. 325-356.

CELAM. **La Iglesia en la actual transformación de America Latina a la luz del Concilio**. Bogotá: Secretariado General del Celam, 1969. 269 p.

CELAM. **Declaración de los cardenales, obispos y demás prelados representantes de la jerarquia de América Latina** – Reunidos en la Conferencia Episcopal de Rio de Janeiro. Rio de Janeiro, 4 de agosto de 1955. Disponível em: <https://www.celam.org/documentos/Documento_Conclusivo_Rio.pdf>. Acesso: 18 nov. 2019.

CERUTTI-GULDBERG, H. **Filosofía de la liberación latinoamericana**. 3. ed. Cidade do México: FCE, 2006. 527 p.

CÉSAIRE, A. **Discurso sobre o colonialismo**. Trad. de Noémia de Sousa. Lisboa: Sá da Costa, 1978. 69 p.

CHAKRABARTY, D. **Provincializzare l'Europa**. Trad. de Matteo Bortolini. Roma: Meltemi, 2004. 335 p.

CHARLES, P. Missiologie et Acculturation. **Nouvelle Revue Théologique**. Bruxelas, v. 75, n. 1, p. 15-32, 1953. Disponível em: <https://www.nrt.be/docs/articles/1953/75-1/2485-Missiologie+et+Acculturation.pdf>. Acesso: 11 abr. 2019.

CHARLES, P. **Les dossiers de l'Action Missionnaire: manuel de missiologie**. Louvaina: Aucam, 1938, v. 1. 422 p.

CHAUNU, P. **Conquista e exploração dos novos mundos: século XVI**. São Paulo: Pioneira/EDUSP, 1984. 238 p.

CHENU, B. **Teologie cristiane dei terzi mondi** – Teologia latino-americana; Teologia nera americana; Teologia nera sudafricana; Teologia africana; Teologia asiatica. Trad. de Tiziana Mantovani Delaini. Bréscia: Queriniana, 1988. 312 p.

CHIAVACCI, E. **Teologia Morale** – Morale della vita economica política, di comunicazione. Assis: Cittadella, 1990, v. 3/2. 369 p.

CHIAVACCI, E. **La Gaudium et spes** – La costituizione pastorale sulla chiesa nel mondo contemporaneo. Roma: Studium, 1967. 495 p.

CNBB. **Missão e cooperação missionária** – Orientações para a animação missionária da Igreja no Brasil. Estudos da CNBB. Brasília: CNBB, 2015. 47 p.

CNBB. **Desafio missionário** – Documentos da Igreja na Amazônia: coletânea. Brasília: CNBB, 2014. 269 p.

CNBB. **Diretrizes Gerais da Ação Evangelizadora da Igreja no Brasil 2011-2015** – Documento da CNBB 94. Brasília: CNBB, 2011. 92 p.

CNBB. **Rumo ao novo milênio** – Projeto de evangelização da Igreja no Brasil em preparação ao grande Jubileu do ano 2000. São Paulo: Paulinas, 1996. 91 p.

CNBB. **Igreja: comunhão e missão** – Na evangelização dos povos, no mundo do trabalho, da política e da cultura. São Paulo: Paulinas, 1988. 112 p.

CODINA, V. A eclesiologia de Aparecida. In: AMERINDIA (org.). **V Conferência de Aparecida** – Renascer de uma esperança. São Paulo: Paulinas, 2008a. p. 102-122.

CODINA, V. **Para comprender la eclesiología desde América Latina.** Estella: Verbo Divino, 2008b. 200 p.

CODINA, V. **Sentirse Iglesia en el invierno eclesial.** Barcelona: Cristianisme i Justícia, 2006. 31 p.

CODINA, V. Crônica de Santo Domingo. **Perspectiva Teológica.** Belo Horizonte, v. 25, n. 65, p. 77-89, jan./abr. 1993.

COGGIOLA, O. (org.). **A Revolução Francesa e seu impacto na América Latina.** São Paulo: Nova Stella, 1990. 372 p.

COLLET, G. **Fino agli stremi confini della terra.** Bréscia: Queriniana, 2004. v. 128. 325 p.

COLZANI, G. **Teologia della Missione** – Vivere la fede donandola. Pádova: Messagero Padova, 1996, v. 8. 254 p.

COMBLIN, J. **Jesus enviado do Pai.** São Paulo: Paulus, 2009. 108 p.

COMBLIN, J. O papel histórico de Aparecida. **Revista Eclesiástica Brasileira.** Petrópolis, v. 67, n. 268, p. 865-885, out. 2007.

COMBLIN, J. **O caminho** – Ensaio sobre o seguimento de Jesus. São Paulo: Paulus, 2004. 227 p.

COMBLIN, J. **O povo de Deus.** São Paulo: Paulus, 2002. 410 p.

COMBLIN, J. Nós e os outros – Os pobres frente ao mundo globalizado. In: SUESS, P. (org.). **Os confins do mundo no meio de nós** – Simpósio Missiológico Internacional. São Paulo: Paulinas, 2000, cap. 6, p. 113-133.

COMBLIN, J. Puebla, vinte anos depois. **Perspectiva Teológica.** Belo Horizonte, v. 31, n. 84, p. 201-222, mai./ago. 1999.

COMBLIN, J. **Vocação para a liberdade.** São Paulo: Paulus, 1998. 319 p.

COMBLIN, J. Algumas questões a partir da prática das Comunidades Eclesiais de Base no Nordeste. **Revista Eclesiástica Brasileira**, Petrópolis, v. 50, n. 198, p. 335-381, jun. 1990.

COMLA 6 / CAM 1, VI Congreso Misionero Latinoamericano – I Congresso Americano Misionero. **Memorias COMLA VI / CAM I**. Buenos Aires: Obras Misionales Pontificias, 2001

COMLA 5. V Congresso Missionário Latino-Americano. **Memórias do COMLA 5** – O Evangelho nas culturas: caminho de vida e esperança. Brasília: Pontifícias Obras Missionárias, 1998. 224 p.

COMLA 4. IV Congresso Missionário Latino-Americano. **A hora missionária da América Latina** – Lima, 3 a 8 de fevereiro de 1991. São Paulo: Loyola, 1991. 166 p.

COMLA 3. III Congreso Misionero Latinoamericano. **América, llegó tu hora de ser evangelizadora** – Colección V Centenario. Bogotá: CELAM, 1988. 343 p.

CONCÍLIO VATICANO II. **Enchiridion Vaticanum – 1** – Documenti del Concilio Vaticano II, 1962-1965. Bolonha: EDB, 1981, v. I. 1.311 p.

CONE, J.H. **O Deus dos oprimidos.** Trad. de José Xavier. Coleção Libertação e Teologia. São Paulo: Paulinas, 1985. 286 p.

CONFORTI, G.M. **Lettere a Monsignor Luigi Calza.** Roma: Procura Generale, 1977, v. I. 308 p.

CONGAR, Y. **Diário del Concilio I:** 1960 1963. Trad. de Dorino Tuniz. Cinisello Balsamo: San Paolo, 2005, v. I. 538 p.

CONGAR, Y. **Diário del Concilio II:** 1964-1966. Trad. de Dorino Tuniz. Cinisello Balsamo: San Paolo, 2005, v. II. 521 p.

CONGAR, Y. Principes doctrinaux. In: SCHÜTTE, J. (org.). **L'activité missionnaire de l'Eglise: Décret Ad Gentes** – Texte Latin et traduction française. Paris: Du Cerf, 1967. p. 185-221.

CONGAR, Y. **Vasto mundo, nosso mundo** – Verdade e dimensões da salvação. Lisboa: Círculo do Humanismo Cristão, 1961. 248 p.

CONSULTA Missionária de Assunção. In: PREZIA, B. (org.). **Caminhando na luta e na esperança** – Retrospectiva dos últimos 60 anos da Pastoral Indigenista e dos 30 anos do CIMI. São Paulo: Loyola, 2003. p. 115-118.

CONTRAN, N. La spiritualità missionaria. In: KAROTEMPREL, S. (ed). **Seguire Cristo nella missione** – Manuale di missionologia. Cinisello Balsamo: San Paolo, 1996. p. 152-162.

CORSI, E. (org.). **Órdenes religiosas entre América y Asia** – Ideas para una historia misionera de los espacios coloniales. México: El Colegio de México, 2008. 309 p.

COSTA, M.C.C. O Sínodo para a Amazônia na perspectiva de um pentecostal: uma análise dos círculos menores na construção do documento final. **Caminhos de Diálogo.** Curitiba, v. 8, n. 12, p. 46-57, jan./jun. 2020.

COUTO, J.M. Raúl Prebisch e a concepção e evolução do sistema centro-periferia. **Revista de Economia Política,** São Paulo, v. 37, n. 146, p. 65-87, jan./mar. 2017. Disponível em: <http://www.scielo.br/pdf/rep/v37n1/1809-4538-rep-37-01-00065.pdf>. Acesso: 3 out. 2018.

COUTO, M. Repensar o pensamento, redesenhando fronteiras. In: MACHADO, C.E. (org.). **Pensar a cultura.** Coleção Fronteiras do Pensamento. Porto Alegre: Arquipélago, 2013.

CRISÓSTOMO, J. **Comentário às Cartas de São Paulo/1.** Coleção Patrística, v. 27. São Paulo: Paulus, 2010. 928 p.

CRIVELLER, G. Il metodo missionário di Matteo Ricci. In: GIULIODORI, C.; SANI, R. (org.). **Scienza Ragione Fede** – Il genio di Matteo Ricci. Macerata: EUM, 2012. p. 167-187.

CUNHA, C.A.M. Teologia decolonial e epistemologia do Sul. **Interações: Cultura e Comunidade**, Belo Horizonte, v. 13, n. 24, p. 306-333, ago./dez. 2018. Disponível em: <https://www.redalyc.org/articulo.oa?id=313058154006>. Acesso: 4 out. 2019.

DAVY, M.-M. **La montagna e il suo simbolismo.** Trad. de Armido Rizzi. Sotto il Monte: Servitium, 2000. 199 p.

DE LUBAC, H. **Le fondement théologique des missions.** Coleção La Sphère et la Croix. Paris: Du Seuil, 1946. 108 p.

DELL'ORTO, A. Antropologia, missiologia e questione dell'inculturazione. In: MAZZOLINI, S. (ed.). **Vangelo e culture** – Per nuovi incontri. Roma: Urbaniana, 2017. p. 13-45.

DENZINGER, H. **Compêndio dos símbolos, definições e declarações de fé e moral da Igreja Católica** – Quod emendavit, auxit, in linguam germanicum transtulit et adiuvante Helmuto Hoping edidit. Trad. de José Marino Luz e Johan Konings. São Paulo: Paulinas/Loyola, 2006. 1.707 p.

DERIU, M. et al. **L'illusione umanitaria** – La trappola degli aiuti e le prospettive della solidarietà internazionale. Bolonha: EMI, 2001. 223 p.

DESCARTES, R. **Discurso sobre o método**: Meditações; Objeções e respostas; Paixões da alma; Cartas [1637]. Intr. de Gilles-Gaston Granger. Pref. e notas de Gérard Lebrun. Trad. de J. Guinsburg e Bento Prado Júnior. 2. ed. São Paulo: Abril, 1979. 150 p.

DIANICH, S. **Chiesa in missione** – Per una ecclesiologia dinamica. 2. ed. Turim: Paoline, 1985. 315 p.

DOMEZI, M.C. **Mulheres do Concílio Vaticano II.** São Paulo: Paulus, 2016. 158 p.

DOMINGUES, J.M. **Modernidade global e civilização contemporânea** – Para uma renovação da teoria crítica. Belo Horizonte: UFMG, 2013. 442 p.

DOMINGUES, J.M. **Teoria crítica e semi(periferia).** Belo Horizonte: UFMG, 2011. 305 p.

DU BOIS, W.E.B. **The Souls of Black Folk.** Nova York: Oxford University Press, 2007. 223 p.

DUNN, J.D.G. **El cristianismo en sus comienzos** – Comenzando desde Jerusalén. Tomo II. 2 v. Trad. de Serafín Fernández Martínez. Estella: Verbo Divino, 2012. 1.410 p.

DUNN, J.D.G. **Unity and Diversity in the New Testament** – An Inquiry into the Character of Earliest Christianity. 2. ed. Londres: SCM Press, 1990. 425 p.

DUPUIS, J. **O cristianismo e as religiões** – Do desencontro ao encontro. Trad. de Orlando Soares Moreira. São Paulo: Loyola, 2004. 325 p.

DUPUIS, J. **Verso una teologia cristiana del pluralismo religioso**. 2. ed. Bréscia: Queriniana, 1998, v. 95. 583 p.

DUSSEL, E. **Filosofías del Sur** – Descolonización y transmodernidad. México: Akal, 2015. 366 p.

DUSSEL, E. Descolonização epistemológica da teologia. **Concilium,** Petrópolis, v. 350, n. 2, p. 19 [179]-30 [190], 2013.

DUSSEL, E. Meditações anticartesianas sobre a origem do antidiscurso filosófico da modernidade. In: SOUSA SANTOS, B.; MENEZES, M.P. (orgs.). **Epistemologias do Sul**. São Paulo: Cortez, 2010, cap. 10. p. 341-395.

DUSSEL, E.; MENDIETA, E.; BOHÓRQUEZ, C. (ed.). **El pensamiento filosófico latinoamericano, del Caribe y "latino" (1300-2000)** – História, corrientes, temas y filósofos. México: Siglo XXI/Centro de Cooperación Regional para la Educación de Adultos em América Latina y el Caribe, 2009. 1111 p.

DUSSEL, E. Sistema-mundo y "transmodernidad". In: DUBE, S.; DUBE, I.B.; MIGNOLO, W. (coords.). **Modernidades coloniales** – Otros pasados, historias presentes. Cidade do México: El Colegio de México, 2004. p. 201-226.

DUSSEL, E. Europa, modernidad y eurocentrismo. In: LANDER, E. (org.). **La colonialidad del saber: eurocentrismo y ciencias sociales** – Perspectivas latinoamericanas. Buenos Aires: CLACSO, 2000. p. 41-53.

DUSSEL, E. **1492: O encobrimento do outro** – A origem do "mito da modernidade". Trad. de Jaime A. Clasen. Petrópolis: Vozes, 1993. 196 p.

DUSSEL, E. A Igreja no processo de organização nacional e dos estados na América Latina (1830-1880). In: DUSSEL, E. (org.). **Historia liberationis** – 500 anos de história da Igreja na América Latina. São Paulo: Paulinas, 1992, cap. 5. p. 162-176.

DUSSEL, E. **Praxis latinoamericana y Filosofía de la Liberación**. Bogotá: Nueva América, 1983. 329 p.

DUSSEL, E. **Filosofia da Libertação.** Trad. de Luiz João Gaio. São Paulo: Loyola, 1982a. 281 p.

DUSSEL, E. Pensée analectique en Philosophie de la Liberación – Introduction méthodologique. In: MARION, J.-L. et al. **Analigie et dialectique** – Essai de Théologie Fondamentale. Genebra: Labor et Fides, 1982b. p. 93-120.

DUSSEL, E. **De Medellín a Puebla, uma década de sangue e esperança** – I: De Medellín a Sucre (1968-1972); II: De Sucre à crise relativa ao neofascismo (1973-1977); III: Em torno de Puebla (1977-1979). Trad. de Luis João Gaio. São Paulo: Loyola, 1981, 3 v. 702 p.

EBOUSSI BOULAGA, F. **A contretemps** – L'enjeu de Dieu en Afrique. Paris: Karthala, 1991. 224 p.

ECKHART, M. **I sermoni.** Org. de Marco Vannini. Milão: Paoline, 2002. 664 p.

ELLACURIA, I. La storicità della salvezza cristiana. In: ELLACURIA, I.; SOBRINO, J. **Mysterium Liberationis** – I concetti fondamentali della teologia della liberazione. Trad. de Piero Brugnoli e Bruno Pistocchi. Roma: Borla, 1992. p. 285-323.

ELLACURIA, I. **Conversión de la Iglesia al Reino de Dios** – Para anunciarlo e realizarlo en la historia. Santander: Sal Terrae, 1984. 303 p.

ESCOBAR, A. Mundos y conocimientos de otro modo – El programa de investigación de modernidad/colonialidad latinoamericano. **Tabula Rasa,** Bogotá, n. 1, p. 51-86, 2003. Disponível em: <http://www.revistatabularasa.org/numero-1/escobar.pdf>. Acesso: 3 out. 2018.

FABC / Federation of Asian Bishops' Conferences. **Documenti della chiesa in Asia** – Federazione delle Conferenze Episcopali Asiatiche 1970-1995. Bolonha: EMI, 1997. 479 p.

FABRI DOS ANJOS, M. Sujeitos da missão ou sujeitos na missão? – Conceitos que fazem a diferença. **Revista Espaços.** São Paulo, v. 21, n. 2, p. 195-207, 2013.

FABRIS, R. **As cartas de Paulo (III)** – Tradução e comentários. Trad. de José Maria de Almeida. São Paulo: Loyola, 1992, v. VI. 514 p.

FABRIS, R. **Os evangelhos (II)** – Tradução e comentários. Trad. de José Maria de Almeida. São Paulo: Loyola, 1992. v. II. 497 p.

FAGGIOLI, M. **Vaticano II** – A luta pelo sentido. Trad. de Jaime A. Clasen. São Paulo: Paulinas, 2013. 214 p.

FANON, F. **Pele negra, máscaras brancas**. Trad. de Renato da Silveira. Salvador: EDUFBA, 2008. 194 p.

FANON, F. **Em defesa da Revolução Africana**. Trad. de Isabel Pascoal. Lisboa: Sá da Costa, 1980. 235 p.

FANON, F. **Os condenados da terra.** Trad. de José Laurênio de Melo. Rio de Janeiro: Civilização Brasileira, 1968, v. 42. 275 p.

FAUSTI, S. **Una comunità legge il Vangelo di Matteo.** Bolonha: EDB, 2001. 575 p.

FERRO, M. **História das colonizações** – Das conquistas às independências: séculos XII a XX. Trad. de Rosa Freire D'Aguiar. São Paulo: Companhia das Letras, 1996. 464 p.

FORNET-BETANCOURT, R. **Interculturalidad y religion** – Para una lectura intercultural de la crisis actual del cristianismo. Quito: Abya-Yala, 2007. 177 p.

FORTE, B. **A Trindade como história.** Trad. de Alexandre Macintyre. São Paulo: Paulinas, 1987. 209 p.

FRANCISCO. **Mensagem às Pontifícias Obras Missionárias.** Roma, 21 de maio de 2020. Disponível em: <http://w2.vatican.va/content/francesco/pt/messages/pont-messages/2020/documents/papa-francesco_20200521_messaggio-pom.html>. Acesso: 02 set. 2020.

FRANCISCO. **Discurso no final da Assembleia Especial do Sínodo dos Bispos para a Região Pan-amazônica.** Roma, 26 out. 2019. Disponível em: <http://www.vatican.va/content/francesco/pt/speeches/2019/october/documents/papa-francesco_20191026_chiusura-sinodo.html>. Acesso: 24 ago. 2020.

FRANCISCO. **A missão no coração da fé cristã** – Mensagem para o Dia Mundial das Missões de 2017. Roma, 4 jun. 2017. Disponível em: <http://w2.vatican.va/content/francesco/pt/messages/missions/documents/papa-francesco_20170604_giornata-missionaria2017.html>. Acesso: 17 ago. 2020.

FRANCISCO. **Discurso aos participantes na Assembleia das Pontifícias Obras Missionárias.** Roma, 4 de junho de 2016. Disponível em: <http://www.vatican.va/content/francesco/pt/speeches/2016/june/documents/papa-francesco_20160604_ppoomm.html>. Acesso: 18 maio 2017.

FRANCISCO. **Discurso por ocasião da comemoração do cinquentenário da Instituição do Sínodo dos Bispos.** Roma, 17 out. 2015. Disponível em: <http://www.vatican.va/content/francesco/pt/speeches/2015/october/documents/papa-francesco_20151017_50-anniversario-sinodo.html>. Acesso: 24 ago. 2020.

FRANCISCO. **Discurso do Santo Padre aos bispos responsáveis do Conselho Episcopal Latino-Americano por ocasião da Reunião Geral de Coordenação.** Rio de Janeiro, 28 de julho de 2013. Disponível em: <http://w2.vatican.va/content/francesco/pt/speeches/2013/july/documents/papa-francesco_20130728_gmg-celam-rio.html>. Acesso: 4 fev. 2019.

FREIRE, P. **Pedagogia do oprimido.** 17. ed. Rio de Janeiro: Paz e Terra, 1987. 184 p.

GALILEA, S. **Responsabilidade missionária da América Latina.** Trad. de José Américo Coutinho. São Paulo: Paulinas, 1983. 84 p.

GALIZZI, M. **Vangelo secondo Matteo** – Commento esegetico spirituale. Turim: Elle Di Ci, 2003. 512 p.

GAMBERINI, P. Dignitatis humanae – Commento. In: NOCETI, S.; REPOLE, R. (eds.). **Commentario ai documenti del Vaticano II:** Ad Gentes, Nostra Aetate, Dignitatis Humanae. Bolonha: EDB, 2018, v. 6. p. 613-695.

GARCÍA, C.M. Santiago en la conquista de Nueva España. **Mirabilia Journal,** Barcelona, v. 3, n. 2015/2, p. 13-34, jan./jun. 2015. Disponível em: <http://www.revista mirabilia.com/sites/default/files/ars/pdfs/04-02.pdf>. Acesso: 24 jun. 2018.

GARCÍA, J. Tonantzin Guadalupe y Juan Diego: Cuauhtlatoatzin, semillas de la Teología India (primera parte). **Ecclesia,** México, v. XVI, n. 2, p. 169-200, jul./set. 2002. Disponível em: <http://docplayer.es/20774555-Tonantzin-guadalupe-y-juan-diego-cuauhtlatoatzin-semillas-de-la-teologia-india-primera-parte.html>. Acesso: 24 jun. 2018.

GEFFRÉ, C. **Como fazer teologia hoje** – Hermenêutica teológica. São Paulo: Paulinas, 1989. 322 p.

GEMEINSAME SYNODE. Beschluss: Missionarischer Dienst na der Welt. **Beschlüsse der Vollversammlung** – Offillizielle Gesamtausgabe. Friburgo: Herder, 1976, v. 1. p. 819-846.

GIBELLINI, R. **La teologia del secolo XX.** 6. ed. Bréscia: Queriniana, 2007. 727 p.

GIBELLINI, R. **O debate sobre a Teologia da Libertação**. Trad. de José Maria de Almeida. São Paulo: Loyola, 1987. 117 p.

GIRARD, M. **A missão na aurora de um novo milênio** – Um caminho de discernimento centrado na Palavra de Deus. Trad. de Magno Vilela. São Paulo: Paulinas, 2000. 317 p.

GOFFI, T. **La spiritualità contemporanea** – XX secolo. Col. Storia della spiritualità, v. 8. Bolonha: EDB, 1987. 486 p.

GOLDSTEIN, P.M. **El concepto de guerra en la modernidad temprana.** Buenos Aires: Teseo, 2017. 325 p.

GONZÁLEZ, J.L. **Retorno à história do pénsamento cristão**. Trad. de José Carlos Siqueira. São Paulo: Hagnos, 2011. 176 p.

GONZÁLEZ, L.T. Excurso – Las fundaciones de la filosofía latinoamericana. In: DUSSEL, E.; MENDIETA, E.; BOHÓRQUEZ, C. (eds.). **El pensamiento filosófico latinoamericano, del Caribe y "latino" (1300-2000)** – História, corrientes, temas y filósofos. México: Siglo

XXI/Centro de Cooperación Regional para la Educación de Adultos em América Latina y el Caribe, 2009. p. 255-261.

GONZÁLEZ CASANOVA, P. Colonialismo interno – Una redefinición. In: BORON, A.A.; AMADEO, J.; GONZÁLEZ, S. (orgs). **La teoría marxista hoy** – Problemas e perspectivas. Buenos Aires: Clasco, 2006. p. 409-434.

GORSKI, J.F. **El desarrollo histórico de la misionologia en América Latina** – Orientaciones teológicas del Departamento de Misiones del Celam 1966-1979. La Paz: Talleres Esc. de Artes Gráficas del Colegio Don Bosco, 1985. 326 p.

GORSKI, J.F. El aporte misionero de Medellín. In: CELAM. **Medellín** – Reflexiones en el Celam. Madri: EDICA, 1977. p. 225-243.

GREISING, A.M.B. A Igreja na emancipação (1750-1830). In: DUSSEL, E. (org.). **Historia liberationis** – 500 anos de história da Igreja na América Latina. São Paulo: Paulinas, 1992, cap. 5, p. 123-161.

GRIFFITHS, P.J. Sobre "Dominus Iesus": pode-se afirmar a complementariedade. **Concilium,** Petrópolis, v. 302, n. 4, p. 22[478]-24[480], 2003.

GROSFOGUEL, R. Hay que tomarse en serio el pensamiento crítico de los colonizados en toda su complejidad – Entrevista a Luis Martínez Andrade. **Metapolítica,** Puebla, v. 17, n. 83, p. 38-47, out./dez. 2013. Disponível em: <http://www.boaventuradesousasantos.pt/media/Grosfoguel%20METAPOLITICA_831.pdf>. Acesso: 31 out. 2018.

GROSFOGUEL, R. La descolonización de la economía política y los estudios postcoloniales – Transmodernidad, pensamiento fronterizo y colonialidad global. **Tabula Rasa,** Bogotá, n. 4, p. 17-46, jan./jun. 2006. Disponível em: <http://www.redalyc.org/pdf/ 396/39600402.pdf>. Acesso: 19 out. 2018.

GRUPO LATINOAMERICANO DE ESTUDIOS SUBALTERNOS. Manifiesto inaugural. In: CASTRO-GÓMEZ, S.; MENDIETA, E. (coords.). **Teorías sin disciplina** – Latinoamericanismo, poscolonialidad y globalización en debate. Cidade do México: Miguel Ángel Porrúa, 1998. p. 85-99.

GUARDINI, R. **O fim da Idade Moderna** – Em procura de uma orientação. Lisboa: Ed. 70, 2000, v. 29. 89 p.

GUCCINI, L. **Vita consacrata**: le radici ritrovate. Bolonha: EDB, 2006. 240 p.

GUERRERO ARIAS, P. **Corazonar: una antropología comprometida con la vida** – Miradas otras desde Abya-Yala para la decolonización del poder, del saber y del ser. Quito: UPS, 2010. 515 p.

GUTIÉRREZ, G. Don Samuel Ruiz: en el corazón del pueblo indígena. **Eclesalia.net**, Madri, 21 de febrero de 2011. Disponível em: <https://eclesalia.wordpress.com/2011/02/21/don-samuel-ruiz>. Acesso: 26 fev. 2018.

GUTIÉRREZ, G. **Em busca dos pobres de Jesus Cristo** – O pensamento de Bartolomeu de Las Casas. São Paulo: Paulus, 1995. 617 p.

GUTIÉRREZ, G. I poveri e l'opzione fondamentale. In: ELLACURIA, I.; SOBRINO, J. **Mysterium Liberationis** – I concetti fondamentali della teologia della liberazione. Trad. de Piero Brugnoli e Bruno Pistocchi. Roma: Borla, 1992. p. 269-284.

GUTIÉRREZ, G. **La verità vi farà liberi** – Confronti. Trad. de Enzo Demarchi. Bréscia: Queriniana, 1990. 239 p.

GUTIÉRREZ, G. **A força histórica dos pobres.** Trad. de Álvaro Cunha. Petrópolis: Vozes, 1981. 328 p.

GUTIÉRREZ, G. **Teologia da Libertação** – Perspectivas. Trad. de Jorge Soares. 5. ed. Petrópolis: Vozes, 1975. 274 p.

GUTIÉRREZ, G. De la teología de la misión a la teología del encuentro. In: CELAM / Departamento de Missões. **Antropologia y teologia en la acción misionera.** Iquitos: Vicariato Apostólico, 1971. 167 p.

HALL, S. Cultural studies: two paradigms. **Media, Culture & Society,** Newbury Park, v. 2, n. 1, p. 57-72, jan./1980. Disponível em: <https://journals.sagepub.com/doi/pdf/10.1177/016344378000200106>. Acesso: 20 nov. 2018.

HARDT, M.; NEGRI, A. **Império.** 3. ed. Rio de Janeiro: Record, 2001. 501 p.

HEGEL, G.W.F. **Lezioni sulla filosofia della Storia** – La razionalitá della storia. Bari: Laterza, 2003. 463 p.

HEIDEGGER, M. **Ser e tempo.** Parte I. Trad. de Marcia Sá Cavalcante Schuback. 15. ed. Petrópolis: Vozes, 2005, v. 1. 325 p.

HEIDEGGER, M. **Ser e tempo.** Parte II. Trad. de Marcia Sá Cavalcante Schuback. 15. ed. Petrópolis: Vozes, 2005, v. 2. 262 p.

HELM, F. Poder e amizade: as conexões política e emocional na missão de José de Acosta SJ (Perú, 1572-1586) e Matteo Ricci SJ (China, 1583-1610), comparadas a partir de seus catecismos. **Revista de Cultura Teológica,** São Paulo, v. IV, n. 20, p. 89-117, jul./set. 1997. Disponível em: <https://revistas.pucsp.br/index.php/culturateo/article/view/14365/11933>. Acesso: 24 jun. 2018.

HENDRICKS, B. O impacto da transição – A experiência da transição para o missionário: uma viagem interior/exterior. **Convergência,** Rio de Janeiro, v. 37, n. 355, p. 441-448, set. 2002.

HINKELAMMERT, F. **El sujeto y la ley** – El retorno del sujeto reprimido. Caracas: El perro y la rana, 2006. 524 p.

HOORNAERT, E. **O cristianismo moreno do Brasil.** Petrópolis: Vozes, 1991. 181 p.

IANNI, O. Globalização e transculturação. **Revista de Ciências Humanas,** Florianópolis, v. 14, n. 20, p. 139-170, 1996.

ILLICH, I. **The Churck, change and development.** Chicago: Urban Training Center Press, 1970. 125 p.

ILLICH, I. The Seamy Side of Charity. **America,** Nova York, v. 116, p. 88-91, 21 jan./1967. Disponível em: <https://www.americamagazine.org/issue/100/seamy-side-charity>. Acesso: 3 ago. 2019.

IRARRAZAVAL, D. Evangelio inculturado y universal. **Ciberteologia – Revista de Teologia e Cultura,** São Paulo, v. I, n. 2, out./dez 2005. Disponível em: <https://ciberteologia.com.br/post/artigo/evangelio-inculturado-y-universal>. Acesso: 27 ago. 2019.

IRINEU DE LIÃO. **Contra as heresias** – Denúncia e refutação contra a falsa gnose. São Paulo: Paulus, 1995. 448 p.

JENNI, E.; WESTERMANN, C. **Dizionario Teologico dell'Antico Testamento.** Edizione italiana a cura di Gian Luigi Prato. 2 v. Casale Monferrato: Marietti, 1982. I, 805 p.; II, 956 p.

JOÃO PAULO II. Il grande giubileo dell'anno 2000 – "Promemoria" di Giovanni Paolo II al V Concistoro straordinario. **Regno Documenti,** Bolonha, v. 39, n. 732 (15/1994), p. 449-454, 1 set. 1994a.

JOÃO PAULO II. **Discorso ai cardinali di tutto il mondo convocati in Vaticano per il concistoro straordinario.** Roma, 13 de junho de 1994b. Disponível em: <http://www.vatican.va/content/john-paul-ii/it/speeches/1994/june/documents/hf-jp-ii_spe_19940613_concistoro-straordinario.html>. Acesso: 29 jul. 2020.

JOÃO PAULO II. Discurso inaugural do Santo Padre. IV CONFERÊNCIA GERAL DO EPISCOPADO LATINO-AMERICANO. **Santo Domingo** – Nova Evangelização, promoção humana, cultura cristã: Jesus Cristo ontem, hoje e sempre. São Paulo: Loyola, 1992. p. 25-47.

JOÃO PAULO II. **Audiência geral.** Roma, 21 de outubro de 1992. Disponível em: <http://w2.vatican.va/content/john-paul-ii/es/audiences/1992/documents/hf_jp-ii_aud_19921021.html>. Acesso: 15 abr. 2020.

JOÃO PAULO II. **Udienza generale.** Roma, 24 de abril de 1991. Disponível em: <http://www.vatican.va/content/john-paul-ii/it/audiences/1991/documents/hf_jp-ii_aud_19910424.html>. Acesso: 20 jan. 2020.

JOÃO PAULO II. **Homilia del Santo Padre Juan Pablo II en Santo Domingo.** Santo Domingo, 12 de octubre de 1984. Disponível em: <http://www.vatican.va/content/john-paul-ii/es/homilies/1984/documents/hf_jp-ii_hom_19841012_celebrazione-santo-domingo.html>. Acesso: 30 dez. 2019.

JOÃO PAULO II. **Discurso na abertura da XIX Assembleia Ordinária do CELAM.** Port-au-Prince, 9 de março de 1983. Disponível em: <http://www.vatican.va/content/john-paul-ii/pt/speeches/1983/march/documents/hf_jp-ii_spe_19830309_assemblea-celam.html>. Acesso: 30 dez. 2019.

JOÃO PAULO II. **Discurso aos membros do Pontifício Conselho para a Cultura**: La Chiesa e la cultura. Roma, 18 gennaio 1983. Disponível em: <http://www.vatican.va/content/john-paul-ii/pt/speeches/1983/january/documents/hf_jp-ii_spe_19830118_pont-consiglio-cultura.html>. Acesso: 30 dez. 2019.

KANT, I. **Risposta alla domanda**: Che cos'è l'illuminismo? Pisa: ETS, 2013. 70 p.

KLOPPENBURG, B. (org.). **Concílio Vaticano II.** Vol. IV: terceira Sessão (set./nov 1964). Petrópolis: Vozes, 1965, 628 p.

KRÄUTLER, E. La Iglesia local, responsable de la misión. In: COMLA 6 / CAM 1. VI Congreso Misionero Latinoamericano / I Congresso Americano Misionero. **Memorias COMLA VI / CAM I**. Buenos Aires: Obras Misionales Pontificias, 2001. p. 121-129.

KUHN, T.S. **A estrutura das revoluções cienfíficas** [1962]. Trad. de Beatriz Vianna Boeira e Nelson Boeira. 5. ed. São Paulo: Perspectiva, 1998. 257 p.

KÜNG, H. **Projeto de ética mundial** – Uma moral ecumênica em vista da sobrevivência humana. Trad. de Haroldo Reiner. São Paulo: Paulinas, 1992. 209 p.

KÜNG, H. **Teologia in cammino** – Un'autobiografia spirituale. Milão: Arnoldo Mondadori, 1987. 296 p.

KÜNG, H. **Infallibile?** – Una domanda. Bréscia: Queriniana, 1970. 287 p.

KÜNG, H. **La Chiesa.** Trad. de Marco Corradi. Bréscia: Queriniana, 1969. 590 p.

LADARIA, L.F. La teología trinitaria de Karl Rahner. **Gregorianum,** Roma, v. 86, n. 2, 2005, p. 276-307.

LANDER, E. (org.). **La colonialidad del saber: eurocentrismo y ciencias sociales** – Perspectivas latinoamericanas. Buenos Aires: CLACSO, 2000. 246 p.

LAS CASAS, B. **Único modo de atrair a todos os povos à verdadeira religião** [1537] – Obras completas. São Paulo: Paulus, 2005, v. 1. 608 p.

LATOUCHE, S. **A ocidentalização do mundo** – Ensaio sobre a significação, o alcance e os limites da uniformização planetária. 2. ed. Petrópolis: Vozes, 1994. 136 p.

LEITE, S. **Cartas dos primeiros jesuítas de São Paulo.** São Paulo: Comissão do IV Centenário da Cidade de São Paulo, 1954, v. II. 518 p.

LEITE, S. **História da Companhia de Jesus no Brasil.** Lisboa: Portugália, 1938, v. II.

LE ROY, A. Le rôle scientifique des missionnaires. **Anthropos.** Salzburgo, v. 1, n. 1, p. 3-10, 1906.

LÉVINAS, E. **Totalidade e infinito**. Trad. de José Pinto Ribeiro. Lisboa: Ed. 70, 1988. 287 p.

LEYVA SOLANO, X. et al. **Prácticas otras de conocimiento(s): entre crisis, entre guerras** – Tomo I: San Cristobal de Las Casas. México: Retos, 2018. 487 p. Disponível em: <http://biblioteca.clacso.edu.ar/clacso/se/20180515042742/Practicas_Otras_1.pdf>. Acesso: 21 nov. 2020.

LEYVA SOLANO, X. et al. **Prácticas otras de conocimiento(s): entre crisis, entre guerras** – Tomo II. San Cristobal de Las Casas, México: Retos, 2018. 487 p. Disponível em: <http://biblioteca.clacso.edu.ar/clacso/se/20180515110853/Practicas_Otras_2.pdf>. Acesso: 21 nov. 2020.

LEYVA SOLANO, X. et al. **Prácticas otras de conocimiento(s): eEntre crisis, entre guerras** – Tomo III: San Cristobal de Las Casas. México: Retos, 2018. 171 p. Disponível em: <http://biblioteca.clacso.edu.ar/clacso/se/20180515115112/Practicas_Otras_3.pdf>. Acesso: 21 nov. 2020.

LIBÂNIO, J.B. **Teologia da Libertação** – Roteiro didático para um estudo. São Paulo: Loyola, 1987. 292 p.

LONERGAN, B. **Método en teología.** Trad. de Gerardo Temolina. 4. ed. Salamanca: Sígueme, 2006. 390 p.

LÓPEZ, P.G. Pueblos indígenas y decolonialidad – Sobre la colonización epistemológica occidental. **Andamios,** México, v. 10, n. 22, p. 305-331, mai./ago. 2013. Disponível em: <http://www.scielo.org.mx/pdf/anda/v10n22/v10n22a16.pdf>. Acesso: 10 out. 2019.

LÓPEZ HERNÁNDEZ, E.H. Teología India en el Sínodo: ofrenda para la renovación de la Iglesia. **Urbaniana University Journal**, Roma, v. 73, n. 2, p. 149-162, 2020.

LÓPEZ HERNÁNDEZ, E.H. **Teologías índias** – Ofrenda para la vida del mundo. México: 2009. Disponível em: <http://www.curasopp.com.ar/web/es/teologia-india/42-teologias-indias-ofrenda-para-la-vida-del-mundo#_ftnref19>. Acesso: 8 dez. 2020.

LÓPEZ HERNÁNDEZ, E.H. **Teologías indias en la Iglesia, métodos y propuestas**. México, abr. 2002. Disponível em: <http://www.missiologia.org.br/wp-content/uploads/cms_artigos_pdf_52.pdf>. Acesso: 10 dez. 2020.

LÓPEZ HERNÁNDEZ, E.H. **Teología India** – Antología. Cochabamba: Verbo Divino, 2000. 224 p.

LÓPEZ HERNÁNDEZ, E.H. **Espiritualidad y teología de los pueblos amerindios**. México: Universidad Autónoma de México, 1999. 46 p.

LÓPEZ HERNÁNDEZ, E.H. La teología India hoy. In: CENAMI. **Teologia India** – Primer encuentro taller latino-americano. México/Equador: CENAMI/ABYA-YALA, 1991. p. 5-16.

LORSCHEIDER, A. Conferências gerais do Episcopado Latino-Americano e do Caribe – Introdução. In: CELAM. **Documentos do CELAM** – Rio de Janeiro/Medellín/Puebla/Santo Domingo. São Paulo: Paulus, 2004.

MAALOUF, A. **Origini**. Trad. de Egisto Volterrani. Milão Bompiani, 2004. 488 p.

MAGGI, A. **Gesú ebreo per parte di madre** – Il Cristo di Matteo. Assis: Cittadella, 2006. 250 p.

MAGGI, A. **I dieci miracoli di Gesù nel Vangelo di Matteo**. Montefano: Centro Studi Biblici "G. Vannucci", 1997. 121 p. Disponível em: <https://www.studibiblici.it/conferenze/idiecimiracolidigesuinmatteo.pdf>. Acesso: 15 ago. 2020.

MALDONADO-TORRES, N. A topologia do ser e a geopolítica do conhecimento – Modernidade, império e colonialidade. In: SOUSA SANTOS, B.; MENEZES, M.P. (orgs.). **Epistemologias do Sul**. São Paulo: Cortez, 2010. p. 398-443.

MALDONADO-TORRES, N. El pensamiento filosófico del "giro descolonizador". In: DUSSEL, E.; MENDIETA, E.; BOHÓRQUEZ, C. (eds.). **El pensamiento filosófico latinoamericano, del Caribe y "latino" (1300-2000)** – História, corrientes, temas y filósofos. México: Siglo XXI / Centro de Cooperación Regional para la Educación de Adultos em América Latina y el Caribe, 2009. cap. 14. p. 683-697.

MALDONADO-TORRES, N. Sobre la colonialidad del ser: contribuiciones al desarrolho de un concepto. In: CASTRO-GÓMEZ, S.; GROSFOGUEL, R. (orgs.). **El giro decolonial** – Reflexiones para una diversidad epistémica más allá del capitalismo global. Bogotá: Siglo del Hombre / Universidad Central / IESCO-UC / Pontifícia Universidad Javeriana / Instituto Pensar, 2007. p. 127-167.

MALLMANN, M.I. **Os ganhos da década perdida** – Democracia e diplomacia regional na América Latina. Porto Alegre: Edipucrs, 2008. 119 p.

MANIFIESTO del Primer Encuentro de la Asamblea del Pueblo de Dios. **Diakonia,** Manágua, n. 65, p. 102-105, 1993.

MANNA, P. Osservazioni sul moderno metodo di evangelizazione. In: BUTTURINI, G. **Le missione catoliche in cina tra le due guerre mondiale** – Osservazione sul metodo moderno di evangelizzazione di Paolo Manna. Bolonha: Sermis, 1998. p. 83-286.

MARINI, F. Dire Dio oggi – Sfide alla missione e alla Chiesa. In: MISSIONARI SAVERIANI. **Convegno sulla spiritualità saveriana.** Tavernerio: Missionari Saveriani, 2006. 308 p.

MARINS, J.; TREVISAN, T.M.; CHANONA, C. O processo eclesial latino-americano, a assembleia e o documento de Santo Domingo. **Vida Pastoral,** São Paulo, v. 34, n. 169, p. 29-36, maio/jun. 1993.

MARINS, J.; TREVISAN, T.M.; CHANONA, C. **América Latina missionária, sair ou ficar?** São Paulo: Paulinas, 1984. 250 p.

MARINS, J.; TREVISAN, T.M.; CHANONA, C. **Praxis de los padres de América Latina** – Los documentos de las conferencias episcopales de Medellín a Puebla (1968-1978). Bogotá: Paulinas, 1978. 1.191 p.

MASSON, J. The Legacy of Pierre Charles, S.J.. **Occasional Bulletin of Missionary Research.** Ventnor, v. 2, n. 4, p. 118-120, october 1978. Disponível em: <http://www.internationalbulletin.org/issues/1978-04/1978-04-contents.html>. Acesso: 20 maio 2019.

MASSON, J. L'Eglise ouverte sur le monde. **Nouvelle Revue Théologique,** Bruxelas, NRT 84-10 (1962), p. 1032-1043.

MBEMBE, A. **Crítica da razão negra.** 2. ed. Lisboa: Antígona, 2017. 306 p.

MELIÀ, B. **El Guaraní conquistado y reducido** – Ensayos de Etnohistoria. 4. ed. Asunción: Ceaduc/Cepag, 1997. 298 p.

MELIÀ, B. O encobrimento da América. In. ZWETSCII, R. (org.). **500 anos de invasão, 500 anos de resistência.** São Paulo: Paulinas, 1992, cap. 5, p. 67-80.

MELIÀ, B. Missão por redução. **Estudos Leopoldinenses,** São Leopoldo, v. 25, n. 110, p. 21-36, maio/jun. 1989.

MELKEN, R.V. Colonialidad y relacionalidad. In: BORSANI, E.; QUINTERO, P. (eds.). **Los desafíos decoloniales de nuestros días**: pensar en colectivo. Neuquén: Educo, 2014. p. 173-196.

MELLA, P. La teología latinoamericana y el giro descolonial. **Perspectiva Teológica,** Belo Horizonte, v. 48, n. 3, p. 439-461, set./dez. 2016.

MENDIETA, E. Re-mapping Latin American Studies: Postcolonialism, Subaltern Studies, Post Occidentalism and Globalization Theory. **Dispositio** – American Journal of Cultural Histories and Theories. Ann Arbor, v. XXV, n. 52, p. 179-202, 2005.

MENDONÇA, A.G.; VELASQUES FILHO, P. **Introdução ao protestantismo no Brasil** – Programa Ecumênico de Pós-graduação em Ciências da Religião. São Paulo: Loyola, 1990. 279 p.

MENDOZA-ÁLVAREZ, C. **A ressurreição como antecipação messiânica** – Luto, memória e esperança a partir dos sobreviventes. Trad. de Oscar Maldonado. Petrópolis: Vozes, 2020. 363 p.

MENDOZA-ÁLVAREZ, C. **O Deus escondido da pós-modernidade: desejo, memória e imaginação escatológica** – Ensaio de teologia fundamental pós-moderna. São Paulo: Realizações, 2011. 374 p.

MEZZADRA, S.; BRETT, N. **La frontera como método** – O la multiplicación del trabajo. Trad. de Verónica Hendel. Madri: Traficantes de Sueños, 2017. 394 p.

METZ, J.B. **Memoria passionis** – Una evocación provocadora en una sociedad pluralista. Trad. de José Manuel Lozano Gotor. Milão: Sal Terrae, 2007. 271 p.

METZLER, J. La Congregazione de Propaganda Fide e lo sviluppo delle missioni cattoliche (s. XVIII al XX). **Anuario de Historia de la Iglesia,** Pamplona, v. 9, p. 145-154, 2000. Disponível em: <https://www.unav.edu/publicaciones/revistas/index.php/anuario-de-historia-iglesia/article/view/24489/20476>. Acesso: 15 maio 2019

MEULENBERG, L. **João Crisóstomo** – As mãos calejadas. Petrópolis: Vozes, 1994. 84 p.

MIGNOLO, W. Colonialidade – O lado mais escuro da modernidade. **Revista Brasileira de Ciências Sociais,** São Paulo, v. 32, n. 94, p. 1-18, jun. 2017.

MIGNOLO, W. **Habitar la frontera** – Sentir y pensar la descolonialidad – Antología, 1999-2014. Barcelona: CIDOB, 2015. 505 p.

MIGNOLO, W. Retos decoloniales, hoy. In: BORSANI, E.; QUINTERO, P. (ed.). **Los desafíos decoloniales de nuestros días**: pensar en colectivo. Neuquén: Educo, 2014. p. 23-46.

MIGNOLO, W. **Desobediencia epistémica** – La retórica de la modernidad, lógica de la colonialidad y gramática de la descolonialidad. Buenos Aires: Del Signo, 2010. 126 p.

MIGNOLO, W. La colonialidad: a cara oculta de la modernidad. In: BREITWIESER, S.; KLINGER, C.; MIGNOLO, W. **Modernologías** – Artistas contemporáneos instigam la modernidad y el modernismo. Barcelona: Museu d'Art Contemporani de Barcelona, 2009. p. 39-49.

MIGNOLO, W. El pensamiento decolonial: desprendimiento y apertura – Un manifesto. In: CASTRO-GÓMEZ, S.; GROSFOGUEL, R. (orgs.). **El giro decolonial** – Reflexiones para una diversidad epistémica más allá del capitalismo global. Bogotá: Siglo del Hombre

/ Universidad Central / IESCO-UC / Pontifícia Universidad Javeriana / Instituto Pensar, 2007a. p. 25-46.

MIGNOLO, W. **La idea de América Latina** – La herida colonial e la opción decolonial. Trad. de Silvia Jawerbaum e Julieta Barba. Barcelona: Gedisa, 2007b. 241 p.

MIGNOLO, W. Os esplendores e as misérias da "ciência": colonialidade, geopolítica do conhecimento e pluriversalidade epistêmica. In: SOUSA SANTOS, B. (org.). **Conhecimento prudente para uma vida decente** – Um discurso sobre as ciências revisitado. São Paulo: Cortez, 2004. cap. 30. p. 667-709.

MIGNOLO, W. **Histórias locais/projetos globais** – Colonialidade, saberes subalternos e pensamento liminar. Trad. de Solange Ribeiro de Oliveira. Belo Horizonte: UFMG, 2003a. 505 p.

MIGNOLO, W. **Historias locales/diseños globales** – Colonialidad, conocimientos subalternos y pensamiento fronterizo. Trad. de Juan María Madariaga e Cristina Veja Solís. Madri: Akal, 2003b. 452 p.

MIGNOLO, W. La colonialidad a lo largo y a lo ancho: el hemisferio occidental en el horizonte colonial de la modernidad. In: LANDER, E. (org.). **La colonialidad del saber: eurocentrismo y ciencias sociales** – Perspectivas latinoamericanas. Buenos Aires: CLACSO, 2000. p. 55-85.

MINTZ, S.W. **Dulzura y poder** [1985] – El lugar del azucar em la história moderna. Cidade do México: Siglo Veintiuno, 1996. 285 p.

MIRANDA, M.F. Evangelizar ou humanizar? **Revista Eclesiástica Brasileira,** Petrópolis, v. 74, n. 295, p. 519-548, jul./set. 2014.

MIRANDA, M.F. A eclesiologia do Documento de Aparecida. **Revista Eclesiástica Brasileira,** Petrópolis, v. 67, n. 268, p. 843-864, out. 2007.

MOLTMANN, J. **A Igreja no poder do Espírito** – Uma contribuição à eclesiologia messiânica. Trad. de Monika Ottermann. Santo André: Academia Cristã, 2013. 463 p.

MOLTMANN, J. **Trinità e Regno di Dio** – La dottrina su Dio. Trad. de Dino Pezzetta. Bréscia: Queriniana, 1983. 236 p.

MOLTMANN, J. **Teologia della speranza** – Ricerche sui fondamenti e sulle implicazioni di una escatologia cristiana. Trad. de Aldo Comba. 2. ed. Bréscia: Queriniana, 1971. 384 p.

MONDIN, B. **La Trinità, misterio d'amore** – Trattato di teologia trinitária. 2. ed. Bolonha: Studio Domenicano, 2010. 448 p.

MONDIN, B. **Dizionario Storico e Teologico delle Missioni.** Roma: Urbaniana University Press, 2001. 508 p.

MONTOYA, A.R. **Conquista espiritual** [1892] – Feita pelos religiosos da Companhia de Jesus nas províncias do Paraguai, Paraná, Uruguai e Tape. Porto Alegre: Martins, 1985. 263 p.

MORIN, E. **Fraternidade** – Para resistir à crueldade do mundo. Trad. de Edgar de Assis Carvalho. São Paulo: Palas Athena, 2019. 59 p.

MOSER, B. **Autoimperialismo** – Três ensaios sobre o Brasil. Trad. de Eduardo Heck de Sá. São Paulo: Crítica, 2016. 128 p.

MOTA NETO, J.C. **Educação popular e pensamento decolonial latino-americano em Paulo Freire e Orlando Fals Borda,** 2015. 368 f. Tese (Doutorado). Universidade Federal do Pará, Instituto de Ciências da Educação, Programa de Pós-Graduação em Educação. Belém, 2015.

MOTOLINÍA, F.T.B. **Historia de los indios de la Nueva España** [1541]. Edición, estudio y notas de Mercedes Serna Arnaiz y Bernat Castany Prado. Madri: Real Academia Española, 2014. 402 p.

MUÑOZ, R. As mudanças no Documento de Aparecida. In: AMERINDIA (org). **V Conferência de Aparecida** – Renascer de uma esperança. São Paulo: Paulinas, 2008. p. 277-295.

NANNI, A.; SURIAN, A. **La geografia si puó rinnovare** – Introduzione pedagogico--didattica alla Proiezione Peters. Roma: Asal, 1995. 159 p.

NEELANKAVIL, T. From Inculturation to Interculturality: A Methodological Move in Asian Churches' Encounters with Cultures. In: PULIKKAN, P.; COLLINS, P.M. **The Church and Culture in India** – Inculturation: Theory and Praxis. Delhi: ISPCK, 2010. cap. 4, p. 11-24.

NEILL, S. **Colonialism and christian missions.** Nova York: Mc-Graw-Hill, 1966. 445 p.

NEMBRO, M. **Missionologia.** Roma: Pontificia Universitas Lateranensis, 1961. 415 p.

NERY, I.J. Teólogos e pastoralistas: atores dentro ou fora das conferências. In: BRIGHENTI, A.; PASSOS, J.D. (orgs.). **Compêndio das conferências dos bispos da América Latina e Caribe.** São Paulo: Paulinas/Paulus, 2018. p. 399-411.

NIETZSCHE, F. **A gaia ciência.** Trad. Alfredo Margarido. 6. ed. Lisboa: Guimarães, 2000 [1882].

NÓBREGA, M. **Diálogo sobre a conversão dos gentios** – Interlocutores: Gonçal'Alvares e Matheus Nugueira. São Paulo: Metalibri, 2016 [1557]. 15 p.

NOLAN, A. **Jesus hoje** – Uma espiritualidade de liberdade radical. 2. ed. São Paulo: Paulinas, 2009. 268 p.

O'GORMAN, E. **La invención de América** – Investigación acerca de la estrutura histórica del nuevo mundo y del sentido de su divenir. 4. ed. México: Fondo de Cultura Econômica, 1995.

OMPE/Dirección Nacional de las Obras Misionales Pontificio-Episcopales de México. **Congreso Misionologico VII Nacional y I Latinoamericano,** Torreón, 1977. México: OMPE, 1979. p. 114.

OTO, A. Sobre colonialismo interno y subjetividad – Notas para un debate. **Tabula Rasa**, Bogotá, n. 28, p. 229-255, jan./jun. 2018. Disponível em: <https://www.redalyc.org/articulo.oa?id=39656104010>. Acesso: 3 dez. 2020.

PADILLA, R. **Missão integral** – Ensaio sobre o Reino e a Igreja. Trad. de Emil Albert Sobottka. São Paulo: Temática, 1992. 209 p.

Padres apologistas – Carta a Diogneto; Aristides de Atenas; Taciano o Sírio; Atenágoras de Atenas; Teófilo de Antioquia; Hermias o Filósofo. V. 2. São Paulo: Paulus, 1997. 320 p.

PAGOLA, J.A. **Jesus**: aproximação histórica. Trad. de Gentil Avelino Titton. Petrópolis: Vozes, 2011. 576 p.

PALACIOS, C. O legado da *Gaudium et spes* – Riscos e exigências de uma nova "condição cristã". **Perspectiva Teológica,** Belo Horizonte, v. 27, n. 73, p. 333-353, set./dez. 1995.

PALEARI, G. **Espiritualidade e missão.** São Paulo: Paulinas, 2001a. 155 p.

PALEARI, G. As missionárias e os missionários brasileiros além-fronteiras, 2001b. Disponível em: <http://www.missiologia.org.br/wp-content/uploads/cms_artigos_pdf_51.pdf>. Acesso: 6 mar. 2019.

PANAZZOLO, J. **Missão para todos** – Introdução à missiologia. 2. ed. São Paulo: Paulus, 2019. 300 p.

PANDOLFI, L. Nuovi umanesimi e inculturazione – Transculture, comunicazione mass mediale e reti digitali. In: MAZZOLINI, S. (ed.). **Vangelo e culture** – Per nuovi incontri. Roma: Urbaniana, 2017. p. 169-198.

PANIKKAR, R. **Mística y espiritualidad** – Obras completas. Tomo I, v. 1: Mística, plenitude de vida. Barcelona: Herder, 2015. 462 p.

PANOTTO, N. **Descolonizar o saber teológico na América Latina** – Religião, educação e teologia em chaves pós-coloniais. Trad. de Bruna David de Carvalho. São Paulo: Recriar, 2019. 81 p.

PAPE, G. et al. **A missão a partir da América Latina.** Trad. de Eugenia Flavian. São Paulo: Paulinas, 1983. 188 p.

PAULO VI. Mensagem do papa à Amazônia. **Sedoc,** Petrópolis, v. 4, p. 954-955, fev. 1972.

PAULO VI. **Udienza generale.** Roma, 6 de agosto de 1969. Disponível em: <http://www.vatican.va/content/paul-vi/it/audiences/1969/documents/hf_p-vi_aud_19690806.html>. Acesso: 20 jan. 2020.

PAULO VI. **Credo do povo de Deus** – Solene profissão de fé na conclusão do Ano da Fé proclamado por ocasião do XIX centenário do martírio dos apóstolos Pedro e Paulo. Roma, 30 de junho de 1968. Disponível em: <http://www.vatican.va/content/paul-vi/pt/motu_proprio/documents/hf_p-vi_motu-proprio_19680630_credo.html>.

PEREIRA, A.D.; MEDEIROS, K. O prelúdio da cooperação Sul-Sul – Da Conferência de Bandung à Conferência de Buenos Aires (1955-1978). In: SEMINÁRIO INTERNACIONAL DE CIÊNCIA POLÍTICA 1, 2015. **Anais,** Porto Alegre, 2015.

PIAZZA, R. (org.). **Colonizzazione ed evangelizzazione** – L'Europa e l'indiano d'America. Bolonha: EDB, 1992, v. 6. 387 p.

PIEPKE, J.G. Igreja, missão, antropologia: um balanço do Instituto Anthropos. **Revista de Estudos da Religião,** São Paulo, v. 7, p. 108-127, jun. 2007. Disponível em: <https://www.pucsp.br/rever/rv2_2007/i_piepke.pdf>. Acesso: 15 abr. 2019.

PIERIS, A. O problema da universalidade e da inculturação tendo em vista os padrões do pensamento teológico. **Concilium,** Petrópolis, v. 256, n. 6, p. 92-104, 1994.

POGGI, V. Giacomo Della Chiesa arcivescovo di Bolonha. **La Civiltà Cattolica,** Roma, v. 154/II, n. 3.672, p. 571-579, jun. 2003.

PONTIFICIE OPERE MISSIONARIE DIR. NAZION. ITALIANA. **Enchiridion della Chiesa Missionaria.** Bolonha: EDB, 1997, v. II. 613 p.

POPPER, K.R. **Conhecimento objetivo**: uma abordagem evolucionária. Belo Horizonte: Itatiaia, 1975, v. 13. 370 p.

PREISWERK, M. **Educação Popular e Teologia da Libertação**. Trad. de Romualdo Dias. Petrópolis: Vozes, 1998, 413 p.

PREZIA, B. (org.). **Caminhando na luta e na esperança** – Retrospectiva dos últimos 60 anos da Pastoral Indigenista e dos 30 anos do CIMI. São Paulo: Loyola, 2003. 364 p.

PRUDHOMME, C. Dopo la Rivoluzione ci fu il boom dei missionari: La Francia e l'opera evangelizzatrice all'estero tra Settecento e Novecento. **L'Osservatore Romano,** Roma, 04/09/2009.

QUIJANO, A. **Textos de fundación** – Compiladores: Zulma Palermo e Pablo Quintero. Buenos Aires: Del Signo, 2014. 164 p.

QUIJANO, A. Colonialidade do poder, eurocentrismo e América Latina. In: LANDER, E. (org.). **La colonialidad del saber: eurocentrismo y ciencias sociales** – Perspectivas latinoamericanas. Buenos Aires: CLACSO, 2000a. p. 201-246.

QUIJANO, A. Colonialidad del poder y clasificación social. **Journal of World-Systems Research,** Baltimore, v. XI, n. 2, p. 342-386, 2000b. Disponível em: <https://www.academia.edu/4279281/ANIBAL_QUIJANO_-_COLONIALIDAD_DEL_ PODER_Y_ CLASIFICACION _SOCIAL>. Acesso: 5 dez. 2018.

QUIJANO, A. Colonialidad y modernidad-racionalidad. **Perú Indígena,** Lima, v. 13, n. 29, p. 11-20, 1992. Disponível em: <https://www.scribd.com/document/322304876/ COLONIALIDAD-Y-MODERNIDAD-RACIONALIDAD-pdf>. Acesso: 9 set. 2018.

QUIJANO, A.; WALLERSTEIN, I. La americanidad como concepto, o América en el moderno sistema mundial. **Revista Internacional de Ciencias Sociales,** Barcelona, n. 134, p. 583-591, dez. 1992. Disponível em: <https://www.academia.edu/7355085/ Wallerstein_y_Quijano_-_La_Americanidad_como_concepto_o_Am%C3 %A9rica_en_ el_moderno_sistema_mundial_-_Revista_internacional_de_Cs_Sociales>. Acesso: 25 jul. 2018.

RAHNER, K. **Sollecitudine per la chiesa.** Trad. de Carlo Danna. Roma: Paoline, 1982. 618 p.

RAHNER, K. O Deus Trino, fundamento transcendente da história da salvação. In: FEINER, J.; LOEHRER, M. **Mysterium Salutis** – Compêndio de Dogmática Histórico-Salvífica. v. II/1. Trad. de Odilon Jaeger. Petrópolis: Vozes, 1971. p. 283-359.

RALSTON, R.D. A África e o Novo Mundo. In: BOAHEN, A.A. (ed.). **História geral da África** – África sob dominação colonial, 1880-1935. 2. ed. Brasília: Unesco, 2010, v. VII, cap. 29. p. 875-918.

RASCHIETTI, S. "Extra Ecclesiam nulla salus": história e atualidade de um axioma. **Caminhos de Diálogo,** Curitiba, v. 5, n. 7, p. 43-56, 2017. Disponível em: <http://dx.doi.org/10.7213/cd.a5n7p43-56>. Acesso: 6 jun. 2019.

RASCHIETTI, S. **Ad Gentes** – Texto e comentário. São Paulo: Paulinas, 2011. 150 p.

RASCHIETTI, S. La pastoral misionera desde la comunidad local. **Spiritus** – Edición hispano-americana, Quito, v. 48, n. 189, p. 119-132, dez. 2007a.

RASCHIETTI, S. Ser e fazer discípulos missionários – Uma leitura do Documento de Aparecida a partir do mandato missionário de Mateus. **Revista Eclesiástica Brasileira,** Petrópolis, v. 67, n. 268, p. 929-948, out. 2007b.

RASCHIETTI, S. América, sai da tua terra! **Revista Missões,** São Paulo, v. XXVI, n. 9, p. 15, nov. 1999.

RATZINGER, J; MESSORI, V. **A fé em crise?** – O Cardeal Ratzinger se interroga. Trad. de Fernando José Guimarães. São Paulo: E.P.U., 1985. 154 p.

REMOTTI, F. **Contro l'identità.** 3. ed. Bari: Laterza, 1999. 108 p.

RESTREPO, E.; ROJAS, A. **Inflexión decolonial**: fuentes concepto y cuestionamentos. Popayán: Universidad del Cauca, 2010. 234 p.

RICCI, M. **Fonti Ricciane: documenti originali concernenti Matteo Ricci e la storia delle prime relazioni tra l'Europa e la Cina (1579-1615)** – Storia dell'Introduzione del Cristianesimo in Cina (Pequim, 1608-1610). Roma: Libreria dello Stato, 1949, v. 2. 652 p.

RICHARD, P. **Morte das cristandades e nascimento da Igreja** – Análise histórica e interpretação teológica da Igreja na América Latina. São Paulo: Paulinas, 1982. 241 p.

RIPARELLI, E. Dall'inculturazione all'interculturalità – Valore e limiti della categoria di inculturazione. **Studia Patavina,** Pádova, v. 57, n. 2, p. 593-617, mai./ago.2010. Disponível em: <http://www.webethics.net/testi/Studia_Patavina_Riparelli.pdf>. Acesso: 21 ago. 2019.

RIVERA CUSICANQUI, S. **Un mundo ch'ixi es posible** – Ensayo desde un presente en crisis. Buenos Aires: Tinta Limón, 2018. 176 p.

RIVERA CUSICANQUI, S. Entrevista a Silvia Rivera Cusicanqui: "Seguir mirando a Europa es apostar por un suicidio colectivo". **La tinta,** Córdoba, 15 de setembro de 2016. Disponível em: <https://latinta.com.ar/2016/09/seguir-mirando-a-europa-es-apostar-por-un-suicidio-colectivo/>. Acesso: 20 nov. 2020

RIVERA CUSICANQUI, S. **Ch'ixinakax utxiwa** – Una reflexión sobre prácticas y discursos descolonizadores. Buenos Aires: Tinta Limón, 2010a. 80 p.

RIVERA CUSICANQUI, S. **Violencias (re)encubiertas en Bolivia.** La Paz: Piedra Rota, 2010b. 236 p.

RIVERA CUSICANQUI, S.; BARRAGÁN, R. (orgs.). **Debates Post Coloniales** – Una introducción a los estudios de la subalternidad. Trad. de Raquel Gutiérrez, Alison Spedding, Ana Rebeca Prada e Silvia Rivera Cusicanqui. La Paz: Sephis, 1997. 323 p.

RIVERO, P.J.V. Da Igreja, luz do mundo, ao mundo, alegria e esperança da Igreja – A virada antropológica do Concílio Vaticano II. In: BRIGHENTI, A.; ARROYO, F.M. **O Concílio Vaticano II**: batalha perdida ou esperança renovada? Trad. de José Afonso Beraldin. São Paulo: Paulinas, 2015. p. 87-107.

ROBERTS, B. **The path to no-self** – Life at the center. Albânia: State University of New York Press, 1991. 214 p.

ROMÁN, J.M. La realidad de las misiones en América Latina. In: CELAM / Departamento de Misiones. **Antropologia y evangelización.** Bogotá: CELAM, 1969. p. 191-212.

ROUTHIER, G. Finalizar la obra comenzada: la experiencia del cuarto período, una experiencia que ponía a prueba. In: ALBERIGO, G. **História del Concilio Vaticano II** – Un concilio de transición: el cuarto período y la conclusión del concilio. Salamanca: Sígueme, 2008, v. 5, cap. V, p. 293-357.

RUIZ, S. La evangelización en América Latina. In: CELAM. **La Iglesia em la actual transformación de America Latina a la luz del Concilio** – Ponencias. 2. ed. Bogotá: CELAM, 1969, v. I. p. 145-172.

SAES, D. A Revolução Francesa e a formação do Estado burguês no Brasil. In: COGGIOLA, O. (org.). **A Revolução Francesa e seu impacto na América Latina**. São Paulo: Nova Stella, 1990. p. 259-271.

SAHAGÚN, B. **Historia general** [1576] – De la cosas de nuova España. México: Imprenta del Ciudadano Alejandro Valdés, 1830, v. 3.

SAID, E.W. **Orientalismo** – O Oriente como invenção do Ocidente. Trad. de Tomás Rosa Bueno. São Paulo: Companhia das Letras, 1990. 370 p.

SALATINO, M. Más allá de una epistemología desde el Sur. **Revista de Filosofia,** Maracaibo, n. 77, 2014/2, p. 61-84. Disponível em: <https://ri.conicet.gov.ar/bitstream/handle/11336/22896/CONICET_Digital_Nro.0b3a9529-22bc-4976-9c24-6bca73b7168d_A.pdf?sequence=2&isAllowed=y>. Acesso: 20 nov. 2020.

SAN BERNARDO. **Obras completas** – Introducción general y Tratados. V. 1. Madri: BAC, 1983. 543 p.

SÁNCHEZ, M.R. **Nican Mopohua.** 2. ed. Cidade do México: Grupo Macehual Guadalupano, 2011. 45 p.

SANTA SEDE. **Enchiridion Vaticanum, 6** – Documenti Ufficiali della Santa Sede, 1977-1979. 11. ed. Bolonha: EDB, 1980, v. VI. 1.493 p.

SANTOS, A. **Teología sistemática de la misión** – Progresiva evolución del concepto de misión. Estella: Verbo Divino, 1991. 726 p.

SANTOS, T. La crisis de la teoría del desarrollo y las relaciones de dependencia en América Latina. In: JAGUARIBE, H. et al. **La dependencia político-económica de América Latina** [1969]. Buenos Aires: CLACSO, 2017, cap. IV. p. 125-155.

SARMIENTO, N.T. **Caminos de la Teología India.** Cochabamba: Verbo Divino, 2000. 242 p.

SARRO, I.G. Impactos de la "década perdida" en América Latina – ¿Una lección para los países periféricos de la Unión Europea? Reexaminando el modelo "neoliberal". **Papeles de discusión del Instituto de Estudios Latinoamericanos** – Universidad de Alcalá, Madri, n. 8, p. 1-41, out. 2013.

SCATENA, S. A Conferência de Medellín: contexto, preparação, realização, conclusões e recepção. In: BRIGHENTI, A.; PASSOS, J.D. (orgs.). **Compêndio das conferências dos bispos da América Latina e Caribe.** São Paulo: Paulinas/Paulus, 2018. p. 71-82

SCATENA, S. Collegialità "estesa" e recupero della profezia: il ruolo dei celamicos nella preparazione di Medellín. **Rede Latino-americana de Missiologos e Missiologas**, Curitiba, 2008, Disponível em: <http://www.missiologia.org.br/wp-content/uploads/2017/11/Silvia.pdf>. Acesso: 26 fev. 2018.

SCHEFFCZYK, L. Formulação magisterial e história do Dogma da Trindade. In: FEINER, J.; LOEHRER, M. **Mysterium Salutis** – Compêndio de Dogmática Histórico-salvífica, v. II/1. Trad. de Odilon Jaeger. Petrópolis: Vozes, 1971. p. 131-195.

SCHMIDT, W. Die moderne Ethnologie / L'Ethnologie moderne. **Anthropos,** Salzburgo, v. 1, n. 1, p. 134-163, 1906.

SCHREITER, R.J. **A nova catolicidade** – A teologia entre o global e o local. Trad. de Cecília Camargo Bartalotti. São Paulo: Loyola, 1998. 149 p.

SEBES, J. The Precursors of Ricci. In: RONAN, C.E.; BONNIE, B.C. (eds.). **East Meets West** – The Jesuits in China, 1582-1773. Chicago: Loyola University Press, 1988. p. 19-61.

SECONDIN, B.; GOFFI, T. (eds.). **Curso de espiritualidade** – Experiência, sistemática, projeções. Trad. de Bertilo Brod. São Paulo: Paulinas, 1993. 676 p.

SECRETARIADO PARA OS NÃO CRISTÃOS. **A Igreja e as outras religiões** – Diálogo e missão. Roma, 10 de junho de 1984. Disponível em: <http://www.vatican.va/roman_curia/pontifical_councils/interelg/documents/rc_pc_interelg_doc_19840610_dialogo-missione_po.html>. Acesso: 15 ago. 2020.

Sedos, Roma, v. 69, n. 21, 13 jun. 1969. Disponível em: <https://sedosmission.org/bulletin/sedos-bulletin-0121.pdf>. Acesso: 7 nov. 2020.

SENIOR, D.; STUHLMUELLER, C. **Os fundamentos bíblicos da missão.** Trad. de Anacleto Alvarez. São Paulo: Paulinas, 1987. 476 p.

SEPÚLVEDA, J.G. Democrates alter, sive de justis belli causis apud Indos: Demócrates segundo o de las justas causas de la guerra contra los indios. **Boletín de la Real Academia de la Historia,** Madri, v. 21, n. IV, p. 257-369, out. 1892. Disponível em: <https://jorgecaceresr.files.wordpress.com/2010/05/democrates-segundo-o-de-las-justas-causas-de-la-guerra-contra-los-indios.pdf>. Acesso: 24 jun. 2018.

SEUMOIS, A. **Teologia missionária.** Bolonha: EDB, 1993, v. 12. 302 p.

SEUMOIS, A. **Introduction a la missiologie.** Schöneck-Beckenreid: Administration der Neuen Zeitschrift für Missionswissenschaft, 1952. 491 p.

SIEVERNICH, M. **La missione cristiana** – Storia e presente. Bréscia: Queriniana, 2012, v. 160. 349 p.

SIGNORELLI, C. A Conferência de Puebla: contexto, preparação, realização, conclusões e recepção. In: BRIGHENTI, A.; PASSOS, J.D. (orgs.). **Compêndio das conferências dos bispos da América Latina e Caribe.** São Paulo: Paulinas/Paulus, 2018. p. 133-146.

SILBER, S. **Poscolonialismo** – Introducción a los estudios y a las teologías poscoloniales. Cochabamba: Itinerarios, 2018. 152 p.

SILBER, S. Entre hermanas – Apuntes para entender la crítica de los Estudios Poscoloniales a la Teología de la Liberación. **Voices, Theological Journal of EATWOT,** v. XXXVII, n. 1, p. 163-174, jan./abr. 2014. Disponível em: <http://eatwot.net/VOICES/VOICES-2014-1.pdf>. Acesso: 10 nov. 2017

SILLER ACUÑA, C.L. El punto de partida de la Teología India. In: CENAMI. **Teologia India** – Primer encuentro taller latino-americano. México/Equador: CENAMI/ABYA-YALA, 1991. p. 45-61.

SILVA, A.A. Caminhos e contextos da teologia afro-americana. In: SUSIN, L.C. (org.). **O mar se abriu** – Trinta anos de teologia na América Latina. São Paulo: Loyola, 2000. p. 11-38.

SILVA, A.A. Elementos e pressupostos da reflexão teológica a partir das comunidades negras. In: ATABAQUE/ASETT. **Teologia Afro-Americana** – II Consulta Ecumênica de Teologia e Culturas Afro-Americana e Caribenha. São Paulo: Paulus, 1997. p. 49-72.

SILVA, F.S. **A multiplicidade do sujeito de fronteira** – As feridas abertas nas narrativas Borderlands La Frontera, de Gloria Andalzúa, e Dois Irmãos, de Milton Hatoum. 2017. 108 f. Dissertação (Mestrado em Teoria, crítica e comparatismo)/Programa de Pós-Graduação em Letras, Universidade Federal do Rio Grande do Sul. Porto Alegre, 2017.

SILVA, M.B. **A filosofia da libertação** – A partir do contexto histórico-social da América Latina. Roma: Pontificia Università Gregoriana, 1998.

SISTACH, L.M. **A pastoral das grandes cidades** – Atas do I Congresso Internacional. Brasília: CNBB, 2016. 446 p.

SIVALON, J.C. La missione, processo dinamico di Dio. **Missione Oggi,** Bréscia, n. 7/2014, p. 13-16, ago./set. 2014.

SOBRINO, J. **O princípio misericórdia** – Descer da cruz aos povos crucificados. Trad. de Jaime A. Clasen. Petrópolis: Vozes, 1994. 269 p.

SOBRINO, J. Centralitá del Regno di Dio nella teologia della liberazione. In: ELLACURIA, I.; SOBRINO, J. **Mysterium Liberationis** – I concetti fondamentali della teologia della liberazione. Trad. de Piero Brugnoli e Bruno Pistocchi. Roma: Borla, 1992. p. 398-432.

SOTO, D.P. Historiografía, eurocentrismo y universalidad en Enrique Dussel. **Ideas y Valores,** Bogotá, v. LXI, n. 148, p. 37-58, abr. 2012. Disponível em: <http://www.scielo.org.co/pdf/idval/v61n148/v61n148a03.pdf>. Acesso: 10 out. 2019.

SOUSA SANTOS, B. **O fim do império cognitivo** – A afirmação das epistemologias do Sul. Belo Horizonte: Autêntica, 2019. 477 p.

SOUSA SANTOS, B. **Uma epistemología del Sur** – La reinvención del conocimiento y la emancipación social. México: Siglo XXI/CLACSO, 2009. 368 p.

SOUSA SANTOS, B.; MENEZES, M.P. (orgs.). **Epistemologias do Sul**. São Paulo: Cortez, 2010. 637 p.

SOUZA, J. **A classe média no espelho** – Sua história, seus sonhos e ilusões, sua realidade. Rio de Janeiro: Estação Brasil, 2018. 276 p.

SOUZA, N. Puebla, antecedentes e eventos. In: SOUZA, N.; SBARDELOTTI, E. (orgs.). **Puebla** – Igreja na América Latina e no Caribe: opção pelos pobres, libertação e resistência. Petrópolis: Vozes, 2019. 537 p.

SOUZA, N. O Concílio Vaticano I (1869-1870): uma fisionomia da assembleia. **Revista de Cultura Teológica,** São Paulo, v. VI, n. 25, p. 31-39, out./dez. 1998. Disponível em: <https://revistas.pucsp.br/culturateo/issue/view/984>. Acesso: 24 maio 2019.

SPADARO, A. Intervista a Papa Francesco. **La Civiltá Cattólica,** Roma, v. III, n. 3.918, p. 449-477, 19 set. 2013. Disponível em: <https://www.laciviltacattolica.it/wp-content/uploads/2013/09/SPADARO-INTERVISTA-PAPA-PP.-449-477.pdf>. Acesso: 5 fev. 2019.

SPIVAK, G.C. **Pode o subalterno falar?** Trad. de Sandra Regina Goulard Almeida, Marcos Pereira Feitosa e André Pereira Feitosa. Belo Horizonte: UFMG, 2010. 133 p.

SUESS, P. **Projeto missionário.** São Paulo: Paulinas, 2019a. 93 p.

SUESS, P. Relevância e ambiguidades para a causa dos povos indígenas. In: SOUZA, N.; SBARDELOTTI, E. (orgs.). **Puebla** – Igreja na América Latina e no Caribe: opção pelos pobres, libertação e resistência. Petrópolis: Vozes, 2019b, cap. I/8. p. 131-142.

SUESS, P. Evangelização e inculturação. In: BRIGHENTI, A.; PASSOS, J.D. (orgs.). **Compêndio das conferências dos bispos da América Latina e Caribe.** São Paulo: Paulinas/Paulus, 2018. p. 355-365.

SUESS, P. Missiologia como teologia fundamental. In: BRIGHENTI, A.; ARROYO, F.M. **O Concílio Vaticano II**: batalha perdida ou esperança renovada? Trad. de José Afonso Beraldin. São Paulo: Paulinas, 2015. p. 187-207.

SUESS, P. Discípulo missionário do Brasil para o mundo secularizado e pluricultural, à luz do Vaticano II e da caminhada latino-americana. In: CNBB. **Missão no mundo pluricultural** – 3º Congresso Missionário Nacional. Brasília: CNBB, 2013a. p. 78-95.

SUESS, P. Prolegômenos sobre descolonização e colonialidade da teologia na Igreja desde um olhar latino-americano. **Concilium**, Petrópolis, v. 350, n. 2, 2013b, p. 78-88.

SUESS, P. **Impulsos e intervenções** – Atualidade da missão. São Paulo: Paulus, 2012. 166 p.

SUESS, P. **Viver bem** – Sumak Kawsay – Reino de Deus, ago. 2010. Disponível em: <http://www.missiologia.org.br/wp-content/uploads/cms artigos pdf 83.pdf>. Acesso: 28 out. 2019.

SUESS, P. Para um novo paradigma da missão no atual contexto da América Latina e do Caribe – Com Aparecida além de Aparecida. **Revista Eclesiástica Brasileira,** Petrópolis, v. 68, n. 272, p. 870-891, out. 2008.

SUESS, P. **Introdução à teologia da missão** – Convocar e enviar: servos e testemunhas do Reino. Petrópolis: Vozes, 2007a. 227 p.

SUESS, P. Francisco Xavier – 500 anos de desafio com o diálogo inter-religioso. **Perspectiva Teológica,** Belo Horizonte, v. 39, n. 107, p. 49-66, jan./abr. 2007b.

SUESS, P. Quinta conferência, quinta-essência – A missão como paradigma-síntese de Aparecida. **Revista Eclesiástica Brasileira,** Petrópolis, v. 67, n. 268, p. 908-928, out. 2007c.

SUESS, P. A missão no canteiro de obras do Vaticano II – Contexto e texto do Decreto *Ad Gentes* revisitado 40 anos depois de sua promulgação. **Revista Eclesiástica Brasileira,** Petrópolis, v. 66, n. 261, p. 115-136, 2006. Disponível em: <http://revistaeclesiasticabrasileira.itf.edu.br/reb/article/view/1610>. Acesso: 24 maio 2019.

SUESS, P. **Gênese e imperativos do Decreto *Ad Gentes*** – Uma leitura missiológica do Vaticano II 40 anos depois de sua realização. São Paulo, 21 de abril de 2005. Disponível em: <https://www.missiologia.org.br/wp-content/uploads/2017/11/pauloadgentes.pdf>. Acesso: 25 maio de 2019.

SUESS, P. Medellín e os sinais dos tempos. **Revista Eclesiástica Brasileira**, Petrópolis, v. 58, n. 232, p. 851-870, dez. 1998.

SUESS, P. **Evangelizar a partir dos projetos históricos dos outros** – Ensaio de missiologia. São Paulo: Paulus, 1995. 238 p.

SUESS, P. (org.). **A conquista espiritual da América Espanhola** – 200 documentos, século XVI. Petrópolis: Vozes, 1992. 1.028 p.

SUESS, P. (org). **Culturas e evangelização** – A unidade da razão evangélica na multiplicidade de suas vozes: pressupostos, desafios e compromissos. São Paulo: Loyola, 1991. 259 p.

SUESS, P. **A causa indígena na caminhada e a proposta do CIMI:** 1972-1989. Petrópolis: Vozes, 1989. 109 p.

SUESS, P. Companheiro-peregrino na terra dos pobres, hóspede-irmão na casa dos outros. **Revista Eclesiástica Brasileira**, Petrópolis, v. 48, n. 191, p. 645-671, set. 1988.

SUNG, J.M. **Teologia & economia** – Repensando a Teologia da Libertação e utopias. Petrópolis: Vozes, 1994. 271 p.

SUSIN, L.C. (org.). **Teologia para outro mundo possível.** São Paulo: Paulinas, 2006. 485 p.

TAMAYO, J.J. **Teologías del Sur** – El giro descolonizador. Madri: Trotta, 2017. 247 p.

TAMAYO, J.J. **Outra teología es posible** – Pluralismo religioso, interculturalidad y feminismo. Madri: Herder, 2011. 406 p.

TAMAYO, J.J. **Nuevo paradigma teológico.** 2. ed. Madri: Trotta, 2004. 221 p.

TAN, J.Y. Missio Inter Gentes – Towards a New Paradigm in the Mission Theology of the Federation of Asian Bishops Conferences (FABC). **Mission Studies,** Pasadena, v. 21, 2004, p. 65-95.

TAVARES, S.S. Teologia sob o signo da travessia: rumo a uma teologia intercultural. **Horizonte,** Belo Horizonte, v. 13, n. 40, p. 1955-1981, out./dez. 2015.

TEIXEIRA, J.B. Formulação, administração e execução de políticas públicas. In: CFESS (org.). **Serviço social:** direitos sociais e competências profissionais. Brasilia: CFESS/ABEPSS, 2009. p. 553-574. Disponível em: <http://livroaberto.ufpa.br/jspui/handle/prefix/523>. Acesso em: 12 ago. 2020.

TEIXEIRA, F.L.C. (org.). **Teologia da Libertação** – Novos desafios. São Paulo: Paulinas, 1991. 147 p.

TEMPELS, R.P. **A filosofia bantu.** Trad. de Amélia A. Minga e Zavoni Ntondo. Luanda: Kuwindula, 2016 [1952]. 137 p.

TEODORI, F. **Beatificazione di Guido Maria Conforti e inizio sua azione a Parma.** Vaticano: Libreria Editrice Vaticana, 1996. 594 p.

THE SAN ANTONIO CONFERENCE. Your Will be done Mission in Christ's Way. Section I: Turning to the living God. **International Review of Mission,** Genebra, v. 78, n. 311-312, jul./out. 1989, p. 345-356.

TILLICH, P. **On the boundary**: an autobiographical sketch. Nova York: Charles Scribner's Sons, 1966. 104 p.

TOMICHÁ, R. Diez consideraciones para una pneumatología cristiana en perspectiva indígena. **Revista Teología,** Buenos Aires, v. LVI, n. 129, ago. 2019a, p. 79-116.

TOMICHÁ, R. Espiritualidades descoloniales en perspectiva indígena: algunos presupuestos y desafíos. **Pistis & Práxis,** Curitiba, v. 11, n. 3, set./dez. 2019b, p. 547-584.

TOMICHÁ, R. Espiritualidades amerindias relacionales – Aproximaciones preliminares. **Perspectiva Teológica,** Belo Horizonte, v. 49, n. 2, mai./ago. 2017, p. 329-351.

TOMICHÁ, R. Teologías de la liberación indígenas: balance y tareas pendientes. **Horizonte,** v. 11, n. 32, p. 1777-1800, out./dez. 2013.

TORO, A. La postcolonialidad en latinoamérica en la era de la globalización – ¿Cambio de paradigma en el pensiamiento teórico-cultural latinoamericano? In: TORO, A.; TORO, F. (orgs.). **El debate de la postcolonialidad en latinoamérica.** Madri/Frankfurt a. Main: Iberoamericana/Vervuert, 1999. p. 31-77.

TODOROV, T. **A conquista da América** – A questão do outro. 4. ed. São Paulo: WMF Martins Fontes, 2010. 387 p.

TORRES, S. Dar-es-salaam. **Concilium,** Petrópolis, v. 219, n. 5, p. 117 [669]-132 [684], 1988.

TRUJILLO, A.L. A Carta de D. Trujillo. **Sedoc,** Petrópolis, v. 11, p. 960, mar. 1979.

TYLOR, E.B. **Primitive Culture** – Researches Into the Development of Mythology, Philosophy, Religion, Art, and Custom. 6. ed. Londres: John Murray, 1920, v. 1. 973 p.

UNELAM. Pró-Unidade Evangélica Latino-Americana – Consulta Missionária de Assunção: Documento de Assunción, 1972. In: PREZIA, B. **Caminhando na luta e na esperança** – Retrospectiva dos últimos 60 anos da Pastoral Indigenista e dos 30 anos do CIMI. São Paulo: Loyola, 2003. p. 115-118.

VALENTINI, D. Aparecida: valores e limites. In: AMERINDIA (org.). **V Conferência de Aparecida** – Renascer de uma esperança. São Paulo: Paulinas, 2008. p. 9-21.

VALENTINI, D. Acolhendo Aparecida. **Revista Eclesiástica Brasileira,** Petrópolis, v. 67, n. 268, p. 1039-1043, out. 2007.

VALENTINI, D. Reflexões sobre o Sínodo da América. **Revista Eclesiástica Brasileira,** Petrópolis, v. LVIII, n. 229, p. 16-33, mar. 1998.

VALIGNANO, A. **Il cerimoniale per i missionari del Giappone.** Org. de Schütte Joseph Franz. Roma: Storia e Letteratura, 2011, v. 13. 406 p.

VALLE, E. Macroecumenismo e diálogo inter-religioso como perspectiva de renovação católica. **Rever** – Revista de Estudos da Religião, São Paulo, n. 2, p. 56-74, 2003. Disponível em: <https://www.pucsp.br/rever/rv2_2003/p_valle.pdf>. Acesso: 18 mar. 2020.

VATTIMO, G. **Adeus à verdade**. Trad. de João Batista Kreuch. Petrópolis: Vozes, 2016. 142 p.

VEGA, L.L. Huei Tlamahuizoltica – El Gran Acontecimiento (1649). In: VILLAR, E.T.; ANDA, R.N. **Testimonios históricos guadalupanos**. México: Fondo de Cultura Económica, 2004. p. 282-308.

VELASCO, J.C. De muros intransponíveis a fronteiras transitáveis. **Revista Interdisciplinar de Mobilidade Humana,** Brasília, v. 27, n. 57, dez. 2019, p. 159-174.

VICEDOM, G. **A missão como obra de Deus** – Introdução a uma teologia da missão. Trad. de Ilson Kayser. São Leopoldo: Sinodal, 1996. 127 p.

VIEIRA, A. **Sermões.** Porto: Chardron, 1907, v. II. 400 p.

VILANOVA, E. L'intersessione (1963-1964). In: ALBERIGO, G. **Storia del Concilio Vaticano II** – Il concilio adulto: il secondo periodo e la seconda intersessione settembre 1963-settembre 1964. Bolonha: Il Mulino, 1998, v. 3, cap. V. p. 367-512.

VITORIA, F. **Relectiones** – Sobre os índios e sobre o poder civil [1539]. Brasília: UnB, 2016. 234 p. Disponível em: <http://funag.gov.br/loja/download/Relectiones-IPRI-05-04.pdf>. Acesso: 24 jun. 2018.

VOLTAIRE. **Essai sur les moeurs et l'esprit des nations.** Paris: Chez Lefebvre/Werdet et Lequien fils, 1829, v. III. 549 p.

WALLERSTEIN, I. **Impensar las ciencias sociales** – Límites de los paradigmas decimonónicos. Coleção El mundo del siglo XXI. México: Siglo Veintiuno, 2003. 309 p.

WALLERSTEIN, I. **O sistema mundial moderno** [1974] – A agricultura capitalista e as origens da economia-mundo europeia no século XVI. Porto: Afrontamento, 1990, v. 1. 404 p.

WALLERSTEIN, I. **El capitalismo histórico** [1983]. Madri: Siglo XXI, 1988. 101 p.

WALLS, A.F. **The Missionary Movement in Christian History** – Studies in the Transmission of Faith. Maryknoll: Orbis Books, 1996. 266 p.

WALSH, C. **Interculturalidad, Estado, sociedad** – Luchas (de)coloniales de nuestra época. Quito: Abya-Yala, 2009. 252 p.

WALSH, C. (ed.). **Pensamiento crítico y matriz (de)colonial** – Reflexiones latinoamericanas. Quito: Universidad Andina Simón Bolívar/Avya-Yala, 2005. 302 p.

WARNECK, G. **Evangelische Missionslehre** – Ein missionstheoretischer Versuch. Bon: Verlag für Kultur und Wissenschaft, 2015 [1903], 2 v. 1.146 p.

WEIL, S. **Attesa di Dio.** Trad. de Orsola Nemi. 3. ed. Milão: Rusconi, 1988. 177 p.

WILFRED, F. The Contours of Third World Contextual Theologies. In: Chetti, D.D.; JOSEPH, M.P. (eds.). **Ethical Issues in the Struggles for Justice** – Quest for Pluriform Communities: Essays in Honour of K.C. Abraham. Tiruvalla: Christava Sahitya Samiti, 1998. Disponível em: <https://www.religion-online.org/book-chapter/chapter-10-the-contours of third world contextual theologies by felix wilfred/>. Acesso: 7 nov. 2020.

WOLANIN, A. **Teologia della missione** – Temi scelti. Casale Monferrato: Piemme, 1989. 188 p.

WOLFF, E. Editorial. **Caminhos de Diálogo,** Curitiba, v. 8, n. 12, p. 5-7, jan./jun. 2020.

WOLFF, E. O ecumenismo e o diálogo inter-religioso nas conferências gerais. In: BRIGHENTI, A.; PASSOS, J.D. (orgs.). **Compêndio das conferências dos bispos da América Latina e Caribe.** São Paulo: Paulinas/Paulus, 2018. p. 215-230.

WOLFF, E. **Espiritualidade do diálogo inter-religioso** – Contribuições na perspectiva cristã. São Paulo: Paulinas, 2016. 182 p.

WRIGHT, C.J.H. **A missão de Deus** – Desvendando a grande narrativa da Bíblia. Trad. de Daniel Hubert Kroker e Thomas de Lima. São Paulo: Vida Nova, 2014. 576 p.

WRIGHT, C.J.H. **A missão do povo de Deus** – Uma teologia bíblica da missão da Igreja. Trad. de Waléria Coicev. São Paulo: Vida Nova, 2012. 346 p.

XAVIER, F. **Obras completas.** São Paulo: Loyola, 2006. 820 p.

XERES, S. **Chiaro de Luna** – Tempi e fasi della missione nella storia della Chiesa. Milão: Ancora, 2008. 325 p.

YEHIA, E. Descolonización del conocimiento y la práctica – Un encuentro dialógico entre el programa de investigación sobre modernidad/colonialidad/decolonialidad latinoamericanas y la teoria actor-red. **Tabula Rasa,** Bogotá, n. 6, p. 85-114, jan./jul. 2007.

ZEA, L. **La filosofía americana como filosofía sin más.** 2. ed. Cidade do México: Siglo XXI, 2010 [1969]. 119 p.

ZEA, L. Os direitos humanos nas Américas. In: COGGIOLA, O. (org.). **A Revolução Francesa e seu impacto na América Latina.** São Paulo: Nova Stella, 1990. p. 159-163.

ZWETSCH, R.E. **Missão como com-paixão** – Por uma teologia da missão em perspectiva latino-americana. São Leopoldo: Sinodal, 2008. 432 p.

Leia também!

 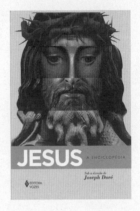

Conecte-se conosco:

f facebook.com/editoravozes

⊙ @editoravozes

🐦 @editora_vozes

▶ youtube.com/editoravozes

✆ +55 24 99267-9864

www.vozes.com.br

Conheça nossas lojas:
www.livrariavozes.com.br

Belo Horizonte – Brasília – Campinas – Cuiabá – Curitiba
Fortaleza – Juiz de Fora – Petrópolis – Recife – São Paulo

  Vozes de Bolso

EDITORA VOZES LTDA.
Rua Frei Luís, 100 – Centro – Cep 25689-900 – Petrópolis, RJ
Tel.: (24) 2233-9000 – E-mail: vendas@vozes.com.br